उ. प्र. पुलिस

विगत वर्षीय प्रश्नपत्र

नवीनतम संस्करण

अभ्यास किट

11 टेस्ट्स

11 गतवर्षीय प्रश्न पत्र

वास्तविक परीक्षा प्रारूप पर आधारित टेस्ट

✓ पूर्णतः संशोधित और अद्यतन

✓ सभी बहुविकल्पीय प्रश्नो का विस्तृत विश्लेषण

शीर्षक : उ. प्र. पुलिस विगत वर्षीय प्रश्नपत्र
लेखक का नाम : Mr. Rohit Manglik
प्रकाशक : EduGorilla Community Pvt. Ltd.
प्रकाशक का पता : 12/651 प्रथम तल, अरविन्दो पार्क के सामने, निकट जामा मस्जिद, इंदिरा नगर लखनऊ, उत्तर प्रदेश, 226016, भारत।

कॉपीराइट EduGorilla

ISBN : 978-93-55565-84-6

प्रथम संस्करण

अस्वीकरण EduGorilla

Compiled and created by EduGorilla Community Pvt. Ltd

EduGorilla Community Pvt. Ltd. द्वारा मुद्रित

रोहित मांगलिक
सीईओ, EduGorilla

प्रिय छात्रों,

एक बहुत ही प्रचलित कहावत है कि "सफलता उन्हीं को मिलती है जो उसके लिए कड़ी मेहनत करते हैं।" लेकिन मैंने लोगों को उनकी परीक्षाओं के लिए दिन-रात एक करके मेहनत करते हुए देखा है, पर फिर भी वे सफल नहीं हो पाते। तो वहीं दूसरी ओर, कुछ लोग बस आधी मेहनत करके परीक्षा में सफलता प्राप्त करते हैं। तो, क्या वे किस्मत वाले हैं? नहीं मेरा मानना है, कि ऐसा इसलिए है क्योंकि वे सिर्फ कड़ी नहीं बल्कि कुशल तरीके से अपनी तैयारी करते हैं। इसी तरह आपको भी अपनी परीक्षाओं की तैयारी के लिए अपनी योजना बनानी चाहिए, ताकि आपकी भी सफलता की संभावना बढ़ सके। तो तैयार हो जाइये **EduGorilla** के साथ अपनी परीक्षा में चयन होने की संभावना को 16 गुना बढ़ाने के लिए।

EduGorilla आपको न केवल कड़ी मेहनत करने में मदद करता है, बल्कि एक स्मार्ट और योजनाबद्ध तरीके से तैयारी करने में भी सहायता प्रदान करता है। **EduGorilla** की तैयारी पैकेज के साथ आप अपने परीक्षा में चयन होने के रास्ते को सहज और मनोरंजक बना सकते हैं। अपनी तैयारी के लिए सही रास्ता खोजना मुश्किल हो सकता है, यदि आप ये नहीं जानते कि आपको किस दिशा में जाना है। चिंता न करें हम आपके साथ खड़े हैं! **EduGorilla** आपकी सफलता में आपका मार्गदर्शक बनेगा। हमारे तैयारी पैकेज के साथ आप रणनीतिक रूप से तैयारी कर, अपनी परीक्षा में सिर्फ एक ही प्रयास में सफल हो सकते हैं।

EduGorilla के तैयारी पैकेज में शामिल हैं-

- टेस्ट सीरीज़
- किताबें

हमारे तैयारी पैकेज को सभी तरह के नये बदलवों, विशेषज्ञों की राय एवं छात्रों के प्रतिक्रिया के अनुसार तैयार किया गया है। जो आपको परीक्षा के प्रत्येक चरण की चयन प्रक्रिया को पार करने के योग्य बनाता है।

हमारी किताबें शिक्षकों और विशेषज्ञों द्वारा आपकी परीक्षा के लिए तैयार की गई हैं, 150+ वर्षों के अनुभव के साथ; ताकि आपको आसान, कुशल और प्रभावी शिक्षण प्रदान किया जा सके। हमारी स्मार्ट किताबें न सिर्फ आपको प्रश्नों के उत्तर देने की समझ देती हैं, अपितु आपके अभ्यास के लिए समान रूप के प्रश्न भी प्रदान करती हैं।

EduGorilla की सक्षम टेस्ट सीरीज आपको वास्तविक अनुभव और आत्मविश्वास प्रदान करती हैं, जिसके माध्यम से आप केवल एक प्रयास में अपनी ऑफलाइन अथवा ऑनलाइन परीक्षा पास कर सकते हैं। वर्तमान में हम 87,000+ मॉक टेस्ट्स और 1,460+ प्रतियोगी एवं शैक्षणिक परीक्षाओं की तैयारी कराते हैं।

अर्थात, **EduGorilla** आपकी तैयारी में आपकी सहायता करने का कोई भी मौका नहीं छोड़ता है और परीक्षा के सभी चरणों को कवर करता है, ताकि परीक्षा की तैयारी के लिए आपको कहीं और भटकना ना पड़े।

हम आपको डिफेन्स, बैंकिंग, टीचिंग और अन्य राष्ट्रीय एवं राज्य स्तरीय परीक्षाओं के लिए सम्पूर्ण तैयारी पैकेज प्रदान करते हैं। अतः इससे कोई फर्क नहीं पड़ता कि आप किस परीक्षा के लिए तैयारी कर रहे हैं, क्योंकि आप सफलता हासिल करेंगे।

आपको परीक्षा की शुभकामनाएं!

रोहित मांगलिक,
संस्थापक और मुख्य कार्यकारी अधिकारी, **EduGorilla**

संपादक की कलम से

प्रस्तावना

EduGorilla छात्रों को उनकी परीक्षा में सफल होने के लिए मार्गदर्शन प्रदान करता है। जिसको ध्यान में रखते हुए हमारे कुल 150+ वर्षों का अनुभव रखने वाले प्रतिष्ठित विशेषज्ञों ने कड़े प्रयासों के द्वारा "उ. प्र. पुलिस : विगत वर्षीय प्रश्नपत्र" को तैयार किया है। इस किताब के प्रश्नों को हाल ही में परीक्षा के पाठ्यक्रम और पैटर्न में हुए सभी बदलावों को ध्यान में रखकर बनाया गया है। वो प्रश्न जिनकी UP Police : विगत वर्षीय प्रश्नपत्र परीक्षा में आने कि संभवना काफी प्रबल है, उनको इस किताब मे रखा गया है। आप EduGorilla की "उ. प्र. पुलिस : विगत वर्षीय प्रश्नपत्र" के माध्यम से अपनी सफलता की संभावना को 16 गुना बढ़ा सकते हैं।

EduGorilla ये अपनी संपूर्ण तैयारी पैकेज के माध्यम से साकार करता है। इस किट में आपको प्रश्न अच्छी तरह अवधारित एवं संरचित रूप मे मिलेंगे जिन्हे आपकी जरूरतों के अनुसार बनाया गया है। इसके माध्यम से आपको स्मार्ट तरीके से परीक्षा के लिए अभ्यास करने में मदद मिलेगी। साथ ही आपको सहायक, समाधान और स्मार्ट उत्तर पत्रिका भी प्रदान की जायेंगी। जिससे आप अपना मूल्यांकन स्वयं कर सकते हैं। आप स्वयं की समीक्षा कर, उन सभी बिन्दुओं पर खुद को बेहतर तरीके से तैयार कर सकते हैं।

EduGorilla आपको अपनी परीक्षा में सफ़लता दिलाने और आपके लक्ष्य को हासिल करने में आपकी सहायता करने का वादा करता हैं। हम अपने प्रतिभागियों पर पूरा भरोसा करते हैं और उन्हें मेरिट सूची के शीर्ष पर देखते हैं। शीर्ष स्थान की ओर आपका पहला कदम है हमारे साथ तैयारी शुरू करना। EduGorilla की "उ. प्र. पुलिस : विगत वर्षीय प्रश्नपत्र" की विशेषताएं कुछ इस प्रकार हैं।

- अच्छी तरह से शोध किया हुआ पाठ्यक्रम
- उच्च गुणवत्ता
- विस्तृत उत्तर और विश्लेषण
- स्मार्ट उत्तर पत्रिका
- परीक्षा सुसंगत प्रश्न

इस प्रकार EduGorilla आपकी तैयारी को मजबूत और आपको परीक्षा में सफल होने के योग्य बनाता है।

UP Police : विगत वर्षीय प्रश्नपत्र
परीक्षा की योग्यता, परीक्षा पैटर्न, विषय को जानने के लिए QR कोड को स्कैन करें।

Book ID: 1267

विषय-सूची

विगत वर्षीय प्रश्नपत्र 01

General Knowledge and Current Affairs

Q.1 वर्गीज कुरियन को ________ द्वारा राष्ट्रीय डेरी विकास बोर्ड, के अध्यक्ष के रूप में नियुक्त किया गया था।
A. लालबहादुर शास्त्री **B.** गुलजारी लाल नन्दा
C. इन्दिरा गांधी **D.** वी वी गिरि

Q.2 वर्तमान में भारतीय संविधान के कितने भाग है?
A. 15 **B.** 20 **C.** 25 **D.** 30

Q.3 मुगल सम्राट जहांगीर ने _______ में शालीमार बाग का निर्माण किया।
A. दिल्ली **B.** बलूचिस्तान
C. अवध **D.** कश्मीर

Q.4 वार्षिक भारतीय शास्त्रीय संगीत समारोह 'सवाई गंधर्व भीमसेन महोत्सव' _________ में आयोजित किया जाता है।
A. पुणे **B.** मैसुरु **C.** कानपुर **D.** उदयपुर

Q.5 निम्नलिखित में से कौन सा बैंक भारत का सबसे पुराना सार्वजनिक क्षेत्र का बैंक है?
A. बैंक ऑफ इंडिया **B.** बैंक ऑफ बड़ौदा
C. इलाहाबाद बैंक **D.** यूको बैंक

Q.6 वैदिक सभ्यता ______ नदी के तट पर विकसित हुई।
A. गोदावरी **B.** कावेरी **C.** कृष्णा **D.** सरस्वती

Q.7 जुलाई 1944 में संयुक्त राष्ट्र ब्रेटन वुड्स सम्मेलन में किस अंतर्राष्ट्रीय संगठन की कल्पना की गई थी?
A. विश्व व्यापार संगठन
B. संयुक्त राष्ट्र बाल कोष (यूनिसेफ)
C. विश्व बैंक
D. अंतरराष्ट्रीय मुद्रा कोष

Q.8 भारत की पहली इंजन-विरहित स्पीड ट्रेन, ट्रेन-18, ______ इंटीग्रल कोच फैक्ट्री द्वारा विकसित की गई थी।
A. चित्तरंजन **B.** पटियाला **C.** चेन्नई **D.** कपूरथला

Q.9 नवंबर 2018 में भारत ने कौन से देश के साथ 500 मिलियन डॉलर के सौदे पर हस्ताक्षर किए हैं, जिसमें स्थानीय स्तर पर दो गोपनीय युद्ध-पोतों का निर्माण किया जाएगा?
A. संयुक्त राज्य अमेरीका **B.** रूस
C. इज़राइल **D.** जापान

Q.10 सरदार वल्लभभाई पटेल राष्ट्रीय पुलिस अकादमी_______ के पास स्थित है।
A. हैदराबाद **B.** पुणे **C.** भोपाल **D.** चंडीगढ़

Q.11 नवंबर 2018 में किस भारतीय राज्य की विधान सभा भंग कर दी गई थी?
A. हिमाचल प्रदेश **B.** जम्मू-कश्मीर
C. उत्तराखंड **D.** पंजाब

Q.12 महाधमनी ________ के शीर्ष पर शुरू होती है।
A. दाहिना निलय **B.** बायां निलय
C. दाहिना अलिंद **D.** बायां अलिंद

Q.13 जस्तीकरण का मतलब इस्पात को ______ की पतली परत के साथ आवरण करना है।
A. क्रोमियम **B.** जस्ता
C. एल्युमिनियम **D.** निकल

Q.14 C60 एक अणु है, जिसमें _________ के रूप में व्यवस्थित 60 कार्बन परमाणु होते हैं।
A. 15 पेंटागन और 18 हेक्सागोन
B. 18 पेंटागन और 15 हेक्सागोन
C. 12 पेंटागन और 20 हेक्सागोन
D. 20 पेंटागन और 12 हेक्सागोन

Q.15 सर्वोत्तम गुणवत्ता वाला कोयला जिसमें 80% से 95% कार्बन होता है, वह है _______।
A. पीट **B.** लिग्नाइट **C.** बिटुमिनस **D.** ऐंथासाइट

Q.16 ______ को छोड़कर निम्नलिखित सभी संघनन बहुलक हैं।
A. पॉलिएस्टर **B.** पॉलीप्रोपोलीन
C. पॉलीएमाइड **D.** पॉलीकार्बोनेट

Q.17 भारतीय प्रौद्योगिकी संस्थान, कानपुर, ने _________ में एक कार्यालय बनाया है, जहाँ पूर्व छात्र संजीव खोसला को संस्थान का विदेशी ब्राण्ड दूत नियुक्त किया गया है।
A. दुबई **B.** लंदन **C.** सिंगापुर **D.** न्यूयॉर्क

Q.18 उत्तर प्रदेश पुलिस भर्ती एवं प्रोन्नति बोर्ड द्वारा कॉन्स्टेबल सिविल पुलिस की नियुक्ति मे शारीरिक क्षमता परीक्षा में पुरुष अभ्यर्थियों को ________ दौड़ने की जरूरत होती है।
A. 25 मिनट में 4.8 किमी **B.** 25 मिनट में 3.8 किमी
C. 35 मिनट में 4.8 किमी **D.** 35 मिनट में 3.8 किमी

Q.19 22 जुलाई, 2014 को उत्तर प्रदेश के राज्यपाल के रूप में किसने शपथ ग्रहण की थी?
A. सूर्य प्रताप शाही **B.** बृजेश पाठक
C. राम नाईक **D.** आशुतोष टंडन

Q.20 उत्तर प्रदेश के किस जिले 'पीतल नगरी' के नाम से भी जाना जाता है?
A. फतेहपुर **B.** मुजफ्फरनगर
C. मिर्जापुर **D.** मुरादाबाद

Q.21 1658 में बहादुरपुर की लड़ाई में, शाहजहाँ के दूसरे बेटे शाह शुजा को शाहजहाँ के पोते _______ ने हराया था।
A. मुराद बख्श **B.** सुलेमान शिकोह
C. आलम शाह **D.** बहादुर शाह

Q.22 फिरोजाबाद में 200 वर्षों से भी अधिक समय से ______ का उत्पादन किया जा रहा है।
A. चिकनकारी का काम **B.** कांच की चूड़ियाँ
C. पीतल के ताले **D.** जरदोजी कढ़ाई

Q.23 कौन सा कत्थक घराना उस नृत्यशैली के आध्यात्मिक पहलुओं पर अधिक ध्यान देता है?
A. जयपुर **B.** बनारस **C.** लखनऊ **D.** बरेली

Q.24 हिन्दु पौराणिक कथाओं के अनुसार, महाकाव्य रामायण में भगवान श्री राम अयोध्या के शासक थे, जो _____ की राजधानी थी।
A. हस्तिनापुर **B.** कुरु **C.** कलिंग **D.** कोशल

Q.25 किस भारतीय ने अर्थशास्त्र में नोबेल मेमोरियल पुरस्कार जीता है?
A. सी वी रमन **B.** अमर्त्य सेन
C. कैलाश सत्यार्थी **D.** हरगोविन्द खुराना

Q.26 भारतीय मुक्केबाज एम.सी. मैरी कॉम द्वारा लिखित आत्मकथा का शीर्षक क्या है?
A. प्लेइंग टू विन **B.** अनब्रेकेबल
C. नो होल्डिंग बैक **D.** इम्पेर्फेक्ट

Q.27 65 वीं राष्ट्रीय फिल्म पुरस्कारों में किस फिल्म ने सर्वश्रेष्ठ लोकप्रिय

फिल्म पुरस्कार जीता?

A. बाहुबली 2: द कॉन्क्लूजन **B.** सीक्रेट सुपरस्टार
C. जॉली एलएलबी 2 **D.** हिंदी मीडियम

Q.28 अर्थशास्त्र विज्ञान के लिए वर्ष 2018 का नोबेल पुरस्कार विलियम डी. नॉर्डहॉस और पॉल एम. रोमर को दिया गया था। ये दोनों ______ के निवासी हैं।

A. संयुक्त राज्य अमेरिका **B.** यूनाइटेड किंगडम
C. कनाडा **D.** ऑस्ट्रेलिया

Q.29 _______ निजी और संवेदनशील जानकारी, जैसे कि क्रेडिट कार्ड नंबर, व्यक्तिगत पहचान और खाता उपयोगिकर्ता नाम और पासवर्ड प्राप्त करने का धोखाधड़ी वाला कार्य है।

A. मैलवेयर **B.** ट्रोजन **C.** हैकिंग **D.** फिशिंग

Q.30 चित्रकोट जलप्रपात भारत के किस राज्य में स्थित है?

A. झारखण्ड **B.** उत्तराखण्ड
C. छत्तीसगढ़ **D.** मेघालय

Q.31 वेनेजुएला की राजधानी _______है।

A. निकोसिया **B.** सान-साल्वाडोर
C. क्वीटो **D.** काराकास

Q.32 भारत में निम्नलिखित में से किस रेडियोधर्मी धातु का विश्व का सबसे बड़ा भंडार मौजूद है?

A. यूरोनियम **B.** रेडियम **C.** बिस्मथ **D.** थोरियम

Q.33 ऑस्ट्रेलिया के एकमात्र द्वीपीय राज्य का नाम बतायें।

A. कैपरी **B.** इबिसा **C.** तस्मानिया **D.** रोड्स

Q.34 निम्नलिखित में से कौन सा शहर गोदावरी नदी के किनारे स्थित नहीं है?

A. नासिक **B.** नवसारी
C. औरंगाबाद **D.** निजामाबाद

Q.35 नीलम संजीव रेड्डी के कार्यकाल के बाद भारत के राष्ट्रपति कौन बने?

A. फखरुद्दीन अली अहमद **B.** वराहगिरी वेंकट गिरी
C. ज्ञानी जैल सिंह **D.** मुहम्मद हिदायतुल्लाह

Q.36 चंद्रगुप्त के पुत्र का नाम बताएँ, जिन्होंने 298-272 ईसा पूर्व के बीच शासन किया था और संपूर्ण भारत में साम्राज्य को बढ़ाया था।

A. हर्षवर्धन **B.** अनिरुद्ध **C.** बिन्दुसार **D.** वसुदेव

Q.37 ______ की महिलाओं द्वारा पहनी जाने वाली पारंपरिक पोशाक को मेखला चादोर कहा जाता है।

A. गुजरात **B.** तमिलनाडु **C.** गोवा **D.** असम

Q.38 रबिन्द्रनाथ टैगोर ने निम्नलिखित में से किस देश का राष्ट्र गान लिखा था?

A. चीन **B.** म्यान्मार **C.** भूटान **D.** बांग्लादेश

Hindi

Q.39 निम्नलिखित प्रश्न में, चार विकल्प दिए गए है जिनमें से उस विकल्प का चयन करें जो दिए गए शब्द/ वाक्य का सबसे अच्छा 'एक शब्द' विकल्प है।
उपकार को मानने वाला

A. कृतज्ञ **B.** कृतघ्न **C.** परोपकारी **D.** धर्मज्ञ

Q.40 निम्नलिखित प्रश्न में, चार विकल्प दिए गए हैं जिनमें से एक शब्द दिए गए अनेकार्थी शब्द का एक अर्थ है। उस शब्द को चुनें।
कनक

A. सोना **B.** चाँदी **C.** चावल **D.** कनक

Q.41 निम्नलिखित प्रश्न में, चार विकल्पों में से, रेखांकित पद के उचित कारक को पहचानिये।
बोतल में दूध बचा है।

A. सम्बोधन कारक **B.** अधिकरण कारक
C. सम्बन्ध कारक **D.** कर्म कारक

Q.42 निम्नलिखित प्रश्न में, चार विकल्पों में से, क्रिया का सही रूप वाला विकल्प पहचानिये।
स्कूल बस पांच मिनट _____ । (आना - सामान्य भविष्यत् काल)

A. में आ गई **B.** में आएगी
C. में आ के गई **D.** में आ के चली गई

Q.43 निम्नलिखित प्रश्न में, वाक्य के संरचना के आधार पर उनके भेद बताइये।
रवि दीवार रंगने लगा है।

A. कृदंत क्रिया **B.** पूर्वकालिक क्रिया
C. नामधातु **D.** संयुक्त क्रिया

Q.44 निम्नलिखित प्रश्न में चार विकल्पों में से. उस विकल्प का चयन करें जो दिए गए शब्द का सही स्त्रीलिंग वाला विकल्प है।
हंस

A. हंसिनी **B.** हंसीनी **C.** हंसी **D.** हंसिया

Q.45 निम्नलिखित प्रश्न में, चार विकल्पों में से, दिए गए शब्द का सही स्त्रीलिंग रूप वाला विकल्प चुनिए।
कुम्हार

A. कुम्हारी **B.** कुम्हारिन **C.** कॉमहिन **D.** कुम्हरईन

Q.46 नीचे दिए गए शब्द का सही बहुवचन रूप वाला विकल्प पहचानिए।
चुटिया

A. चुटियाँ **B.** चुटियों **C.** चुटियो **D.** चटियाये

Q.47 निम्नलिखित प्रश्न में, चार विकल्पों में से, उस विकल्प को चुनिए जो सही पूर्ण रूपेण वर्ण-विच्छेद वाला है।
कृपण

A. करी + प + णं
B. क + ऋ + प+ आ + ण
C. क+ ऋ+ प+ आ + ण + अ
D. क + ऋ + प् + अ + ण + अ

Q.48 निम्न चार विकल्पों में से शुद्ध वर्तनी वाला शब्द पहचानिये।

A. कृष्ण **B.** क्रष्ण **C.** कृषण **D.** कृश्ण

Q.49 निम्नलिखित प्रश्न में, चार विकल्पों में से, उस विकल्प का चयन करें जो दिए गए वाक्य में विशेषण शब्द की विशेषता प्रकट करता है।
इस पर्वतमाला में बहुत ऊँचे ऊँचे पहाड़ हैं।

A. इस **B.** बहुत **C.** ऊँचे ऊँचे **D.** पहाड़

Q.50 निम्नलिखित प्रश्न में चार विकल्पों में से उस विकल्प का चयन करें जो दिए गए वाक्य का सही विकल्प है।
सर्वनाम का शाब्दिक अर्थ क्या होता है?

A. सबका नाम **B.** दूसरों का नाम
C. अपना नाम **D.** संबंध का नाम

Q.51 इनमें से कौन सी गजानन माधव मुक्तिबोध जी द्वारा रचित रचना नहीं है?

A. अँधा युग
B. चाँद का मुँह टेढ़ा
C. भूरी-भूरी खाक धूल
D. नए साहित्यकार का सौंदर्य शास्त्र

Q.52 निम्नलिखित प्रश्न में, चार विकल्पों में से, उस सही विकल्प का चयन करें जो बताता है कि पृथ्वीराज रासो किस लेखक की रचना है?

A. चंदवरदाई **B.** कल्हण **C.** वाल्मीकि **D.** हर्ष वर्धन

Q.53 निम्नलिखित प्रश्न में, चार विकल्पों में से, उस सही विकल्प का चयन करें जो बताता है कि सत्यार्थ प्रकाश उपन्यास के लेखक का नाम क्या है?

A. दयानन्द सरस्वती **B.** अरविंदो घोष
C. भवभूति **D.** हर्ष वर्धन

Q.54 हिन्दी साहित्य अकादमी की ओर से हर वर्ष शलाका सम्मान पुरस्कार किस क्षेत्र को दिया जाता है?

A. भाषा संस्कृति

B. खेलकूद

C. तकनीकी

D. हिंदी को नई दिशा प्रदान करने के लिए

Ques (55-59):निर्देश: नीचे दिए गए गद्यांश के बाद प्रश्न दिए गये हैं। इस गद्यांश को ध्यानपूर्वक पद और चार विकल्पों में से प्रत्येक प्रश्न का सर्वोत्तम उत्तर चुनें।अवध की संस्कृति में सुसज्जित घोड़ा परिवहन का साधन और शान का प्रतीक था। मुख्य रूप से तीन प्रकार के ताँगे और इक्के मिलते हैं- बग्गी, फिटन और टमटम। बग्गी बंद डिब्बे की होती है, तो फिटन और टमटम खुले वाहन हैं, जिन्हें नवाबों द्वारा यात्रा में वरीयता दी जाती थी। किन्तु ताँगे व इक्के का शाब्दिक अर्थ अधिक अश्व शक्ति की ओर इंगित करता है। इक्के में एक घोड़ा होता है जबकि बग्गी या तोंगे में दो, चार या अधिक घोड़े होते हैं। यह वास्तव में इस्तेमाल करने वाले की सामाजिक प्रतिष्ठा पर निर्भर करता है। 18 वीं सदी के उत्तरार्द्ध और 19 वीं सदी के प्रारम्भ में अवध के सामाजिक-सांस्कृतिक और आर्थिक माहौल में बदलाव आया। जीवन के विभिन्न क्षेत्रों में हल्के वाहनों का निर्माण और इस्तेमाल होने लगा, जिसमें कम से कम अश्व शक्ति लगे। सामान्य बोलचाल में इक्के का अर्थ है इक या एक यानि एक व्यक्ति के इस्तेमाल के लिए। इसके अतिरिक्त ताँगा एक परिवार वाहन था। किन्तु किफायत की मजबूरी को देखते हुए इक्के में अधिक संख्या में यात्री बैठाने पड़े तौंगा अपेक्षकृत भारी और बड़ा वाहन हैं, जिसमें पैरो के लिए अधिक जगह होती हैं और चार से छह वयस्क पीछे कमर लगाकर बैठ सकते हैं। हर साल इन ताँगों और इक्कों की दौड़ लखनऊ में होती है। जंगी घोड़े इस दौरान सबके लिए आर्कषण का केन्द्र-बिन्दु होते हैं। घोड़े के खूरों का भी श्रृंगार किया जाता है। पुरानी नाल के स्थान पर नई नाल लगाई जाती हैं। पैरों की सुदंरता बढ़ाने के लिए कशीदाकारी युक्त वस्त्र पैरों में डाले जाते हैं और पीतल या चाँदी के धुंघरू बाँधे जाते हैं।

Q.55 सामाजिक आर्थिक बदलावों ने किस तरह वाहनों को प्रभावित किया?

A. बड़े वाहनों का प्रयोग होने लगा

B. ताँगे का प्रयोग होने लगा

C. हल्के वाहनों का प्रयोग होने लगा

D. भारी का प्रयोग होने लगा

Q.56 घोड़ों के पैरो को किस रूप में सजाया जाता हैं?

A. काशीदाकारी युक्त वस्त्र **B.** कलमकारी युक्त वस्त्र

C. बुनाई वाले वस्त्र **D.** चमकीले वस्त्र

Q.57 ताँगा किस रूप में इक्के से अलग वाहन है?

A. भारी और बड़ा वाहन **B.** भारी और हल्का वाहन

C. छोटा और हल्का **D.** छोटा और भारी वाहन

Q.58 परिवहन के साधन का इस्तेमाल किसके किया जाता है?

A. सामाजिक प्रतिष्ठा **B.** पारिवारिक रहन सहन

C. आर्थिक स्थिति **D.** मूलभूत आवश्यकता

Q.59 ताँगे और इक्के के कितने प्रकार है?

A. चार **B.** दो **C.** तीन **D.** पाँच

Q.60 निम्नलिखित प्रश्न में, चार विकल्पों में से, उस सही विकल्प का चयन करें जो दिए गए पद्य के उचित अलंकार रूप का सबसे अच्छा विकल्प है।
रघुपति राघव राजा राम

A. अनुप्रास अलंकार **B.** यमक अलंकार

C. रूपक अलंकार **D.** उमपा अलंकार

Q.61 निम्नलिखित प्रश्न में, चार विकल्पों में से, उस सही विकल्प का चयन करें जो रेखांकित शब्दों के सही अव्यय के भेद हो-
सीता <u>के आगे</u> रमा खड़ी है।

A. क्रिया विशेषण अव्यय **B.** सम्बन्ध बोधक अव्यय

C. समुच्चय बोधक अव्यय **D.** विस्मयादिबोधक अवयय

Q.62 निम्नलिखित प्रश्न में, चार विकल्पों में से, उस सही विकल्प का चयन करें जो अशुद्ध वाक्य के शुद्ध रूप का सबसे अच्छा विकल्प है।
घूमना सुबह अच्छा है।

A. घूमना अच्छा है सुबह **B.** घूमना सुबह है अच्छा

C. सुबह अच्छा है घूमना **D.** सुबह घूमना अच्छा है

Q.63 निम्नलिखित प्रश्न में, चार विकल्पों में से, उस सही विकल्प का चयन करें जो बताता है कि अनुरूप नीचे दिए गए छंद के प्रत्येक चरण में कितनी मात्राएँ है-
करते अभिषेक पयोद हैं, बलिहारी इस वेश की। हे मातृभूमि ! तू सत्य ही, सगुण - मति सर्वेश की।

A. 15 से 13 के क्रम से 28 **B.** पहले और तीसरे में 12

C. प्रत्येक चरण में 24 **D.** प्रत्येक चरण में 15

Q.64 निम्नलिखित प्रश्न में, चार विकल्पों में से, उस विकल्प का चयन करें जो जो दिए गए मुहावरे का सही अर्थ वाला विकल्प है।
अंग भरना

A. रो पड़ना **B.** गले लगाना

C. बदल जाना **D.** मूर्ख बनाना

Q.65 निम्नलिखित प्रश्न में, चार विकल्पों में से. उस सही विकल्प का चयन करें जो बताता है कि- संयोग और वियोग किस रस के रूप है?

A. वात्सल्य **B.** भयानक **C.** श्रृंगार **D.** अद्‌भुत

Q.66 निम्नलिखित प्रश्न में, चार विकल्पों में से, उस सही विकल्प का चयन करें जो दिर्नेशानुसार वाक्य परिवर्तन वाला सही विकल्प है।
पिता जी पत्र पढ़ रहे है। (कर्मवाच्य)

A. पत्र पिता जी द्वारा पढ़ा गया

B. पिता जी ने पत्र पढ़ा

C. पिता जी के द्वारा पत्र पढ़ा जा रहा है

D. पिता जी से पत्र पढ़वाया जा रहा है

Q.67 योजक चिहन का सही उदाहरण कौन सा है?

A. शिवजी और शिवेश भाई-बहन है

B. हेमा, गुनगुन. माया सहेलियाँ है

C. रोहन ने कहा - मुझे पढाई करनी है

D. मैं घूमने जा रही हूँ

Q.68 निम्नलिखित प्रश्न में, चार विकल्पों में से, दिए गए शब्द के सही समास वाला विकल्प पहचानिये।
सप्तसिंधु

A. सात सिन्धों का समूह **B.** सात सिन्धुओ का समूह

C. सात सिन्धुओं का समूह **D.** सात नदियों का समूह

Q.69 निम्नलिखित प्रश्न में, चार विकल्पों में से, उस विकल्प का चयन करें जो दिए गए शब्द का सही समान अर्थ वाला शब्द है
पत्थर

A. पाषाण **B.** गिरि **C.** नभचर **D.** निर्भय

Q.70 निम्नलिखित प्रश्न में, चार विकल्पों में से, उस विकल्प का चयन करें जो उपर्सग से बना शब्द नहीं हैं।

A. पुनर्जन्म **B.** कुधर्म **C.** आजीवन **D.** दिखावा

Q.71 निम्नलिखित प्रश्न में चार विकल्पों में से, दिए गए शब्द के विपरित अर्थ वाला विकल्प चुनिए।
स्वार्थ

A. परमार्थ **B.** निस्वार्थ **C.** विषाद **D.** वरिष्ठ

Q.72 निम्नलिखित प्रश्न में, चार विकल्पों में से, उस विकल्प का चयन करें जो प्रत्यय से बना है।

A. इंसान **B.** मदद **C.** जादूगर **D.** समझ

Q.73 निम्नलिखित प्रश्न में, चार विकल्पों में से, उस विकल्प का चयन करें जो सही संधि विच्छेद वाला विकल्प है।
अत्यधिक

A. अ + त्याधिक **B.** अति + अधिक

C. अल्प + अधिक **D.** अत + अधिक

Q.74 निम्नलिखित प्रश्न में, चार विकल्प दिए गए है जिनमें से उस विकल्प का चयन करें जो दिए गए पद का सबसे उचित सामासिक युग्मपद है।
आचार

A. खाने की वस्तु **B.** विचार
C. चाल-चलन **D.** अनादर

Q.75 निम्नलिखित प्रश्न में, चार विकल्पों में से, उस विकल्प का चयन करें जो दिए गए शब्द का सही समान अर्थ वाला शब्द है।
दुविधा

A. धर्मसंकट **B.** यथातथ्य **C.** विस्तृत **D.** होनहार

Numerical Ability

Q.76 13 से विभाजित होने वाली सबसे छोटी-अंकीय संख्या को 16 से विभाजित किया गया है। शेषफल ज्ञात करें।

A. 4 **B.** 5 **C.** 6 **D.** 8

Q.77 6,561 के वर्गमूल को ज्ञात करके इस संख्या को अपने वर्गमूल से विभाजित किया जाता है। परिणाम ज्ञात करें।

A. 3 **B.** 9 **C.** 27 **D.** 81

Q.78 किसी वृत्त के व्यास को दुगुना किया गया। उसका क्षेत्रफल कितना बढ़ जाएगा?

A. 2 गुना **B.** 4 गुना **C.** 8 गुना **D.** 16 गुना

Q.79 X के बैंक खाते में 86.54 रुपये शेष हैं। 55.31 रुपये की जमा और 84.33 रुपये की निकासी के बाद शेष राशि क्या होगी?

A. 57.52 रुपये **B.** 58.52 रुपये
C. 57.58 रुपये **D.** 58.58 रुपये

Q.80 एक संख्या को 3,003 से गुणा किया जाता है और फिर 7, 11 और 13 के ल.स. द्वारा विभाजित किया जाता है और फिर स्वयं इसके ही द्वारा विभाजित किया जाता है। परिणाम ज्ञात कीजिए।

A. 1 **B.** 2 **C.** 3 **D.** 4

Q.81 यदि (10x +5) : (42x + 8), 5:8 का तिगुना अनुपात है, तो x^3 ज्ञात करें।

A. 1,000 **B.** 1,331 **C.** 1,728 **D.** 2,197

Q.82 40 के वर्ग के 40% का चौथाई भाग ज्ञात करें।

A. 120 **B.** 140 **C.** 160 **D.** 180

Q.83 यदि विक्रय मूल्य तीन गुना किया जाता है, तो लाभ 5 गुना हो जाता है, लाभ ज्ञात कीजिए।

A. 80% **B.** 100% **C.** 125% **D.** 150%

Q.84 X, 42,000 रुपये में एक स्कूटर खरीदता है। वह मरम्मत पर 6,000 रुपये व्यय करता है और स्कूटर को 54,000 रुपये में बेचता है। उसका लाभ क्या है?

A. 10% **B.** 12.5% **C.** 15% **D.** 17.5%

Q.85 110 रुपये की लागत वाली एक वस्तु 104.5 रुपये में बेची गयी। कितनी छूट दी गई थी?

A. 4% **B.** 5% **C.** 6% **D.** 7%

Q.86 चक्रवृद्धि ब्याज पर निवेशित एक राशि पर 2 वर्ष में 1,600 रुपये और 3 वर्ष में 1,680 रुपये हो जाती है। ब्याज दर ज्ञात कीजिए।

A. 5% **B.** 6% **C.** 5.5% **D.** 6.5%

Q.87 1 वर्ष में 4% प्रतिवर्ष चक्रवृद्धि ब्याज पर निवेशित 25,000 रुपये की राशि अर्धवार्षिक रूप से समायोजित होने पर कितनी हो जाएगी?

A. 25,980 रुपये **B.** 26,010 रुपये
C. 26,100 रुपये **D.** 26,001 रुपये

Q.88 A ने 75,000 रुपये के साथ एक व्यवसाय शुरू किया। 37,500 रुपये के साथ B कुछ समय बाद जुड़ जाता है। यदि वर्ष के अंत में लाभ 3 : 1 के अनुपात में साझा किया जाता है तो कितने महीनों के बाद B शामिल हुआ?

A. 4 **B.** 5 **C.** 6 **D.** 7

Q.89 एक छात्र के अंक 68 के बजाय 88 के रूप में दर्ज किए.गए थे। इस कारण, कक्षा के औसत अंक 0.5 से बढ़ गए। कक्षा में छात्रों की संख्या क्या है?

A. 10 **B.** 20 **C.** 30 **D.** 40

Q.90 A.B से दुगुना कुशल है. और B.C से तिगुना कुशल है। यदि अकेले C कोई काम 30 दिनों में पूरा कर सकता है, तो वे एक साथ मिलकर उस काम को कितने दिनों में पूरा कर सकते है।

A. 3 **B.** 4 **C.** 5 **D.** 6

Q.91 एक हवाई जहाज 4 घंटे में 250 किमी/घंटे की गति से एक निश्चित दूरी तय करता है। 1 घंटे और 40 मिनट में समान दूरी को तय करने के लिए, इसकी गति क्या होनी चाहिए?

A. 500 किमी/घंटे **B.** 550 किमी/घंटे
C. 600 किमी/घंटे **D.** 675 किमी/घंटे

Q.92 ठहराव को छोड़कर, एक बस एक घंटे में 45 किमी तय करती है और ठहराव सहित, यह 36 किमी तय करती है। एक घंटे में बस कितने मिनट के लिए रुकती है?

A. 10 **B.** 10.8 **C.** 12 **D.** 12.5

Q.93 एक आयत की लंबाई और चौड़ाई का अनुपात 6 : 5 है और इसका क्षेत्रफल 6,750 सेमी2 है। आयत की चौड़ाई और क्षेत्रफल का अनुपात ज्ञात कीजिए।

A. 1 : 80 **B.** 1 : 84 **C.** 1 : 100 **D.** 1 : 90

Q.94 11 द्वारा विभाज्य सबसे छोटी 4-अंकों वाली संख्या के अंकों के योग और 13 द्वारा विभाज्य सबसे छोटी 4-अंकों वाली संख्या के अंकों के योग का गुणनफल ज्ञात कीजिए।

A. 1 **B.** 2 **C.** 4 **D.** 6

Q.95 निम्न में से कौन सी श्रृंखला इस तर्क पर बनी है:
G, I, K, M, O

A. X, Z, B, D, F **B.** X, Y, B, D, E
C. P, S, U, V, W **D.** K, L, N, Q, S

Q.96 निम्नलिखित श्रृंखला में लुप्त मान ज्ञात कीजिये:
A 1 C , E 4 H, I 9 M, M 16 R, _____.

A. 125K **B.** Q25W **C.** M36J **D.** Q36X

Q.97 विकल्पों में से कौन सा युग्म निम्नलिखित श्रृंखला को पूर्ण करेगा:
A, F, K, _____, U, _____

A. Q, Y **B.** Q, Z **C.** P, Y **D.** P, Z

Q.98 एक इलाके में चार दोस्त रहते हैं। A का घर, B के पश्चिम में है। B का घर, C के दक्षिण में है और C का घर, D के पूर्व में है। B का घर, D के किस दिशा में है?

A. उत्तर-पूर्व **B.** दक्षिण-पूर्व
C. उत्तर-पश्चिम **D.** दक्षिण-पश्चिम

Q.99 Y, 6 मीटर पश्चिम में चलता है, फिर दाएं मुड़ता है और 8 मीटर चलता है। अपने प्रारम्भिक बिंदु पर वापस पहुचने के लिए उसके द्वारा चली गई न्यूनतम आवश्यक दूरी क्या होगी?

A. 6 मी **B.** 8 मी **C.** 14 मी **D.** 10 मी

Q.100 ग्राम A, ग्राम B के पश्चिम में स्थित है, जो कि ग्राम C के दक्षिण में है, जो कि ग्राम D के पश्चिम में है, तो ग्राम D के संबंध में ग्राम A किस दिशा में है?

A. उत्तर-पूर्व **B.** दक्षिण-पूर्व
C. उत्तर-पश्चिम **D.** दक्षिण-पश्चिम

Q.101 X दक्षिण दिशा में 15 मीटर चलता है, फिर बाएं मुड़कर 15 मीटर चलता है और फिर बाएं मुड़कर 15 मीटर चलता है। वह अपने प्रारंभिक स्थिति से कितनी दूर और किस दिशा में है?

A. 15 मी उत्तर **B.** 15 मी पूर्व

C. 15 मी दक्षिण **D.** 15 मी पश्चिम

Q.102 प्रश्न में एक कथन दिया गया है, उसके बाद दो निष्कर्ष - I और II दिए गए है। आपको कथन को सत्य मानना है, भले ही यह सामान्य रूप से ज्ञात तथ्यों से भिन्न हो। आपको यह तय करना होगा कि दिए गए निष्कर्षों में से कौन सा निष्कर्ष, यदि कोई है, कथन का अनुसरण करता है।

कथन 1: कोई भी देश इन दिनों पूर्ण रूप से आत्म निर्भर नहीं है

निष्कर्ष I: किसी देश द्वारा अपनी सभी आवश्यकताओं का विकास और उत्पादन करना असंभव है।

निष्कर्ष II: सामान्य रूप से देशवासी आलसी हो गए हैं।

A. केवल निष्कर्ष I अनुसरण करता है

B. केवल निष्कर्ष II अनुसरण करता है

C. I और II दोनों अनुसरण करते है

D. न तो I और न ही II अनुसरण करता है

Q.103 निम्नलिखित प्रश्न में एक कथन और उसके बाद दो तर्क 1 और 2 दिए गये हैं। आपको दिए गये कथन को सत्य मानना है, भले ही वे ज्ञात तथ्यों से अलग प्रतीत होते हों। आपको यह तय करना है कि दिए गए तर्कों में से यदि कोई है तो, कौन-सा तर्क दिए गए कथन का अनुसरण करता है।

कथन: क्या दिल्ली में नए बड़े उद्योग शुरू किए जाने चाहिए?

तर्क 1: नहीं, यह शहर के प्रदूषण को बढ़ाएगा

तर्क 2: हाँ, यह रोजगार के अवसर प्रदान करेगा।

A. केवल तर्क 1 प्रबल है

B. केवल तर्क 2 प्रबल है

C. दोनों तर्क 1 और 2 प्रबल हैं

D. न तो तर्क 1 और न ही 2 प्रबल है

Q.104 प्रश्न में दो कथन दिए गए हैं। इसके बाद तीन निष्कर्ष; I, II और III दिए गए है। आपको कथन को सत्य मानना है, भले ही यह सामान्य रूप से ज्ञात तथ्यों से भिन्न हो। आपको यह तय करना होगा कि दिए गए निष्कर्षों में से कौन सा निष्कर्ष, यदि कोई है, कथनों का अनुसरण करता है।

कथन 1: कई व्यावसायिक कार्यालय 2 से 8 मंजिलों वाली इमारतों में स्थित हैं।

कथन 2: यदि किसी इमारत में 3 से अधिक मंजिलें हैं, तो उसमें एक लिफ्ट है।

निष्कर्ष I: लिफ्ट द्वारा सभी मंजिलों पर पंहुचा जा सकता है

निष्कर्ष II: केवल तीसरी मंजिल से ऊपर की मंजिलों में लिफ्ट है

निष्कर्ष III: 7वीं मंजिल पर लिफ्ट हैं।

A. केवल निष्कर्ष I अनुसरण करता है

B. केवल निष्कर्ष II अनुसरण करता है

C. केवल निष्कर्ष III अनुसरण करता है

D. सभी तीनों अनुसरण करते हैं

Q.105 शब्द "FLAMBOYANT" के अक्षरों से कौन सा शब्द नहीं बनाया जा सकता है?

A. Lamb **B.** Bout **C.** Moan **D.** Boat

Q.106 निम्नलिखित में से किस शब्द के अक्षर वर्णानुक्रम में हैं?

A. Shade **B.** Heart **C.** Billow **D.** Charge

Q.107 निम्नलिखित प्रश्न में दिए गए विकल्पों में से संबंधित शब्द का चयन कीजिये।

हिरन : हिरणी का बच्चा :: घोड़ा : ?

A. मेमना **B.** घोड़े का बच्चा

C. बछड़ा **D.** मेंढक

Q.108 निम्नलिखित विकल्पों में से प्रत्येक में शब्दों का एक युग्म है। प्रश्न में युग्म के साथ मिलते हुए सबसे उचित युग्म का चयन कीजिये।

दौड़ना : चलना

A. भारी वर्षा : बूंदा बांदी

B. धीरे-धीरे दौड़ना : दौड़ना

C. गोता लगाना : तैरना

D. उछलना : सरपट दौड़ना

Q.109 दिए गए विकल्पों में से संबंधित अक्षरों का चयन कीजिये।

EH : VS :: MJ : ?

A. OQ **B.** NR **C.** QM **D.** NQ

Q.110 वह विकल्प चुनिए जो दिए गए समूह/वर्ग का सदस्य हो सकता है।

ताला लगना, बंद करना, बाँधना

A. खोलना **B.** खिड़की **C.** बंद **D.** दरवाजा

Q.111 लुप्त संख्या ज्ञात कीजिये:

1, 4, 27, 256, ____

A. 3,125 **B.** 625 **C.** 720 **D.** 2,500

Q.112 श्रृंखला में लुप्त संख्या (X और Y) ज्ञात कीजिये और Y + X का मान ज्ञात कीजिये:

20, 22, 24, 26, X, 32, 36, Y

A. 62 **B.** 64 **C.** 66 **D.** 68

Q.113 उन संख्या युग्मों को ज्ञात कीजिये जो दिए गए स्वरुप में उपयुक्त होंगे:

11, 121, 1331, 14641, ?

A. 161051 **B.** 131050 **C.** 160051 **D.** 160050

Reasoning Ability

Q.114 दी गई श्रेणी में एक शब्द लुप्त है। दिए गए विकल्पों में से उचित विकल्प चुनिए जो श्रेणी को पूर्ण करता हो।

ZBA, YDC, XFE, WHG VIJ, ?

A. KLU **B.** HIJ **C.** URS **D.** ULK

Q.115 दी गई श्रेणी में एक पद लुप्त है। दिए गए विकल्पों में से उचित विकल्प चुनिए जो श्रेणी को पूर्ण करता हो।

EEEEEFFFFF, FEEEEFFFFE, FFEEEFFFEE, FFFEEFFEEE, FFFFEFEEEE, ?

A. FFFFEEEE **B.** EFFFFEEEEF

C. FFFFFEEEEE **D.** FFFEFEFEEE

Q.116 दी गई श्रेणी में एक संख्या लुप्त है। दिए गए विकल्पों में से उचित विकल्प चुनिए जो श्रेणी को पूर्ण करता हो।

-4.5, -2.6, -0.7, ?, 3.1

A. 1.4 **B.** 1.2 **C.** 1 **D.** 1.6

Q.117 यदि किसी महीने का चौथा दिन रविवार है, तो निम्नलिखित में कौन सा दिन उसी महीने के तीसवें दिन के पहले का छठा दिन होगा?

A. रविवार **B.** मंगलवार **C.** शनिवार **D.** शुक्रवार

Q.118 एक श्रेणी दी गई है, जिसमें एक पद लुप्त है। दिए गए विकल्पों में से उचित विकल्प चुनकर श्रेणी को पूर्ण करें।

AIZI, X3C3, E3 V4, T9G7, ?

A. H2OR11 **B.** 127R11 **C.** 127S12 **D.** H2OS12

Q.119 किसी कूट भाषा में 817 का अर्थ है 'cotton makes thread', 827 का अर्थ है 'thread makes cloth' और 213 का अर्थ है 'soft cotton cloth','soft' के लिए कूट ज्ञात करें।

A. 3 **B.** 1 **C.** 2 **D.** 7

Q.120 किसी विशेष कोड में, **SLOB** को **4379** लिखा जाता है और **FATE** को 2685 लिखा जाता है। इस कोड में **LOFT** कैसे लिखा जाएगा?

A. 7539 **B.** 5626 **C.** 3728 **D.** 2091

Q.121 किसी विशेष कूट भाषा में '+', 'x' को प्रस्तुत करता है. '-', '+' को प्रस्तुत करता है, 'x' '÷' को प्रस्तुत करता है और '÷' '-' प्रस्तुत करता और '÷' , '-' को प्रस्तुत करता है। निम्नलिखित प्रश्न का उत्तर ज्ञात करें।

16 ÷ 8 x 4 - 2 + 1 = ?

A. 22 **B.** 27 **C.** 16 **D.** 13

Q.122 यदि **HOLIDAY** को **ELIFAXV** के रूप में कूटबद्ध किया जाता है, तो **SUM** को कैसे कूटबद्ध किया जाएगा?

A. PRJ **B.** EHK **C.** LOR **D.** SVY

Q.123 यदि A@B का अर्थ है कि A, B का बेटा है, A B का अर्थ है कि A, B का भाई है और यदि A * B का अर्थ है कि A, B की मां है, तो X # Y @ Z * W का क्या अर्थ है यदि Z के 2 बेटे और एक बेटी है?

A. W,X की बहन है **B.** W,X का भाई है

C. W, X का पुत्र है **D.** W,X की पुत्री है

Q.124 P % Q का अर्थ है कि P, Q का पिता है; P ! Q का अर्थ है कि P.Q की बहन है और P * Q का अर्थ है कि P, Q की पुत्री है निम्नलिखित में से क्या दर्शाता है कि P, S की बहन का पति है?

A. P * Q % R ! S **B.** P % Q ! R * S

C. P * Q ! R % S **D.** P % Q * R ! S

Q.125 K ने L से कहा कि, "तुम मेरे पति के दामाद की बेटी हो।"L,K से किस तरह संबंधित है?

A. L,K की नातिन है **B.** L,K की पुत्री है

C. L,K का दामाद है **D.** L,K का पिता है

Q.126 निम्नलिखित आकृति में, वर्ग लोकतंत्रवादियों को दर्शाता है, त्रिभुज शिल्पकारों को दर्शाता है. वृत्त भारतीयों को दर्शाता है और आयताकार पिताओं को दर्शाता है। अक्षरों का कौन सा सेट/ कौन सा अदार उन भारतीयोकोदर्शाता है जो लोकतंत्रवादी हैं।

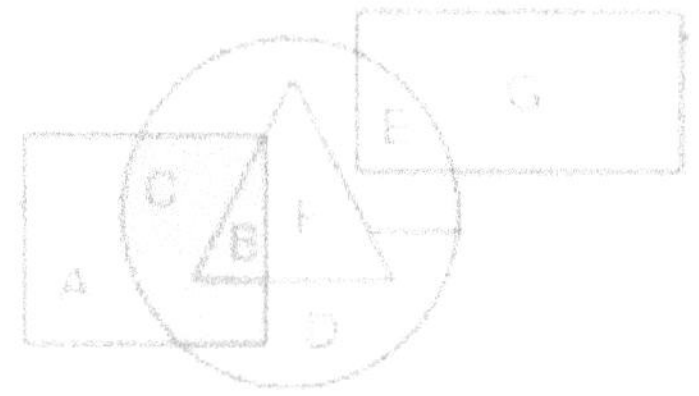

A. E **B.** BF **C.** B **D.** CB

Q.127 निम्नलिखित में से कौन सा तेन आरेख त्रिकोण, षटकोण और ज्यामितीय आकृतियों के बीच के संबंध को सबसे अच्छा दर्शाता है?

A. 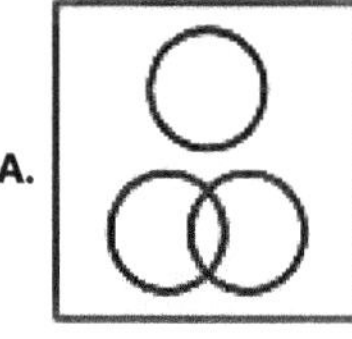

B.  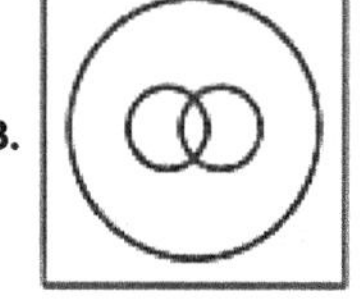

C. 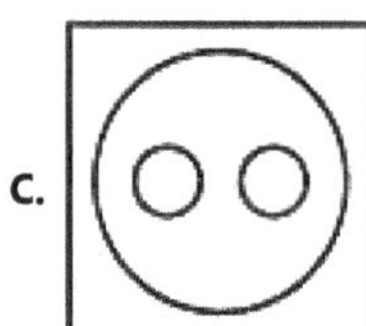

D. 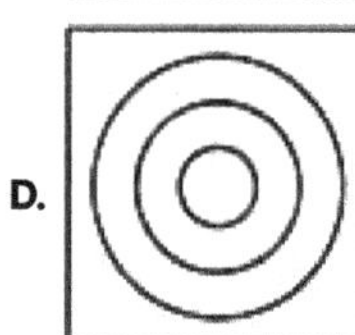

एक महिला ने बजन कम करने के लिए छह महीने के एक प्रोग्राम में भाग लिया है। प्रोग्राम शुरू करने से पहले उसका वजन 100 kg था। रेखा आरेख प्रत्येक महीने के अंत में kg में उसके वजन को दिखाता है। पिछले महीने की तुलना में कितने महीनों में उसका वजन कम होने की बजाय बढ़ा है?

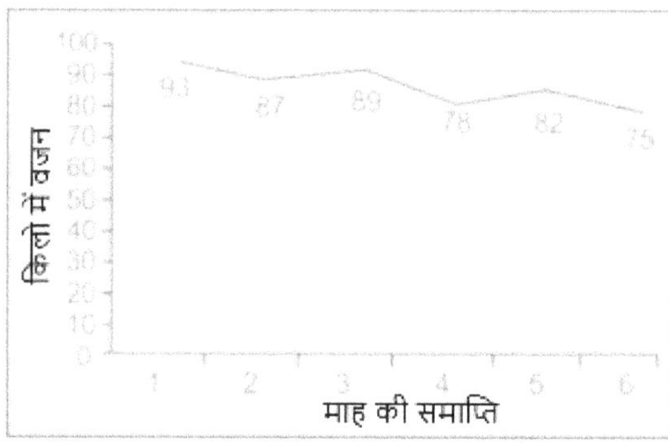

A. 1 **B.** 3 **C.** 2 **D.** 4

Q.129 बार आरेख सप्ताह के विभिन्न दिनों में एक संग्रहालय में आगंतुकों की संख्या को दिखाता है। शनिवार को आगंतुकों की संख्या गुरुवार के आगंतुकों की संख्या से ________% कम थी।

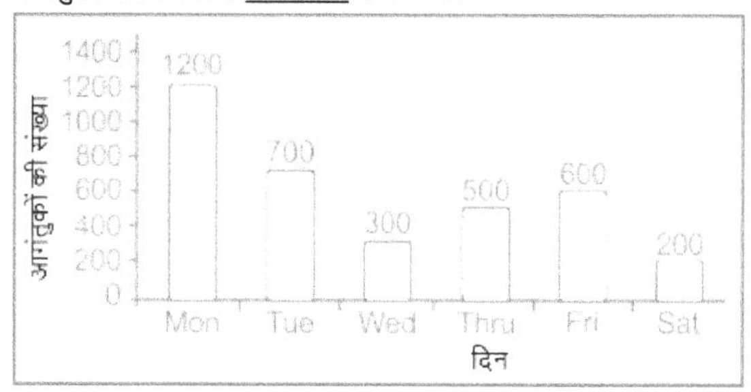

A. 300 **B.** 200 **C.** 60 **D.** 50

Q.130 खराद मशीन का उपयोग करके वस्तु A को तैयार करने में 12 घंटे लगते हैं और वस्तु B को तैयार करने में 15 घंटे लगते हैं। वस्तु A के लिए ड्रिलिंग का समय वस्तु B के ड्रिलिंग समय से ____% कम है।

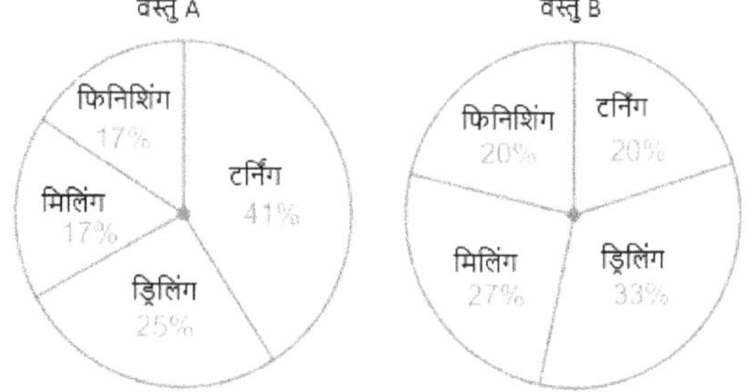

A. 25 **B.** 66.67 **C.** 39.39 **D.** 100

Q.131 कौन सा शब्द अन्य शब्दों से अलग है?

A. दौड़ना **B.** नींद

C. धीरे-धीरे दौड़ना **D.** चलना

Q.132 विषम अक्षर विकल्प का पता लगाएं।

A. LKM **B.** EDC **C.** IHG **D.** SRQ

Q.133 उस आकृति को चुनें जो बाकी आकृतियों से अलग है।

A. 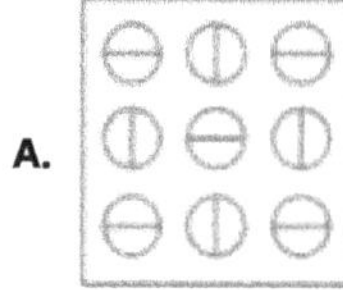

B. 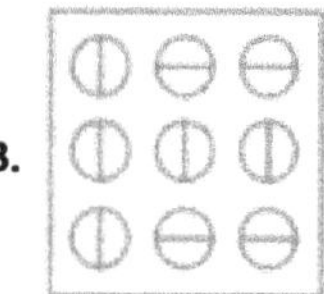

C. 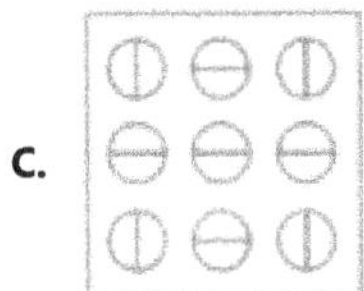 **D.** 

Q.134 उस आकृति को चुनें जो बाकी आकृतियों से अलग है।

A. 

B. 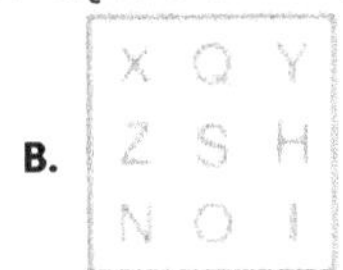

C. 

D. 

Q.135 दिए गए विकल्पों में से संबंधित शब्द का चयन करें।
बंदूक: गोलियां :: टॉर्च:?

A. आग **B.** बैटरियां **C.** अंधेरा **D.** मोमबत्ती

Q.136 दिए गए विकल्पों में से संबंधित संख्या का चयन कीजिए।
125. 3 : 5 : : 14641.4 : ?

A. 11 **B.** 6 **C.** 4 **D.** 14

Q.137 दी गयी उत्तर आकृतियों में से, वह आकृति चुनिए जिसमें प्रश्न आकृति छिपी/निहित है।

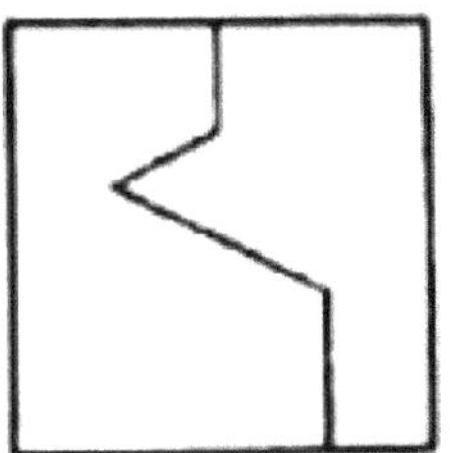

A. 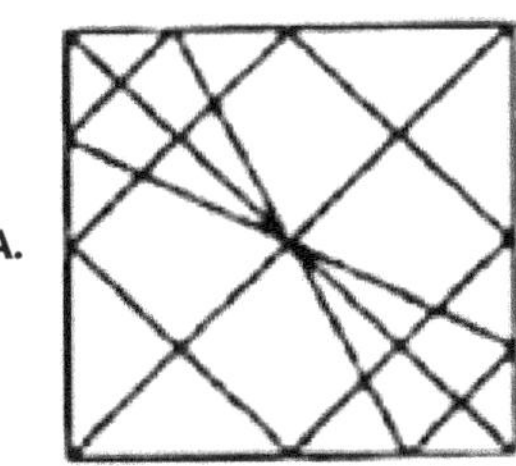

B. 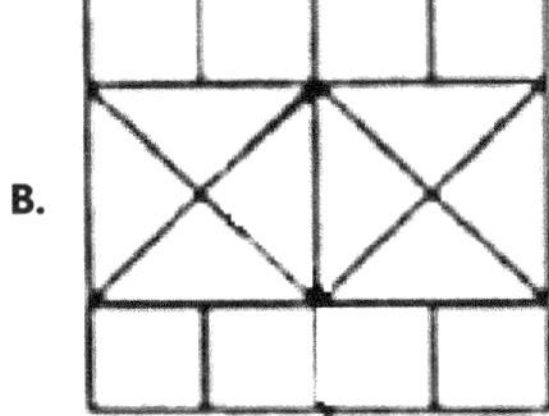

C. 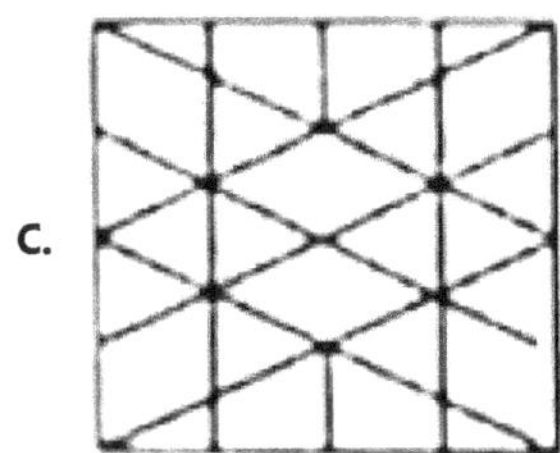

D. 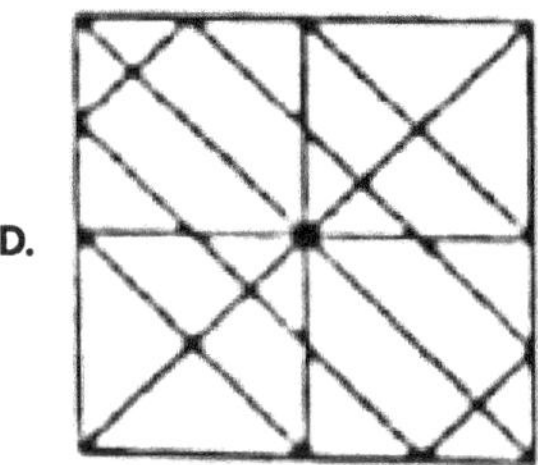

Q.138 कौन सी उत्तर आकृति प्रश्न आकृति में स्वरूप को पूरा करेगी?

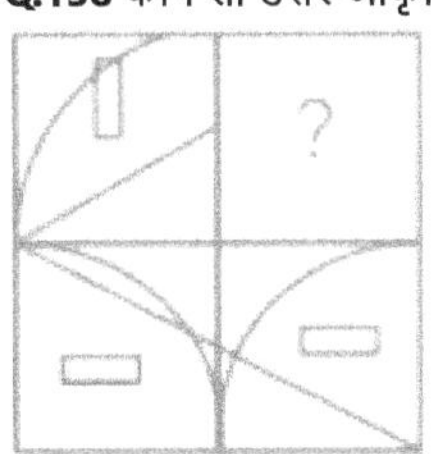

A. 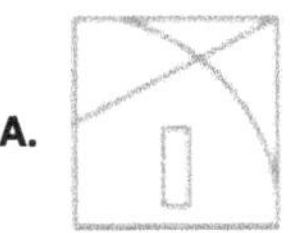 **B.** 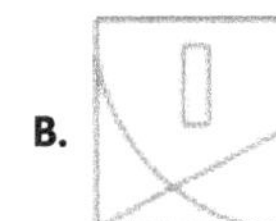

C.  **D.** 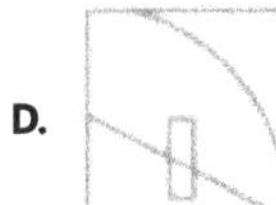

Q.139 दिये गये विकल्पों में से कौन सी उत्तर आकृति प्रतिरूप को जोड़ कर प्रश्न मे दी गई आकृति बनायी जा सकती है?

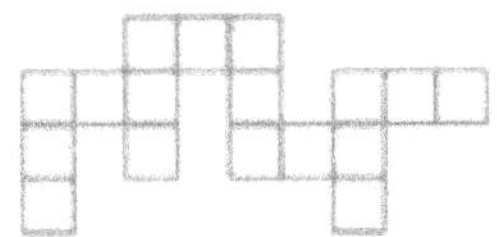

A. 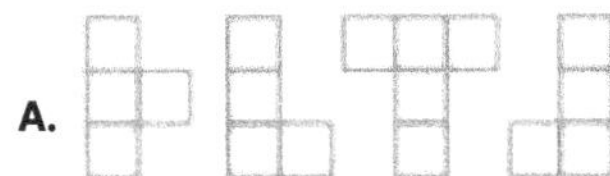

B. 

C. 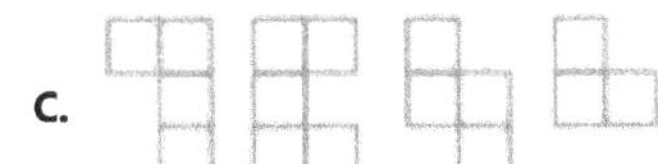

D. 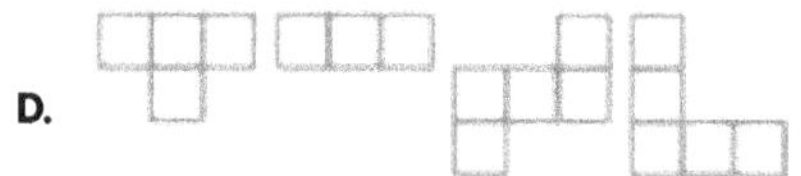

Q.140 निम्नलिखित विकल्प मे दिए गये आकृति में से कौन सा घन, प्रश्न आकृति में दिए गये खुले घन के आधार पर नहीं बनाया जा सकता है?

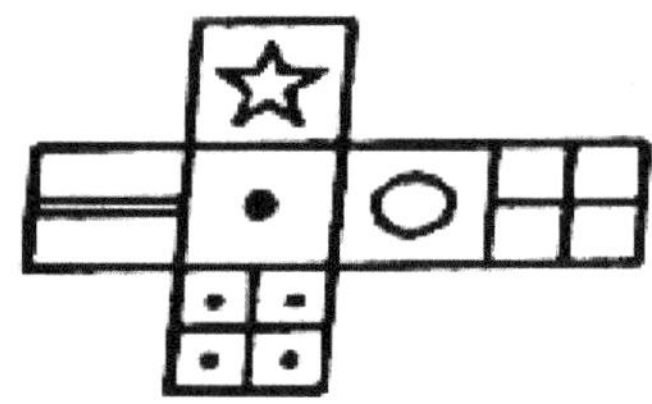

A. 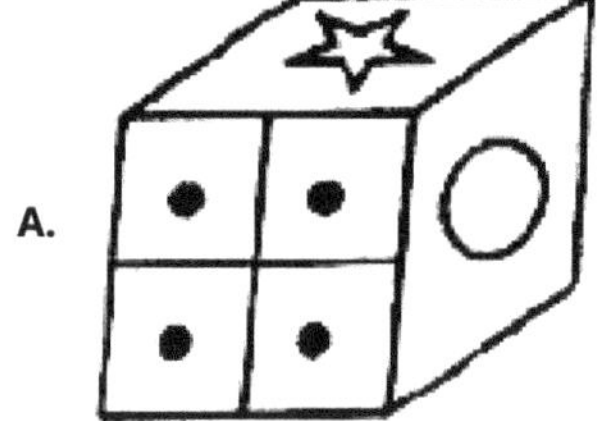

B. 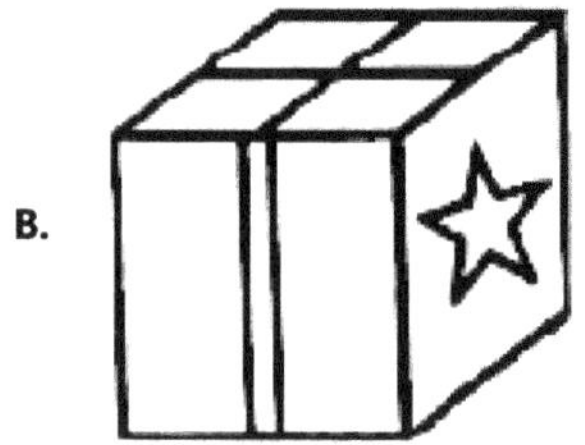

C. 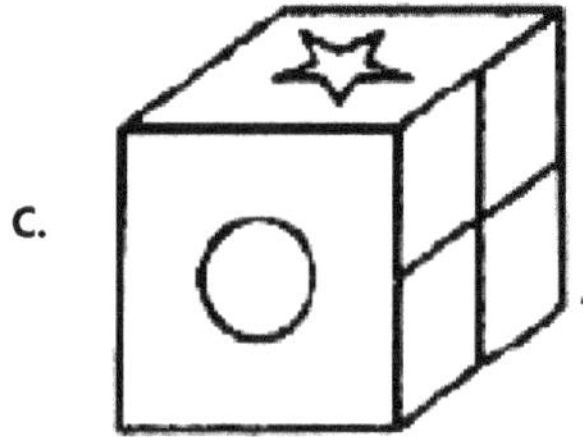

D. 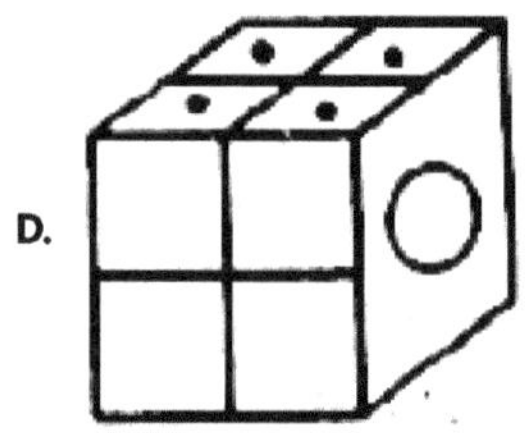

Ques (141-143):दिए गए प्रश्नों का उत्तर देने के लिए निम्नलिखित जानकारी पढ़िए। गाने की प्रतियोगिता के टी. वी शो का जज बनने हेतु निम्नलिखित शर्तें हैं।A) व्यक्ति ने गायन या संगति में कम से कम एक पुरस्कार जीता हो।B) व्यक्ति ने संगीत के क्षेत्र में कम से कम 10 वर्ष तक काम किया हो।c) व्यक्ति को कम से कम 3 भाषाएँ आती हो।D) व्यक्ति को अपनी वार्षिक आय का कम से कम 10% प्रतियोगिता के विजेता को देने के लिए तैयार होना चाहिए।E) व्यक्ति की आयु 35 वर्ष से कम और 70 वर्ष से अधिक नहीं होनी चाहिए। हालाँकि, इसको छोड़कर यदि कोई उम्मीदवार अन्य सभी मानदंडों को पूर्ण करता है।1) B उपरोक्त; यदि व्यक्ति इन मानदंडों को पूर्ण नहीं करता है तो उसके आवेदन को विचार के लिए रखा जाएगा।2) D उपरोक्त; यदि व्यक्ति ने अपने जीवनकाल में एक बार भी अपनी वार्षिक आय का 50% दान में दिया है तो उसे इस शर्त से छूट दी जाएगी।3) E उपरोक्तः यदि व्यक्ति इन शर्त को पूर्ण नहीं करता है परन्तु अन्य सभी शर्तों को पूर्ण करता है तो उसका आवेदन विचार के लिए रखा जाएगा।दिए गए इन मानदंडों और जानकारी के आधार पर, प्रत्येक केस में क्रियाविधि तय करें। आप कुछ भी कल्पना नहीं कर सकते हैं।

Q.141 व्यक्ति A, 40 वर्ष का है, वह प्रतियोगिता के विजेता को अपनी वार्षिक आय का 10% दान करना चाहता है। उन्होंने संगीत उद्योग में अपने 15 वर्षों के अनुभव में 3 पुरस्कार जीते हैं और केवल हिंदी और अंग्रेजी में बोल सकते हैं।

A. जज बना दिया

B. जज नहीं बनाया गया

C. आवेदन को रोक कर रखा गया

D. विवरण अपर्याप्त है

Q.142 व्यक्ति B एक प्रतियोगिता के विजेता को अपनी वार्षिक आय का 5% दान करने को इच्छुक है। उन्होंने अपने किशोरावस्था में संगीत उद्योग में प्रवेश करने के बाद से इसमें 30 वर्षों तक काम किया है। वह हिंदी, अंग्रेजी, तमिल और उनकी मातृभाषा में बात कर सकते हैं। वर्ष 2016 में उन्होंने बाढ़ राहत के लिए 7 लाख दान दिए थे, जब उनकी वार्षिक आय 12 लाख थी।

A. जज बना दिया

B. जज नहीं बनाया

C. आवेदन को रोक कर रखा गया

D. विवरण अपर्याप्त है

Q.143 नीचे दिए गए इन मानदंडों और जानकारी के आधार पर प्रत्येक मामले में कार्यवाही का निर्णय लें। आप कुछ भी अपने आप से मान नही व्यक्ति ने संगीत उद्योग में अपने 25 वर्षों के अनुभव में 5 पुरस्कार जीते हैं। उन्होंने भूकंप राहत के लिए वर्ष 2017 में अर्जित अपनी पूरी वार्षिक आय दान की थी। वह अंग्रेजी, फ्रेंच और हिंदी में अस्खलित बोल सकती है।

A. जज बना दिया

B. जज नहीं बनाया

C. आवेदन को रोक कर रखा गया

D. विवरण अपर्याप्त है

Q.144 निम्नलिखित में से कौन सा उत्तर आकृति स्वरूप प्रश्न आकृति में दी गई श्रृंखला को पूरा कर सकती है?

A. 

B.

C.

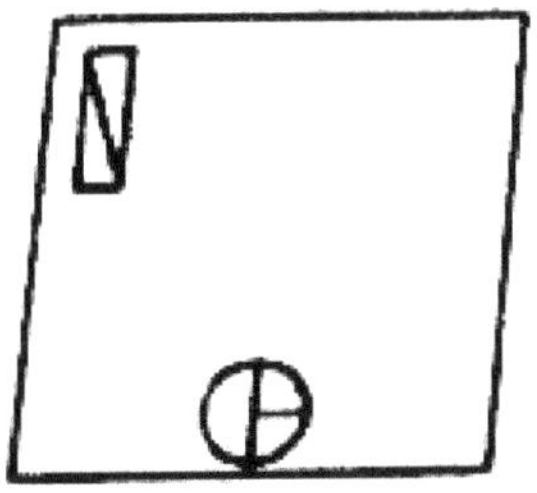

D.

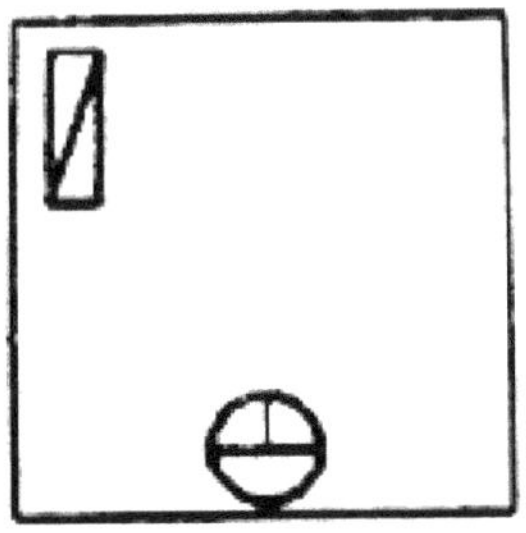

Q.145 निम्नलिखित में से कौन सा उत्तर आकृति स्वरूप प्रश्न आकृति में दी गई श्रृंखला को पूरा कर सकती है?

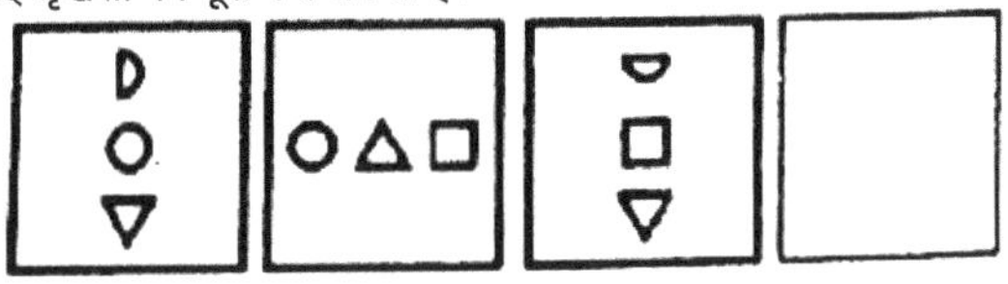

A.

B.

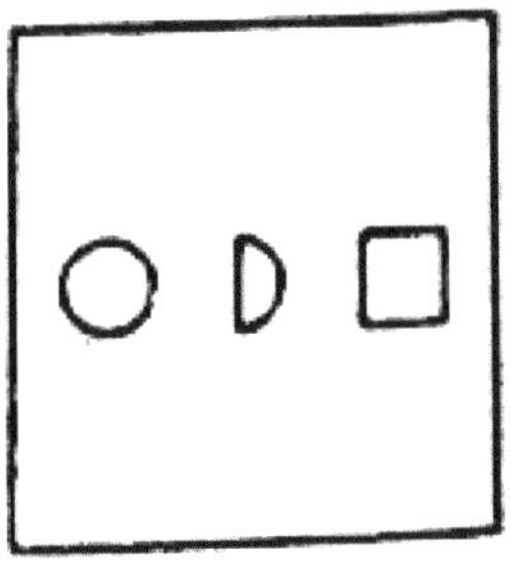

C.

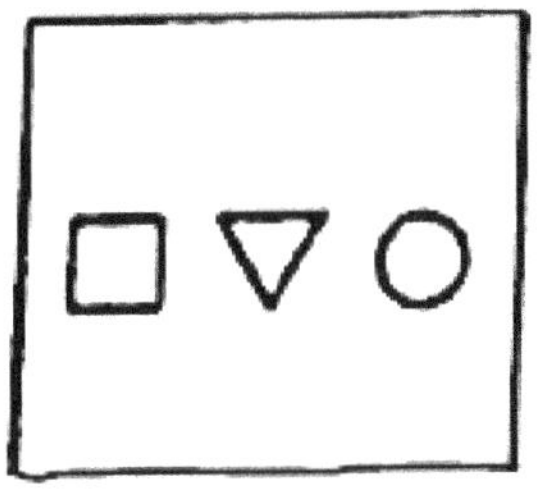

D.

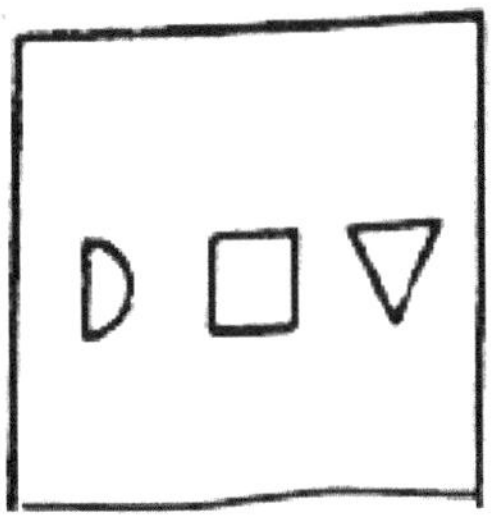

Q.146 दी गई आकृति बनाने के लिए आवश्यक न्यूनतम रेखाए क्या हैं?

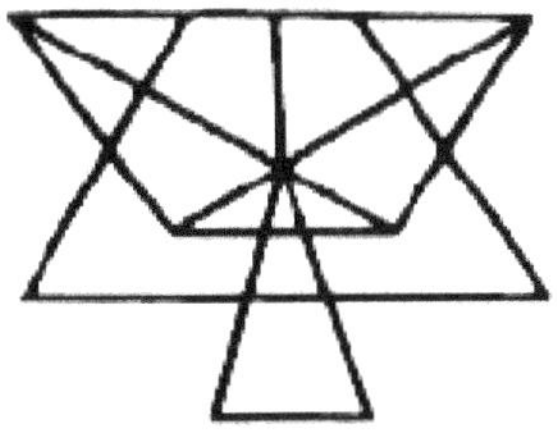

A. 12 **B.** 15 **C.** 14 **D.** 13

Q.147 यदि एक दर्पण को MN की रेखा पर रखा जाता है, तो उत्तर दिए गए आंकड़ों में से कौन सा चित्र दिए गए चित्र की दर्पण छवि है?

M N

A.

B.

C.

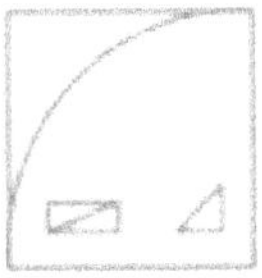

D.

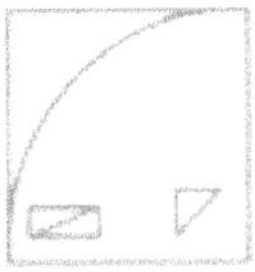

Q.148 प्रश्न आकृति में नीचे दिखाए अनुसार पेपर के टुकड़े को फोल्ड और पंच किया गया है। दी गई उत्तर आकृतियों से. इंगित करें कि इसे खोले जाने पर यह कैसा दिखाई देगा।

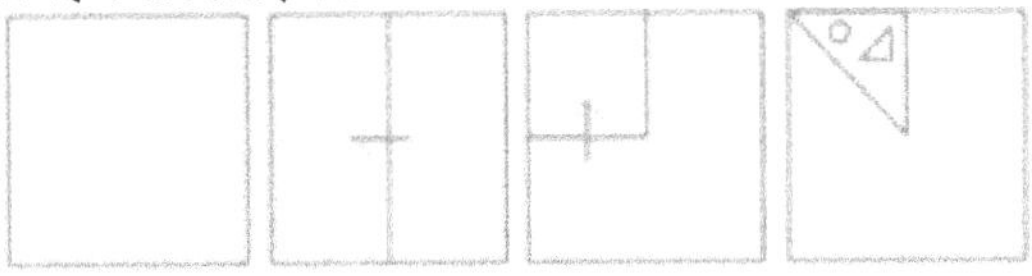

A. 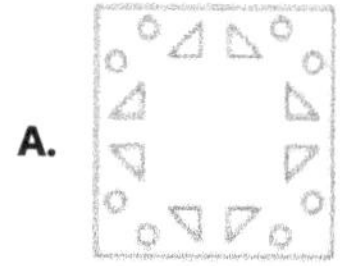

B. 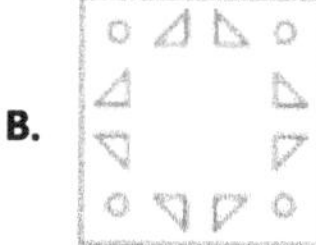

C. 

D. 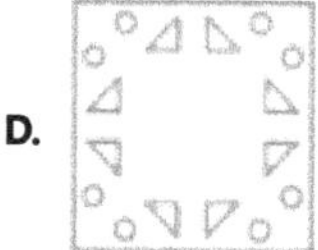

Q.149 एक अंग्रेजी शब्दकोश में उनके आदेश के अनुसार निम्नलिखित शब्दों को व्यवस्थित करें और पहले आने वाले को चुनें।

Refocus; Refinery; Reflexes; Reflector

A. Refocus **B.** Refinery

C. Reflector **D.** Reflexes

Q.150 एक श्रृंखला दी गई है, जिसमें एक शब्द गायब है। दिए गए विकल्पों में से सही विकल्प चुनें जो श्रृंखला को पूरा करेगा।

Terrain, Intuitive, Venture, Rearrange,?

A. Gender **B.** Virtual

C. Strategy **D.** Suspense

// स्मार्ट उत्तर पुस्तिका //

सही उत्तर उन छात्रों का प्रतिशत जिन्होंने प्रश्नों का सही उत्तर दिया था। **छोड़ दिया** उन छात्रों का प्रतिशत जिन्होंने प्रश्नों को छोड़ दिया था।

प्रश्न संख्या	उत्तर	सही उत्तर	छोड़ दिया
1	C	54.8 %	43.37 %
2	C	83.7 %	15.6 %
3	D	47.53 %	37.35 %
4	A	48.36 %	51.47 %
5	C	76.02 %	21.55 %
6	D	44.16 %	49.02 %
7	D	59.03 %	38.4 %
8	C	86.99 %	12.15 %
9	B	55.4 %	38.17 %
10	A	48.37 %	40.54 %
11	B	25.44 %	72.4 %
12	D	40.69 %	43.71 %
13	B	49.97 %	30.75 %
14	C	27.37 %	67.01 %
15	D	84.54 %	11.2 %
16	A	41.32 %	43.58 %
17	D	77.79 %	15.59 %
18	A	50.65 %	46.94 %
19	C	83.43 %	15.65 %
20	D	80.45 %	15.72 %
21	A	63.92 %	31.52 %
22	B	58.01 %	34.72 %
23	C	89.09 %	10.91 %
24	D	50.69 %	35.33 %
25	B	66.12 %	32.16 %
26	B	55.59 %	36.01 %
27	A	40.35 %	57.96 %
28	A	57.86 %	31.69 %
29	D	81.27 %	18.64 %
30	C	83.3 %	12.96 %
31	D	63.7 %	35.9 %
32	D	84.78 %	10.59 %
33	C	68.72 %	30.79 %
34	C	43.59 %	46.62 %
35	C	67.16 %	30.82 %
36	C	60.18 %	36.99 %
37	D	87.1 %	11.01 %
38	D	66.68 %	30.36 %
39	A	81.25 %	16.12 %
40	A	49.77 %	37.67 %
41	B	81.68 %	10.17 %
42	B	63.07 %	36.73 %
43	D	86.07 %	12.43 %
44	A	81.55 %	16.15 %
45	B	52.97 %	44.33 %
46	A	65.19 %	30.44 %
47	D	62.21 %	35.64 %
48	A	77.35 %	20.27 %
49	C	59.36 %	38.55 %
50	A	69.82 %	30.07 %
51	A	27.36 %	71.44 %
52	A	16.33 %	80.18 %
53	A	57.22 %	32.72 %
54	A	41.03 %	32.71 %
55	C	40.11 %	51.2 %
56	A	65.82 %	31.93 %
57	A	83.82 %	12.24 %
58	A	59.82 %	33.47 %
59	C	50.84 %	42.97 %
60	A	41.72 %	36.46 %
61	A	42.39 %	45.93 %
62	D	41.58 %	35.99 %
63	A	67.22 %	31.07 %
64	B	80.36 %	15.66 %
65	C	80.1 %	10.74 %
66	D	81.52 %	17.61 %
67	A	82.48 %	14.12 %
68	C	56.36 %	34.1 %
69	A	59.93 %	31.05 %
70	D	69.39 %	30.09 %
71	A	65.14 %	32.61 %
72	C	89.09 %	10.7 %
73	B	46.56 %	52.89 %
74	B	58.88 %	37.92 %
75	A	50.79 %	30.16 %
76	D	53.14 %	43.89 %
77	D	28.63 %	67.74 %
78	B	23.39 %	72.56 %
79	B	48.73 %	49.81 %
80	A	62.91 %	36.17 %
81	C	63.55 %	35.8 %
82	C	42.3 %	44.55 %
83	B	59.35 %	30.63 %
84	B	40.88 %	33.02 %
85	B	14.98 %	72.59 %
86	A	19.9 %	79.52 %
87	B	51.67 %	41.42 %
88	A	51.61 %	44.27 %
89	D	60.45 %	38.62 %
90	A	43.81 %	42.13 %
91	C	20.99 %	68.63 %
92	C	53.62 %	45.09 %
93	D	13.0 %	78.83 %
94	C	49.63 %	32.0 %
95	A	83.23 %	15.47 %
96	B	78.75 %	10.77 %
97	D	40.93 %	58.53 %
98	B	51.96 %	39.49 %
99	D	50.38 %	47.2 %
100	D	56.83 %	32.99 %
101	B	61.16 %	36.48 %
102	A	40.77 %	39.07 %
103	C	57.72 %	32.18 %
104	C	47.04 %	38.09 %
105	B	67.44 %	30.46 %
106	C	48.83 %	41.46 %
107	B	83.59 %	16.07 %
108	A	59.35 %	34.12 %
109	D	65.19 %	30.77 %
110	C	47.68 %	45.78 %
111	A	80.18 %	15.15 %
112	D	57.41 %	36.83 %
113	A	60.42 %	30.58 %
114	D	89.75 %	10.19 %
115	C	56.84 %	38.9 %
116	B	79.34 %	10.41 %
117	C	61.82 %	36.59 %
118	C	58.26 %	33.5 %
119	A	46.17 %	38.99 %
120	C	60.58 %	36.43 %
121	C	54.28 %	42.28 %
122	A	64.95 %	30.15 %
123	A	45.17 %	36.37 %
124	D	45.13 %	33.0 %
125	A	68.22 %	31.67 %
126	D	58.36 %	35.2 %

प्रश्न संख्या	उत्तर	सही उत्तर	छोड़ दिया
127	C	59.88 %	30.14 %
128	C	64.04 %	35.33 %
129	C	54.15 %	38.75 %
130	C	58.66 %	40.24 %
131	B	86.76 %	12.46 %
132	A	56.01 %	35.16 %
133	C	41.35 %	39.69 %
134	D	41.7 %	39.52 %
135	B	76.41 %	16.4 %
136	A	80.2 %	16.09 %
137	C	50.06 %	44.6 %
138	A	43.95 %	54.52 %
139	B	64.18 %	35.79 %
140	C	29.19 %	68.6 %
141	B	57.56 %	30.91 %
142	D	23.66 %	69.14 %
143	D	25.84 %	69.36 %
144	B	61.53 %	32.63 %
145	D	68.99 %	30.97 %
146	D	50.44 %	47.42 %
147	D	44.67 %	34.27 %
148	A	52.56 %	30.81 %
149	B	45.55 %	52.9 %
150	B	50.89 %	31.65 %

// संकेत और समाधान //

1. पूर्व प्रधानमंत्री श्रीमती इंदिरा गांधी द्वारा डॉ. वर्गीज कुरियन को राष्ट्रीय डेयरी विकास बोर्ड का अध्यक्ष नामित किया गया था।
डॉ. वर्गीज कुरियन को भारत के दूधवाले के साथ-साथ "भारत में श्वेत क्रांति के पिता" के रूप में भी जाना जाता था। डॉ. वर्गीज कुरियन राष्ट्रीय डेयरी विकास बोर्ड और इंस्टीट्यूट ऑफ रूरल मैनेजमेंट के संस्थापक होने के साथ-साथ अब तक के सबसे बड़े सहकारी "अमूल" थे।
अत: विकल्प (C) सही है।

2. भारतीय संविधान में वर्तमान में कुल 25 भाग हैं। मूल रूप से भारतीय संविधान के कुल हिस्से केवल 22 थे लेकिन बाद में संशोधनों के द्वारा तीन नए भागों को सम्मिलित किया गया था।
अत: विकल्प (C) सही है।

3.

- मुगल सम्राट जहाँगीर ने जम्मू और कश्मीर में श्रीनगर शहर के बाहरी इलाके में शालीमार बाग़ का निर्माण किया।
- जम्मू और कश्मीर में श्रीनगर शहर के बाहरी इलाके में डल झील के उत्तर-पूर्व में शालीमार बाग़ को शालीमार गार्डन, फराह बख्श और फैज बक्श के नाम से भी जाना जाता है।

अत: विकल्प (D) सही है।

4.

- सवाई गंधर्व भीमसेन महोत्सव पुणे, महाराष्ट्र में आयोजित एक वार्षिक 'भारतीय शास्त्रीय संगीत समारोह' है।
- इसकी शुरुआत भीमसेन जोशी ने 1953 में की थी।
- इसका आयोजन सवाई गंधर्व के शिष्यों द्वारा 'आर्य संगीत प्रसार मंडल' के सहयोग से किया जाता है और 3 दिनों तक जारी रहता है।

अत: विकल्प (A) सही है।

5.

- इलाहाबाद बैंक (राष्ट्रीयकृत बैंक) भारत का सबसे पुराना संयुक्त स्टॉक बैंक है।
- इसकी स्थापना 1865 में इलाहाबाद में हुई थी और इसका मुख्यालय भारत के कोलकाता में है।

अत: विकल्प (C) सही है।

6.

- भारत की वैदिक सभ्यता और संस्कृति 'सरस्वती' नदी के तट पर फली-फूली है।
- वैदिक काल में, सरस्वती नदी को 'सबसे पवित्र' नदी माना जाता था।
- सरस्वती नदी पौराणिक हिंदू ग्रंथों और ऋग्वेद में वर्णित मुख्य नदियों में से एक है।

अत: विकल्प (D) सही है।

7. अंतरराष्ट्रीय मुद्रा कोष की कल्पना जुलाई 1944 में ब्रेटन वुड्स, न्यू हैम्पशायर, संयुक्त राज्य अमेरिका में संयुक्त राष्ट्र सम्मेलन में की गई थी। अंतरराष्ट्रीय मुद्रा कोष को औपचारिक रूप से 27 दिसंबर 1945 को बनाया गया था।
अत: विकल्प (D) सही है।

8.

- भारत की पहली इंजन रहित गति ट्रेन, 'ट्रेन -18' को 'चेन्नई इंटीग्रल कोच फैक्ट्री' द्वारा विकसित किया गया था।
- इसे 'मेक इन इंडिया' पहल के तहत बनाया गया है और इसकी गति 180 किमी/घंटा थी।

अत: विकल्प (C) सही है।

9. भारत और रूस ने गोवा में दो गुप्त युद्ध-पोत बनाने के लिए 500 मिलियन डॉलर के अनुबंध पर हस्ताक्षर किए हैं। इस सौदे के तहत, रूस भारत में युद्धपोतों के निर्माण के लिए 'गोवा शिपयार्ड लिमिटेड' को डिजाइन, प्रौद्योगिकी और कुछ सामग्री प्रदान करेगा।
अत: विकल्प (B) सही है।

10.

- सरदार वल्लभभाई पटेल राष्ट्रीय पुलिस अकादमी', भारतीय पुलिस सेवा (IPS) के अधिकारियों को प्रशिक्षित करता है।
- आईपीएस कैडर को भारत सरकार के गृह मंत्रालय द्वारा नियंत्रित किया जाता है।
- अकादमी की स्थापना 15 सितंबर 1948 को माउंट आबू, राजस्थान में 'सेंट्रल पुलिस ट्रेनिंग कॉलेज' के रूप में की गई थी।

अत: विकल्प (A) सही है।

11.

- जम्मू-कश्मीर राज्य की विधानसभा नवंबर 2018 में भंग कर दी गई थी।
- वर्तमान समय में जम्मू-कश्मीर भारत का केंद्र शासित प्रदेश है और इसका गठन 31 अक्टूबर 2019 को हुआ था।

अत: विकल्प (B) सही है।

12.

- महाधमनी हृदय के 'बायां निलय' से शुरू होती है, एक वृत्तखंड बनाती है, फिर पेट के नीचे तक फैल जाती है।
- धमनियाँ वे वाहिकाएँ होती हैं जो रक्त (शुद्ध) को हृदय से दूर ले जाती हैं।

अत: विकल्प (D) सही है।

13. जस्तीकरण, स्टील या लोहे के लिए एक सुरक्षात्मक जस्ता कोटिंग लगाने की प्रक्रिया है। क्रोमियम आवर्त सारणी में संक्रमण धातु समूह का एक सदस्य है और इसका उपयोग मिश्र धातु के रूप में किया जाता है। एल्यूमीनियम धातु निष्कर्षण मुख्य रूप से बॉक्साइट अयस्क से "इलेक्ट्रोलिसिस विधि" से होता है।
अत: विकल्प (B) सही है।

14. "C60" में 60 कार्बन परमाणु होते हैं और "12 पेंटागन और 20 हेक्सागोन" के रूप में व्यवस्थित होते हैं। "C60" डिजाइन एक फुटबॉल जैसा दिखता है। काले डिजाइन में पेंटागन हैं और हेक्सागोन सफेद हैं। "C60" अणु की खोज 1985 में हेरोल्ड क्रेटो, जेम्स हीथ, सीन ओ'ब्रायन, रॉबर्ट कर्ल और रिचर्ड स्मले द्वारा की गई थी।
अत: विकल्प (C) सही है।

15. कोयला को मुख्य रूप से तीन प्रकारों लिग्नाइट, बिटुमिनस और एन्थ्रेसाइट में वर्गीकृत किया गया है। एन्थ्रेसाइट - इसे उच्चतम गुणवत्ता वाला कोयला माना जाता है क्योंकि इसमें 94 से 98 प्रतिशत कार्बन सामग्री होती है।
अत: विकल्प (D) सही है।

16. पॉलिएस्टर एक प्रकार का बहुलक है। पॉलिएस्टर 'एस्टर' का बहुलक है, जिससे कपड़े बनाए जाते हैं।
अत: विकल्प (A) सही है।

17. भारतीय प्रौद्योगिकी संस्थान, कानपुर ने विदेश में योग्य शिक्षकों को खोजने, संस्थान के पूर्व छात्रों से धन जुटाने और अनुसंधान करने के लिए न्यूयॉर्क, युएसए में अपना कार्यालय खोला है। ब्रांड एंबेसडर संजीव खोसला का कार्यकाल 1 सितंबर 2013 को 3 वर्ष के लिए शुरू हुआ।
अत: विकल्प (D) सही है।

18. पुरुष उम्मीदवारों के लिए पुलिस उत्तर प्रदेश पुलिस भर्ती और प्रोन्नति बोर्ड 'द्वारा 'सब-इंस्पेक्टर' सिविल पुलिस की भर्ती के लिए शारीरिक क्षमता परीक्षा 4.8 किमी 28 मिनट है।
अत: विकल्प (A) सही है।

19. रामनाइक ने 22 जुलाई 2014 को रामनाइक राजभवन में राज्यपाल के रूप में शपथ ली थी। रामनाइक उत्तर प्रदेश के 24 वें राज्यपाल थे। उनका कार्यकाल 29 जुलाई 2019 तक है।
अत: विकल्प (C) सही है।

20. मुरादाबाद (उत्तर प्रदेश) अपने पीतल के हस्तशिल्प के लिए दुनिया भर

में प्रसिद्ध है। मुरादाबाद उत्तर प्रदेश का एक शहर है जो रामगंगा नदी के तट पर स्थित है।
अत: विकल्प (D) सही है।

21. 'बहादुरपुर की लड़ाई' 24 फरवरी 1658 को लड़ी गई थी। यह युद्ध भारत के मुगल सम्राट शाहजहाँ के बेटों के बीच उत्तराधिकार की लड़ाई तय करने में सहायक था। जब शाहजहाँ बीमार पड़ा, उसके चार पुत्रों दारा शिकोह, शाह शुजा, औरंगज़ेब और मुराद बख्श सत्ता के लिए लड़ने लगे। दारा शिकोह के पुत्र सुलेमान शिकोह ने उत्तर प्रदेश में वाराणसी के उत्तर-पूर्व में 8 किमी दूर बहादुरपुर में शाहशुजा को हराया।
अत: विकल्प (A) सही है।

22. फिरोजाबाद उत्तर प्रदेश का एक शहर और जिला मुख्यालय है। फिरोजाबाद शहर चूड़ियों के निर्माण के लिए प्रसिद्ध है।
अत: विकल्प (B) सही है।

23. लखनऊ - इस नृत्य कला के प्रमुख कलाकार हैं श्री बिंदादीन महाराज, कालिका प्रसाद जी, श्री अच्चन महाराज, लच्छू महाराज और शंभू महाराज।
अत: विकल्प (C) सही है।

24. कोशल - कोशल प्राचीन भारत के 16 महाजनपदों में से एक था। इसकी पहली राजधानी 'साकेत' वर्तमान 'अयोध्या' थी और दूसरी राजधानी 'श्रावस्ती' थी। कोशल महाजनपद में उत्तर प्रदेश के फैजाबाद जिले, गोंडा और बहराइच जिले शामिल थे।
अत: विकल्प (D) सही है।

25. अमर्त्य सेन ने अर्थशास्त्र में नोबेल मेमोरियल पुरस्कार जीता है। अमर्त्य सेन (जन्म 3 नवंबर 1933) एक भारतीय अर्थशास्त्री और दार्शनिक हैं, जिन्होंने 1972 से यूनाइटेड किंगडम और संयुक्त राज्य अमेरिका में पढ़ाया और काम किया है। सेन ने कल्याणकारी अर्थशास्त्र, सामाजिक विकल्प सिद्धांत, आर्थिक और सामाजिक न्याय, अकाल के आर्थिक सिद्धांत, निर्णय सिद्धांत, विकास अर्थशास्त्र, सार्वजनिक स्वास्थ्य और देशों की भलाई के उपायों में योगदान दिया है।
अतः विकल्प (B) सही है।

26. भारतीय मुक्केबाज एम.सी. मैरी कॉम पूर्वोत्तर राज्य मणिपुर से संबंधित है। वह 2018 राष्ट्रमंडल खेलों में स्वर्ण जीतने वाली पहली भारतीय महिला मुक्केबाज हैं। मैरी कॉम ने 2012 लंदन ओलंपिक में कांस्य पदक जीता था। बॉक्सर मेरी कॉम की आत्मकथा 'अनब्रेकेबल' का अनावरण 9 दिसंबर 2013 को बॉलीवुड अभिनेता अमिताभ बच्चन ने किया था।
अत: विकल्प (B) सही है।

27. बाहुबली 2: द कन्क्लूजन फिल्म ने 65 वें राष्ट्रीय फिल्म पुरस्कार में सर्वश्रेष्ठ लोकप्रिय फिल्म का पुरस्कार जीता। 65वां राष्ट्रीय फिल्म पुरस्कार समारोह नई दिल्ली के विज्ञान भवन में हुआ। सभी विजेताओं को 3 मई को राष्ट्रपति "रामनाथ कोविंद" राष्ट्रीय पुरस्कार से सम्मानित किया गया।
अत: विकल्प (A) सही है।

28. अमेरिकी अर्थशास्त्री विलियम डी. नॉर्डस और पॉल एम. रोमर को नोबेल पुरस्कार दिया गया। जलवायु परिवर्तन पर नई तकनीक की खोज के लिए प्रदान किया गया।
अत: विकल्प (A) सही है।

29. फ़िशिंग निजी और संवेदनशील जानकारी, जैसे क्रेडिट कार्ड नंबर, व्यक्तिगत पहचान और खाता उपयोगकर्ता नाम और पासवर्ड प्राप्त करने की धोखाधड़ी अधिनियम है। यह पहचान की ऑनलाइन चोरी को संदर्भित करता है जिसमें किसी व्यक्ति की गोपनीय जानकारी प्राप्त की जाती है।
अत: विकल्प (D) सही है।

30. चित्रकोट जलप्रपात भारतीय राज्य छत्तीसगढ़ में बस्तर जिले के जगदलपुर के पश्चिम में स्थित एक प्राकृतिक जलप्रपात है। चित्रकोट जलप्रपात भारत के छत्तीसगढ़ राज्य के बस्तर जिले में इंद्रावती नदी पर स्थित एक सुंदर जलप्रपात है।
अत: विकल्प (C) सही है।

31. वेनेजुएला की राजधानी काराकास है। वेनेजुएला दक्षिण अमेरिका के उत्तरी छोर पर स्थित है। वेनेजुएला कैरेबियन सागर और उत्तर में अटलांटिक महासागर, पूर्व में गुयाना, दक्षिण में ब्राज़ील और दक्षिण-पश्चिम में कोलम्बिया से घिरा है।
अत: विकल्प (D) सही है।

32. भारत में थोरियम का दुनिया का सबसे बड़ा भंडार है। भारत की थोरियम जमा राशि, 360,000 टन अनुमानित है, 70,000 टन इसकी प्राकृतिक यूरेनियम जमा राशि से बहुत अधिक है।
अत: विकल्प (D) सही है।

33. तस्मानिया ऑस्ट्रेलिया का एकमात्र द्वीप राज्य है। तस्मानिया विक्टोरिया राज्य से लगभग 240 किमी दक्षिण में स्थित है, जहाँ से यह अपेक्षाकृत उथले बास जलडमरूमध्य द्वारा पृथक है।
अत: विकल्प (C) सही है।

34. नासिक, नवसारी और निजामाबाद गोदावरी नदी के तट पर स्थित हैं। गोदावरी नदी की कुल लंबाई लगभग 1,465 किमी है। गोदावरी नदी पश्चिमी घाट श्रेणी में पश्चिमोत्तर महाराष्ट्र राज्य से निकलती है।
अत: विकल्प (C) सही है।

35. नीलम संजीव रेड्डी के कार्यकाल के बाद ज्ञानी जैल सिंह भारत के राष्ट्रपति बने। ज्ञानी जैल सिंह (मूल नाम जरनैल सिंह) एक भारतीय राजनीतिज्ञ हैं, जो भारत के राष्ट्रपति (1982 से 1987 तक) के रूप में सेवा करने वाले पहले सिख थे।
अत: विकल्प (C) सही है।

36. बिन्दुसार ने 298-272 ईसा पूर्व के बीच शासन किया और पूरे भारत में साम्राज्य का विस्तार किया। बिन्दुसार दूसरा मौर्य सम्राट थे, जो लगभग 297 ईसा पूर्व सिंहासन पर बैठे थे। उनका नाम दक्कन में उनके सफल अभियान को दर्शाता है। वह राजवंश के संस्थापक चंद्रगुप्त के पुत्र और अशोक के पिता थे।
अत: विकल्प (C) सही है।

37. असम की महिलाओं द्वारा पहनी जाने वाली पारंपरिक पोशाक को मेखेला चादोर कहा जाता है। असम राज्य में पुरुषों की पारंपरिक पोशाक "सोला या फोटुआ" और "एरी चडार" के नाम से जानी जाती है। गमोचा, जिसे बीहूवान के रूप में भी जाना जाता है, एक हाथ से बुने हुए कपड़े हैं और असम बुनाई शिल्प का प्रतीक है।
अत: विकल्प (D) सही है।

38. रवीन्द्र नाथ टैगोर ने बांग्लादेश का राष्ट्रीय गान लिखा था। 'अमर सोनार बांग्ला', बांग्लादेश का राष्ट्रगान, रबींद्रनाथ टैगोर द्वारा रचा गया था।
अत: विकल्प (D) सही है।

39. कम से कम शब्दो मे अधिकाधिक अर्थ को प्रकट करना एक कला है जोकि एक अच्छी रचना के लिए आवश्यक है। ऐसे शब्दो के प्रयोग से वाक्य–रचना मे संक्षिप्तता, सुन्दरता व गंभीरता आती है।
दिए गए वाक्य का सबसे अच्छा 'एक शब्द' कृतज्ञ है।
अतः विकल्प (A) सही है।

40. दिए गए अनेकार्थी शब्द कनक का एक अर्थ सोना है।
जिन शब्दों के एक से अधिक अर्थ होते हैं, उन्हें 'अनेकार्थी शब्द' कहते है।
अतः विकल्प (A) सही है।

41. बोतल में दूध बचा है। रेखांकित पद में अधिकरण कारक है।
संज्ञा अथवा सर्वनाम को क्रिया से जोड़ने वाले चिह्न अथवा परसर्ग ही कारक कहलाते हैं।
अधिकरण कारक: शब्द के जिस रूप से क्रिया के आधार का ज्ञान होता है, उसे अधिकरण कारक कहते है।
अतः विकल्प (B) सही है।

42. (आना - सामान्य भविष्यत् काल) में स्कूल बस पांच मिनट में आएगी।
सामान्य भविष्यत काल: क्रिया के जिस रूप से उसके भविष्य में सामान्य ढंग से होने का पता चलता है, उसे सामान्य भविष्यत काल कहते हैं।
अतः विकल्प (B) सही है।

43. रवि दीवार रंगने लगा है। वाक्य में संयुक्त क्रिया है।
जिस शब्द के द्वारा किसी कार्य के करने या होने का बोध होता है उसे क्रिया कहते है।
संयुक्त क्रिया: जो क्रिया दो या दो से अधिक धातुओं के मेल से बनती है, उसे संयुक्त क्रिया कहते हैं।
अतः विकल्प (D) सही है।

44. हंसिनी शब्द का सही स्त्रीलिंग वाला विकल्प है।
संज्ञा शब्दों के जिस रूप से उसके पुरुष या स्त्री जाति होने का पता चलता है, उसे लिंग कहते है।
जिस संज्ञा शब्द से स्त्री जाति का बोध होता है, उसे स्त्रीलिंग कहते है।
अतः विकल्प (A) सही है।

45. दिए गए विकल्पों में 'कुम्हार' शब्द का सही स्त्रीलिंग विकल्प 'कुम्हारिन' है।

संज्ञा शब्दों के जिस रूप से उसके पुरुष या स्त्री जाति होने का पता चलता है, उसे लिंग कहते है।
जिस संज्ञा शब्द से स्त्री जाति का बोध होता है, उसे स्त्रीलिंग कहते है।
अतः विकल्प (B) सही है।

46. चुटिया शब्द का सही बहुवचन रुप चुटियाँ होता है।
संज्ञा, सर्वनाम, विशेषण और क्रिया के जिस रूप से संख्या का बोध हो, उसे 'वचन' कहते है।
शब्द के जिस रूप से एक से अधिक व्यक्ति या वस्तु होने का ज्ञान हो, उसे बहुवचन कहते है।
अतः विकल्प (A) सही है।

47. कृपण का सही पूर्ण रूपेण वर्ण-विच्छेद क् + ऋ + प् + अ + ण् + अ होगा।
वह सबसे छोटी ध्वनि जिसके और टुकड़े नहीं किए जा सकते, वर्ण कहलाती है।
अतः विकल्प (D) सही है।

48. विकल्पों में से शुद्ध वर्तनी वाला शब्द कृष्ण है।
जिस शब्दों में जितने वर्ण या अक्षर जिस अनुक्रम में प्रयुक्त होते हैं, उन्हें उसी क्रम में लिखना ही वर्तनी है।
अतः विकल्प (A) सही है।

49. ऊँचे ऊँचे दिए गए वाक्य में विशेषण शब्द की विशेषता प्रकट करता है।
जो शब्द संज्ञा या सर्वनाम शब्द की विशेषता बताते है उन्हें विशेषण कहते है।
अतः विकल्प (C) सही है।

50. सर्वनाम का शाब्दिक अर्थ सबका नाम होता है।
जिन शब्दों का प्रयोग संज्ञा के स्थान पर किया जाता है, उन्हें सर्वनाम कहते है।
अतः विकल्प (A) सही है।

51. अँधा युग गजानन माधव मुक्तिबोध जी द्वारा रचित रचना नहीं है।
गजानन माधव मुक्तिबोध जी द्वारा रचित रचना चाँद का मुँह टेढ़ा है, भूरी भूरी खाक धूल, काठ का सपना, विपात्र, सतह से उठता आदमी आदि हैं।
अतः विकल्प (A) सही है।

52. पृथ्वीराज रासो चंदवरदाई की रचना है।
चंदवरदाई का जन्म लाहौर में हुआ था। बाद में वह अजमेर-दिल्ली के सुविख्यात हिंदू नरेश पृथ्वीराज का सम्माननीय सखा, राजकवि और सहयोगी हो गए थे। इससे उसका अधिकांश जीवन महाराजा पृथ्वीराज चौहान के साथ दिल्ली में बीता था।
अतः विकल्प (A) सही है।

53. सत्यार्थ प्रकाश उपन्यास के लेखक का नाम दयानन्द सरस्वती है।
सत्यार्थ प्रकाश आर्य समाज का प्रमुख ग्रन्थ है जिसकी रचना महर्षि दयानन्द सरस्वती ने 1875 ई में हिन्दी में की थी। ग्रन्थ की रचना का कार्य स्वामी जी ने उदयपुर में किया। लेखन-स्थल पर वर्तमान में सत्यार्थ प्रकाश भवन बना है।
अतः विकल्प (A) सही है।

54. हिन्दी साहित्य अकादमी की ओर से हर वर्ष शलाका सम्मान पुरस्कार भाषा संस्कृति क्षेत्र को दिया जाता है।
शलाका सम्मान हिंदी अकादमी को ओर से दिया जाने वाला सर्वोच्च सम्मान है।
हिन्दी जगत में सशक्त हस्ताक्षर के रूप में विख्यात तथा हिन्दी भाषा और साहित्य के क्षेत्र में समर्पित भाव से काम करने वाले मनीषी विद्वानों, हिन्दी के विकास तथा संवर्धन में सतत संलग्न कलम के धनी, मानव मन के चितरों तथा मूर्धन्य साहित्यकारों के प्रति अपने आदर और सम्मान की भावना को व्यक्त करने के लिए हिन्दी अकादमी प्रतिवर्ष एक श्रेष्ठतम साहित्यकार को शलाका सम्मान से सम्मानित करती है।
अतः विकल्प (A) सही है।

55. सामाजिक आर्थिक बदलावों के बाद हल्के वाहनों का प्रयोग होने लगा।
18 वीं सदी के उत्तरार्द्ध और 19 वीं सदी के प्रारम्भ में अवध के सामाजिक-सांस्कृतिक और आर्थिक माहौल में बदलाव आया | जीवन के विभिन्न क्षेत्रों मे हल्के वाहनों का निर्माण और इस्तेमाल होने लगा, जिसमें कम से कम अश्व शक्ति लगे।
अतः विकल्प (C) सही है।

56. घोडों के पैरो को काशीदाकारी युक्त वस्त्र रूप में सजाया जाता हैं।
घोडे के खूरों का भी श्रृंगार किया जाता है| पुरनी पैरों की सुंदरता बढाने के लिए कशीदाकारी युक्त वस्त्र पैरों में डाले जाते हैं और पीतल या चाँदी के घुंघरू बाँधे जाते हैं।
अतः विकल्प (A) सही है।

57. ताँगा भारी और बडा वाहन है।
किन्तु ताँगे व इक्के का शाब्दिक अर्थ अधिक अश्व शक्ति की और इंगित करता है। इक्के में एक घोडा होता है जबकि बग्गी या ताँगे में दो, चार या अधिक घोडे होते हैं। यह वास्तव में इस्तेमाल करने वाले की सामाजिक प्रतिष्ठा पर निर्भर करता है।
अतः विकल्प (A) सही है।

58. परिवहन के साधन का इस्तेमाल सामाजिक प्रतिष्ठा के अनुरूप किया जाता है।
मुख्य रूप से तीन प्रकार के ताँगे और इक्के मिलते हैं - बग्गी, फिटन और टमटम। बग्गी बंद डिब्बे की होती है, जिन्हें नवाबों द्वारा यात्रा में वरीयता दी जाती थी।
किन्तु ताँगे व इक्के का शाब्दिक अर्थ अधिक अश्व शक्ति की और इंगित करता है। इक्के में एक घोडा होता है जबकि बग्गी या ताँगे में दो, चार या अधिक घोडे होते हैं। यह वास्तव में इस्तेमाल करने वाले की सामाजिक प्रतिष्ठा पर निर्भर करता है।
अतः विकल्प (A) सही है।

59. ताँगे और इक्के के तीन प्रकार है।
अवध की संस्कृति में सुसज्जित घोडा परिवहन का साधन और शान का प्रतीक था। मुख्य रूप से तीन प्रकार के ताँगे और इक्के मिलते हैं - बग्गी, फिटन और टमटम।
अतः विकल्प (C) सही है।

60. रघुपति राघव राजा राम में अनुप्रास अलंकार है।
काव्य अथवा भाषा की शोभा बढ़ाने वाले मनोरंजक ढंग को अलंकार कहते हैं।
अनुप्रास अलंकार - जब किसी काव्य को सुंदर बनाने के लिए किसी वर्ण की बार-बार आवृति होती है। जैसे - रघुपति राघव राजा राम।
अतः विकल्प (A) सही है।

61. सीता के आगे रमा खडी है। रेखांकित शब्दों में सही अव्यय क्रिया विशेषण अव्यय है।
'अव्यय' ऐसे शब्द को कहते हैं, जिसके रूप में लिंग, वचन, पुरुष, कारक इत्यादि के कारण कोई विकार उत्पत्र नही होता। ऐसे शब्द हर स्थिति में अपने मूलरूप में बने रहते है। चूँकि अव्यय का रूपान्तर नहीं होता, इसलिए ऐसे शब्द अविकारी होते हैं।
क्रिया विशेषण अव्यय: जो शब्द क्रिया की विशेषता बतलाते है, उन्हें क्रिया विशेषण कहा जाता है।
अतः विकल्प (A) सही है।

62. घूमना सुबह अच्छा है। वाक्य का शुद्ध रूप "सुबह घूमना अच्छा है" होगा।
घूमना सुबह अच्छा है। में शब्दों के क्रम सम्बन्धी अशुद्धि है, अत: क्रम को बदलने से वाक्य शुद्ध होगा इसलिए सही वाक्य सुबह घूमना अच्छा है।
अतः विकल्प (D) सही है।

63. करते अभिषेक पयोद हैं, बलिहारी इस वेश की । हे मातृभूमि ! तू सत्य ही, सगुण - मति सर्वेश की। - छंद में 15 से 13 के क्रम से 28 मात्राएँ हैं।
अक्षरों की संख्या एवं क्रम, मात्रागणना तथा यति-गति से सम्बद्ध विशिष्ट नियमों से नियोजित पद्यरचना 'छन्द' कहलाती है।
अतः विकल्प (A) सही है।

64. अंक भरना मुहावरे का सही अर्थ गले लगाना होता है।
ऐसे वाक्यांश, जो सामान्य अर्थ का बोध न कराकर किसी विलक्षण अर्थ की प्रतीति कराये, मुहावरा कहलाता है।
अतः विकल्प (B) सही है।

65. संयोग और वियोग श्रृंगार रस के रूप है।
रस का शाब्दिक अर्थ है 'आनंद'। काव्य को पढ़ने या सुनने से जिस आनंद की अनुभूति होती है, उसे 'रस' कहा जाता है।
जब विभाव, अनुभाव और संचारी भाव के संयोग से रति स्थायी भाव आस्वाद्य हो जाता है तो उसे श्रृंगार रस कहते हैं।
अतः विकल्प (C) सही है।

66. पिता जी पत्र पढ़ रहे है "पिता जी के द्वारा पत्र पढ़ा जा रहा है " है।
क्रिया के उस परिवर्तन को वाच्य कहते हैं, जिसके द्वारा इस बात का बोध होता है कि वाक्य के अन्तर्गत कर्ता, कर्म या भाव में से किसकी प्रधानता है।
क्रिया के जिस रूप में कर्म प्रधान हो, उसे कर्मवाच्य कहते हैं।

अतः विकल्प (C) सही है।
67. "शिवजी और शिवेश भाई - बहन है।" योजक चिहन का सही उदाहरण है।
हिंदी में अल्पविराम के बाद योजक चिह्न का प्रयोग अधिक होता है। दो शब्दों में परस्पर संबंध स्पष्ट करने के लिए तथा उन्हें जोड़कर लिखने के लिए योजक-चिह्न का प्रयोग किया जाता है। इसे 'विभाजक-चिह्न' भी कहते है।
अतः विकल्प (A) सही है।
68. सप्तसिंधु शब्द का सही समास विग्रह सात सिन्धुओं का समूह है।
सामासिक शब्दों के बीच के संबंध को स्पष्ट करना समास-विग्रह कहलाता है।
अतः विकल्प (C) सही है।
69. पत्थर शब्द का सही समान अर्थ वाला शब्द पाषाण है।
समान अर्थवाले शब्दों को 'पर्यायवाची शब्द' या समानार्थक भी कहते है
अतः विकल्प (A) सही है।
70. 'दिखावा' उपसर्ग से बना शब्द नहीं हैं।
वह शब्दांश या अव्यय, जो किसी शब्द के आरंभ में जुड़कर मूल शब्द के अर्थ में विशेषता ला दे या उसका अर्थ ही बदल दे, उपसर्ग कहलाते है।
अतः विकल्प (D) सही है।
71. स्वार्थ शब्द के विपरित अर्थ वाला शब्द परमार्थ है।
जो शब्द किसी दूसरे शब्द का उल्टा अर्थ बताते हैं, उन्हें विलोम शब्द या विपरीतार्थक शब्द कहते है।
अतः विकल्प (A) सही है।
72. जादूगर शब्द प्रत्यय से बना है।
जो शब्दांश, शब्दों के अंत में जुड़कर अर्थ में परिवर्तन लाये, प्रत्यय कहलाते है।
अतः विकल्प (C) सही है।
73. अत्यधिक का सही संधि - विच्छेद अति + अधिक होता है। यहाँ स्वर संधि है।
स्वर संधि: स्वर वर्ण के साथ स्वर वर्ण के मेल से विकार उत्पन्न होता है।
अतः विकल्प (B) सही है।
74. आचार पद का सबसे उचित सामासिक युग्मपद विचार है। यह द्वंद्व समास का उदाहरण है।
द्वंद्व समास: जिस समास में दोनों पद प्रधान हो तथा विग्रह करने पर उनके बीच 'तथा', 'या', 'अथवा', 'एवं' या 'और' का प्रयोग होता हो।
अतः विकल्प (B) सही है।
75. दुविधा शब्द का सही समान अर्थ वाला शब्द धर्मसंकट है।
एक ही अर्थ में प्रयुक्त होने वाले शब्द जो बनावट में भले ही अलग हों, पर्यायवाची या समानार्थी शब्द कहलाते हैं।
अतः विकल्प (A) सही है।
76. संख्या = भागफल × भाजक + शेषफल
13 से विभाज्य सबसे छोटी 3-अंकों की संख्या = 104
शेषफल, जब 104 को 16 से विभाजित किया जाता है
⇒ 104 = 16 × 6 + 8
∴ शेषफल 8 होगा।
अत: विकल्प (D) सही है।
77. माना कि x वह मान होगा, जिसे हम $\sqrt{6561}$ को $\sqrt{6561}$ के वर्गमूल द्वारा विभाजित करके प्राप्त करते हैं-
$\Rightarrow 6561 = 3^8$
$\Rightarrow \sqrt{6561} = \sqrt{3^8}$
$\Rightarrow \sqrt{6561} = 3^4 = 81$
$\Rightarrow \sqrt{81} = 9$
$\Rightarrow 81 \div 9 = x$
$\Rightarrow x = 9$
∴ प्राप्त परिणाम 9 होगा।
अत: विकल्प (D) सही है।
78. वृत्त का क्षेत्रफल = $\pi.r^2$ (जहां r वृत्त की त्रिज्या है)
वृत्त का व्यास = 2 × वृत्त की त्रिज्या
माना कि व्यास x है।
इसलिए त्रिज्या 2x होगी।
⇒ मूल वृत्त का क्षेत्रफल = $\pi \times (2x)^2 = 4 \times \pi \times x^2$
अब व्यास दोगुना कर दिया जाता है
नया व्यास 2x होगा।
नई त्रिज्या 4x होगी।
⇒ नए वृत्त के साथ वृत्त की त्रिज्या = $\pi \times (4x)^2 = 16 \times \pi \times x^2$
⇒ नए वृत्त की त्रिज्या : मूल वृत्त की त्रिज्या = 16 : 4
⇒ 4 : 1
∴ नए वृत्त का क्षेत्रफल मूल वृत्त से 4 गुना होगा।
अत: विकल्प (B) सही है।
79. X के बैंक खाते में 86.54 रुपये शेष हैं।
जमा की गई राशि = 55.31 रुपये
निकासी की गई राशि = 84.33 रुपये
अंतिम बैंक शेष राशि = प्रारंभिक बैंक शेष राशि + जमा की गई राशि - निकासी की गई राशि
अंतिम बैंक शेष राशि = 86.54 + 55.31 - 84.33
⇒ 57.52 रुपये
∴ इन लेनदेन के बाद शेष राशि 57.52 रुपये होगी।
अत: विकल्प (B) सही है।
80. माना कि वह संख्या 'x' है।
'x' को 3003 द्वारा गुणा करने पर प्राप्त संख्या = 3003x
7, 11 और 13 का ल.स. = 7 × 11 × 13 = 1001
⇒ जब 3003x को 1001 और स्वयं इसके ही द्वारा विभाजित किया जाता है, तो परिणाम = 3003x ÷ 1001x
⇒ 3
∴ परिणाम 3 होगा।
अत: विकल्प (A) सही है।
81. दिया हुआ:
(10x + 5) : (42x + 8) = 5 : 8
प्रश्न के अनुसार:
x: y = a : b
a : b के लिए घनानुपात होगा।
$x : y = a^3 : b^3$
$(10x + 5) : (42x + 8) = 5^3 : 8^3$ (5 : 8 के लिए घनानुपात)
⇒ (10x + 5) : (42x + 8) = 125 : 512
⇒ x = 12
⇒ $(x)^3 = 12^3$
⇒ 1728
∴ x का मान 1728 होगा।
अत: विकल्प (C) सही है।
82. 40 का वर्ग = $(40)^2$ = 1600
1600 के 40% का एक चौथाई = 1600 के 40% का 25%
⇒1600 का $\left(\frac{1}{4}\right)$ का $\left(\frac{2}{5}\right)$
⇒ 1600 का $\left(\frac{2}{20}\right)$
⇒ 160
∴ परिणाम 160 होगा।
अत: विकल्प (C) सही है।
83. दिया गया है:
विक्रय मूल्य "तीन गुना" किया जाता है।
लाभ 5 गुना हो जाता है।
उपयोग किया गया सूत्र:
लाभ % = 100 × (लाभ/क्रय मूल्य)
माना कि प्रारंभिक विक्रय मूल्य = SP है
अब विक्रय मूल्य. तीन गुना किया जाता है अर्थात् = 3SP
लाभ इसका 5 गुना हो जाता है
⇒ (3SP – CP) = 5 × (SP – CP)
⇒ 2SP = 4CP
⇒ $\frac{SP}{CP} = \frac{2}{1}$
लाभ % = 100 × $\frac{(2-1)}{1}$ = 100%
∴ लाभ 100% हैं।
अत: विकल्प (B) सही है।

84. दिया गया है:
X, 42,000 रुपये में एक स्कूटर खरीदता है।
मरम्मत पर 6,000 रुपये व्यय करता है।
स्कूटर को 54,000 रुपये में बेचता है।
उपयोग किया गया सूत्र:
लाभ% = 100 × (वि.मू. – क्र.मू.) / क्र.मू.
स्कूटर का क्रय मूल्य = 42,000
मरम्मत पर 6,000 रुपये व्यय करता है
⇒ कुल क्र.मू. = 42000 + 6000 = 48,000
वि.मू. 54,000 है।
∴ लाभ % = 100 × $\frac{(54000-48000)}{48000}$
= 100 × $\frac{6000}{48000}$
= 12.5 %
अत: विकल्प (B) सही है।

85. दिया गया है:
वस्तु का अंकित मूल्य 110 रुपये है।
वस्तु 104.5 रुपये पर बेची गई है।
उपयोग किया गया सूत्र:
छूट % = 100 × (अंकित मूल्य – विक्रय मूल्य)/अंकित मूल्य
वस्तु का अंकित मूल्य = 110
विक्रय मूल्य = 104.5
∴ छूट % = 100 × $\frac{(110-104.5)}{110}$
= 100 × $\frac{5.5}{110}$
= 5%
अत: विकल्प (B) सही है।

86. दिया गया है:
2 वर्षों में चक्रवृद्धि ब्याज 1600 रुपये हो जाता है।
3 वर्षों में चक्रवृद्धि ब्याज 1680 रुपये हो जाता है।
उपयोग किया गया सूत्र:
चक्रवृद्धि ब्याज $= P \times (1 + \frac{R}{100})^n$
P = मूलधन
R = दर
n = समय
माना कि मूलधन P है।
⇒ 2 वर्षों में चक्रवृद्धि ब्याज $= P \times (1 + \frac{R}{100})^2$ = 1600 → (1)
⇒ 3 वर्षों में चक्रवृद्धि ब्याज $= P \times (1 + \frac{R}{100})^3$ = 1680 → (2)
$\frac{2}{1} = (1 + \frac{R}{100}) = \frac{21}{20}$
⇒ $\frac{R}{100} = \frac{1}{20}$
∴ R = 5 %
अत: विकल्प (A) सही है।

87. दिया गया है:
मूलधन 25000 है।
दर 4% है।
समय 1 वर्ष है और चक्रवृद्धि ब्याज की गणना अर्धवार्षिक रूप से की जाती है।
उपयोग किया गया सूत्र:
चक्रवृद्धि ब्याज (CI) = P × $\left(1 + \frac{R}{100}\right)^n$
चक्रवृद्धि ब्याज की गणना अर्धवार्षिक रूप से की जाती है इसलिए दर = $\frac{4}{2}$
= 2 %
⇒ समय 2 वर्ष हो जाता है
⇒ 2 वर्षों में चक्रवृद्धि ब्याज = 25000 × $\left(1 + \frac{2}{100}\right)^2$
= 26010
अत: विकल्प (B) सही है।

88. दिया गया है:
A ने 75,000 रुपये के साथ एक व्यवसाय शुरू किया।
B, 37,500 रुपये के साथ जुड़ गया।
एक वर्ष के बाद लाभ का अनुपात 3 : 1 है।
माना कि 'X' वह कुल महीने हैं जिसमें B ने A के साथ कार्य किया।
⇒ (75000 × 12) : (37500 × X) = 3 : 1
⇒ X = 8
∴ B, (12 – 8) = 4 महीनों बाद शामिल हुआ।
अत: विकल्प (A) सही है।

89. दिया है:
एक छात्र के 68 की जगह 88 अंक दर्ज किए गए।
छात्रों के औसत में 0.5 की वृद्धि हुई।
उपयोग किया गया सूत्र:
औसत = सभी छात्रों के अंकों का योग / छात्रों की कुल संख्या
माना कक्षा में विद्यार्थियों की कुल संख्या n है।
माना कि गलत प्रविष्ट किए गए अंकों को छोड़कर छात्रों के अंकों का योग x है।
छात्रों के अंकों का मूल योग = x + 68
गलत दर्ज करने के बाद छात्र के अंकों का योग = x + 88
अब,
$\frac{(x+88)}{n} - \frac{(x+68)}{n} = 0.5$
$\Rightarrow \frac{(88-68)}{n} = 0.5$
$\Rightarrow \frac{20}{n} = 0.5$
⇒ n = 40
∴ कक्षा में छात्रों की कुल संख्या 40 है।
अत: विकल्प (D) सही है।

90. दिया है:
A, B की तुलना में दोगुना कुशल है।
B, C की तुलना में तीन गुना कुशल है।
C अकेले कार्य को 30 दिनों में कर सकता है।
A : B = 2 : 1
B : C = 3 : 1
A : B : C = 6 : 3 : 1
C अकेले कार्य को 30 दिनों में कर सकता है।
इसलिए, कुल कार्य = 1 × 30 = 30 इकाई
A, B और C द्वारा पूरा किया गया कार्य = $\frac{30}{(6+3+1)}$
= 3 दिन
अत: विकल्प (A) सही है।

91. दिया है:
गति = 250 किमी/घंटे
$समय_1$ = 4 घंटे
$समय_2$ = 1 घंटे 40 मिनट
= (60 + 40) मिनट
⇒ 100 मिनट = $\frac{100}{60}$ घंटे
= $\frac{5}{3}$ घंटे
सूत्र:
दूरी = गति × लिया गया समय
तय की गई दूरी = (250 × 4) किमी
= 1000 किमी
अभीष्ट गति = 1000 ÷ $\left(\frac{5}{3}\right)$ किमी/घंटे
= 1000 × $\left(\frac{3}{5}\right)$ किमी/घंटे
= 600 किमी/घंटे
∴ अभीष्ट गति 600 किमी/घंटे है।
अत: विकल्प (C) सही है।

92. दिया है:
बस की गति = 45 किमी/घंटे
ठहराव सहित 1 घंटे में बस द्वारा तय की गई दूरी = 36 किमी
45 किमी की दूरी तय करने में लगा समय = 60 मिनट
इसलिए, 36 किमी की दूरी तय करने में लगा समय = $\left(\frac{60}{45}\right)$ × 36 मिनट
⇒ 48 मिनट
बस = (60 – 48) मिनट के लिए रुकी
⇒ 12 मिनट

∴ बस एक घंटे में 12 मिनट के लिए रुकी।
अत: विकल्प (C) सही है।
93. दिया गया है:
आयत की लंबाई और चौड़ाई = 6 : 5
आयत का क्षेत्रफल = 6750 सेमी^{2}
उपयोग किया गया सूत्र:
माना कि लंबाई और चौड़ाई क्रमशः 6x और 5x है।
प्रश्न के अनुसार,
6x × 5x = 6750 सेमी^{2}
⇒ 30x^2 = 6750 सेमी^{2}
⇒ x^2 = 225 सेमी^{2}
⇒ x = 15 सेमी
चौड़ाई = 5 × 15 सेमी
⇒ 75 सेमी
अभीष्ट अनुपात = 75 सेमी : 6750 सेमी^{2}
⇒ 1 : 90
∴ चौड़ाई और क्षेत्रफल का अनुपात 1 : 90 है।
अत: विकल्प (D) सही है।
94. 1. 11 द्वारा विभाज्य सबसे छोटी 4-अंकों वाली संख्या के अंकों के योग:
सबसे छोटी 4-अंकों वाली संख्या 1000 है।
जहां, 1000, 11 द्वारा विभाज्य है और शेषफल 10 प्राप्त होता है।
इस प्रकार सबसे छोटी 4-अंकों वाली संख्या विभाज्य है = 1000 + 11 – 10
⇒ 11 द्वारा विभाज्य सबसे छोटी 4-अंकों वाली संख्या = 1001
∴ 11 द्वारा विभाज्य सबसे छोटी 4-अंकों वाली संख्या के अंकों के योग = 1 + 0 + 0 +1 = 2
2. 13 द्वारा विभाज्य सबसे छोटी 4-अंकों वाली संख्या के अंकों के योग:
सबसे छोटी 4-अंकों वाली संख्या 1000 है।
जहां, 1000, 13 द्वारा विभाज्य है और शेषफल 12 प्राप्त होता है।
इस प्रकार सबसे छोटी 4-अंकों वाली संख्या विभाज्य है = 1000 + 13 – 12
⇒ 13 द्वारा विभाज्य सबसे छोटी 4-अंकों वाली संख्या = 1001
∴ 13 द्वारा विभाज्य सबसे छोटी 4-अंकों वाली संख्या के अंकों के योग = 1 + 0 + 0 +1 = 2
∴ 11 द्वारा विभाज्य सबसे छोटी 4-अंकों वाली संख्या के अंकों के योग और 13 द्वारा विभाज्य सबसे छोटी 4-अंकों वाली संख्या के अंकों के योग का गुणनफल 4 है।
अत: विकल्प (C) सही है।
95. यहाँ अनुसरित तर्क है:
G + 2 = I
I + 2 = K
K + 2 = M
M + 2 O
इसी प्रकार,
X + 2 = Z
Z + 2 = B
B + 2 = D
D + 2 = F
अतः, XZBDF उसी क्रम का पालन करता है।
अतः विकल्प (A) सही है।
96. अक्षरों के वर्णानुक्रम स्थिति के अनुसार,

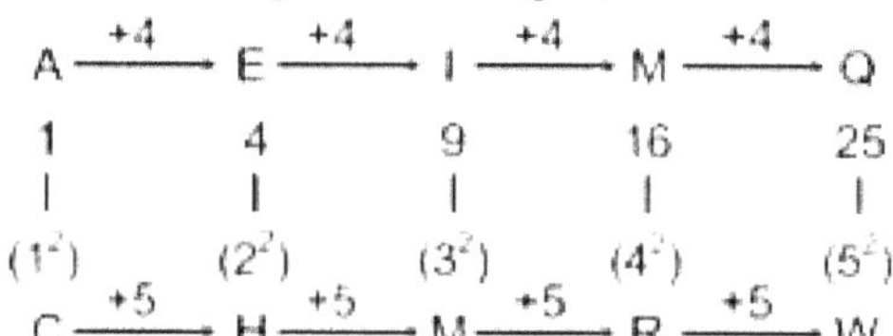

दी गई संख्या श्रृंखला एक वर्ग श्रृंखला है।
अतः विकल्प (B) सही है।
97. यहाँ अनुसरित तर्क है:
A + 5 = F
F + 5 = K
K + 5 = P
P + 5 = U
U + 5 = Z
अतः, P और Z श्रृंखला को पूर्ण करेंगे।
अतः विकल्प (D) सही है।
98. दी गई स्थिति के अनुसार,

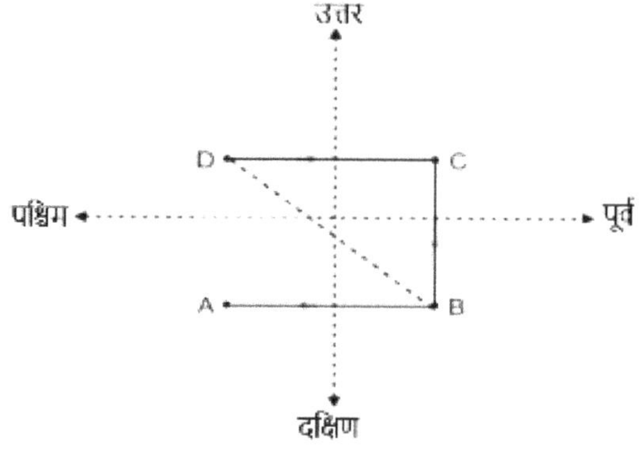

इसलिए, B का घर, D के घर के दक्षिण-पूर्व में है।
अतः विकल्प (B) सही है।
99. दी गई स्थिति के अनुसार,

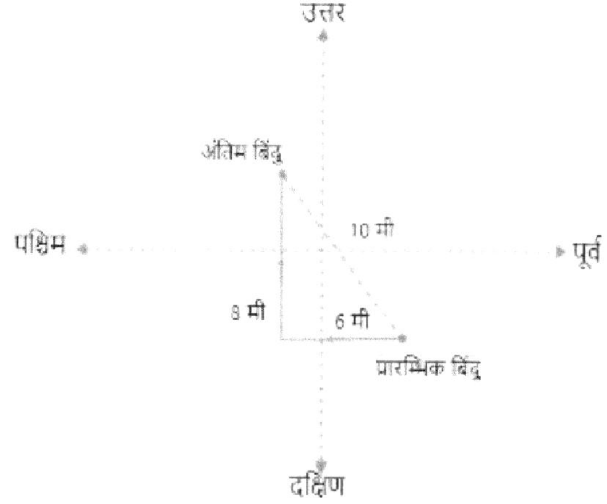

अपने प्रारम्भिक बिंदु पर वापस पहुचने के लिए उसके द्वारा चली गई न्यूनतम आवश्यक दूरी
बिंदु $= \sqrt{6^2 + 8^2}$ मी
$= \sqrt{36 + 64}$ मी
$= \sqrt{100}$ मी
$= 10$ मी
अतः विकल्प (D) सही है।
100. दी गई स्थिति के अनुसार,

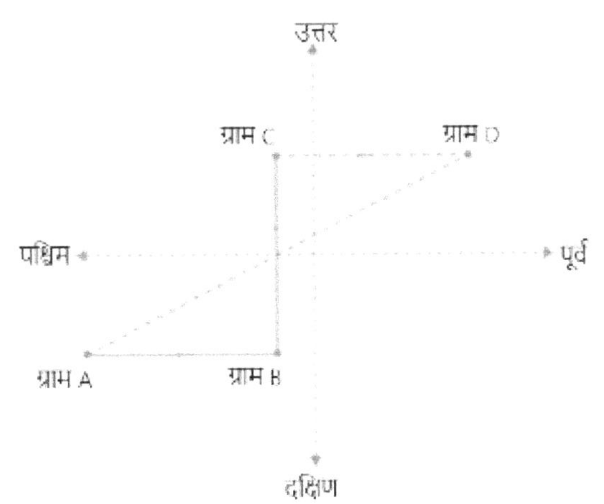

इसलिए, ग्राम A, ग्राम D के दक्षिण-पश्चिम में है।
अतः विकल्प (D) सही है।

101. दी गई स्थिति के अनुसार,

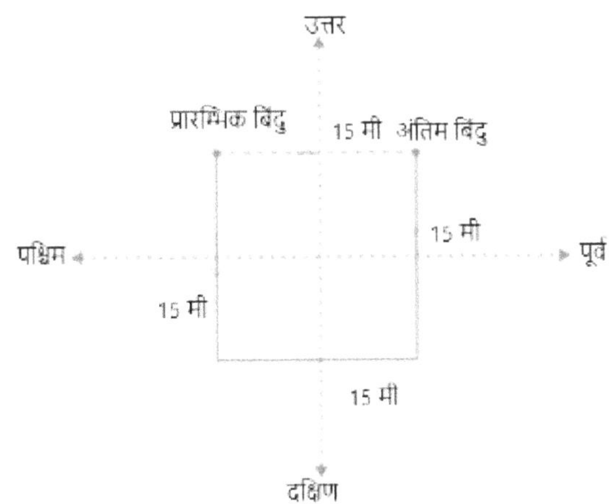

X अपने प्रारंभिक बिंदु से 15 मीटर पूर्व में है।
अतः विकल्प (B) सही है।

102. कोई भी देश इन दिनों पूर्ण रूप से आत्म-निर्भर नहीं है क्योंकि किसी देश के लिए अपनी सभी आवश्यकताओं का उत्पादन और विकास करना संभव नहीं है। इसलिए, निष्कर्ष I अनुसरण करता है।
पूर्ण रूप से आत्म-निर्भर नहीं होने का मतलब यह नहीं है कि देशवासी आलसी हैं। इसलिए, निष्कर्ष II अनुसरण नहीं करता है।
अतः विकल्प (A) सही है।

103. तर्क I प्रबल है। दिल्ली सबसे प्रदूषित शहरों में से एक है। बड़े उद्योगों को शुरू करने से यहाँ के प्रदूषण में और इजाफा होगा।
तर्क II प्रबल है क्योंकि बड़े उद्योगों के खुलने से रोजगार के अधिक अवसर बनेंगे।
अतः विकल्प (C) सही है।

104. जब एक इमारत में केवल दो मंजिलें हो चूंकि 3 मंजिलों वाली इमारत में लिफ्टें हैं, इसलिए निष्कर्ष I अनुसरण नहीं करता है।
सभी मंजिलों के लिए एक लिफ्ट उपलब्ध है, इसलिए निष्कर्ष II अनुसरण नहीं करता है।
3 से अधिक मंजिलों वाली इमारत में लिफ्ट है, इसलिए केवल निष्कर्ष III अनुसरण करता है।
अतः विकल्प (C) सही है।

105. शब्द "FLAMBOYANT" के अक्षरों से 'Bout' नहीं बनाया जा सकता है क्योंकि 'U' अनुपस्थित है।
अतः विकल्प (B) सही है।

106. अक्षरों के वर्णानुक्रम स्थान के अनुसार,
(A) Shade

S	H	A	D	E
19	8	1	4	5

शब्द में अक्षर वर्णानुक्रम में व्यवस्थित नहीं हैं।
(B) Heart

H	E	A	R	T
8	5	1	18	20

शब्द में अक्षर वर्णानुक्रम में व्यवस्थित नहीं हैं।
(C) Billow

B	I	L	L	O	W
2	9	12	12	15	23

शब्द में अक्षर वर्णानुक्रम में व्यवस्थित हैं।
(D) Charge

C	H	A	R	G	E
3	8	1	18	7	5

शब्द में अक्षर वर्णानुक्रम में व्यवस्थित नहीं हैं।
अतः विकल्प (C) सही है।

107. दिया गया तर्क है:
हिरन : हिरणी का बच्चा → हिरन के युवा बच्चे को फॉन(हिरणी का बच्चा) कहा जाता है।
इसी प्रकार,
घोड़ा : ? → घोड़े के युवा बच्चे को फाल(घोड़े का बच्चा) कहा जाता है।
अतः विकल्प (B) सही है।

108. दिया गया तर्क है:
दौड़ना : चलना → दौड़ने के अर्थ है, चलने की तुलना में तेज गति से आगे बढ़ना।
इसी प्रकार, भारी वर्षा : बूंदा बांदी → भारी वर्षा का अर्थ है तेजी से बूंदा-बांदी होना है या बूंदाबांदी का मतलब है हल्की बारिश में पानी का गिरना।
अतः विकल्प (A) सही है।

109. अक्षरों को उनके प्रतिलोम (उलटा) अक्षरों द्वारा कूट किया गया है

E	H
V	S

इसी प्रकार,

M	J
N	Q

अतः विकल्प (D) सही है।

110. ताला लगना, बंद करना, बाँधना और बंद सभी क्रियाएं खिड़की या दरवाजे पर की जाती है यदि इनमे ताले है।
अतः विकल्प (C) सही है।

111. दिया गया तर्क है:

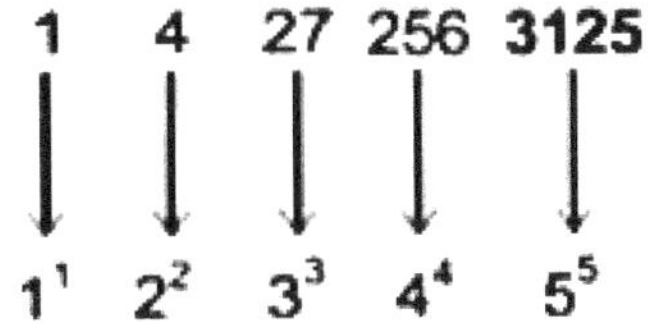

अतः विकल्प (A) सही है।

112. दिया गया तर्क है:

20 →(+2) 22 →(+2) 24 →(+2) 26 →(+2) **28** →(+4) 32 →(+4) 36 →(+4) **40**

X = 28, Y = 40

⇒ X + Y = 28 + 40
⇒ X + Y = 68
अतः विकल्प (D) सही है।

113. तर्क है:

11 121 1331 14641 161051

×11 ×11 ×11 ×11

अतः विकल्प (A) सही है।

114. अक्षरों के वर्णानुक्रम स्थान के अनुसार,

Z →(-1) Y →(-1) X →(-1) W →(-1) V →(-1) U
B →(+2) D →(+2) F →(+2) H →(+2) J →(+2) L
A →(+2) C →(+2) E →(+2) G →(+2) I →(+2) K

अतः विकल्प (D) सही है।

115. यहाँ अनुसरित स्वरुप है: प्रत्येक चरण में अंतिम बाएं छोर पर एक F जुड़ जाता है और प्रत्येक चरण में अंतिम दाएं छोर पर एक E जुड़ जाता है।
अतः विकल्प (C) सही है।

116. दिया गया तर्क है:

-4.5 -2.6 -0.7 1.2 3.1

+1.9 +1.9 +1.9 +1.9

अतः विकल्प (B) सही है।

117. महीने का चौथा दिन रविवार है।
(4 + 7) = 11वां दिन रविवार है।
(11 + 7) = 18वां दिन रविवार है।
(18 + 7) = 25वां दिन रविवार है।
और 25 वें दिन के 5 दिन के बाद 30 वां दिन है।
इसलिए, रविवार से 5 दिन बाद 30वां दिन अर्थात् शुक्रवार है। उस महीने के 30वें दिन से पहले का छठवां दिन अर्थात् शुक्रवार से 6 दिन पहले शनिवार है।
अतः विकल्प (C) सही है।

118. यहाँ अनुसरित स्वरुप है:
अक्षरों के वर्णानुक्रम स्थान के अनुसार,

संख्या श्रृंखला:
1, 3, 3, 9, ?
1 × 3 = 3
3 × 3 = 9
3 × 9 = 27
1, 3, 4, 7, ?
1 + 3 = 4
3 + 4 = 7
4 + 7 = 11
इसलिए, श्रृंखला में अगला पद 127R11 है।
अतः विकल्प (C) सही है।

119. शब्दों के लिए कूट नीचे दिया गया है:

8 ① 7 → (cotton) makes thread
8 2 7 → thread makes cloth
2 ① ③ → (soft) (cotton) cloth

इसलिए, 'soft' के लिए कूट '3' है।
अतः विकल्प (A) सही है।

120. दिया गया तर्क है:

S	L	O	B
4	3	7	9

F	A	T	E
2	6	8	5

इसी प्रकार,

L	O	F	T
3	7	2	8

इसलिए, '3728' सही उत्तर है।
अतः विकल्प (C) सही है।

121. दिया गया व्यंजक: 16 ÷ 8 × 4 - 2 + 1 = ?
प्रतीकों को उनके अर्थ द्वारा प्रतिस्थापित करने के बाद, हम प्राप्त करते हैं:
बायाँ पक्ष = 16 - 8 ÷ 4 + 2 × 1
= 16 – 2 + 2
= 18 – 2
= 16 = दायाँ पक्ष
अतः विकल्प (C) सही है।

122. यहाँ अनुसरण किया गया प्रतिरूप है:
अक्षरों के वर्णमाला के पदों के अनुसार,

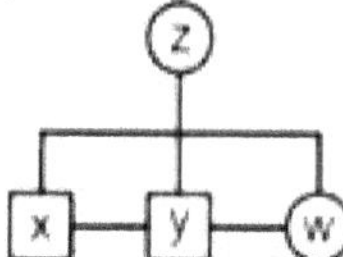

इसी तरह,

S U M
↓-3 ↓-3 ↓-3
P R J

अतः विकल्प (A) सही है।

123. X # Y @ Z * W → X, Y का भाई है, Y, Z का बेटा है, Z, W की मां है।
दी गई शर्तों के अनुसार,
(अगर Z के 2 बेटे और एक बेटी है, तो W को एक बेटी होनी चाहिए)

Z
X — Y — W

इसलिए, 'W, X की बहन है' सही उत्तर है।
अतः विकल्प (A) सही है।

124.

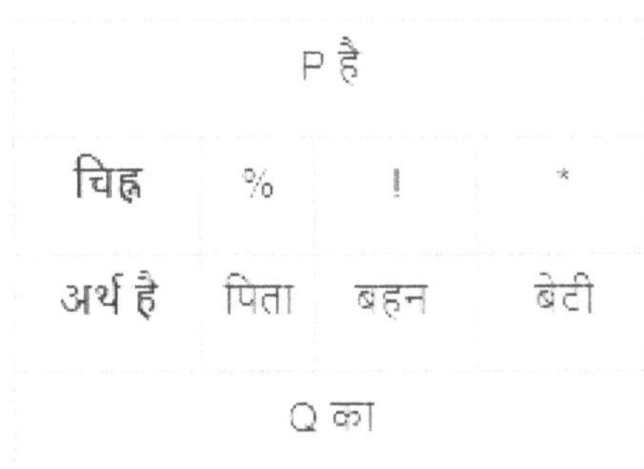

दिए गये शर्तों के अनुसार,
(D) P % Q * R ! S → P, Q का पिता है, Q, R की बेटी है, R, S की बहन है।

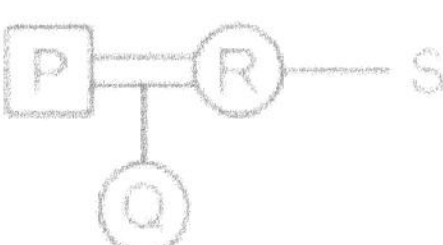

P, S की बहन का पति है।
अतः विकल्प (D) सही है।

125. दिए गये शर्तों के अनुसार,

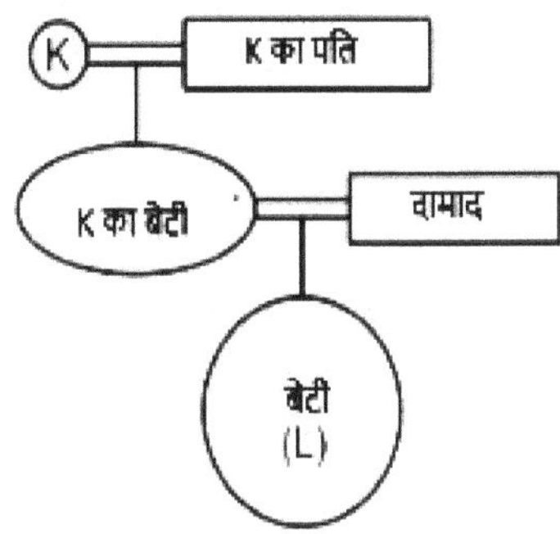

इसलिए, L, K की नातिन है।
अतः विकल्प (A) सही है।

126. अक्षर / अक्षरों का समूह उन भारतीयों का प्रतिनिधित्व करता है जो लोकतांत्रिक हैं, नीचे दिखाया गया है:

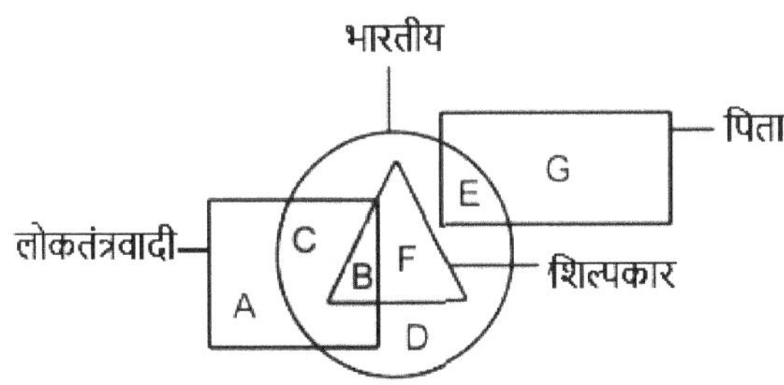

1) यहाँ इस प्रश्न में हमें सर्कल से भारतीय का चयन करना है, स्क्वायर से लोकतांत्रिकका चयन करना है। तो यहाँ 'CB' में समान है, वर्ग और वृत्त दोनों में भी समान है।
2) 'B' त्रिकोण में भी है लेकिन हम इसे शामिल करते हैं क्योंकि 'केवल' शब्द यहां नहीं दिया गया है। यदि यहाँ दिया गया 'केवल' शब्द है तो हम केवल 'C' पर विचार करेंगे अन्यथा हम यहाँ 'B' पर भी विचार करेंगे।
अतः विकल्प (D) सही है।

127. वेन आरेख जो त्रिकोण, षट्भुज और ज्यामितीय आकृति के मध्य सबसे अच्छा संबंध दर्शाते हैं नीचे दिखाए गए हैं:

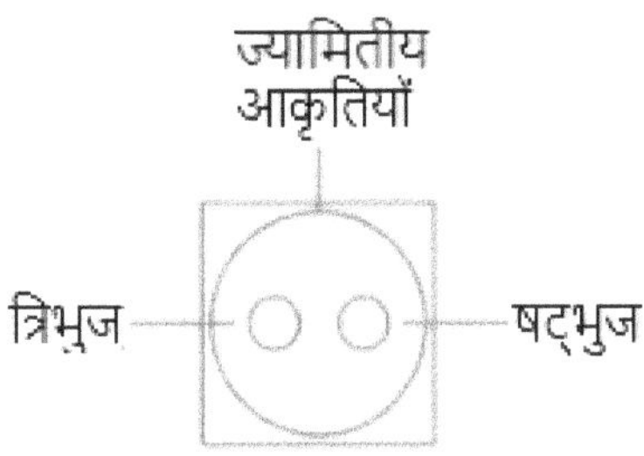

त्रिकोण और षट्भुज दोनों ज्यामितीय आकृतियाँ हैं।
अतः विकल्प (C) सही है।

128. कार्यक्रम शुरू करने से पहले महिला का वजन = 100 किलो
पहले महीने के बाद = 100 – 93 = 7 किलो
उसने 7 किलो वजन कम किया
दूसरे महीने के बाद = 93 – 87 = 6 किलो
उसने 6 किलो वजन कम किया
तीसरे महीने के बाद = 87 + 2 = 89 किलो
उसने 2 किलो वजन बढ़ाया
चौथे महीने के बाद = 89 – 78 = 11 किलो
उसने 11 किलो वजन कम किया
पांचवें महीने के बाद = 78 + 4 = 82 किलो
उसने 4 किलो वजन बढ़ाया
छठे महीने के बाद = 82 – 75 = 7 किलो
उसने 7 किलो वजन कम किया
अतः विकल्प (C) सही है।

129. शनिवार को आगंतुकों की संख्या = 200
गुरुवार को आगंतुकों की संख्या = 500
∴ अभीष्ट प्रतिशत = $\frac{(500-200)}{500}$ = 60%
अतः विकल्प (C) सही है।

130. वस्तु A के लिए
⇒ ड्रिलिंग के लिए लिया गया समय $= \left(\frac{25}{100}\right) \times 12 = 3$ घंटे
वस्तु B के लिए
⇒ ड्रिलिंग के लिए लिया गया समय = $\left(\frac{33}{100}\right) \times 15 = 4.95$ घंटे
∴ अभीष्ट प्रतिशत = $\left\{\frac{(4.95-3)}{4.95}\right\} \times 100$
$= \frac{195}{4.95}$
= 39.39
∴ वस्तु A के लिए ड्रिलिंग समय वस्तु B के लिए ड्रिलिंग समय से 39.39% कम है।
अतः विकल्प (C) सही है।

131. 'नींद' को छोड़कर सभी विकल्प एक शारीरिक गतिविधि है जिसमें एक व्यक्ति एक स्थान से दूसरे स्थान पर जाता है जबकि 'नींद' एक ऐसी गतिविधि है जिसमें व्यक्ति स्थिर रहता है।
अतः विकल्प (B) सही है।

132. अक्षरों के वर्णमाला के पदों के अनुसार,
(A) LKM → L – 1 = K; K + 2 = M
(B) EDC → E – 1 = D; D – 1 = C
(C) IHG → I – 1 = H; H – 1 = G
(D) SRQ → S – 1 = R; R – 1 = Q
अतः विकल्प (A) सही है।

133. तर्क -
"विकल्प 2" को छोड़कर सभी विकल्पों में 5 क्षैतिज रेखाएँ और 4 ऊर्ध्वाधर रेखाएँ हैं,
जबकि "विकल्प 2" में 4 क्षैतिज रेखाएँ और 5 ऊर्ध्वाधर रेखाएँ शामिल हैं।
अतः विकल्प (C) सही है।

134. तर्क है -
"विकल्प 3" को छोड़कर सभी विकल्पों में समान अक्षर हैं जबकि विकल्प 3

में अक्षर "I" के बजाय "T" है।
अतः विकल्प (D) सही है।

135. तर्क है:
बंदूक: गोलियां → गोलियों को बंदूक के अंदर रखा जाता है।
इसी तरह,
टॉर्च : ? → बैटरी को टॉर्च के अंदर रखा जाता है।
अतः विकल्प (B) सही है।

136. तर्क है-
125. 3 : 5 → 5 × 5 × 5 = 125
0.3 का संबंध 5 के घन से है।
इसी तरह,
14641.4 : ? → 11 × 11 × 11 × 11 = 14641
0.4 का संबंध 11 के घात 4 से है।
अतः विकल्प (A) सही है।

137. दी गयी आकृति केवल विकल्प (C) में निहित है

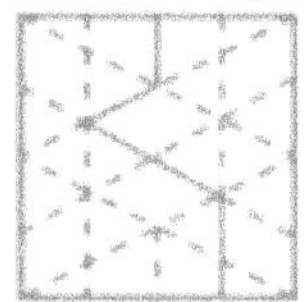

अतः विकल्प (C) सही है।

138. दी गयी अधूरी आकृति में, केवल विकल्प (A) स्वरूप को पूरा करता है

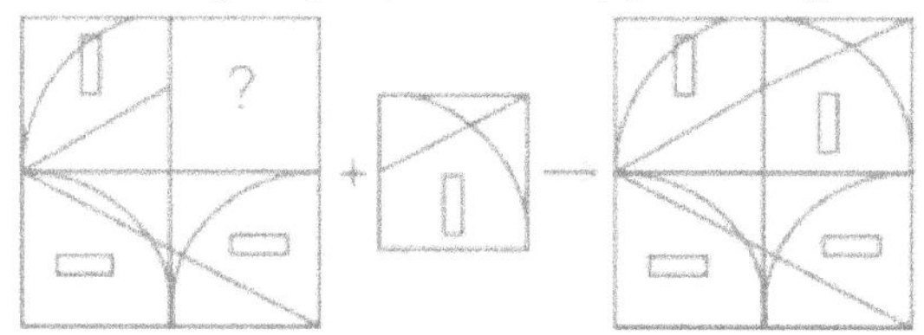

अतः विकल्प (A) सही है।

139. प्रश्न मे दी गई आकृति बनाने के लिए उत्तर आकृति प्रतिरूप जिन्हे जोड़ा जा सकता है, उन्हे नीचे दिखाया गया है:
रोटेशन के बाद:

अतः विकल्प (B) सही है।

140. एक दूसरे के विपरीत फलक नीचे दिखाए गए हैं:

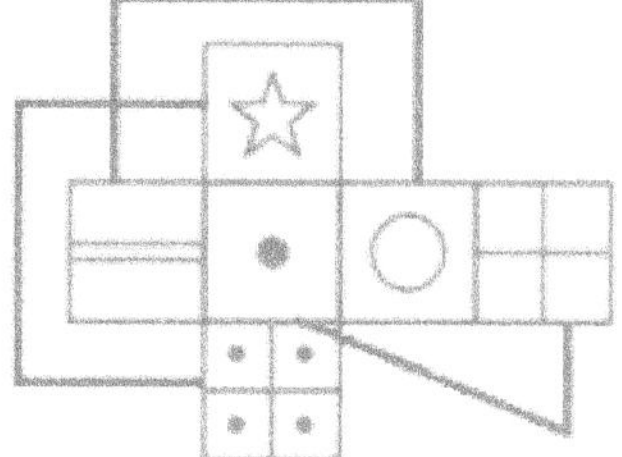

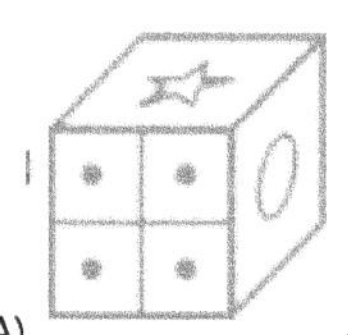

(A) → नहीं बन सकता।
क्योकि दो विपरीत एक ही पासे पर एक साथ दिखाई नहीं दे सकते हैं।

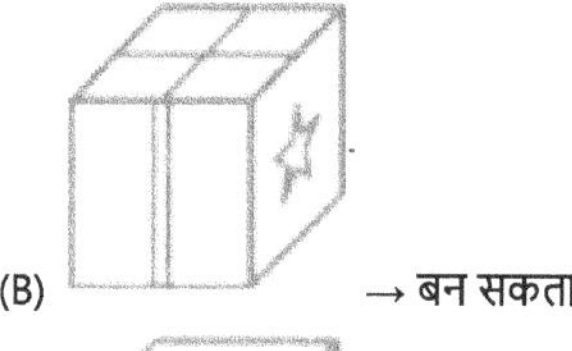

(B) → बन सकता है।

(C) → बन सकता है।

(D) → बन सकता है।
उत्तर आकृति में घन 1 को प्रश्न आकृति में दिए गये खुले घन के आधार पर नहीं बनाया जा सकता है।
अतः विकल्प (C) सही है।

141. व्यक्ति को न्यायाधीश नहीं बनाया जा सकता क्योंकि वह तीन भाषाएं नहीं बोल सकता/सकती (भाषाओं के लिए कोई शर्त नहीं है).
अतः विकल्प (B) सही है।

142. शर्तें A और E नहीं दी गई हैं।
अगर ये शर्तें पूरी होती हैं तो उसे इस शर्त से छूट दी जाती है और उसे जज बनाया जाता।
यदि ये शर्तें पूरी नहीं होती हैं तो उसे इस शर्त D) से छूट दी जाती है लेकिन जज नहीं बनाया जाता।
तो, प्रश्न का उत्तर देने के लिए विवरण अपर्याप्त है।
अतः विकल्प (D) सही है।

143. शर्त D और E ज्ञात नहीं हैं।
यदि D और E पूर्ण होते हैं तो व्यक्ति को जज बनाया जायेगा।
यदि E पूरा हो गया है और D पूरा नहीं हुआ है तो शर्त नंबर 2 से व्यक्ति को D से छूट दी जाएगी और उसे जज बनाया जा सकता है।
यदि E पूरा नहीं हुआ है और D पूरा हो गया है तो शर्त नंबर 3 से व्यक्ति को E से छूट दी गई है और उसके आवेदन को रोक कर रखा जाएगा।
चूंकि विवरण पर्याप्त नहीं है, हम प्रश्न का उत्तर नहीं दे सकते।
अतः विकल्प (D) सही है।

144. यहाँ अनुसरित स्वरूप है:
आयताकार बॉक्स कोनों में वामावर्त घूम रहा है। ऊपर आयताकार बॉक्स में तिरछी रेखा नीचे एक दर्पण छवि है
अर्थात्, आयत में ऊपर की ओर तिरछी रेखा समान होगी, और नीचे की ओर झुकी हुई रेखा ऊपर की ओर की दर्पण छवि होगी।

वृत्त प्रत्येक चरण में ऊपर और नीचे घूम रहा है और 90° वामावर्त घूम रहा है।

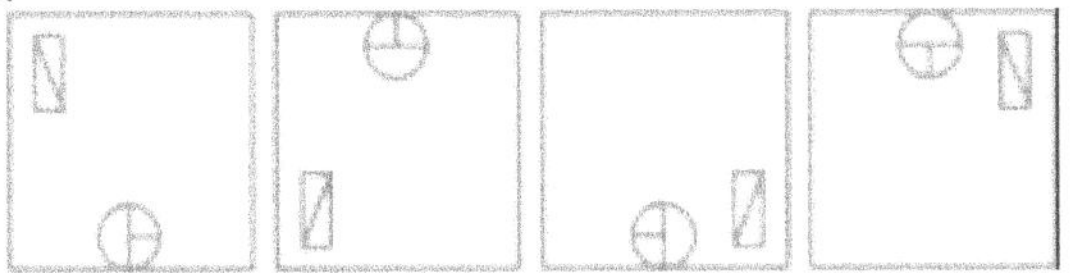

अतः विकल्प (B) सही है।

145. यहाँ अनुसरित स्वरूप है:

ऊर्ध्वाधर: सबसे ऊपरी आकृति अगले चरण में समाप्त हो जाती है और सबसे नीचे नयी आकृति जुड़ जाता है और पूरी आकृति 90° वामावर्त घूम जाती है।

क्षैतिज: अगले चरण में बाईं ओर की आकृति समाप्त हो जाता है और दाएं में नयी आकृति जोड़ी जाती है और संपूर्ण आकृति 90° वामावर्त घूम जाती है।

त्रिभुज प्रत्येक चरण में एकांतर रूप से ऊपर और नीचे की ओर सम्मुख होता है।

अतः विकल्प (D) सही है।

146. दी गई आकृति बनाने के लिए आवश्यक न्यूनतम रेखाए को नीचे दिखाया गया है:

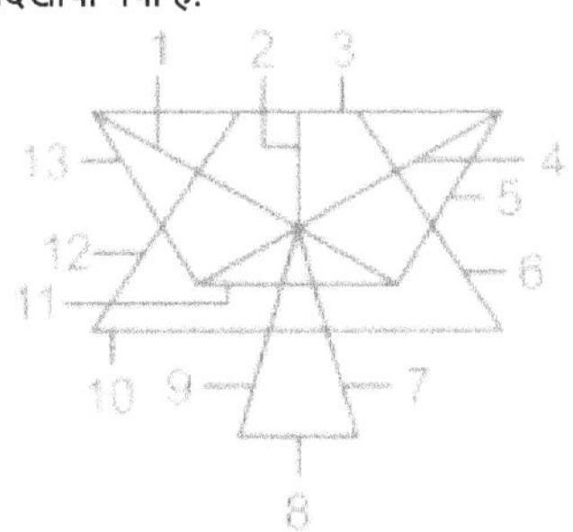

अतः विकल्प (D) सही है।

147. दिया है:

MN दर्पण है और दर्पण छवि ऊपर की ओर बनेगी।

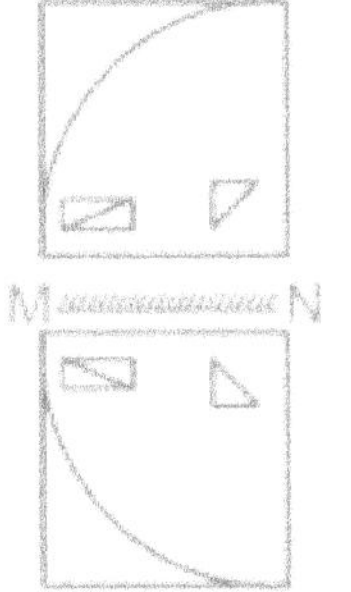

अतः विकल्प (D) सही है।

148. बनने वाला स्वरूप नीचे दर्शाया गया है:

अतः विकल्प (A) सही है।

149. एक अंग्रेजी शब्दकोश में उनके क्रम के अनुसार निम्नलिखित शब्द नीचे दिखाए गए हैं:

Refinery → Reflector → Reflexes → Refocus

इसलिए, 'Refinery' सबसे पहले आयेगा।

अतः विकल्प (B) सही है।

150. यहाँ अनुसरण किया गया तर्क है:

प्रत्येक शब्द के अंतिम दो अक्षर अगले शब्द के पहले दो अक्षर बन रहे हैं।

Terrain → Intuitive → Venture → Rearrange → Gender

अतः विकल्प (B) सही है।

विगत वर्षीय प्रश्नपत्र 02

General knowledge and Current Affairs

Q.1 मुंशी प्रेमचंद का जन्म कहाँ हुआ था?
A. कानपुर **B.** रामपुर
C. गाज़ियाबाद **D.** वाराणसी

Q.2 निम्नलिखित में से कौन सा उत्तर प्रदेश का सबसे पुराना विश्वविद्यालय है?
A. अलीगढ़ मुस्लिम विश्वविद्यालय
B. बनारस हिंदू विश्वविद्यालय
C. महात्मा गांधी काशी विद्यापीठ
D. इलाहाबाद केंद्रीय विश्वविद्यालय

Q.3 उत्तर प्रदेश के किस शहर को 'पूर्व का ग्रास' के नाम से जाना जाता है?
A. गोरखपुर **B.** मुरादाबाद **C.** बनारस **D.** कन्नौज

Q.4 किस पड़ोसी देश को 'लैंड ऑफ द थंडर ड्रैगन' कहा जाता है?
A. बर्मा **B.** नेपाल **C.** बांग्लादेश **D.** भूटान

Q.5 2017 में कजुआ इशीगुरो को किस विधा में नोबेल पुरस्कार मिला था?
A. रसायन विज्ञान **B.** भौतिक विज्ञान
C. गणित **D.** साहित्य

Q.6 पाकिस्तान सीनेट में विपक्ष की पहली महिला नेता कौन थी?
A. बिलावल भुट्टो जरदारी **B.** बेनजीर भुट्टो
C. शेरी रहमान **D.** मुमताज महल

Q.7 सीकर तकनीक के साथ भारत की क्रूज मिसाइल कौन सी है?
A. पृथ्वी **B.** गरुड़ **C.** ब्रह्मोस **D.** नारायण

Q.8 भारत और पाकिस्तान के बीच कितनी पार-सीमा ट्रेन चलती हैं?
A. 4 **B.** 1 **C.** 2 **D.** 3

Q.9 हाल ही में एक वैश्विक डेटा चोरी अपराध में किस कंपनी का नाम आया था?
A. अमेज़न **B.** गूगल
C. सिस्को **D.** कैम्ब्रिज एनालिटिका

Q.10 15वीं रूस-भारत-चीन त्रिपक्षीय विदेश मंत्रियों की बैठक दिसंबर 2017 में _______ में हुई थी।
A. शंघाई **B.** बीजिंग **C.** मास्को **D.** नई दिल्ली

Q.11 भारत में ब्रिटिश शासन का बड़े पैमाने पर विस्तार सहायक संधियों के माध्यम से हुआ, जो गवर्नर जनरल ________ के शासन काल में शुरू की गई थी।
A. लॉर्ड वॉरेन हेस्टिंग्स **B.** लॉर्ड कॉर्नवॉलिस
C. लॉर्ड वेलेजली **D.** लॉर्ड क्लाइव

Q.12 गुरू गोबिंद सिंह की मृत्यु के बाद, गुरू की संस्था समाप्त हो गई और सिखों का नेतृत्व उनके विश्वसनीय शिष्य _______ को सौंप दिया गया।
A. रणजीत सिंह **B.** बंदा बहादुर
C. अजीत सिंह **D.** जुझार सिंह

Q.13 पाकिस्तान का नाम सबसे पहले ________ द्वारा गढ़ा गया था।
A. मोहम्मद इकबाल **B.** मोहम्मद अली जिन्ना
C. चौधरी रहमत अली **D.** मौलाना आज़ाद

Q.14 रवींद्रनाथ टैगोर ने अपनी नाइटहुड की उपाधि को _______ के विरोध में छोड़ दिया।
A. कैबिनेट मिशन
B. जलियांवाला बाग नरसंहार
C. रौलट एक्ट
D. साइमन कमीशन

Q.15 गोदावरी नदी का उद्गम स्थल ______ राज्य में है।
A. मध्य प्रदेश **B.** छत्तीसगढ़ **C.** महाराष्ट्र **D.** ओडिशा

Q.16 भारत की सबसे बड़ी मीठे पानी की झील कौन सी है?
A. डल झील **B.** लोकतक **C.** चिलका **D.** वूलर

Q.17 भारतीय संविधान में कानून बनाने की निर्धारित प्रक्रिया काफी हद तक _______ के संविधान द्वारा प्रभावित है।
A. दक्षिण अफ्रीका **B.** जर्मनी
C. जापान **D.** संयुक्त राज्य अमेरिका

Q.18 शिक्षा का अधिकार (आरटीई) अधिनियम वर्ष ______ में भारत की संसद द्वारा अधिनियमित किया गया था।
A. 2005 **B.** 2007 **C.** 2008 **D.** 2009

Q.19 महाराजा सवाई जय सिंह (जय सिंह द्वितीय) ने ____________ में एक खगोलीय वेधशाला स्थापित की।
A. उज्जैन **B.** शिमला **C.** भरतपुर **D.** जोधपुर

Q.20 यूनिवर्सल टीकाकरण कार्यक्रम के रूप में केंद्रीय स्वास्थ्य मंत्रालय ने _________ के विरुद्ध दोहरे संरक्षण के लिए एकल टिके का शुभारंभ किया।
A. खसरा और रूबेला
B. खसरा और कण्ठमाला
C. रूबेला और तपेदिक
D. इन्फ्लूएंजा और कण्ठमाला

Q.21 2011 की जनगणना के अनुसार उत्तर प्रदेश के किस जिले की जनसंख्या सबसे ज्यादा है?
A. गोरखपुर **B.** लखनऊ **C.** इलाहाबाद **D.** बरेली

Q.22 निम्नलिखित में से किस रियासत ने 1947 में, पाकिस्तान में मिलने की घोषणा की थी, लेकिन बाद में जनमत संग्रह के बाद इसे भारत में शामिल होने के लिए मजबूर होना पड़ा था?
A. रामपुर **B.** जूनागढ़ **C.** फरीदकोट **D.** पोरबंदर

Q.23 निम्नलिखित भारतीय राज्यों में से किस में से कर्क रेखा नहीं गुजरती है?
A. राजस्थान **B.** त्रिपुरा
C. मिजोरम **D.** उत्तर प्रदेश

Q.24 निम्नलिखित भारतीय राज्यों में से किस राज्य में द्विसदन विधान मंडल नहीं है?
A. उत्तर प्रदेश **B.** जम्मू और कश्मीर
C. तमिलनाडु **D.** कर्नाटक

Q.25 भारत की संविधान सभा की संघ शक्ति समिति के अध्यक्ष कौन थे?
A. डॉ। राजेंद्र प्रसाद **B.** जेबी कृपलानी
C. सरदार वल्लभभाई पटेल **D.** जवाहर लाल नेहरू

Q.26 प्राचीन गणित पुस्तक गणित-सार-संग्रह ______ द्वारा लिखी गई थी।
A. भास्कराचार्य **B.** महावीराचार्य
C. आर्यभट्ट **D.** ब्रह्मगुप्त

Q.27 किसने एक अंग्रेजी पुस्तक "अनलीशिंग इंडिया" लिखी है, जो बताती है कि भारत 25 से 30 वर्षों में महाशक्ति कैसे बन सकता है?
A. वीरप्पा मोइली **B.** एसएम कृष्णा
C. शशि थरूर **D.** मनोहर पणिकर

Q.28 दिसंबर 2016 में, भारतीय रेल ने आनंद विहार और ______ के बीच

पहली हमसफ़र श्रेणी के ट्रेन की शुरूआत की।

A. इलाहाबाद **B.** गोरखपुर **C.** वाराणसी **D.** बलिया

Q.29 प्रसिद्ध सूफी संत शेख सलीम चिश्ती की दरगाह उत्तर प्रदेश के ______ में स्थित है।

A. जौनपुर **B.** कन्नौज
C. फतेहपुर सीकरी **D.** बाराबंकी

Q.30 हिमालय का तीसरा सबसे बड़ा शिखर कौन सा है?

A. माउंट ल्होत्से **B.** मकालू पर्वत
C. माउंट फूजी **D.** कंचनजंगा पर्वत

Q.31 उत्तर प्रदेश का राजकीय फूल कौन सा है?

A. गुलाब का फूल **B.** गेंदे का फूल
C. चमेली **D.** पलाश

Q.32 मनुष्यों में पित्त का उत्पादन किस अंग में होता है?

A. पेट **B.** अग्न्याशय **C.** जिगर **D.** पित्ताशय

Q.33 राष्ट्रीय मानवाधिकार आयोग भारत में कब (वर्ष) स्थापित हुआ था?

A. 2000 **B.** 1995 **C.** 1993 **D.** 1950

Q.34 निम्नलिखित रोगों में से कौन सा रोग फफूंद (फंगस) के कारण होता है?

A. तुण्डिका-शोथ (टांसिल)
B. पित्ताशय की पथरी
C. दिल का दौरा
D. दाद

Q.35 किस भारतीय राज्य ने 2016-17 में भारत में उत्पादित चीनी का एक तिहाई से अधिक चीनी उत्पादन किया है?

A. गुजरात **B.** उत्तर प्रदेश
C. महाराष्ट्र **D.** कर्नाटक

Q.36 भारत के संविधान के मूल दस्तावेज को ________ द्वारा हाथ से लिखा गया था।

A. डॉ. बी. आर. अम्बेडकर
B. सरोजिनी नायडू
C. प्रेम बिहारी नारायण रायज़ादा
D. डॉ. राजेंद्र प्रसाद

Q.37 विटामिन B7 का रासायनिक नाम क्या है?

A. पैंटोथैनिक एसिड **B.** बायोटिन
C. एस्कॉर्बिक एसिड **D.** फॉलिक एसिड

Q.38 हॉकी दिग्गज मेजर ध्यानचंद का जन्म कहाँ हुआ था?

A. कानपुर **B.** लखनऊ **C.** मेरठ **D.** इलाहाबाद

Hindi

Q.39 निम्नलिखित में तद्भव शब्द है:

A. अचरज **B.** अंधकार **C.** अंगरक्षक **D.** आशा

Q.40 शीत' का विलोम होगा:

A. ठण्ड **B.** गीत **C.** कृष्ण **D.** उष्ण

Q.41 'कर' का अर्थ नहीं होता है:

A. सूर्य **B.** हाथ **C.** किरण **D.** टैक्स

Q.42 'जो कठिनाई से मिलता है' के लिए एक शब्द होगा:

A. दुर्गम **B.** दुर्लभ **C.** अगम **D.** सुलभ

Q.43 'अनिल-अनल' का सही अर्थ देने वाला शब्द युग्म है:

A. वायु-अग्नि **B.** अग्नि-वायु **C.** हवा-पानी **D.** आग-पानी

Q.44 'पराजय' में उपसर्ग है:

A. प **B.** पर **C.** परा **D.** जय

Q.45 'लिखावट' में प्रत्यय है:

A. अट **B.** वट **C.** अवट **D.** आवट

Q.46 महोत्सव का संधि-विच्छेद है:

A. महो + उत्सव **B.** महा + उत्सव
C. महि + उत्सव **D.** म + उत्सव

Q.47 'मैंने घर जाना था।' वाक्य में अशुद्ध अंश है-

A. मैंने **B.** घर **C.** जाना **D.** था।

Q.48 'देशभक्ति' में समास है-

A. द्वंद्व **B.** द्विगु
C. तत्पुरुष **D.** अव्ययीभाव

Q.49 'पुस्तक पढ़ी जाती है।' में कौन-सा वाच्य है?

A. कर्तृ वाच्य **B.** कर्म वाच्य
C. भाव वाच्य **D.** क्रिया वाच्य

Q.50 निम्नलिखित में से अव्यय है:

A. प्राचीन **B.** मोटा **C.** गरीब **D.** और

Q.51 हिन्दी में पूर्ण-विराम का चिह्न है:

A. ! **B.** . **C.** । **D.** ?

Q.52 'दुध का धुला होना' मुहावरे का अर्थ है:

A. निर्दोष होना **B.** दोषी होना
C. पाप करना **D.** चोरी करना

Q.53 'जिसकी लाठी उसकी भैंस' लोकोक्ति का सही अर्थ है:

A. शक्तिशाली आदमी मूर्ख होता है।
B. शक्ति सम्पन्न आदमी अपना कान बना लेता है।
C. बुद्धि सम्पन्न आदमी अपना काम बना लेता है।
D. बुद्धि सम्पन्न आदमी चालाक होता है।

Q.54 वीर रस का स्थायी भाव है-

A. क्रोध **B.** भय **C.** विस्मय **D.** उत्साह

Q.55 'दोहा' के प्रथम चरण में कितनी मात्राएं होती है?

A. 11 **B.** 12 **C.** 13 **D.** 14

Q.56 निम्नलिखित में कौन-सा शब्दालंकार है?

A. उपमा **B.** रूपक **C.** उत्प्रेक्षा **D.** यमक

Q.57 निम्न में से कौन-सा वर्ण अघोष है?

A. क **B.** ग **C.** घ **D.** ज

Q.58 निम्न में से कौन-सा शब्द स्त्रीलिंग है?

A. उपहार **B.** ग्रन्थ **C.** मस्तक **D.** रचना

Q.59 निम्न में से कौन-सा शब्द पुल्लिंग है?

A. इच्छा **B.** राष्ट्र **C.** रक्षा **D.** योग्यता

Q.60 किस शब्द का प्रयोग सदा बहुवचन में होता है?

A. लड़का **B.** घोड़ा **C.** प्राण **D.** वधू

Q.61 'ने' किस कारक का चिह्न है?

A. कर्ता **B.** कर्म **C.** करण **D.** संप्रदान

Q.62 निम्नलिखित में सर्वनाम है:

A. घर **B.** आप **C.** पहाड़ **D.** नदी

Q.63 निम्नलिखित में विशेषण है-

A. लम्बाई **B.** बुढ़ापा **C.** समझ **D.** शांत

Q.64 प्रेरणार्थक क्रिया है:

A. गिरना **B.** बोलना **C.** सुनाना **D.** कहना

Q.65 लड़के ने पुस्तक पढ़ी है। वाक्य का काल है:

A. सामान्य वर्तमान **B.** पूर्ण वर्तमान
C. संदिग्ध वर्तमान **D.** संभाव्य वर्तमान

Ques (66-70):निर्देशः निम्नलिखित गद्यांश को पढ़िए और पूछे गए प्रश्नों के

सही उत्तर वाले विकल्प चुनिए-भारत ने स्वाधीनता प्राप्त करने के बाद अनेक क्षेत्रों में महत्वपूर्ण उपलब्धियाँ प्राप्त की है। जब हम स्वतंत्र हुए तो उस समय हमारी स्थिति अच्छी न थी। सरकारी प्रयासों से काफी सुधार हुआ परन्तु अभी भी एक क्षेत्र एसा है जिसमें हम अभी तक कुछ विशेष नहीं कर पाए। वह क्षेत्र है - खेलों का। इससे बड़ी विडंम्बना और क्या हो सकती है कि वर्षों से हम ओलम्पिक में कोई भी स्वर्णपदक नहीं जीत पाए। दुनिया के छोटे-छोटे अविकसित, निर्धन राष्ट्रों के प्रतिभागी भी खेलकूद के क्षेत्र में हमसे आगे निकल गए हैं। कभी हॉकी का विशेष चैंपियन रहने वाला भारत आज इस खेल में अपनी प्रतिष्ठा खो चुका है। खेलों में गिरते स्तर के लिए कौन जिम्मेदार है? एक ओर सरकार की उदासीन दोषपूर्ण सरकारी नीतियाँ हैं तो दूसरी ओर विभिन्न खेल संघों की गुटबाजी, खिलाड़ियों के लिए सुविधाओं एवं प्रशिक्षण का सर्वथा अभाव या कुछ और प्रतिभागिताओं में भाग लेकर खाली हाथ लौटने पर सभी एक दूसरे को दोषी बताते हैं। कारण चाहे जो भी हो इतना तय है कि खेलकूद को राष्ट्रीय सम्मान का पर्याय नहीं मानते। अभाव प्रतियोगिताओं का नहीं, अभाव है तो लगन का, प्रोत्साहन का, संकल्प का और मुँहतोड़ जवाब देने वाले जीवट का।

Q.66 गद्यांश का उपयुक्त शीर्षक हो सकता है:

A. स्वतंत्रता प्राप्ति **B.** खेलों का गिरता स्तर

C. ओलंपिक पदक **D.** राष्ट्रीय प्रतियोगिताएँ

Q.67 खेलों के गिरते स्तर का कारण नहीं है-

A. दोषपूर्ण नीतियाँ

B. संघों की गुटबाजी

C. सुविधाओं का अभाव

D. खेलों के लिए राष्ट्रीय सम्मान

Q.68 खेलों पर नकारात्मक प्रभाव पड़ता है-

A. खिलाड़ियों को सुविधा देने से

B. अभ्यास करने से

C. आपसी गुटबंदी होने से

D. खिलाड़ियों को सन्मान देने से।

Q.69 गद्यांश के अनुसार राष्ट्र की उपलब्धियों में नहीं है:

A. शिक्षा **B.** स्वास्थ्य **C.** खेल **D.** कृषि

Q.70 खेलों में निर्धन राष्ट्र भी हमसे आगे निकल गए क्योंकि वहाँ है:

A. आपसी गुटबंदी **B.** खिलाड़ियों की उपेक्षा

C. दोषपूर्ण नीतियाँ **D.** खेलों को राष्ट्र सम्मान

Q.71 'बीजक' किसकी रचनाओं का संग्रह है?

A. कबीर **B.** जायसी **C.** सूरदास **D.** तुलसीदास

Q.72 'अंधेर नगरी' नाटक के रचयिता हैं:

A. जयशंकर प्रसाद **B.** मोहन राकेश

C. भारतेंदु हरिश्चंद्र **D.** भीष्म साहनी

Q.73 'कामायनी' के रचनाकार हैं:

A. जयशंकर प्रसाद

B. सुमित्रानन्दन पंत

C. सूर्यकान्त त्रिपाठी 'निराला'

D. महादेवी वर्मा

Q.74 'गोदान' किसका उपन्यास है?

A. यशपाल **B.** प्रेमचन्द

C. भीष्म साहनी **D.** अमरकान्त

Q.75 निम्न में से तालव्य ध्वनि है:

A. ट **B.** प **C.** श **D.** क

Numerical and Mental Ability

Q.76 जिन प्रकार 'सद्‌गुण' 'दया' से संबंधित है, उसी प्रकार अवगुण __________ से संबंधित है।

A. शोक **B.** क्रूरता **C.** करुणा **D.** भावना

Q.77 निर्देश: निम्नलिखित में से कौन सा युग्म नीचे दिए गए शब्दों के मध्य संबंध से निकटतम समानता रखता है?

गजल : कविता

A. झूठ : कपट **B.** पाठ : पुस्तक

C. किवदंती : कहानी **D.** शिक्षक : महाविद्यालय

Q.78 जिस प्रकार 'BEHK' 'DGJM' से संबंधित है, उसी प्रकार 'NQTW ________ से संबंधित है।

A. PRTY **B.** ORTU **C.** PSVY **D.** PRUX

Q.79 निर्देश: उस विकल्प को चुने जो तीसरे पद से उसी प्रकार संबंधित है जिस प्रकार दूसरा पद पहले पद से संबंधित है।

कुल्हाड़ी : लकड़हारा :: सुई : ?

A. कसाई **B.** बढ़ई

C. दर्जी **D.** रंगसाज (पेंटर)

Q.80 निम्नलिखित में से कौन सा युग्म नीचे दिए गए शब्दों के मध्य संबध से विपरीत नहीं है?

घृणा : प्रेम

A. सदाचार : दुराचार **B.** पसद : नापसंद

C. मित्र : शत्रु **D.** सकुशल : सुरक्षित

Q.81 निर्देश: उस विकल्प का चयन करें जो तीसरे पद से संबंधित है उसी प्रकार दूसरा पद पहले पद से संबंधित है।

चिकित्सक : रोगी :: शिक्षक : ?

A. बच्चे **B.** विद्यार्थी **C.** विद्यालय **D.** कक्षा

Q.82 दी गई श्रृंखला में प्रश्नचिह्न के स्थान पर क्या लिखा जाएगा?

A 1 Y 25 C 3 G 7 W 23 O ? ?

A. 20 **B.** 16 **C.** 15 **D.** 18

Q.83 निम्नलिखित श्रृंखला में ऐसे कितने T है जिनके तुरंत पहले और बाद में 'E' है?

E T E T T M E E E T E T E T E T T E E T T T E E E T E T E T E T T E E T E

A. 7 **B.** 6 **C.** 5 **D.** 8

Ques (84-85):निर्देश: दी गई श्रृंखला में प्रश्नचिन्ह के स्थान पर क्या लिखा जाएगा?

Q.84 8H24X7GI5017?

A. T **B.** R **C.** Q **D.** P

Q.85 B2I9R18T20H?

A. 6 **B.** 7 **C.** 8 **D.** 9

Q.86 क्रम a, b, b, c, c, c, d, d, d, d........ का 29वाँ अक्षर क्या होगा?

A. f **B.** g **C.** h **D.** i

Q.87 निर्देश: निम्नलिखित श्रृंखला में ऐसे कितने T हैं जिनके तुरंत बाद 'IE' है?

E T I E T T M E E E T E I T E T E T T I E E T T I E T I E E E T E I T E T E T E I T E I E T I E

A. 4 **B.** 7 **C.** 6 **D.** 5

Q.88 रमेश उत्तर की ओर जाता है, दाएं मुड़ता है, फिर दाएं मुड़ता है और फिर बाएं जाता है। रमेश अब किस दिशा के सम्मुख है?

A. पूर्व **B.** पश्चिम **C.** उत्तर **D.** दक्षिण

Q.89 सुनीता दक्षिण की ओर जाती है, बाए मुड़ती है, फिर दाएं मुड़ती है और फिर बाएं जाती है। अब सुनीता किस दिशा की ओर जा रही है?

A. पूर्व **B.** पश्चिम **C.** उत्तर **D.** दक्षिण

Q.90 निर्देश: दिए गए प्रश्न को पढ़ें और यह निर्णय करें कि अनुसरण करने वाले कौन से तर्क प्रभावशाली हैं।

प्रश्न:

भारत के किसी समृद्ध परिवार से न आने वाले किसी बच्चे को क्या अपने जुनून का अनुसरण करने देना चाहिए?

तर्कः
1. हाँ, इन दिनों यदि किसी बच्चे को अपनी अभिरूचि का अनुसरण करने दिया जाए, तो वह इसमें श्रेष्ठ हो सकता है यहां तक कि आर्थिक तौर पर भी।
2. नहीं आज भी हमारे देश में मजबूत सामाजिक सुरक्षा प्रणाली नहीं है और किसी को अपरंपरागत क्षेत्रों में स्थापित करना समय की बर्बादी है तथा यह आर्थिक रूप से भार डालने वाला हो सकता है।

A. केवल तर्क 1 प्रभावशाली है।

B. केवल तर्क 2 प्रभावशाली है।

C. ना तो तर्क 1 और न ही तर्क 2 प्रभावशाली है।

D. तर्क 1 और तर्क 2 दोनों प्रभावशाली है।

Q.91 निर्देशः दिए गए प्रश्न को पढ़ें और यह निर्णय करें कि अनुसरण करने वाले कौन से तर्क प्रभावशाली है।

प्रश्नः
क्या माता-पिता को अपनी बेटियों को शिक्षित करने में उतना खर्च करना चाहिए जितना वे अपने बेटों को शिक्षित करने में खर्च करते है?

तर्कः
1) नहीं, लगभग सभी आंकड़ें इस तथ्य को दर्शाते हैं, कि लड़के लड़कियों से कहीं अधिक बुद्धिमान होते है।
2) नहीं, हालांकि लड़कियां बुद्धिमान हो सकती हैं, लेकिन माता-पिता को उनके विवाह के लिए अलग से धन रखना पड़ता है।

A. केवल तर्क 1 प्रभावशाली है।

B. केवल तर्क 2 प्रभावशाली है।

C. ना तो तर्क 1 और न ही तर्क 2 प्रभावशाली है।

D. तर्क 1 और तर्क 2 दोनों प्रभावशाली है।

Q.92 निर्देशः दिए गए प्रश्न को पढ़ें और यह निर्णय करें कि अनुसरण करने वाले कौन से तर्क प्रभावशाली हैं।

प्रश्नः
क्या किसी क्रिकेट टीम में मैच के दौरान एक से अधिक कप्तान होने चाहिए?

तर्कः
1) नहीं, किसी को मौके पर निर्णय लेने होते है और वहाँ इतना समय नहीं होता कि मैदान पर कप्तानों के बीच परस्पर विरोधी विचार होने पर उन्हें सुलझाया जाए यदि ऐसा परिदृश्य उपस्थित हो जाए।
2) हां निर्णय लेने से पहले किसी निर्णय तक पहुँचने के लिए एक से अधिक मस्तिष्कों का होन हमेशा ही बेहतर होता है।

A. केवल तर्क । प्रभावशाली है।

B. केवल तर्क 2 प्रभावशाली है।

C. ना तो नर्क 1 और न ही तर्क 2 प्रभावशाली है।

D. तर्क 1 और तर्क 2 दोनों प्रभावशाली है।

Q.93 नीचे दी गई संख्याओं में से कौन सी वर्ग संख्या नहीं है?

A. 1225 **B.** 2025 **C.** 2525 **D.** 4225

Q.94 निर्देशः समीकरण को हल करने के लिए सबसे उपयुक्त विकल्प को चुनें।
60 ÷ 5 x (16 - 8 ÷ 2) ÷ 3 =

A. 48 **B.** 16 **C.** 1 **D.** 32

Q.95 निर्देशः समीकरण को हल करने के लिए सबसे उपयुक्त विकल्प को चुनें।
9.87 + 6.54 + 3.21 =?

A. 19.62 **B.** 18.62 **C.** 19.72 **D.** 18.52

Q.96 सबसे उपयुक्त विकल्प को चुनें। $\frac{4}{5}$ और $\frac{2}{3}$ के बीच में अंतर क्या होगा?

A. $\frac{4}{15}$ **B.** $\frac{2}{15}$ **C.** $\frac{2}{2}$ **D.** $\frac{2}{5}$

Q.97 सबसे उपयुक्त विकल्प को चुनें। 30, 60 और 72 का महत्तम समापवर्तक (एचसीएफ) होगा?

A. 2 **B.** 3 **C.** 6 **D.** 12

Q.98 सबसे उपयुक्त विकल्प को चुनें। 15, 30 और 24 का लघुत्तम समापवर्त्य (एलसीएम) होगा?

A. 60 **B.** 240 **C.** 180 **D.** 120

Q.99 यदि 21 चॉकलेट 5 : 2 के अनुपात में साझा की जाती है, तो छोटे हिस्से में कितनी चॉकलेट होंगी?

A. 3 **B.** 6 **C.** 9 **D.** 10

Q.100 माहिम ने एक परीक्षा में 175 में से 126 अंक प्राप्त किए। माहिम द्वारा प्राप्त किए अंकों का प्रतिशत क्या है?

A. 75 **B.** 72 **C.** 70.5 **D.** 70

Q.101 सबसे उपयुक्त विकल्प को चुनें। 35 का 12% होगा?

A. 4.6 **B.** 4.4 **C.** 4.2 **D.** 4.05

Q.102 रमेश एक वस्तु ₹ 434 में बेचकर 24% लाभ कमाता है। रमेश ने वह वस्तु किस कीमत पर खरीदी थी?

A. ₹ 350 **B.** ₹ 360 **C.** ₹ 340 **D.** ₹ 375

Q.103 12% की छूट के बाद, एक खिलौना 132 रूपए में बेचा गया था। खिलौने का अंकित मूल्य क्या था?

A. 140 रूपए **B.** 175 रूपए **C.** 150 रूपए **D.** 160 रूपए

Q.104 4% वार्षिक साधारण ब्याज की दर पर ₹ 2,500 का 3 साल का ब्याज होगा?

A. ₹ 240 **B.** ₹ 250 **C.** ₹ 288 **D.** ₹ 300

Q.105 10% वार्षिक चक्रवृद्धि ब्याज की दर पर ₹ 1,400 का 2 साल का ब्याज होगा?

A. ₹ 288 **B.** ₹ 294 **C.** ₹ 302 **D.** ₹ 308

Q.106 रवि और रश्मि ने क्रमशः ₹ 150 और ₹ 200 एक व्यापर में का निवेश किये। लेकिन रवि ने कुछ महीनों के बाद अपना पैसा वापस ले लिया। यदि बारह महीनों का लाभ रवि और रश्मि के बीच में 1 : 2 के अनुपात में साझा किया गया, तो कितने महीने के बाद रवि ने अपने रुपए वापस निकाले थे?

A. 4 **B.** 6 **C.** 8 **D.** 10

Q.107 18, 27 और एक अन्य तीसरी संख्या का औसत 30 है। तीसरी संख्या कौन सी है?

A. 35 **B.** 36 **C.** 40 **D.** 45

Q.108 व्यक्ति A किसी कार्य को 48 मिनट में पूरा कर सकता है जबकि व्यक्ति B उसी कार्य को 60 मिनट में पूरा कर सकता है। उन्हें वे एक साथ उस कार्य को करें तो इसे पूरा करने में कितना समय लगेगा?

A. 26 मिनट 40 सेकंड **B.** 28 मिनट 20 सेकंड

C. 30 मिनट 45 सेकंड **D.** 32 मिनट 15 सेकंड

Q.109 राजेश 5 मीटर प्रति सेकंड की गति से पैदल चल सकता है या 20 मीटर प्रति सेकंड की गति से साइकिल चला सकता है। वह परिवहन के दोन तरीकों के संयोजन से 600 मीटर की दूरी को तय करने के लिए 45 सेकंड लेता है। राजेश ने साइकिल कितनी देर तक चलाई?

A. 15 सेकंड **B.** 20 सेकंड **C.** 25 सेकंड **D.** 26 सेकंड

Q.110 एक कमरे की लंबाई, चौड़ाई और ऊंचाई 5 : 4 : 2 के अनुपात में है। यदि लंबाई 20% और चौड़ाई 25% बढ़ जाती है और ऊंचाई 25% कम हो जाती है, तो कमरे की चार दीवारों के कुल क्षेत्रफल ________।

A. प्रारंभिक क्षेत्रफल का $\frac{1}{12}$ कम हो जाएगा

B. प्रारंभिक क्षेत्रफल का $\frac{1}{5}$ बढ़ जाएगा

C. प्रारंभिक क्षेत्रफल का $\frac{1}{12}$ बढ़ जाएगा

D. प्रारंभिक क्षेत्रफल का $\frac{1}{5}$ कम हो जाएगा

Q.111 तुहिन और प्रणब किसी कार्य को अकेले क्रमशः 42 मिनट और 70 मिनट में पूरा कर सकते हैं। कार्य की समाप्ति तक, तुहिन से शुरू करते हुए दोनों बारी-बारी एक-एक मिनट काम किए। केवल अंत काम करने वाले को अपनी अंतिम पारी में एक मिनट से कम समय काम करने की अनुमति है। कार्य पूरा करने में इन दोनों को कितना समय लगेगा?

A. 53 मिनट **B.** 52 मिनट 24 सेकंड

C. 52 मिनट 30 सेकंड **D.** 52 मिनट 40 सेकंड

Q.112 रविंद्र रोज सुबह 8.00 बजे घर से निकलता है और 9:30 बजे कार्यालय पहुंचता है। एक दिन उसने अपना घर 8.00 बजे छोड़ा, लेकिन सामान्य $\frac{3}{4}$ गति से की गति पर एक तिहाई दूरी की यात्रा पूरी की। अगर वह समय पर कार्यालय पहुँच गया तो रवीन्द्र ने अपनी सामान्य गति से कितने गुना गति पर यात्रा के शेष हिस्से में यात्रा की?

A. $\frac{4}{3}$ **B.** $\frac{5}{4}$ **C.** $\frac{6}{5}$ **D.** $\frac{3}{2}$

Q.113 निम्नलिखित में से कौन या युग्म नीचे दिए गए शब्दों के मध्य संबंध से निकटतम सनानता रखता है?
घी : वनस्पति

A. दूध : पानी **B.** दूधः चाय **C.** दूध : दही **D.** दूध : पनीर

Reasoning Ability

Q.114 निम्न समूह में से सबसे अलग कौन है?
मीटर, मील, फलांग, एकड़, यार्ड

A. मीटर **B.** मील **C.** फलांग **D.** एकड़

Q.115 दिए गए चार युग्मों में से सबसे अलग युग्म को पहचानें।

A. सामाजिक विज्ञान : भौतिकी

B. गणित : बीज गणित

C. विश्वविद्यालय : हावर्ड

D. फल : केला

Q.116 निर्देश: सही विकल्प का चयन करें जो तीसरे पद से ठीक उसी प्रकार से सम्बन्धित हो जैसे दूसरा पद पहले पद से सम्बन्धित है।
लकड़ी : खंड : : ब्रेड : ?

A. मक्खन **B.** बुरा **C.** स्लाइस **D.** केक

Q.117 निर्देश: दिए गए विकल्यों में से उस विकल्प को पहचानें जो पहले चित्र का जल प्रतिबिम्ब हो।

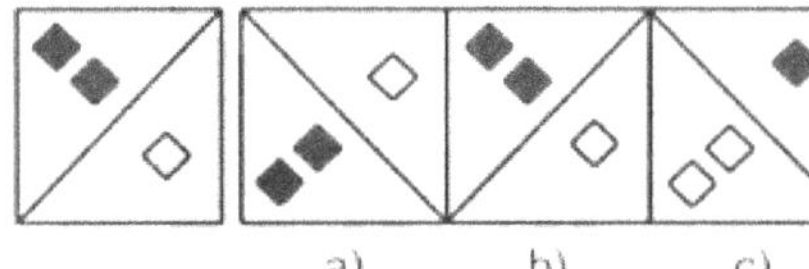

A. a **B.** b **C.** c **D.** d

Q.118 निर्देश: दिए गए चार चित्रों में से सबसे अलग चित्र को पहचानें।

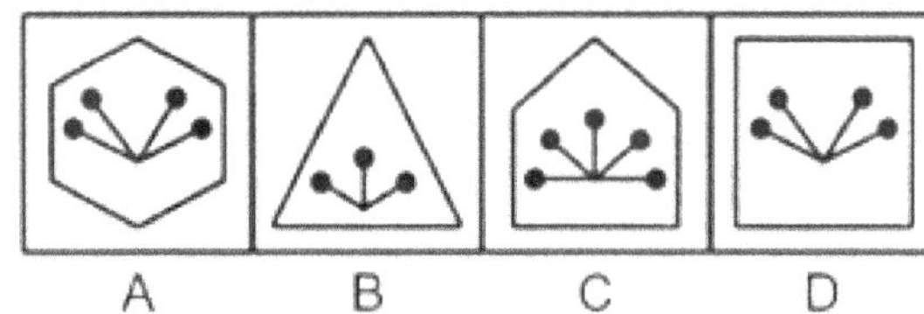

A. A **B.** B **C.** C **D.** D

Q.119 निर्देश: यहाँ दिए गए चित्र को किनारों से मोड़कर एक घन बनाया गया है। उस विकल्प का पता लगाएं जो इस प्रकार से बने घन के सतहों को सही ढंग से दर्शाता है।

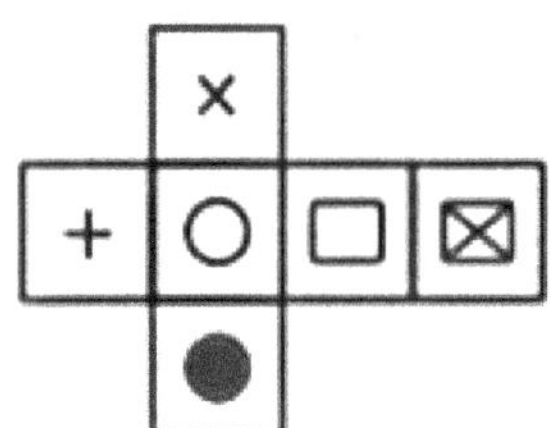

A. 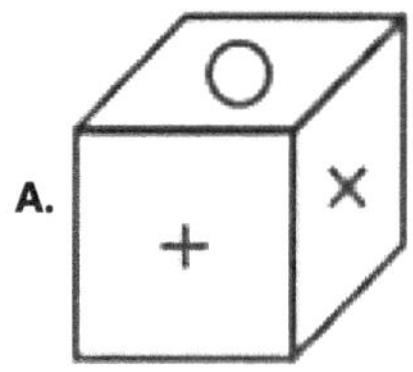

B. 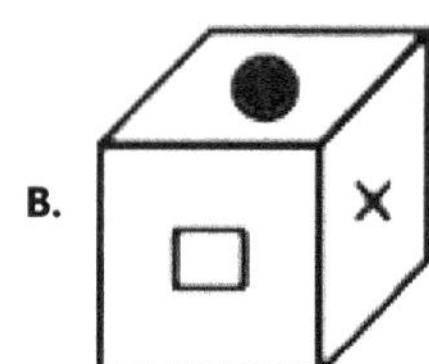

C. 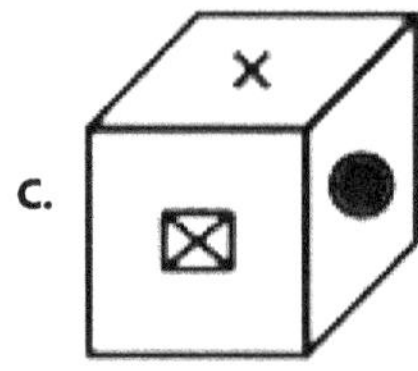

D. 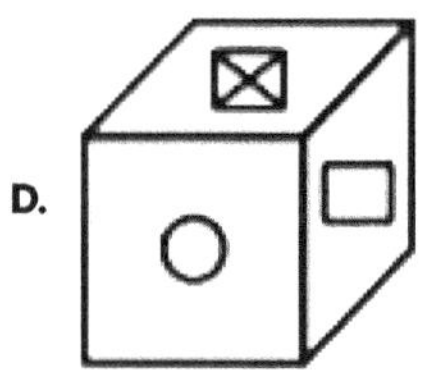

Q.120 दिए गए विकल्पों में से चित्र 3 किस से ठीक उसी प्रकार से सम्बन्धित है जैसे कि चित्र 2 चित्र 1 से सम्बन्धित है?

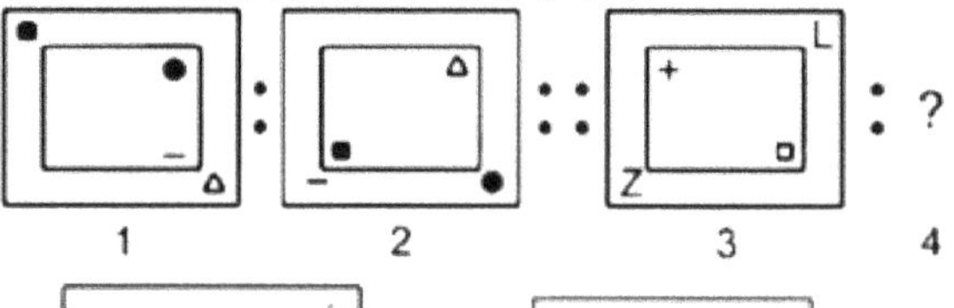

A. 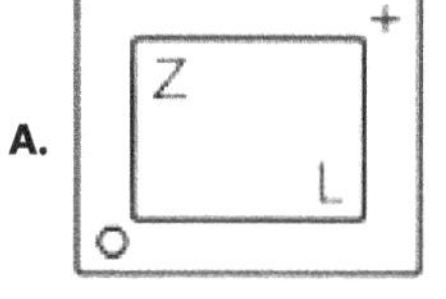

B. 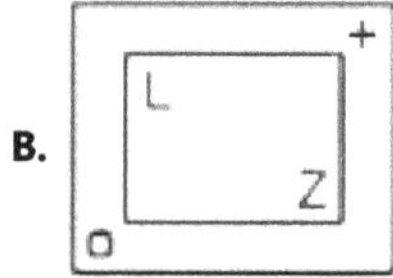

C. 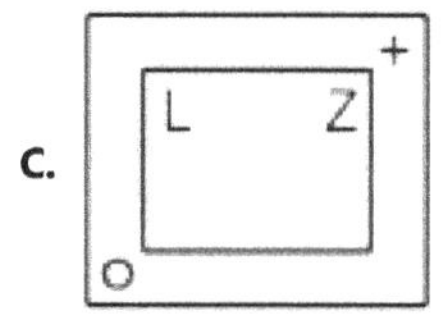

D. 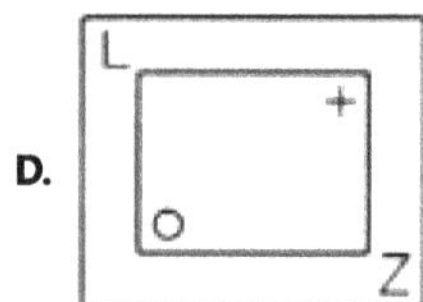

Q.121 निम्नलिखित विकल्पों में से सबसे अलग विकल्प (चित्र) को पहचानें:

A. 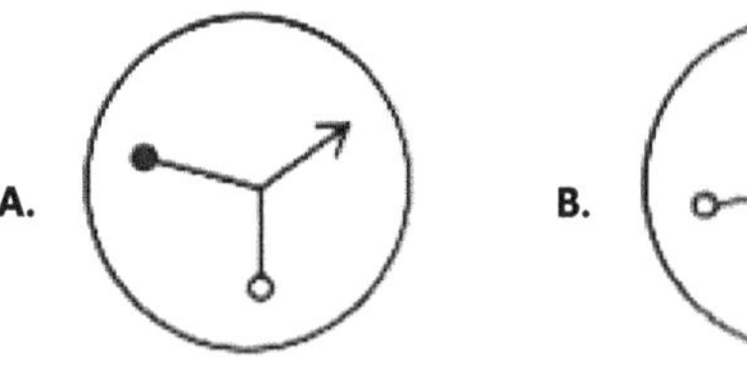 **B.**

C. 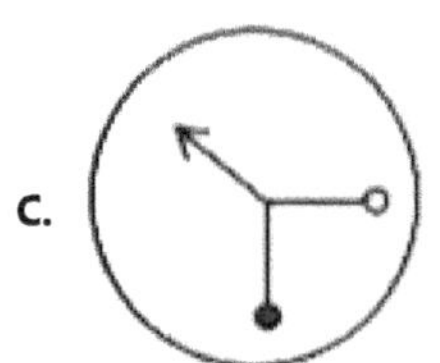

D. 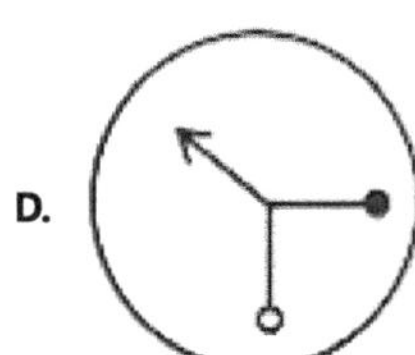

Q.122 दिए गए विकल्पों में से चित्र 3 किससे ठीक उसी प्रकार से सम्बन्धित है जैसेकि चित्र 2 चित्र 1 से सम्बंधित है?

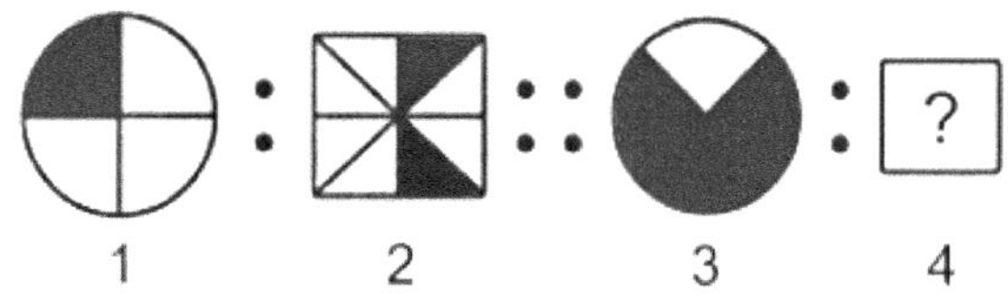

A. 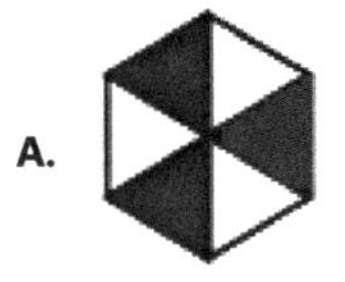

B. 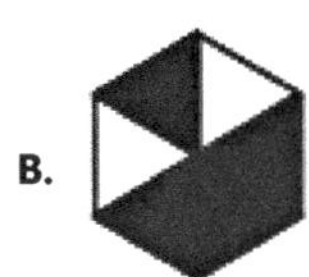

C. 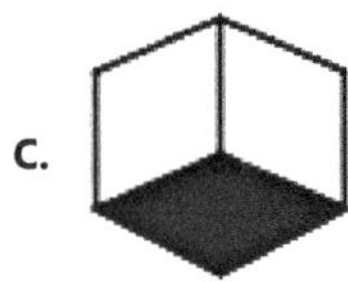

D. 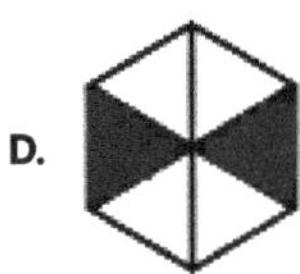

Q.123 दिए गए विकल्पों में से सबसे अलग विकल्प (चित्र) को पहचानें:

A. 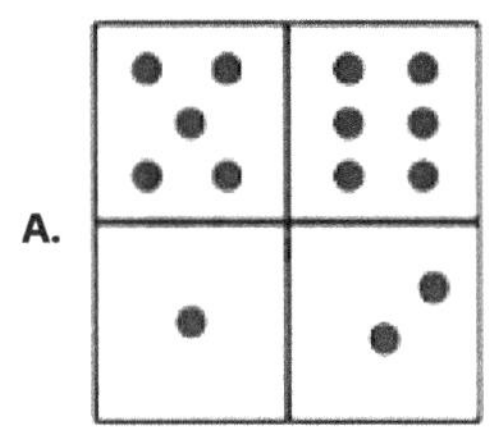

B. 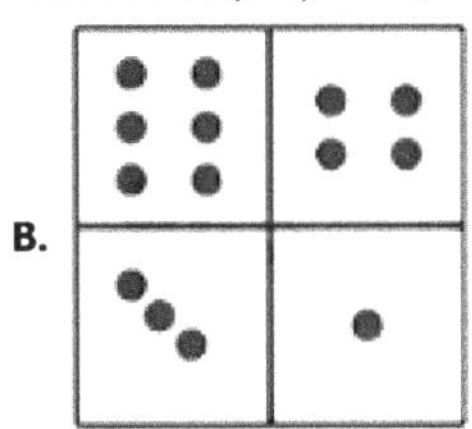

C. 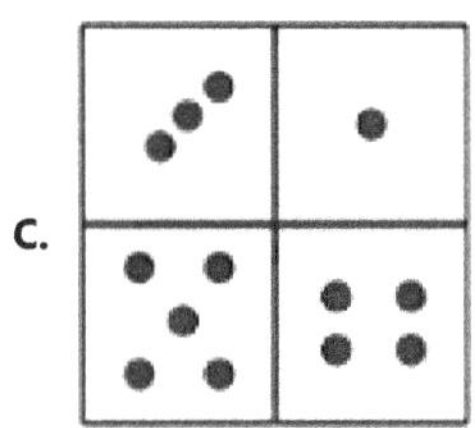

D. 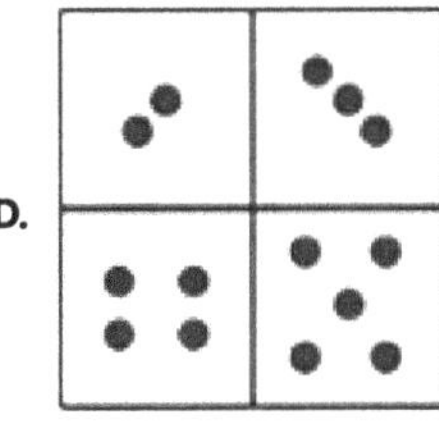

Q.124 निर्देश: नीचे कुछ कथन और निष्कर्ष दिए गए हैं। दिए गए कथनों को सत्य माने (इसके बावजुद कि वे सामान्यतः गलत प्रतीत हो), निष्कर्षों का अध्ययन करें और यह बताएं कि कौन सा निष्कर्ष तार्किक और निश्चित रूप से कानों से मेल खाता है।

कथन:
(1) कोई भी खिड़की मछली नहीं है।
(2) सभी मछली इन्सान हैं।

निष्कर्ष :
1. कोई भी खिड़की इन्सान नहीं है।
2. कोई भी इन्सान खिड़की नहीं है।
3. कुछ इन्सान मछली है।
4 .सभी इन्सान मछली है।

A. सिर्फ निष्कर्ष 2 और 4 सहमत (मेल खाता) है।
B. सिर्फ निष्कर्ष 1 और 3 (मेल खाता) सहमत है।
C. सिर्फ निष्कर्ष 3 सहमत (मेल खाता) है।
D. सिर्फ निष्कर्ष सहमत (मेल खाता) है।

Q.125 निर्देश: दिए गए दो कथनों को सत्य मानें, भले ही वे सामान्य रूप से ज्ञात तथ्यों से भिन्न हों। निष्कर्ष पढ़ें और फिर तय करें कि दिए गए निष्कर्षों में से कौन सा तार्किक और निश्चित रूप से दिए गए दो कथनों में से है,

कथन:
1) कुछ चाक डस्टर हैं
2) सभी डस्टर बोर्ड हैं,

निष्कर्ष:
1. कुछ चाक बोर्ड हैं।
2. कोई डस्टर बोर्ड नहीं है।

A. केवल निष्कर्ष 1 अनुसरण करता है
B. केवल निष्कर्ष 2 अनुसरण करता है
C. न तो निष्कर्ष 1 और न ही 2 अनुसरण करता है
D. दोनों, निष्कर्ष 1 और 2 का पालन करते हैं

Q.126 निर्देश: नीचे कुछ कथन और निष्कर्ष दिए गए हैं। दिए गा कथनों को सत्य माने (इसके बावजूद कि वे सामान्यतः गलत प्रतीत हों), और यह बताएं कि कौन सा निष्कर्ष तार्किक रूप से कथनों से मेल खाता है।

कथन:
1) कुछ डेस्क टोपियाँ हैं।
2) कोई भी टोपी नहीं हैं।

निष्कर्ष:
1. कुछ टोपियाँ डेस्क हैं।
1. कोई भी टोपी काली नहीं हैं।

A. सिर्फ निष्कर्ष 1 सहमत (मेल खाता) है।
B. सिर्फ निष्कर्ष 2 सहमत (मेल खाता है।
C. 1 और 2 दोनों ही सहमत (मेल खाता) हैं।
D. ना तो 1 और ना ही 2 सहमत (मेल खाता) हैं।

Q.127 निर्देश: अनुपस्थित संख्या ज्ञात करें:
2, 10, 30, 68, ?

A. 101 **B.** 102 **C.** 130 **D.** 104

Q.128 निर्देश: निम्नलिखिता संख्या-श्रृंखला में अनुपस्थित संख्या ज्ञात करे।
4, 17, 34, 53, 76, ?

A. 100 **B.** 85 **C.** 95 **D.** 105

Q.129 निर्देश: उस विकल्प को चुनें जो तीसरे पद से उसी प्रकार संबंधित है जिस प्रकार दूसरा पद पहले पद से संबंधित है।
थर्मामीटर : तापमान :: ऐमीटर : ?

A. वोल्टमीटर **B.** धारा **C.** द्रव्यमान **D.** ऊर्जा

Q.130 निर्देश: दी गई श्रृंखला में अगली संख्या क्या होगी?
0, 2, 6, 12, 20, 30, 42, ?

A. 64 **B.** 50 **C.** 56 **D.** 60

Q.131 निर्देश: उस विकल्प को चुने जो तीसरे पद से उसी प्रकार संबंधित है जिस प्रकार दूसरा पद पहले पद से संबंधित है।
चिकित्सक : रोगी :: वकील : ?

A. न्यायाधीश **B.** न्यायालय
C. अभियोग्यता **D.** बैरिस्टर

Q.132 निर्देश: उस विकल्प का चयन करें जो तीसरे पद से उसी प्रकार संबंधित हो जिस प्रकार दूसरा पद पहले पद से संबंधित है।
226 : 15 :: 65 : ?

A. 13 **B.** 4 **C.** 12 **D.** 8

Q.133 निर्देश: निम्नलिखित संख्या-क्रम को पूर्ण करें।
2, 5, 10, 17, 26, 37, ?

A. 40 **B.** 42 **C.** 49 **D.** 50

Q.134 यदि किसी निश्चित कूट भाषा में BAN का कोड DCP होता है तो PAPA का कोड क्या होगा?

A. RARA **B.** CAAA **C.** ACCC **D.** RCRC

Q.135 एक निश्चित कूट भाषा में, FILE को 7465 और IDEAL को 43586 लिखा जाता है। इस कूट भाषा में DEAF को क्या लिखा जाएगा?

A. 3478 **B.** 3588 **C.** 3587 **D.** 4578

Q.136 यदि TRUTH का कोड SUQSTVSUGI होता है तो LIES का कोड क्या होगा?

A. KMJHDFTR **B.** KMHJDFRT
C. HJDFRTKM **D.** KMJHFDTR

Q.137 किसी कूट भाषा में यदि BUTTER का कोड EXWWHU और MILK का कोड PLON होता है तो इस कूट भाषा में EARTH को कैसे लिखा जाएगा?

A. HDWUK **B.** HDUWK
C. KHDUW **D.** KHUWD

Q.138 मनमोहन प्रवीण का भाई है। प्रवीण की एकमात्र बहन की माँ की माँ मनमोहन से किस प्रकार संबंधित है?

A. नानी **B.** बहन **C.** बुआ **D.** ममेरी बहन

Q.139 एक फोटोग्राफ की ओर संकेत करते हुए सविता कहती है, 'वह मेरे दादा के एकमात्र बेटे का बेटा है"। फोटोग्राफ वाला पुरुष सविता से किस प्रकार संबंधित है?

A. भाई **B.** पिता **C.** पुत्र **D.** चाचा

Q.140 एक महिला की ओर संकेत करते हुए गीता कहती है, "वह मेरी दादी की एकमात्र संतान की बेटी है"। महिला गीता से किस प्रकार संबंधित है?

A. भतीजी **B.** ममेरी बहन **C.** बहन **D.** माँ

Q.141 दी गई श्रृंखला में अगली आकृति क्या होगी?

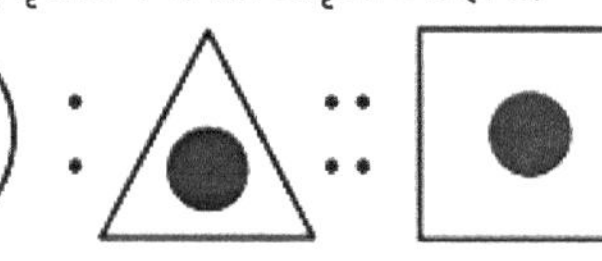

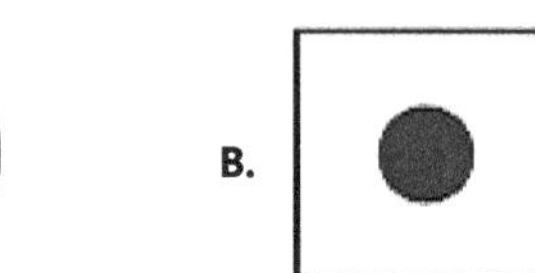

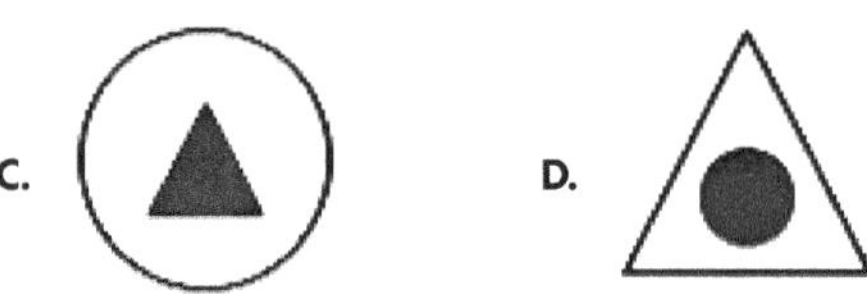

Q.142 असंगत आकृति की पहचान करें।

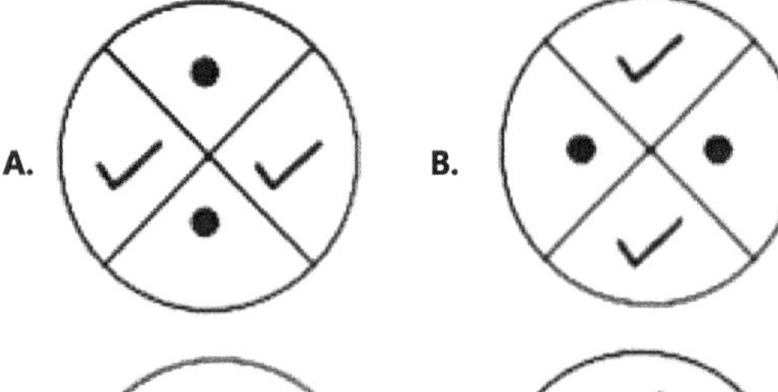

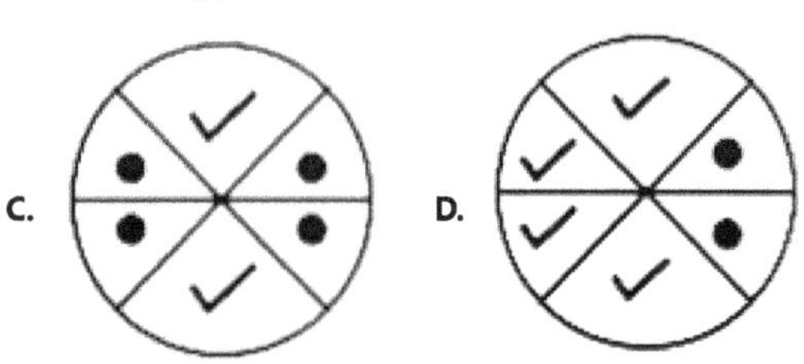

Ques (143-145):निर्देश: उस वेन आरेख का चयन करें, जो नीचे दिए गए तीन वर्गों के संबंध की व्याख्या सबसे बेहतर तरीके से करता है।

Q.143 पक्षी, मछली, मुर्गी

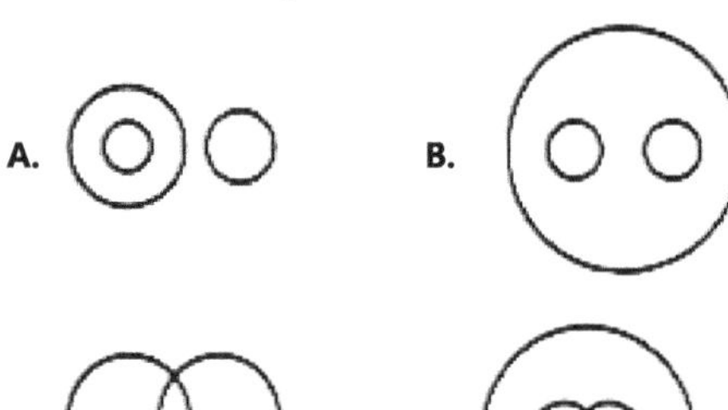

Q.144 खेल, फुटबॉल, छिपकली

A.  **B.** 

C. 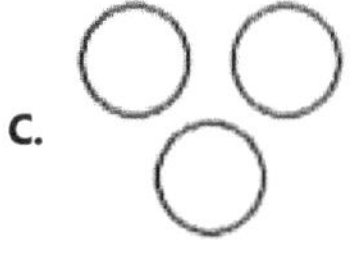 **D.** 

Q.145 कलम, पेंसिल, कागज

A.  **B.** 

C.  **D.** 

Q.146 निर्देश: चित्र (A) से लेकर (E) तक में से सबसे असंगत चित्र की पहचान करें जब किसी दर्पण को AB पर रखा जाये।

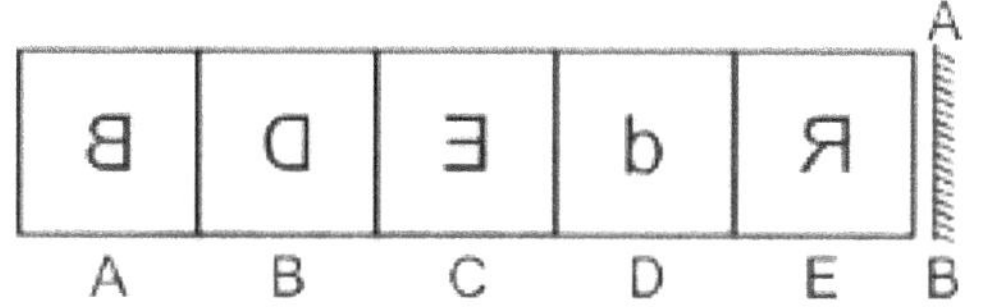

A. A **B.** B **C.** C **D.** D

Q.147 निर्देश: दिए गए शब्द युग्म एक विशेष सम्बन्ध साझा करते हैं।
व्यायाम : तंदुरुस्ती
विकल्पों में दिए गए शब्द युग्मों में से कौन इसी प्रकार के सम्बन्ध को साझा करता है?

A. बारिश : फसल **B.** अभ्यास : निपुणता

C. त्याग : सम्मान **D.** धन : आनंद

Q.148 निम्न में से कौन सा त्रिक (3, 16, 125) से अधिक साम्यता रखता है?

A. (2, 8, 81) **B.** (5, 36, 343)

C. (6, 36, 144) **D.** (7, 64, 256)

Q.149 दिए गए चार युग्मों में से सबसे अलग युग्म को पहचानें।

A. कंपनी : कर्मचारी **B.** टीम : खिलाड़ी

C. समुद्र : जहाज **D.** वन : वृक्ष

Q.150 निर्देश: दिए गए चित्र के प्रतिबिम्ब का उत्तर विकल्प चित्र में से चयन करें।

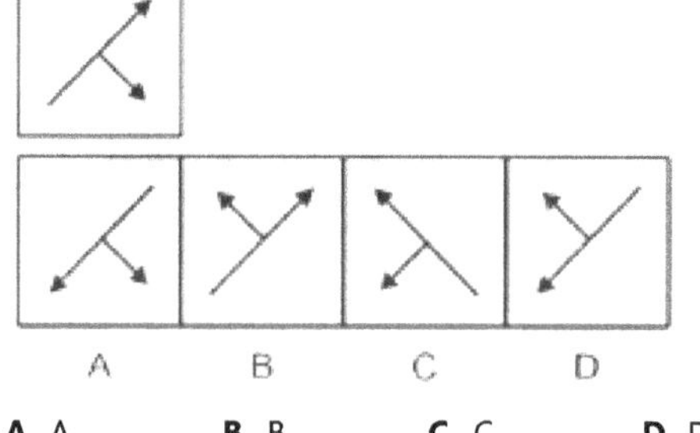

A. A **B.** B **C.** C **D.** D

// स्मार्ट उत्तर पुस्तिका //

सही उत्तर उन छात्रों का प्रतिशत जिन्होंने प्रश्नों का सही उत्तर दिया था। **छोड़ दिया** उन छात्रों का प्रतिशत जिन्होंने प्रश्नों को छोड़ दिया था।

प्रश्न संख्या	उत्तर	सही उत्तर	छोड़ दिया	प्रश्न संख्या	उत्तर	सही उत्तर	छोड़ दिया	प्रश्न संख्या	उत्तर	सही उत्तर	छोड़ दिया	प्रश्न संख्या	उत्तर	सही उत्तर	छोड़ दिया	प्रश्न संख्या	उत्तर	सही उत्तर	छोड़ दिया	प्रश्न संख्या	उत्तर	सही उत्तर	छोड़ दिया
1	D	87.69 %	11.72 %	22	B	32.52 %	67.39 %	43	A	63.35 %	33.95 %	64	C	79.89 %	19.69 %	85	C	62.31 %	36.78 %	106	C	49.07 %	33.65 %
2	D	84.69 %	15.26 %	23	D	79.16 %	10.18 %	44	C	81.65 %	14.48 %	65	B	86.38 %	11.78 %	86	D	47.64 %	51.03 %	107	D	85.31 %	13.02 %
3	D	55.7 %	34.94 %	24	C	59.65 %	30.02 %	45	D	81.0 %	11.98 %	66	B	49.95 %	36.13 %	87	D	89.45 %	10.27 %	108	A	68.02 %	30.56 %
4	D	50.03 %	32.06 %	25	D	81.65 %	13.98 %	46	B	78.54 %	17.92 %	67	D	55.38 %	42.64 %	88	A	63.07 %	33.54 %	109	C	54.0 %	34.61 %
5	D	40.32 %	58.53 %	26	B	47.74 %	32.47 %	47	A	41.45 %	38.08 %	68	C	44.5 %	41.12 %	89	A	42.98 %	38.13 %	110	A	55.18 %	44.12 %
6	C	65.23 %	33.08 %	27	A	49.18 %	49.28 %	48	C	83.43 %	11.65 %	69	C	41.33 %	47.55 %	90	A	63.26 %	35.71 %	111	B	53.82 %	37.74 %
7	C	65.38 %	30.94 %	28	B	45.5 %	30.12 %	49	B	63.72 %	31.19 %	70	D	60.32 %	38.53 %	91	C	42.1 %	35.1 %	112	C	12.51 %	82.52 %
8	C	63.16 %	36.14 %	29	C	63.95 %	31.45 %	50	D	86.06 %	10.73 %	71	A	60.85 %	34.68 %	92	A	44.15 %	46.0 %	113	A	58.09 %	31.8 %
9	D	49.16 %	43.75 %	30	D	66.76 %	33.13 %	51	C	86.91 %	12.83 %	72	C	79.28 %	14.77 %	93	C	64.26 %	32.21 %	114	D	51.43 %	33.15 %
10	D	54.74 %	30.14 %	31	D	85.6 %	11.28 %	52	A	77.11 %	16.68 %	73	A	43.49 %	45.05 %	94	A	84.24 %	14.86 %	115	A	62.37 %	34.34 %
11	C	51.2 %	41.04 %	32	C	80.78 %	11.45 %	53	B	48.53 %	43.72 %	74	B	41.36 %	41.22 %	95	A	63.33 %	35.59 %	116	D	40.94 %	31.81 %
12	B	44.21 %	38.76 %	33	C	55.77 %	30.16 %	54	D	54.43 %	40.89 %	75	C	58.22 %	30.92 %	96	B	89.07 %	10.27 %	117	A	60.3 %	33.98 %
13	C	89.18 %	10.33 %	34	D	52.29 %	45.55 %	55	C	83.54 %	15.53 %	76	B	41.81 %	55.14 %	97	C	87.17 %	11.66 %	118	A	45.94 %	46.57 %
14	B	48.66 %	35.65 %	35	C	50.93 %	45.5 %	56	D	79.62 %	12.79 %	77	A	87.81 %	11.84 %	98	D	87.76 %	12.2 %	119	A	65.65 %	31.32 %
15	C	44.95 %	37.09 %	36	C	88.4 %	10.7 %	57	A	55.9 %	36.4 %	78	C	62.87 %	37.01 %	99	B	55.35 %	30.21 %	120	B	68.52 %	30.45 %
16	D	48.49 %	37.68 %	37	B	77.39 %	12.76 %	58	D	57.2 %	35.23 %	79	C	42.09 %	33.6 %	100	B	60.78 %	36.91 %	121	D	65.91 %	33.67 %
17	C	49.75 %	50.17 %	38	D	57.87 %	35.14 %	59	B	78.19 %	14.93 %	80	A	48.62 %	45.2 %	101	C	88.25 %	11.34 %	122	B	43.78 %	33.32 %
18	D	44.24 %	48.95 %	39	A	77.61 %	19.67 %	60	C	78.23 %	20.17 %	81	B	77.4 %	17.51 %	102	A	89.54 %	10.27 %	123	C	51.87 %	44.17 %
19	A	48.14 %	47.79 %	40	D	86.7 %	11.66 %	61	A	83.91 %	10.13 %	82	C	67.19 %	31.15 %	103	C	82.61 %	14.02 %	124	C	57.82 %	39.39 %
20	A	27.42 %	71.07 %	41	A	78.27 %	16.13 %	62	B	85.58 %	11.1 %	83	D	54.14 %	35.57 %	104	D	65.01 %	33.56 %	125	A	85.94 %	14.03 %
21	C	44.89 %	31.54 %	42	B	77.97 %	16.92 %	63	D	65.68 %	32.39 %	84	C	78.57 %	14.23 %	105	B	88.47 %	10.49 %	126	A	51.9 %	43.55 %

प्रश्न संख्या	उत्तर	सही उत्तर	छोड़ दिया	प्रश्न संख्या	उत्तर	सही उत्तर	छोड़ दिया	प्रश्न संख्या	उत्तर	सही उत्तर	छोड़ दिया	प्रश्न संख्या	उत्तर	सही उत्तर	छोड़ दिया	प्रश्न संख्या	उत्तर	सही उत्तर	छोड़ दिया	प्रश्न संख्या	उत्तर	सही उत्तर	छोड़ दिया
127	C	88.07 %	11.36 %	131	C	80.1 %	11.45 %	135	C	60.73 %	32.13 %	139	A	57.69 %	38.22 %	143	A	68.71 %	31.11 %	147	B	76.48 %	18.68 %
128	D	47.66 %	40.3 %	132	D	57.36 %	33.92 %	136	B	69.14 %	30.36 %	140	C	48.54 %	38.72 %	144	A	86.67 %	12.49 %	148	B	80.56 %	14.32 %
129	B	47.42 %	49.44 %	133	D	58.34 %	31.61 %	137	B	78.33 %	14.49 %	141	A	82.78 %	11.37 %	145	C	61.25 %	36.78 %	149	C	61.41 %	32.47 %
130	C	50.14 %	42.89 %	134	D	48.92 %	44.37 %	138	A	57.47 %	35.94 %	142	D	47.14 %	45.38 %	146	D	89.61 %	10.0 %	150	C	55.36 %	39.78 %

// संकेत और समाधान //

1. मुंशी प्रेमचंद का जन्म 31 जुलाई 1880 को वाराणसी (बनारस) के पास स्थित एक गाँव लमही में हुआ था और उनका मूल नाम धनपत राय श्रीवास्तव था।
अतः विकल्प (D) सही है।

2. इलाहाबाद केंद्रीय विश्वविद्यालय उत्तर प्रदेश का सबसे पुराना विश्वविद्यालय है।
इलाहाबाद विश्वविद्यालय एक सार्वजनिक केंद्रीय विश्वविद्यालय है जो इलाहाबाद (अब प्रयागराज), उत्तर प्रदेश, भारत में स्थित है। यह 23 सितंबर 1887 को स्थापित किया गया था, यह भारत के सबसे पुराने आधुनिक विश्वविद्यालयों में से एक है।
अतः विकल्प (D) सही है।

3. उत्तर प्रदेश के कन्नौज शहर को 'पूर्व का ग्रास' के नाम से जाना जाता है। कन्नौज को 'ऋषभ दीक्षित का साम्राज्य' और 'भारत की इत्र राजधानी' के नाम से भी जाना जाता है। इसकी 200 से अधिक परफ्यूम डिस्टिलरी हैं और यह अपने पारंपरिक 'कन्नौज परफ्यूम', तंबाकू आदि के लिए विश्व प्रसिद्ध है।
अतः विकल्प (D) सही है।

4. भूटान को "लैंड ऑफ द थंडर ड्रैगन" कहा जाता है।
नेपाल और बांग्लादेश भूटान के निकट स्थित हैं लेकिन एक भूमि सीमा साझा नहीं करते हैं। उनका मानना है कि गड़गड़ाहट वास्तव में ड्रैगन की गर्जना की आवाज है।
अतः विकल्प (D) सही है।

5. काजुओ इशिगुरो ने 2017 साहित्य में अनुशासन के लिए नोबेल पुरस्कार जीता था।
"जिन्होंने महान भावनात्मक बल के उपन्यासों में, दुनिया के साथ संबंध के बारे में हमारी भ्रमपूर्ण भावना के नीचे रसातल को उजागर किया है। " द रिमेंस ऑफ द डे और नेवर लेट मी गो सहित उपन्यासों के लेखक इशिगुरो की प्रशंसा स्वीडिश अकादमी ने उपन्यासों के लिए की थी।
अतः विकल्प (D) सही है।

6. शेरी रहमान मार्च से अगस्त 2018 तक सीनेट में विपक्ष की पहली महिला नेता थीं और 2011 से 2013 तक संयुक्त राज्य में पाकिस्तान की राजदूत के रूप में कार्य किया। 2002 में, वह पाकिस्तान की नेशनल असेंबली के लिए चुनी गईं।
अतः विकल्प (C) सही है।

7. सीकर तकनीक के साथ भारत की क्रूज मिसाइल ब्रह्मोस है।
ब्रह्मोस (PJ-10 नामित) एक मध्यम दूरी की रैमजेट सुपरसोनिक क्रूज मिसाइल है। इसे पनडुब्बियों, जहाजों, विमानों या जमीन से प्रक्षेपित किया जा सकता है। यह दुनिया की सबसे तेज सुपरसोनिक क्रूज मिसाइल है।
अतः विकल्प (C) सही है।

8. भारत और पाकिस्तान के बीच 2 पार-सीमा ट्रेन चलती हैं।
भारत और पाकिस्तान दो ऐसे देश हैं जो अपनी अंतर्राष्ट्रीय सीमाओं को एक दूसरे के साथ साझा करते हैं। समझौता एक्सप्रेस दिल्ली-लाहौर मार्ग पर अटारी-वाघा बॉर्डर क्रॉसिंग के माध्यम से चलती है और यात्रियों और माल दोनों को ले जाती है। थार एक्सप्रेस जोधपुर और कराची को मुनाबाओ-खोखरापार सीमा के माध्यम से जोड़ती है और केवल यात्रियों को ले जाती है।
अतः विकल्प (C) सही है।

9. कैंब्रिज एनालिटिका कंपनी का हाल ही में एक वैश्विक डेटा चोरी अपराध में नाम आया था।
कैम्ब्रिज एनालिटिका कंपनी की शुरुआत 2013 में एक ब्रिटिश राजनीतिक परामर्श के रूप में हुई थी जो चुनावों के दौरान रणनीतिक संचार के लिए डेटा खनन, डेटा विश्लेषण और डेटा ब्रोकरेज को संयोजित करने के लिए उपयोग करता है। कैम्ब्रिज एनालिटिका कंपनी के सीईओ अलेक्जेंडर निक्स हैं।
अतः विकल्प (D) सही है।

10. 15वीं रूस-भारत-चीन त्रिपक्षीय विदेश मंत्रियों की बैठक दिसंबर 2017 में नई दिल्ली में हुई थी।
ये वार्षिक वार्ता तीन देशों को एक-दूसरे के साथ परस्पर विचारों का आदान-प्रदान करने और अंतर्राष्ट्रीय शांति, सुरक्षा और विकास में योगदान की पहचान करने का अवसर देती है।
अतः विकल्प (D) सही है।

11. भारत में ब्रिटिश शासन का बड़े पैमाने पर विस्तार सहायक संधियों के माध्यम से हुआ, जो गवर्नर जनरल लॉर्ड वेलेजली के शासन काल में शुरू की गई थी। इस प्रणाली के अनुसार, भारत के प्रत्येक शासक को ब्रिटिश सेना के रखरखाव के लिए अंग्रेजों को सब्सिडी देने के लिए स्वीकार करना पड़ता था।
अतः विकल्प (C) सही है।

12. गुरू गोबिंद सिंह की मृत्यु के बाद, गुरू की संस्था समाप्त हो गई और सिखों का नेतृत्व उनके विश्वसनीय शिष्य बंदा बहादुर को सौंप दिया गया। बंदा सिंह बहादुर एक सिख योद्धा और खालसा सेना के कमांडर थे। पंजाब में अपना खालसा शासन बनाने के बाद से, बंदा सिंह बहादुर ने जमींदारी शासन को समाप्त कर दिया था और ज़मीन के मालिक को "संपत्ति का अधिकार" दिया था।
अतः विकल्प (B) सही है।

13. पाकिस्तान का नाम सबसे पहले चौधरी रहमत अली द्वारा गढ़ा गया था। चौधरी रहमत अली ने पंजाब (P), अफगान (A), कश्मीर (K), सिंध (S), और बलूचिस्तान (TAN) जैसे स्थानों के पहले अक्षरों का उपयोग करके यह नाम दिया।
अतः विकल्प (C) सही है।

14. रवींद्रनाथ टैगोर ने अपनी नाइटहुड की उपाधि को जलियांवाला बाग नरसंहार के विरोध में छोड़ दिया।
रवींद्रनाथ टैगोर को 22 मई 1919 को नरसंहार की खबर मिली। उन्होंने कलकत्ता में एक विरोध सभा की व्यवस्था करने की कोशिश की और अंत में अपने ब्रिटिश नाइटहुड को "विरोध का एक प्रतीकात्मक कार्य" के रूप में त्यागने का फैसला किया।
अतः विकल्प (B) सही है।

15. गोदावरी नदी महाराष्ट्र के नासिक जिले में त्र्यंबकेश्वर से निकलती है। यह भारत की सबसे पुरानी नदी है। इसे दक्षिण भारत की गंगा के रूप में भी जाना जाता है। यह भारत की दूसरी सबसे लंबी नदी है।
अतः विकल्प (C) सही है।

16. वूलर झील, भारत की सबसे बड़ी मीठे पानी की झील है।
वूलर झील भारत के जम्मू और कश्मीर में बांदीपोरा जिले में स्थित है। झील के बेसिन का निर्माण विवर्तनिक गतिविधि के परिणामस्वरूप हुआ था और झेलम नदी द्वारा पोषित है।
अतः विकल्प (D) सही है।

17. भारतीय संविधान में कानून बनाने की निर्धारित प्रक्रिया काफी हद तक जापान के संविधान द्वारा प्रभावित है।
"विधि द्वारा स्थापित प्रक्रिया" का अर्थ है कि विधायिका या संबंधित निकाय द्वारा विधिवत् बनाया गया कानून तभी मान्य है जब सही प्रक्रिया का पालन किया गया हो। "कानून द्वारा स्थापित प्रक्रिया" वाक्यांश को अपनाकर संविधान ने कानून को निर्धारित करने के लिए विधायिका को अंतिम शब्द दिया।
अतः विकल्प (C) सही है।

18. शिक्षा का अधिकार (आरटीई) अधिनियम वर्ष 2009 में भारत की संसद द्वारा अधिनियमित किया गया था।
शिक्षा का अधिकार (आरटीई) अधिनियम, 2009 की विशेषताएं:

- आरटीई अधिनियम का उद्देश्य 6 से 14 वर्ष की आयु के सभी बच्चों को प्राथमिक शिक्षा प्रदान करना है।
- यह शिक्षा को एक मौलिक अधिकार (अनुच्छेद 21) के रूप में लागू करता है।
- अधिनियम समाज के वंचित वर्गों के लिए 25% आरक्षण को अनिवार्य करता है।

अतः विकल्प (D) सही है।

19. महाराजा सवाई जय सिंह (जय सिंह द्वितीय) ने उज्जैन में एक खगोलीय वेधशाला स्थापित की। इस वेधशाला का नाम जंतर मंतर है।
महाराजा जय सिंह द्वितीय 18वीं शताब्दी की शुरुआत में अंबर राज्य के राजपूत शासक थे। वह गणित, वास्तुकला और खगोल विज्ञान के बेहद शौकीन थे। उन्होंने उत्तर भारत में पांच खगोलीय इकाइयों का निर्माण किया और उनका नाम जंतर मंतर रखा। उन्होंने नई दिल्ली, उज्जैन, जयपुर, मथुरा और वाराणसी में पांच जंतर मंतर बनाए।
अतः विकल्प (A) सही है।

20. यूनिवर्सल टीकाकरण कार्यक्रम के रूप में केंद्रीय स्वास्थ्य मंत्रालय ने खसरा और रूबेला के विरुद्ध दोहरे संरक्षण के लिए एकल टिके का शुभांरम किया।
खसरा और रूबेला बीमारियों के खिलाफ अभियान पांच राज्यों/केंद्र शासित प्रदेशों (कर्नाटक, तमिलनाडु, पुडुचेरी, गोवा और लक्षद्वीप) से शुरू हुआ। इसमें लगभग 3.6 करोड़ बच्चों को लक्षित किया। खसरा-रूबेला वैक्सीन को रूटीन टीकाकरण में पेश किया गया, वर्तमान में 9-12 महीने और 16-24 महीने की उम्र में खसरे के टीके की दो खुराक दी जाती है।
अतः विकल्प (A) सही है।
21. 2011 की जनगणना के अनुसार उत्तर प्रदेश के इलाहाबाद (प्रयागराज) जिले की जनसंख्या सबसे ज्यादा है। सबसे कम आबादी वाला जिला महोबा था।
इलाहाबाद का लिंगानुपात 901 है। 2011 की जनगणना के अनुसार इलाहाबाद की जनसंख्या 5,954,391 है। इलाहाबाद भारत का 13वां सबसे ज्यादा आबादी वाला जिला है। इलाहाबाद भारत का 7वां सबसे ज्यादा आबादी वाला शहर भी है।
अतः विकल्प (C) सही है।
22. जूनागढ़ रियासत ने 1947 में, पाकिस्तान में मिलने की घोषणा की थी, लेकिन बाद में जनमत संग्रह के बाद इसे भारत में शामिल होने के लिए मजबूर होना पड़ा था।
1947 के ब्रिटिश भारत की स्वतंत्रता और विभाजन में, 565 रियासतों को या तो भारत के नए डोमिनियन या पाकिस्तान के नवगठित राज्य में शामिल होने का विकल्प दिया गया था। जूनागढ़ के नवाब, मुहम्मद महाबत खानजी III, एक मुस्लिम जिनके पूर्वजों ने जूनागढ़ और छोटी रियासतों पर कुछ दो सौ वर्षों तक शासन किया था, ने फैसला किया कि जूनागढ़ पाकिस्तान का हिस्सा बनना चाहिए।
अतः विकल्प (B) सही है।
23. उत्तर प्रदेश राज्य से कर्क रेखा नहीं गुजरती है।
भूमध्य रेखा से 23.50 डिग्री उत्तर की ओर कोण पर कर्क रेखा एक काल्पनिक रेखा है, जो भारत के मध्य से गुजरती है। कर्क रेखा भारत के आठ राज्यों से होकर गुजरती है : गुजरात (जसदण), राजस्थान (कालिंजर), मध्य प्रदेश (शाजापुर), छत्तीसगढ़, झारखंड (लोहरदगा), पश्चिम बंगाल (कृष्णानगर), त्रिपुरा (उदयपुर) और मिज़ोरम (चंपई)। मध्यप्रदेश में कैंसर की सबसे लंबी रेखा है। राजस्थान में कर्क रेखा सबसे छोटी है।
अतः विकल्प (D) सही है।
24. तमिलनाडु राज्य में द्विसदन विधान मंडल नहीं है।
द्विसदनीयता एक विधायिका को दो अलग-अलग विधानसभाओं, कक्षों या सदनों में विभाजित करने की प्रथा है, जिसे द्विसदनीय विधायिका के रूप में जाना जाता है। केवल 6 राज्य हैं जिनके दो सदन हैं - उत्तर प्रदेश, बिहार, तेलंगाना, आंध्र प्रदेश, कर्नाटक, महाराष्ट्र।अनुच्छेद 168 राज्यों में द्विसदनीयता बताता है। अनुच्छेद 169 कहता है कि राज्य विधान परिषद बनाई या समाप्त की जा सकती है।
अतः विकल्प (C) सही है।
25. जवाहरलाल नेहरू, भारत की संविधान सभा की संघ शक्ति समिति के अध्यक्ष थे।
एमएन रॉय द्वारा 1934 में भारत की एक संविधान सभा के लिए एक विचार प्रस्तावित किया गया था। संविधान-निर्माण के विभिन्न कार्यों से निपटने के लिए संविधान सभा ने कुल 22 समितियाँ नियुक्त कीं। 9 दिसंबर 1946 को नई दिल्ली में पहली बार विधानसभा की बैठक हुई और इसका अंतिम सत्र 24 जनवरी 1950 को आयोजित किया गया।
अतः विकल्प (D) सही है।
26. प्राचीन गणित पुस्तक गणित-सार-संग्रह महावीराचार्य द्वारा लिखी गई थी।
महावीराचार्य 9वीं शताब्दी के जैन गणितज्ञ थे जिनका जन्म संभवतः वर्तमान मैसूर में या उसके निकट हुआ था। उन्होंने 850 ईस्वी में गणितसारसंग्रह या गणित के सार पर सारांश लिखा। महावीराचार्य राष्ट्रकूट राजा अमोघवर्ष के रक्षित थे। उन्होंने ज्योतिष को गणित से अलग कर दिया। उन्होंने उन्हीं विषयों पर प्रकाश डाला जिन पर आर्यभट्ट और ब्रह्मगुप्त ने विवाद किया लेकिन उन्होंने उन्हें और अधिक स्पष्ट रूप से व्यक्त किया।
अतः विकल्प (B) सही है।
27. वीरप्पा मोइली ने एक अंग्रेजी पुस्तक "अनलीशिंग इंडिया" लिखी है, जो बताती है कि भारत 25 से 30 वर्षों में महाशक्ति कैसे बन सकता है।
वीरप्पा मोइली (जन्म 12 जनवरी 1940) कर्नाटक राज्य के भारतीय राष्ट्रीय कांग्रेस से संबंधित एक भारतीय राजनीतिज्ञ हैं। मोइली भारतीय राज्य कर्नाटक के पूर्व मुख्यमंत्री (और पहले जातीय तुलुवा सीएम) थे। वह उडुपी जिले के करकला निर्वाचन क्षेत्र से कर्नाटक राज्य विधान सभा के लिए चुने गए थे।
अतः विकल्प (A) सही है।
28. दिसंबर 2016 में, भारतीय रेल ने आनंद विहार और गोरखपुर के बीच पहली हमसफ़र श्रेणी के ट्रेन की शुरूआत की।
हमसफ़र एक्सप्रेस का प्रयोग एक लक्ज़री वातानुकूलित ट्रेन के अनुभव के लिए किया जाता था जिसमें ऐसी ट्रेनें शामिल होती हैं जो पूरी तरह से 3-स्तरीय होती हैं। ट्रेनों में चार्जिंग पोर्ट और सीसीटीवी कैमरे हैं। नई कार्ड्स और लाइनों का निर्माण किया जा रहा है और एक बेहतर भारत की नींव रखी जा रही है।
अतः विकल्प (B) सही है।
29. प्रसिद्ध सूफी संत शेख सलीम चिश्ती की दरगाह उत्तर प्रदेश के फतेहपुर सीकरी में स्थित है।
सलीम चिश्ती की दरगाह पर अजमेर के ख्वाजा मोइनुद्दीन चिश्ती के उत्तराधिकारी सूफी संत सलीम चिश्ती (1478 - 1572) की दरगाह है, जहाँ वे सीकरी में रिज पर एक गुफा में रहते थे।सूफी संत के प्रति सम्मान के प्रतीक के रूप में अकबर द्वारा मकबरा निर्मित करवाया गया। फ़तेहपुर सीकरी भारत के उत्तर प्रदेश के आगरा जिले का एक शहर है।
अतः विकल्प (C) सही है।
30. हिमालय का तीसरा सबसे बड़ा शिखर कंचनजंगा पर्वत है।
कंचनजंगा पर्वत हिमालय के एक हिस्से में 8,586 मीटर (28,169 फीट) की ऊंचाई के साथ उगता है जिसे कंगचंजुंगा हिमाल कहा जाता है जिसे तमूर नदी द्वारा पश्चिम में सीमांकित किया गया है। यह नेपाल और सिक्किम, भारत के बीच सीमा पर सीधे पाँच चोटियों (मुख्य, मध्य और दक्षिण) में से तीन के साथ है, और शेष दो (पश्चिम और कांगबैचेन) नेपाल के त्लेजुंग जिले के पहले प्रान्त में है। 1852 तक, कंचनजंगा को दुनिया का सबसे ऊंचा पर्वत माना जाता था।
अतः विकल्प (D) सही है।
31. उत्तर प्रदेश का राजकीय फूल पलाश है।
पलाश को आमतौर पर "जंगल की ज्वाला" या "लौ वृक्ष" के रूप में जाना जाता है और पौधे के विभिन्न भागों जैसे फूल, छाल, पत्ती और बीज गोंद का उपयोग औषधीय प्रयोजनों के लिए किया जाता है। पलाश का उपयोग मुख्य रूप से इसकी कृमिनाशक गतिविधि के कारण पेट के कीड़ों से छुटकारा पाने के लिए किया जाता है।
अतः विकल्प (D) सही है।
32. मनुष्यों में पित्त का उत्पादन जिगर में होता है।
पित्त जिगर का एक अनूठा और महत्वपूर्ण जलीय स्राव है। पित्त एक तरल पदार्थ है जो जिगर द्वारा बनाया और निर्मुक्त होता है और पित्ताशय में जमा होता है। पित्त पाचन में मदद करता है। यह फैटी अम्ल में वसा को विभाजित करता है, जिसे पाचन तंत्र द्वारा शरीर में ले जाया जा सकता है।
अतः विकल्प (C) सही है।
33. राष्ट्रीय मानवाधिकार आयोग (NHRC) भारत में 12 अक्टूबर, 1993 को स्थापित हुआ था।
NHRC भारत का राष्ट्रीय मानवाधिकार आयोग है, जो मानव अधिकारों के संरक्षण और प्रचार के लिए जिम्मेदार है, जिसे अधिनियम द्वारा परिभाषित किया गया है, "संविधान द्वारा गारंटीकृत व्यक्ति के जीवन, स्वतंत्रता, समानता और सम्मान से संबंधित अधिकार या अंतर्राष्ट्रीय अनुबंधों में सन्निहित और भारत में न्यायालयों द्वारा प्रवर्तनीय है।
अतः विकल्प (C) सही है।
34. दाद रोग फफूंद (फंगस) के कारण होता है।
दाद एक स्पर्शजन्य कवक संक्रमण है। यह आम मोल्ड जैसे परजीवी के कारण होता है जो आपकी त्वचा की बाहरी परत में कोशिकाओं पर रहते हैं। यह मानव से मानव फैल सकता है। दाद अक्सर एक संक्रमित व्यक्ति के साथ सीधे, त्वचा से त्वचा के संपर्क से फैलता है। यह एक प्रकार के कवक के कारण होता है जो केराटिन को खाता है। इन्हें डर्माटोफाइट्स कहा जाता है।
अतः विकल्प (D) सही है।
35. भारतीय राज्य, उत्तर प्रदेश ने 2016-17 में भारत में उत्पादित चीनी का

एक तिहाई से अधिक चीनी उत्पादन किया है।
वर्ष 2016-17 के सूचीबद्ध आउटपुट के अनुसार, उत्तर प्रदेश सामान्य रूप से गन्ने का सबसे अधिक उत्पादन वाला राज्य बन गया, इसके बाद महाराष्ट्र, कर्नाटक, और इसी तरह से गन्ने का उत्पादन होता है। गन्ना एक प्रकार की घास है। ब्राजील में गन्ने की मातृभूमि है। गन्ना उत्तर भारत से दक्षिण भारत में स्थानांतरित हो रहा है, इसके लिए नम जलवायु की आवश्यकता होती है।
अतः विकल्प (B) सही है।

36. भारत के संविधान के मूल दस्तावेज को प्रेम बिहारी नारायण रायज़ादा द्वारा हाथ से लिखा गया था।
प्रत्येक पृष्ठ को शांतिनिकेतन के कलाकारों द्वारा सुशोभित और सजाया गया था। हिंदी और अंग्रेजी में लिखी गई भारतीय संविधान की मूल प्रतियों को भारत की संसद की लाइब्रेरी में विशेष हीलियम से भरे फाइलों में रखा जाता है।
अतः विकल्प (C) सही है।

37. विटामिन B7 का रासायनिक नाम बायोटिन है।
बायोटिन मनुष्यों और अन्य जीवों में चयापचय प्रक्रियाओं की मुख्य रूप से वसा, कार्बोहाइड्रेट और अमीनो एसिड के उपयोग से संबंधित एक विस्तृत शृंखला में शामिल है। बायोटिन नाम ग्रीक शब्द "बायोस" (जीने के लिए) और प्रत्यय "-इन" (एक सामान्य रासायनिक प्रत्यय कार्बनिक रसायन विज्ञान में प्रयुक्त) से निकला है।
अतः विकल्प (B) सही है।

38. हॉकी दिग्गज मेजर ध्यानचंद का जन्म इलाहाबाद में हुआ था।
मेजर ध्यानचंद (29 अगस्त 1905 - 3 दिसंबर 1979) एक भारतीय फील्ड हॉकी खिलाड़ी थे, जिन्हें खेल के इतिहास में सबसे महान माना जाता था। उन्हें 1928, 1932, और 1936 में तीन ओलंपिक स्वर्ण पदक अर्जित करने के अलावा, एक ऐसे युग में, जहाँ भारत का हॉकी में वर्चस्व था, असाधारण गोल करने वाले कुशल के लिए जाना जाता था।
अतः विकल्प (D) सही है।

39. अचरज तद्भव शब्द है।
'अचरज' का अर्थ आश्चर्य उत्पन्न करने वाली वस्तु है। आश्चर्य तत्सम शब्द है। जिसका तद्भव शब्द अचरज है।
अतः विकल्प (A) सही है।

40. शीत का विलोम शब्द उष्ण है।
'शीत' का अर्थ जाड़े का मौसम और 'उष्ण' का अर्थ गर्मी उत्पन्न करनेवाला।
अतः विकल्प (D) सही है।

41. 'कर' का अर्थ सूर्य नहीं होता है।
'कर' का अर्थ हाथ, किरण तथा टैक्स है।
अतः विकल्प (A) सही है।

42. 'जो कठिनाई से मिलता है' के लिए एक शब्द 'दुर्लभ' है।
अतः विकल्प (B) सही है।

43. 'अनिल -अनल' का सही अर्थ देने वाला शब्द युग्म वायु-अग्नि है।
'अनिल' का अर्थ – 'वायु'
'अनल' का अर्थ – 'अग्नि'
अतः विकल्प (A) सही है।

44. 'पराजय' में 'परा' उपसर्ग है।
'परा' उपसर्ग से बनने वाले अन्य शब्द - पराभव, परामर्श, पराक्रम आदि।
'परा' का अर्थ – उल्टा, पीछे
अतः विकल्प (C) सही है।

45. 'लिखावट' में 'आवट' प्रत्यय है। 'लिखावट' शब्द में विदेशी प्रत्यय है।
अतः विकल्प (D) सही है।

46. महोत्सव का संधि-विच्छेद महा + उत्सव है।
इस संधि-विच्छेद में संधि का प्रकार गुण स्वर संधि है।
अतः विकल्प (B) सही है।

47. 'मैंने घर जाना था।' वाक्य में अशुद्ध अंश मैंने है।
'मैंने' के स्थान पर 'मुझे' का प्रयोग होना चाहिए।
अतः विकल्प (A) सही है।

48. देशभक्ति शब्द दो शब्दों देश और भक्ति से मिलकर बना है। देशभक्ति शब्द में तत्पुरूष समास है।
उदाहरण: धर्म का ग्रन्थ = धर्मग्रन्थ, तुलसीदास द्वारा कृत = तुलसीदासकृत।
अतः विकल्प (C) सही है।

49. 'पुस्तक पढ़ी जाती है।' में कर्म वाच्य है।
इसमें क्रिया (पढ़ना) का सीधा सम्बन्ध कर्म (पुस्तक) से है। क्योंकि इसमें कर्म की प्रधानता है।
अतः विकल्प (B) सही है।

50. 'और' शब्द अव्यय है।
अव्यय सदैव अपरिवर्तित, अविकारी रहते हैं। जैसे- जब, तब, अभी, उधर, वहाँ, इधर आदि।
अतः विकल्प (D) सही है।

51. हिन्दी में पूर्ण-विराम का चिह्न '।' है।
किसी वाक्य के अंत में पूर्ण विराम चिन्ह लगाने का अर्थ होता है कि वह वाक्य खत्म हो गया है। पूर्ण विराम (।) का प्रयोग प्रश्नसूचक और विस्मयादि सूचक वाक्यों को छोड़कर बाकि सभी प्रकार के वाक्यों के अंत में किया जाता है।
अतः विकल्प (C) सही है।

52. 'दूध का धुला होना' मुहावरे का अर्थ 'निर्दोष होना' है।
वाक्य प्रयोग- भ्रष्टाचार करते हुए भी राजू सरकार पर ऐसे आरोप लगता है जैसे खुद दूध का धुला है।
अतः विकल्प (A) सही है।

53. 'जिसकी लाठी उसकी भैंस' लोकोक्ति का अर्थ शक्ति सम्पन्न आदमी अपना काम बना लेता है।
वाक्य प्रयोग- कंपनी में भले ही कितनी रिक्तियां निकले नियुक्ति उसी की होगी जिसकी सिफारिश होगी। क्योंकि जिसकी लाठी उसकी भैंस का जमाना है।
अतः विकल्प (B) सही है।

54. वीर रस का स्थायी भाव 'उत्साह' होता है।
वीर रस - नौ रसों में से एक प्रमुख रस है। जब किसी रचना या वाक्य आदि से वीरता जैसे स्थायी भाव की उत्पत्ति होती है, तो उसे वीर रस कहा जाता है।
अतः विकल्प (D) सही है।

55. 'दोहा' के प्रथम चरण में 13 मात्राएं होती हैं।
दोहा अर्द्धसम अर्थिक छंद है। यह दो पंक्ति का होता है इसमें चार चरण माने जाते हैं इसके विषम चरण प्रथम और तृतीय में 13-13 मात्राएँ और सम चरण द्वितीय और चतुर्थ में 11-11 मात्राएँ होती हैं।
अतः विकल्प (C) सही है।

56. यमक अलंकार में शब्दालंकार है।
जिस अलंकार में शब्दों के प्रयोग के कारण कोई चमत्कार उपस्थित हो जाता है और उन शब्दों के स्थान पर समानार्थी दूसरे शब्दों के रख देने से वह चमत्कार समाप्त हो जाता है, वह शब्दालंकार माना जाता है।
अतः विकल्प (D) सही है।

57. 'क' वर्ण अघोष ध्वनि है।
अघोष ध्वनियाँ: ध्वनि के रूप में जिन व्यंजन वर्णों के उच्चारित करने में स्वरतन्त्रियाँ झंकृत नही होती है, उन्हें 'अघोष' कहते है।
अतः विकल्प (A) सही है।

58. रचना शब्द स्त्रीलिंग है।
जैसे- पुस्तक, साड़ी ,कमीज, दीवार, गली, पतंग, बंदूक, फुलवारी आदि स्त्रीलिंग है।
अतः विकल्प (D) सही है।

59. राष्ट्र शब्द पुल्लिंग है।
जैसे- केला, दुकानदार, स्कूटर, बस्ता, अध्यापक, वायुयान, टेलीविजन, आदि पुल्लिंग है।
अतः विकल्प (B) सही है।

60. प्राण शब्द का प्रयोग सदा बहुवचन में होता है।
उदाहरण- जिले से सात जवानों ने कारगिल लड़ाई में प्राण न्यौछावर किए। यहाँ 'प्राणों न्यौछावर किए' उपयुक्त नहीं होगा। इसलिए, प्राण शब्द बहुवचन है।
अतः विकल्प (C) सही है।

61. 'ने' कर्ता कारक के चिह्न होते हैं।
कारक- क्रिया को करने वाला या क्रिया को पूरा करने में उसकी मदद करने वाला शब्द कारक कहलाता है। या दूसरे शब्दों में अगर कहा जाए तो संज्ञा या सर्वनाम का क्रिया के साथ होने का सीधा संबंध बताने वाला है।
अतः विकल्प (A) सही है।

62. 'आप' शब्द में सर्वनाम है।
निजवाचक सर्वनाम: जिस सर्वनाम का प्रयोग कर्ता कारक स्वयं के लिए करता है, उसे निजवाचक सर्वनाम कहते हैं। इसके अंतर्गत आप, स्वयं, खुद,

स्वतः आदि आते हैं। उदाहरण- आप कहाँ से आ रहे हैं?
अतः विकल्प (B) सही है।

63. 'शांत' शब्द में विशेषण है।
'शांत' शब्द गुणवाचक विशेषण है।
जो शब्द किसी संज्ञा या सर्वनाम का गुण, दोष, आकार-प्रकार रंग रूप गंध आदि बताते हैं, वे शब्द गुणवाचक विशेषण कहलाते है।
अतः विकल्प (D) सही है।

64. 'सुनाना' शब्द प्रेरणार्थक क्रिया है।
ऐसी क्रियाएं जिनके प्रयोग से वाक्य मे यह पता चलता है कि कर्ता स्वयं किसी कार्य को ना करके किसी और से कार्य को करवाता है अथवा किसी और को कार्य करने की प्रेरणा देता है, उसे प्रेरणार्थक क्रिया कहते हैं। जैसे: करवाना, पिलवाती, पिलवाता, कटवाना, पिलवाना आदि।
अतः विकल्प (C) सही है।

65. 'लड़के ने पुस्तक पढ़ी है।' वाक्य का काल पूर्ण वर्तमान है।
पूर्ण वर्तमान- क्रिया के जिस रूप से कार्य के अभी पूरे होने का पता चलता है। उसे पूर्ण वर्तमान काल कहते है। इसमें हमें कार्य की पूर्ण सिद्धि का पता चलता है। जैसे - उसने गेंद खेली है।
अतः विकल्प (B) सही है।

66. गद्यांश का उपयुक्त शीर्षक खेलों का गिरता स्तर हो सकता है।
सम्पूर्ण गद्यांश में जिस विषय पर मुख्यत बात की गई हो वही गद्यांश का उचित शीर्षक होता है। गद्यांश में बताया गया है कि 'खेलो का स्तर गिर गया है'।
अतः विकल्प (B) सही है।

67. खेलों के गिरते स्तर का कारण खेलों के लिए राष्ट्रीय सम्मान नहीं है।
सन्दर्भ पंक्ति - खेलों में गिरते स्तर के लिए कौन जिम्मेदार है? एक और सरकार की उदासीन दोषपूर्ण सरकारी नीतियाँ है तो दूसरी और विभिन्न खेल संघो की गुटबाजी, खिलाड़ियों के लिए सुविधाओं एवं प्रशिक्षण का सर्वथा अभाव या कुछ और प्रतिभागिताओं में भाग लेकर खाली हाथ लौटने पर सभी एक दूसरे को दोषी बताते है।
अतः विकल्प (D) सही है।

68. आपसी गुटबंदी होने से खेलों पर नकारात्मक प्रभाव पड़ता है।
सन्दर्भ पंक्ति - खेलों में गिरते स्तर के लिए कौन जिम्मेदार है? एक और सरकार की उदासीन दोषपूर्ण सरकारी नीतियाँ है तो दूसरी और विभिन्न खेल संघो की गुटबाजी, खिलाड़ियों के लिए सुविधाओं एवं प्रशिक्षण का सर्वथा अभाव या कुछ और प्रतिभागिताओं में भाग लेकर खाली हाथ लौटने पर सभी एक दूसरे को दोषी बताते है।
अतः विकल्प (C) सही है।

69. गद्यांश के अनुसार राष्ट्र की उपलब्धियों में खेल नहीं है।
खेलों के गिरते स्तर के कारण यह राष्ट्र की उपलब्धियों में नहीं गिना जा सकता।
खेलो को राष्ट्रीय उपलब्धि बनाने हेतु कई प्रयास किए जाने की आवश्यकता है।
अतः विकल्प (C) सही है।

70. खेंलो में निर्धन राष्ट्र भी हमसे आगे निकल गए क्योंकि वहाँ खेलों का राष्ट्र सम्मान है।
सन्दर्भ पंक्ति - दुनिया के छोटे-छोटे अविकसित, निर्धन राष्ट्रों के प्रतिभागी भी खेलकूद के क्षेत्र में हमसे आगे निकल गए हैं।
अतः विकल्प (D) सही है।

71. बीजक कबीरदास जी की रचनाओं का संग्रह है। यह कबीरपंथी धर्म के अनुयायियों के लिए पवित्र शास्त्र है। बीजक के तीन मुख्य भाग साखी, सबद, रमैनी हैं।
अतः विकल्प (A) सही है।

72. 'अंधेर नगरी' प्रसिद्ध हिंदी साहित्यकार भारतेंदु हरिश्चंद्र का सर्वाधिक लोकप्रिय नाटक है।
'अंधेर नगरी' नाटक में छः अंक है तथा इसमें विवेकहीन और निरंकुश शासन व्यवस्था पर करारा व्यंग्य करते हुए अपने ही कर्मों द्वारा नष्ट होते दिखाया गया है। भारतेंदु ने इसकी रचना बनारस के हिंदू नेशनल थियेटर के लिए एक ही दिन में की थी।
अतः विकल्प (C) सही है।

73. कामायनी हिंदी भाषा का एक महाकाव्य है। इसके रचयिता जयशंकर प्रसाद हैं। 'कामायनी' आधुनिक छायावादी युग का सर्वोत्तम और प्रतिनिधि हिंदी महाकाव्य है। 'प्रसाद' जी की यह अंतिम काव्य रचना 1936 ई. में प्रकाशित हुई, परंतु इसका प्रणयन प्राय: 7-8 वर्ष पूर्व ही प्रारंभ हो गया था।
अतः विकल्प (A) सही है।

74. गोदान, प्रेमचन्द का अंतिम और सबसे महत्वपूर्ण उपन्यास माना जाता है। गोदान का प्रकाशन 1936 ई. में हिन्दी ग्रन्थ रत्नाकर कार्यालय, मुंबई द्वारा किया गया था। इसमें भारतीय ग्राम समाज एवं परिवेश का सजीव चित्रण है।
अतः विकल्प (B) सही है।

75. 'श' तालव्य ध्वनि है।
तालु ध्वनियाँ के उच्चारण में तालव्य का प्रयोग किया जाता है। तालु ध्वनियाँ - इ, ई च, छ, ज, झ, ञ य श।
अतः विकल्प (C) सही है।

76. जिस प्रकार,
सद्‌गुण, अवगुण का विलोम है।
इसी प्रकार,
दया, क्रूरता का विलोम है।
अतः विकल्प (B) सही है।

77. यहाँ अनुसरण किया गया तर्क है:
गजल : कविता → गजल एक प्रकार की कविता है या हम कह सकते हैं कि गजल का अर्थ कविता है।
इसी प्रकार,
झूठ : कपट → झूठ का अर्थ कपट है।
अतः विकल्प (A) सही है।

78. अक्षरों की वर्णानुक्रमिक स्थितियों के अनुसार,

B	E	H	K
+2 ↓	+2 ↓	+2 ↓	+2 ↓
D	G	J	M

इसी प्रकार,

N	Q	T	W
+2 ↓	+2 ↓	+2 ↓	+2 ↓
P	S	V	Y

इसलिए, 'NQTW', 'PSVY' से संबंधित है।
अतः विकल्प (C) सही है।

79. यहाँ अनुसरण किया गया तर्क है:
कुल्हाड़ी : लकड़हारा → कुल्हाड़ी एक उपकरण है जिसका उपयोग लकड़हारे द्वारा लकड़ी काटने के लिए किया जाता है।
इसी प्रकार,
सुई : ? → कपड़े सिलने के लिए एक दर्जी द्वारा सुई का उपयोग किया जाता है।
अतः विकल्प (C) सही है।

80. यहाँ अनुसरण किया गया तर्क है:
घृणा : प्रेम → घृणा और प्रेम एक दूसरे के विलोम हैं।
इसी प्रकार,
सदाचार : दुराचार→ सदाचार और दुराचार एक दूसरे के विलोम हैं।
अतः विकल्प (A) सही है।

81. चिकित्सक : रोगी → एक चिकित्सक का कर्तव्य रोगी का इलाज करना है।
इसी प्रकार,
शिक्षक : ? → एक शिक्षक का कर्तव्य विद्यार्थी को पढ़ाना है।
अतः विकल्प (B) सही है।

82. अक्षरों की वर्णानुक्रमिक स्थितियों के अनुसार
A की स्थिति → 1
Y की स्थिति → 25
C की स्थिति → 3
G की स्थिति → 7
W की स्थिति → 23

O की स्थिति → **15**
इसलिए श्रृंखला इस प्रकार है: A 1 Y 25 C 3 G 7 W 23 O **15**
अतः विकल्प (C) सही है।

83. कथन के अनुसार: T वे दोनों श्रृंखला में 'E' के तुरंत पहले और बाद में हैं, इसका मतलब है कि हमें ETE के ट्रिपल को खोजने की आवश्यकता है।
E T E T T M E E **E T E T E T E** T T E E T T T E E **E T E T E T E** T T E **E T E**
अतः विकल्प (D) सही है।

84. अक्षरों की वर्णानुक्रमिक स्थितियों के अनुसार,
8 → H
24 → X
7 → G
15 → O
17 → **Q**
इसलिए श्रृंखला इस प्रकार है: 8 H 24 X 7 G 15 O 17 **Q**
अतः विकल्प (C) सही है।

85. अक्षरों के वर्णानुक्रम स्थितियों के अनुसार,
B का स्थानीय मान 2 है
R का स्थानीय मान 18 है
T का स्थानीय मान 20 है
H का स्थानीय मान **8** है
अक्षरों को उनके स्थानीय मानों के साथ लिखा गया है
इसलिए श्रृंखला इस प्रकार है - B2R18T20H**8**
अतः विकल्प (C) सही है।

86. दी गई श्रृंखला:
a , b, b, c, c, c, d, d, d, d, ____?
a का स्थानीय मान 1 है और यह एक बार दिखाई देता है।
b का स्थानीय मान 2 है और यह दो बार दिखाई देता है।
c का स्थानीय मान 3 है और यह तीन बार दिखाई देता है और इसी प्रकार आगे।
इसलिए, श्रृंखला नीचे दर्शाए अनुसार होगी:

a	b	b	c	c	c	d	d	d	d	e	e	e	e	e	f	f	f	f	f	f	g	g	g	g	g	g	g	h
1	2	3	4	5	6	7	8	9	10	11	12	13	14	15	16	17	18	19	20	21	22	23	24	25	26	27	28	29

इसलिए, अनुक्रम में 29 वां अक्षर 'h' होगा।
अतः विकल्प (D) सही है।

87. ETI**E**TT MEEETEITETETTI**E** ETTI**E**TI**E**EE TEITETETEITE IETI**E**
इसलिए कुल 5 ऐसे IE हैं जो श्रृंखला में 'T' के तुरंत बाद हैं।
अतः विकल्प (D) सही है।

88. दी गई शर्तों के अनुसार,

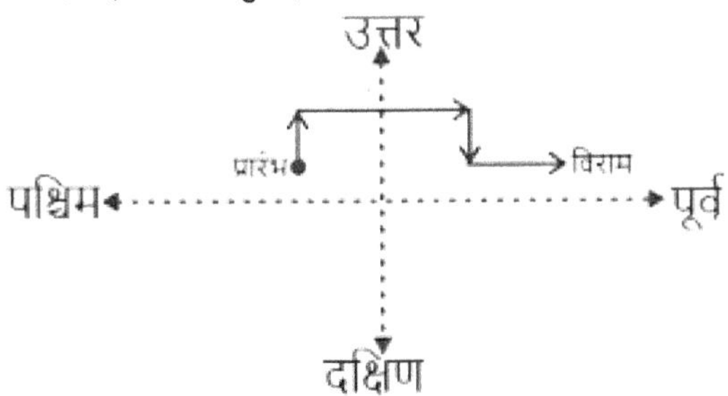

रमेश अब पूर्व दिशा के सम्मुख है।
अतः विकल्प (A) सही है।

89. दी गई जानकारी के अनुसार, हम निम्नलिखित आरेख बना सकते हैं:

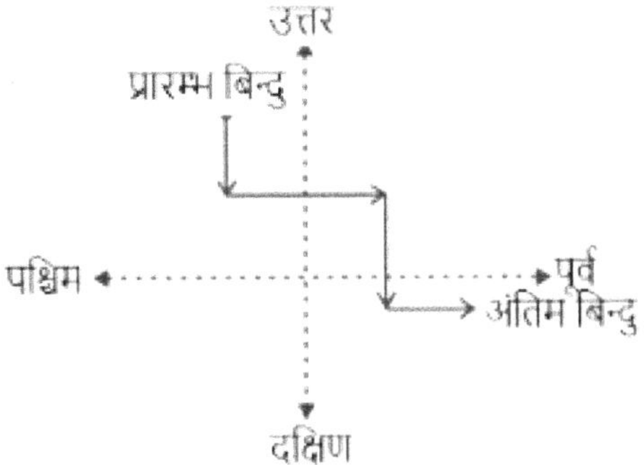

इसलिए, सुनीता पूर्व दिशा की ओर जा रही है।
अतः विकल्प (A) सही है।

90. तर्क 1 प्रभावशाली है क्योंकि किसी भी बच्चे को अपनी अभिरूचि का अनुसरण से प्रतिबंधित नहीं किया जाना चाहिए।
तर्क 2 अस्पष्ट है। एक बच्चे को चाहे उसकी पृष्ठभूमि कुछ भी हो उसके अभिरूचि का अनुसरण करने की अनुमति दी जानी चाहिए।
इसलिए, केवल तर्क 1 प्रभावशाली है।
अतः विकल्प (A) सही है।

91. तर्क 1 पूरी तरह से अमान्य है। यदि जानकारी इस तथ्य की ओर इशारा करती भी है कि लड़के लड़कियों की तुलना में अधिक बुद्धिमान हैं, तो इसका अर्थ यह नहीं है कि माता-पिता को अपनी बेटी को शिक्षित करने में उतना निवेश नहीं करना चाहिए जितना वे अपने बेटों में निवेश करते हैं। लड़कियों और लड़कों को समान अधिकार हैं और इसलिए लड़कियों को अपने परिजनों से अपनी शिक्षा के लिए समान निवेश प्राप्त करना चाहिए।
तर्क 2 प्रबल नहीं है। कुछ माता-पिता अभी भी दहेज की परंपरा का पालन करते हैं लेकिन एक अनैतिक परंपरा का अभ्यास करना सही नहीं है। लड़कियों को शिक्षित किया जाना चाहिए ताकि वे एक स्वतंत्र जीवन जी सकें। इसलिए, निश्चित रूप से परिजनों को अपनी बेटियों को शिक्षित करने में उतना ही निवेश करना चाहिए जितना वे अपने बेटों को शिक्षित करने में खर्च करते हैं।
इसलिए, न तो तर्क I और न ही 2 प्रबल है।
अतः विकल्प (C) सही है।

92. कथन के संबंध में तर्क 1 प्रबल है। समय पर त्वरित निर्णय लेने की आवश्यकता है और यदि केवल एक कप्तान है तो विवाद का मुद्दा नहीं उठेगा।
तर्क 2 अस्पष्ट है। दो कप्तान होने से समय बचाने में मदद नहीं मिलेगी, लेकिन यदि ऐसा परिदृश्य सामने आता है तो मैदान पर कप्तानों के बीच विवाद और विवादित विचारों को बढ़ावा मिलेगा।
इसलिए, केवल तर्क I प्रबल है।
अतः विकल्प (A) सही है।

93. यदि एक संख्या एक पूर्ण वर्ग है, इसका अर्थ है कि इसका अंतिम अंक संख्या के साथ समाप्त होगा (0, 1, 4, 5, 6, और 9)
यदि 'a' एक पूर्ण वर्ग संख्या है तो इसका प्रमुख कारक के रूप में $d^2 \times e^2 \times$ आदि होगा।
विकल्प (C): 2525
$= 5 \times 5 \times 101$
$= 5^2 \times 101$
यहां, विकल्प (C) एक अभाज्य संख्या के वर्ग के रूप में नहीं है, इसलिए यह संख्या (2525) एक पूर्ण वर्ग नहीं है।
अतः विकल्प (C) सही है।

94. दिया गया है,
$60 \div 5 \times (16 - 8 \div 2) \div 3 = ?$
$\Rightarrow 60 \div 5 \times \{(16 - 8 \times (\frac{1}{2})\} \div 3 = ?$
$\Rightarrow 60 \div 5 \times (16 - 4) \div 3 = ?$
$\Rightarrow 60 \times (\frac{1}{5}) \times 12 \times (\frac{1}{3}) = ?$
$\Rightarrow \frac{720}{15} = ?$
$\Rightarrow 48 = ?$

अतः विकल्प (A) सही है।

95. दिया गया है,
9.87 + 6.54 + 3.21 = ?
⇒ 16.41 + 3.21 = ?
⇒ 19.62 = ?
∴ '?' के स्थान पर मान 19.62 है।
अतः विकल्प (A) सही है।

96. दिया गया है,
भिन्न $\frac{4}{5}$ और $\frac{2}{3}$ हैं।
$\frac{4}{5}$ और $\frac{2}{3}$ के बीच का अंतर $= \frac{4}{5} - \frac{2}{3}$
$= \frac{(12-10)}{15}$
$= \frac{2}{15}$
अतः विकल्प (B) सही है।

97. दिया गया है:
संख्या 30, 60 और 72 हैं।
30 के गुणक = 1 × 2 × 3 × 5
60 के गुणक = 1 × 2 × 2 × 3 × 5
$= 1 \times 2^2 \times 3 \times 5$
72 के गुणक = 1 × 2 × 2 × 2 × 3 × 3
$= 1 \times 2^3 \times 3^2$
इसलिए ऊपर से, हम कह सकते हैं कि उच्चतम सामान्य पूर्णांक = 2 × 3 = 6
इसलिए, 30, 60 और 72 का महत्तम समापवर्तक 6 है।
अतः विकल्प (C) सही है।

98. दिया गया है:
संख्याएं 15, 30 और 24 हैं।
संख्याओं के गुणनखंड
$\Rightarrow 15 = 3^1 \times 5^1$
$\Rightarrow 30 = 2^1 \times 3^1 \times 5^1$
$\Rightarrow 24 = 2^3 \times 3$
संख्या का लघुतम समापवर्त्य है $= 2^3 \times 3^1 \times 5^1$
= 120
अतः विकल्प (D) सही है।

99. दिया गया है:
21 चॉकलेट 5 : 2 के अनुपात में साझा की जाती हैं
माना की चॉकलेट का अनुपात 5x : 2x है
⇒ 5x + 2x = 21
⇒ 7x = 21
$\Rightarrow x = \frac{21}{7} = 3$
छोटा हिस्सा 2x है जो है = 2 × 3 = 6
अतः विकल्प (B) सही है।

100. दिया गया है:
माहिम ने एक परीक्षा में 175 में से 126 अंक प्राप्त किए।
जैसा कि हम जानते हैं,
प्रतिशत $=$ (भाग मान/पूरा मान) $\times 100$
प्रश्न के अनुसार,
$\Rightarrow$ भाग मान $= 126$
$\Rightarrow$ पूरा मान $= 175$
प्रतिशत फार्मूला लागू करने पर
$= (\frac{126}{175}) \times 100$
$= 72\%$
अतः विकल्प (B) सही है।

101. जैसा कि हम जानते हैं,
प्रतिशत = (भाग मान/पूरा मान) × 100
माना की भाग मान x हो।
प्रतिशत = 12%, पूरा मान = 35
$\Rightarrow 12 = (\frac{x}{35}) \times 100$
$\Rightarrow x = \frac{(12 \times 35)}{100}$
⇒ x = 4.2
अतः विकल्प (C) सही है।

102. दिया गया है:
रमेश एक वस्तु ₹ 434 में बेचकर 24% लाभ कमाता है।
जैसा कि हम जानते हैं,
विक्रय मूल्य = (क्रय मूल्य/100) × (100 ± लाभ % या हानि %)
434 = (क्रय मूल्य/100) × (100 + 24)
क्रय मूल्य = $(\frac{434}{124}) \times 100$
क्रय मूल्य = ₹ 350
अतः विकल्प (A) सही है।

103. दिया गया है:
खिलौने का विक्रय मूल्य = ₹ 132
छूट % = 12%
जैसा कि हम जानते हैं,
विक्रय मूल्य = [अंकित मूल्य – (अंकित मूल्य × छूट %)]
12% छूट = $\frac{22}{25}$
अंकित मूल्य = $132 \times \frac{25}{22}$
= 25 × 6
= 150
अंकित मूल्य = ₹ 150
अतः विकल्प (C) सही है।

104. दिया गया है:
मूलधन = ₹ 2500
समय सीमा = 3 वर्ष
ब्याज दर = 4%
जैसा कि हम जानते हैं,
$I = \frac{(P \times t \times r)}{100}$
जहां, I = ब्याज, P = मूलधन, t = समय सीमा, r = ब्याज दर
$= \left[\frac{(2500 \times 3 \times 4)}{100}\right]$
= 25 × 3 × 4
= ₹ 300
अतः विकल्प (D) सही है।

105. दिया गया है:
मूलधन = 1400 रुपये, समय अवधि = 2 वर्ष, ब्याज दर = 10% प्रति वर्ष
जैसा कि हम जानते हैं,
$I = \left[P(1 + \frac{r}{100})^n - P\right]$
$I = 1400(1 + \frac{10}{100})^2 - 1400$
$= 1400(\frac{11}{10})^2 - 1400$
$= 1400 \times \frac{121}{100} - 1400$
= 1694 – 1400
= 294
अतः विकल्प (B) सही है।

106. दिया गया है,
रवि और रश्मि ने क्रमशः ₹ 150 और ₹ 200 का निवेश किये।
हम जानते हैं कि,
लाभ-साझा करने का अनुपात = निवेश का आधार × समय
रश्मि ने 12 महीने के लिए निवेश किया है।
इसलिए, रश्मि का कुल निवेश = 200 × 12 = ₹ 2400
अब, उन्होंने लाभ 1 : 2 के अनुपात में साझा किया।
इसलिए, 2 → 2400
तो, 1 → 1200
रवि का कुल निवेश = ₹ 1200
इसलिए, रवि ने $\frac{1200}{150}$ = 8 महीनों के बाद अपने पैसे निकाले।
अतः विकल्प (C) सही है।

107. दिया गया है:
तीन संख्याओं का औसत = 30
जैसा कि हम जानते हैं,

औसत = सभी तत्वों के योग/तत्वों की संख्या
कुल = 30 × 3
= 90
तीसरी संख्या = 90 – 18 – 27
= 90 – 45
= 45
अतः विकल्प (D) सही है।

108. दिया गया है:
व्यक्ति A किसी कार्य को 48 मिनट में पूरा कर सकता है जबकि व्यक्ति B उसी कार्य को 60 मिनट में पूरा कर सकता है। इसलिए,
A का एक दिन का कार्य $= \frac{1}{48}$
B का एक दिन का कार्य $= \frac{1}{60}$
प्रश्न के अनुसार,
(A + B) का एक दिन का कार्य $= \frac{1}{48} + \frac{1}{60}$
(A + B) का एक दिन का कार्य $= \frac{5+4}{240} = \frac{9}{240}$
इसलिए, उन्हें एक साथ कार्य पूरा करने में लगा समय $= \frac{240}{9} = 26.67$ मिनट ≈ 26 मिनट 40 सेकंड
अतः विकल्प (A) सही है।

109. दिया गया है:
राजेश की चलने की गति = 5 मीटर प्रति सेकंड
राजेश की साइकिल पर की गति = 20 मीटर प्रति सेकंड
जैसा कि हम जानते हैं,
दूरी = गति × समय
माना की चलने मे लिया गया समय p है।
माना की साइकिल पर लिया गया समय q है।
प्रश्न के अनुसार,
5p + 20q = 600 ....(1)
(p + q) = 45 (कुल समय)
⇒ p = (45 – q) ....(2)
अब,
P के मान को समीकरण (1) में रखकर, हम प्राप्त करते हैं
⇒ 5(45 – q) + 20q = 600
⇒ 225 – 5q + 20q = 600
⇒ 15q = 600 – 225
⇒ 15q = 375
⇒ q = $\frac{375}{15}$ = 25
अतः विकल्प (C) सही है।

110. माना लंबाई $5x$, चौड़ाई $4x$ और ऊंचाई $2x$ है।
इसलिए, पृष्ठीय क्षेत्रफल $= 2h(l+b)$
$\Rightarrow 2 \times 2x(5x+4x)$
$\Rightarrow 4x \times 9x = 36x^2$
अब, लंबाई 20% बढ़ा दी गई है। इसलिए,
$\Rightarrow 5x + 5x \times \left(\frac{20}{100}\right)$
$\Rightarrow 5x + x = 6x$
चौड़ाई 25% बढ़ा दी गई है। इसलिए,
$\Rightarrow 4x + 4x \times \left(\frac{25}{100}\right)$
$\Rightarrow 4x + x = 5x$
ऊंचाई 25% की गयी है। इसलिए,
$\Rightarrow 2x - \left(2x \times \frac{25}{100}\right)$
$\Rightarrow \left(2x - \frac{x}{2}\right) = \frac{3x}{2}$
कमरे का नया पृष्ठीय क्षेत्रफल $= 2 \times \left(\frac{3x}{2}\right)(6x+5x)$
$\Rightarrow (3x \times 11x) = 33x^2$
हम देख सकते हैं कि कमरे का नया पृष्ठीय क्षेत्रफल प्रारंभिक से कम है।
पृष्ठीय क्षेत्रफल में अंतर $= 36x^2 - 33x^2 = 3x^2$
अब, प्रारंभिक पृष्ठीय क्षेत्रफल में अंतर $= \frac{3x^2}{36x^2} = \frac{1}{12}$
अतः विकल्प (A) सही है।

111. तुहिन द्वारा 1 मिनट में किया गया कार्य = $\frac{1}{42}$
प्रणब द्वारा 1 मिनट में किया गया कार्य = $\frac{1}{70}$
तुहिन और प्रणब के काम को 1 अवधि में 2 मिनट में संयुक्त कीजिए
⇒ $\left(\frac{1}{42} + \frac{1}{70}\right)$
⇒ $\frac{(5+3)}{210}$
⇒ $\frac{8}{210} = \frac{4}{105}$
अब, 25 अवधि द्वारा किया गया कार्य = $\frac{(25 \times 4)}{105} = \frac{100}{105}$
बचा हुआ काम = $[1 - (\frac{100}{105})]$
⇒ $\frac{5}{105} = \frac{5}{21}$
फिर, तुहिन द्वारा 1 मिनट में किया गया काम = $\left(\frac{1}{21} - \frac{1}{42}\right)$
⇒ $\frac{(2-1)}{42} = \frac{1}{42}$
प्रणब द्वारा किया गया कार्य 1 मिनट में होता है = $\left(\frac{1}{42}\right)$
अब, शेष कार्य = $[(\frac{1}{42}) - (\frac{1}{70})]$
⇒ $\frac{(5-3)}{210} = \left(\frac{2}{210}\right) = \frac{1}{105}$
अब, काम पूरा करने के लिए तुहिन द्वारा लिया गया समय = $\frac{(\frac{1}{105})}{(\frac{1}{42})}$
⇒ $\frac{41}{105} = \frac{2}{5}$ मिनट
मिनट को सेकेंड में बदलें
⇒ $\left(\frac{2}{5}\right) \times 60$ = 24 सेकेंड
कुल समय = 25 अवधि + 1 मिनट + 1 मिनट + 24 सेकेंड
= 25 × 2 मिनट + 24 सेकेंड
= 52 मिनट 24 सेकेंड
अतः विकल्प (B) सही है।

112. दिया गया है:
रविंद्र रोज सुबह घर से निकलता = 8 बजे
रविंद्र कार्यालय पहुंचता = 9 : 30 बजे
समय = 1 घंटा 30 मिनट
जैसा कि हम जानते हैं,
गति = दूरी/समय
माना की कुल दूरी x किमी हो
सामान्य गति = दूरी/समय
गति = $\frac{x}{(\frac{3}{2})} = \left(\frac{2x}{3}\right)$ किमी/घंटा
प्रश्न के अनुसार,
एक तिहाई दूरी = $\left(\frac{x}{3}\right)$ किमी
शेष दूरी = $\left[x - \left(\frac{x}{3}\right)\right] = \frac{2x}{3}$
माना की उसे अपनी सामान्य गति के y समय की यात्रा करनी होगी। तो,
$\Rightarrow \left[\frac{\frac{x}{3}}{(\frac{2x}{3})} \times \frac{3}{4}\right] + \left[\frac{\frac{2x}{3}}{(\frac{2x}{3})} \times y\right] = \frac{3}{2} \Rightarrow \left(\frac{2}{3} + \frac{1}{y}\right) = \frac{3}{2}$
$\Rightarrow \left(\frac{1}{y}\right) = \left(\frac{3}{2} - \frac{2}{3}\right) \Rightarrow \left(\frac{1}{y}\right) = \frac{(9-4)}{6} = \frac{5}{6} \Rightarrow y = \frac{6}{5}$
अतः विकल्प (C) सही है।

113. अनुसरित तर्क निम्न है:
घी : वनस्पति → वनसापति कि अधिक मात्रा प्राप्त करने के लिए अक्सर घी मिलाई जाती है।
इसी प्रकार,
दूध : पानी → दूध की अधिक मात्रा प्राप्त करने के लिए अक्सर पानी मिलाया जाता है।
इसलिए, 'दूध : पानी' सही उत्तर है।
अतः विकल्प (A) सही है।

114. यहाँ अनुसरण किया गया तर्क है:
'एकड़' को छोड़कर सभी विकल्प लंबाई मापने के लिए इस्तेमाल की जाने वाली इकाइयाँ हैं, जबकि 'एकड़' क्षेत्रफल को मापने के लिए प्रयोग की जाने वाली इकाई है।
इस प्रकार, 'एकड़' सबसे अलग है।
अतः विकल्प (D) सही है।

115. यहाँ अनुसरण किया गया तर्क है:
विकल्प (A): सामाजिक विज्ञान : भौतिकी → भौतिकी विज्ञान की एक शाखा है न कि सामाजिक विज्ञान।

विकल्प (B): गणित : बीजगणित → बीजगणित गणित का एक हिस्सा है।
विकल्प (C): विश्वविद्यालय : हार्वर्ड → हार्वर्ड एक विश्वविद्यालय है।
विकल्प (D): फल : केला → केला एक फल है।
इस प्रकार, 'सामाजिक विज्ञान : भौतिकी' सबसे अलग युग्म है।
अतः विकल्प (A) सही है।

116. यहाँ अनुसरण किया गया तर्क है:
लकड़ी : खपची → वुडचिप्स छोटे-छोटे आकार के लकड़ी के टुकड़े होते हैं जो लकड़ी के बड़े टुकड़ों जैसे पेड़ों, शाखाओं, लॉगिंग अवशेषों, ठूंठ, जड़ों और लकड़ी के अपशिष्ट को काटकर या टुकड़े करके बनाई जाती हैं।
इसी प्रकार,
मक्खन : ? → बटर स्लाइस मक्खन का एक टुकड़ा होता है जिसे टेबल उपयोग के लिए बॉल या अन्य सजावटी आकार में बनाया जाता है या वाणिज्यिक मक्खन की एक चौथाई पाउंड की स्टीक को अलग-अलग वर्ग में काटा जाता है।
इस प्रकार, 'स्लाइस' सही उत्तर है।
अतः विकल्प (D) सही है।

117. एक जल प्रतिबिम्ब में, किसी दी गई आकृति का केवल ऊपरी और निचला हिस्सा परस्पर बदलेगा जबकि शेष सब कुछ समान रहेगा। इस प्रकार, हम निम्न जल प्रतिबिम्ब प्राप्त करेंगे:

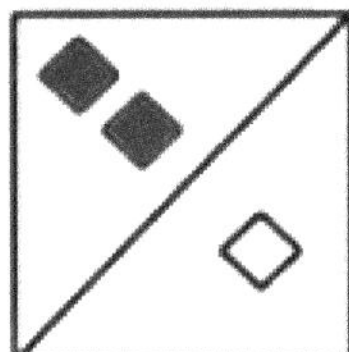

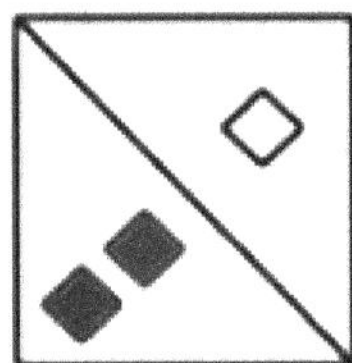

अतः विकल्प (A) सही है।

118. यहाँ अनुसरण किया गया तर्क इस प्रकार है, चित्र (A) में एक षट्भुज की छह भुजाएँ होती हैं लेकिन आकृति के अंदर की रेखाओं की संख्या छः नहीं चार है। जबकि अन्य सभी चित्र में जितनी भुजाएँ है उतना ही रेखाएँ है।
इसलिए, 'चित्र (A)' सबसे अलग है।
अतः विकल्प (A) सही है।

119. जब बॉक्स का निर्माण किया जाएगा, तो निम्न प्रतीक एक दूसरे के विपरीत होंगे जैसा कि नीचे दर्शाया गया है:

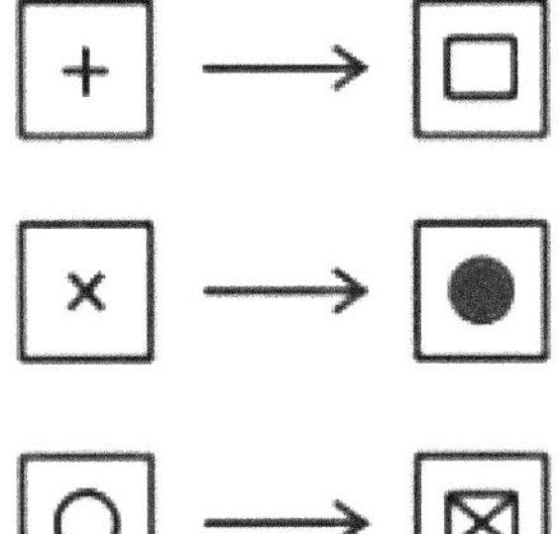

विकल्प (B), (C) और (D) में आकृति दी गई विकल्प आकृति में एक दूसरे से सन्निकट विपरीत फलकों के रूप में निर्मित नहीं किए जा सकते।
अतः विकल्प (A) सही है।

120. यहाँ अनुसरण किया गया तर्क है:

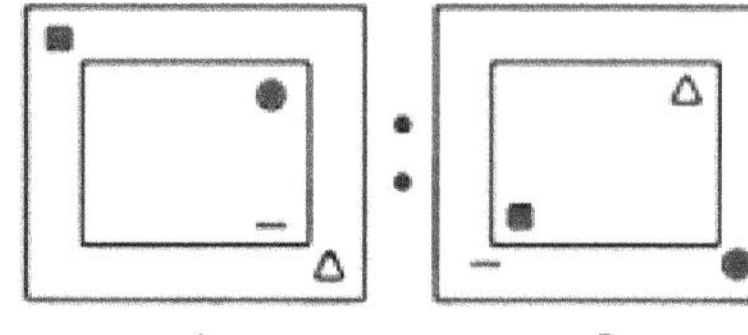

बाहरी वर्ग की आकृति आकृति 1 के संबंध में आकृति के वर्ग के अंदर स्थानांतरित होती है और स्थान 90 डिग्री के कोण पर वामावर्त दिशा में परिवर्ति होता है। छोटे वर्ग के अंदर की आकृतियां, आकृति 1 के संबंध में आकृति 2 के बाहरी वर्ग में स्थानांतरित होती हैं और स्थान 90 डिग्री के कोण पर दक्षिणावर्त दिशा में परिवर्तित होता है।
उसी तरह,

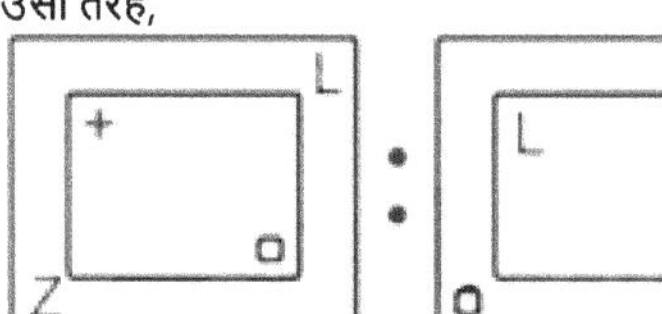

L और Z वर्ग के अंदर होंगे और स्थान 90 डिग्री के कोण पर वामावर्त दिशा में परिवर्तित होगा। तथा छोटे वर्ग के अंदर की आकृतियां बाहरी वर्ग में स्थानांतरित होती हैं और स्थान 90 डिग्री के कोण पर दक्षिणावर्त दिशा में परिवर्तित होता है।
अतः विकल्प (B) सही है।

121. यदि हम रेखा से संलग्न छोटे वृत से शुरू होकर दक्षिणावर्त दिशा में चलते हैं, तो हम देखते हैं कि एक रास्ता वृत्त से शुरू होता है और 'विकल्प (D)' को छोड़कर सभी विकल्पों में तीर पर समाप्त होता है, जैसा कि नीचे दर्शाया गया है:

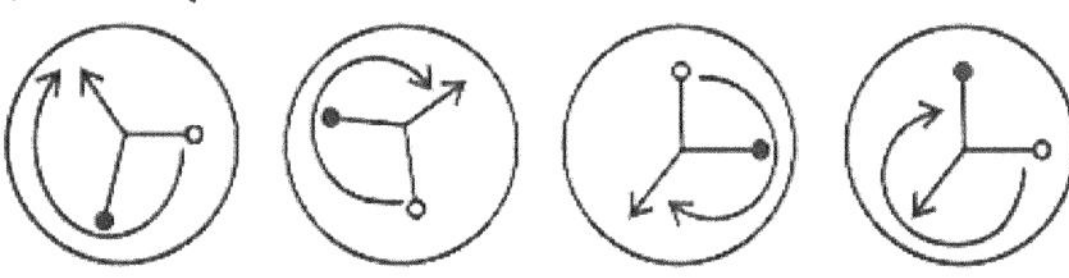

अतः विकल्प (D) सही है।

122. यहाँ अनुसरण किया गया तर्क है:

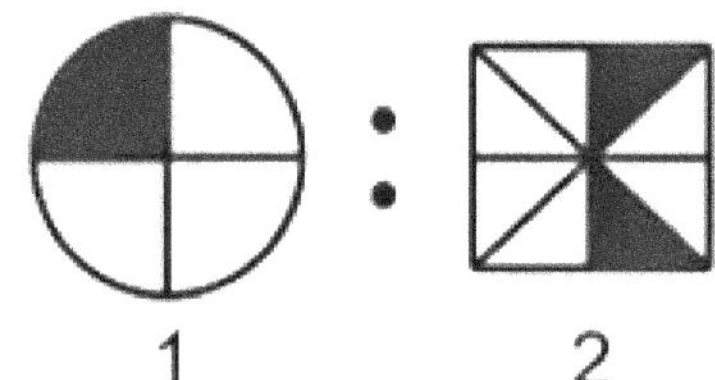

आकृति 2 में विभाजनों और छायांकित भाग की संख्या आकृति 1 में विभाजनों और छायांकित भाग की संख्या से दोगुनी है।
इसी प्रकार,

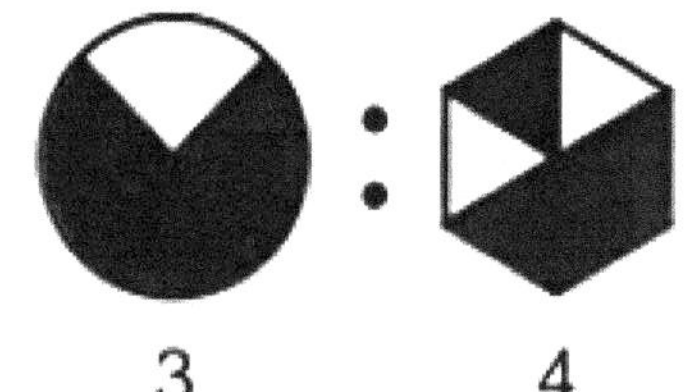

इसलिए, आकृति 4 में छह विभाजन और चार छायांकित भाग होने चाहिए, जैसा कि विकल्प (B) में दर्शाया गया है।
अतः विकल्प (B) सही है।

123. यहाँ अनुसरण किया गया तर्क है:
विकल्प (C) को छोड़कर सभी पासों में बिंदियों की संख्या का योग 14 है,

जबकि विकल्प (C) में बिंदियों का योग 13 है।
अतः विकल्प (C) सही है।
124. न्यूनतम संभावित वेन आरेख है:

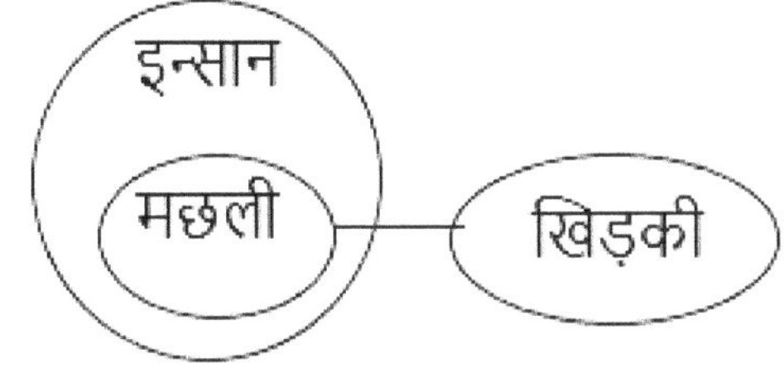

निष्कर्ष:
1. कोई खिड़की इन्सान नहीं है। → असत्य है (निष्कर्ष संभव हो सकता है लेकिन यह निश्चित नहीं है। जैसा कि, खिड़की और इन्सान के बीच कोई निश्चित संबंध नहीं है)।
2. कोई इन्सान खिड़की नहीं है। → असत्य है (निष्कर्ष संभव हो सकता है लेकिन यह निश्चित नहीं है। जैसा कि, खिड़की और इन्सान के बीच कोई निश्चित संबंध नहीं है)।
3. कुछ इन्सान मछलियाँ हैं। → सत्य है (सभी मछलियाँ इन्सान हैं → कुछ इन्सान मछलियाँ हैं)।
4. सभी इन्सान मछलियाँ हैं। → असत्य है (जैसा कि, सभी मछलियाँ इन्सान हैं। इसका अर्थ है कि कुछ इन्सान मछलियाँ हैं)।
इसलिए, केवल निष्कर्ष 3 अनुसरण करता है।
अतः विकल्प (C) सही है।
125. न्यूनतम संभावित वेन आरेख है:

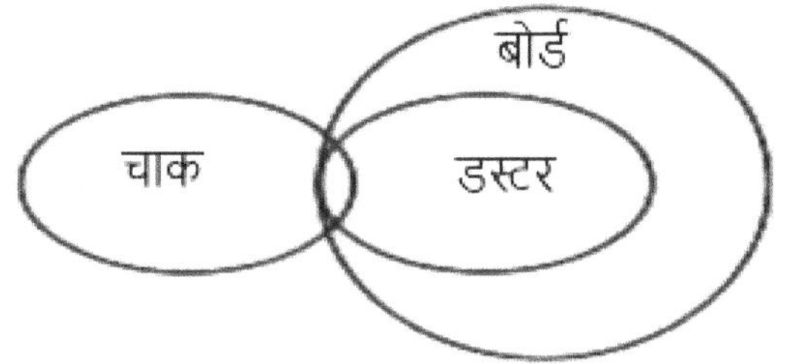

निष्कर्ष:
1. कुछ चाक बोर्ड हैं। → सत्य है (जैसा कि, कुछ चाक डस्टर हैं और सभी डस्टर बोर्ड हैं → कुछ चाक बोर्ड हैं)।
2. कोई डस्टर बोर्ड नहीं है। → असत्य (जैसा कि, दिये गए सभी डस्टर बोर्ड हैं)।
अतः, केवल निष्कर्ष 1 अनुसरण करता है।
अतः, विकल्प (A) सही है।
126. न्यूनतम संभावित वेन आरेख है:

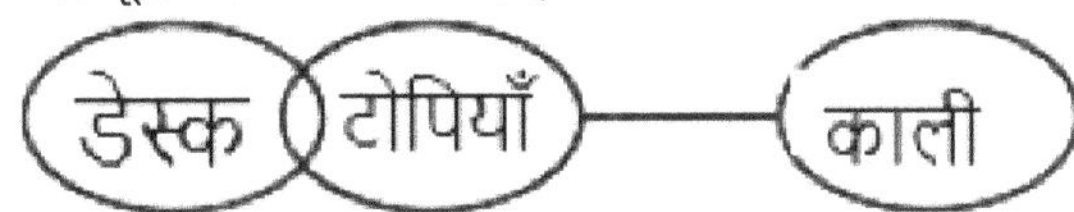

निष्कर्ष:
I) कुछ कैप डेस्क हैं। → सत्य है (जैसा कि, यह दिया गया है कुछ डेस्क कैप हैं)
II) कोई डेस्क ब्लैक नहीं है। → असत्य है (जैसा कि, डेस्क और ब्लैक के बीच कोई निश्चित संबंध नहीं है। इसलिए, असत्य है)
इसलिए, केवल निष्कर्ष I अनुसरण करता है।
अतः विकल्प (A) सही है।
127. दी गई श्रृंखला के तर्क को इस प्रकार समझाया जा सकता है:
$\Rightarrow 1^3 + 1 = 2$
$\Rightarrow 2^3 + 2 = 10$
$\Rightarrow 3^3 + 3 = 30$
$\Rightarrow 4^3 + 4 = 68$
उपरोक्त स्वरूप का अवलोकन करने पर अगली संख्या होगी,
$\Rightarrow 5^3 + 5 = 130$
अतः विकल्प (C) सही है।
128. यहाँ अनुसरण किया गया तर्क है:
⇒ 17 – 4 = 13
⇒ 34 – 17 = 17
⇒ 53 – 34 = 19
⇒ 76 – 53 = 23
⇒ 13, 17, 19, 23 संख्या 10 के बाद क्रमानुगत अभाज्य संख्याएं हैं अगली अभाज्य संख्या 29 है।
⇒ 76 + 29 = 105
अतः विकल्प (D) सही है।
129. यहाँ अनुसरण किया गया तर्क है:
थर्मामीटर : तापमान → थर्मामीटर वह उपकरण है जिसका उपयोग तापमान को मापने के लिए किया जाता है।
इसी प्रकार,
ऐमीटर : ? → ऐमीटर वह उपकरण है जिसका उपयोग धारा को मापने के लिए किया जाता है।
अतः विकल्प (B) सही है।
130. यहाँ अनुसरण किया गया तर्क है:
⇒ 0 + 2 = 2
⇒ 2 + 4 = 6
⇒ 6 + 6 = 12
⇒ 12 + 8 = 20
⇒ 20 + 10 = 30
⇒ 30 + 12 = 42
इसी प्रकार,
⇒ 42 + 14 = 56
अतः विकल्प (C) सही है।
131. यहाँ अनुसरण किया गया तर्क है:
चिकित्सक : रोगी → एक डॉक्टर एक रोगी की चिकित्सा आवश्यकताओं को पूरा करता है।
उसी तरह,
वकील : ? → एक वकील एक शिकायतकर्ता की कानूनी कार्रवाई या कार्यवाही करता है।
अतः विकल्प (C) सही है।
132. यहाँ अनुसरण किया गया तर्क है:
$226 : 15 \rightarrow 15^2 + 1 : 15$
उसी तरह,
$65 : ? \rightarrow 8^2 + 1 : 8$
⇒ ? = 8
अतः विकल्प (D) सही है।
133. यहाँ अनुसरण किया गया तर्क है:
⇒ 2 + 3 = 5
⇒ 5 + 5 = 10
⇒ 10 + 7 = 17
⇒ 17 + 9 = 26
⇒ 26 + 11 = 37
इसी प्रकार,
⇒ 37 + 13 = 50
अतः विकल्प (D) सही है।
134. अक्षरों की वर्णमाला स्थितियों के अनुसार,

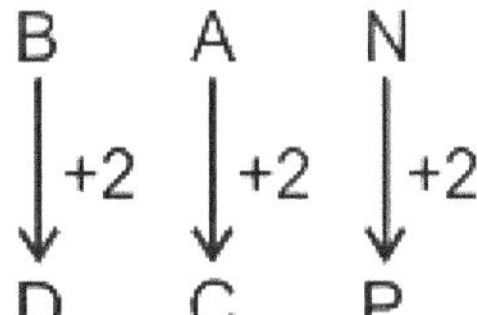

इसी प्रकार,

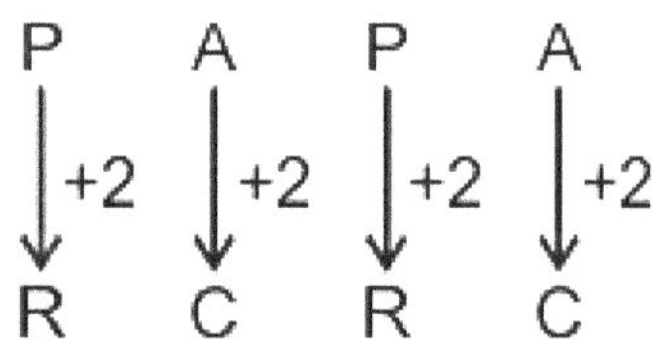

इसलिए, 'RCRC' सही उत्तर है।
अतः विकल्प (D) सही है।
135. यहाँ अनुसरण किया गया तर्क है:
यहाँ दिए गए शब्द के अक्षरों को समान दी गई संख्या कूट के साथ कूट बद्ध किया गया है।

F	I	L	E
7	4	6	5

I	D	E	A	L
4	3	5	8	6

इसी प्रकार,

D	E	A	F
3	5	8	7

इसलिए, '3587' सही उत्तर है।
अतः विकल्प (C) सही है।
136. दिया गया है,
TRUTH का कोड SUQSTVSUGI है।
शब्द में प्रत्येक अक्षर को दो अक्षरों के एक सेट से बदल दिया जाता है जिसमें एक उसके पहले और दूसरा उसके बाद कोड में होता है।
T(-1)---S
T(+1)--U
R(-1)--Q
R(+1)--S
U(-1)--T
U(+1)-V
T(-1)--S
T(+1)--U
H(-1)---G
H(+1)---I
उसी तर्क को लागू करने पर हमारे पास है,
L(-1)----K
L(+1)----M
I(-1)-----H
I(+1)-----J
E(-1)-----D
E(+1)----F
S(-1)-----R
S(+1)----T
LIES का कोड KMHJDFRT बन जाता है।
अतः विकल्प (B) सही है।
137. यहाँ अनुसरण किया गया तर्क है:

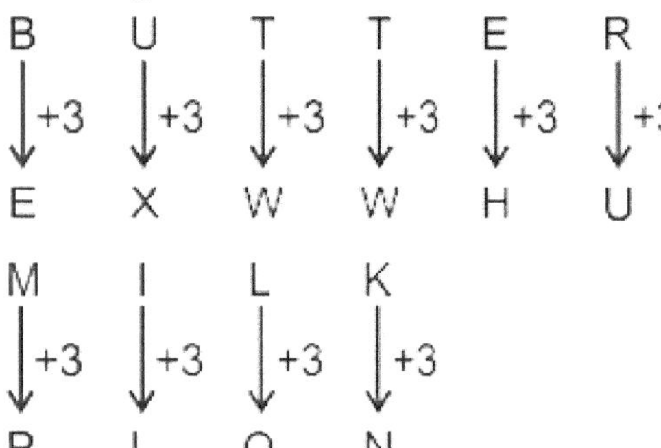

इसी प्रकार,

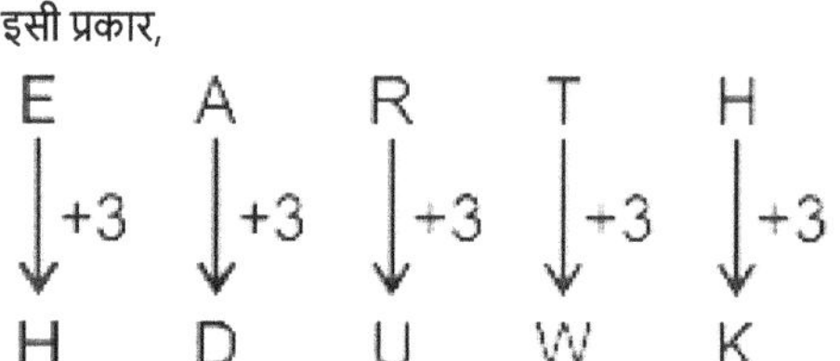

इसलिए, 'HDUWK' सही उत्तर है।
अतः विकल्प (B) सही है।
138. वंश-वृक्ष नीचे दिया गया है:

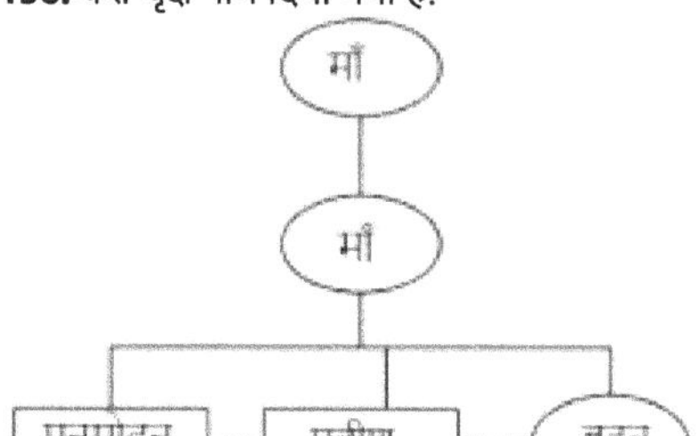

प्रवीण की इकलौती बहन की माँ की माँ मनमोहन की नानी हैं।
अतः विकल्प (A) सही है।
139. वंश-वृक्ष नीचे दिया गया है:

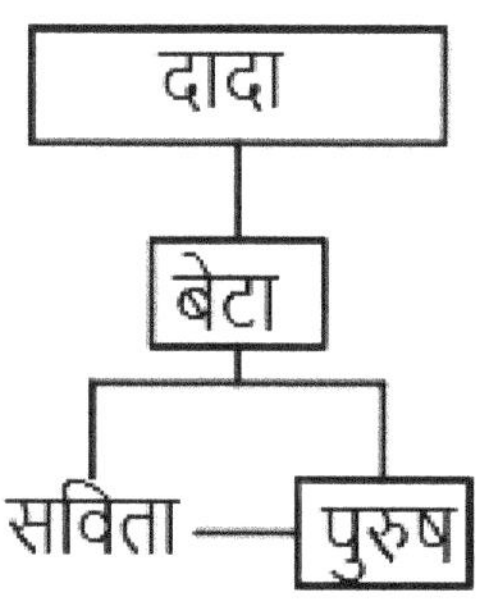

तो, व्यक्ति, सविता का भाई है।
अतः विकल्प (A) सही है।
140. वंश-वृक्ष नीचे दिया गया है:

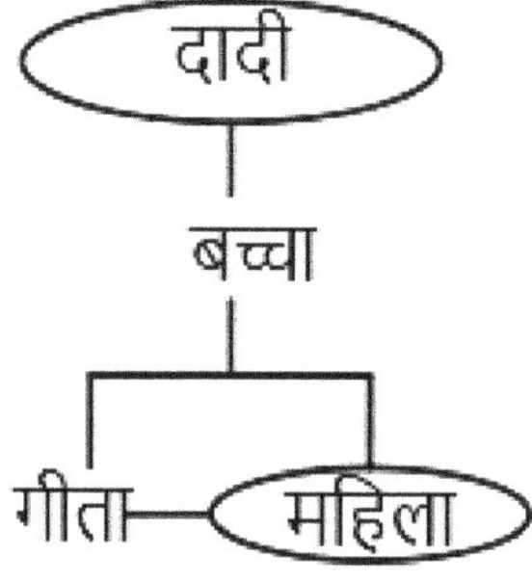

तो, महिला गीता की बहन है।
अतः विकल्प (C) सही है।
141. अनुसरित तर्क इस प्रकार है:

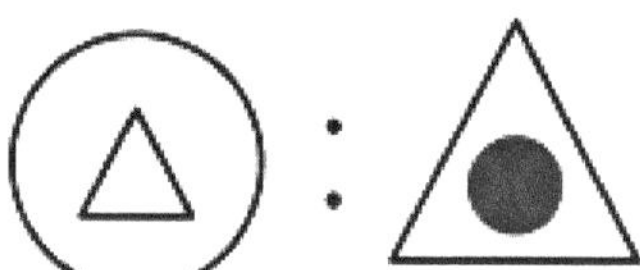

पहली छवि के संबंध में दूसरी छवि में त्रिभुज और वृत्त अपनी स्थितियों को

बदलते हैं और जो आकृति अंदर होती है वह काले रंग में रंगी होती है।
इसी प्रकार,

 : 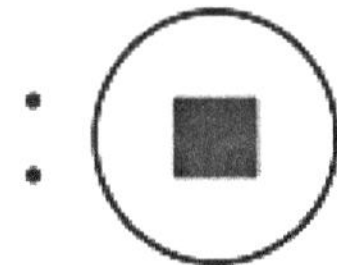

वृत्त और वर्ग अपनी स्थितियों को बदलते हैं और जो आकृति अंदर होती है वह काले रंग में रंगी होती है।
अतः विकल्प (A) सही है।

142. विकल्प (D) को छोड़कर सभी विकल्पों में टिक का निशान और डॉट विकर्णतः विपरीत हैं, जबकि विकल्प (D) में टिक का निशान और डॉट की संख्या एक दूसरे के विकर्णतः विपरीत नहीं है।
अतः विकल्प (D) सही है।

143. वेन आरेख जो पक्षी, मछली, और मुर्गी के बीच के संबंध को सर्वोत्तम रूप से दर्शाता है नीचे दर्शाया गया है:

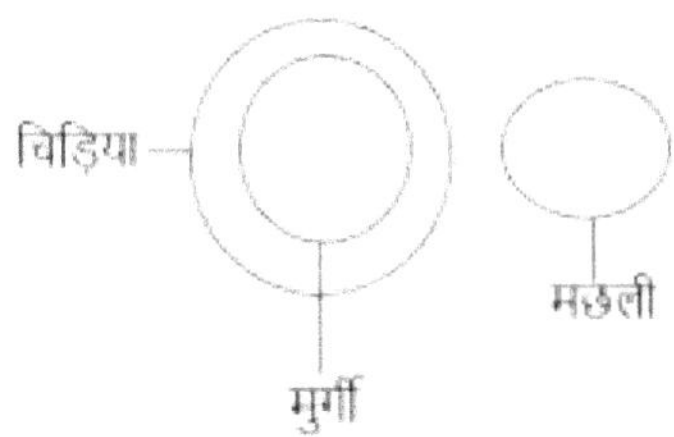

मुर्गी एक पक्षी है। मछलियाँ जलीय जंतु हैं।
अतः विकल्प (A) सही है।

144. वेन आरेख जो खेल, फुटबॉल, और छिपकली के बीच के संबंध को सर्वोत्तम रूप से दर्शाता है नीचे दर्शाया गया है:

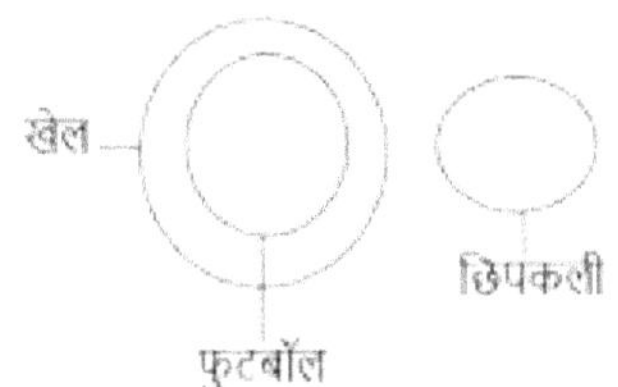

फुटबॉल एक खेल है। छिपकली एक सरीसृप है।
अतः विकल्प (A) सही है।

145. वेन आरेख जो पेन, पेंसिल, और कागज के बीच के संबंध को सर्वोत्तम रूप से दर्शाता है नीचे दर्शाया गया है:

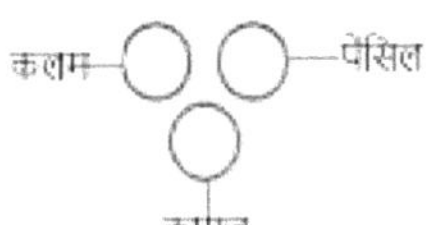

पेन, कागज और पेंसिल स्टेशनरी वस्तुएँ हैं।
अतः विकल्प (C) सही है।

146. 'D' को छोड़कर सभी विकल्प दर्पण आकृति में समान अक्षर को दर्शाते हैं, जबकि विकल्प 'D' में दर्पण आकृति में अक्षर मूल अक्षर से भिन्न है।
अर्थात, b → d
अतः विकल्प (D) सही है।

147. यहाँ अनुसरण किया गया तर्क है:
व्यायाम : तंदरुस्ती→ नियमित रूप से व्यायाम करने से हमें तंदरुस्त और स्वस्थ शरीर बनाए रखने में मदद मिलती है।
इसी प्रकार,
अभ्यास : निपुणता → नियमित अभ्यास निपुणता की ओर ले जाता है।
अतः विकल्प (B) सही है।

148. यहाँ अनुसरण किया गया तर्क है:
(3, 16, 125) → [3, (3 + 1)2, (3 + 2)3]
इसी प्रकार,
(5, 36, 343) → [5, (5 + 1)2, (5 + 2)3]
इसलिए, '(5, 36, 343)' सही उत्तर है।
अतः विकल्प (B) सही है।

149. अनुसरित तर्क इस प्रकार है:
विकल्प (A): कंपनी : कर्मचारी → एक कंपनी में कर्मचारी होते हैं।
विकल्प (B): टीम : खिलाड़ी → एक टीम में खिलाड़ी होते हैं।
विकल्प (C): समुद्र : जहाज → एक महासागर में जलीय जंतु होते हैं न कि जहाज।
विकल्प (D): वन : वृक्ष → एक वन में वृक्ष होते हैं।
अतः विकल्प (C) सही है।

150. उत्तर आकृतियों में से दिए गए चित्र की सही दर्पण छवि नीचे दर्शायी गई है:

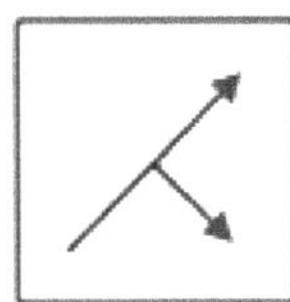 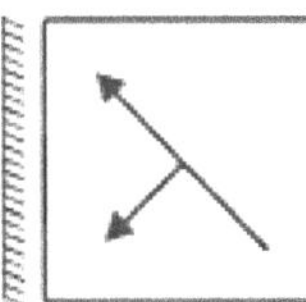

अतः विकल्प (C) सही है।

विगत वर्षीय प्रश्नपत्र 03

General Knowledge

Q.1 किस राज्य के उच्च न्यायालय ने वर्ष 1971 से पूर्व राज्य में बसे सभी बांग्लादेशी नागरिकों को भारतीय नागरिक माना है?
A. असम **B.** पश्चिम बंगाल
C. त्रिपुरा **D.** मेघालय

Q.2 तीस्ता नदी का जल विवाद किस देश के साथ है?
A. नेपाल **B.** बांग्लादेश **C.** पाकिस्तान **D.** भूटान

Q.3 भारत तथा किस देश ने आतंकवाद से निपटने तथा सुरक्षा संबंधी मामलों में परस्पर सहयोग पर सहमति व्यक्त की है?
A. अमेरिका **B.** ब्रिटेन **C.** जापान **D.** रूस

Q.4 भारतीय विदेश मंत्री सुषमा स्वराज ने प्रथम दौरा किस देश का किया था?
A. भूटान **B.** बांग्लादेश **C.** चीन **D.** म्यांमार

Q.5 कौन-सा राज्य नक्सलवाद प्रभावित नहीं है?
A. महाराष्ट्र **B.** झारखण्ड **C.** गोवा **D.** छत्तीसगढ़

Q.6 आई.एस.आई.एस. (ISIS) है।
A. ईराक व सीरिया में सक्रिय आतंकवादी संगठन
B. मध्य पूर्व एशिया में तेल निर्यातक फर्म
C. पाकिस्तान की खुफिया एजेंसी
D. जम्मू व कश्मीर की राजनैतिक पार्टी

Q.7 एक जिले में सामान्य प्रशासन का प्रमुख होता है।
A. पुलिस अधीक्षक **B.** जिला न्यायाधीश
C. जिलाधिकारी **D.** जिला विकास अधिकारी

Q.8 भूदान आंदोलन किसने प्रारंम्भ किया था?
A. रवीन्द्रनाथ टैगोर **B.** राममनोहर लोहिया
C. विनोबा भावे **D.** अरविंद घोष

Q.9 स्वतंत्र भारत का अंतिम गवर्नर जनरल कौन था?
A. लॉर्ड माउंटबेटन **B.** राजेन्द्र प्रसाद
C. सी. राजगोपालाचारी **D.** लॉर्ड मैकाले

Q.10 भारत के संविधान में कुल कितने भाग हैं?
A. 24 **B.** 20 **C.** 18 **D.** 22

Q.11 सल्फर डाइऑक्साइड का उत्सर्जन होता है-
A. कपड़ा मिलों से **B.** जूते की फैक्ट्री से
C. बिजली संयंत्र से **D.** सब्जी की खेती से

Q.12 पाकिस्तान है-
A. धर्मनिरपेक्ष राष्ट्र **B.** इस्लामिक राज्य
C. सैनिक शासन राष्ट्र **D.** राजशाही राज्य

Q.13 भारत में सबसे अधिक उपज देने वाली खाद्य फसल है-
A. चावल **B.** गेहूँ **C.** ज्वार **D.** मक्का

Q.14 हॉल ही में स्कॉटलैंड में जनमत संग्रह किस विषय पर हुआ?
A. यू.के. से अलग होने के लिए
B. नए राष्ट्रपति के चुनाव हेतु
C. यूरोपियन यूनियन से अलग होने के लिए
D. फ्रांस में शामिल होने के लिए

Q.15 भारतीय मंगल मिशन 'मंगलयान' का प्रक्षेपण कहां से किया गया?
A. श्रीहरिकोटा **B.** चांदीपुर
C. तिरूवनंतपुरम **D.** पांडिचेरी

Q.16 सूचना का अधिकार किस राज्य में प्रभावी नहीं है?
A. उत्तर प्रदेश **B.** बिहार
C. जम्मू व कश्मीर **D.** चंडीगढ़

Q.17 निम्नलिखित में से कौन-सा छोटा सिंगल नेटवर्क है?
A. LAN **B.** DSI **C.** RAM **D.** USB

Q.18 एक मेगाबाइट लगभग के समान है:
A. 1000 बिट्स **B.** 1000 बाइट्स
C. 1 मिलियन बाइट्स **D.** 1 मिलियन बिट्स

Q.19 अनसॉलिसिटेड ई-मेल को क्या कहते है?
A. स्पैम **B.** न्यूजग्रुप **C.** बैकबोन **D.** फ्लेमिंग

Q.20 सूचना का अधिकार अधिनियम के उपबंधों के अधीन रहते हुए इनमें से किसे सूचना का अधिकार होगा?
A. पीड़ित व्यक्ति को
B. सरकारी कर्मचारी को
C. सभी नागरिकों को
D. गैर-सरकारी कर्मचारी को

Q.21 45वें दादासाहेब फाल्के पुरस्कार से सम्मानित व्यक्ति हैं-
A. मन्ना डे **B.** प्राण
C. गुलजार **D.** अमिताभ बच्चन

Q.22 मुख्य सचिव का चयन कौन करता है?
A. राज्यपाल **B.** राष्ट्रपति
C. प्रधानमंत्री **D.** राज्य का मुख्यमंत्री

Q.23 अंतरराष्ट्रीय महिला हिंसा उन्मूलन दिवस कब मनाया जाता है?
A. 10 नवम्बर **B.** 01 नवम्बर **C.** 25 नवम्बर **D.** 16 नवम्बर

Q.24 भारत के प्रथम राष्ट्रीय रक्षा विश्वविद्यालय की आधारशिला कहां रखी गई है?
A. बिनौला-गुड़गांव **B.** सुकमा-छत्तीसगढ़
C. मजरा-रोहतक **D.** तरीघाट-छत्तीसगढ़

Q.25 केंद्रीय मंत्रिमंडल ने 19 जुलाई 2012 को एक प्रस्ताव में 'बलात्कार' शब्द के बजाए किस शब्द के इस्तेमाल की अनुमति दी है?
A. हमला **B.** यौन अपराध
C. यौन हमला **D.** यौन बुराई

Q.26 निम्न में से किस समुदाय को अल्पसंख्यक का दर्जा प्राप्त है?
A. जैन **B.** मुस्लिम
C. पारसी **D.** उपर्युक्त सभी

Q.27 भारत में महिलाओं की खराब दशा के लिए कौन जिम्मेदार नहीं है?
A. पुरुष प्रधान समाज **B.** दहेज प्रथा
C. बाल विवाह **D.** विधवा पुनर्विवाह

Q.28 भारत का सिलिकॉन वैली (Silicon Valley) है-
A. नई दिल्ली **B.** चेन्नई **C.** बैंगलोर **D.** हैदराबाद

Q.29 पहली कंप्यूटर भाषा कौन-सी विकसित की गई थी?
A. कोबल **B.** बेसिक **C.** फोरट्रॉन **D.** पास्कल

Q.30 साधारण नमक है-
A. सोडियम कार्बोनेट **B.** सोडियम क्लोराइड
C. कैल्शियम ऑक्साइड **D.** कैल्शियम क्लोराइड

Q.31 विद्युत का सबसे अच्छा चालक है-
A. लोहा **B.** सिलिकॉन **C.** कॉपर **D.** सिरामिक

Q.32 मुख्य सूचना आयुक्त की पदावधि है पूरी होने तक-
A. 5 वर्ष **B.** 3 वर्ष **C.** 2 वर्ष **D.** 7 वर्ष

Q.33 किस राज्य में महिलाओं का मुख्य वेश साड़ी नहीं है?
A. उत्तर प्रदेश **B.** प. बंगाल
C. अरुणाचल प्रदेश **D.** आंध्र प्रदेश

Q.34 'जातक कथा' संबंधित है-
A. गौतम बुद्ध से **B.** छत्रपति शिवाजी से
C. बाल गंगाधर तिलक से **D.** गांधी से

Q.35 लैंगिक समानता हेतु कौन-सा उपाय अनुचित है?
A. महिला सशक्तिकरण
B. समान वेतन
C. दहेज विरोधी कानून
D. घर के बाहर जबरदस्ती काम पर भेजना

Q.36 भारत की 'पूर्व की ओर देखो' (Look East) नीति कब प्रारम्भ हुई?
A. नब्बे के दशक में **B.** अस्सी के दशक में
C. सत्तर के दशक में **D.** पचास के दशक में

Q.37 'राष्ट्रीय सुरक्षा परिषद' का अध्यक्ष कौन होता है?
A. राष्ट्रपति **B.** प्रधानमंत्री **C.** गृह मंत्री **D.** रक्षा मंत्री

Q.38 भारत में सशस्त्र बलों का सुप्रीम कमांडर कौन है?
A. राष्ट्रपति **B.** गृहमंत्री **C.** रक्षा मंत्री **D.** प्रधानमंत्री

Q.39 1922 में महात्मा गाँधी ने असहयोग आंदोलन क्यों वापस लिया?
A. अंग्रेजी सरकार के दबाव में आकर
B. भारतीय लोगों द्वारा सहयोग न मिलने के कारण
C. चौरी-चौरा में हिंसात्मक घटना के कारण
D. उपर्युक्त में से कोई नहीं

Q.40 घरेलू हिंसा महिला सुरक्षा कानून कब लागू हुआ?
A. 2002 में **B.** 2005 में **C.** 2006 में **D.** 2008 में

Q.41 युद्ध क्षेत्रों में यौन हिंसा समाप्त करने के लिए वैश्विक सम्मेलन कहां संपन्न हुआ?
A. लंदन **B.** पेरिस **C.** नई दिल्ली **D.** शंघाई

Q.42 'डिस्कवरी ऑफ इंडिया' पुस्तक के लेखक हैं-
A. सुभाष चन्द्र बोस **B.** बाल गंगाधर तिलक
C. जवाहर लाल नेहरू **D.** लाला लाजपत राय

Q.43 किस मौलिक अधिकार का उल्लंघन होने पर कोई भी नागरिक किस अधिकार का सहारा लेकर अदालत में जा सकता है?
A. समानता का अधिकार
B. स्वतंत्रता का अधिकार
C. संवैधानिक उपचार का अधिकार
D. उपर्युक्त सभी

Q.44 भारत एक है-
A. हिंदू-मुस्लिम राष्ट्र **B.** हिंदू राष्ट्र
C. धर्मनिरपेक्ष राष्ट्र **D.** इनमें से कोई नहीं

Q.45 लोक सभा में राज्यों को किस आधार पर सीटे आवंटित होती है?
A. क्षेत्रफल **B.** जनसंख्या **C.** भाषा **D.** साक्षरता

Q.46 अखिल भारतीय सेवाओं की नियुक्ति कौन करता है?
A. प्रधानमंत्री **B.** संसद
C. संघ लोक सेवा आयोग **D.** राष्ट्रपति

Q.47 भारत के पूर्व मुख्य न्यायाधीश पी. सदाशिवम् किस राज्य के राज्यपाल बनाए गए?
A. प. बंगाल **B.** महाराष्ट्र **C.** गोवा **D.** केरल

Q.48 तमिलनाडु का मुख्यमंत्री कौन है?
A. एम. थम्बीदुरई **B.** डी. कन्निगम
C. ओ. पन्नीरसेल्वम **D.** शशिकला

Q.49 स्वच्छ भारत मिशन की शुरुआत कब की गई?
A. 2 अक्टूबर, 2014 **B.** 11 सितंबर, 2014
C. 5 अक्टूबर, 2014 **D.** 5 सितम्बर, 2014

Q.50 'सूचना का अधिकार' कब लागू हुआ?
A. 12 अक्टूबर, 2005 **B.** 12 अक्टूबर, 2006
C. 4 सितम्बर, 2005 **D.** 12 नवंबर, 2006

Q.51 'सूचना का अधिकार' विधेयक निम्न में से किस राष्ट्रपति के शासनकाल में लागू हुआ?
A. अब्दुल कलाम **B.** प्रतिभा पाटिल
C. के. आर नारायणन **D.** प्रणब मुखर्जी

Q.52 भारत और रूस का संयुक्त उपक्रम है-
A. ब्रह्मोस मिसाइल **B.** अग्नि मिसाइल
C. आकाश टैबलेट **D.** मंगल अभियान

Q.53 भारत में सर्वप्रथम 2 अक्टूबर, 1959 में पंचायती राज व्यवस्था कहां से प्रारंभ हुआ?
A. वर्द्धमान-प. बंगाल **B.** गया-बिहार
C. फैजाबाद-उत्तर प्रदेश **D.** नागौर-राजस्थान

Q.54 केन्द्र की कार्यपालिका शक्ति निहित होती है-
A. प्रधानमंत्री **B.** राष्ट्रपति **C.** राज्यपाल **D.** सेनाध्यक्ष

Q.55 चीन और भारत के बीच 21 दिन चले घुसपैठ विवाद भारत के किस सेक्टर में हुआ?
A. करेन सेक्टर **B.** चुमार सेक्टर
C. दरभा घाटी सेक्टर **D.** आरएस पुरा सेक्टर

Q.56 जैव विविधता की दृष्टि से भारत का कौन-सा स्थान धनी है?
A. पश्चिमी घाट **B.** पूर्वी घाट
C. थार रेगिस्तान **D.** छोटा नागपुर

Q.57 मानव शरीर में क्रोमोसोम की संख्या है-
A. 40 **B.** 43 **C.** 46 **D.** 48

Q.58 इनमें अधिकतम ऊर्जा किसमें है?
A. प्रोटीन **B.** वसा
C. कार्बोहाइड्रेट्स **D.** विटामिन

Q.59 वैश्विक स्तर पर मानव अधिकारों की घोषणा [Universal Declaration of Human Rights (UDHR)] का वैधानिक स्वरूप है?
A. संयुक्त राष्ट्र सभा का सामान्य प्रस्ताव
B. सभी देशों के मूल अधिकार का अभिन्न अंग
C. यूरोपियन संघ का प्रस्ताव
D. अमेरिकी संसद द्वारा पारित प्रस्ताव

Q.60 विटामिन सी की कमी से होने वाली बीमारी है-
A. स्कर्वी **B.** रिकेट्स
C. चेचक **D.** रात्रि अंधता

Q.61 धर्म निरपेक्षता का अर्थ है-
A. राज्य सरकार सभी धर्म के खिलाफ
B. राज्य सरकार द्वारा एक धर्म को स्वीकार
C. राज्य सरकार द्वारा किसी धर्म को स्वीकार नहीं करना
D. इनमें से कोई नहीं

Q.62 धर्म की स्वतंत्रता का अधिकार किस अधिनियम में है?
A. 25-28 **B.** 14-18 **C.** 56 **D.** 51

Q.63 गृह मंत्रालय द्वारा जारी आंकड़ों के अनुसार किस देश के लोग भारत की नागरिकता लेने में सबसे आगे रहे?
A. पाकिस्तान **B.** बांग्लादेश **C.** नेपाल **D.** श्रीलंका

Q.64 इसमें से कौन बायोडिग्रेडिबल नहीं है?
A. सब्जी **B.** फल
C. केंचुआ **D.** एल्यूमीनियम

Q.65 भारतीय मृदा में कमी है-

A. मैंगनीज की **B.** कैल्शियम की

C. नाइट्रोजन की **D.** फॉस्फोरस की

Q.66 सुरक्षा परिषद में कितने स्थायी सदस्य हैं?

A. आठ **B.** तीन **C.** पांच **D.** नौ

Q.67 'तीन बीघा विवाद' किस देश के साथ है?

A. बांग्लादेश **B.** नेपाल **C.** भूटान **D.** पाकिस्तान

Q.68 'भारत एक गणतंत्र है' इसका अर्थ है-

A. सभी मामलों में अंतिम अधिकार जनता के पास है।

B. भारत में संसदीय शासन व्यवस्था है।

C. भारत में वंशानुगत शासन नहीं है।

D. भारत राज्यों का संघ है।

Q.69 आई.एन.एस. विक्रमादित्य राष्ट्र को समर्पित किया गया यह किस राष्ट्र में निर्मित विमानवाहक पोत है?

A. जापान **B.** जर्मनी **C.** इंग्लैंड **D.** रूस

Q.70 एक व्यवस्थित सामाजिक संरचना का संकेत बिंदु है-

A. सामाजिक-आर्थिक अंतर की समाप्ति

B. कठिन समय में एकात्मकता

C. उद्देश्यों एवं विचारों में समानता

D. समूह के सदस्यों की उत्पादकता

Q.71 महिलाओं की सहायता हेतु 'गौरवी' केंद्र किस राज्य में आरम्भ हुआ?

A. मध्य प्रदेश **B.** उत्तर प्रदेश

C. बिहार **D.** दिल्ली

Q.72 अंतर्राष्ट्रीय जल सहयोग वर्ष कौन-सा है?

A. 2011 **B.** 2012 **C.** 2013 **D.** 2014

Q.73 'मेधा पाटेकर' किस आंदोलन से जुड़ी हुई है?

A. चिपको आंदोलन

B. मैत्री आंदोलन

C. नर्मदा बचाओ आंदोलन

D. पश्चिम घाट बचाओ आंदोलन

Q.74 H.T.M.L. का विस्तृत रूप क्या है?

A. हाइपर टेक्स्ट मार्कअप लैंग्वेज

B. हाइनिड टेक्स्ट मार्कअप लैंग्वेज

C. हायर टेक्स्ट मार्कअप लैंग्वेज

D. हेलो टेक्स्ट मार्कअप लैंग्वेज

Q.75 राज्य सभा के सदस्य का कार्यकाल कितने वर्ष का होता है?

A. 3 वर्ष **B.** 5 वर्ष **C.** 6 वर्ष **D.** 2 वर्ष

Q.76 बोको हराम कहां का आतंकवादी संगठन है?

A. कांगो **B.** दक्षिण अफ्रीका

C. नाइजीरिया **D.** सोमालिया

Q.77 राज्य मानवाधिकार आयोग का अध्यक्ष होता है-

A. सेवानिवृत्त सिविल सेवक

B. राष्ट्रपति द्वारा मनोनीत

C. उच्च न्यायालय का सेवानिवृत्त मुख्य न्यायाधीश

D. राज्यपाल द्वारा मनोनीत

Q.78 भारतीय संविधान के किस अनुच्छेद के अंतर्गत प्रत्येक नागरिक को अपनी मानवीय गरिमा से जीने का अधिकार है?

A. अनुच्छेद 21 **B.** अनुच्छेद 14

C. अनुच्छेद 15 **D.** अनुच्छेद 20

Q.79 लोक सभा का कोरम कुल सदस्य संख्या का कितना होता है?

A. $\frac{1}{3}$ **B.** $\frac{1}{5}$ **C.** $\frac{1}{4}$ **D.** $\frac{1}{10}$

Q.80 किस देश के पूर्व राष्ट्रपति ने गिरफ्तारी से बचने के लिए हाल में ही भारतीय उच्चायोग में शरण ली?

A. मालदीव **B.** मॉरीशस **C.** श्रीलंका **D.** म्यांमार

Mental Ability

Q.81 यदि 'DICTIONARY' को 1234256789 लिखा जाए, तो 'ORDINARY' को कैसा लिखा जाएगा?

A. 57362789 **B.** 59126789

C. 56126789 **D.** 58126789

Q.82 'DEDICATE' के अक्षरों का प्रयोग करके कौन-सा शब्द बनाया जा सकता है?

A. DECIDE **B.** DEMAND

C. DERIDE **D.** DEDUCE

Ques (83-85):निर्देश: किसी घन की सभी सतहों को एक समान रंग से रंगा गया है तथा उसे इस प्रकार काटा गया है कि 125 छोटे-छोटे एवं बराबर घन बन सके।

Q.83 ऐसे घनों की संख्या कितनी होगी, जिनकी केवल दो सतह रंगीन होगी?

A. 36 **B.** 48 **C.** 54 **D.** 64

Q.84 ऐसे घनों की संख्या कितनी होगी, जिनकी केवल एक सतह रंगीन होगी?

A. 48 **B.** 54 **C.** 42 **D.** 64

Q.85 ऐसे घनों की संख्या कितनी होगी, जिनकी कोई भी सतह रंगीन नहीं होगी?

A. 16 **B.** 24 **C.** 27 **D.** 36

Q.86 यदि किसी सांकेतिक भाषा में 'TEN' को UGQ लिखा जाता है, तो 'RAT' को उसी भाषा में कैसे लिखा जाएगा?

A. CWS **B.** SWC **C.** SCW **D.** SBW

Ques (87-88):निर्देश: दिये गये वैकल्पिक शब्दों में से उस शब्द को चुनिए जो दिये गये शब्द के अक्षरों के प्रयोग द्वारा नहीं बनाया जा सकता है?

Q.87 MERCHANDISE

A. CHANGE **B.** MESH

C. DICE **D.** CHARM

Q.88 INDETERMINATE

A. DETERMINE **B.** RETINUE

C. REMIND **D.** RETINA

Ques (89-90):निर्देश: निम्नलिखित श्रृंखलाओं को पूरा करने के लिए विकल्पों में से उपयुक्त विकल्प चुनिए:

Q.89 4, 7, 12, 19, 28, ...?

A. 30 **B.** 36 **C.** 39 **D.** 49

Q.90 b 3 P, c 6 R, d 12 T, e 24 V, ...?

A. f 46 X **B.** g 48 X **C.** g 48 V **D.** f 48 X

Q.91 'NABMODINT' अक्षरों को अर्थपूर्ण क्रम में व्यवस्थित करने पर उसका अंतिम अक्षर कौन-सा होगा, यदि दिया गया शब्द किसी खेल से संबंधित हो।

A. D **B.** I **C.** N **D.** O

Q.92 संजय के स्कूल का फाटक उत्तर दिशा में है। वह फाटक से बाहर निकल कर 200 मीटर आगे जाता है तथा अध्यापक को देखकर एकदम विपरीत दिशा में 300 मीटर जाता है। इसके बाद वह बाएं मुड़ता है तथा 400 मीटर की दूरी तय करता है। अब वह प्रारंम्भिक स्थान से किस दिशा में है?

A. दक्षिण-पूर्व **B.** उत्तर-पूर्व

C. उत्तर-पश्चिम **D.** दक्षिण - पश्चिम

Q.93 एक आदमी पूर्व दिशा में 15 किमी. चलता है और फिर बाएं मुड़कर

15 किमी. जाता है। अब वह दाएं मुड़कर 5 किमी. जाता है। प्रारंभिक स्थान से वह कितनी दूरी पर है?

A. 20 किमी **B.** 30 किमी **C.** 25 किमी **D.** 35 किमी

Q.94 यदि कंगारू का संबंध ऑस्ट्रेलिया से है, तो जिराफ का संबंध किससे है?

A. भारत **B.** जापान **C.** पाकिस्तान **D.** अफ्रीका

Ques (95-97):निर्देश: नीचे के प्रश्नों में अक्षरों का एक समूह दिया गया है। जिसे 1, 2, 3, 4, 5, 6 के रूप में संख्यांकित किया गया है। उसके नीचे दी गई संख्याओं का संयोजन करते हुए चार विकल्प दिए गए हैं। सही विकल्प ज्ञात कीजिए।

Q.95 K A C J T E
1 2 3 4 5 6

A. 3 2 1 6 4 5 **B.** 4 2 3 1 5 6
C. 4 3 2 1 6 5 **D.** 4 2 3 1 6 5

Q.96 SECROF
123456

A. 654321 **B.** 345621 **C.** 354261 **D.** 135456

Q.97 GTAENM
123456

A. 132645 **B.** 635142 **C.** 631542 **D.** 132546

Ques (98-99):निर्देश: निम्नलिखित प्रश्नों में कौन-सा एक अनुक्रम में नहीं आता?

Q.98 2, 3, 5, 8, 12, 18, 23

A. 8 **B.** 12 **C.** 18 **D.** 23

Q.99 PSVYB, EHKNO, TWZCF, ILORU

A. PSVYB **B.** EHKNO **C.** TWZCF **D.** ILORU

Ques (100-101):निर्देश: दिए गए वैकल्पिक शब्दों में से उस शब्द को चुनिए जो दिए गए शब्द के अक्षरों के प्रयोग द्वारा नहीं बनाया जा सकता?

Q.100 MISFORTUNE

A. FORT **B.** TURN **C.** SOFT **D.** ROAM

Q.101 ESTRANGE

A. GENERATE **B.** SERGEANT
C. REAGENTS **D.** GREAT

Q.102 A, B से छोटा है परंतु C से लंबा है। D, A से छोटा है लेकिन C से लंबा है। E, B से छोटा है लेकिन A से लंबा है। सबसे छोटा व्यक्ति कौन है?

A. B **B.** C **C.** A **D.** D

Q.103 निर्देश: निम्नलिखित प्रश्न में दिए गए विकल्पों में से संबंधित शब्द/अक्षर/संख्या का चयन करें।
NEWSPAPER : EDITOR :: PLAY : .... ?

A. ACTOR **B.** THEATRE
C. WRITER **D.** DIRECTOR

Q.104 'RSARTIAM' अक्षरों को व्यवस्थित करने पर किस शहर का नाम बनेगा?

A. TRIPURA **B.** IMPHAL
C. BANARAS **D.** AMRITSAR

Q.105 टंगस्टन का फिलामेंट से वैसा ही संबंध है जैसा कि सोने का .... से है।

A. तांबा **B.** जलपोत **C.** टिन **D.** आभूषण

Q.106 जिस प्रकार 'PSYCHOLOGY' का संबंध 'MIND' से है उसी प्रकार 'TRIGONOMETRY' का संबंध है।

A. SINE **B.** HEIGHT
C. MATHEMATICS **D.** TRINGLE

Q.107 किसी भी छोर से शुरू करने पर यदि किसी पंक्ति में आपका नंबर ग्यारहवां है, तो पंक्ति में कितने व्यक्ति हैं?

A. 11 **B.** 20 **C.** 21 **D.** 22

Q.108 यदि E = 5 और HOTEL = 60 हो, तो LAMB का कूटबद्ध क्या होगा?

A. 28 **B.** 7 **C.** 10 **D.** 26

Q.109 यदि 'NOIDA' को 39658 के रूप में लिखा जाता है, तो 'INDIA' को कैसे लिखा जाएगा?

A. 36568 **B.** 65368 **C.** 63568 **D.** 63569

Q.110 निम्न प्रश्नों में दिए गए विकल्पों में से विषम चुनिए।

A. माउथऑर्गन **B.** इलेक्ट्रॉनिक गिटार
C. सोनाटा **D.** की-बोर्ड

Q.111 निम्न प्रश्नों में दिए गए विकल्पों में से विषम चुनिए।

A. छिपाना **B.** प्रकट करना
C. ढकना **D.** गुप्त रखना

Q.112 निम्न प्रश्नों में दिए गए विकल्पों में से विषम चुनिए।

A. LEAVE **B.** STEAMER
C. COURAGE **D.** MEASLES

Q.113 एक लड़का उत्तर-पूर्व की ओर तीन किलोमीटर चलता है। फिर चार किलोमीटर दक्षिण-पूर्व चलता है, शुरुआती स्थान से वह कितना दूर है?

A. 5 किलोमीटर **B.** 6 किलोमीटर
C. 7 किलोमीटर **D.** 4 किलोमीटर

Q.114 निम्नलिखित संख्या श्रेणी में केवल एक पद गलत है, उस गलत पद को ज्ञात करो।
112, 114, 120, 124, 132, 142, 154

A. 114 **B.** 120 **C.** 124 **D.** 132

Q.115 निम्नलिखित अक्षर श्रेणी में रिक्त स्थान पर नीचे दिए गए चार विकल्प में से कौन-सा अक्षर आएगा?
X, U, R, O, L, ... ?

A. I **B.** M **C.** J **D.** K

Ques (116-117):निर्देश: निम्नलिखित प्रश्नों में एक शब्द देकर उसके आगे चार अन्य शब्द दिए गए हैं। इनमें से एक शब्द दिए गए शब्द के अक्षरों से नहीं बनाया जा सकता, उस शब्द को ज्ञात कीजिए।

Q.116 LIBERATIONIST

A. LIBERAL **B.** RELATION
C. SERIAL **D.** BITTERN

Q.117 AUTOGRAPHS

A. GRAPH **B.** TROUGH
C. PATHOS **D.** GREAT

Q.118 वैकल्पिक शब्दों में से उस शब्द को ज्ञात करो जिसे नीचे दिए गए शब्द के अक्षरों द्वारा लिखा जा सकता है।
'NEWSPAPER'

A. SWEET **B.** REPEAT **C.** SOUR **D.** WASP

Q.119 यदि 'DEMOCRATIZATION' शब्द का पहला अक्षर 15वें अक्षर से, दूसरा अक्षर 14वें अक्षर से और इसी प्रकार बदलते जाएं तथा 8वां अक्षर यथावत बरकरार रहे, तो कौन-सा बाएं से 12वें अक्षर से बाई ओर पांचवां अक्षर होगा?

A. I **B.** E **C.** R **D.** S

Q.120 यदि अंग्रेजी वर्णमाला में A की जगह 2, B की जगह 1, C की जगह 4, D की जगह 3, E की जगह 6 और F की जगह 5 लिखा जाए तथा आगे भी ऐसा ही लिखा जाए, तो M के स्थान पर क्या लिखा जाएगा?

A. 13 **B.** 15 **C.** 14 **D.** 16

Q.121 छः व्यक्ति M, N, O, P, Q और R पंक्तियों में, प्रत्येक पंक्ति में तीन-तीन करके बैठे हैं। Q किसी भी पंक्ति के अंत में नहीं है। P की स्थिति R के बाईं ओर दूसरी है। O की स्थिति Q के पड़ोस में विकर्ण पर P के सामने है। N की स्थिति R के पड़ोस में है।
इस सूचना के आधार पर बताइए कि N के सामने कौन बैठा है?

A. R **B.** Q **C.** P **D.** M

Q.122 निर्देश: प्रश्न सूचक चिह्न (?) के स्थान पर किस विकल्प का शब्द आएगा?
? : जेल : : क्यूरेटर : ?
A. जेलर, अजायबघर **B.** जेलर, प्रौढ़ता
C. कोशिका, इलाज **D.** अपराधी, जिज्ञासा

Q.123 निम्नलिखित अक्षर सूची में शब्द 'THAT' कितनी बार आया है?
B A T H A T H E T H A T P T A H A T H M Q T H A T H E T H A T H A T H T A H A T
A. 7 **B.** 6 **C.** 4 **D.** 5

Q.124 यदि जनवरी का 12वां दिन बृहस्पतिवार से चार दिन पहले हैं, तो माह का 21वां दिन कौन-सा होगा?
A. मंगलवार **B.** शुक्रवार **C.** शनिवार **D.** सोमवार

Q.125 जैसे 'DMT' और 'FNS' वैसे ही 'HRJ' और ....।
A. ISK **B.** JSI **C.** JTK **D.** JTJ

Q.126 किन दो चिन्हों को आपस में बदलने से निम्नलिखित समीकरण सही हो जाता है?
$8 \times 2 - 6 \div 3 + 3 = 11$
A. $+$ और $-$ **B.** $+$ और $\times$ **C.** $+$ और $\div$ **D.** $-$ और $\times$

Q.127 यदि किसी सांकेतिक भाषा में 'ANTICIPATION' को 'ICITNANOITAP' लिखा जाता है, तो उसी भाषा में 'PRODUCTIVITY' को कैसे लिखा जाएगा?
A. CUDORPYTIVTI **B.** CUDORPYTIVIT
C. CUDORPTYIVIT **D.** CUDOPRYTIVIT

Ques (128-129):निर्देश: अक्षरों की निम्न श्रृंखला में (?) के स्थान पर क्या आएगा?

Q.128 POQ, SRT, VUW, ?
A. XYZ **B.** YXZ **C.** XZY **D.** ZYX

Q.129 ZX, YV, WS, ? PJ
A. TO **B.** UO **C.** TN **D.** TP

Ques (130-131):निर्देश: प्रश्न में तीन शब्द दिए गए हैं पहले दो शब्दों में कुछ संबंध है वहीं संबंध अंतिम के दो शब्दों में होना चाहिए। सही शब्द का चयन कीजिए।

Q.130 बर्तन : चम्मच : : कैलेंडर : ?
A. समय **B.** कागज **C.** छपाई **D.** तारीख

Q.131 अदालत : न्याय : : विद्यालय : ?
A. अध्यापक **B.** शिक्षा **C.** छात्र **D.** कक्षा

Q.132 एक दर्पण में एक शब्द देखने पर दिखने वाला शब्द 'ƎИIЯAM' दर्शाता है, शब्द का सही स्वरूप क्या है?
A. ENIRAM **B.** MAREIN
C. ENIMAR **D.** MARINE

Q.133 यदि किसी सांकेतिक भाषा में 'HONESTY' को 2304516 लिखा जाता है, तो किस शब्द के लिए उसी भाषा में 0425361 लिखा जाएगा?
A. YENHSOT **B.** NEHSOYT
C. NESHOYT **D.** इनमें से कोई नहीं

Q.134 प्रत्येक अक्षर का एक बार प्रयोग करके व अक्षरों का क्रम उल्टे बिना 'BEHIND' शब्द से कितने सार्थक शब्द बन सकते हैं?
A. 3 **B.** 4 **C.** 1 **D.** 2

Q.135 यदि 'नारंगी' को 'मक्खन', 'मक्खन' को 'साबुन', 'साबुन' को 'स्याही', को 'शहद' और 'शहद' को 'नारंगी' कहा जाए, तो वस्त्रों की धुलाई में क्या प्रयोग किया जाता है?
A. शहद **B.** मक्खन **C.** साबुन **D.** स्याही

Q.136 नीचे दिये गए शब्दों को शब्दकोश के अनुसार क्रमानुसार व्यवस्थित कीजिए।
(1) SELECT
(2) SELDOM
(3) SEND
(4) SELFISH
(5) SELLER
A. (2), (1), (5), (4), (3) **B.** (2), (1), (4), (5), (3)
C. (2), (5), (4), (1), (3) **D.** (1), (2), (4), (5), (3)

Q.137 सही विकल्प ज्ञात करो।
स्पर्श : महसूस करना : : अभिवादन : ?
A. मुस्कान **B.** स्वीकार करना
C. सफलता **D.** शिष्टाचार

Ques (138-139):निर्देश: यदि किसी भाषा में 'DREAM' का कोड 78026 तथा CHILD का कोड 53417 है, तो इस कोड के आधार पर दिए गए शब्दों का कोड बताइए।

Q.138 CAMERA
A. 758053 **B.** 528062 **C.** 526082 **D.** 783058

Q.139 LEADER
A. 102708 **B.** 120728 **C.** 172080 **D.** 102780

Q.140 यदि RAMAN को 12325 लिखा जाए और DINESH को 675489 तो HAMAM को किस प्रकार लिखा जाएगा?
A. 92233 **B.** 92323 **C.** 93322 **D.** 93232

Logical Reasoning

निर्देश: निम्नलिखित प्रश्न में दिए गए विकल्पों में से संबंधित शब्द/अक्षर/संख्या का चयन करें।
कैंची : कपड़ा : : ?
A. लेखनी : स्याही **B.** उस्तरा : दाढ़ी
C. भट्ठी : धुआं **D.** कील : हथौड़ा

Q.142 कुछ मित्रों ने पिकनिक पर जाने का निर्णय लिया तथा इस पर रु. 768 खर्च करना निश्चित किया। इनमें से चार मित्रों के न आने के कारण प्रत्येक मित्र को रु. 16 अतिरिक्त देने पड़े। कुल कितने मित्र पिकनिक पर गए?
A. 10 **B.** 12 **C.** 14 **D.** 11

Q.143 निर्देश: निम्नलिखित प्रश्न में दिए गए विकल्पों में से संबंधित शब्द/अक्षर/संख्या का चयन करें।
372 : 124 ::? :?
A. 81 : 243 **B.** 900 : 450
C. 624 : 208 **D.** 513 : 161

Q.144 निर्देश: यदि किसी भाषा में 'DREAM' का कोड 78026 तथा CHILD का कोड 53417 है, तो इस कोड के आधार पर दिए गए शब्दों का कोड बताइए।
RODE : 24:: LANE : ?
A. 11 **B.** 18 **C.** 19 **D.** 14

Q.145 निम्न चार आकृतियों में से भिन्न आकृति का चयन करें।

A. 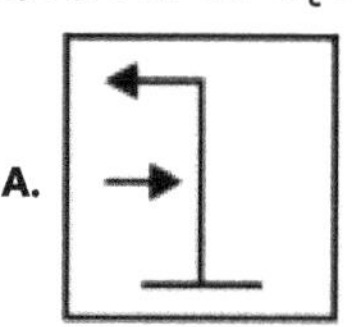
B. 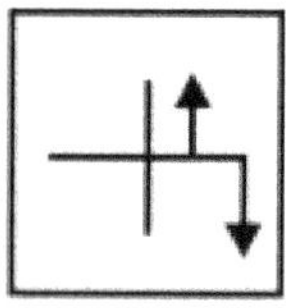
C. 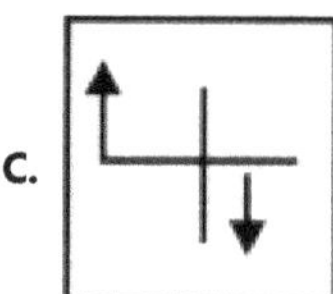
D. 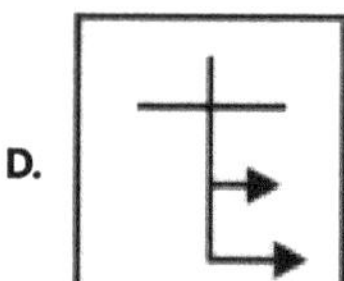

Q.146 निम्न चार आकृतियों में से भिन्न आकृति का चयन करें।

A. 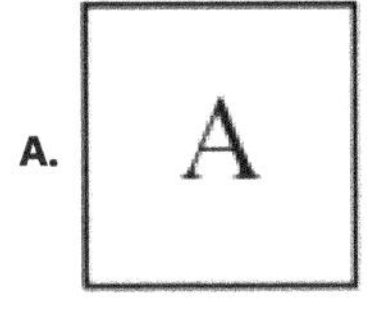 **B.** 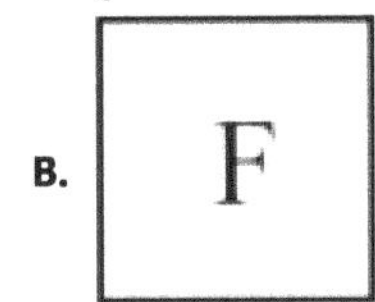

C. 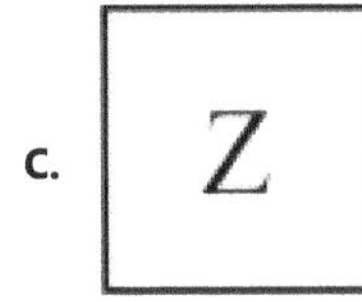 **D.** 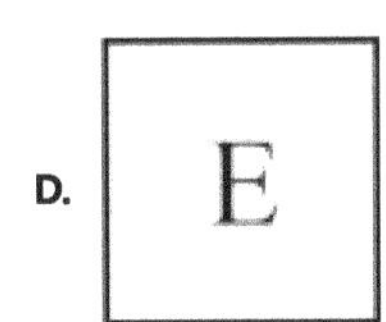

Q.147 यदि '$+$' का अर्थ '$\div$' है, '$-$' का अर्थ '$\times$' है, '$\times$' का अर्थ '$-$' है, '$\div$' का अर्थ '$+$' है, तो $16 \div 8 - 4 + 2 \times 4 = ?$

A. 16 **B.** 44 **C.** 28 **D.** 32

Ques (148-151):निर्देश: निम्नलिखित प्रश्न में दिए गए विकल्पों में से संबंधित शब्द/अक्षर/संख्या का चयन करें।

Q.148 बिस्मिल्ला खां : शहनाई वादक : : बिरजू महाराज : ?

A. कत्थक **B.** भरतनाट्यम

C. संगीत **D.** सितार

Q.149 $6 : 18 ::? :?$

A. $8 : 24$ **B.** $10 : 50$ **C.** $4 : 10$ **D.** $10 : 52$

Q.150 नदी : बांध : : यातायात : ?

A. संकेतक **B.** वाहन **C.** गति **D.** वीथिका

Q.151 DQPVE : CROWD : : INVRF : ?

A. HOUSE **B.** UOSED **C.** HORSE **D.** MOUSE

Q.152 एक बस पुरुषों तथा उनकी आधी संख्या के बराबर महिलाओं को लेकर दिल्ली से चलती है। मेरठ पहुँचने पर दस पुरुष उतर जाते हैं तथा पांच महिलाएं सवार हो जाती हैं। अब बस में पुरुषों तथा महिलाओं की संख्या बराबर है। प्रारंभ में दिल्ली से कुल कितने यात्री बस में सवार हुए थे?

A. 36 **B.** 45 **C.** 15 **D.** 30

Q.153 निर्देश: निम्नलिखित प्रश्न में दिए गए विकल्पों में से संबंधित शब्द/अक्षर/संख्या का चयन करें।

कब : समय : : कहां : ?

A. तर्क **B.** प्रक्रिया **C.** जगह **D.** लंबाई

Q.154 यदि $+$ का अर्थ $\times$ है, $-$ का अर्थ $\div$ है, $\times$ का अर्थ $-$ है, $\div$ का अर्थ $+$ है, तो $9 + 8 \div 8 - 4 \times 9 = ?$

A. 65 **B.** 17 **C.** 39 **D.** 11

Q.155 निर्देश: उस अक्षर-समूह का चयन करें, जो निम्न श्रेणी में प्रश्नवाचक चिन्ह (?) के स्थान पर आएगा।

CFL, EIK, GLJ, IOI, ?

A. KRH **B.** KRJ **C.** JRH **D.** KOH

Q.156 यदि 5 से भाग होने वाली सभी संख्याओं और जिनमें एक अंक 5 आता है, उनमें से 1 से 50 के बीच से 5 का अंक हटा दिया जाए, तो कितनी संख्याएं शेष रहेंगी?

A. 38 **B.** 41 **C.** 39 **D.** 45

Q.157 निर्देश: निम्नलिखित संख्या श्रृंखला में प्रश्न चिह्न के स्थान पर क्या आना चाहिए?

1, 6, 6, 11, 11, 16, ?, ?

A. 13, 17 **B.** 16, 21 **C.** 17, 21 **D.** 21, 16

Q.158 स्ट्रीट लाइट के सभी पोल सीधी पंक्ति में 50 मीटर के अंतराल से गाड़े गए हैं। प्रथम तथा 9वें पोल के बीच कितनी दूरी होगी?

A. 350 मीटर **B.** 400 मीटर **C.** 450 मीटर **D.** 50 मीटर

Q.159 15 से 160 के मध्य कितनी संख्याएं ऐसी हैं, जो 17 से विभाज्य हैं, लेकिन 4 से नहीं?

A. 5 **B.** 2 **C.** 7 **D.** 4

Q.160 यदि $M \times N$ का तात्पर्य, M पुत्री है N की, $M + N$ का तात्पर्य, M पिता है N का, $M \div N$ का तात्पर्य M माता है N की तथा $M - N$ का तात्पर्य M भाई है N का, तो $P \div Q + R - T \times K$ कौन-सा संबंध P का K के साथ इंगित करेगा?

A. पुत्रवधू **B.** ननद/साली

C. सास **D.** इनमें से कोई नहीं

Q.161 रीटा की ओर इशारा करते हुए निखिल ने कहा, "मैं उनकी माता के पुत्र का इकलौता पुत्र हूँ।" रीटा का निखिल से क्या रिश्ता है?

A. चाची **B.** मौसी **C.** बुआ **D.** माता

Q.162 निम्नलिखित अंक श्रेणी में ऐसे कितने 7 हैं जिनके ठीक पहले 4 नहीं है लेकिन ठीक बाद में 2 है?

3 4 7 2 8 7 2 9 4 7 1 3 5 7 2 9 9 7 7 2 5 1 4 7 2 3

A. 4 **B.** 3 **C.** 2 **D.** 1

Q.163 कुछ संतरे 40 बच्चों के बीच बराबर बांटे गए। यदि 20 बच्चे अधिक होते, तो प्रत्येक बच्चे को 5 संतरे कम मिलते। बताइए कि प्रारंभ में बाँटे गए संतरों की संख्या कितनी थी?

A. 200 **B.** 300 **C.** 400 **D.** 600

Q.164 निर्देश: उस अक्षर-समूह का चयन करें, जो निम्न श्रेणी में प्रश्नवाचक चिन्ह (?) के स्थान पर आएगा।

?, PSVYB, EHKNQ, TWZCE, ILORU

A. BEHKN **B.** ADGJM **C.** SVYBE **D.** ZCFIL

Q.165 B का भाई है A, D का पिता है C, B की माता है E, A और D भाई हैं, तो E का C से क्या रिश्ता है?

A. बहन **B.** साली **C.** भतीजी **D.** पत्नी

Q.166 एक छात्रावास में 1200 लड़के हैं। इनमें से प्रत्येक हॉकी अथवा फुटबॉल अथवा दोनों खेल खेलते हैं। यदि 75% लड़के हॉकी तथा 45% लड़के फुटबॉल खेलते हों, तो कितने विद्यार्थी दोनों खेल खेलते हैं?

A. 200 **B.** 280 **C.** 250 **D.** 240

Q.167 दिवाली के त्योहार पर बारह मित्रों ने एक-दूसरे को दिवाली का कार्ड भेजकर शुभकामनाएं दी। इस मित्रों के समूह ने कितने कार्ड खरीदे?

A. 156 **B.** 144 **C.** 132 **D.** 72

Q.168 निर्देश: उस विकल्प का चयन करें जो तीसरी आकृति से उसी प्रकार संबंधित है जैसे दूसरी आकृति पहली आकृति से संबंधित है।

प्रश्न आकृतियां :

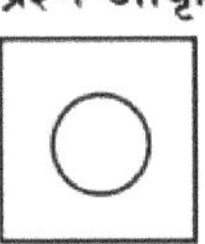 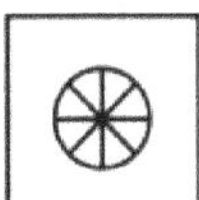 : 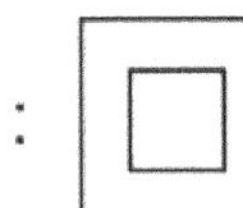

A. 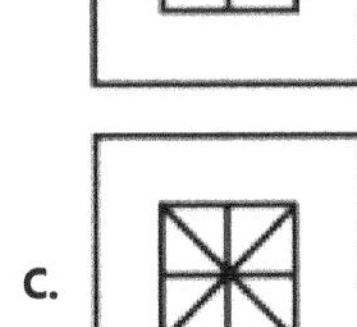 **B.** 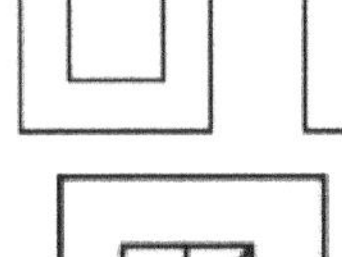

C. 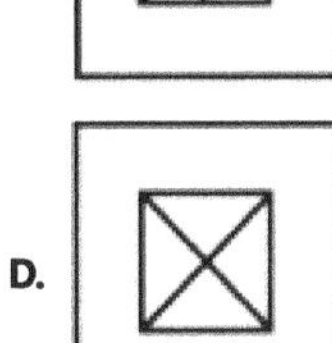 **D.**

Q.169 सुरेश की बहन राम की पत्नी है। राम रानी का भाई है। राम के पिता मधुर हैं। शीतल राम की दादी है। रीमा शीतल की पुत्रवधू है। रोहित रानी के भाई का पुत्र है। रोहित, सुरेश का क्या लगता है?

A. साला **B.** पुत्र **C.** भाई **D.** भांजा

Q.170 निर्देश: उस अक्षर-समूह का चयन करें, जो निम्न श्रेणी में प्रश्नवाचक चिह्न (?) के स्थान पर आएगा।

DDA : ADD : : RRB : ?

A. RBR **B.** BRB **C.** BRR **D.** RBB

Q.171 एक पिता ने कहा अपने पुत्र से, "मैं तुम्हारी अभी की उम्र का था जब तुम पैदा हुए थे" अगर पिता की उम्र अभी 36 साल है, तो पुत्र की उम्र 5 साल पहले क्या थी?

A. 13 साल **B.** 15 साल **C.** 18 साल **D.** 20 साल

Q.172 निर्देश: निम्नलिखित चार में से तीन एक दृष्टि से समान हैं, अतः उनका एक समूह बनता है। निम्नलिखित में से कौन उस समूह से पृथक है?

A. शावक **B.** चूजा **C.** सुअर **D.** पिल्ला

Q.173 निर्देश: निम्नलिखित चार में से तीन एक दृष्टि से समान हैं, अतः उनका एक समूह बनता है। निम्नलिखित में से कौन उस समूह से पृथक है?

A. पोलो **B.** शतरंज **C.** लूडो **D.** स्क्वैश

Q.174 निर्देश: निम्नलिखित चार में से तीन एक दृष्टि से समान हैं, अतः उनका एक समूह बनता है। निम्नलिखित में से कौन उस समूह से पृथक है?

A. 1995 **B.** 1998 **C.** 1991 **D.** 1996

Q.175 निर्देश: निम्नलिखित चार में से तीन एक दृष्टि से समान हैं, अतः उनका एक समूह बनता है। निम्नलिखित में से कौन उस समूह से पृथक है?

A. 2690 **B.** 1754 **C.** 6443 **D.** 7324

Q.176 निर्देश: दिए गए विकल्पों में से उस आकृति का चयन करें जो दी गई आकृति को पूरा करे।

प्रश्न आकृति :

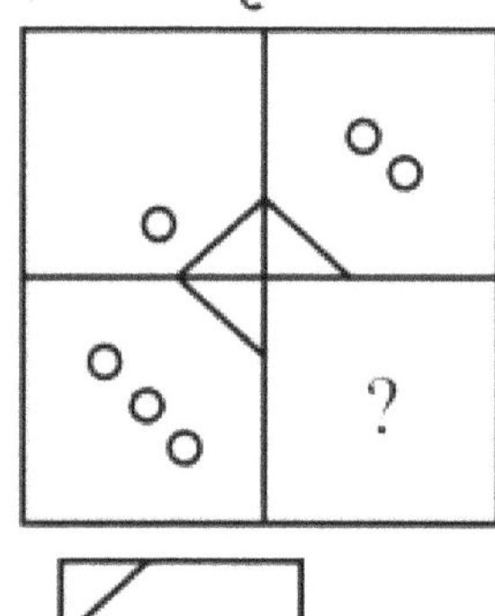

A. 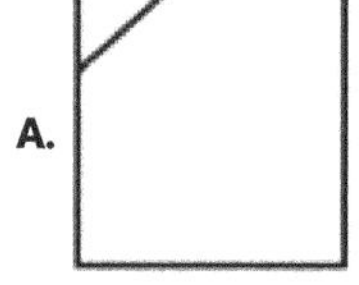

B. 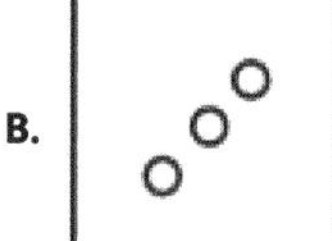

C. 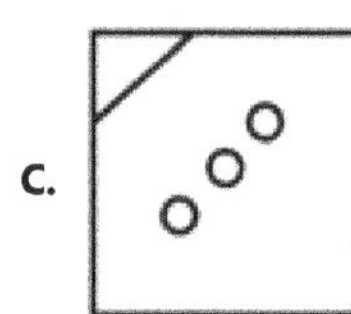

D. 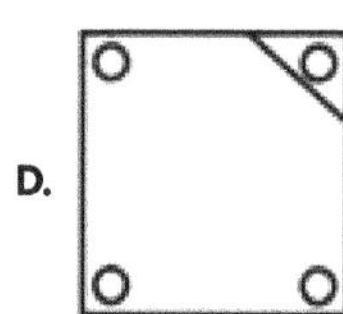

Q.177 निर्देश: उस विकल्प का चयन करें जो तीसरी आकृति से उसी प्रकार संबंधित है जैसे दूसरी आकृति पहली आकृति से संबंधित है।

प्रश्न आकृति :

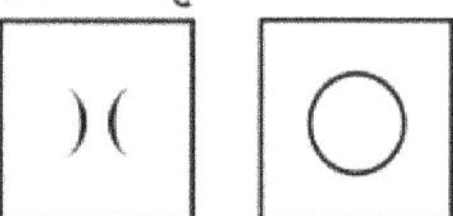
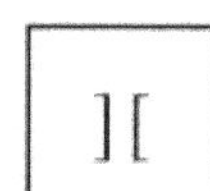

A. 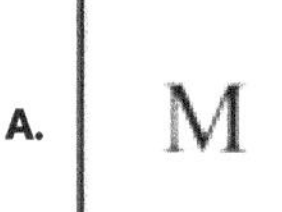

B. 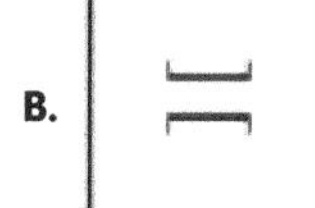

C. 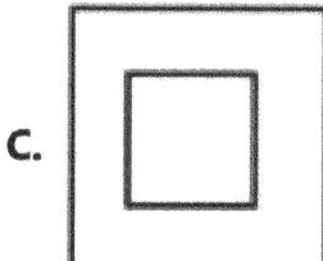

D. 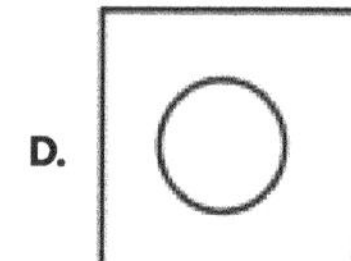

Q.178 निम्नलिखित में से कौन-सा उत्तर आकृति का दर्पण प्रतिबिंब होगा?

प्रश्न आकृति :

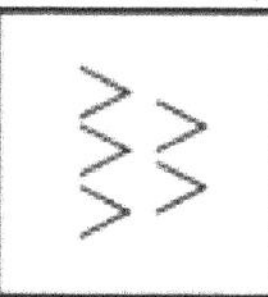

A. 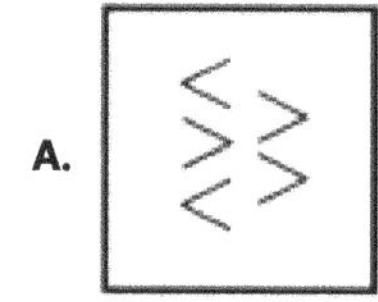

B. 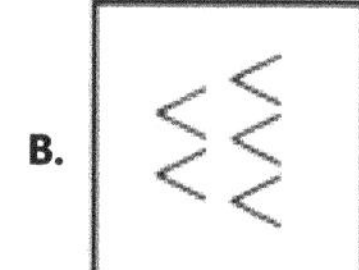

C. 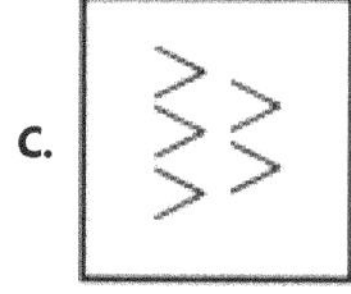

D. 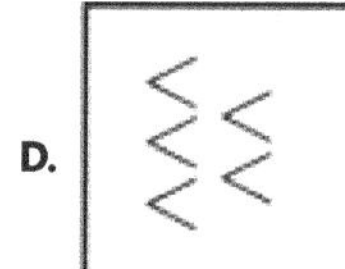

Q.179 निम्नलिखित में से कौन-सा उत्तर आकृति का दर्पण प्रतिबिंब होगा?

प्रश्न आकृति :

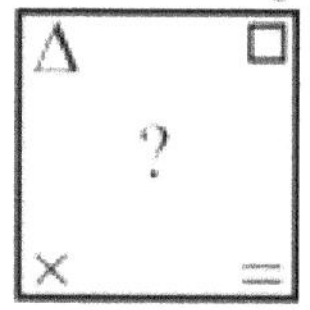

A. 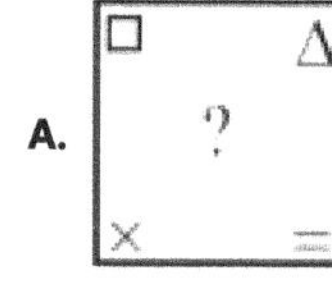

B. 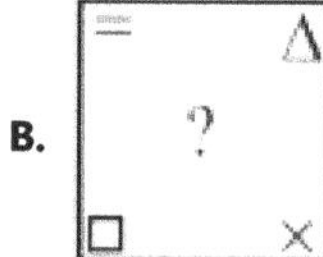

C. 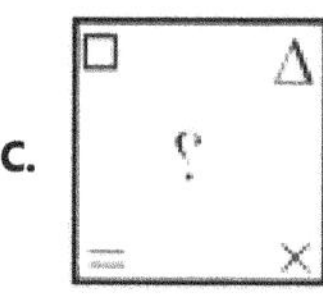

D. 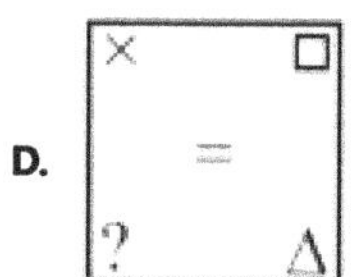

Q.180 यदि '$-$' का अर्थ '$\times$' है, '$+$' का अर्थ '$\div$' है, '$\div$' का अर्थ '$-$' है तो $14 - 10 \times 4 \div 16 + 8$ का मान क्या होगा?

A. 134 **B.** 142 **C.** 6 **D.** 2

Q.181 नीचे दी गई आकृति में प्रश्न चिन्ह (?) के स्थान पर कौन-सी संख्या आएगी?

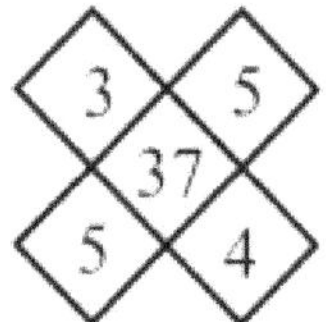

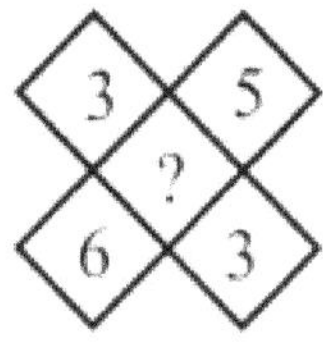

A. 35 **B.** 47 **C.** 39 **D.** 45

Ques (182-185):निर्देश: नीचे दिए गए वेन आरेख के आधार पर प्रश्नों से सही विकल्प चुनिए।

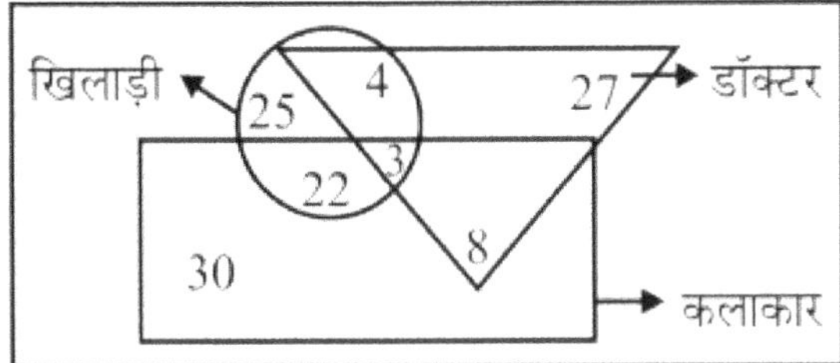

Q.182 कितने खिलाड़ी न तो कलाकार हैं और न ही डॉक्टर?

A. 3 **B.** 8 **C.** 22 **D.** 25

Q.183 कितने कलाकार खिलाड़ी हैं?

A. 30 **B.** 29 **C.** 25 **D.** 22

Q.184 कितने डॉक्टर खिलाड़ी भी हैं और कलाकार भी?

A. 3 **B.** 4 **C.** 8 **D.** 11

Q.185 कितने डॉक्टर न तो खिलाड़ी हैं और न ही कलाकार?

A. 30 **B.** 27 **C.** 22 **D.** 28

Q.186 उस विकल्प को चुनिए जो अन्य विकल्पों से भिन्न है।

A. पेट्रोल : कार **B.** विद्युत : टेलीविजन

C. स्याही : पेन **D.** धूल : झाडू

Q.187 उस विकल्प को चुनिए जो अन्य विकल्पों से भिन्न है।

A. हल्का : भारी **B.** अपराध : आरोप

C. छोटा : लंबा **D.** कठोर : कोमल

Q.188 निम्नलिखित अंक श्रेणी में ऐसे कितने 8 हैं जो पिछले अंक से पूर्णतः विभाजित हो तथा अपने अगले अंक से भी पूर्णतः विभाजित हो?

824517284842282698454832843183

A. 4 **B.** 3 **C.** 2 **D.** 1

Q.189 निम्न चार आकृतियों में से भिन्न आकृति का चयन करें।

A. 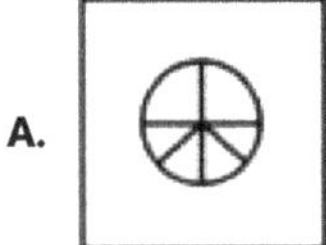 **B.** 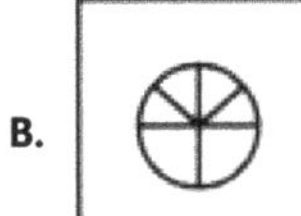

C. 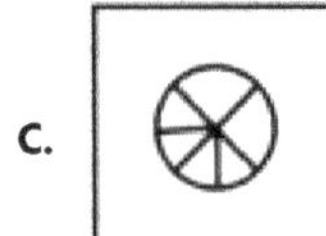 **D.** 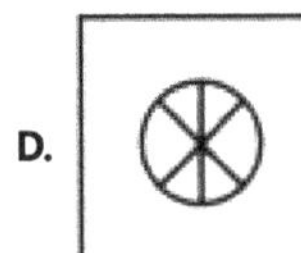

Q.190 निम्न चार आकृतियों में से भिन्न आकृति का चयन करें।

A. 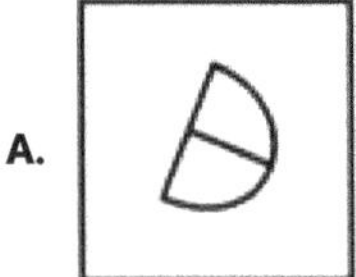 **B.** 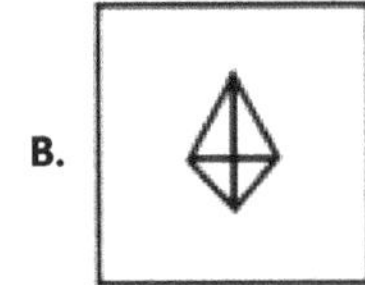

C. 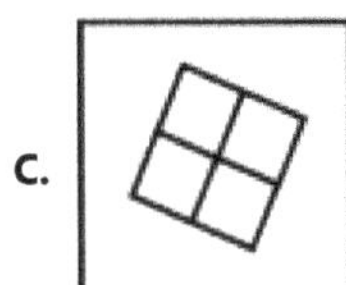 **D.** 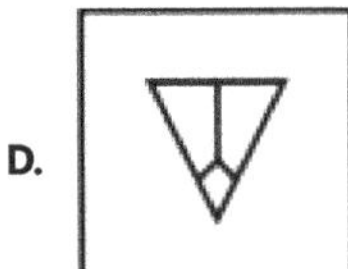

Q.191 न्यायाधीश का जो संबंध न्याय से है, उसी प्रकार सांसद किससे संबंधित है?

A. मंत्री **B.** निर्वाचन **C.** कानून **D.** राष्ट्र

Ques (192-194):निर्देश: यदि अंग्रेजी वर्णमाला के प्रथम अर्द्धांश को विपरीत क्रम में और द्वितीय अर्द्धांश को वास्तविक रूप में छोड़ दिया जाए, तो इस पर आधारित प्रश्नों के उत्तर दीजिए:

Q.192 दाएं से सातवें अक्षर के बाएं ग्यारहवां अक्षर कौन-सा होगा?

A. I **B.** H **C.** F **D.** E

Q.193 प्रथम अर्द्धांश वह अक्षर जिसका स्थान परिवर्तन नहीं होगा?

A. M **B.** E **C.** L **D.** G

Q.194 बाएं से ग्यारहवें अक्षर के दाएं सातवां अक्षर कौन-सा होगा?

A. S **B.** H **C.** F **D.** E

Q.195 नीचे दी गई आकृति में त्रिभुजों की संख्या कितनी है?

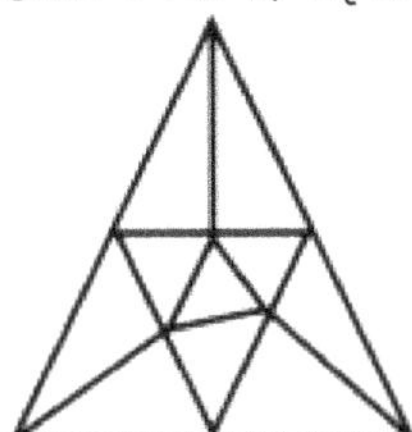

A. 10 **B.** 12 **C.** 15 **D.** 14

Q.196 A, B, C, D और E पांच नदियां हैं। A, B से छोटी है मगर E से लंबी है। C सबसे लंबी है। D, B से बहुत छोटी है और A से कुछ लंबी है। सबसे छोटी नदी कौन-सी है?

A. B **B.** D **C.** A **D.** E

Q.197 नीचे दिए गए विकल्पों में से विषम शब्द चुनिए।

A. गैराज **B.** विमानशाला

C. नौकाघाट **D.** उपवन

Q.198 नीचे दिए गए विकल्पों में से विषम शब्द चुनिए।

A. मनीऑर्डर **B.** स्पीड पोस्ट

C. एस.एम.एस. **D.** पत्र

Q.199 निम्नलिखित अंक श्रेणी में कितने 0 हैं जिनके बाद में सम तथा पहले विषम संख्या है?

3025032032027040580704208

A. 4 **B.** 3 **C.** 2 **D.** 1

Q.200 एक लड़के का परिचय देते हुए एक औरत ने कहा "इसके मामा का मामा तथा मेरा मामा परस्पर भाई है", उस महिला का लड़के से क्या संबंध है?

A. चाची **B.** मां **C.** दादी **D.** भाभी

Comprehension

Ques (201-205):निर्देश: निम्नलिखित गद्यांश को पढ़कर दिए गए प्रश्नों के उत्तर दीजिए: आज विश्व भर में बेकारी ने विकराल रूप धारण कर रखा है। यह समस्या भारत को भी घुन की तरह खाए जा रही है। बेकारी का वास्तविक अर्थ है आजीविका कमाने में या तो असमर्थ होना या बना दिया जाना। इस समस्या का एकमात्र कारण आज की शिक्षा प्रणाली है, जो केवल अंग्रेजी शिक्षा पर बल देती है। यह केवल पुस्तकीय ज्ञान देती है, व्यावहारिक ज्ञान का इसमें सर्वथा अभाव है। आज देश भर में दो तरह की बेकारी है। शिक्षितों में बेकारी और अशिक्षितों में बेकारी। शिक्षित वर्ग केवल कार्यालय में बैठकर कलम चलाने में ही विश्वास रखता है। वह कोई छोटा काम नहीं करना चाहता। अशिक्षित वर्ग काम की तलाश में शहर आता है और काम न मिलने पर बेकार रहता है। इस समस्या का हल केवल यही है कि शिक्षित वर्ग के लिए शिक्षा-प्रणाली में संशोधन किया जाए और अशिक्षित वर्ग गाँव में ही रहकर खेती-बाड़ी का काम देखे।

Q.201 कौन-सी समस्या भारत को घुन की तरह खाए जा रही है?

A. अशिक्षा की समस्या **B.** गरीबी की समस्या

C. बेकारी की समस्या **D.** महंगाई की समस्या

Q.202 आज की शिक्षा प्रणाली में किसका अभाव है?
A. नैतिक ज्ञान **B.** हिन्दी ज्ञान
C. अंग्रेजी ज्ञान **D.** व्यावहारिक ज्ञान

Q.203 बेकारी की समस्या का एकमात्र कारण है?
A. शिक्षा-प्रणाली **B.** धर्म-प्रणाली
C. जीवन-प्रणाली **D.** राजनैतिक-प्रणाली

Q.204 कौन-सा वर्ग काम की तलाश में गाँव से शहर आता है?
A. शिक्षित वर्ग **B.** अशिक्षित वर्ग
C. उच्च वर्ग **D.** इनमें से कोई नहीं

Q.205 संशोधन में उपसर्ग है-
A. सन **B.** सम् **C.** सम **D.** सर

Ques (206-210):निर्देश: निम्नलिखित गद्यांश को पढ़कर नीचे दिए गए प्रश्नों के उत्तर दीजिए:देश की हित-चिंता में जिसने शरीर पर थोड़े से वस्त्र रखना ही अपना कर्त्तव्य समझा और जो क्षीणकाय होकर भी महान आत्मा का स्वामी था, उस मोहनदास करमचन्द गांधी को हमारा नमस्कार हो। वही महात्मा था, वही राष्ट्रपिता था। नये भारत के निर्माण में जो कार्य उन्होंने किया, वह स्वर्णाक्षरों में लिखा हुआ है। उस महान आत्मा की भौतिक देह पिस्तौल की गोलियों से 30 जनवरी, 1948 को समाप्त हो गई। सत्य, अहिंसा के पुजारी उस महात्मा को हमारा प्रणाम है। गाँधी जयन्ती गाँधी का जन्मदिवस है। यह प्रतिवर्ष 2 अक्टूबर को मनाया जाता है।

Q.206 महान आत्मा का स्वामी कौन है?
A. मोहनदास
B. करमचन्द
C. मोहनदास करमचन्द गाँधी
D. इनमें से कोई नहीं

Q.207 'गाँधी जयन्ती' कब मनाते हैं?
A. 30 जनवरी **B.** 2 अक्टूबर **C.** 4 अक्टूबर **D.** 1 अक्टूबर

Q.208 'क्षीणकाय' का अर्थ है-
A. लम्बा शरीर **B.** मोटा शरीर
C. दुबला-पतला शरीर **D.** चौड़ा शरीर

Q.209 सत्य और अहिंसा किसके हथियार थे?
A. नेहरू **B.** नत्थूराम गोडसे
C. सरदार पटेल **D.** गाँधी जी

Q.210 गाँधीजी के द्वारा किये गये कार्य किसमें लिखे जायेंगे?
A. इतिहास में **B.** स्वर्णाक्षरों में
C. संविधान में **D.** पुस्तकों में

Ques (211-215):निर्देश: निम्नलिखित गद्यांश को पढ़कर नीचे दिए गए प्रश्नों के उत्तर दीजिए: हमारी हिन्दी सजीव भाषा है। आरम्भ से ही यह गतिमान रही है। इसी कारण इसने अरबी, फारसी आदि के सम्पर्क में आकर इनके तो शब्द ग्रहण किए ही हैं, अब अंग्रेजी के भी शब्द ग्रहण करती जा रही है। इसे दोष नहीं, गुण ही समझना चाहिए, क्योंकि अपनी इस ग्रहण शक्ति से हिन्दी अपनी वृद्धि कर रही है, ह्रास नहीं। ज्यों-ज्यों इसका प्रचार बढ़ेगा, त्यों-त्यों इसमें नए शब्दों का आगमन होता जाएगा। हमें तो केवल इस बात का ध्यान रखता है कि सम्मिश्रण के कारण हमारी भाषा अपने स्वरूप को तो नष्ट नहीं कर रही, कहीं अन्य भाषाओं के बेमेल शब्दों के मिश्रण से अपना रूप तो विकृत नहीं कर रही।

Q.211 'सजीव भाषा' का क्या अर्थ है?
A. मनुष्य की भाषा **B.** जीव की भाषा
C. ठहरी भाषा **D.** गतिमान भाषा

Q.212 'शब्द-ग्रहण' दोष क्यों नहीं है? गुण कैसे है?
A. क्योंकि शब्द-भण्डार भाषा की समृद्धि का परिचायक है।
B. शब्द-ग्रहण बाजार की जरूरत है।
C. शब्द-ग्रहण से व्याकरण मजबूत होता है।
D. शब्द-ग्रहण से वाक्य अधिक अर्थ देते हैं।

Q.213 हिन्दी में प्रचलित अंग्रेजी शब्द कहे जायेंगे-
A. तत्सम **B.** तद्भव **C.** देशज **D.** विदेशी

Q.214 'ह्रास' का अर्थ है-
A. हँसी **B.** क्षति **C.** प्रगति **D.** उन्नति

Q.215 ज्यों-ज्यों हिन्दी का प्रचार बढ़ेगा-
A. हिन्दी बेमेल हो जाएगी
B. स्वरूप बिगड़ेगा
C. नए शब्दों का आगमन होगा
D. नए शब्द नहीं लिए जायेंगे

Ques (216-220):निर्देश: निम्नलिखित गद्यांश को पढ़कर नीचे दिए गए प्रश्नों के उत्तर दीजिए: 'आग' राज कपूर द्वारा निर्मित-निर्देशित पहली फिल्म थी जिसका सिनेमाघरों में प्रदर्शन 1948 ई. में हुआ था। उस समय किसी ने यह सोचा भी नहीं था कि यह तेईस साल का नौजवान फिल्मी दुनिया में एक क्रांति लेकर आया है। इस फिल्म में एक नव स्वतंत्र देश के नौजवानों की इच्छाओं की कहानी है जो अपनी जिन्दगी को नये ढंग से जीना चाहते हैं। इसमें उस समय की तीन प्रसिद्ध नायिकाएँ-नर्गिस, कामिनी कौशल तथा निगार सुल्ताना थीं। इस फिल्म के लेखक इंदरराज आनन्द और छायाकार बी.एन. रेड्डी थे। संगीत पृथ्वी थियेटर्स के स्थायी संगीतकार राम गांगुली ने तैयार किया था। इस फिल्म की छाप अथवा प्रभाव आगे की 'सत्यम् शिवम् सुंदरम्' तथा 'मेरा नाम जोकर' आदि में देखा जा सकता है।

Q.216 आग फिल्म की कथा आधारित है-
A. बच्चों पर **B.** महिलाओं पर
C. नौजवानों पर **D.** सैनिकों पर

Q.217 'आग' नामक फिल्म का प्रदर्शन वर्ष है-
A. 1946 ई. **B.** 1948 ई. **C.** 1950 ई. **D.** 1960 ई.

Q.218 इनमें से कौन 'आग' फिल्म की नायिका नहीं है?
A. निगार सुल्ताना **B.** मधुबाला
C. नर्गिस **D.** कामिनी कौशल

Q.219 इस फिल्म का प्रभाव राज कपूर की कौन-सी फिल्म में मिलता है?
A. सुहाग का दिन **B.** आवारा
C. सत्यम् शिवम् सुंदरम् **D.** श्री 420

Q.220 'आग' के प्रदर्शन के समय राज कपूर की उम्र थी-
A. 40 वर्ष **B.** 21 वर्ष **C.** 24 वर्ष **D.** 23 वर्ष

Ques (221-225):निर्देश: निम्नलिखित गद्यांश को पढ़कर नीचे दिए गए प्रश्नों के उत्तर दीजिए: शनि क्रमानुसार सौर मण्डल का छठां ग्रह है। यह बृहस्पति और यूरेनस के बीच की कक्षा में सूर्य की परिक्रमा करता है। सूर्य से बृहस्पति ग्रह जितना दूर है, लगभग उतना ही बृहस्पति से शनि ग्रह दूर है। शनि ग्रह इतना बड़ा है कि इसमें हमारी 750 पृथ्वियां समा सकती हैं। परन्तु इस ग्रह का भार केवल 95 पृथ्वियों के बराबर है कारण यह है कि शनि की द्रव्यराशि का औसत घनत्व बहुत कम है। पानी से भी कम। अतः शनि ग्रह को पानी के किसी बहुत बड़े महासागर में डालना संभव हो, तो यह उसमें डूबेगा नहीं, बल्कि तैरने लग जाएगा। सौरमण्डल में सबसे कम घनत्व वाला पिण्ड शनि ही है।

Q.221 'शनि' किसके बीच की कक्षा में सूर्य की परिक्रमा करता है?
A. शुक्र और शनि **B.** बृहस्पति और यूरेनस
C. मंगल और प्लूटो **D.** शनि और बृहस्पति

Q.222 शनि की द्रव्यराशि का औसत घनत्व कम है-
A. पानी से भी कम **B.** हवा से भी कम
C. आकाश से भी कम **D.** धरती से भी कम

Q.223 सौरमण्डल में सबसे कम घनत्व वाला पिण्ड है-
A. बृहस्पति **B.** यूरेनस **C.** शनि **D.** पृथ्वी

Q.224 शनि में समा सकती हैं-
A. 95 पृथ्वियां **B.** 750 पृथ्वियां
C. 95 यूरेनस **D.** 750 यूरेनस

Q.225 सौरमण्डल में शनि का क्रम है-

A. दसवाँ **B.** दूसरा **C.** छठां **D.** पहला

Ques (226-230):निर्देश: निम्नलिखित गद्यांश को पढ़कर नीचे दिए गए प्रश्नों के उत्तर दीजिए:प्रगतिवाद पूँजीवाद का प्रमुख शत्रु है। वह शोषित वर्ग के लोगों को समाज की जाग्रत शक्तियाँ मानकर उनकी सहायता के लिए समाज को सचेत करता है। वह दलित वर्ग पर होने वाले अत्याचारों के विरुद्ध आवाज बुलंद करता है। मनुष्य की वर्तमान दुर्दशा के लिए वह अतीत को दोषी ठहराता है, क्योंकि वर्तमान अतीत का ही प्रतिफलन है। अतीत का इतिहास मुख्यतः पूँजीवादी सभ्यता का इतिहास है। साम्राज्यवादियों तथा पूँजीवादियों के उत्पीड़न से मनुष्य की जो दुर्गति और दुर्दशा हुई है, वह अत्यन्त दर्दनाक है। आर्थिक साधन और जीवन-सुविधाओं से हीन मानव की यह दुर्दशा किसी भी संवेदनशील व्यक्ति से नहीं देखी जा सकती।

Q.226 प्रगतिवाद किस वर्ग पर होने वाले अत्याचारों के विरुद्ध आवाज बुलंद करता है?

A. उच्च वर्ग **B.** दलित वर्ग **C.** प्रयोगवाद **D.** निम्न वर्ग

Q.227 'अतीत' का विलोम है-

A. वर्तमान **B.** नवीनतम **C.** आधुनिक **D.** पुराना

Q.228 प्रगतिवाद मनुष्य की वर्तमान दशा के लिए दोषी ठहराता है-

A. परम्परा को **B.** पूँजीवाद को

C. अतीत को **D.** साम्राज्यवाद को

Q.229 प्रगतिवाद का प्रमुख शत्रु है-

A. दलितवाद **B.** स्त्रीवाद **C.** राजनीति **D.** पूँजीवाद

Q.230 साम्राज्यवादियों तथा पूँजीपतियों के उत्पीड़न से किसकी दुर्गति हुई है?

A. व्यापार की **B.** मनुष्य की

C. राजनीति की **D.** धर्म की

Ques (231-235):निर्देश: निम्नलिखित गद्यांश को पढ़कर नीचे दिए गए प्रश्नों के उत्तर दीजिए: सुबह दैनिक अखबार खोलिए। मोटे-मोटे शब्दों में पूरे-पूरे पेज पर राजनीतिक दलों के नेताओं के झूठ, स्वार्थ और चालबाजी भरे वक्तव्यों की खबर महत्त्व देकर छपी होती हैं। खून, डाका, बलात्कार, जासूसी तथा हादसों के समाचारों से अखबार भरे होते हैं। लेकिन क्या सचमुच आदमी का अस्तित्व राजनीति और अपराध जगत तक ही रह गया है? क्या आदमीयत सिर्फ ब्रिटेन और अमेरिका जैसे देशों के झगड़े और सुलह के सहारे ही पनप रही है? आदमीयत तो एक ऐसी अवधारणा है जो सभी को भाईचारे तथा आपसी तालमेल का संदेश देती चलती है।

Q.231 दैनिक अखबार क्यों जरूरी है?

A. भाषा सुधार के लिए

B. खबरों को जानने के लिए

C. साक्षरता के लिए

D. केवल मनोरंजन तथा विज्ञापन के लिए

Q.232 आदमी का अस्तित्व कहाँ तक रह गया है?

A. पौ कमाने तक

B. वोट डालने तक

C. राजनीति और अपराध तक

D. झूठ और स्वार्थ तक

Q.233 'आदमीयत' कैसी अवधारणा है?

A. आपस में झगड़ा करवाने वाली

B. भाईचारा तथा मेलजोल बढ़ाने वाली

C. पैसे के लेन-देन वाली

D. सबकी खबर रखने वाली

Q.234 ब्रिटेन तथा अमेरिका की खबरें किस कोटि में आती है?

A. स्थानीय **B.** प्रांतीय **C.** राष्ट्रीय **D.** अंतर्राष्ट्रीय

Q.235 दैनिक अखबार में किस तरह की खबरें ज्यादा होती है?

A. केवल खेल की

B. व्यापार जगत की

C. राजनीति तथा अपराध की

D. फिल्मी कहानियों की

Ques (236-240):निर्देश: निम्नलिखित गद्यांश को पढ़कर नीचे दिए गए प्रश्नों के उत्तर दीजिए:बचपन के दिनों को सोचता हूँ तो सब कुछ बदला-बदला लगता है जिसे देखकर विस्मित हो जाता हूँ। बचपन में एक बार फुटबॉल खेलते समय गेंद पंचर हो गई। हम सभी बच्चे एक दोस्त के पिता की दुकान पर पहुँचे, उसके पिता साइकिल मरम्मत का काम करते थे, उन्होंने तुरंत फुटबॉल का पंचर ठीक कर दिया। हमारे आनंद का ठिकाना न रहा। उन दिनों अंग्रेजी स्कूलों का चलन शुरू हो गया था। इन स्कूलों में बच्चों को पढ़ाना शान की बात मानी जाती थी। गरीबों के बच्चे इनके सपने ही ले सकते थे। कुछ बड़े घरों के बच्चे ही इनमें पढ़ने जाते थे। समाज में अमीर-गरीब का भेद अधिक था।

Q.236 विस्मित होने का क्या कारण है?

A. बचपन के दिन **B.** सोचना

C. तेज बदलाव **D.** यूँ ही

Q.237 समाज में किसका भेद था?

A. स्त्री-पुरुष का **B.** बच्चों का

C. अमीर-गरीब का **D.** गोरे-काले का

Q.238 दोस्त के पिताजी क्या काम करते थे?

A. साइकिल चलाते थे

B. साइकिल मरम्मत करते थे

C. फुटबॉल बेचते थे

D. फुटबॉल खरीदते थे

Q.239 उन दिनों किसका चलन शुरू हो गया था?

A. अंग्रेजी स्कूलों का **B.** फुटबॉल का

C. हिन्दी पढ़ने का **D.** साइकिल चलाने का

Q.240 'बड़े घरों के बच्चे' से क्या अभिप्राय है?

A. बड़े घरों में रहने वाले बच्चे

B. पैसे वाले लोगों के बच्चे

C. सुन्दर बच्चे

D. एक साथ रहने वाले बच्चे

// स्मार्ट उत्तर पुस्तिका //

सही उत्तर उन छात्रों का प्रतिशत जिन्होंने प्रश्नों का सही उत्तर दिया था।   **छोड़ दिया** उन छात्रों का प्रतिशत जिन्होंने प्रश्नों को छोड़ दिया था।

प्रश्न संख्या	उत्तर	सही उत्तर	छोड़ दिया
1	D	45.74 %	1.69 %
2	B	53.0 %	1.56 %
3	A	84.13 %	0.0 %
4	B	78.54 %	0.0 %
5	C	63.07 %	1.87 %
6	A	41.06 %	1.42 %
7	C	84.49 %	0.0 %
8	C	86.65 %	0.0 %
9	C	40.35 %	1.2 %
10	D	57.72 %	1.76 %
11	C	46.14 %	1.0 %
12	B	89.17 %	0.0 %
13	A	82.02 %	0.0 %
14	A	83.62 %	0.0 %
15	A	63.91 %	1.76 %
16	C	85.17 %	0.0 %
17	A	43.13 %	1.28 %
18	C	69.13 %	1.89 %
19	A	82.36 %	0.0 %
20	C	87.78 %	0.0 %
21	C	45.21 %	1.04 %

प्रश्न संख्या	उत्तर	सही उत्तर	छोड़ दिया
22	D	79.09 %	0.0 %
23	C	82.84 %	0.0 %
24	A	49.39 %	1.62 %
25	C	51.89 %	1.83 %
26	D	81.74 %	0.0 %
27	D	65.32 %	1.67 %
28	C	84.4 %	0.0 %
29	C	83.65 %	0.0 %
30	B	81.46 %	0.0 %
31	C	67.41 %	1.19 %
32	A	40.82 %	1.88 %
33	C	65.76 %	1.59 %
34	A	55.68 %	1.71 %
35	D	51.25 %	1.09 %
36	A	89.76 %	0.0 %
37	B	84.16 %	0.0 %
38	A	44.57 %	1.2 %
39	C	49.54 %	1.13 %
40	C	86.54 %	0.0 %
41	A	83.35 %	0.0 %
42	C	89.52 %	0.0 %

प्रश्न संख्या	उत्तर	सही उत्तर	छोड़ दिया
43	C	65.35 %	1.99 %
44	C	50.01 %	1.86 %
45	B	54.84 %	1.34 %
46	D	78.39 %	0.0 %
47	D	78.2 %	0.0 %
48	C	77.93 %	0.0 %
49	A	58.98 %	1.57 %
50	A	80.63 %	0.0 %
51	A	87.05 %	0.0 %
52	A	53.73 %	1.06 %
53	D	43.91 %	1.24 %
54	B	87.41 %	0.0 %
55	B	59.07 %	1.89 %
56	A	78.62 %	0.0 %
57	C	47.76 %	1.12 %
58	B	89.1 %	0.0 %
59	A	42.98 %	1.7 %
60	A	76.66 %	0.0 %
61	C	58.17 %	1.18 %
62	A	57.08 %	1.49 %
63	A	80.27 %	0.0 %

प्रश्न संख्या	उत्तर	सही उत्तर	छोड़ दिया
64	D	79.96 %	0.0 %
65	C	80.48 %	0.0 %
66	C	78.02 %	0.0 %
67	A	56.7 %	2.0 %
68	C	49.74 %	1.96 %
69	D	86.52 %	0.0 %
70	C	89.64 %	0.0 %
71	A	84.85 %	0.0 %
72	C	88.02 %	0.0 %
73	C	59.45 %	1.04 %
74	A	66.59 %	1.58 %
75	C	76.44 %	0.0 %
76	C	83.82 %	0.0 %
77	C	87.53 %	0.0 %
78	A	59.32 %	1.79 %
79	D	87.65 %	0.0 %
80	A	44.25 %	1.93 %
81	D	40.76 %	1.7 %
82	A	89.78 %	0.0 %
83	A	56.42 %	1.58 %
84	B	53.62 %	1.2 %

प्रश्न संख्या	उत्तर	सही उत्तर	छोड़ दिया
85	C	79.62 %	0.0 %
86	C	59.98 %	1.15 %
87	A	62.79 %	1.42 %
88	B	87.8 %	0.0 %
89	C	85.97 %	0.0 %
90	D	51.08 %	1.22 %
91	C	78.81 %	0.0 %
92	A	63.53 %	1.51 %
93	C	44.32 %	1.18 %
94	D	80.62 %	0.0 %
95	D	77.09 %	0.0 %
96	A	60.98 %	1.81 %
97	C	83.73 %	0.0 %
98	C	85.55 %	0.0 %
99	B	47.87 %	2.0 %
100	D	84.32 %	0.0 %
101	A	81.05 %	0.0 %
102	B	43.95 %	1.03 %
103	D	79.79 %	0.0 %
104	D	52.96 %	1.05 %
105	D	77.8 %	0.0 %

प्रश्न संख्या	उत्तर	सही उत्तर	छोड़ दिया
106	D	47.7 %	1.72 %
107	D	84.07 %	0.0 %
108	A	53.35 %	1.88 %
109	C	44.03 %	1.76 %
110	D	85.07 %	0.0 %
111	B	87.33 %	0.0 %
112	C	85.76 %	0.0 %
113	A	61.77 %	1.49 %
114	B	58.84 %	1.58 %
115	A	60.19 %	2.0 %
116	A	81.51 %	0.0 %
117	D	81.48 %	0.0 %
118	D	88.71 %	0.0 %
119	A	66.72 %	1.95 %
120	C	86.74 %	0.0 %
121	B	45.66 %	1.08 %
122	A	58.86 %	1.78 %
123	C	80.76 %	0.0 %
124	A	46.51 %	1.38 %
125	B	84.25 %	0.0 %
126	C	86.59 %	0.0 %

प्रश्न संख्या	उत्तर	सही उत्तर	छोड़ दिया	प्रश्न संख्या	उत्तर	सही उत्तर	छोड़ दिया	प्रश्न संख्या	उत्तर	सही उत्तर	छोड़ दिया	प्रश्न संख्या	उत्तर	सही उत्तर	छोड़ दिया	प्रश्न संख्या	उत्तर	सही उत्तर	छोड़ दिया	प्रश्न संख्या	उत्तर	सही उत्तर	छोड़ दिया
127	B	61.67 %	1.34 %	146	D	83.1 %	0.0 %	165	D	81.61 %	0.0 %	184	A	79.47 %	0.0 %	203	A	61.82 %	1.96 %	222	A	88.45 %	0.0 %
128	B	56.5 %	1.15 %	147	C	41.56 %	1.83 %	166	D	83.24 %	0.0 %	185	B	79.45 %	0.0 %	204	B	78.05 %	0.0 %	223	C	84.98 %	0.0 %
129	A	69.9 %	1.5 %	148	A	84.07 %	0.0 %	167	C	81.04 %	0.0 %	186	D	76.86 %	0.0 %	205	B	81.26 %	0.0 %	224	B	78.1 %	0.0 %
130	D	53.3 %	1.26 %	149	A	86.74 %	0.0 %	168	C	86.45 %	0.0 %	187	B	86.88 %	0.0 %	206	C	65.59 %	1.26 %	225	C	78.5 %	0.0 %
131	B	86.91 %	0.0 %	150	A	82.48 %	0.0 %	169	D	83.18 %	0.0 %	188	A	84.1 %	0.0 %	207	B	62.12 %	1.46 %	226	B	49.37 %	1.17 %
132	D	82.91 %	0.0 %	151	A	79.06 %	0.0 %	170	C	88.95 %	0.0 %	189	D	49.21 %	1.67 %	208	C	77.42 %	0.0 %	227	A	57.24 %	1.46 %
133	B	59.47 %	1.58 %	152	B	88.28 %	0.0 %	171	A	81.84 %	0.0 %	190	D	85.45 %	0.0 %	209	D	87.68 %	0.0 %	228	C	67.33 %	1.15 %
134	D	86.91 %	0.0 %	153	C	84.65 %	0.0 %	172	C	85.67 %	0.0 %	191	C	78.19 %	0.0 %	210	B	81.82 %	0.0 %	229	D	76.32 %	0.0 %
135	D	56.31 %	1.56 %	154	A	82.44 %	0.0 %	173	A	45.19 %	1.44 %	192	D	83.02 %	0.0 %	211	D	52.12 %	1.32 %	230	B	84.64 %	0.0 %
136	B	82.81 %	0.0 %	155	A	84.1 %	0.0 %	174	D	79.28 %	0.0 %	193	D	89.1 %	0.0 %	212	A	45.8 %	1.95 %	231	B	87.22 %	0.0 %
137	D	87.78 %	0.0 %	156	D	42.26 %	1.14 %	175	D	89.2 %	0.0 %	194	A	77.71 %	0.0 %	213	D	42.84 %	1.15 %	232	C	43.23 %	1.05 %
138	C	47.19 %	1.42 %	157	B	41.06 %	1.08 %	176	A	81.72 %	0.0 %	195	C	58.13 %	1.64 %	214	B	78.8 %	0.0 %	233	B	87.23 %	0.0 %
139	A	77.79 %	0.0 %	158	B	66.1 %	1.49 %	177	C	78.1 %	0.0 %	196	D	57.46 %	1.45 %	215	C	82.0 %	0.0 %	234	D	80.15 %	0.0 %
140	B	64.85 %	1.51 %	159	C	83.21 %	0.0 %	178	B	40.47 %	1.31 %	197	D	83.72 %	0.0 %	216	C	88.37 %	0.0 %	235	C	83.45 %	0.0 %
141	B	69.56 %	1.38 %	160	C	65.54 %	1.83 %	179	C	80.89 %	0.0 %	198	C	83.2 %	0.0 %	217	B	78.56 %	0.0 %	236	C	76.53 %	0.0 %
142	B	48.3 %	1.42 %	161	C	84.81 %	0.0 %	180	B	66.57 %	1.73 %	199	B	83.79 %	0.0 %	218	B	88.53 %	0.0 %	237	C	78.19 %	0.0 %
143	C	85.59 %	0.0 %	162	B	50.71 %	1.12 %	181	C	50.05 %	1.02 %	200	B	87.69 %	0.0 %	219	C	82.31 %	0.0 %	238	B	85.33 %	0.0 %
144	D	84.25 %	0.0 %	163	D	89.72 %	0.0 %	182	D	85.12 %	0.0 %	201	C	53.42 %	1.27 %	220	D	50.27 %	1.9 %	239	A	85.69 %	0.0 %
145	D	87.83 %	0.0 %	164	B	84.88 %	0.0 %	183	C	85.74 %	0.0 %	202	D	47.43 %	1.25 %	221	B	76.45 %	0.0 %	240	B	85.13 %	0.0 %

// संकेत और समाधान //

1. 1971 में पूर्वोत्तर क्षेत्रों का राजनीतिक पुनर्गठन किया गया था, जिसे पूर्वोत्तर क्षेत्र (पुनर्गठन अधिनियम 1971) द्वारा लाया गया था। मेघालय हाईकोर्ट ने 24 मई, 1971 में यह निर्णय दिया कि मेघालय में बसने वाले बांग्लादेशी नागरिक भारतीय नागरिक माने जायेंगे।
अतः विकल्प (D) सही है।

2. तीस्ता नदी भारत के सिक्किम राज्य से निकलकर पश्चिम बंगाल से होते हुए बांग्लादेश की जमुना (ब्रह्मपुत्र) नदी में मिल जाती है। सिक्किम के साथ उत्तरी-पश्चिम बंगाल के पाँच जिलों में करीब 1 करोड़ लोग इस नदी पर खेती और अपनी अन्य जरूरतों के लिए निर्भर है।
अतः विकल्प (B) सही है।

3. भारत तथा अमेरिका ने आतंकवाद से निपटने तथा सुरक्षा संबंधी मामलों में परस्पर सहमति हेतु सितम्बर, 2014 में एक समझौते पर हस्ताक्षर किया था।
अतः विकल्प (A) सही है।

4. बांग्लादेश के विदेश मंत्री अबुल हसन महमूद अली के निमंत्रण पर भारतीय विदेश मंत्री सुषमा स्वराज मंत्री बनने के पश्चात् सर्वप्रथम 25-27 जून, 2014 को बांग्लादेश का दौरा किया था।
अतः विकल्प (B) सही है।

5. गोवा नक्सलवाद से प्रभावित राज्य नहीं है, जबकि छत्तीसगढ़, झारखंड, ओडिशा, बिहार, आंध्र प्रदेश, महाराष्ट्र तथा पश्चिम बंगाल भारत के प्रमुख सात राज्य है जो कि नक्सलवाद से प्रभावित है।
अतः विकल्प (C) सही है।

6. आई.एस.आई.एस. का पूर्ण रूप इस्लामिक स्टेट ऑफ ईराक है यह इराक व सीरिया में सक्रिय आतंकवादी संगठन है। इसका मुखिया अबु-बकर-अल बगदादी है।
अतः विकल्प (A) सही है।

7. जिलाधिकारी जिले में सामान्य प्रशासन का प्रमुख होता है। जिलाधिकारी भारतीय प्रशासनिक सेवा से चुने जाते है।
अतः विकल्प (C) सही है।

8. स्वतंत्रता सेनानी और गाँधीवादी आचार्य विनोबा भावे ने वर्ष 1951 से 1957 में भूदान आंदोलन शुरू किया था। जिसका प्रमुख उद्देश्य 52 मिलियन एकड़ भूमि भूमिहिनों के लिए प्राप्त करना था।
अतः विकल्प (C) सही है।

9. स्वतंत्र भारत के अंतिम गवर्नर जनरल तथा प्रथम भारतीय गवर्नर जनरल सी. राजगोपालाचारी (2 जून, 1948-26 जनवरी, 1950) थे जबकि स्वतंत्र भारत के पहले गवर्नर लॉर्ड माउंटबेटन थे।
अतः विकल्प (C) सही है।

10. भारत का संविधान, 26 नवम्बर, 1949 को संविधान सभा द्वारा पारित किया गया तब इसमें कुल 22 भाग, 395 अनुच्छेद तथा 8 अनुसूचियाँ थी। वर्तमान में अनुसूचियों की संख्या बढ़कर 12 हो गयी है तथा अनुच्छेदों की संख्या 450 के लगभग है।
अतः विकल्प (D) सही है।

11. सल्फर डाइऑक्साइड (SO_2) का उत्सर्जन बिजली संयंत्र से होता है। यह एक रासायनिक यौगिक है जो तीक्ष्ण गंध वाली एक रंगहीन गैस है। यह जल में शीघ्र घुलनशील होती है। यह कई तरह की औद्योगिक प्रक्रियाओं में तथा ज्वालामुखियों द्वारा छोड़ी जाती है। SO_2 अम्लीय वर्षा के लिये उत्तरदायी प्रदूषक है।
अतः विकल्प (C) सही है।

12. पाकिस्तान भारत के पश्चिम में स्थित एक इस्लामिक गणराज्य है। यहाँ की प्रमुख भाषायें उर्दू, पंजाबी, सिंधी, बलूची और पश्तो हैं। पाकिस्तान की राजधानी इस्लामाबाद है। पाकिस्तान के चार सूबे हैं- पंजाब, सिंध, बलूचिस्तान और खैबर-पख्तूनख्वा।
अतः विकल्प (B) सही है।

13. चावल मुख्यतः खरीफ की फसल है। यह भारत के कुल खेती योग्य क्षेत्र के एक-तिहाई क्षेत्र में उगाई जाती है तथा भारत में यह सर्वाधिक उपज देने वाली खाद्य फसल है। यह भारत की आधी से अधिक आबादी को भोजन प्रदान करती है।
अतः विकल्प (A) सही है।

14. 18 सितम्बर, 2014 को स्कॉटलैंड की जनता द्वारा जनमत संग्रह में 55.3% वोट के साथ स्कॉटलैंड की जनता ने यू.के. से अलग होने के विपक्ष मत दिया तथा 5% लोगो ने आजादी का समर्थन किया।
अतः विकल्प (A) सही है।

15. 5 नवम्बर, 2013 को आंध्र प्रदेश के श्री हरिकोटा स्थित सतीश धवन अंतरिक्ष केंद्र से ध्रुवीय उपग्रह प्रक्षेपण यान (PSLVC25) के द्वारा भारतीय मंगल मिशन 'मंगलयान' का प्रक्षेपण किया गया था।
अतः विकल्प (A) सही है।

16. सूचना का अधिकार अधिनियम, 2005 जम्मू व कश्मीर राज्य को छोड़कर पूरे देश में लागू हुआ, जबकि 20 मार्च, 2009 को जम्मू व कश्मीर में सूचना का अधिकार अधिनियम, 2009 लागू किया गया जो सूचना का अधिकार अधिनियम, 2005 पर आधारित है।
अतः विकल्प (C) सही है।

17. एक निश्चित और छोटे भौगोलिक क्षेत्र में जुड़े कम्प्यूटर का जाल लोकल एरिया नेटवर्क (LAN) कहलाता है। इसमें डाटा स्थानांतरण की गति तेज तथा त्रुटियां कम होती हैं, ईथरनेट एक लोकप्रिय LAN है। LAN में कम्प्यूटरों को जोड़ने के लिए बस टोपोलॉजी तथा कोएक्सियल केबल का प्रयोग किया जाता है।
अतः विकल्प (A) सही है।

18. एक मेगाबाइट लगभग एक मिलियन बाइट्स के बराबर होता है।
1 मेगाबाइट $= 10^{10}$ किलो बाइट
$= 1024$ किलो बाइट
अतः विकल्प (C) सही है।

19. अनसॉलिसिटेड ई-मेल को स्पैम कहते है।
कम्प्यूटर तथा इंटरनेट का प्रयोग कर अनेक व्यक्तियों को आवांक्षित तथा अवैध रूप से भेजा गया मेल स्पैम कहलाता है। यह एक नकली मेल साइट होती है जो मालवेयर भी हो सकती है।
अतः विकल्प (A) सही है।

20. सूचना का अधिकार अधिनियम 2005 ई0 में पूरे देश में लागू हुआ। सूचना का अधिकार नियम के अधीन सूचना प्राप्त करना सभी नागरिकों का अधिकार है। भारत में सर्वप्रथम चेन्नई में 17 अप्रैल, 1996 में राज्य स्तर पर सूचना का अधिकार कानून बनाया गया।
अतः विकल्प (C) सही है।

21. गुलज़ार (2013) को "भारतीय सिनेमा के विकास और विकास में उत्कृष्ट योगदान" के लिए 45वां दादासाहेब फाल्के पुरस्कार प्रदान किया गया था, अनुभवी फिल्म गीतकार, निर्देशक, पटकथा लेखक, निर्माता और कवि गुलज़ार को वर्ष 2013 के लिए दादा साहब फाल्के पुरस्कार से सम्मानित किया गया था। .
अतः विकल्प (C) सही है।

22. मुख्य सचिव का चयन मुख्यमंत्री करता है। मुख्य सचिव राज्य में सर्वोच्च रैंक वाला सिविल सेवक होता है और सरकारी नीतियों और कार्यक्रमों के प्रशासन और कार्यान्वयन की देखरेख के लिए जिम्मेदार होता है।
अतः विकल्प (D) सही है।

23. प्रतिवर्ष 25 नम्बर को अंतरराष्ट्रीय महिला हिंसा उन्मूलन दिवस के रूप में मनाया जाता है तथा संयुक्त राष्ट्र संघ की महासभा ने 1991 में इसे अंतरराष्ट्रीय दिवस घोषित किया।
अतः विकल्प (C) सही है।

24. भारत में प्रथम राष्ट्रीय रक्षा विश्वविद्यालय की आधारशिला 23 मई, 2013 को बिनौला, गुड़गांव में रखी गई। यह वर्ष 2018 में शुरू हुई थी।
अतः विकल्प (A) सही है।

25. 19 जुलाई, 2012 को केंद्रीय मंत्रिमंडल द्वारा पारित एक प्रस्ताव में 'बलात्कार' की बजाए 'यौन हमला' शब्द के इस्तेमाल की अनुमति दी गयी है। इसका उद्देश्य इस शब्द के अन्तर्गत यौन उत्पीड़ित पुरूष पीड़ितों को भी संरक्षण करना है।
अतः विकल्प (C) सही है।

26. राष्ट्रीय अल्पसंख्यक आयोग एक्ट 1992 की धारा 2 (C) के अनुसार पाँच धार्मिक समुदाय- मुस्लिम, ईसाई, सिख, बौद्ध और पारसी को एक अध्यादेश द्वारा अल्पसंख्यक का दर्जा दिया गया है। बाद में जैन समुदाय को 2014 में अल्पसंख्यकों का दर्जा प्रदान किया गया।
अतः विकल्प (D) सही है।

27. विधवा महिलाओं की स्थिति को सुधारने हेतु ईश्वर चंद्र विद्यासागर के प्रयासों के परिणामस्वरूप 1856 में विधवा पुनर्विवाह अधिनियम पारित हुआ

जिससे कि महिलाओं को पति की मृत्यु के बाद दूसरा विवाह करने की कानूनी अनुमति प्राप्त हो गयी।
अतः विकल्प (D) सही है।

28. कर्नाटक राज्य की राजधानी बैंगलोर को भारत की सिलिकॉन वैली के नाम से जाना जाता है। उचित परिवेश एवं संसाधानों के कारण यहाँ पर सर्वाधिक सूचना प्रौद्योगिकी कम्पनियाँ स्थापित हैं, जिसके कारण इसे 'यू.एस.ए. की सिलिकॉन वैली' के तर्ज पर इसे भारत की सिलिकॉन वैली कहा जाता है।
अतः विकल्प (C) सही है।

29. जॉन वेकस व आईबीएम के संयुक्त प्रयासों से 1957 में आविष्कृत उच्चस्तरीय कंप्यूटर भाषा फोरट्रॉन है, जिसका प्रयोग जटिल गणितीय गणनाओं को आसानी से हल करने में प्रयोग होता है।
अतः विकल्प (C) सही है।

30. साधारण नमक का रासायनिक नाम सोडियम क्लोराइड (NaCl) है। समुद्री जल साधारण नमक की प्राप्ति का महत्त्वपूर्ण स्रोत है।
अतः विकल्प (B) सही है।

31. लोहा, सिलिकॉन, कॉपर तथा सिरामिक में से ताँबा विद्युत का सबसे अच्छा चालक होता है। चाँदी, ताँबे से अधिक सुचालक होती है लेकिन अधिक मंहगी होने के कारण यह अधिक उपयोगी नहीं होती है।
अतः विकल्प (C) सही है।

32. मुख्य सूचना आयुक्त अपने पद पर 5 वर्ष या 65 वर्ष की आयु तक पदासीन रह सकता है तथा इसे पुनः नियुक्त नहीं किया जा सकता है। मुख्य सूचना आयुक्त तथा अन्य सूचना आयुक्त को उसके पद से साबित कदाचार या असमर्थता के आधार पर राष्ट्रपति द्वारा हटाया जा सकता है। लेकिन इसके पहले उच्चतम न्यायालय द्वारा राष्ट्रपति के निर्देश पर जांच की जायेगी।
अतः विकल्प (A) सही है।

33. अरुणाचल प्रदेश की महिलाओं की मुख्य वेश-भूषा सॉल, स्कर्ट (कमीज बिना कॉलर वाली) तथा ऊपर से आस्तीन धारण करती हैं। कमर पर एक कपड़ा बाँधती हैं जिसे 'मुशेइक' कहा जाता है। इसके विपरीत अन्य राज्य जैसे कि उत्तर प्रदेश, प. बंगाल एवं आंध्र प्रदेश की महिलाओं का मुख्य परिधान साड़ी है।
अतः विकल्प (C) सही है।

34. जातक कथा महात्मा बुद्ध के पूर्व जन्मों की लोकप्रिय कहानियाँ हैं जिन्हें बौद्ध धर्म के सभी मतों में संरक्षित किया गया है। इनमें 35 कहानियाँ हैं जिनका संकलन उपदेश देने के लिए किया गया था। इनकी रचना का समय तीसरी शताब्दी ई. से पूर्व माना जाता है।
अतः विकल्प (A) सही है।

35. किसी महिला को अनुचित प्रकार से दबाव डालकर, बलपूर्वक या घर के बाहर जबरदस्ती काम पर भेजना लैंगिक समानता के उपायों का उल्लंघन है, जबकि अन्य उपाय जैसे कि महिला सशक्तिकरण, समान वेतन, दहेज विरोधी कानून इत्यादि लैंगिक समानता के लिए प्रभावी उपाय होते हैं।
अतः विकल्प (D) सही है।

36. भारत की 'पूर्व की ओर देखो' (Look East) नीति नब्बे के दशक में प्रारम्भ हुई।
लुक ईस्ट पॉलिसी की शुरुआत 1991 में पीवी नरसिम्हा राव ने की थी। यह दक्षिण पूर्व एशिया के राष्ट्रों के साथ व्यापक आर्थिक और रणनीतिक संबंधों को विकसित करने का प्रयास था।
अतः विकल्प (A) सही है।

37. राष्ट्रीय सुरक्षा परिषद का अध्यक्ष प्रधानमंत्री होता है। इसकी स्थापना वर्ष 1998 में की गई थी। इसका सचिव राष्ट्रीय सुरक्षा सलाहकार होता है।
अतः विकल्प (B) सही है।

38. संविधान के अनुच्छेद 53(2) में उल्लिखित है कि भारत में सशस्त्र बलों का सुप्रीम कमांडर (सर्वोच्च अधिकारी) राष्ट्रपति होगा वह रक्षा बलों के प्रमुखों की नियुक्ति करता है। उसे युद्ध एवं शांति घोषित करने का अधिकार है।
अतः विकल्प (A) सही है।

39. असहयोग आन्दोलन का संचालान स्वराज्य की मांग को लेकर किया गया। यह आन्दोलन गाँधी जी द्वारा 1 अगस्त, 1920 में किया गया। इसका उद्देश्य अंग्रेजी सरकार के साथ सहयोग न करके कार्यवाही में बाधा उत्पन्न करना था। 5 फरवरी, 1922 में उत्तर प्रदेश के गोरखपुर जिले में स्थित 'चौरी-चौरा' नामक स्थान पर पुलिस के 22 जवानों को जिन्दा जला देने की घटना से आहत होकर गांधी जी के द्वारा असहयोग आंदोलन को वापस लेने का निर्णय लिया गया।
अतः विकल्प (C) सही है।

40. घरेलू हिंसा महिला सुरक्षा कानून 26 अक्टूबर, 2006 को जम्मू-कश्मीर के अतिरिक्त सम्पूर्ण भारत में लागू हुआ। इस कानून में 5 अध्याय व 37 धारायें हैं।
अतः विकल्प (C) सही है।

41. लंदन में युद्ध क्षेत्रों में यौन हिंसा समाप्त करने के लिए वैश्विक सम्मेलन का आयोजन हुआ।
सम्मेलन का उद्देश्य युद्ध के हथियार के रूप में यौन हिंसा को समाप्त करने, बचे लोगों के लिए न्याय सुरक्षित करने और इन अपराधों को पहले स्थान पर होने से रोकने के लिए वैश्विक ध्यान और कार्रवाई को बढ़ाना था।
अतः विकल्प (A) सही है।

42. "डिस्कवरी ऑफ इंडिया" भारत के पहले प्रधानमंत्री जवाहरलाल नेहरू द्वारा भारत में ब्रिटिश औपनिवेशिक सरकार द्वारा 1942-1946 में कारावास के दौरान लिखी गई एक पुस्तक है। पुस्तक भारतीय सभ्यता, संस्कृति और इतिहास के साथ-साथ राजनीति, समाज, धर्म और अर्थशास्त्र सहित विभिन्न विषयों पर नेहरू के अपने विचारों और विचारों की एक व्यक्तिगत और दार्शनिक खोज है।
अतः विकल्प (C) सही है।

43. संवैधानिक उपचार का अधिकार मौलिक अधिकार का उल्लंघन होने पर कोई भी नागरिक किस अधिकार का सहारा लेकर अदालत में जा सकता है। मौलिक अधिकारों का उल्लंघन होने पर अनुच्छेद 32 के अन्तर्गत उच्चतम न्यायालय द्वारा 5 (बन्दी प्रत्यक्षीकरण, परमादेश, अधिकार पृच्छा, प्रतिषेध, उत्प्रेषण) प्रकार की रिट जारी कराया जा सकता है।
अतः विकल्प (C) सही है।

44. भारत एक धर्मनिरपेक्ष (पंथ निरपेक्ष) राष्ट्र है। पंथनिरपेक्ष का अर्थ है कि, सरकार किसी भी धर्म को राजधर्म की मान्यता या संरक्षण प्रदान नहीं करेगी, वह सभी धर्मों के साथ समान व्यवहार करेगी। भारतीय संविधान के 42वें संशोधन 1976 के द्वारा संविधान की प्रस्तावना में 'समाजवादी, पंथनिरपेक्ष और अखंडता' आदि शब्द जोड़े गए।
अतः विकल्प (C) सही है।

45. संविधान के अनुच्छेद 81(2) (क) में उल्लिखित है कि राज्यों को लोक सभा की सीटों का आवंटन राज्यों की जनसंख्या के अनुपात में किया जाएगा। वर्तमान लोक सभा सदस्यों की संख्या 1971 की जनगणना के आधार पर निर्धारित की गई है। लोकसभा सदस्यों की संख्या में 2026 तक कोई परिवर्तन नहीं किया जायेगा।
अतः विकल्प (B) सही है।

46. अखिल भारतीय सेवाओं की नियुक्ति राष्ट्रपति द्वारा की जाती है। संविधान के अनुच्छेद 309 के अनुसार संघ या राज्य की सेवा करने वाले व्यक्तियों की भर्ती और सेवा की शर्तें दी गई हैं।
अतः विकल्प (D) सही है।

47. भारत के पूर्व मुख्य न्यायाधीश पी. सदाशिवम् को केरल का राज्यपाल बनाया गया है। ये भारत के 40 वें मुख्य न्यायाधीश थे।
अतः विकल्प (D) सही है।

48. प्रश्नकाल के समय तात्कालिक मुख्यमंत्री ओ. पन्नीरसेल्वम थे। परन्तु वर्तमान में तमिलनाडु के मुख्यमंत्री एम के स्टालिन है।
अतः विकल्प (C) सही है।

49. स्वच्छ भारत अभियान भारत सरकार द्वारा आरम्भ किया गया राष्ट्रीय स्तर का अभियान है जिसका उद्देश्य गलियों, सड़कों तथा अधोसंरचना को साफ-सुथरा करना है। यह अभियान महात्मा गांधी के 150 वीं जयन्ती, 2 अक्टूबर, 2014 को आरम्भ किया गया।
अतः विकल्प (A) सही है।

50. सूचना का अधिकार अधिनियम 12 अक्टूबर, 2005 से लागू हुआ। उस समय भारत के राष्ट्रपति अब्दुल कलाम थे।
सूचना का अधिकार (आरटीआई) अधिनियम भारत में नागरिकों के लिए सूचना के अधिकार के व्यावहारिक शासन को स्थापित करने के लिए अधिनियमित एक कानून है।
अतः विकल्प (A) सही है।

51. 'सूचना का अधिकार' विधेयक राष्ट्रपति अब्दुल कलाम के शासनकाल में 12 अक्टूबर, 2005 को लागू हुआ। डॉ. अब्दुल कलाम पारदर्शिता और सुशासन के भी हिमायती थे, और सूचना के अधिकार (आरटीआई)

अधिनियम के प्रबल समर्थक थे।
अतः विकल्प (A) सही है।
52. भारत और रूस का संयुक्त उपक्रम ब्रह्मोस मिसाइल है।
ब्रह्मोस भारत और रूस के द्वारा विकसित की गयी अब तक की सबसे आधुनिक प्रक्षेपास्त्र प्रणाली है और इसने भारत को मिसाइल तकनीक में अग्रणी देश बना दिया है। इसका नाम भारत की ब्रह्मपुत्र नदी तथा रूस की मास्कोवा नदियों के नाम पर रखा गया है।
अतः विकल्प (A) सही है।
53. पंचायती राज व्यवस्था की अवधारणा को सर्वप्रथम 2 अक्टूबर, 1959 को राजस्थान के नागौर जिले में लागू किया गया था। इसका प्रमुख उद्देश्य राष्ट्र का लोकतांत्रिक विकेन्द्रीकरण था।
अतः विकल्प (D) सही है।
54. केन्द्र की कार्यपालिका शक्ति राष्ट्रपति में निहित होती है।
संविधान के अनुच्छेद 53 में उल्लिखित है कि संघ की कार्यपालिका शक्ति राष्ट्रपति में निहित होगी। संघ की कार्यपालिका शक्ति का विस्तार उन विषयों तक है जिन पर विधि बनाने की शक्ति संसद को प्राप्त है।
अतः विकल्प (B) सही है।
55. सितम्बर, 2014 में चीन और भारत के बीच चला घुसपैठ विवाद भारत के चुमार सेक्टर में हुआ। लद्दाख के चुमार सेक्टर में यह घुसपैठ चीनी सैनिकों द्वारा की गई थी।
अतः विकल्प (B) सही है।
56. भारत में जैव विविधता की दृष्टि से पश्चिमी घाट सर्वाधिक धनी है। यह स्थान दुनिया के सबसे महत्त्वपूर्ण हॉट स्पॉट में से एक है।
अतः विकल्प (A) सही है।
57. मानव शरीर में 23 जोड़े अर्थात् 46 क्रोमोसोम होते है। इसमें से 22 जोड़े सभी में समान होते है, जिन्हें आटोसोम्स कहते है जबकि 23वीं जोड़ी क्रोमोसोम समान नहीं होता है, जिन्हें हेट्रोसोम्स कहते है इन्हीं के द्वारा मनुष्यों में लिंग का निर्धारण होता है इसीलिये इन्हें लिंग क्रोमोसोम (गुणसूत्र) भी कहते है। ये पुरूष में XY तथा स्त्री में XX होते है।
अतः विकल्प (C) सही है।
58. वसा में अधिकतम ऊर्जा होती है। वसा में 9 कैलोरी/ग्राम ऊर्जा होती है जबकि प्रोटीन में 4 कैलोरी/ग्राम तथा कार्बोहाइड्रेट में 4 कैलोरी/ग्राम ऊर्जा होती है। वसा दो प्रकार की होती है -1. संतृप्त वसीय अम्ल 2. असंतृप्त अम्ल।
अतः विकल्प (B) सही है।
59. वैश्विक स्तर पर मानव अधिकारों की घोषणा का वैधानिक स्वरूप संयुक्त राष्ट्र सभा का सामान्य प्रस्ताव है।
विश्व मानवाधिकार दिवस प्रत्येक वर्ष 10 दिसम्बर को मनाया जाता है। इस महत्वपूर्ण दिवस की नींव विश्वयुद्ध की विभीषिका से झुलस रहे लोगों के दर्द को समझकर संयुक्त राष्ट्र की महासभा ने 10 दिसम्बर, 1948 को सार्वभौमिक मानवाधिकार घोषणा पत्र को आधिकारिक मान्यता प्रदान की थी।
अतः विकल्प (A) सही है।
60. विटामिन सी की कमी से होने वाली बीमारी स्कर्वी है। विटामिन सी को एस्कार्बिक अम्ल भी कहते हैं। यह मुख्यतः सिट्रस फलों में पाया जाता है।
अतः विकल्प (A) सही है।
61. धर्म निरपेक्षता का अर्थ राज्य सरकार द्वारा किसी धर्म को स्वीकार नहीं करना है। धर्म निरपेक्ष (पंथनिरपेक्ष) शब्द को 42वें संविधान संशोधन द्वारा भारत के प्रस्तावना में शामिल किया गया।
अतः विकल्प (C) सही है।
62. धर्म की स्वतंत्रता का अधिकार मौलिक अधिकार है, जिसे अनुच्छेद (25-28) में परिभाषित किया गया है। अनुच्छेद 25 अंतःकरण की और धर्म को अबाध रूप में मानने, आचरण करने की स्वतंत्रता। अनुच्छेद 26 धार्मिक कार्यों के प्रबंध की स्वतंत्रता, अनुच्छेद 27 किसी विशिष्ट धर्म की अभिवृद्धि के लिए करों के संदाय के बारे में स्वतंत्रता, अनुच्छेद 28 शिक्षा संस्थानों में धार्मिक शिक्षा या धार्मिक उपासना में उपस्थित होने के बारे में स्वतंत्रता।
अतः विकल्प (A) सही है।
63. गृह मंत्रालय के वर्ष 2011 के आंकड़ों के अनुसार भारत की नागरिकता प्राप्त करने वाले विभिन्न देशों में पाकिस्तान (1093) सबसे आगे है तथा अन्य देश क्रमशः अफगानिस्तान (316), बांग्लादेश (147) तथा श्रीलंका (53) है।
अतः विकल्प (A) सही है।
64. जीवाणुओं तथा फंगस आदि द्वारा जो वस्तुएँ अपने संघटनों में टूट जाती है उन्हें बायोडिग्रेडिबल कहते है। जैसे- सब्जी, फल, जीवों के मृत शरीर आदि। किन्तु मानव द्वारा रसायनों के प्रयोग से निर्मित पॉलिथीन तथा एल्यूमीनियम आदि बायोडिग्रेडिबल पदार्थ नहीं है।
अतः विकल्प (D) सही है।
65. सामान्यतः भारतीय मृदा में नाइट्रोजन की कमी होती है। अधिकांश भारतीय मृदाओं में नाइट्रोजन की मात्रा 0.03 से 0.07 प्रतिशत है जबकि यूरोपीय तथा अमेरिकी मृदा में यह 0.10 से 0.17 प्रतिशत होती है।
अतः विकल्प (C) सही है।
66. संयुक्त राष्ट्रसंघ के 6 अंगों में से एक सुरक्षा परिषद् है जिसका मुख्यालय न्यूयॉर्क में है। सुरक्षा परिषद् के स्थायी सदस्यों की संख्या पांच है, जिसमें चीन, फ्रांस, रूस, अमेरिका तथा ब्रिटेन है तथा महासभा द्वारा 10 अस्थायी सदस्य दो वर्ष के लिए चुने जाते हैं।
अतः विकल्प (C) सही है।
67. तीन बीघा विवाद भारत और बांग्लादेश की सीमा पर स्थित एक भारत का भू-भाग है जो सितम्बर 2011 में बांग्लादेश को लीज पर दे दिया गया ताकि बांग्लादेश के दहग्राम - अंगरपोटा नामक अंतर्वेशों को सीधे भू-भाग से बांग्लादेश से जोड़ा जा सके।
अतः विकल्प (A) सही है।
68. 'भारत एक गणतंत्र है' इसका अर्थ है कि भारत में वंशानुगत शासन नहीं है।
गणतंत्र एक ऐसा देश होता है जहाँ के शासनतंत्र में सैद्धांतिक रूप से देश के सर्वोच्च पद पर आम जनता में से कोई व्यक्ति पदासीन हो सकता है। इस तरह के शासन तंत्र को गणतंत्र (जनता द्वारा निर्वाचित प्रणाली) कहा जाता है।
अतः विकल्प (C) सही है।
69. आई.एन.एस. विक्रमादित्य को वर्ष 2014 में राष्ट्र को समर्पित किया गया। यह रूस में निर्मित विमानवाहक पोत है। रूस में इसका नाम 'एडमिरल गोर्शकोव' था।
अतः विकल्प (D) सही है।
70. उद्देश्यों एवं विचारों में समानता एक व्यवस्थित सामाजिक संरचना का संकेत बिंदु है, क्योंकि यह दर्शाता है कि एक समूह के सदस्यों की एक सामान्य समझ और दिशा होती है।
अतः विकल्प (C) सही है।
71. महिलाओं की सहायता हेतु प्रथम 'गौरवी' केंद्र भोपाल, मध्य प्रदेश 16 जून, 2014 को आरम्भ किया गया। इसका शुभारंभ आमिर खान ने किया। यह ओएससीसी के तहत स्थापित गौरवी केन्द्र मध्य प्रदेश सरकार एवं एक्शन एड (एनजीओ) की संयुक्त योजना है।
अतः विकल्प (A) सही है।
72. संयुक्त राष्ट्र संघ ने वर्ष 2013 को अंतर्राष्ट्रीय जल सहयोग वर्ष के रूप में घोषित किया। इसका उद्देश्य सबके लिए जल, जल का सार्थक उपयोग तथा जल का संरक्षण करना है।
अतः विकल्प (C) सही है।
73. मेधा पाटेकर एक सामाजिक कार्यकर्त्ता तथा समाज सुधारक हैं। ये 'नर्मदा बचाओ आंदोलन' से जुड़ी हैं। इन्हें प्रभा पुरस्कार, महात्मा फूले अवार्ड, जनसेवा पुरस्कार, दीनानाथ मंगेशकर अवार्ड आदि पुरस्कारों से सम्मानित किया गया है।
अतः विकल्प (C) सही है।
74. H.T.M.L. का विस्तृत रूप हाइपर टेक्स्ट मार्कअप लैंग्वेज है।
H.T.M.L वर्ल्ड वाइड वेब पर वेब पेज को तैयार करने के लिए प्रयुक्त साफ्टवेयर लैंग्वेज है। जिसमें हाइपर टेक्स्ट तथा हाइपर लिंक का प्रयोग किया जाता है। H.T.M.L में विभिन्न वेब पेज को हाइपर लिंग में प्रयोग कर आपस में जोड़कर रखा जाता है। जिसे उपयोगकर्ता अपनी एक वेब पेज से दूसरे वेब पेज तक जा सकता है।
अतः विकल्प (A) सही है।
75. राज्य सभा के सदस्य का कार्यकाल 6 वर्ष का होता है।
अनुच्छेद 84 के अनुसार राज्यसभा संसद का एक स्थायी सदन है इसका कभी भी पूर्णतः विघटन नहीं होता है। राज्यसभा के सदस्य 6 वर्ष के लिए निर्वाचित होते हैं तथा प्रत्येक 2 वर्ष के पश्चात् इसके 1/3 सदस्य सेवानिवृत्त हो जाते हैं।
अतः विकल्प (C) सही है।
76. बोको हराम अफ्रीकी देश नाइजीरिया का आतंकवादी संगठन है। इस

संगठन का आधिकारिक नाम जमाते एहली सुन्ना लिदावती वल जिहाद है। उत्तर-पूर्वी शहर मैडुगुरी में इस संगठन का मुख्यालय था और यहाँ रहने वाले लोगों ने इसके 'बोको हराम' का नाम दिया।
अतः विकल्प (C) सही है।

77. राज्य मानवाधिकार का अध्यक्ष उच्च न्यायालय का सेवानिवृत मुख्य न्यायाधीश होता है। उत्तर प्रदेश मानवाधिकार आयोग की स्थापना मानवाधिकार संरक्षण अधिनियम 1993 की धारा 21 के तहत 7 अक्टूबर, 2002 को की गई।
अतः विकल्प (C) सही है।

78. संविधान के अनुच्छेद 21 में प्राण एवं दैहिक स्वतंत्रता का अधिकार प्रदान किया गया है। इसके अंतर्गत प्रत्येक नागरिक को गरिमापूर्ण जीवन जीने का मौलिक अधिकार प्राप्त हुआ है। यह स्वतंत्रता सभी व्यक्तियों (नागरिक + गैर नागरिक) को प्रदान किया गया।
अतः विकल्प (A) सही है।

79. कोरम का तात्पर्य है कि लोक सभा की बैठकों के लिए कम से कम $\frac{1}{10}$ सदस्यों की उपस्थिति अनिवार्य होती है। यह भारतीय सदन का प्रथम सदन है। वर्तमान में लोकसभा की सदस्य संख्या 545 है।
अतः विकल्प (D) सही है।

80. फरवरी, 2013 में गिरफ्तारी से बचने हेतु मालदीव के पूर्व राष्ट्रपति मो. नशीद ने माले स्थित भारतीय उच्चायोग में शरण ली थी।
अतः विकल्प (A) सही है।

81. जिस प्रकार,

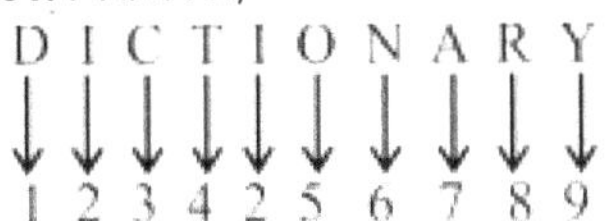

उसी प्रकार,

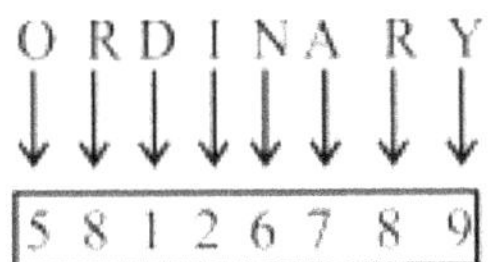

अतः विकल्प (D) सही है।

82. दिए गये विकल्पों में शब्द 'DEDICATE' के अक्षरों का प्रयोग करके शब्द DECIDE बनाया जा सकता है।
अतः विकल्प (A) सही है।

83. ऐसे घनों की संख्या जिनकी केवल दो सतह रंगीन होने पर कोनों की संख्या $\times(a-2)$

$= 12(a-2)$

$= 12(5-2) = 36$

अतः विकल्प (A) सही है।

84. बड़े घन की एक भुजा $(a) = \sqrt[3]{125}$

$= 5$ इकाई

ऐसे घनों की संख्या जिनकी केवल एक सतह रंगीन हो $= (a-2)^2 \times 6$

$= (5-2)^2 \times 6$

$= 9 \times 6$

$= 54$

अतः विकल्प (B) सही है।

85. ऐसे घनों की संख्या जिनकी कोई भी सतह रंगीन न हो $= (a-2)^3$

$= (5-2)^3$

$= 3 \times 3 \times 3$

$= 27$

अतः विकल्प (C) सही है।

86. जिस प्रकार,

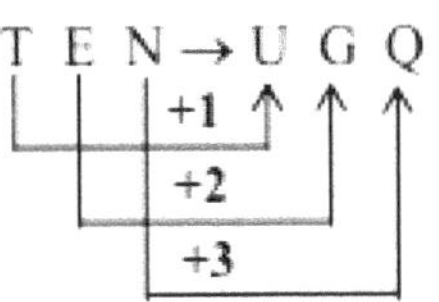

उसी प्रकार,

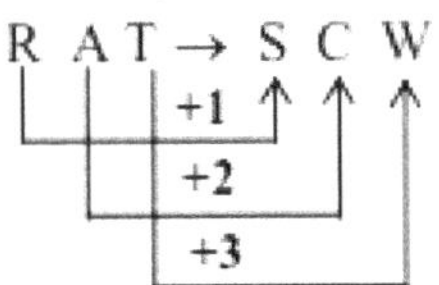

अतः विकल्प (C) सही है।

87. दिये गये मूल शब्द MERCHANDISE में अक्षर G का अभाव है जिसके कारण शब्द CHANGE नहीं बनाया जा सकता।
अतः विकल्प (A) सही है।

88. दिये गये मूल शब्द INDETERMINATE में U का अभाव है जिसके कारण शब्द RETINUE नहीं बनाया जा सकता है।
अतः विकल्प (B) सही है।

89. श्रृंखला निम्नवत है-

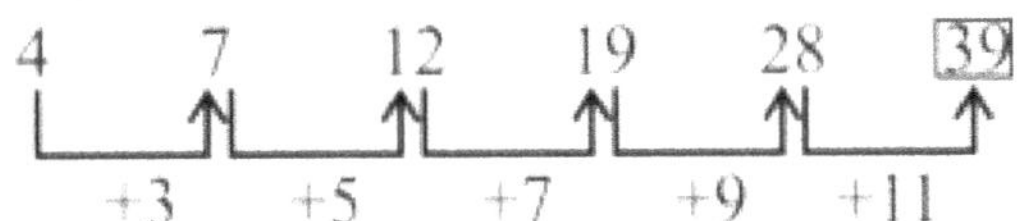

इसलिए, ? = 39
अतः विकल्प (C) सही है।

90. दी गई श्रृंखला निम्नवत है-

$$b \xrightarrow{+1} c \xrightarrow{+1} d \xrightarrow{+1} e \xrightarrow{+1} f$$

$$3 \xrightarrow{\times 2} 6 \xrightarrow{\times 2} 12 \xrightarrow{\times 2} 24 \xrightarrow{\times 2} 48$$

$$P \xrightarrow{+2} R \xrightarrow{+2} T \xrightarrow{+2} V \xrightarrow{+2} X$$

अतः विकल्प (D) सही है।

91. 'NABMODINT' अक्षरों से अर्थपूर्ण शब्द 'BADMINTON' बनेगा जिसका अंतिम अक्षर 'N' होगा।
अतः विकल्प (C) सही है।

92. संजय का गमनपथ निम्नवत् है-

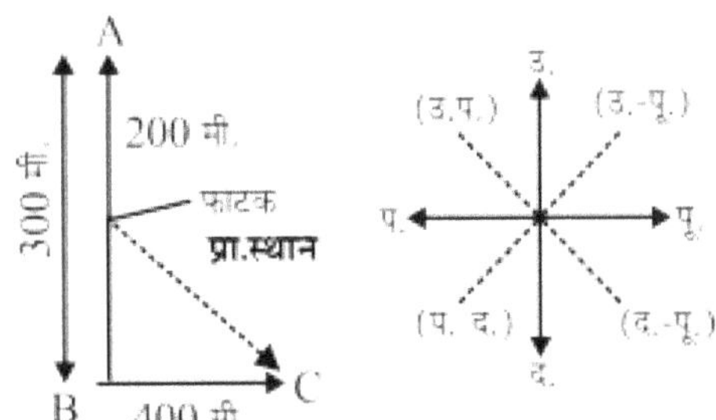

ग्राफ से स्पष्ट है कि संजय अब प्रारम्भिक स्थान से दक्षिण-पूर्व दिशा में है।
अतः विकल्प (A) सही है।

93.

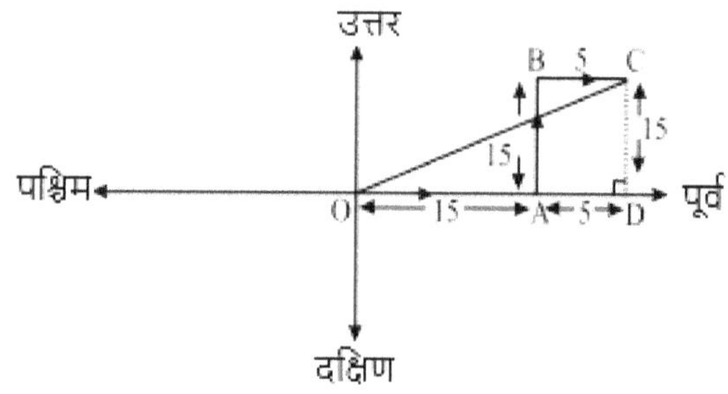

प्रारम्भिक स्थान से दूरी के लिये,
$\triangle$ODC में पाइथागोरस प्रमेय से
$OC^2 = OD^2 + DC^2$
$OC^2 = (20)^2 + (15)^2$
$OC^2 = 400 + 225$
$OC^2 = 625$
$OC = 25$ किमी [$\because$ OC = प्रारम्भिक स्थान से दूरी]
अतः विकल्प (C) सही है।

94. जिस प्रकार 'कंगारू' 'ऑस्ट्रेलिया' का राष्ट्रीय पशु है, उसी प्रकार 'जिराफ' 'अफ्रीका' का राष्ट्रीय पशु है।
अतः विकल्प (D) सही है।

95. दिए गए अक्षर समूह से सार्थक शब्द 'JACKET' बनाया जा सकता है।
प्रश्नानुसार, $K = 1,\ A = 2, C = 3,\ J = 4,\ T = 5, E = 6$ है।
इसलिए,

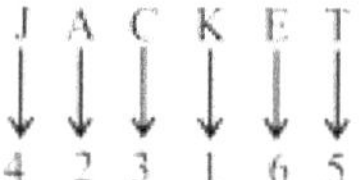

अतः विकल्प (D) सही है।

96. प्रश्नानुसार,
$S = 1, E = 2, C = 3, R = 4, O = 5,\ F = 6$ है।
इसलिए,

F O R C E S
↓ ↓ ↓ ↓ ↓ ↓
6 5 4 3 2 1

दिए गए अक्षर समूह से सार्थक शब्द 'FORCES' बनाया जा सकता है।
अतः विकल्प (A) सही है।

97. प्रश्नानुसार,
$G = 1,\ T = 2,\ A = 3, E = 4,\ N = 5, M = 6$ है।
इसलिए,

M A G N E T
↓ ↓ ↓ ↓ ↓ ↓
6 3 1 5 4 2

दिए गए अक्षर समूह से सार्थक शब्द 'MAGNET' बनाया जा सकता है।
अतः विकल्प (C) सही है।

98. श्रृंखला निम्नवत है-

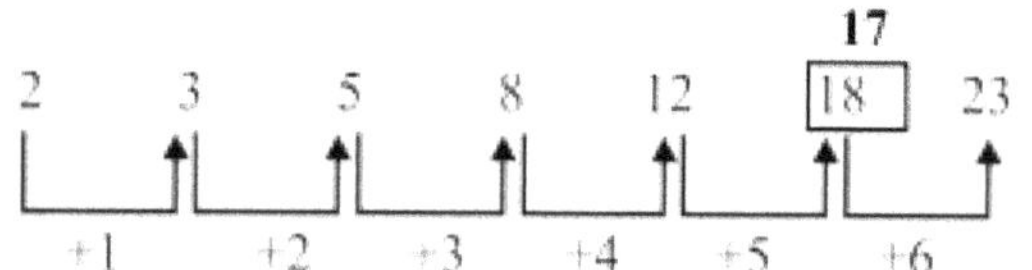

इसलिए, दिए गए अनुक्रम में संख्या 18 गलत है इसके स्थान पर संख्या 17 होगी।
अतः विकल्प (C) सही है।

99.

P $\xrightarrow{+3}$ S $\xrightarrow{+3}$ V $\xrightarrow{+3}$ Y $\xrightarrow{+3}$ B
E $\xrightarrow{+3}$ H $\xrightarrow{+3}$ K $\xrightarrow{+3}$ N $\xrightarrow{+1}$ O
T $\xrightarrow{+3}$ W $\xrightarrow{+3}$ Z $\xrightarrow{+3}$ C $\xrightarrow{+3}$ F
I $\xrightarrow{+3}$ L $\xrightarrow{+3}$ O $\xrightarrow{+3}$ R $\xrightarrow{+3}$ U

इसलिए, स्पष्ट है कि, EHKNO अन्य सभी विकल्पों से भिन्न है।
अतः विकल्प (B) सही है।

100. दिए गये मूल शब्द 'MISFORTUNE' से शब्द 'ROAM' नहीं बनाया जा सकता क्योंकि मूल शब्द में अक्षर 'A' का अभाव है।
अतः विकल्प (D) सही है।

101. दिए गए मूल शब्द 'ESTRANGE' में दो E का प्रयोग हुआ है जबकि शब्द 'GENERATE' में तीन E का प्रयोग हुआ है। इसलिए, मूल शब्द से GENERATE नहीं बनाया जा सकता।
अतः विकल्प (A) सही है।

102. प्रश्न से,
$B > A > C\ldots\ldots..(i)$
$A > D > C\ldots\ldots..(ii)$
$B > E > A\ldots\ldots..(iii)$
समी. $(i) + (ii) + (iii)$ को हल करने पर,
$B > E > A > D > C$
इसलिए, सबसे छोटा व्यक्ति C है।
अतः विकल्प (B) सही है।

103. जिस प्रकार 'EDITOR' 'NEWSPAPER' को संपादित करता है, उसी प्रकार 'DIRECTOR' 'PLAY' (नाटक) को निर्देशित करता है।
अतः विकल्प (D) सही है।

104. 'RSARTIAM' अक्षरों को व्यवस्थित करने पर AMRITSAR (अमृतसर) शहर का नाम बनेगा।
अतः विकल्प (D) सही है।

105. जिस प्रकार बल्ब का 'फिलामेंट' टंगस्टन धातु से बनाया जाता है, उसी प्रकार आभूषण 'सोने' से बनाया जाता है।
अतः विकल्प (D) सही है।

106. जिस प्रकार 'PSYCHOLOGY' के अंतर्गत 'MIND' का अध्ययन किया जाता है उसी प्रकार 'TRIGONOMETRY' के अंतर्गत TRINGLE का अध्ययन किया जाता है।
अतः विकल्प (D) सही है।

107. पंक्ति में कुल व्यक्तियों की संख्या = (प्रारम्भ से स्थान + अंत से स्थान) − 1
$= (11 + 11) - 1$
$= 22 - 1$
$= 21$
अतः विकल्प (D) सही है।

108. जिस प्रकार, E = 5
HOTEL $= 8 + 15 + 20 + 5 + 12 = 60$
उसी प्रकार,
LAMB $= 12 + 1 + 13 + 2 = 28$
अतः विकल्प (A) सही है।

109. प्रश्नानुसार,
$N \rightarrow 3, O \rightarrow 9, I \rightarrow 6, D \rightarrow 5$
तथा $A \rightarrow 8$
$\therefore$ INDIA $\rightarrow 63568$
अतः विकल्प (C) सही है।

110. माउथऑर्गन, सोनाटा तथा इलेक्ट्रॉनिक गिटार वाद्य यंत्र से सम्बन्धित है जबकि की-बोर्ड, कंप्यूटर से सम्बन्धित है जो कि इनपुट डिवाइस है। इस प्रकार, की-बोर्ड विषम है।
अतः विकल्प (D) सही है।

111. छिपाना, ढकना तथा गुप्त रखना एक दूसरे के समानार्थी शब्द हैं जबकि प्रकट करना इनके विलोम है।

अतः विकल्प (B) सही है।

112. 'COURAGE' शब्द में चार स्वर O, U, A, E प्रयुक्त हुआ है जबकि अन्य तीनों में केवल स्वर के अक्षर A एवं E हैं। इसलिए, 'COURAGE' शब्द अन्य तीनों से विषम है।
अतः विकल्प (C) सही है।

113. प्रश्नानुसार,

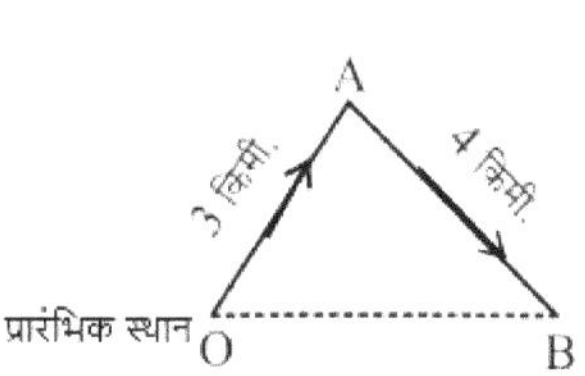

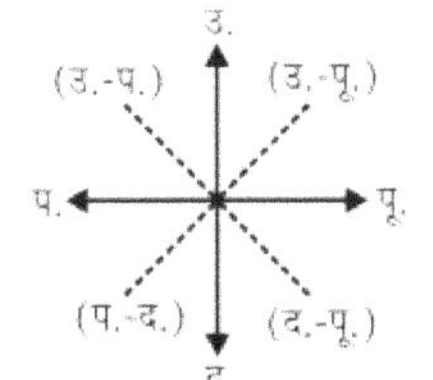

माना प्रारंभिक बिन्दु $= O$
अंतिम बिन्दु $= B$
$\therefore$ प्रारंभिक स्थान से लड़के की दूरी,
$OB = \sqrt{(OA)^2 + (AB)^2}$
$= \sqrt{(3)^2 + (4)^2} = \sqrt{9 + 16}$
$= \sqrt{25} = 5$ किलोमीटर
अतः विकल्प (A) सही है।

114. श्रृंखला निम्नवत् है-

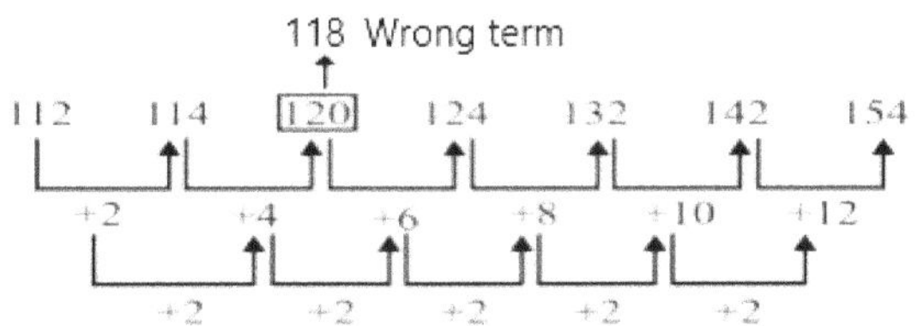

दी गई श्रेणी में संख्या 120 के स्थान पर 118 होनी चाहिए। इसलिए, संख्या 120 गलत है।
अतः विकल्प (B) सही है।

115. श्रृंखला निम्नवत् है-

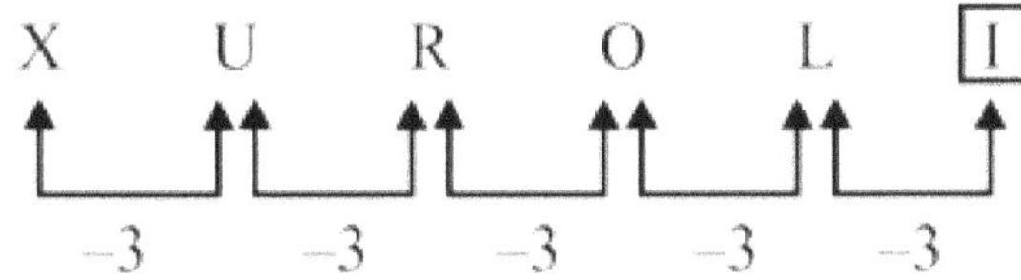

अतः विकल्प (A) सही है।

116. दिए गए मूल शब्द 'LIBERATIONIST' में अक्षर L का प्रयोग एक बार किया गया है, जबकि शब्द 'LIBERAL' में L का प्रयोग दो बार किया गया है। इसलिए, मूल शब्द से LIBERAL शब्द नहीं बनाया जा सकता।
अतः विकल्प (A) सही है।

117. दिए गए मूल शब्द 'AUTOGRAPHS' में अक्षर E का अभाव है जिसके कारण मूल शब्द से शब्द 'GREAT' नहीं बनाया जा सकता।
अतः विकल्प (D) सही है।

118. दिए गए मूल शब्द 'NEWSPAPER' के अक्षरों द्वारा 'WASP' शब्द लिखा जा सकता है।
अतः विकल्प (D) सही है।

119. मूल शब्द = 'DEMOCRATIZATION'
प्रश्न से,

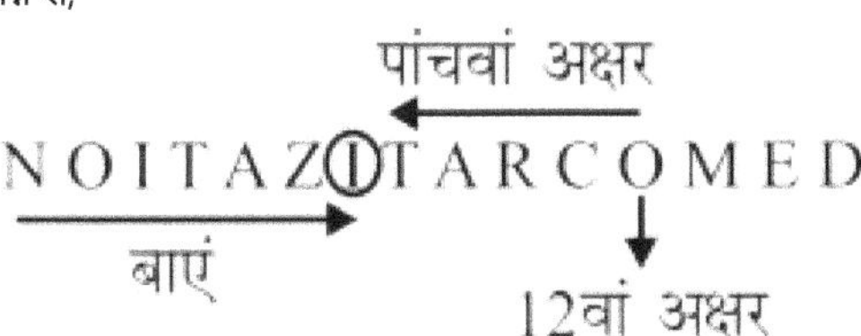

नयी व्यवस्था में बाएं से 12वां अक्षर 'O' से बाएं 5वां अक्षर I होगा।
अतः विकल्प (A) सही है।

120. अंग्रेजी वर्णमाला के क्रमशः दो अक्षर को आपस में अंकीय मान को बदलकर लिखा गया है। जैसे $-A = 1,\ B = 2$ होता है जबकि प्रश्न में इसका मान $A = 2,\ B = 1$ दिया गया है।
उसी प्रकार $M = 13$ होता है जबकि अगला अक्षर $N = 14$ होता है M तथा N का मान आपस में बदलकर उत्तर किया जायेगा। इसलिए इस व्यवस्था में M के लिए 14 लिखा जाएगा।
अतः विकल्प (C) सही है।

121. प्रश्नानुसार,

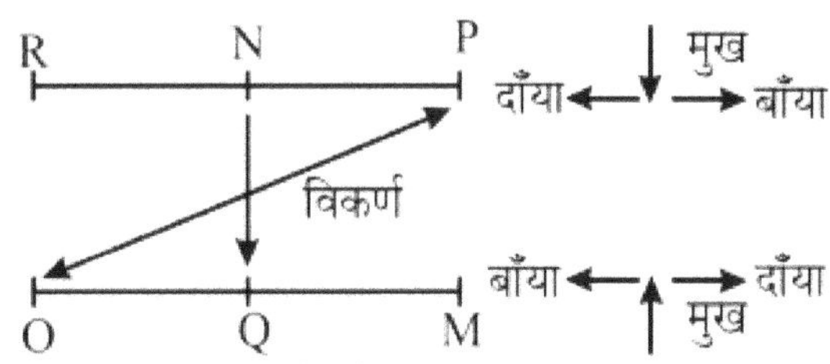

इसलिए, N के सामने Q बैठा है।
अतः विकल्प (B) सही है।

122. जिस प्रकार 'जेल' की देख-रेख करने वाला प्रमुख 'जेलर' कहलाता है, उसी प्रकार 'अजायबघर' की देख-रेख करने वाला 'क्यूरेटर' कहलाता है।
अतः विकल्प (A) सही है।

123. B A **T H A T** H E **T H A T** P T A H A T H M Q **T H A T** H E **T H A T** H A T H T A H A T
उपर्युक्त दी गई अक्षर सूची में 'THAT' शब्द 4 बार आया है।
अतः विकल्प (C) सही है।

124.

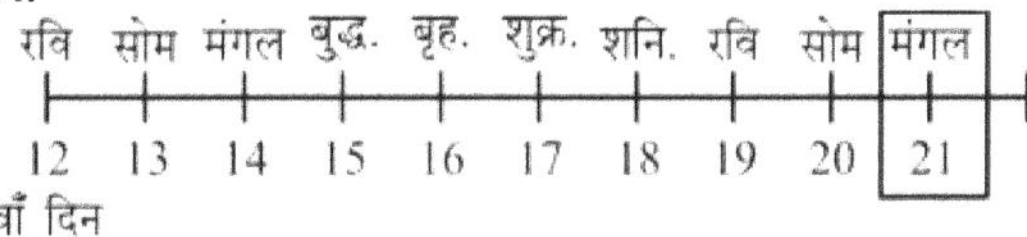

$\because$ 12वां दिन बृहस्पतिवार से चार दिन पहले है अर्थात 12वां दिन रविवार होगा।
$12 + 7 = 19$वां दिन $=$ रविवार
$\therefore$ 21वां दिन $=$ मंगलवार
अतः विकल्प (A) सही है।

125. जिस प्रकार,

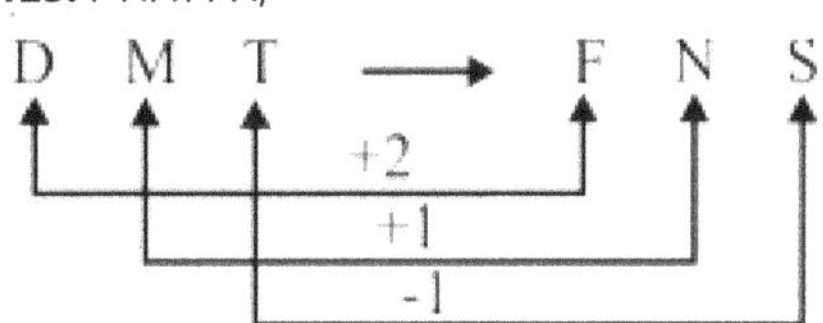

उसी प्रकार,

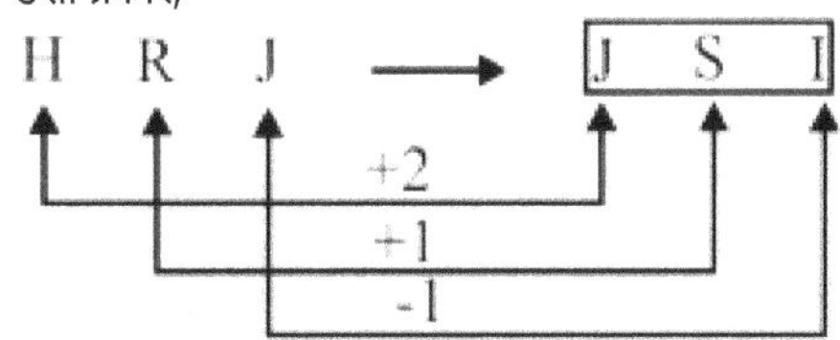

अतः विकल्प (B) सही है।

126. विकल्प (C): में दिए गए चिन्हों का स्थान प्रश्न में परिवर्तित करने पर,
$8 \times 2 - 6 + 3 \div 3 = 11$
$16 - 6 + 1 = 11$
$11 = 11$
अतः विकल्प (C) सही है।

127. जिस प्रकार,

A N T I C I P A T I O N → I C I T N A N O I T A P
1 2 3 4 5 6 7 8 9 10 11 12 → 6 5 4 3 2 1 12 11 10 9 8 7

उसी प्रकार,

P R O D U C T I V I T Y → C U D O R P Y T I V I T
1 2 3 4 5 6 7 8 9 10 11 12 → 6 5 4 3 2 1 12 11 10 9 8 7

अतः विकल्प (B) सही है।

128.

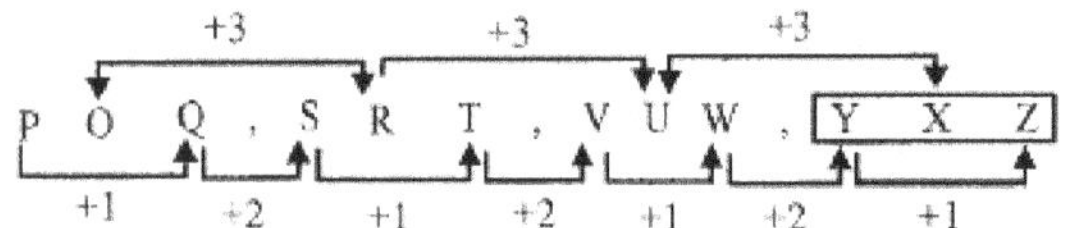

अतः विकल्प (B) सही है।

129. Z से Y (-1), Y से W (-2), W से T (-3) और T से P (-4) है, इसी प्रकार दूसरा वर्ण X से V (-2) है, V से S (-3), S से O(-4) और O से J(-5) है।
अतः विकल्प (A) सही है।

130. जिस प्रकार 'बर्तन' में 'चम्मच' समाहित है, उसी प्रकार 'कैलेंडर' में 'तारीख' समाहित होती है।
अतः विकल्प (D) सही है।

131. जिस प्रकार 'अदालत' में 'न्याय' मिलता है, उसी प्रकार 'विद्यालय' में 'शिक्षा' प्रदान की जाती है।
अतः विकल्प (B) सही है।

132. दिए गए शब्द का दर्पण प्रतिबिंब विकल्प (D) का शब्द 'MARINE' है।
अतः विकल्प (D) सही है।

133. प्रश्नानुसार,
$\mathrm{H} \rightarrow 2, \mathrm{O} \rightarrow 3,\ \mathrm{N} \rightarrow 0, \mathrm{E} \rightarrow 4,\ \mathrm{S} \rightarrow 5,\ \mathrm{T} \rightarrow 1$ तथा $\mathrm{Y} \rightarrow 6$
$\therefore 0425361 \rightarrow$ NEHSOYT
अतः विकल्प (B) सही है।

134. दिए गए शब्द 'BEHIND' से प्रश्नानुसार BE और HIND शब्द बनाए जा सकते है।
अतः विकल्प (D) सही है।

135. वस्त्रों की धुलाई में साबुन का प्रयोग किया जाता है प्रश्न में साबुन को स्याही कहा गया है। इसलिए, वस्त्रों की धुलाई में स्याही का प्रयोग होगा।
अतः विकल्प (D) सही है।

136. दिए गए शब्दों को शब्दकोश के अनुसार व्यवस्थित करने पर,
SELDOM → SELECT → SELFISH → SELLER → SEND
अतः विकल्प (B) सही है।

137. जिस प्रकार 'स्पर्श' से 'महसूस करना' होता है, उसी प्रकार 'अभिवादन' से 'शिष्टाचार' का भाव होता है।
अतः विकल्प (D) सही है।

Ques (138-139):
प्रश्नानुसार,
$\mathrm{D} \rightarrow 7 \quad \mathrm{C} \rightarrow 5$
$\mathrm{R} \rightarrow 8 \quad \mathrm{H} \rightarrow 3$
$\mathrm{E} \rightarrow 0 \quad \mathrm{I} \rightarrow 4$
$\mathrm{A} \rightarrow 2 \quad \mathrm{L} \rightarrow 1$
$\mathrm{M} \rightarrow 6 \quad \mathrm{D} \rightarrow 7$

138. $\therefore$ CAMERA $\rightarrow 526082$
अतः विकल्प (C) सही है।

139. $\therefore$ LEADER $\rightarrow 102708$
अतः विकल्प (A) सही है।

140. प्रश्नानुसार,
$\mathrm{R} \rightarrow 1 \quad \mathrm{D} \rightarrow 6$
$\mathrm{A} \rightarrow 2 \quad \mathrm{I} \rightarrow 7$
$\mathrm{M} \rightarrow 3 \quad \mathrm{N} \rightarrow 5$
$\mathrm{A} \rightarrow 2 \quad \mathrm{E} \rightarrow 4$
$\mathrm{N} \rightarrow 5 \quad \mathrm{S} \rightarrow 8$
$\mathrm{H} \rightarrow 9$
$\therefore$ HAMAM $\rightarrow 92323$
अतः विकल्प (B) सही है।

141. जिस प्रकार 'कैंची' से कपड़ा काटा जाता है, उसी प्रकार 'उस्तरा' से 'दाढ़ी' बनाई जाती है।
अतः विकल्प (B) सही है।

142. माना x मित्रों को पिकनिक पर जाना था।
$\therefore \frac{768}{x-4} - \frac{768}{x} = 16$
$\frac{1}{x-4} - \frac{1}{x} = \frac{16}{768}$
$\frac{x-x+4}{x(x-4)} = \frac{1}{48}$
$x^2 - 4x - 192 = 0$
$x^2 - 16x + 12x - 192 = 0$
$x(x-16) + 12(x-16) = 0$
$(x-16)(x+12) = 0$
$x = 16$
इसलिए, पिकनिक पर गए मित्रों की संख्या $= 16 - 4 = 12$
अतः विकल्प (B) सही है।

143. जिस प्रकार,

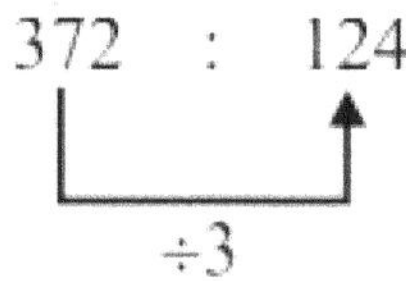

उसी प्रकार,

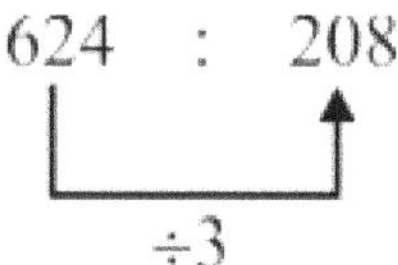

इसलिए ? :? $= 624 : 208$
अतः विकल्प (C) सही है।

Q.144
प्रश्नानुसार,
$\mathrm{D} \rightarrow 7 \quad \mathrm{C} \rightarrow 5$
$\mathrm{R} \rightarrow 8 \quad \mathrm{H} \rightarrow 3$
$\mathrm{E} \rightarrow 0 \quad \mathrm{I} \rightarrow 4$
$\mathrm{A} \rightarrow 2 \quad \mathrm{L} \rightarrow 1$
$\mathrm{M} \rightarrow 6 \quad \mathrm{D} \rightarrow 7$
जिस प्रकार, RODE $= 18 + 15 + 4 + 5 = 42$ तथा $42 - 18 = 24$
उसी प्रकार, LANE $= 12 + 1 + 14 + 5 = 32$
तथा $32 - 18 = 14$
इसलिए, ? $= 14$
अतः विकल्प (D) सही है।

145. अन्य विकल्पों में दोनों तीर एक-दूसरे के विपरीत दिशा में हैं जबकि विकल्प (D) में दी गई आकृति के दोनों तीर एक ही दिशा की ओर हैं।
अतः विकल्प (D) सही है।

146. विकल्प (D) में दिये गये अक्षर E का अंकीयमान (5) एक अभाज्य संख्या है। इसलिए यह अन्य आकृतियों से भिन्न है।
अतः विकल्प (D) सही है।

147. $16 \div 8 - 4 + 2 \times 4 = ?$

चिह्नों को प्रश्नानुसार परिवर्तित करने पर,
$16 + 8 \times 4 \div 2 - 4 = ?$
$16 + 8 \times 2 - 4 = ?$
$16 + 16 - 4 = ?$
$\therefore ? = 28$
अतः विकल्प (C) सही है।

148. जिस प्रकार बिस्मिल्ला खां का संबंध शहनाई वादक से है, उसी प्रकार बिरजू महाराज का संबंध कत्थक नृत्य से है।
अतः विकल्प (A) सही है।

149. जिस प्रकार,

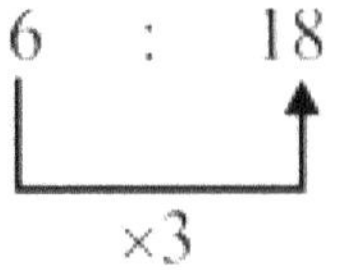

उसी प्रकार,

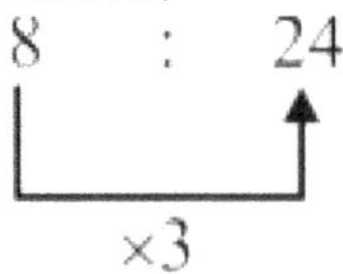

इसलिए, $? : ? = 8 : 24$
अतः विकल्प (A) सही है।

150. जिस प्रकार नदी का प्रवाह रोकने के लिए बांध बनाया जाता है, उसी प्रकार यातायात नियंत्रण के लिए रोड पर संकेतक का प्रयोग किया जाता है।
अतः विकल्प (A) सही है।

151. जिस प्रकार,

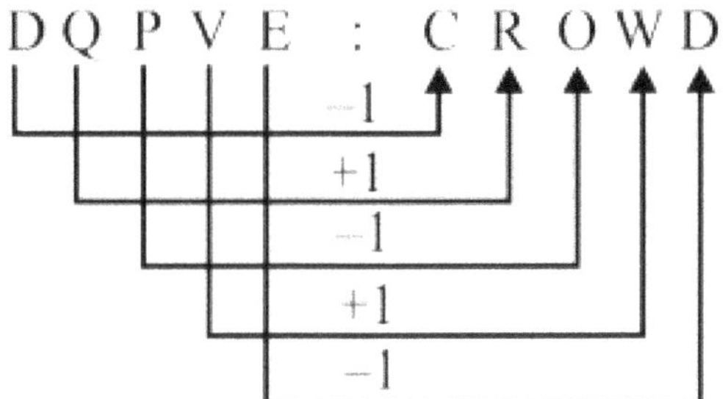

उसी प्रकार,

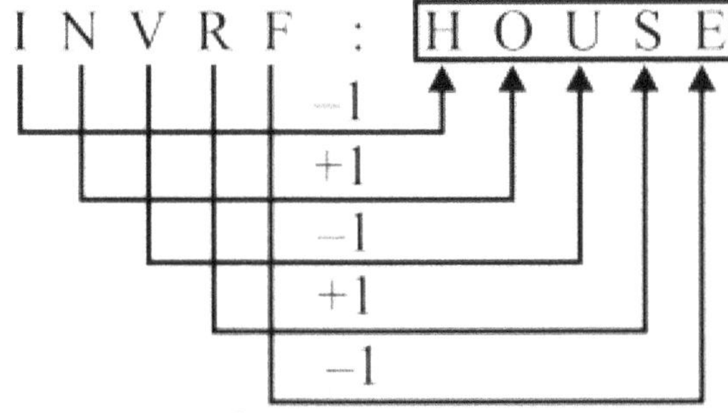

अतः विकल्प (A) सही है।

152. माना पुरुषों की संख्या $= a$
$\therefore$ महिलाओं की संख्या $= \frac{a}{2}$
प्रश्नानुसार,
$a - 10 = \frac{a}{2} + 5$
$a - 10 = \frac{a+10}{2}$
$2a - 20 = a + 10$
$a = 30$
दिल्ली में बस में सवार हुये कुल यात्री $= a + \frac{a}{2}$
$= 30 + \frac{30}{2}$
$= 30 + 15 = 45$
अतः विकल्प (B) सही है।

153. जिस प्रकार 'कब' समय को दर्शाता है, उसी प्रकार 'कहां' जगह को दर्शाता है।
अतः विकल्प (C) सही है।

154. प्रश्न के अनुसार, मूल समीकरण में चिह्नों को परिवर्तित करने पर,
$9 \times 8 + 8 \div 4 - 9 = ?$
$9 \times 8 + 2 - 9 = ?$
$72 + 2 - 9 = ?$
$? = 65$
अतः विकल्प (A) सही है।

155. श्रृंखला निम्नवत है-

C $\xrightarrow{+2}$ E $\xrightarrow{+2}$ G $\xrightarrow{+2}$ I $\xrightarrow{+2}$ K
F $\xrightarrow{+3}$ I $\xrightarrow{+3}$ L $\xrightarrow{+3}$ O $\xrightarrow{+3}$ R
L $\xrightarrow{-1}$ K $\xrightarrow{-1}$ J $\xrightarrow{-1}$ I $\xrightarrow{-1}$ H

अतः विकल्प (A) सही है।

156. 1 से 50 के बीच 5 से भाग होने वाली संख्याएं, जिनमें एक अंक 5 आता है = 5, 15, 25, 35, 45
इनको हटाने पर शेष संख्याएं = 50-5 = 45
अतः विकल्प (D) सही है।

157. श्रृंखला निम्नवत है-

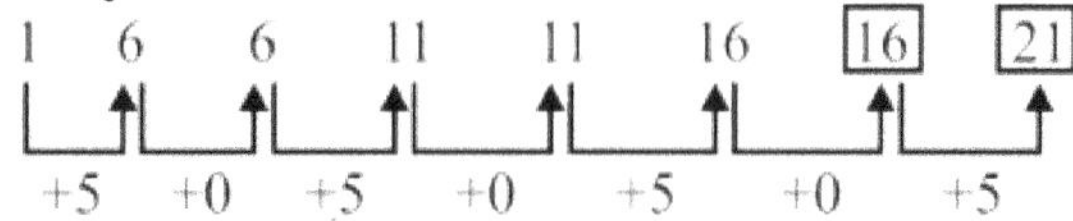

इसलिए ?, ? का मान 16, 21 होगा।
अतः विकल्प (B) सही है।

158. स्ट्रीट लाइट के सभी पोल सीधी पंक्ति में 50 मीटर के अंतराल से गाड़े गए हैं।
$(9 - 1) \times 50 = 8 \times 50 = 400$
अतः विकल्प (B) सही है।

159. $15 \ldots 160$ के मध्य 17 से विभाज्य संख्या $= 17, 34, 51, 68, 85, 102, 119, 136, 153$
4 से विभाज्य संख्या $= 68, 136$
तब 17 से विभाज्य तथा 4 से विभाज्य न होने वाली संख्या
$= 17, 34, 51, 85, 102, 119, 153$
इसलिए, अभीष्ट प्रकार की संख्याओं की संख्या $= 7$
अतः विकल्प (C) सही है।

160. $P \div Q + R - T \times K$
$P \div Q = P$ माता है Q की
$Q + R = Q$ पिता है R का
$R - T = R$ भाई है T का
$T \times K = T$ पुत्री है K की
प्रश्न के अनुसार, आरेख बनाने पर-

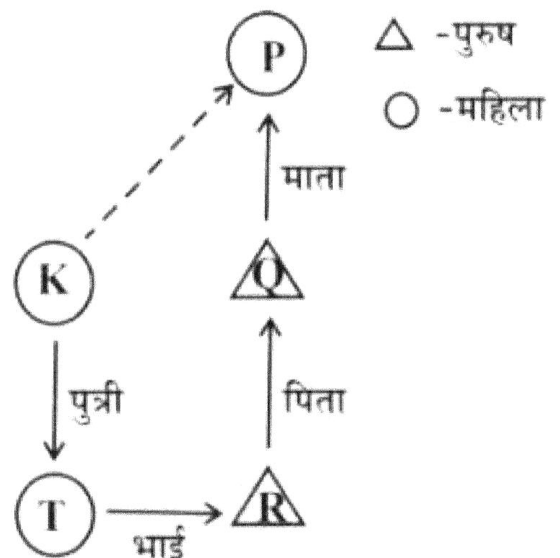

इसलिए, सम्बन्ध आरेख से स्पष्ट है कि P, K की सास है।
अतः विकल्प (C) सही है।

161.

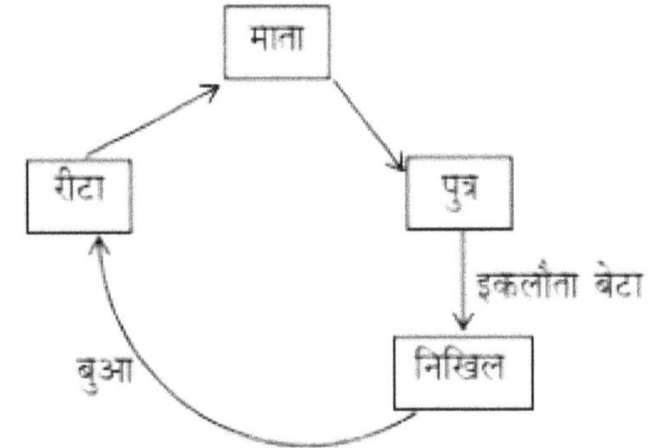

इस प्रकार, आरेखानुसार रीटा निखिल की बुआ है।
अतः विकल्प (C) सही है।

162. 3 4 7 2 8 7 2 9 4 7 1 3 5 7 2 9 9 7 7 2 5 1 4 7 2 3
उपर्युक्त श्रेणी में ऐसे 7 की संख्या जिसके ठीक पहले 4 नहीं है लेकिन ठीक बाद 2 है =3
अतः विकल्प (B) सही है।

163. माना प्रारम्भ में बाँटे गये संतरों की संख्या $= x$
प्रश्नानुसार,

$\frac{x}{40} - \frac{x}{(40+20)} = 5$

$\Rightarrow \frac{x}{40} - \frac{x}{60} = 5$

$\Rightarrow \frac{3x-2x}{120} = 5$

$\Rightarrow \frac{x}{120} = 5$

$\Rightarrow x = 600$

अतः विकल्प (D) सही है।

164. श्रृंखला निम्नवत है-

A	$\xrightarrow{+15}$	P	$\xrightarrow{+15}$	E	$\xrightarrow{+15}$	T	$\xrightarrow{+15}$	I
D	$\xrightarrow{+15}$	S	$\xrightarrow{+15}$	H	$\xrightarrow{+15}$	W	$\xrightarrow{+15}$	L
G	$\xrightarrow{+15}$	V	$\xrightarrow{+15}$	K	$\xrightarrow{+15}$	Z	$\xrightarrow{+15}$	O
J	$\xrightarrow{+15}$	Y	$\xrightarrow{+15}$	N	$\xrightarrow{+15}$	C	$\xrightarrow{+15}$	R
M	$\xrightarrow{+15}$	B	$\xrightarrow{+15}$	Q	$\xrightarrow{+15}$	F	$\xrightarrow{+15}$	U

अतः विकल्प (B) सही है।

165.

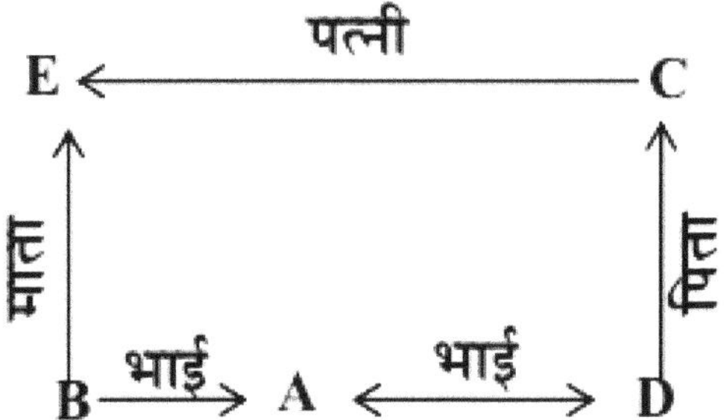

D का पिता 'C' है और B की माता E है, B और D भाई-भाई हैं।
$\therefore$ C की पत्नी E हुई।
अतः विकल्प (D) सही है।

166. वेन आरेख से,
माना दोनों खेल $x\%$ विद्यार्थी खेलते हैं।

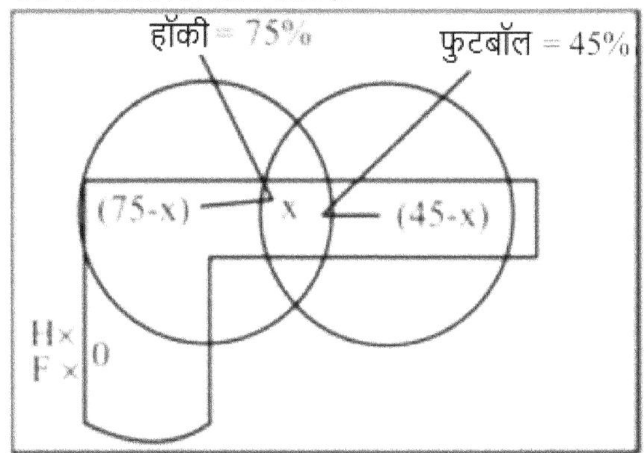

प्रश्नानुसार,

$(75 - x) + x + (45 - x) + 0 = 100$

$120 - x = 100$

$x = 20\%$

$\therefore$ दोनों खेल खेलने वाले विद्यार्थियों की संख्या $= \frac{1200 \times 20}{100} = 240$

अतः विकल्प (D) सही है।

167. बारह मित्र है। इसलिए प्रत्येक लड़का अपने सभी मित्रों को भेजने के लिए ग्यारह कार्ड खरीदेगा।
$\therefore$ अभीष्ट कार्डों की संख्या $= 12 \times 11 = 132$
अतः विकल्प (C) सही है।

168. जिस प्रकार वृत्त को आठ भागों में विभाजित किया गया है उसी प्रकार वर्ग को भी आठ भागों में विभाजित किया जाएगा। इसलिए, उत्तर आकृति (C) होगी।
अतः विकल्प (C) सही है।

169. प्रश्नानुसार,

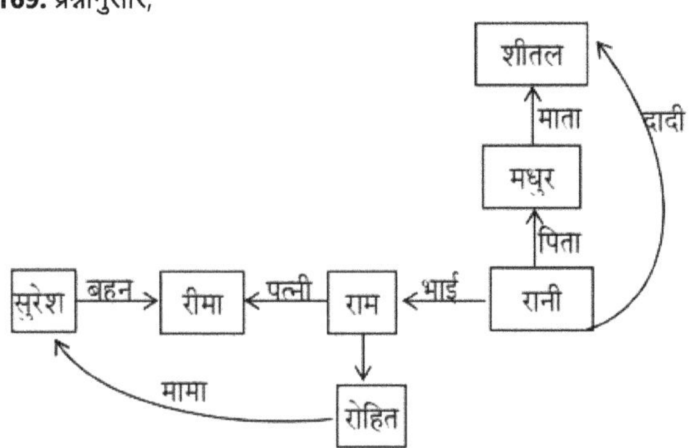

वेन आरेख से स्पष्ट होता है कि रोहित, सुरेश का भांजा है।
अतः विकल्प (D) सही है।

170. जिस प्रकार,

DDA: ADD
112 211

उसी प्रकार,

RRB: BRR
112 211

अतः विकल्प (C) सही है।

171. माना पुत्र की वर्तमान आयु x साल है।
$\therefore$ पुत्र के जन्म के समय पिता की आयु $= (36 - x)$ साल
प्रश्नानुसार,
$36 - x = x$
$2x = 36$
$x = 18$
$\therefore$ 5 साल पूर्व पुत्र की आयु $= 18 - 5 = 13$ साल
अतः विकल्प (A) सही है।

172. सुअर एक जानवर है जबकि शावक, चूजा एवं पिल्ला सभी बच्चे हैं। इसलिए विकल्प (C) अन्य तीनों से भिन्न है।
अतः विकल्प (C) सही है।

173. पोलो मैदान में खेला जाने वाला खेल है जबकि शतरंज, लूडो एवं स्क्वैश है। इसलिए, पोलो अन्य तीनों खेलों से भिन्न है।
अतः विकल्प (A) सही है।

174. अन्य साधारण वर्ष है जबकि 1996 एक लीप वर्ष है। इसलिए विकल्प (D) अन्य तीनों से भिन्न है।
अतः विकल्प (D) सही है।

175. विकल्प (A): $2 + 6 + 9 + 0 = 17$
विकल्प (B): $1 + 7 + 5 + 4 = 17$
विकल्प (C): $6 + 4 + 4 + 3 = 17$
विकल्प (D): $7 + 3 + 2 + 4 = 16$
अतः विकल्प (D) सही है।

176. प्रश्न आकृति को देखने से स्पष्ट है कि आमने-सामने के खानों में एक बिन्दु का अन्तर है इसलिए विकल्प (A) सही उत्तर होगा।
अतः विकल्प (A) सही है।

177. जिस प्रकार प्रथम आकृति से वृत्त बनाया गया है। उसी प्रकार तृतीय आकृति से वर्ग बनाया जायेगा।
अतः विकल्प (C) सही है।

178. उत्तर आकृति (B) प्रश्न आकृति का दर्पण प्रतिबिंब है।
अतः विकल्प (B) सही है।

179. उत्तर आकृति (C) प्रश्न आकृति का दर्पण प्रतिबिंब है।
अतः विकल्प (C) सही है।

180. $14 - 10 \times 4 \div 16 + 8$
चिह्नों को प्रश्नानुसार परिवर्तित करने पर,
$= 14 \times 10 + 4 - 16 \div 8$
$= 140 + 4 - 2$
$= 142$
अतः विकल्प (B) सही है।

181. जिस प्रकार,
$3 \times 4 + 5 \times 5 = 12 + 25 = 37$
तथा, $4 \times 4 + 7 \times 5 = 16 + 35 = 51$
उसी प्रकार,
$3 \times 3 + 6 \times 5 = 9 + 30 = 39$
अतः विकल्प (C) सही है।

182. उपर्युक्त चित्र से स्पष्ट है कि 25 खिलाड़ी ऐसे हैं जो न तो डॉक्टर है और न ही कलाकार।
अतः विकल्प (D) सही है।

183. उपर्युक्त चित्र से स्पष्ट है कि कलाकार खिलाड़ियों की संख्या
$= 22 + 3$
$= 25$
अतः विकल्प (C) सही है।

184. उपर्युक्त चित्र से स्पष्ट है 3 डॉक्टर खिलाड़ी भी हैं और कलाकार भी हैं।
अतः विकल्प (A) सही है।

185. उपर्युक्त चित्र से स्पष्ट है कि 27 डॉक्टर न तो खिलाड़ी है और न ही कलाकार हैं।
अतः विकल्प (B) सही है।

186. विकल्प (A), (B), और (C) उन चीजों के जोड़े हैं जो आमतौर पर एक साथ उपयोग किए जाते हैं या एक कार्यात्मक संबंध रखते हैं। उदाहरण के लिए, एक कार को ईंधन देने के लिए पेट्रोल का उपयोग किया जाता है, एक टेलीविजन को चलाने के लिए बिजली का उपयोग किया जाता है और कलम से लिखने के लिए स्याही का उपयोग किया जाता है। हालांकि, "धूल" और "झाड़ू" आमतौर पर एक साथ एक ही तरह से उपयोग नहीं किए जाते हैं - एक झाड़ू का उपयोग धूल को साफ करने के लिए किया जाता है, इसलिए संबंध उपयोग का नहीं है, बल्कि कारण और प्रभाव का है। इसलिए, धूल : झाड़ू अन्य तीनों विकल्पों से भिन्न है।
अतः विकल्प (D) सही है।

187. हल्का-भारी, छोटा-लंबा तथा कठोर-कोमल एक-दूसरे के विलोम शब्द हैं जबकि अपराध-आरोप एक-दूसरे के विलोम नहीं है। इसलिए, अपराध : आरोप अन्य विकल्पों से भिन्न है।
अतः विकल्प (B) सही है।

188. 8 2 4 5 1 7 <u>2 8 4</u> <u>8 4 2</u> <u>2 8 2</u> 6 9 8 4 5 4 8 3 <u>2 8 4</u> 3 1 8 3
दी गई अंक श्रेणी में ऐसे 8 की संख्या जो पिछले एवं अपने अगले अंक से पूर्णतः विभाजित है =4
अतः विकल्प (A) सही है।

189. विकल्प (A), (B) एवं (C) की आकृति समान है जबकि विकल्प (D) की आकृति अन्य तीनों से भिन्न है।
अतः विकल्प (D) सही है।

190. विकल्प (A), (B) एवं (C) में दी गयी आमने-सामने की आकृतियां बराबर भागों में विभाजित हैं जबकि विकल्प (D) में आकृतियां बराबर भागों में नहीं है। इसलिए, विकल्प (D) अन्य से भिन्न है।
अतः विकल्प (D) सही है।

191. जिस प्रकार न्यायाधीश, न्याय करता है उसी प्रकार सांसद, कानून का निर्माण करते हैं।
अतः विकल्प (C) सही है।

192. प्रश्नानुसार,

M L K J I H G F <u>E</u> D C B A
N O P Q R S T U V W X Y Z

दाएं से 7वां अक्षर ' T ' के बाएं ग्यारहवां अक्षर ' E ' होगा।
अतः विकल्प (D) सही है।

193. प्रश्नानुसार रखने पर,
M L K J I H G F E D C B A
अक्षर 'G' अंग्रेजी वर्णमाला में 7वां अक्षर है और प्रथम अर्द्धांश को विपरीत क्रम में रखने पर भी अक्षर 'G' का स्थान 7 वां ही है। इसलिए अक्षर 'G' का स्थान परिवर्तन नहीं होगा।
अतः विकल्प (D) सही है।

194. यदि अंग्रेजी वर्णमाला के प्रथम अर्द्धांश को विपरीत क्रम में और द्वितीय अर्द्धांश को वास्तविक रूप में छोड़ दिया जाए, तो अक्षरों को इस प्रकार व्यवस्थित किया जाएगा: Z Y X W V U T S R Q P O N M L K J I H G F E D C B A.
बाएं से ग्यारहवें अक्षर के दायें से सातवां अक्षर ज्ञात करने के लिये हम बायें से गिनती शुरू करते हैं। बाएं से 11वाँ अक्षर L है। इसके दाएं सातवां अक्षर ज्ञात करने के लिए हम अपनी स्थिति में 7 जोड़ते हैं, इसलिए उत्तर L + 7 = S है। अक्षर "S" बाएं से ग्यारहवें अक्षर के दाईं ओर सातवां अक्षर होगा।
अतः विकल्प (A) सही है।

195. एक आकृति (जिसके अन्दर कोई Δ न हो) से बने Δ की संख्या $= 10$
दो आकृति से मिलकर बने त्रिभुजों की संख्या $= 3$
4 आकृति से मिलकर बनी Δ की संख्या $= 1$
पूर्ण आकृति से बने Δ की संख्या $= 1$
त्रिभुजों की कुल संख्या $= 10 + 3 + 1 + 1 = 15$

अतः विकल्प (C) सही है।

196. प्रश्नानुसार,

$B > A > E$

$B > D > A$

C सबसे बड़ी है।

$\therefore C > B > A > E$

$C > B > D > A$

संयुक्त करने पर,

$C > B > D > A > E$

E सबसे छोटी नदी है।

अतः विकल्प (D) सही है।

197. उपवन में पेड़-पौधे होते हैं जबकि गैराज, नौकाघाट एवं विमानशाला क्रमशः परिवहन साधनों के रूकने/रखने के स्थान

है। इसलिए उपवन अन्य विकल्पों विषम है।

अतः विकल्प (D) सही है।

198. एस.एम.एस. मोबाइल के माध्यम से संदेश भेजने की व्यवस्था है जबकि मनीऑर्डर, स्पीड पोस्ट एवं पत्र डाकघर द्वारा प्रेषित किए जाते हैं।

अतः विकल्प (C) सही है।

199. 3025032032027040580704208

उपर्युक्त अंक श्रेणी में तीन ऐसे 0 (शून्य) हैं जिनके बाद सम तथा पहले विषम संख्या है।

अतः विकल्प (B) सही है।

200. बयान देने वाली महिला लड़के की मां है। इसका अंदाजा इस बात से लगाया जा सकता है कि वह लड़के के मामा और अपने मामा की बात कर रही है, जो दर्शाता है कि वह लड़के की माता है।

अतः विकल्प (B) सही है।

201. बेकारी की समस्या भारत को घुन की तरह खाए जा रही है। यह समस्या केवल भारत में ही नहीं पूरे विश्व में विकराल रूप धारण कर रखा है।

अतः विकल्प (C) सही है।

202. आधुनिक शिक्षा प्रणाली में व्यावहारिक ज्ञान का अभाव है इस समस्या का प्रमुख कारण अंग्रेजी शिक्षा पर अधिक बल देना है जो केवल पुस्तकीय ज्ञान देती है जबकि इस समस्या का हल केवल यही है कि शिक्षित वर्ग के लिए शिक्षा-प्रणाली में संशोधन किया जाये।

अतः विकल्प (D) सही है।

203. बेकारी का वास्तविक अर्थ है आजीविका कमाने में या तो असमर्थ होना या बना दिया जाना। आधुनिक शिक्षा प्रणाली बेकारी की समस्या का एकमात्र कारण है। जो केवल अंग्रेजी शिक्षा प्रणाली पर बल देती है, व्यवहारिक ज्ञान का इसमें सर्वथा अभाव रहता है। जिससे देश में बेकारी की समस्या बढ़ रही है।

अतः विकल्प (A) सही है।

204. अशिक्षित वर्ग काम की तलाश में गाँव से शहर आता है और काम न मिलने पर बेकार रहता है। इस समस्या का हल केवल यही है कि अशिक्षित वर्ग गाँव में ही रहकर खेती-बाड़ी का काम देखें।

अतः विकल्प (B) सही है।

205. संशोधन (सम् + शोधन) में 'सम्' उपसर्ग है।

अतः विकल्प (B) सही है।

206. मोहनदास करमचन्द गाँधी महान आत्मा के स्वामी थे।

अतः विकल्प (C) सही है।

207. भारत के राष्ट्रपिता मोहनदास करमचंद गाँधी जिन्हें बापू व महात्मा गाँधी से भी संबोधित किया जाता है, के जन्म-दिवस 2 अक्टूबर को प्रत्येक वर्ष 'गाँधी जयन्ती' के रूप में मनाया जाता है। इस दिन को 'विश्व अहिंसा दिवस' के रूप में भी मनाया जाता है।

अतः विकल्प (B) सही है।

208. 'क्षीणकाय' का अर्थ दुबले-पतले शरीर वाले व्यक्ति से है। महात्मा गाँधी क्षीणकाय शरीर वाले होकर भी महान आत्मा के स्वामी थे।

अतः विकल्प (C) सही है।

209. उपर्युक्त गद्यांश के अनुसार, 'सत्य और अहिंसा' गाँधीजी के हथियार थे।

अतः विकल्प (D) सही है।

210. नये भारत के निर्माण में जो कार्य राष्ट्रपिता महात्मा गाँधीजी द्वारा किये गये हैं, वे स्वर्णाक्षरों में लिखे जायेंगे।

अतः विकल्प (B) सही है।

211. सजीव भाषा का अर्थ 'गतिमान भाषा' से है। हिन्दी सजीव भाषा है। आरम्भ से ही यह गतिमान रही है। इसी कारण इसने अरबी, फारसी आदि के सम्पर्क में आकर इनके शब्द ग्रहण किये हैं। अब अंग्रेजी के शब्द ग्रहण करती जा रही है। यह दोष नहीं वरन् एक गुण है।

अतः विकल्प (D) सही है।

212. शब्द ग्रहण दोष नहीं है क्योंकि शब्द भण्डार भाषा की समृद्धि का परिचायक है।

अतः विकल्प (A) सही है।

213. हिन्दी में प्रचलित अंग्रेजी शब्द को विदेशी शब्द कहते है। ऐसे शब्द जो किसी दूसरे देश की भाषा से ग्रहण कर हिन्दी भाषा में प्रयोग किये जाते है, उन्हें विदेशी शब्द कहते हैं। जैसे- इरादा, इशारा, पेंसिल, डॉक्टर, आदि।

अतः विकल्प (D) सही है।

214. ह्रास का अर्थ-क्षति होता है। ह्रास के अन्य अर्थ कमी, अवमूल्यन, विमूल्यन, आदि हैं।

अतः विकल्प (B) सही है।

215. ज्यों-ज्यों हिन्दी का प्रचार बढ़ेगा त्यों-त्यों इनमें नए शब्दों का आगमन होता जायेगा। जिसके कारण इसकी वृद्धि हो रही है।

अतः विकल्प (C) सही है।

216. 'आग' फिल्म की कथा' 'नौजवानों' पर आधारित है। इस फिल्म में एक नव स्वतंत्र देश के नौजवानों के इच्छाओं की कहानी है। जो अपनी जिन्दगी को नये ढंग से जीना चाहते है।

अतः विकल्प (C) सही है।

217. 'आग' नामक फिल्म का प्रदर्शन 1948 ई. में किया गया था। यह फिल्म राजकपूर द्वारा निर्मित-निर्देशित पहली फिल्म थी।

अतः विकल्प (B) सही है।

218. मधुबाला 'आग' फिल्म की नायिका नहीं है जबकि नर्गिस, कामिनी कौशल तथा निगार सुल्ताना 'आग' फिल्म की नायिका है।

अतः विकल्प (B) सही है।

219. 'आग' फिल्म की छाप अथवा प्रभाव फिल्म 'सत्यम् शिवम् सुंदरम्' तथा 'मेरा नाम जोकर' में मिलता है।

अतः विकल्प (C) सही है।

220. 'आग' फिल्म के प्रदर्शन के समय राज कपूर की उम्र 23 वर्ष थी।

अतः विकल्प (D) सही है।

221. 'शनि' क्रमानुसार और मण्डल का छठां ग्रह है। यह बृहस्पति और यूरेनस के बीच की कक्षा में सूर्य की परिक्रमा करता है। सूर्य से बृहस्पति ग्रह जितना दूर है, लगभग उतना ही बृहस्पति से शनि ग्रह दूर है।

अतः विकल्प (B) सही है।

222. शनि ग्रह इतना बड़ा है कि इसमें हमारी 750 पृथ्वियां समा सकती हैं, परन्तु इस ग्रह का भार केवल 95 पृथ्वियों के बराबर है। इसका कारण यह है कि शनि की द्रव्यराशि का औसत घनत्व पानी से भी कम है। इसलिए, शनि ग्रह को किसी महासागर में डालना सम्भव हो तो यह डूबेगा नहीं बल्कि तैरने लग जाएगा।

अतः विकल्प (A) सही है।

223. सौरमण्डल का सबसे कम घनत्व वाला पिण्ड 'शनि' है।

अतः विकल्प (C) सही है।

224. 'शनि' ग्रह इतना बड़ा है कि इसमें 750 पृथ्वियां समा सकती हैं। जबकि इस ग्रह का भार केवल 95 पृथ्वियों के बराबर है।

अतः विकल्प (B) सही है।

225. सौरमण्डल में 'शनि' क्रमानुसार 'छठां ग्रह' है।

अतः विकल्प (C) सही है।

226. प्रगतिवाद दलित वर्ग पर होने वाले अत्याचारों के विरुद्ध आवाज बुलंद करता है।

अतः विकल्प (B) सही है।

227. 'अतीत' का विलोम 'वर्तमान' होता है जबकि नवीनतम व आधुनिक 'पुरातन' के विलोम है।

अतः विकल्प (A) सही है।

228. प्रगतिवाद मनुष्य वर्तमान दुर्दशा के लिए अतीत को दोषी ठहराता है क्योंकि वर्तमान अतीत की ही प्रतिफल है। अतीत का इतिहास मुख्यतः पूँजीवादी सभ्यता का इतिहास है। साम्राज्यवादियों तथा पूँजीवादियों के

उत्पीड़न से मनुष्य की जो दुर्गति और दुर्दशा हुई है, वह अत्यन्त दर्दनाक है।
अतः विकल्प (C) सही है।

229. प्रगतिवाद पूँजीवाद का प्रमुख शत्रु है। वह शोषित वर्ग के लोगों को समाज की जाग्रत शक्तियाँ मानकर उनकी सहायता के लिए समाज को सचेत करता है। वह दलित वर्ग पर होने वाले अत्याचारों के विरुद्ध आवाज बुलंद करता है।
अतः विकल्प (D) सही है।

230. साम्राज्यवादियों तथा पूँजीवादियों के उत्पीड़न से मनुष्य की दुर्गति और दुर्दशा हुई है।
अतः विकल्प (B) सही है।

231. दैनिक अखबार देश और दुनिया के प्रमुख खबरों को जानने के लिए जरूरी है।
अतः विकल्प (B) सही है।

232. आदमी का अस्तित्व केवल राजनीति और अपराध जगत तक ही रह गया है। आदमीयत सिर्फ ब्रिटेन और अमेरिका जैसे देशों के झगड़े और सुलह के सहारे ही पनप रही है। आदमीयत तो एक ऐसी अवधारणा है जो सभी को भाईचारे तथा आपसी तालमेल का संदेश देती है।
अतः विकल्प (C) सही है।

233. 'आदमीयत' भाईचारा तथा आपसी मेलजोल बढ़ाने वाली एक अवधारणा है।
अतः विकल्प (B) सही है।

234. ब्रिटेन, अमेरिका अथवा किसी अन्य देश की खबरें अंतर्राष्ट्रीय कोटि में आती है।
अतः विकल्प (D) सही है।

235. दैनिक अखबार में राजनीति तथा अपराध की खबरें ज्यादा होती है।
अतः विकल्प (C) सही है।

236. विस्मित होने का प्रमुख कारण 'तेज बदलाव' है क्योंकि बचपन के दिनों को सोचने पर वर्तमान में सब कुछ बदला-बदला सा लगता है।
अतः विकल्प (C) सही है।

237. गद्यांश के अनुसार लेखक के बचपन के दिनो में समाज में अमीर-गरीब का भेद अधिक था।
अतः विकल्प (C) सही है।

238. दोस्त के पिताजी साइकिल मरम्मत का काम करते थे। उन्होंने ही फुटबॉल का पंचर ठीक किया था।
अतः विकल्प (B) सही है।

239. लेखक के बचपन के दिनों में अंग्रेजी स्कूलों का चलन शुरू हो गया था। इन स्कूलों में बच्चों को पढ़ाना शान की बात मानी जाती थी, इनमें कुछ बड़े घरों के बच्चे ही पढ़ने जाते थे और गरीबों के बच्चे इनके सपने ही ले सकते थे।
अतः विकल्प (A) सही है।

240. बड़े घरों के बच्चे से अभिप्राय पैसे वाले लोगों के बच्चे से है। जो सभी प्रकार के सुख सुविधाओं से सम्पन्न थे।
अतः विकल्प (B) सही है।

विगत वर्षीय प्रश्नपत्र 04

General Hindi

Q.1 इनमें से कर्म कारक का चिह्न कौन-सा है?
A. को **B.** ने **C.** से **D.** में

Q.2 'किसी को बुलाओ' वाक्य में 'किसी' इनमें से क्या है?
A. यौगिक सार्वनामिक विशेषण
B. सार्वनामिक विशेषण
C. संयुक्त सर्वनाम
D. अनिश्चयवाचक सर्वनाम

Q.3 'कोर्ट मार्शल' किस विधा की रचना है?
A. नाटक **B.** उपन्यास **C.** कहानी **D.** आत्मकथा

Q.4 इनमें से गणनावाचक विशेषण का उदाहरण कौन-सा है?
A. तीन **B.** तीसरा **C.** तिगुना **D.** तीनों

Q.5 इनमें से कौन-सी बोली हिंदी भाषा के अंतर्गत नहीं आती है?
A. तेलुगु **B.** कन्नौजी **C.** अवधी **D.** बांगरू

Q.6 इनमें से मध्यम पुरुषवाचक सर्वनाम का उदाहरण कौन-सा है?
A. मैं **B.** तू
C. वह **D.** उपरोक्त सभी

Q.7 इनमें से आलवार महिला संत का नाम क्या है?
A. गार्गी **B.** अपाला **C.** आण्डाल **D.** राबिया

Q.8 "वह आया है" इनमें से किस काल का उदाहरण है?
A. तात्कालिक वर्तमान का **B.** संदिग्ध वर्तमान का
C. सामान्य वर्तमान का **D.** पूर्ण वर्तमान का

Q.9 पूर्व दिशा के लिए इनमें से उपयुक्त शब्द कौन-सा है?
A. उदीची **B.** अवाची **C.** प्रतीची **D.** प्राची

Q.10 'छलिया' में प्रयुक्त प्रत्यय इनमें से कौन-सा है?
A. अया **B.** इया **C.** ऐया **D.** वैया

Q.11 'पुत्रशोक' में कौन-सा समास है?
A. द्वंद्व समास **B.** कर्मधारय समास
C. तत्पुरुष समास **D.** अव्ययीभाव समास

Q.12 इनमें से किसका उच्चारण स्थान 'ओष्ठ' है?
A. च **B.** प **C.** त **D.** ग

Q.13 इनमें से कौन-सा शब्द 'पाश्चात्य' का विलोम है?
A. शाश्वत **B.** पौर्वात्य **C.** विदेशी **D.** पूर्ववर्ती

Q.14 कुंवरनारायण को ज्ञानपीठ पुरस्कार किस वर्ष मिला था?
A. 2007 ई. **B.** 2004 ई. **C.** 2006 ई. **D.** 2005 ई.

Q.15 इनमें से 'श्री गुरु ग्रंथ साहब' का संकलन किसने किया?
A. गुरु हरगोविंद सिंह देव **B.** गुरु अर्जुन देव
C. गुरु गोविन्द सिंह **D.** गुरुनानक देव

Q.16 प्रथम राजभाषा आयोग के अध्यक्ष इनमें से कौन थे?
A. पी० सुब्बोरोयान **B.** बी० जी० खेर
C. जी० बी० पन्त **D.** सुनीति कुमार चटर्जी

Q.17 कर्ता के 'ने' चिह्न का प्रयोग इनमें से कहाँ होता है?
A. संदिग्ध भूत में **B.** सामान्य भविष्य में
C. सामान्य वर्तमान में **D.** सामान्य भूत में

Q.18 किस रचना के बारे में प्रसिद्ध है कि इसे पढ़ने के लिए बहुत से लोगो ने हिंदी सीखी?
A. गोदान **B.** अद्भुत लाश
C. परीक्षागुरु **D.** चंद्रकांता

Q.19 'बेगमपुरा' की अवधारणा को इनमें से किस कवि ने प्रस्तुत किया?
A. रविदास **B.** कबीरदास **C.** तुलसीदास **D.** सूरदास

Q.20 राम लक्ष्मण से पत्र लिखवाता है - इस वाक्य में क्रिया का कौन-सा रूप है?
A. संयुक्त क्रिया **B.** पूर्णकालिक क्रिया
C. अपूर्ण क्रिया **D.** प्रेरणार्थक क्रिया

Q.21 इनमें से कौन-सा शब्द 'लक्ष्मी' का पर्यायवाची नहीं है?
A. चंचला **B.** भारती **C.** इंदिरा **D.** अमला

Q.22 इस चिह्न (;) को क्या कहा जाता है?
A. पूर्ण विराम **B.** निर्देशक
C. अल्प विराम **D.** अर्द्ध विराम

Q.23 निम्न वाक्य 'गरीबों को दान दो' में 'गरीब' किस कारक का उदाहरण है?
A. करण **B.** कर्म **C.** सम्प्रदान **D.** अपादान

Ques (24-26):निर्देश: अनुच्छेद पढ़कर दिए गए प्रश्नों के सही उत्तर चुनिए-"आवश्यकता इस बात की है कि हमारी शिक्षा का माध्यम भारतीय भाषा हो, जिसमें राष्ट्र के हृदय-मन-प्राण के सूक्ष्मतम और गम्भीरतम संवेदन मुखरित हों और हमारा पाठ्यक्रम यूरोप तथा अमेरिका के पाठयक्रम आधारित न होकर हमारी अपनी सांस्कृतिक परम्पराओं एवं आवश्ककताओं का प्रतिनिधित्व करें। भारतीय भाषाओं, भारतीय इतिहास, भारतीय दर्शन, भारतीय धर्म और भारतीय समाजशास्त्र को हम सर्वोपरि स्थान दें। उन्हें अपने शिक्षाक्रम में गौण स्थान देकर या शिक्षित जन को उनसे वंचित रखकर हमने राष्ट्रीय संस्कृति में एक महान रिक्ति को जन्म दिया है, जो नयी पीढ़ी को भीतर से खोखला कर रहा है। हम राष्ट्रीय परम्परा से ही नहीं, सामयिक जीवन प्रवाह से भी दूर जा पड़े हैं। विदेशी पश्चिमी चश्मों के भीतर से देखने पर अपने घर के प्राणी भी बे-पहचाने और अजीब से लगने लगे हैं। शिक्षित जन और सामान्य जनता के बीच खाई बढ़ती गई और विश्व संस्कृति के दावेदार होने का दम्भ करते हुए भी हम घर में वामन ही बने रह गए हैं। इस स्थिति को हास्यास्पद ही कहा जा सकता है।"

Q.24 उपरोक्त गद्यांश का इनमें से सर्वाधिक उपयुक्त शीर्षक क्या है?
A. हमारी सांस्कृतिक परम्परा
B. हमारा शिक्षा माध्यम और पाठ्यक्रम
C. शिक्षा का माध्यम
D. शिक्षित जन और सामान्य जनता

Q.25 उपरोक्त गद्यांश के अनुसार हमारी शिक्षा का माध्यम किस भाषा में होना चाहिए?
A. विदेशी भाषाओं में **B.** भारतीय भाषा में
C. अंग्रेजी-हिंदी दोनों में **D.** मिश्रित भाषा में

Q.26 उपरोक्त गद्यांश के अनुसार हम किस तरह के जीवन-प्रवाह से दूर होते जा रहे हैं?
A. खुशहाल जीवन प्रवाह से
B. हम राष्ट्रीय परम्परा से ही नहीं, सामयिक जीवन प्रवाह से भी दूर जा पड़े हैं।
C. सांस्कृतिक एवं सामाजिक जीवन से
D. इनमें से कोई भी नहीं

Q.27 उपसर्ग इनमें से कहाँ जोड़ा जाता है?
A. शब्द के पहले **B.** शब्दों के बीच में
C. शब्द के अंत में **D.** वाक्य के अंत में

Q.28 इनमें से शुद्ध वाक्य कौन-सा है?
A. मेरे को जाना है। **B.** राम के अनेकों नाम हैं।

C. मैंने पुस्तक पढ़ा। **D.** मैंने पुस्तक पढ़ी।

Q.29 इनमें से कौन-से कवि अष्टछाप में सम्मिलित नहीं हैं?

A. छीत स्वामी **B.** गोविन्द स्वामी

C. सूरदास **D.** हरिदास

Q.30 'पंचामृत' में इनमें से कौन-सा समास है?

A. द्वंद्व **B.** तत्पुरुष

C. द्विगु समास **D.** अव्ययीभाव

Q.31 'महत्त्व' में कौन-सा प्रत्यय है?

A. मह **B.** व **C.** महत **D.** त्व

Q.32 इनमें से 'हानूश' नाटक के लेखक कौन हैं?

A. धर्मवीर भारती **B.** भीष्म साहनी

C. सुरेन्द्र वर्मा **D.** स्वदेश दीपक

Q.33 "सब में व्याप्त रहने वाला" वाक्यांश के लिए इनमें से उपयुक्त शब्द कौन-सा है?

A. सर्वाव्यापी **B.** सर्वयापी **C.** सरव्यापी **D.** सर्वव्यापी

Q.34 इनमें से कौन-सी भाषा भारोपीय परिवार की भाषा नहीं है?

A. हिंदी **B.** गुजराती **C.** मराठी **D.** मलयालम

Q.35 इनमें से अल्पविराम का चिह्न कौन-सा है?

A. ! **B.** ? **C.** , **D.** -

Q.36 भाषा की सबसे छोटी इकाई को क्या कहा जाता है?

A. वर्ण **B.** उच्चारण **C.** शब्द **D.** पद

Q.37 इनमें से कौन-सा शब्द तद्भव नहीं है?

A. ताला **B.** इक **C.** इग **D.** तमोली

Q.38 "घी के दिए जलाना" मुहावरे का क्या अर्थ है?

A. विवाह करना

B. उत्सव मनाना

C. अप्रत्याशित लाभ पर प्रसन्न होना

D. दीपावली मनाना

Q.39 निम्नलिखित में कौन-सा शब्द तद्भव है?

A. धात्री **B.** दोलिका **C.** द्विवेदी **D.** दिवाली

Q.40 इनमें से कौन-सा व्यंजन 'संयुक्त व्यंजन' का उदाहरण है?

A. ड **B.** क्ष **C.** ढ **D.** झ

Law/ Constitution/General Knowledge

Q.41 निम्नलिखित में से किसने भारत में सती प्रथा को समाप्त किया?

A. विलियम बेंटिंक **B.** वैलेस्ली

C. डलहौज़ी **D.** कर्जन

Q.42 भारतीय संविधान के निम्नलिखित में से कौन सा भाग "अखिल भारतीय सेवाओं" से संबंधित है?

A. भाग III **B.** भाग IX **C.** भाग VII **D.** भाग XIV

Q.43 संघ लोक सेवा आयोग के अध्यक्ष को हटाने का अधिकार किसके पास है?

A. भारत के उप-राष्ट्रपति

B. भारत के प्रधानमंत्री

C. भारत के मुख्य न्यायाधीश

D. भारत के राष्ट्रपति

Q.44 भारतीय संविधान का कौन सा अनुच्छेद 'धन विधेयक' को परिभाषित करता है?

A. अनुच्छेद 120 **B.** अनुच्छेद 101

C. अनुच्छेद 116 **D.** अनुच्छेद 110

Q.45 वर्तमान में भारत में कुल कितनी अखिल भारतीय सेवाएँ हैं?

A. 10 **B.** 5 **C.** 3 **D.** 7

Q.46 निम्नलिखित में से कौन सा सेक्टर, 8 कोर उद्योगों के अंतर्गत नहीं आता है?

A. उर्वरक **B.** निर्माण

C. प्राकृतिक गैस **D.** कच्चा तेल

Q.47 2020 का नोबेल शांति पुरस्कार ___________ को प्रदान किया गया है।

A. डब्ल्यू.टी.ओ. **B.** एफ.एस.एस.ए.आई.

C. विश्व बैंक **D.** विश्व खाद्य कार्यक्रम

Q.48 किस संवैधानिक संशोधन ने लोकसभा और विधानसभा चुनावों के लिए मतदान की आयु को 21 से घटाकर 18 कर दिया था?

A. 71वें संशोधन **B.** 51वें संशोधन

C. 61वें संशोधन **D.** 41वें संशोधन

Q.49 इन्वेस्ट इंडिया- किस मंत्रालय के तहत निवेश को बढ़ावा देने के लिए एक प्रमुख एजेंसी है?

A. कॉर्पोरेट कार्य मंत्रालय

B. सूचना प्रौद्योगिकी मंत्रालय

C. वाणिज्य और उद्योग मंत्रालय

D. वित्त मंत्रालय

Q.50 'समाजवादी' शब्दपद किस वर्ष में भारतीय संविधान की उद्देशिका में जोड़ा गया था?

A. 1967 **B.** 1971 **C.** 1976 **D.** 1985

Q.51 निम्नलिखित में से कौन, भारत में अलीगढ़ आंदोलन के संस्थापक थे?

A. मोहम्मद अली जिन्ना

B. सैयद अहमद खान

C. मौलाना अबुल कलाम आजाद

D. एम. ए. अंसारी

Q.52 हाल ही में पारित कृषि अधिनियम के अनुसार, कृषि समझौते की अधिकतम अवधि क्या है?

A. 5 वर्ष **B.** 8 वर्ष **C.** 7 वर्ष **D.** 10 वर्ष

Q.53 भारत के सर्वोच्च न्यायालय ने, __________ के मामले में भारतीय दंड संहिता, 1860 की धारा 497 को हटाते हुए, व्यभिचार को अपराध मुक्त किया।

A. नितिन वालिया बनाम भारत संघ

B. नंदिनी सुंदर बनाम छत्तीसगढ़ राज्य

C. जोसेफ शाइन बनाम भारत संघ

D. फ़ज़ल रब चौधरी बनाम बिहार राज्य

Q.54 किसी व्यक्ति के पूर्ण दायित्व में न केवल प्रदूषण के पीड़ितों की क्षतिपूर्ति शामिल है, बल्कि पर्यावरणीय क्षति को पुनः ठीक करने की लागत भी शामिल है। इस सिद्धांत को _______________ कहा जाता है।

A. पूर्वोपाय सिद्धांत

B. प्रदूषक द्वारा भुगतान (पॉल्युटर पेज़) सिद्धांत

C. प्रतिनिधिक दायित्व

D. संपोषणीय विकास

Q.55 निम्नलिखित में से कौन सी जोड़ी रबी फसलों का सबसे अच्छा वर्णन करती है?

A. धान और मकई **B.** गेहूँ और जौ

C. मूंगफली और सरसों **D.** कपास और जूट

Q.56 भारतीय संविधान का निम्नलिखित में से कौन सा अनुच्छेद राज्य विधायिका के वार्षिक वित्तीय विवरण से संबंधित है?

A. अनुच्छेद 370 **B.** अनुच्छेद 202
C. अनुच्छेद 366 **D.** अनुच्छेद 156

Q.57 हमारे शरीर की सबसे बड़ी ग्रंथि कौन सी है, जिसे इसके लाल भूरे रंग से अभिलक्षित किया जाता है?

A. पीयूषिका
B. यकृत
C. अग्न्याशय (पाचक ग्रंथि)
D. बाल्यग्रंथि (थाइमस ग्रंथि)

Q.58 किस मामले में सर्वोच्च न्यायालय ने यह निर्णय दिया कि अनुच्छेद 21 के तहत संरक्षण केवल स्वेच्छित कार्यकारी कार्रवाई के विरुद्ध उपलब्ध है, न कि स्वेच्छित वैधानिक कार्रवाई के विरुद्ध?

A. मेनका गांधी मामला
B. प्रथम न्यायाधीश मामला
C. केशवानंद भारती मामला
D. ए. के. गोपालन मामला

Q.59 वर्तमान में, कौन सी कंपनी व्हाट्सएप की मालिक है?

A. स्नैपचैट **B.** फेसबुक **C.** लिंक्डइन **D.** ट्विटर

Q.60 "राष्ट्रीय भारत परिवर्तन संस्थान" के अध्यक्ष कौन होते हैं?

A. भारत के प्रधानमंत्री **B.** केंद्रीय वित्त मंत्री
C. केंद्रीय गृह मंत्री **D.** भारत के राष्ट्रपति

Q.61 कंप्यूटर माउस का आविष्कार किसने किया?

A. टिम बर्नर्स ली **B.** डगलस एंजेलबर्ट
C. सेमूर क्रे **D.** चार्ल्स बैबेज

Q.62 निम्नलिखित में से किस न्यायाधीश ने भारत में जनहित याचिका का मार्ग प्रशस्त किया?

(A) वी. आर. कृष्ण अय्यर
(B) एम. एन. वेंकटचलैया
(C) एस. पी. साठे

A. A **B.** B
C. A, B और C **D.** A और B

Q.63 वेल्ड (घास का खुला मैदान) ___________ में समशीतोष्ण घास के मैदान होते हैं।

A. दक्षिण अफ्रीका **B.** ऑस्ट्रेलिया
C. श्रीलंका **D.** भारत

Q.64 किस संशोधन द्वारा 'संपत्ति के अधिकार को मौलिक अधिकार के रूप में' भारत के संविधान से हटा दिया गया था?

A. 25वें संशोधन **B.** 42वें संशोधन
C. 44वें संशोधन **D.** 52वें संशोधन

Q.65 एक पुलिस अधिकारी ने एक लड़की को जमानत का आदेश प्रस्तुत करने के बाद भी गिरफ़्तार किया और हवालात में निरूद्ध किया। पुलिस अधिकारी ________ का दोषी होगा।

A. धमकी **B.** अपहरण
C. अपगमन **D.** अनधिकृत कारावास

Q.66 राष्ट्रीय सुरक्षा अधिनियम _______ से संबंधित है।

A. सार्वजनिक सुरक्षा **B.** आतंकवाद नियंत्रण
C. निवारक निरोध **D.** असामाजिक तत्व

Q.67 भारत ने किस देश के साथ 'परमाणु प्रतिष्ठान और सुविधाओं पर हमले के निषेध पर समझौते' पर हस्ताक्षर किए?

A. पाकिस्तान **B.** अफ़ग़ानिस्तान
C. श्रीलंका **D.** चीन

Q.68 आयकर अधिनियम के तहत निम्नलिखित में से किसे निर्धारिती कहा जाता है?

(A) एक हिंदू अविभाजित परिवार
(B) एक कंपनी
(C) व्यक्तियों का निकाय

A. A और B **B.** A, B और C
C. A **D.** B और C

Q.69 "राजमन्नार समिति (1969)" को ________ द्वारा नियुक्त किया गया था।

A. गुजरात सरकार **B.** पश्चिम बंगाल सरकार
C. तमिलनाडु सरकार **D.** केंद्र सरकार

Q.70 यदि कोई व्यक्ति मोटर वाहन चलाते समय सुरक्षा बेल्ट नहीं पहनता है, तो वह ________ की जुर्माना राशि के साथ दंडनीय होगा।

A. ₹ 1000 **B.** ₹ 2000 **C.** ₹ 5000 **D.** ₹ 500

Q.71 भारतीय संविधान के निम्नलिखित अनुच्छेदों में से कौन सा अनुच्छेद राज्य को "राष्ट्रीय महत्व के स्मारकों की सुरक्षा" का निर्देश देता है?

A. अनुच्छेद 55 **B.** अनुच्छेद 49
C. अनुच्छेद 53 **D.** अनुच्छेद 51

Q.72 'राज्य निर्वाचन आयुक्त' को _________ द्वारा नियुक्त किया जाता है।

A. भारत के प्रधानमंत्री **B.** राज्य के राज्यपाल
C. भारत के राष्ट्रपति **D.** राज्य के मुख्यमंत्री

Q.73 _________ भूधृति की एक प्रणाली है जिसमें 1793 में लॉर्ड कॉर्नवॉलिस द्वारा स्थायी बंदोबस्त के माध्यम से मध्यस्थों के भूमि अधिकारों की पुष्टि की गई थी।

A. महलवारी प्रणाली **B.** रैयतवाड़ी प्रणाली
C. संरक्षक ग्राहक संबंध **D.** ज़मींदारी प्रणाली

Q.74 भारत में, बाल लिंग अनुपात को _______ आयु वर्ग में प्रति हजार पुरुषों पर महिलाओं की संख्या के रूप में परिभाषित किया गया है।

A. 0-1 वर्ष **B.** 0-12 वर्ष **C.** 0-17 वर्ष **D.** 0-6 वर्ष

Q.75 भारत में निष्क्रिय इच्छामृत्यु को ______ के मामले में वैध बनाया गया था।

A. सहेली बनाम पुलिस आयुक्त
B. अरुणा रामचंद्र शानबाग बनाम भारतीय संघ
C. लिली थॉमस बनाम भारतीय संघ
D. जियान कौर बनाम पंजाब राज्य

Q.76 राजस्व बोर्ड (उत्तर प्रदेश) की स्थापना वर्ष 1831 में ______ में की गई थी।

A. मिर्जापुर **B.** इलाहाबाद **C.** वाराणसी **D.** कुशीनगर

Q.77 सीईआरटी (CERT) का पूर्ण रूप क्या है?

A. सेंट्रल इमरजेंसी रिस्पॉन्स टीम
B. कंप्यूटर इमरजेंसी रिस्पॉन्स टीम
C. कंबाइंड इमरजेंसी रिस्पॉन्स टास्क
D. कंप्यूटर एजुकेशन रिसर्च टीम

Q.78 बक्सर का युद्ध किस वर्ष में लड़ा गया था?

A. 1760 **B.** 1762 **C.** 1757 **D.** 1764

Q.79 महात्मा गांधी ने दमनकारी वृक्षारोपण प्रणाली के खिलाफ किसानों को विरोध करने हेतु प्रेरित करने के लिए कहाँ यात्रा की थी?

A. अवध **B.** चम्पारण **C.** अमृतसर **D.** राय बरेली

Q.80 निम्नलिखित में से किस रोग के कारण स्मृति लोप होता है?

A. सूखा रोग **B.** अल्जाइमर रोग
C. निशांधता **D.** शीताद (स्कर्वी)

Numerical & Mental Ability Test

Q.81 A ने एक वस्तु खरीदी और इसकी मरम्मत पर ₹ 550 खर्च किए।

फिर उसने इसे 10% लाभ पर B को बेच दिया। B ने इसे 20% हानि पर C को बेच दिया। अंततः C ने इसे 30% लाभ पर ₹ 6864 में बेच दिया। A ने वस्तु के लिए कितना भुगतान किया? (₹ में)

A. 5750 **B.** 5550 **C.** 5650 **D.** 5450

Q.82 यदि 8 जून, 2037 रविवार है, तो 8 जून, 2036 को सप्ताह का कौन सा दिन था?

A. मंगलवार **B.** शनिवार **C.** सोमवार **D.** शुक्रवार

Q.83 एक लड़का मैदान में उत्तर दिशा की ओर अभिमुख होकर खड़ा है। यदि वह लड़का 65 अंश दक्षिणावर्त दिशा में और 155 अंश वामावर्त दिशा में मुड़ता है, तो अब वह किस दिशा की ओर अभिमुख होगा?

A. पूर्व **B.** पश्चिम **C.** उत्तर **D.** दक्षिण

Q.84 प्रश्नवाचक चिह्न को उस विकल्प से प्रतिस्थापित कीजिए, जो प्रथम युग्म में लागू तर्क का अनुसरण करता है।

$BE : 35 :: DF :??$

A. 90 **B.** 80 **C.** 120 **D.** 50

Q.85 3600 के 50% के 40% के 30% के 20% का मान ज्ञात कीजिए।

A. 45.2 **B.** 43.2 **C.** 41.2 **D.** 47.2

Q.86 प्रश्नवाचक चिह्न को उस विकल्प से प्रतिस्थापित कीजिए जो प्रथम युग्म में लागू तर्क का अनुसरण करता है।

$TALE : LETA :: WEAK :??$

A. $KWAE$ **B.** $AKWE$ **C.** $AEWK$ **D.** $WAEK$

Q.87 18% की छूट के बाद किसी मेज़ का विक्रय मूल्य ₹ 18860 है। यदि क्रय मूल्य, अंकित मूल्य का 60% है, तो क्रय मूल्य ज्ञात कीजिए। (₹ में)

A. 12800 **B.** 10800 **C.** 13800 **D.** 11800

Q.88 निर्देश: दिए गए प्रश्न का उत्तर देने के लिए निम्नलिखित आरेख का ध्यानपूर्वक अध्ययन कीजिए:

विद्यार्थियों की कुल संख्या = 14400

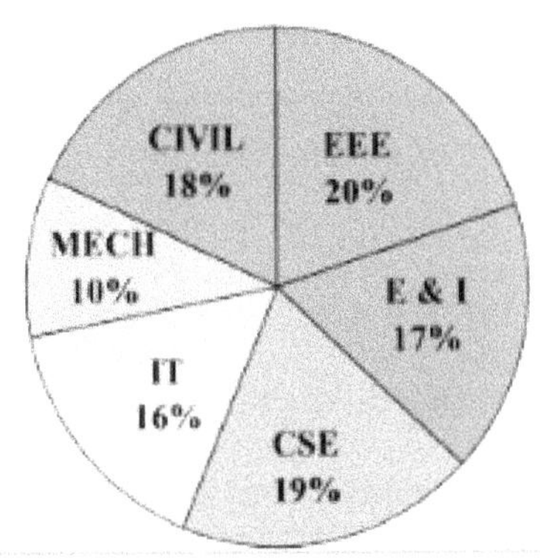

सभी विभागों में विद्यार्थियों का % आईटी (IT) एवं सीएसई (CSE) विभाग में विद्यार्थियों की संख्या ज्ञात कीजिए।

A. 5040 **B.** 5140 **C.** 5240 **D.** 4940

Q.89 निर्देश: इस प्रश्न में, एक कथन और उसके बाद i और ii से संख्यांकित दो निष्कर्ष दिए गए हैं। कथन में दी गई समस्त सूचना को सत्य मानते हुए एक साथ दोनों निष्कर्षों पर विचार करें और निर्धारित करें कि उनमें से कौन सा निष्कर्ष कथन में दी गई सूचना का समुचित संदेह से परे तार्किक रूप से अनुसरण करता है।

कथन: प्रत्येक ऑस्ट्रेलियाई 6 भाषाएँ बोलता है। एंटोनी 6 भाषाएँ बोलता है।

निष्कर्ष:

(i) एंटोनी एक ऑस्ट्रेलियाई है।

(ii) दूसरे देशों के लोग 6 भाषाएँ नहीं बोलते।

निम्नलिखित विकल्पों में से उपयुक्त विकल्प चुनें।

(A) केवल निष्कर्ष i अनुसरण करता है

(B) केवल निष्कर्ष ii अनुसरण करता है

(C) या तो निष्कर्ष i या ii अनुसरण करता है

(D) न ही निष्कर्ष i और न ii अनुसरण करता है

(E) दोनों निष्कर्ष i और ii अनुसरण करते हैं।

A. E **B.** D **C.** A **D.** B

Q.90 तीन संख्याएँ 19 : 21 : 23 के अनुपात में हैं। यदि तीसरी संख्या के तीन गुना और पहली तथा दूसरी संख्या के योगफल के बीच का अंतर 841 है, तो पहली और तीसरी संख्या के बीच का अंतर ज्ञात कीजिए।

A. 116 **B.** 126 **C.** 146 **D.** 136

Q.91 यदि एक गुणोत्तर श्रेणी (GP) का प्रथम पद 16 और सार्व अनुपात 6 है तो इसके 4 पदों का योगफल ज्ञात कीजिए।

A. 4144 **B.** 4244 **C.** 4344 **D.** 4044

Q.92 X, किसी कार्य को 153 दिनों में कर सकता है, Y उसे 255 दिनों में कर सकता है और Z उस कार्य को 340 दिनों में कर सकता है। यदि X, Y और Z एक साथ कार्य करते हैं, तो कार्य पूरा करने में उन्हें कितने दिनों की आवश्यकता होगी?

A. $70(\frac{26}{41})$ **B.** $74(\frac{26}{41})$ **C.** $76(\frac{26}{41})$ **D.** $72(\frac{26}{41})$

Q.93 निर्देश: दिए गए प्रश्न का उत्तर देने के लिए निम्नलिखित आरेख का ध्यानपूर्वक अध्ययन कीजिए:

विद्यार्थियों की कुल संख्या = 14400

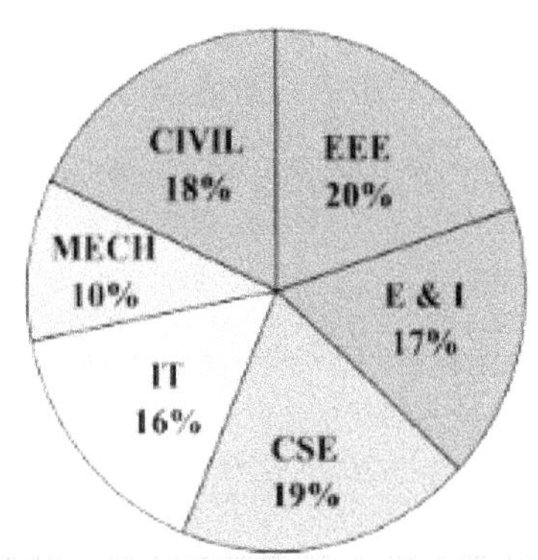

सभी विभागों में विद्यार्थियों का % आईटी (IT) विभाग में विद्यार्थियों की संख्या ज्ञात कीजिए।

A. 2504 **B.** 2204 **C.** 2404 **D.** 2304

Q.94 निर्देश: नीचे दिए गए प्रश्न में एक कथन है, जिसके बाद 1 और 2 से संख्यांकित दो तर्क दिए गए है। आपको यह निर्णय लेना है कि कौन सा तर्क एक 'प्रबल' तर्क है और कौन सा तर्क 'दुर्बल' तर्क है।

उत्तर दीजिए:

(A) यदि केवल तर्क 1 प्रबल है

(B) यदि केवल तर्क 2 प्रबल है

(C) यदि तर्क 1 या तर्क 2 प्रबल है

(D) यदि न तो तर्क 1 न ही तर्क 2 प्रबल है और

(E) यदि 1 और 2 दोनों प्रबल हैं।

कथन:

क्या सार्वजनिक स्थानों में धूम्रपान पर प्रतिबंध होना चाहिए?

तर्क:

1. हाँ, यह अग्नि दुर्घटनाओं की संभावना को कम करेगा।
2. नहीं, यह प्रभावकारी नहीं है।

A. B **B.** C **C.** D **D.** A

Q.95 63789474 में से किस न्यूनतम संख्या को घटाया जाना चाहिए जिससे बची हुई संख्या 9 द्वारा विभाजित हो?

A. 5 **B.** 6 **C.** 3 **D.** 4

Ques (96-97):दिशा-निर्देश: निम्नलिखित आरेख का ध्यानपूर्वक अध्ययन कीजिए और इसके नीचे दिए गए प्रश्नों का उत्तर दीजिए। आरेख, कुछ महीनों में सैनीटाइज़र की बिक्री (हज़ारों में) दर्शाता है।

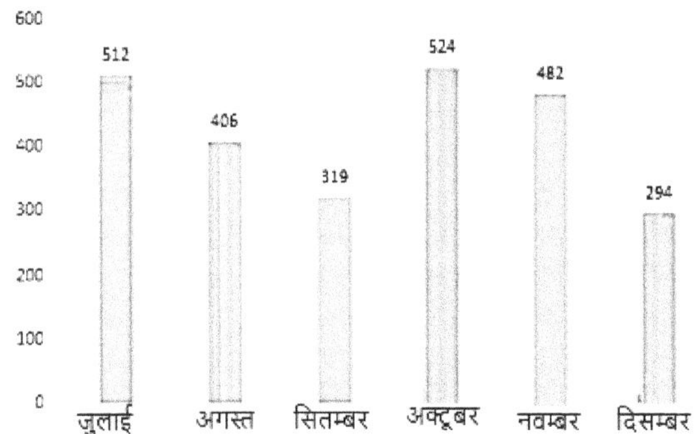

Q.96 सर्वेक्षण के तहत कुछ महीनों के दौरान कितने सैनीटाइज़र्स (हज़ारों में) की बिक्री हुई?

A. 2432 **B.** 2537 **C.** 2541 **D.** 2318

Q.97 अगस्त महीने में बिके सैनीटाइज़र्स, जुलाई महीने में बिके सैनीटाइज़र्स का लगभग कितने प्रतिशत हैं?

A. 85% **B.** 79% **C.** 83% **D.** 67%

Q.98 उस समांतर श्रेणी के पहले 151 पदों का योगफल ज्ञात कीजिए जिसका पहला पद और तीसरा पद क्रमशः 175 और 185 हैं।

A. 84050 **B.** 81050 **C.** 82050 **D.** 83050

Q.99 एक किंडल को 25% के लाभ पर $1325 में बेचा जाता है। यदि इसे $742 में बेचा जाता तो वास्तविक लाभ या हानि क्या होती?

A. 30% हानि **B.** 20% हानि

C. 20% लाभ **D.** 30% लाभ

Q.100 यदि एक दर्पण को छायांकित रेखा पर रखा जाता है, तो निम्नलिखित में से कौन सा विकल्प दी गई आकृति का दर्पण प्रतिबिम्ब होगा?

764352

A. ƧƼƐ46Ꞁ **B.** 76ꟼƐƼƧ

C. ƧƼƐꟼ6Ꞁ **D.** 76ꟼƐƼƧ

Q.101 0.3585858 . . . का भिन्न ज्ञात कीजिए।

A. $\frac{335}{990}$ **B.** $\frac{355}{990}$ **C.** $\frac{365}{990}$ **D.** $\frac{345}{990}$

Q.102 तीन भागीदार A, B और C कुल ₹ 240000 का निवेश करते है। वर्ष के अंत में लाभ के रूप में A को ₹ 15000, B को ₹ 20000 और C को ₹ 25000 प्राप्त होते हैं। A और C द्वारा एकसाथ कुल कितनी राशि का निवेश किया गया था? (₹ में)

A. 170000 **B.** 160000 **C.** 190000 **D.** 180000

Q.103 जब एक धनात्मक संख्या N को 13 से विभाजित किया जाता है तो शेषफल 11 बचता है, यदि $26N$ को उसी भाजक द्वारा विभाजित किया जाए, तो शेषफल ज्ञात कीजिए।

A. 0 **B.** 3 **C.** 10 **D.** 8

Q.104 दी गई श्रृंखला में प्रश्नचिह्न के स्थान पर क्या लिखा जाएगा?

$C\ 3\ E\ 5\ Z\ 26\ J\ 10\ ?\ 24$

A. Y **B.** X **C.** W **D.** Z

Ques (105-106):निर्देश: इस प्रश्न में, एक कथन और उसके बाद i और ii से संख्यांकित दो निष्कर्ष दिए गए हैं। कथन में दी गई समस्त सूचना को सत्य मानते हुए एक साथ दोनों निष्कर्षों पर विचार करें और निर्धारित करें कि उनमें से कौन सा निष्कर्ष कथन में दी गई सूचना का समुचित संदेह से परे तार्किक रूप से अनुसरण करता है।**चुनिए:**(A) केवल निष्कर्ष i अनुसरण करता है(B) केवल निष्कर्ष ii अनुसरण करता है(C) न ही निष्कर्ष i और न ii अनुसरण करता है(D) दोनों निष्कर्ष i और ii अनुसरण करते हैं(E) या तो निष्कर्ष i या ii अनुसरण करता है

Q.105 कथन:

कुछ सॉन्स, लिरिक्स हैं।

कुछ लिरिक्स, गुड्स हैं।

निष्कर्ष:

(i) कुछ सॉन्स, गुड्स हैं।

(ii) कुछ लिरिक्स, सॉन्स हैं।

A. A **B.** E **C.** C **D.** B

Q.106 कथन:

सभी शहर, कस्बे हैं।

कुछ कस्बे, राज्य हैं।

कोई राज्य, महाद्वीप नहीं हैं।

निष्कर्ष:

(i) कुछ शहर, राज्य हैं।

(ii) कोई शहर, महाद्वीप नहीं है।

A. B **B.** C **C.** A **D.** D

Q.107 निर्देश: दिए गए प्रश्न का उत्तर देने के लिए निम्नलिखित आरेख का ध्यानपूर्वक अध्ययन कीजिए:

विद्यार्थियों की कुल संख्या = 14400

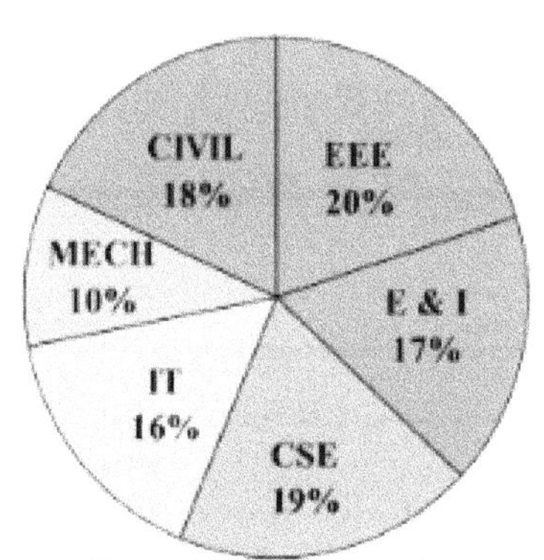

सभी विभागों में विद्यार्थियों का % E और I विभाग में विद्यार्थियों की संख्या ज्ञात कीजिए।

A. 2558 **B.** 2668 **C.** 2778 **D.** 2448

Q.108 दो अलार्म घड़ियों में 144 सेकंड तथा 120 सेकंड के नियमित अंतराल पर अलार्म बजते हैं। यदि वे पहली बार एक साथ 6 : 00 अपराह्न पर बजती है, तो वे अगली बार एक साथ कब बजेंगी?

A. 6 : 18 अपराह्न **B.** 6 : 15 अपराह्न

C. 6 : 21 अपराह्न **D.** 6 : 12 अपराह्न

Q.109 संख्याओं के उस संयोजन का चयन कीजिए जिसके अनुसार व्यवस्थित करने पर अक्षर, एक सार्थक शब्द बनाएंगे।

$1.E\ 2.S\ 3.E\ 4.D\ 5.P$

A. 1, 5, 4, 2, 3 **B.** 2, 5, 4, 1, 3

C. 2, 5, 3, 1, 4 **D.** 4, 1, 3, 2, 5

Q.110 दी गई श्रृंखला में अगला पद ज्ञात कीजिए।

EXCOMMUNICATION, OMMUNICAT, XCOMMUNICATIO, MMUNICA, COMMUNICATI, ?

A. MUNICAT **B.** OMMUNI

C. OMMUNIC **D.** MUNIC

Q.111 निम्नलिखित प्रश्न में प्रश्नवाचक चिह्न के स्थान पर कौन सा मान आना चाहिए?

$4+(3\sqrt{5})^2=?-(\sqrt{5})^2+191$

A. -137 **B.** 137 **C.** -135 **D.** 135

Q.112 यदि R का अर्थ है 'से जोड़ना', Q का अर्थ है 'से गुणा करना', S का अर्थ है 'में से घटाना' तथा P का अर्थ है 'से भाग देना', तो $27S(15P3R7Q4)=?$

A. 12 **B.** 8 **C.** -6 **D.** 10

Q.113 एक कक्षा में 32 विद्यार्थियों का औसत वजन 53.25 किग्रा है और शेष 16 विद्यार्थियों का औसत वजन 49.5 किग्रा है। कक्षा में सभी विद्यार्थियों का औसत वजन ज्ञात कीजिए। (किग्रा में)

A. 48 **B.** 52 **C.** 40 **D.** 44

Q.114 साधारण ब्याज पर निवेशित धन की एक राशि 25 वर्षों में अपने आप की 3 गुना हो जाती है। यह 75 वर्षों में कितने गुना हो जाएगी?

A. 9 **B.** 7 **C.** 11 **D.** 5

Q.115 अशोक शांत जल में 43.5 किमी प्रति घंटे की चाल से नाव चलाता है। यदि नदी 14.5 किमी प्रति घंटे पर बह रही है, तो उसे एक स्थान तक जाने और वापस आने में 90 मिनट का समय लगता है। वह स्थान आरंभिक बिंदु से कितनी दूरी पर है? (किमी में)

A. 27 **B.** 25 **C.** 23 **D.** 29

Q.116 2 वर्षों के लिए ₹ $23,000$ की धनराशि पर चक्रवृद्धि ब्याज तथा साधारण ब्याज के बीच का अंतर ₹ 230 है। वार्षिक ब्याज दर क्या है? ($\%$ में)

A. 12 **B.** 8 **C.** 10 **D.** 14

Q.117 A, एक कार्य को 1170 दिनों में समाप्त करता है और B उसी कार्य को 2340 दिनों में समाप्त करता है। एक साथ कार्य करते हुए, वे इस कार्य को कितने दिनों में समाप्त करेंगे?

A. 780 **B.** 820 **C.** 800 **D.** 760

Q.118 दो स्थान, A और B एक दूसरे से 3710 किमी की दूरी पर हैं। A से B के लिए एक रेलगाड़ी निकलती है, उसी समय B से A के लिए दूसरी रेलगाड़ी निकलती है। दोनों रेलगाड़ियाँ 35 घंटे बाद मिलती हैं। यदि A से B तक जाने वाली रेलगाड़ी, दूसरी रेलगाड़ी से 35 किमी प्रति घंटे तेज़ है, तो तेज़ रेलगाड़ी की चाल ज्ञात कीजिए। (किमी प्रति घंटे में)

A. 73.5 **B.** 71.5 **C.** 72.5 **D.** 70.5

Q.119 उस शंकु का वक्र पृष्ठीय क्षेत्रफल ज्ञात कीजिए, जिसकी त्रिज्या 13 सेमी और तिर्यक ऊंचाई 21 सेमी है। ($\pi=\frac{22}{7}$ का उपयोग करें और वक्र पृष्ठीय क्षेत्रफल सेमी^{2} में)

A. 888 **B.** 868 **C.** 858 **D.** 878

Q.120 निम्नलिखित समीकरण में सभी $*$ चिह्नों को प्रतिस्थापित करने तथा इसे संतुलित करने के लिए गणितीय संकारकों के अनुक्रम के उपयुक्त समुच्चय का चयन कीजिए।

$60*5*4*48$

A. $\div\times=$ **B.** $+\times=$ **C.** $-\times=$ **D.** $\times+=$

Mental Aptitude Test/Intelligence Test/Test of Reasoning

Q.121 श्रेणी में अगली संख्या ज्ञात कीजिए।

$372, 339, 286, 213, 120, ?$

A. 8 **B.** 7 **C.** 6 **D.** 5

Q.122 भारतीय संविधान का निम्नलिखित में से कौन सा अनुच्छेद "कुछ निश्चित मामलों में गिरफ्तारी और निरोध के विरुद्ध संरक्षण" से संबंधित है?

A. अनुच्छेद 21 **B.** अनुच्छेद 22

C. अनुच्छेद 20 **D.** अनुच्छेद 24

Q.123 एक पुरुष की ओर इशारा करते हुए, एक महिला ने कहा, "उसकी माँ की माँ की इकलौती बेटी मेरी माँ है"। पुरुष का महिला से क्या संबंध है?

A. कजिन **B.** बहन **C.** भाई **D.** पिता

Q.124 दी गई श्रृंखला में से असंगत चित्र ज्ञात करें।

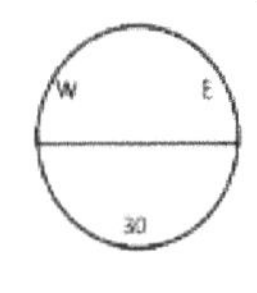

(1)

(2)

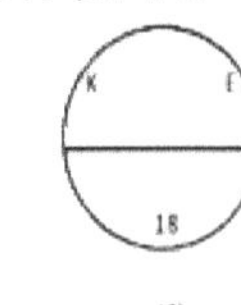

(3)

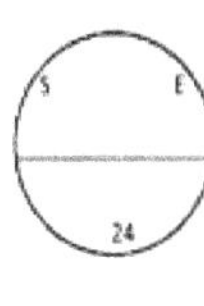

(4)

A. 3 **B.** 1 **C.** 4 **D.** 2

Q.125 निम्नलिखित पांच में से चार एक निश्चित रूप से समान हैं अतः एक समूह बनाते हैं। इनमें से कौन सा उस समूह से नहीं है?

Herd, Flock, Shoal, Pride, Lion

A. Lion **B.** Herd **C.** Shoal **D.** Flock

Q.126 श्रेणी में अगली संख्या ज्ञात कीजिए।

$12, 17, 24, 33, 44, ?$

A. 52 **B.** 51 **C.** 57 **D.** 48

Q.127 नीचे दी गई श्रृंखला में, ऐसे कितने 8 हैं जिनमें से प्रत्येक अपनी ठीक अनुवर्ती संख्या द्वारा पूर्णतः विभाज्य है?

$2\ 8\ 4\ 8\ 5\ 2\ 8\ 2\ 8\ 4\ 8\ 8\ 2\ 4\ 8\ 2\ 8\ 1\ 8\ 4$

A. चार **B.** छः **C.** पांच **D.** आठ

Q.128 इस प्रश्न में, कथन में विभिन्न तत्वों के बीच संबंध दर्शाया गया है। इस कथन के बाद दो निष्कर्ष दिए गए हैं:

कथन:

$S < A \leq N < D = W > I \geq C > H$

निष्कर्ष:

i) $S < N$

ii) $D \geq A$

निम्नलिखित विकल्पों में से उपयुक्त विकल्प चुनें:

(A) केवल निष्कर्ष i अनुसरण करता है

(B) केवल निष्कर्ष ii अनुसरण करता है

(C) या तो निष्कर्ष i या निष्कर्ष ii अनुसरण करता है

(D) न ही निष्कर्ष i और न निष्कर्ष ii अनुसरण करता है

(E) दोनों निष्कर्ष i और निष्कर्ष ii अनुसरण करते हैं

A. B **B.** A **C.** C **D.** D

Q.129 एक पासा 1 से 6 तक संख्यांकित है। पासे की तीन छवियों के आधार पर, ज्ञात करें कि निम्नलिखित में से कौन सी संख्या C के स्थान पर आएगी।

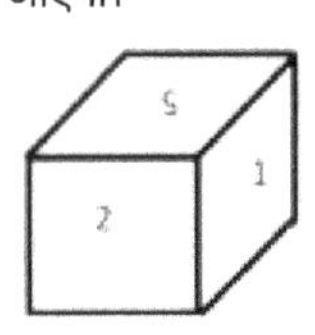

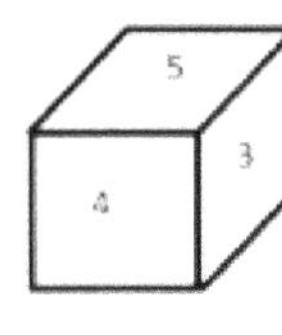

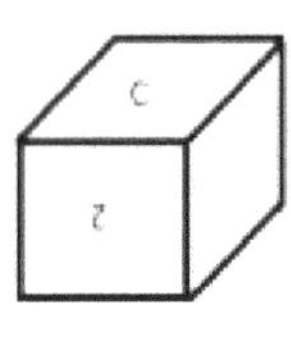

A. 6 **B.** 3 **C.** 2 **D.** 1

Q.130 दी गई आकृति में कितने वर्ग हैं?

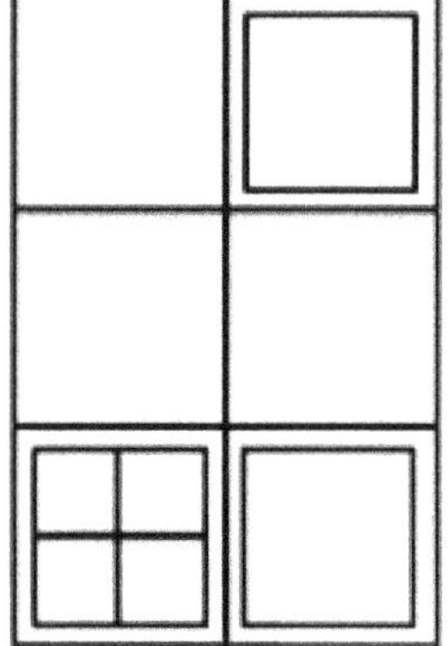

A. 15 **B.** 20 **C.** 24 **D.** 18

Q.131 श्रेणी में लुप्त संख्या ज्ञात कीजिए।
$62, 72, 92, ?, 162, 212$

A. 128 **B.** 122 **C.** 120 **D.** 132

Q.132 प्रश्नचिह्न को उस विकल्प से प्रतिस्थापित करें जो पहले युग्म में लागू तर्क का अनुसरण करता है।
$21027 : 12 :: 32576 :?$

A. 21 **B.** 23 **C.** 22 **D.** 32

Q.133 निम्नलिखित कथनों को ध्यानपूर्वक पढ़ें और दिए गए प्रश्न का उत्तर दें।
$A@B$ का अर्थ है, A, B का पति है
$A\#B$ का अर्थ है, A, B की पत्नी है
$A\$B$ का अर्थ है, A, B का बेटा है
A का अर्थ है,A, B की बेटी है
समीकरण $P\$Q\#R\$S$ में, यदि S एक महिला है, तो S का P से क्या संबंध है?

A. सास **B.** ग्रैंडफादर **C.** ग्रैंडमदर **D.** माँ

Q.134 दो व्यक्ति, A और B, समान बिंदु पर खड़े हैं। A, 6 किमी पूर्व की ओर चलता है, दाएँ मुड़ता है और 4 किमी चलता है और बाएँ मुड़ता है तथा 2 किमी चलता है। B, 3 किमी पश्चिम की ओर चलता है; दाएँ मुड़ता है और 2 किमी चलता है; फिर से दाएँ मुड़ता है और 11 किमी चलता है। A, B से कितनी दूर है?

A. 6 किमी **B.** 12 किमी **C.** 10 किमी **D.** 8 किमी

Q.135 निम्नलिखित में से किस अधिनियम में तलाक के लिए प्रावधान दिया गया है?

A. हिंदू विवाह अधिनियम, 1955

B. दहेज प्रतिबंध अधिनियम, 1961

C. बाल विवाह निषेध अधिनियम, 2006

D. सती (रोकथाम) अधिनियम, 1987

Q.136 "की टू थियोसॉफी" पुस्तक के लेखक कौन हैं?

A. भगत सिंह **B.** महात्मा गांधी

C. एडविन आर्नोल्ड **D.** हेलेना ब्लावट्स्की

Q.137 A कतार के आरंभ से 13 वें स्थान पर खड़ा है तथा A और B के बीच 2 व्यक्ति हैं। B, A के बाद खड़ा है। यदि कतार से पहले 8 व्यक्तियों को हटा दिया जाता है तो कतार के आरंभ से B का स्थान क्या होगा?

A. 5 **B.** 7 **C.** 8 **D.** 6

Q.138 यदि $P = 24, Q = 12, R = 18, S = 9$ है, तो
$P \times Q + R \div S =?$

A. 240 **B.** 280 **C.** 290 **D.** 250

Q.139 एक निश्चित कूट भाषा में:
'learn life lessons' को 'lo ma ku' के रूप में लिखा जाता है,
'lessons are good' को 'pi rh ma' के रूप में लिखा जाता है,
'lead good life' को 'lo ja pi' के रूप में लिखा जाता है।
दी गई कूट भाषा में 'learn' के लिए किस कूटशब्द का उपयोग किया गया है?

A. ku **B.** lo **C.** pi **D.** ma

Q.140 मान लीजिए शब्द SUPERNATURAL में पहला तथा दूसरा अक्षर स्थान बदल लेते हैं, इसी तरह तीसरा तथा चौथा, पांचवां तथा छठा, और इसी प्रकार आगे के अक्षर स्थान बदलते हैं। नए गठित शब्द में, बाएँ से छठा अक्षर कौन सा होगा?

A. A **B.** N **C.** P **D.** R

Q.141 प्रश्नचिह्न को उस विकल्प से प्रतिस्थापित कीजिए जो प्रथम युग्म में लागू तर्क का अनुसरण करता है।
Pig : Piglet :: Lion : ??

A. Calf **B.** Puppy **C.** Kitten **D.** Cub

Q.142 एक बॉक्स में एक रुपए, दो रुपए और पांच रुपए के मूल्यवर्गों के सिक्के हैं जिनकी कुल राशि 1080 रु. है। सभी मूल्यवर्गों के सिक्के बराबर हैं। बॉक्स में सिक्कों की कुल संख्या ज्ञात कीजिए।

A. 405 **B.** 135 **C.** 115 **D.** 425

Q.143 स्वतंत्रता के बाद पहली पुलिस सुधार समिति का गठन किस राज्य में हुआ था?

A. तमिलनाडु **B.** केरल **C.** आंध्र प्रदेश **D.** कर्नाटक

Q.144 भारतीय दंड संहिता की धारा 307 निम्नलिखित में से किस अपराध से संबंधित है?

A. बलात्कार **B.** चोरी

C. हत्या का प्रयास **D.** दंगा

Q.145 निर्देश: इस प्रश्न में, एक गद्यांश के बाद एक कथन दिया गया है। गद्यांश को ध्यानपूर्वक पढ़ें और दिए गए गद्यांश के आधार पर कथन का आकलन करें।

वर्तमान टीम के लिए यह एक जबरदस्त अवसर है, यकीनन यह आधुनिक युग की सबसे अधिक प्रचारित भारतीय टेस्ट टीम है। एशिया के बाहर अपने पिछले आठ टेस्ट मैचों में इस टीम ने दो टेस्ट जीते हैं और छह में हार का सामना करना पड़ा है। इससे उबरने की जरूरत है। और ऑस्ट्रेलिया इसके लिए सबसे अच्छी जगह है। इस बार के हालात अलग हैं।

हाल के दिनों में किसी भी भ्रमणकारी टीम के लिए ऑस्ट्रेलिया में श्रृंखला जीतने का इतना शानदार मौका नहीं मिला है। यह स्टीव वॉ और रिकी पोंटिंग की आक्रामक ऑस्ट्रेलियाई टीम नहीं है, जो इसके पहले गई सभी टीमों पर भारी पड़ती थी और जिनके लिए घरेलू मैदान में उनके खिलाफ खेलना खतरनाक लगता था।

मौजूदा ऑस्ट्रेलियाई क्रिकेट टीम ने पाँच टेस्ट मैचों की श्रृंखला खेली है, जिसमें उसे तीन में हार का सामना करना पड़ा है। वह अपनी आखिरी दो श्रृंखलाओं में पराजित रही है, जिसमें एक श्रृंखला पाकिस्तान के खिलाफ थी, जो कि वर्तमान समय में खेल में मजबूत नहीं रहा है। ऑस्ट्रेलियाई टीम अपने दो निलंबित चल रहे सर्वश्रेष्ठ बल्लेबाजों स्टीव स्मिथ और डेविड वार्नर की अनुपस्थिति से कमजोर पड़ गई है।

कथन:
लेखक ने इस गद्यांश में यह बताने के लिए 'स्टीव वॉ और रिकी पोंटिंग' का उल्लेख किया है, कि ऑस्ट्रेलियाई टीम पहले कितनी मजबूत थी।
निम्नलिखित विकल्पों में से उपयुक्त विकल्प चुनें:
A - कथन निश्चित रूप से सत्य है।
B - कथन संभवतः सत्य है।
C - कथन निर्धारित नहीं किया जा सकता।
D - कथन निश्चित रूप से असत्य है।

A. D **B.** C **C.** B **D.** A

Q.146 वेन आरेख में निम्नलिखित में से कौन सी संख्या केवल उन बच्चों को दर्शाती है जो पढ़ाकू और शरारती हैं?

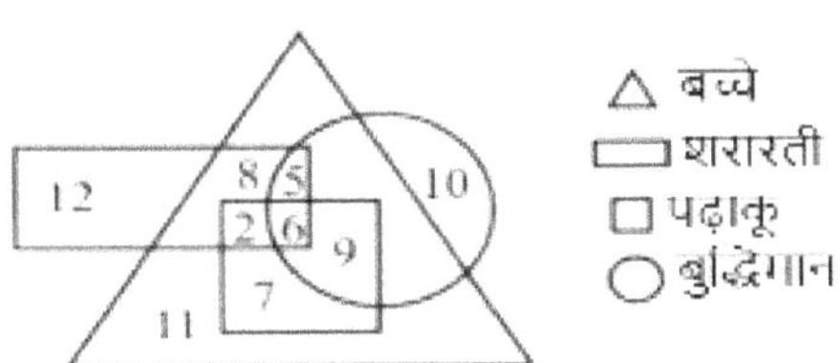

A. 2 **B.** 6 **C.** 9 **D.** 5

Q.147 (1), (2), (3), (4) के रूप में संख्यांकित, निम्नलिखित में से कौन सा चित्र, दी गई श्रृंखला के लिए अगला चित्र होगा?

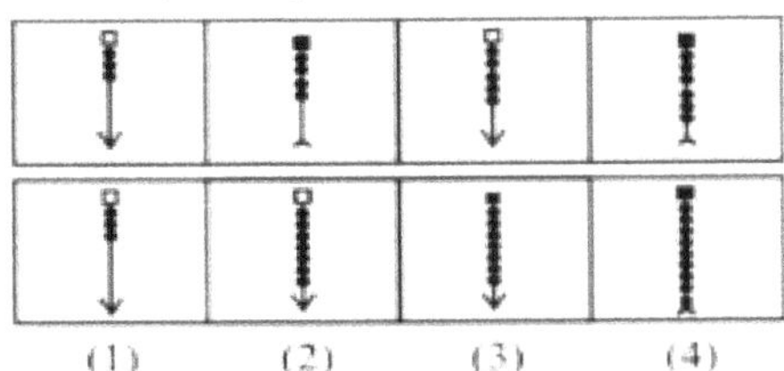

A. 2 **B.** 1 **C.** 3 **D.** 4

Q.148 भारत में किशोर न्याय (देखभाल और संरक्षण) अधिनियम कब अधिनियमित किया गया था?

A. 1995 **B.** 2015 **C.** 2005 **D.** 2020

Q.149 निम्नलिखित में से कौन सा विकल्प दी गई आकृति को उत्तम रूप से पूर्ण करेगा?

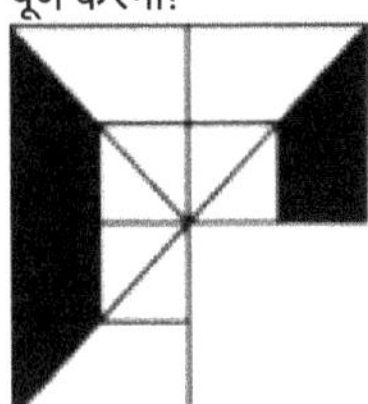

A. 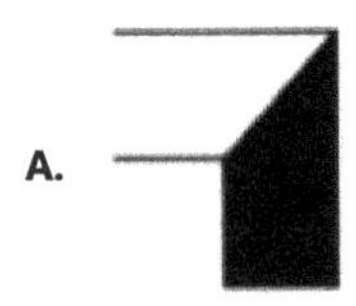 **B.** 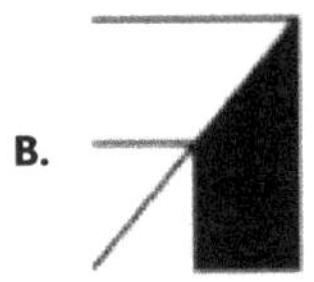

C. 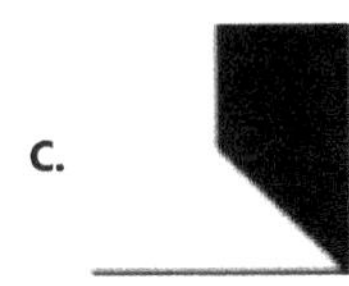 **D.** 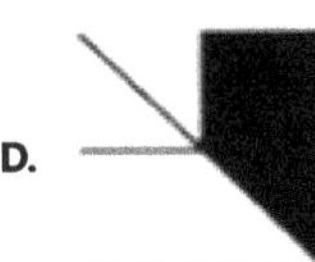

Q.150 एक पंक्ति में सभी व्यक्ति उत्तर की ओर अभिमुख हैं, A, B के बाएँ 9 वें स्थान पर है जो एकदम दाहिने छोर पर है। A की बाईं ओर 3 व्यक्ति हैं। पंक्ति में व्यक्तियों की कुल संख्या कितनी है?

A. 12 **B.** 13 **C.** 14 **D.** 15

Q.151 दिए गए विकल्पों में से असंगत शब्द/संख्या/अक्षर युग्म वाले विकल्प का चयन कीजिए।

A. तरबूज **B.** कमल **C.** लिली **D.** सूरजमुखी

Q.152 यदि अंग्रेज़ी वर्णमाला श्रृंखला में से सभी स्वर (vowels) हटा दिए जाएं, तो बाएँ से सातवें अक्षर की दाईं ओर पांचवां अक्षर कौन सा होगा?

A. N **B.** Q **C.** R **D.** P

Q.153 एक व्यक्ति 9 किमी पश्चिम की ओर चलता है; दाएँ मुड़ता है और 12 किमी चलता है। फिर वह 7 किमी प्रारंभिक बिंदु की ओर चलता है और गंतव्य स्थान पर पहुँच जाता है।
वह प्रारंभिक बिंदु से कितनी दूरी पर है?

A. 8 किमी **B.** 12 किमी **C.** 13 किमी **D.** 10 किमी

Q.154 एक निश्चित कूट भाषा में:
'learn life lessons' को 'lo ma ku' के रूप में लिखा जाता है,
'lessons are good' को 'pi rh ma' के रूप में लिखा जाता है,
'lead good life' को 'lo ja pi' के रूप में लिखा जाता है।
कूटशब्द 'ja' का उपयोग किसके लिए किया गया है?

A. lessons **B.** good **C.** lead **D.** life

Q.155 वेन आरेख में निम्नलिखित में से कौन सा वर्ण केवल उन पुरुषों को दर्शाता है जो निरक्षर हैं?

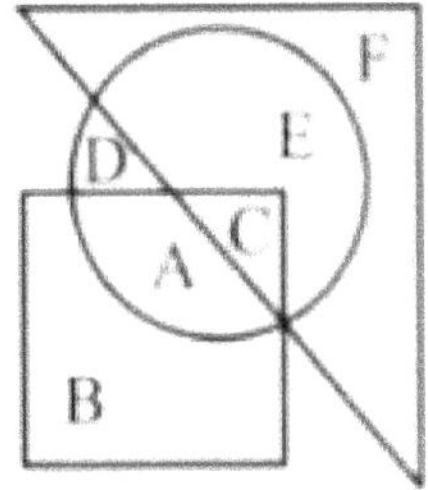

पुरुष
निरक्षर
नौजवान

A. A **B.** D **C.** E **D.** F

Q.156 श्रेणी में अगली संख्या ज्ञात कीजिए।
5, 6, 11, 34, 135, ?

A. 679 **B.** 677 **C.** 678 **D.** 676

Q.157 यदि संख्या अनुक्रम 5 7 8 3 2 1 1 4 5 6 3 2 में, सभी विषम संख्याओं में एक जोड़ा जाता है और सभी सम संख्याओं में एक जोड़ा जाता है, फिर नए संख्या अनुक्रम को आरोही क्रम में व्यवस्थित किया जाता है, तो दाएँ से पांचवां अंक कौन सा होगा?

A. 7 **B.** 3 **C.** 6 **D.** 4

Q.158 E, D की बेटी है जिसकी पत्नी C है। C, जो A की बेटी है जिसका पति B है। D का B से क्या संबंध है?

A. दामाद **B.** बेटा **C.** ग्रैंडसन **D.** ससुर

Q.159 जानकारी को ध्यान से पढ़ें और निम्नलिखित प्रश्न का उत्तर दें।
A+B का अर्थ है, A, B का भाई है
A-B का अर्थ है, A, B की बहन है
A*B का अर्थ है, A, B की माँ है
A/B का अर्थ है, A, B का पिता है
दिए गए व्यंजक P/Q + R - S में P का S से क्या संबंध है?

A. पुत्री **B.** पिता **C.** माँ **D.** पुत्र

Q.160 भारतीय संविधान का निम्नलिखित में से कौन सा अनुच्छेद, राज्य को महिलाओं और बच्चों के लिए विशेष कानून बनाने का अधिकार देता है?

A. अनुच्छेद 4 **B.** अनुच्छेद 17

C. अनुच्छेद 15 **D.** अनुच्छेद 18

// स्मार्ट उत्तर पुस्तिका //

सही उत्तर उन छात्रों का प्रतिशत जिन्होंने प्रश्नों का सही उत्तर दिया था। **छोड़ दिया** उन छात्रों का प्रतिशत जिन्होंने प्रश्नों को छोड़ दिया था।

प्रश्न संख्या	उत्तर	सही उत्तर	छोड़ दिया	प्रश्न संख्या	उत्तर	सही उत्तर	छोड़ दिया	प्रश्न संख्या	उत्तर	सही उत्तर	छोड़ दिया	प्रश्न संख्या	उत्तर	सही उत्तर	छोड़ दिया	प्रश्न संख्या	उत्तर	सही उत्तर	छोड़ दिया	प्रश्न संख्या	उत्तर	सही उत्तर	छोड़ दिया
1	A	58.01 %	1.62 %	22	D	45.25 %	1.94 %	43	D	68.34 %	1.64 %	64	C	66.0 %	1.6 %	85	B	88.18 %	0.0 %	106	B	60.97 %	1.66 %
2	D	80.35 %	0.0 %	23	C	84.88 %	0.0 %	44	D	41.74 %	1.58 %	65	D	10.42 %	4.5 %	86	B	86.6 %	0.0 %	107	D	66.49 %	1.64 %
3	A	11.62 %	4.68 %	24	B	44.48 %	1.38 %	45	C	61.74 %	1.26 %	66	C	49.58 %	1.44 %	87	C	46.08 %	1.2 %	108	D	86.6 %	0.0 %
4	A	57.3 %	1.53 %	25	B	66.73 %	1.56 %	46	B	81.44 %	0.0 %	67	A	61.86 %	1.51 %	88	A	42.92 %	1.49 %	109	C	78.0 %	0.0 %
5	A	60.89 %	1.88 %	26	B	69.78 %	1.39 %	47	D	89.77 %	0.0 %	68	B	15.95 %	4.99 %	89	B	42.37 %	1.34 %	110	D	53.12 %	1.41 %
6	B	64.58 %	1.35 %	27	A	40.03 %	1.81 %	48	C	43.79 %	1.63 %	69	C	50.82 %	1.96 %	90	A	63.28 %	1.73 %	111	A	67.65 %	1.26 %
7	C	83.92 %	0.0 %	28	D	79.9 %	0.0 %	49	C	52.44 %	1.13 %	70	A	52.51 %	1.22 %	91	A	66.35 %	1.07 %	112	C	45.11 %	1.11 %
8	D	52.89 %	1.99 %	29	D	22.66 %	3.2 %	50	C	30.44 %	4.84 %	71	B	60.74 %	1.01 %	92	B	31.26 %	3.01 %	113	B	44.98 %	1.41 %
9	D	42.48 %	1.78 %	30	C	62.52 %	1.28 %	51	B	81.74 %	0.0 %	72	B	32.43 %	4.29 %	93	D	85.65 %	0.0 %	114	B	43.17 %	1.08 %
10	B	89.5 %	0.0 %	31	D	41.48 %	1.69 %	52	A	55.64 %	1.29 %	73	D	62.39 %	1.21 %	94	D	84.06 %	0.0 %	115	D	60.95 %	1.05 %
11	C	50.18 %	1.51 %	32	B	69.69 %	1.87 %	53	C	18.84 %	3.06 %	74	D	42.13 %	1.22 %	95	C	40.77 %	1.67 %	116	C	53.18 %	1.36 %
12	B	69.9 %	1.7 %	33	D	87.94 %	0.0 %	54	B	61.67 %	1.33 %	75	B	88.96 %	0.0 %	96	B	78.93 %	0.0 %	117	A	56.26 %	1.3 %
13	B	62.54 %	1.82 %	34	D	25.34 %	3.94 %	55	B	62.36 %	1.1 %	76	B	55.03 %	1.98 %	97	B	82.64 %	0.0 %	118	D	21.55 %	3.41 %
14	D	68.05 %	1.69 %	35	C	61.72 %	1.32 %	56	B	50.05 %	1.88 %	77	B	78.22 %	0.0 %	98	D	47.39 %	1.87 %	119	C	64.7 %	1.32 %
15	B	32.13 %	3.54 %	36	A	76.53 %	0.0 %	57	B	84.79 %	0.0 %	78	D	41.82 %	1.07 %	99	A	48.16 %	1.13 %	120	A	61.55 %	1.14 %
16	B	80.76 %	0.0 %	37	B	66.27 %	1.5 %	58	D	17.16 %	3.94 %	79	B	45.44 %	1.01 %	100	C	78.86 %	0.0 %	121	B	44.39 %	1.22 %
17	D	87.43 %	0.0 %	38	C	50.67 %	1.41 %	59	B	86.96 %	0.0 %	80	B	62.81 %	1.85 %	101	B	87.13 %	0.0 %	122	B	48.84 %	1.72 %
18	D	41.28 %	1.82 %	39	D	12.24 %	3.45 %	60	A	86.18 %	0.0 %	81	D	52.6 %	1.69 %	102	B	82.45 %	0.0 %	123	C	66.26 %	1.74 %
19	A	19.38 %	3.59 %	40	B	30.86 %	3.19 %	61	B	82.04 %	0.0 %	82	B	45.41 %	1.43 %	103	A	44.54 %	1.47 %	124	C	14.13 %	3.72 %
20	D	66.36 %	1.61 %	41	A	62.48 %	1.63 %	62	A	52.75 %	1.19 %	83	B	62.45 %	1.98 %	104	B	84.74 %	0.0 %	125	A	40.14 %	1.75 %
21	B	54.51 %	1.56 %	42	D	46.64 %	1.48 %	63	A	47.06 %	1.26 %	84	D	63.95 %	1.43 %	105	D	56.77 %	1.6 %	126	C	47.04 %	1.18 %

प्रश्न संख्या	उत्तर	सही उत्तर	छोड़ दिया
127	D	43.6 %	1.37 %
128	B	43.78 %	1.94 %
129	A	85.44 %	0.0 %
130	A	61.98 %	1.8 %
131	B	82.32 %	0.0 %
132	B	67.54 %	1.22 %
133	C	45.91 %	1.26 %
134	A	49.11 %	1.94 %
135	A	45.21 %	1.94 %
136	D	69.37 %	1.19 %
137	C	67.16 %	1.88 %
138	C	53.88 %	1.54 %
139	A	63.61 %	1.37 %
140	D	59.7 %	1.33 %
141	D	85.0 %	0.0 %
142	A	40.01 %	1.51 %
143	B	54.63 %	1.53 %
144	C	49.1 %	1.78 %
145	D	63.4 %	1.99 %
146	A	50.27 %	1.06 %
147	A	68.22 %	1.98 %
148	B	52.89 %	1.32 %
149	D	84.9 %	0.0 %
150	B	56.37 %	1.84 %
151	A	86.38 %	0.0 %
152	D	66.81 %	1.7 %
153	A	40.32 %	1.87 %
154	C	44.87 %	1.01 %
155	C	57.97 %	1.14 %
156	D	63.2 %	1.79 %
157	C	49.75 %	1.09 %
158	A	64.09 %	1.26 %
159	B	41.08 %	1.36 %
160	C	85.98 %	0.0 %

// संकेत और समाधान //

1. 'को' परसर्ग कर्म कारक का चिन्ह है।
संज्ञा या सर्वनाम के जिस रूप से वाक्य के अन्य शब्दों के साथ उनका संबंध सूचित हो उसे कारक कहते हैं।
अतः विकल्प (A) सही है।

2. 'किसी को बुलाओ' वाक्य में 'किसी' 'अनिश्चयवाचक सर्वनाम' है।
जिस सर्वनाम से किसी व्यक्ति या पदार्थ का निश्चित बोध न हो, उसे अनिश्चयवाचक सर्वनाम कहते हैं।
अतः विकल्प (D) सही है।

3. 'कोर्ट मार्शल' एक ऐसी नाट्य-रचना है जिसमें कोर्ट मार्शल जैसी सैन्य न्याय-व्यवस्था का सच उजागर हुआ है।
अतः विकल्प (A) सही है।

4. तीन गणनावाचक विशेषण का उदाहरण है।
वह संख्यावाची विशेषण जो पूर्णांकबोध और अपूर्णांकबोधक के रूप में गिनने योग्य हो, उसे गणनावाचक विशेषण शब्द कहते हैं। जैसे- एक, दो, तीन, चार आदि।
अतः विकल्प (A) सही है।

5. 'तेलुगु' बोली हिंदी भाषा के अंतर्गत नहीं, बल्कि द्रविड़ भाषा के अंतर्गत आती है। बांगरू/हरियाणी तथा कन्नौजी बोली पश्चिमी हिंदी एवं अवधी बोली पूर्वी हिंदी के अंतर्गत आती है।
अतः विकल्प (A) सही है।

6. 'तू' सार्वनामिक शब्द मध्यम पुरूषवाचक सर्वनाम है जबकि 'में' उत्तमपुरूष तथा 'वह' अन्य पुरूष सर्वनाम का उदाहरण है।
अतः विकल्प (B) सही है।

7. विष्णु या नारायण की उपासना करने वाले भक्त 'आलवार' कहलाते हैं। आलवार संतों की संख्या 12 मानी जाती है जिनमें मात्र एक महिला संत थी, जिन्हें 'आण्डाल' के नाम से जाना जाता है।
अतः विकल्प (C) सही है।

8. 'वह आया है।' वाक्य पूर्ण वर्तमान काल का उदाहरण है।
वर्तमान समय में क्रिया के जिस रूप से कार्य के पूरा होने का बोध होता है, पूर्ण वर्तमान काल की क्रिया कहलाती है। जैसे- वह आया है।
अतः विकल्प (D) सही है।

9. 'प्राची' शब्द पूर्व दिशा के लिए उपयुक्त शब्द होगा।
विकल्पों का विवरण: प्राची - पूर्व, उदीची - उत्तर, प्रतीची - पश्चिम, अवाची - दक्षिण
अतः विकल्प (D) सही है।

10. 'छलिया' शब्द में 'इया' प्रत्यय प्रयुक्त हुआ है।
छल + इया = छलिया
अतः विकल्प (B) सही है।

11. 'पुत्रशोक' में 'तत्पुरूष समास' है।
तत्पुरूष समास में उत्तर पद की प्रधानता होती है। कर्ता कारक एवं सम्बोधन कारक के अतिरिक्त अन्य सभी कारक के विभक्तियों का लोप कर तत्पुरूष सामासिक शब्द बनता है। जैसे- पुत्रशोक- पुत्र के लिए शोक
अतः विकल्प (C) सही है।

12. 'प' वर्ण का उच्चारण स्थान 'ओष्ठ' है।
प वर्ग (प, फ, ब, भ, म) और उपध्मानीय इनका उच्चारण स्थान " ओष्ठ " है।
अत: विकल्प (B) सही है।

13. पौर्वात्य शब्द 'पाश्चात्य' का विलोम है।

- शाश्वत - क्षणिक
- विदेशी - देशी
- पूर्ववर्ती - उत्तरवर्ती/परवर्ती

अतः विकल्प (B) सही है।

14. वर्ष 2005 में कुंवर नारायण को साहित्य जगत के सर्वोच्च सम्मान ज्ञानपीठ पुरस्कार से सम्मानित किया गया। कुंवर नारायण की कुछ प्रकाशित कृतियाँ इस प्रकार हैं-चक्रव्यूह, परिवेशः, हम-तुम, आमने सामने, आत्मजयी, कोई दूसरा नहीं, वाजश्रवा के बहाने आदि।
अतः विकल्प (D) सही है।

15. सिखों के प्रसिद्ध धर्मग्रंथ 'श्री गुरू ग्रंथ साहब' का संकलन उनके पाँचवें गुरू 'अर्जुन देव' द्वारा सन् 1604 ई. में किया गया। गुरू ग्रंथ साहब को आदिग्रंथ भी कहा जाता है।
अतः विकल्प (B) सही है।

16. राजभाषा आयोग के प्रथम अध्यक्ष 'बाल गंगाधर खेर' (बी० जी० खेर) थे। भारतीय संविधान के अनुच्छेद 344 में प्राप्त शक्तियों के आधार पर 7 जून 1955 को राजभाषा आयोग का गठन किया गया। अनुच्छेद-343 के अनुसार संघ की राजभाषा हिन्दी तथा लिपि देवनागरी होगी।
अतः विकल्प (B) सही है।

17. कर्ता के 'ने' चिन्ह का प्रयोग 'सामान्य भूत में' होता है।
'क्रिया के जिस रूप से कार्य के सामान्य रूप से बीते समय में पूरा होने का बोध हो, उसे सामान्य भूतकाल की क्रिया कहते हैं।'
अतः विकल्प (D) सही है।

18. 'चंद्रकांता' हिंदी के आरम्भिक उपन्यासों में से एक है। जिसके लेखक देवकी नंदन खत्री हैं। यह उपन्यास अपने समय में अत्यधिक लोकप्रिय हुआ था। यह लेखक का पहला उपन्यास था तथा इसे पढ़ने के लिए बहुत से लोगों ने हिंदी भाषा सीखी थी।
अतः विकल्प (D) सही है।

19. 'बेगमपुरा' की अवधारणा को भक्तिकाल के महान संत 'रविदास' ने प्रस्तुत किया था। यह एक राजनीतिक-आर्थिकसामाजिक अवधारणा है। संत रविदास ने बेगमपुर शहर में एक दु:खविहीन समाज की कल्पना की है, जिसमें ऊँच-नीच, अमीरगरीब और छूआछूत का भेद नहीं है।
अतः विकल्प (A) सही है।

20. 'राम लक्ष्मण से पत्र लिखवाता है।' इस वाक्य में क्रिया का प्रयोग 'प्रेरणार्थक क्रिया' के रूप में किया गया है।
जिस क्रिया से इस बात का बोध होता है, कि कर्ता स्वयं कार्य न करके किसी दूसरे को कार्य करने के लिए प्रेरित करता है। वह प्रेरणार्थक क्रिया कहलाती है।
अतः विकल्प (D) सही है।

21. भारती' शब्द 'लक्ष्मी' का पर्यायवाची नहीं है। जबकि चंचला, अमला, इंदिरा, श्री, कमला, हरिप्रिया, पद्मा, रमा आदि 'लक्ष्मी' के पर्यायवाची शब्द हैं।
अतः विकल्प (B) सही है।

22. (;) को अर्द्ध विराम चिन्ह कहा जाता है। जब एक ही प्रधान उपवाक्य पर अनेक आश्रित उपवाक्य हों तब अर्द्ध विराम (;) चिन्ह का प्रयोग किया जाता है।
अतः विकल्प (D) सही है।

23. 'गरीबों को दान दो' इस वाक्य में 'गरीब' शब्द 'सम्प्रदान कारक' का उदाहरण है। जब कर्ता के द्वारा दान देने की क्रिया हो, उसकी 'सम्प्रदान कारक' संज्ञा होगी।
जैसे- वह भिखारी को कम्बल देता है।
अतः विकल्प (C) सही है।

24. 'हमारा शिक्षा माध्यम और पाठ्यक्रम' उपर्युक्त गद्यांश का सर्वाधिक उपयुक्त शीर्षक होगा।
उपर्युक्त गद्यांश में लेखक ने हमारे शिक्षा माध्यम और पाठ्यक्रम को हमारी भारतीय भाषा में होने की बात कही है जिससे हमारी संस्कृति और साथ ही भारतीय भाषा का विकास को और आने वाली पीढ़ी भी इससे अवगत हो सके।
अतः विकल्प (B) सही है।

25. उपरोक्त गद्यांश के अनुसार "आवश्यकता इस बात की है कि हमारी शिक्षा का माध्यम भारतीय भाषा हो, जिसमें राष्ट्र के हृदय-मन-प्राण के सूक्ष्मतम और गम्भीरतम संवेदन मुखरित हों और हमारा पाठ्यक्रम यूरोप तथा अमेरिका के पाठयक्रम आधारित न होकर हमारी अपनी सांस्कृतिक परम्पराओं एवं आवश्ककताओं का प्रतिनिधित्व करें।
अतः विकल्प (B) सही है।

26. गद्यांश के अनुसार, हम राष्ट्रीय परम्परा से ही नहीं, सामयिक जीवन प्रवाह से भी दूर जा पड़े हैं। विदेशी पश्चिमी चश्मों के भीतर से देखने पर अपने घर के प्राणी भी बे-पहचाने और अजीब से लगने लगे हैं।
अतः विकल्प (B) सही है।

27. वे शब्दांश जो किसी 'शब्द के पहले' जुड़कर उसके अर्थ में विशेषता उत्पन्न कर देते हैं, उपसर्ग कहलाते हैं। उपसर्ग दो शब्दों 'उप + सर्ग' से मिलकर बना है जिसमें 'उप' का अर्थ है- 'समीप' तथा 'सर्ग' का अर्थ है- सृष्टि करना।

जैसे- 'प्र'- प्रयत्न, प्रयोग, प्रहार, प्रभार, प्रयोजन आदि।
अतः विकल्प (A) सही है।
28. विकल्प (D) में दिया गया वाक्य 'मैने पुस्तक पढ़ी।' शुद्ध वाक्य है। अन्य विकल्प इस प्रकार हैं-

- राम के अनेक नाम हैं।
- मुझे जाना है।

अतः विकल्प (D) सही है।
29. कवि 'हरिदास' अष्टछाप में सम्मिलित नहीं हैं। 'अष्टछाप' आठ भक्तिकालीन कवियों का एक समूह था इसकी स्थापना महाप्रभू श्री वल्लभाचार्य जी के पुत्र श्री विठ्लनाथ जी ने किया था।
अतः विकल्प (D) सही है।
30. 'पंचामृत' में 'द्विगु समास' है। वह सामासिक शब्द जिसका पूर्व पद संख्यावाची विशेषण हो तथा समस्त पद किसी समूह का बोध करा रहा हो, द्विगु समास कहलाता है।
उदाहरण- त्रिफला, अष्टाध्यायी, चौराहा, पंचतत्व, त्रिवेणी, दोपहर आदि।
अतः विकल्प (C) सही है।
31. 'महत्त्व' में 'त्व' प्रत्यय का प्रयोग हुआ है। प्रत्यय वे शब्दांश होते हैं, जो किसी शब्द के अंत में जुड़कर उसके अर्थ में विशिष्टता ला देते हैं। 'त्व' प्रत्यय से बने शब्द इस प्रकार हैं-
'त्व'- महत्त्व, गुरूत्व, लघुत्व, व्यक्तित्व, देवत्व, अपनत्व आदि।
अतः विकल्प (D) सही है।
32. 'हानूश' नाटक के लेखक 'भीष्म साहनी' जी हैं। इसका प्रकाशन सन् 1977 ई. में हुआ था। 'भीष्म साहनी' जी की अन्य नाट्य कृतियाँ- भाग्यरेखा, माधवी, रंग दे बसंती चोला, आलमगीर, मुआवजे, कबिरा खड़ा बाजार में आदि।
अतः विकल्प (B) सही है।
33. 'सब में व्याप्त रहने वाला' वाक्यांश के लिए उपयुक्त शब्द 'सर्वव्यापी' होगा। शेष सभी विकल्प वर्तनी की दृष्टि से त्रुटिपूर्ण हैं।
वाक्य प्रयोग- उस सर्वव्यापी भाषा को समझने और बूझने के लिए हिम्मत का होना बहुत जरूरी है ।
अतः विकल्प (D) सही है।
34. 'मलयालम' भाषा भारोपीय परिवार की भाषा नहीं है। मलयालम द्रविड़ परिवार की भाषा है, जबकि हिंदी, मराठी एवं गुजराती भारोपीय परिवार की भाषाएँ हैं।
अतः विकल्प (D) सही है।
35. (,) अल्पविराम का चिन्ह है।
वाक्य के भीतर एक ही प्रकार के शब्दों को अलग करने के लिए अल्पविराम चिन्ह (,) का प्रयोग किया जाता है।
अतः विकल्प (C) सही है।
36. भाषा की सबसे छोटी इकाई को 'वर्ण' कहा जाता है। वर्ण को दो भागों में बाँटा गया है- (i) स्वर, (ii) व्यंजन
अतः विकल्प (A) सही है।
37. 'दृक' तद्भव शब्द नहीं है। 'दृक' तत्सम शब्द है।
अतः विकल्प (B) सही है।
38. 'घी के दिये जलाना' मुहावरे का सही अर्थ है-अप्रत्याशित लाभ पर प्रसन्न होना।
वाक्य प्रयोग-रमेश को नौकरी मिलने पर उसके परिवारजनों ने घी के दिये जलाए।
अतः विकल्प (C) सही है।
39. दिवाली शब्द तद्भव है।
तद्भव एक संस्कृत शब्द है जो मध्यकालीन भारत-आर्य भाषाओं के सन्दर्भ में उन शब्दों को कहते हैं जो संस्कृत के मूल शब्द नहीं हैं बल्कि संस्कृत के किसी मूल शब्द से व्युत्पन्न (निकले हुए) हैं।
अतः विकल्प (D) सही है।
40. 'क्ष' व्यंजन 'संयुक्त व्यंजन' का उदाहरण है। क्ष = क् + ष
शेष विकल्पों में दिये गये व्यंजन 'ड', 'झ' तथा 'ढ' स्पर्शी व्यंजन के उदाहरण हैं।
अतः विकल्प (B) सही है।
41. भारत में, विलियम बेंटिंक (1828-1835) ने राजा राममोहन राय के समर्थन से 1829 में सती प्रथा को समाप्त कर दिया। बेंटिंक ने इस प्रथा के खिलाफ एक कानून बनाया और 1829 ईस्वी में, धारा 17 के माध्यम से, विधवाओं की सती को अवैध घोषित कर दिया।
अतः विकल्प (A) सही है।
42. भारतीय संविधान के भाग-XIV में 'अखिल भारतीय सेवाओं' का उल्लेख किया गया है।

- भाग-VII में पहली अनुसूची के 'भाग ख के राज्य' का वर्णन है। वर्तमान में यह भाग निरसित है।
- भाग-IX में पंचायतों का उल्लेख किया गया है।
- संविधान का भाग-III मौलिक अधिकारों से संबंधित है।

अतः विकल्प (D) सही है।
43. भारतीय संविधान के अनुच्छेद 317(3) में प्रावधान किया गया है कि राष्ट्रपति संघ लोक सेवा आयोग के अध्यक्ष व सदस्यों को निम्नलिखित आधारों पर हटा सकता है-
दिवालिया घोषित किया गया हो, अपने कार्यकाल के दौरान कार्यालय के कर्तव्यों के बाहर किसी भी भुगतान वाले रोजगार में संलग्न होना है, राष्ट्रपति की राय में मानसिक या शारीरिक दुर्बलता के कारण पद पर बने रहने के लिए अयोग्य है।
अतः विकल्प (D) सही है।
44. भारतीय संविधान के अनुच्छेद-110 में धन विधेयक की परिभाषा दी गयी है।
कोई विधेयक धन विधेयक माना जाएगा यदि वह भारत की संचित निधि या आकस्मिकता निधि की अभिरक्षा, या ऐसी किसी निधि में धन जमा करने या उसमें से धन निकालने संबंधित हो।
अतः विकल्प (D) सही है।
45. भारत में 3 अखिल भारतीय सेवाएं हैं। इनमें भारतीय प्रशासनिक सेवा (आईएएस), भारतीय वन सेवा (आईएफएस) और भारतीय पुलिस सेवा (आईपीएस) शामिल हैं जो भारत की सभी सिविल सेवाएं हैं।
अतः विकल्प (C) सही है।
46. निर्माण 8 कोर उद्योगों के अंतर्गत नहीं आता है।
कोयला, कच्चा तेल, प्राकृतिक गैस, उर्वरक, स्टील, पेट्रो रिफाइनिंग, बिजली व सीमेंट उद्योगों को आठ कोर सेक्टर कहा जाता है।
अतः विकल्प (B) सही है।
47. वर्ष 2020 का नोबेल शांति पुरस्कार 'विश्व खाद्य कार्यक्रम' को प्रदान किया गया जबकि वर्ष 2021 का नोबल शांति पुरस्कार 'मारिया रेसा' व 'दिमित्री मुराटोव' को प्राप्त हुआ।
अतः विकल्प (D) सही है।
48. 61वें संविधान संशोधन अधिनियम 1989 ई. के द्वारा संविधान के अनुच्छेद 326 में संशोधन करके मतदान के लिए आयु-सीमा 21 वर्ष से घटाकर 18 वर्ष कर दिया गया था।
अतः विकल्प (C) सही है।
49. इन्वेस्ट इंडिया वाणिज्य एवं उद्योग मंत्रालय के तहत निवेश को बढ़ावा देने के लिए एक प्रमुख एजेंसी है। अक्टूबर, 2021 में इन्वेस्ट इंडिया को सर्वसम्मति से 2021-2023 के लिए वर्ल्ड एसोसिएशन ऑफ इन्वेस्टमेंट प्रमोशन एजेंसीज (WAIPA) का अध्यक्ष चुना गया है।
अतः विकल्प (C) सही है।
50. 42वें संविधान संशोधन अधिनियम 1976 के द्वारा संविधान में निम्नलिखित परिवर्तन किये गये:

- संविधान की प्रस्तावना में समाजवादी, धर्मनिरपेक्ष एवं एकता व अखण्डता शब्द जोड़े गये।
- सभी नीति-निर्देशक सिद्धांतों को मूल अधिकारों पर सर्वोच्चता सुनिश्चित की गयी।

अतः विकल्प (C) सही है।
51. भारत में अलीगढ़ आंदोलन के संस्थापक सैयद अहमद खान थे। यह एक इस्लामी आंदोलन था। इस आंदोलन का मुख्य उद्देश्य मुसलमानों में धार्मिक सुधार करना था।
अतः विकल्प (B) सही है।

52. हाल ही में पारित कृषि अधिनियम के अनुसार, कृषि समझौते की अधिकतम अवधि 5 वर्ष है।
कृषि (सशक्तिकरण और संरक्षण) कीमत आश्वासन और कृषि सेवा पर करार विधेयक, 2020 का उद्देश्य अनुबंधों के तहत होने वाली कृषि को एक कानूनी सुरक्षा कवच देना है। इस विधेयक की मदद से किसान किसी फसल को पैदा करने के लिए पाँच साल तक का अनुबंध कर सकता है।
अतः विकल्प (A) सही है।

53. भारत के सर्वोच्च न्यायालय ने 'जोसेफ शाइन बनाम भारत संघ' (2018 SC) के मामले में भारतीय दंड संहिता, 1860 की धारा 497 को हटाते हुए, व्यभिचार को अपराध मुक्त किया।
भारतीय दंड संहिता की धारा 497 महिला की गरिमा के अधिकार का उल्लंघन करती है। इसलिए, यह संविधान के अनुच्छेद 21 का उल्लंघन है।
अतः विकल्प (C) सही है।

54. प्रदूषक द्वारा भुगतान (पॉल्युटर पेय) सिद्धांत के अनुसार, किसी व्यक्ति के पूर्ण दायित्व में न केवल प्रदूषण के पीड़ितों की क्षतिपूर्ति शामिल है, बल्कि पर्यावरणीय क्षति को पुनः ठीक करने की लागत भी शामिल है।
'प्रदूषक भुगतान सिद्धांत': पर्यावरण को हानि पहुंचाने के लिए निरपेक्ष दायित्व के रूप में परिभाषित किया गया है जो न केवल प्रदूषण के पीड़ितों को क्षतिपूर्ति प्रदान करने के स्तर तक सीमित है बल्कि पर्यावरण की निम्नीकरण की बहाली की लागत भी शामिल है।
अतः विकल्प (B) सही है।

55. गेहूँ और जौ की जोड़ी रबी फसलों का सबसे अच्छा वर्णन करती है।
रबी की फ़सल सामान्यतः अक्तूबर-नवम्बर के महिनों में बोई जाती हैं। इन फसलों की बुआई के समय कम तापमान तथा पकते समय खुश्क और गर्म वातावरण की आवश्यकता होती है।
अतः विकल्प (B) सही है।

56. भारतीय संविधान के अनुच्छेद 202 के अनुसार राज्यपाल प्रत्येक वित्तीय वर्ष के संबंध में राज्य के विधान-मण्डल के सदन या सदनों के समक्ष उस राज्य की उस वर्ष के लिए प्राक्कलित प्राप्तियों और व्यय का विवरण रखवाता है, जिसे वार्षिक वित्तीय विवरण कहा जाता है।
अतः विकल्प (B) सही है।

57. हमारे शरीर की सबसे बड़ी ग्रंथि यकृत और सबसे छोटी ग्रंथि पिट्यूटरी कहलाती है। पिट्यूटरी को 'मास्टर ग्रंथि' भी कहा जाता है। यह एक अंतःस्रावी ग्रन्थि है जिसका आकार एक मटर के दाने जैसा होता है और वजन 0.6 ग्राम होता है। यह मस्तिष्क के तल पर हाइपोथैलमस के निचले हिस्से से निकला हुआ उभार होता है।
अतः विकल्प (B) सही है।

58. ए. के. गोपालन मामले में सर्वोच्च न्यायालय ने यह निर्णय दिया कि अनुच्छेद 21 के तहत संरक्षण केवल स्वेच्छित कार्यकारी कार्रवाई के विरुद्ध उपलब्ध है, न कि स्वेच्छित वैधानिक कार्रवाई के विरुद्ध।
भारत के संविधान के अनुच्छेद 21 के अंतर्गत प्राण और दैहिक स्वतंत्रता का उल्लेख किया गया है। मेनका गांधी के प्रकरण में प्राण और दैहिक स्वतंत्रता के संबंध में विस्तृत विवेचना की गई और अनुच्छेद 21 के अंतर्गत उल्लेख किए गए अधिकार को अत्यधिक महत्वपूर्ण अधिकार बनाया गया।
अतः विकल्प (D) सही है।

59. वर्ष 2014 में फेसबुक ने वाट्सएप को 19 बिलियन डॉलर में खरीद लिया। वाट्सएप की स्थापना वर्ष 2009 में की गयी थी। व्हाट्सएप मैसेंजर एक क्रॉस-प्लेटफॉर्म इंस्टेंट मैसेजिंग एप्लिकेशन है।
अतः विकल्प (B) सही है।

60. "राष्ट्रीय भारत परिवर्तन संस्थान" के अध्यक्ष भारत के प्रधानमंत्री होते हैं। "राष्ट्रीय भारत परिवर्तन संस्थान (नीति आयोग)" का गठन 1 जनवरी, 2015 को किया गया।
अतः विकल्प (A) सही है।

61. डगलस एंजेलबर्ट ने कम्प्यूटर माउस का आविष्कार किया था। 1970 में डगलस एंजेलबर्ट ने माउस का पेटेंट कराया था, उनके नाम माउस के अलावा 45 और आविष्कारों का पेटेंट है।
अतः विकल्प (B) सही है।

62. न्यायमूर्ति वी.आर. कृष्णा अय्यर तथा न्यायमूर्ति पी.एन. भगवती को जनहित याचिका (PIL) का प्रर्वत्तक माना जाता है।
भारत में जनहित याचिका सर्वोच्च न्यायालय के न्यायिक सक्रियता का एक उत्पाद है। इसकी शुरूआत 1980 में हुई थी। जनहित याचिका (जहिया), भारतीय कानून में, सार्वजनिक हित की रक्षा के लिए मुकदमे का प्रावधान है।
अतः विकल्प (A) सही है।

63. वेल्ड दक्षिणी अफ्रीका के खुले क्षेत्रों को कहते हैं जो काफ़ी हद तक घास व छोटी झाड़ों से ढके हुए मैदानी क्षेत्र हैं। वॅल्ड विशेषकर ज़िम्बाबवे, बोत्सवाना, नामीबिया और दक्षिण अफ़्रीका के कई भागों में वस्तृत है। ऐसे घासदार मैदान लगभग सभीमहाद्वीपों पर भी मिलते हैं: इन्हें उत्तरी अमेरिका में "प्रेरी", यूरेशिया में "स्तॅप" या "स्तॅपी", दक्षिण अमेरिका में "पाम्पा" और दक्षिणी अफ़्रीका में "वॅल्ड" कहा जाता है।
अतः विकल्प (A) सही है।

64. संपत्ति के अधिकार को मौलिक अधिकारों की सूची से हटा दिया गया। चूंकि इस अधिकार ने समाजवाद के लक्ष्य को प्राप्त करने और धन के समान वितरण के रास्ते में बहुत सारी समस्याएं पैदा कीं, इसलिए इसे 1978 में 44 वें संविधान संशोधन द्वारा मौलिक अधिकारों की सूची से हटा दिया गया। हालांकि, इसे हटाने का मतलब यह नहीं है कि हमारे पास संपत्ति के अधिग्रहण, धारण और निपटान का अधिकार नहीं है।
अतः विकल्प (C) सही है।

65. यदि एक पुलिस अधिकारी एक लड़की को जमानत का आदेश प्रस्तुत करने के बाद भी गिरफ्तार करता है और हवालात में बंद करता है तो वह अधिकारी भारतीय दण्ड संहिता 1860 की धारा 340 के तहत 'अनधिकृत कारावास' का दोषी माना जायेगा।
भारतीय दंड संहिता की धारा 340 के अनुसार, जो भी कोई किसी व्यक्ति का गलत तरीके से अवरोध करता है कि उस व्यक्ति को निश्चित सीमा से परे जाने से निवारित कर दे, वह उस व्यक्ति को गलत तरीके से प्रतिबंधित करना कहलाता है।
अतः विकल्प (D) सही है।

66. राष्ट्रीय सुरक्षा अधिनियम निवारक निरोध से संबंधित है। 1980 का राष्ट्रीय सुरक्षा अधिनियम 23 सितंबर 1980 को प्रख्यापित भारतीय संसद का एक अधिनियम है। इसमें 18 खंड शामिल हैं। 'निवारक निरोध' राज्य की सुरक्षा, सार्वजनिक व्यवस्था के रखरखाव या भारत की सुरक्षा से संबंधित कारणों से हो सकता है।
अतः विकल्प (C) सही है।

67. भारत ने पाकिस्तान के साथ 'परमाणु प्रतिष्ठान और सुविधाओं पर हमले के निषेध पर समझौते' पर हस्ताक्षर किए।
वर्ष 2021 में भारत और पाकिस्तान ने अपने परमाणु प्रतिष्ठानों की सूची का आदान-प्रदान किया है।
अतः विकल्प (A) सही है।

68. भारत में आयकर निर्धारण 'आयकर अधिनियम, 1961' के तहत किया जाता है। एक हिन्दू अविभाजित परिवार, एक कंपनी व व्यक्तियों का निकाय इस अधिनियम में शामिल है तथा इन्हें निर्धारिती कहा जाता है। यह अधिनियम 1 अप्रैल, 1962 से प्रभाव में आया। इस अधिनियम में कुल 298 धाराएँ तथा XIV अनुसूचियाँ शामिल हैं।
अतः विकल्प (B) सही है।

69. "राजमन्नार समिति (1969)" को 'तमिलनाडु सरकार' द्वारा नियुक्त किया गया था। इस समिति का गठन केन्द्र व राज्य के बीच संबंधों पर विचार करने के लिए किया गया था।
अतः विकल्प (C) सही है।

70. मोटरयान अधिनियम 1988 की धारा 194B के अनुसार यदि कोई व्यक्ति मोटर वाहन चलाते समय सुरक्षा बेल्ट नहीं पहनता है तो वह ₹ 1000 की जुर्माना राशि के साथ दंडनीय होगा।
मोटरयान अधिनियम 1988 - इसमें 18 खंड थे, और स्थानीय सरकारों को वाहनों और मोटर चालकों को पंजीकृत करने और लाइसेंस देने और नियमों को लागू करने की जिम्मेदारी दी गई थी।
अतः विकल्प (A) सही है।

71. भारतीय संविधान के अनुच्छेद 49 के अनुसार संसद द्वारा बनाई गई विधि द्वारा या उसके अधीन राष्ट्रीय महत्व वाले घोषित किये गये कलात्मक या ऐतिहासिक अभिरूचि वाले प्रत्येक संस्मारक, स्थान या वस्तु का यथास्थिति विरूपण, विनाश, अपसारण, व्यय या निर्यात से संरक्षण करना राज्य की बाध्यता होगी।
अतः विकल्प (B) सही है।

72. भारतीय संविधान के अनुच्छेद 243 K के अनुसार, राज्य निर्वाचन आयुक्त को संबंधित राज्य के राज्यपाल द्वारा नियुक्त किया जाता

है। उल्लेखनीय है कि राज्य निर्वाचन आयोग को राज्य में स्थानीय निकायों के लिए स्वतंत्र और निष्पक्ष चुनाव आयोजित कराने का कार्य सौंपा गया है।
अतः विकल्प (B) सही है।
73. 'स्थायी बंदोबस्त' को 'जमींदारी व्यवस्था' या 'इस्तमरारी व्यवस्था' के नाम से भी जाना जाता है। इसे 1793 ई. में लार्ड कार्नवालिस ने बंगाल, बिहार, उड़ीसा, उत्तर प्रदेश के बनारस प्रखंड तथा उत्तरी कर्नाटक में लागू किया।
अतः विकल्प (D) सही है।
74. भारत में बाल लिंगानुपात को 0-6 वर्ष आयु वर्ग में प्रति हजार पुरूषों पर महिलाओं की संख्या के रूप में परिभाषित किया गया है।
हमारे देश में वर्ष 2011 की जनगणना के अनुसार प्रति एक हजार पुरुष पर महिलाओं की संख्या 940 है. प्रति एक हजार पुरुष पर सबसे कम महिलाएं हरियाणा (830), पंजाब (846), जम्मू कश्मीर (859) हैं. जबकि 0-6 वर्ष के आयु वर्ग में लिंगानुपात 918 है, जो वर्ष 2001 की जनगणना में प्रति एक हजार लड़कों पर 927 था।
अतः विकल्प (D) सही है।
75. भारत में निष्क्रिय इच्छामृत्यु को 'अरूणा रामचंद्र शानबाग बनाम भारतीय संघ' (2011 SC) के मामले में वैध बनाया गया था। निष्क्रिय इच्छामृत्यु अर्थात् ऐसे मामले जहाँ लाइलाज बीमारी से पीड़ित व्यक्ति लंबे समय से कोमा में पड़ा हो, तब रिश्तेदारों की सहमति से डॉक्टर उसका लाइफ सपोर्टिंग सिस्टम यानी जीवन रक्षक उपकरण बंद कर देते हैं और उनकी मौत हो जाती है।
अतः विकल्प (B) सही है।
76. राजस्व बोर्ड (उत्तर प्रदेश) की स्थापना 1831 में इलाहाबाद (प्रयागराज) में की गई थी।
अंग्रेजों द्वारा भूमि व्यवस्था और राजस्व संचयन निमित्त सन् 1831 में उत्तर प्रदेश स्थित इलाहाबाद में राजस्व परिषद की स्थापना की गई जो कालान्तर में राजस्व प्रशासन का मेरूदण्ड बन गया। राजस्व परिषद उद्भव से लेकर आज तक राजस्व प्रशासन की एक मजबूत एवं अति महत्वपूर्ण इकाई के रूप में क्रियाशील रहा है।
अतः विकल्प (B) सही है।
77. 'सीईआरटी' (CERT) कम्प्यूटर इमरजेंसी रिस्पॉन्स टीम का संक्षिप्त रूप है। इस टीम का गठन वर्ष 2004 में किया गया था। इसका मुख्यालय नई दिल्ली में है। यह टीम 'इलेक्ट्रॉनिक्स एवं सूचना प्रौद्योगिकी' मंत्रालय के अधीन कार्य करता है।
अतः विकल्प (B) सही है।
78. बक्सर का युद्ध 22/23 अक्टूबर 1764 में बक्सर नगर के पास ईस्ट इंडिया कंपनी के हैक्टर मुनरो और मुगल तथा नवाबों की सेनाओं के बीच लड़ा गया था। बंगाल के नबाब मीर कासिम, अवध के नबाब शुजाउद्दौला, तथा मुगल बादशाह शाह आलम द्वितीय की संयुक्त सेना अंग्रेज कम्पनी से लड़ रही थी।
अतः विकल्प (D) सही है।
79. महात्मा गाँधी ने दमनकारी वृक्षारोपण प्रणाली के खिलाफ किसानों को विरोध करने हेतु प्रेरित करने के लिए 1917 में चंपारण (बिहार) की यात्रा की थी।
1916 में ब्रिटिश शासक चंपारण में कई पट्टेदार किसानों को इस शर्त पर खेती करने के लिए मजबूर करते थे की वे अपनी भूमि पर सिर्फ नील की खेती करेंगे। महात्मा गांधी वहां गये और किसानों को इस उत्पीड़न के खिलाफ संघर्ष करने के लिए प्रेरित किया।
अतः विकल्प (B) सही है।
80. अल्जाइमर रोग के कारण स्मृति लोप होता है। इसीलिए इस रोग को 'भूलने का रोग' भी कहा जाता है। यह मस्तिष्क से संबंधित एक विकार है। इसका नाम अलोइस अल्जाइमर पर रखा गया है, जिन्होंने सबसे पहले इसका विवरण दिया। इस बीमारी के लक्षणों में याददाश्त की कमी होना, निर्णय न ले पाना, बोलने में दिक्कत आना तथा फिर इसकी वजह से सामाजिक और पारिवारिक समस्याओं की गंभीर स्थिति आदि शामिल हैं।
अतः विकल्प (B) सही है।
81. माना, A ने एक वस्तु ₹ x में खरीदी, और मरम्मत पर खर्च $=$ ₹ 550
B द्वारा खरीदी गयी वस्तु की राशि $= (x+550) \times \frac{110}{100}$ रु.
C द्वारा खरीदी गयी वस्तु की राशि $= (x+550) \times \frac{110}{100} \times \frac{80}{100}$ रु
अब C में इसे 30% लाभ पर बेचा तो प्रश्नानुसार,
$(x+550) \times \frac{110}{100} \times \frac{80}{100} \times \frac{130}{100} = 6864$
$x =$ ₹ 5450
अतः विकल्प (D) सही है।
82. (8\) जून, 2036 का दिन $=$ रविवार $- \frac{365}{7}$ में शेष
$=$ रविवार $-$ शेष एक दिन$=$ शनिवार
इसलिए, 8 जून, 2036 का दिन 'शनिवार' होगा।
अतः विकल्प (B) सही है।
83. प्रश्नानुसार,

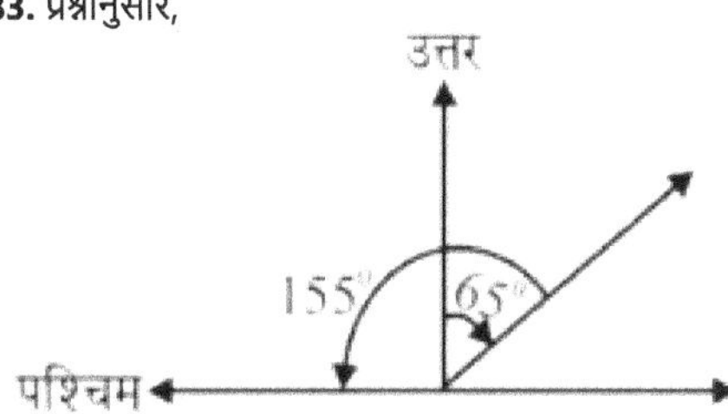

इसलिए, अब वह 'पश्चिम' दिशा की ओर अभिमुख है।
अतः विकल्प (B) सही है।
84. जिस प्रकार,
$B \quad E$
$\downarrow \quad \downarrow$
$2+ \quad 5 = 7 \times 5 = 35$
उसी प्रकार,
$D \quad F$
$\downarrow \quad \downarrow$
$4+ \quad 6 = 10 \times 5 = 50$
अतः विकल्प (D) सही है।
85. 3600 के 50% के 40% के 30% के 20%
$= 3600 \times \frac{50}{100} \times \frac{40}{100} \times \frac{30}{100} \times \frac{20}{100}$
$= \frac{4320}{100} = 43.2$
अतः विकल्प (B) सही है।
86. T, 1 के रूप में कोडित; A, 2 के रूप में कोडित; L, 3 के रूप में कोडित; E, 4 के रूप में कोडित
उसी प्रकार,
W 1 के रूप में कोडित; E, 2 के रूप में कोडित; A, 3 के रूप में कोडित; K, 4 के रूप में कोडित
उपरोक्त के अनुसार $AKWE$ को 3412 के रूप में कोडित होगा।
अतः विकल्प (B) सही है।
87. 18% छूट के बाद, अंकित मूल्य $= 18860 \times \frac{100}{82}$
मेज का क्रय मूल्य $= 18860 \times \frac{100}{82} \times \frac{60}{100}$
क्रय मूल्य $=$ ₹ 13800
अतः विकल्प (C) सही है।
88. आईटी (IT) विभाग में विद्यार्थियों की संख्या $= 14400 \times \frac{16}{100}$
$= 2304$
सीएसई (CSE) विभाग में विद्यार्थियों की संख्या $14400 \times \frac{19}{100} = 2736$
इसलिए, आईटी (IT) और सीएसई (CSE) विभाग में विद्यार्थियों की कुल संख्या $= 2304 + 2736 = 5040$
अतः विकल्प (A) सही है।
89. एंटोनी 6 भाषाएँ बोलता है परन्तु जरूरी नहीं है कि वह आस्ट्रेलियाई है। इसलिए, निष्कर्ष (i) असत्य है।
दूसरे देशों के लोग भी एक से अधिक या 6 से अधिक भाषाएँ बोल सकते हैं। लेकिन कथन में सिर्फ ऑस्ट्रेलिया की बात की गई है इसलिए, यह भी निष्कर्ष असत्य है।
इस प्रकार, दोनों निष्कर्ष अनुसरण नहीं करते हैं।
अतः विकल्प (B) सही है।
90. माना तीन संख्याएँ क्रमशः $19x, 21x$ और $23x$ हैं।

$\Rightarrow 23x \times 3 - (19x + 21x) = 841$
$\Rightarrow x = 29$
इसलिए, पहली और तीसरी संख्या के बीच अन्तर $= 23x - 19x = 4x$
$= 4 \times 29 = 116$
अतः विकल्प (A) सही है।

91. $S_n = \frac{a(r^n-1)}{r-1}$ से, $[\because r > 1]$
$S_4 = \frac{16(6^4-1)}{6-1}$
$= \frac{16 \times 1295}{5}$
$= 4144$
अतः विकल्प (A) सही है।

92. X का एक दिन का काम $= \frac{1}{153}$ भाग
Y का एक दिन का काम $= \frac{1}{255}$ भाग
Z का एक दिन का काम $= \frac{1}{340}$ भाग
X, Y और Z एक साथ काम करें तो-
$= \frac{1}{153} + \frac{1}{255} + \frac{1}{340}$
$= \frac{20+12+9}{3060}$
$= \frac{41}{3060}$
इसलिए, तीनों द्वारा एक साथ करने में लगा समय $= \frac{3060}{41}$ दिन $= 74\frac{26}{41}$ दिन
अतः विकल्प (B) सही है।

93. दिया गया है,
कुल विद्यार्थियों की संख्या $= 14400$
आईटी (IT) विभाग में विद्यार्थियों की संख्या $= 14400 \times \frac{16}{100}$
$= 2304$
अतः विकल्प (D) सही है।

94. दिये गये कथन के अनुसार केवल तर्क 1 प्रबल है क्योंकि जब सार्वजनिक स्थानों में धूम्रपान पर प्रतिबंध होगा, तभी अग्नि दुर्घटनाओं की संभावना को कम किया जा सकता है।
अतः विकल्प (D) सही है।

95. संख्या को 9 से विभाजित होने के लिये दी गयी संख्या के अंकों का योग 9 से विभाजित होना चाहिये।
अंकों का योग $= 6 + 3 + 7 + 8 + 9 + 4 + 7 + 4 = 48$
इसलिए 48 को 9 से विभाजित करने पर शेष 3 बचेगा।
तो 63789474 में से न्यूनतम संख्या 3 को घटाया जाना चाहिए।
अतः विकल्प (C) सही है।

96. सर्वेक्षण के तहत कुछ महीनों के दौरान सैनीटाइज़र्स की बिक्री,
$= 512 + 406 + 319 + 524 + 482 + 294$
$= 2537$ हजार
अतः विकल्प (B) सही है।

97. प्रश्नानुसार,
अभीष्ट प्रतिशत $= \frac{406}{512} \times 100$
$= 79.29\%$ या लगभग 79%
अतः विकल्प (B) सही है।

98. माना,
दूसरा पद $= a_2$
यदि a_1, a_2, a_3 समान्तर श्रेणी में हैं तो-
$a_2 - a_1 = a_3 - a_2$
$a_2 = 180$
$d = a_2 - a_1 = 180 - 175 = 5$
जैसा कि हम जानते हैं,
$S_n = \frac{n}{2}[2a + (n-1)d]$
$S_{151} = \frac{151}{2}[2 \times 175 + (151-1) \times 5]$
$S_{151} = 83050$
अतः विकल्प (D) सही है।

99. क्रय मूल्य $= 1325 \times \frac{100}{125} = \$1060$
हानि $\% =$ क्रय मूल्य $-$ विक्रय मूल्य/क्रय मूल्य $\times 100$
$= \frac{1060-742}{1060} \times 100$
$= 30\%$ हानि
अतः विकल्प (A) सही है।

100. यदि एक दर्पण को छायांकित रेखा पर रखा जाता है तो विकल्प (C) की आकृति का दर्पण प्रतिबिम्ब होगा।

764352

अतः विकल्प (C) सही है।

101. $= 0.3585858......$
$= 0.3\overline{58}$
$= \frac{358-3}{990}$
$= \frac{355}{990}$
अतः विकल्प (B) सही है।

102. $A + B + C =$ ₹ 240000
A, B, C के लाभ का अनुपात $= 15000 : 20000 : 25000$
$= 3 : 4 : 5$
A और C द्वारा कुल राशि का निवेश $= 240000 \times \frac{8}{12} =$ ₹ 160000
अतः विकल्प (B) सही है।

103. भाज्य $=$ भाजक $\times$ भागफल $+$ शेषफल
$N = 13 \times q + 11$
$26N = (26 \times 13q + 26 \times 11) \div 13$
शेषफल $= 0$ (शून्य)
अतः विकल्प (A) सही है।

104. दी गयी श्रृंखला का क्रम निम्नवत् है-

C	E	Z	J	X
↓	↓	↓	↓	↓
3	5	26	10	24

इसलिए, ? $= X$
अतः विकल्प (B) सही है।

105. प्रश्नानुसार, वेन आरेख खींचने पर-

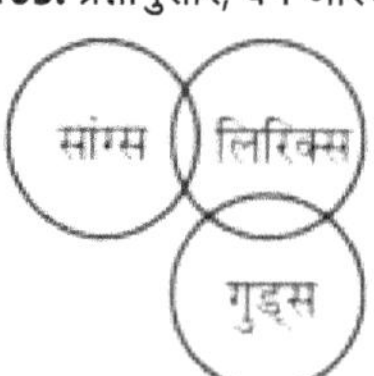

इस प्रकार, दिये गये कथन के अनुसार केवल निष्कर्ष (ii) अनुसरण करता है।
अतः विकल्प (D) सही है।

106. प्रश्नानुसार, वेन आरेख खींचने पर-

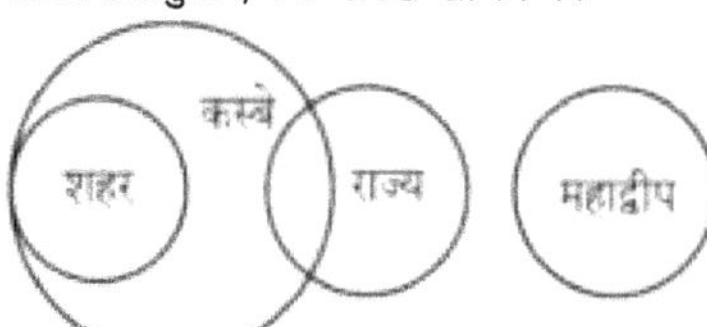

इस प्रकार, वेन आरेख से स्पष्ट है कि दिये गये कथन के अनुसार न ही निष्कर्ष (i) और न ही निष्कर्ष (ii) अनुसरण करता है।
अतः विकल्प (B) सही है।

107. दिया गया है,
विद्यार्थियों की कुल संख्या $= 14400$
E और । विभाग में विद्यार्थियों की संख्या $= 14400 \times \frac{17}{100}$
$= 2448$
अतः विकल्प (D) सही है।

108. 144 और 120 का लघुत्तम समापवर्त्य

$= 2 \times 2 \times 2 \times 2 \times 3 \times 3 \times 5 = 720$

$\Rightarrow$ 720 सेकंड $= \frac{720}{60}$

$= 12$ मिनट

इसलिए, वे अगली बार 6 : 12 अपराह्न पर एक साथ बजेंगी।

अतः विकल्प (D) सही है।

109. दिये गये अक्षरों को व्यवस्थित करने पर-

$S \quad P \quad E \quad E \quad D$

2 5 3 1 4

इसलिए, सार्थक शब्द SPEED बनेगा जिसका संख्याओं में संयोजन 2, 5, 3, 1, 4 होगा।

अतः विकल्प (C) सही है।

110. जिस प्रकार,

और,

XCOMMUNICATIO – MMUNICA

उसी प्रकार,

COMMUNICATI – MUNIC

अतः विकल्प (D) सही है।

111. $4 + (3\sqrt{5})^2 = ? - (\sqrt{5})^2 + 191$

$4 + 45 = ? - 5 + 191$

$54 - 191 = ?$

$? = -137$

अतः विकल्प (A) सही है।

112. कूट रखने पर और फिर BODMAS नियम का उपयोग करने पर,

$= 27 - (15 \div 3 + 7 \times 4)$

$= 27 - (5 + 28)$

$= -6$

अतः विकल्प (C) सही है।

113. कक्षा में विद्यार्थियों की संख्या $= 32 + 16 = 48$

32 विद्यार्थियों का कुल वजन $= 32 \times 53.25 = 1704$ किग्रा

शेष 16 विद्यार्थियों का कुल वजन $= 16 \times 49.5 = 792$ किग्रा

सभी विद्यार्थियों का औसत वजन $= \frac{1704+792}{48} = 52$ किग्रा

अतः विकल्प (B) सही है।

114. माना, मूलधन $P =$ ₹ x

मिश्रधन $(A) =$ ₹ $3x$

साधारण ब्याज $(SI) =$ मिश्रधन $(A) -$ मूलधन $(P) = 3x - x =$ ₹ $2x$

साधारण ब्याज $(SI) =$ मूलधन $(P) \times$ दर $(R) \times$ समय $(T)/100$ से,

$2x = x \times$ दर $\times 25/100$

दर $= 8\%$

साधारण ब्याज $= \frac{x \times 8 \times 75}{100} = 6x$

मिश्रधन $(A) =$ साधारण ब्याज $+$ मूलधन (P\)

मिश्रधन $(A) = 6x + x = 7x$

अतः विकल्प (B) सही है।

115. माना दूरी $= D$ किमी

शांत जल में नाव की चाल $= x$ किमी/घंटे $= 43.5$ किमी/घंटे

धारा की चाल $= y$ किमी/घंटे $= 14.5$ किमी/घंटे

समय $= 90$ मिनट $= \frac{3}{2}$ घण्टा

प्रश्नानुसार,

$\frac{D}{43.5+14.5} + \frac{D}{43.5-14.5} = \frac{3}{2}$

$\frac{3D}{58} = \frac{3}{2}$

$D = 29$ किमी

अतः विकल्प (D) सही है।

116. जब दो वर्ष के लिये चक्रवृद्धि ब्याज और साधारण ब्याज का अन्तर दिया हो तो, चक्रवृद्धि ब्याज $-$ साधारण ब्याज $=$ मूलधन $\left(\frac{r}{100}\right)^2$ जहाँ,

$r =$ दर

$230 = 23000\left(\frac{r^2}{10000}\right)$

$\frac{230 \times 10000}{23000} = r^2$

$r^2 = 100$

$r = 10\%$

अतः विकल्प (C) सही है।

117. A का एक दिन का काम $= \frac{1}{1170}$ भाग

B का एक दिन का काम $= \frac{1}{2340}$ भाग

दोनों एक साथ काम करें तो $= \frac{1}{1170} + \frac{1}{2340}$

$= \frac{1}{780}$ भाग

इसलिए, उन दोनों के द्वारा इस काम को करने में लगा समय $= 780$ दिन

अतः विकल्प (A) सही है।

118. माना A से B तक जाने वाली रेलगाड़ी की चाल $= x$ किमी/घंटा

B से A तक जाने वाली रेलगाड़ी की चाल $= (x - 35)$ किमी/घंटा और दोनों गाड़ियाँ मिलेगी 35 घंटे बाद,

तो, $\frac{d}{x} = 35$

$d = 35x$

और, $\frac{3710-d}{x-35} = 35$

$\frac{3710-35x}{x-35} = 35$

$35(106 - x) = 35(x - 35)$

$x = 70.5$ किमी/घंटा

इसलिए, तेज रेलगाड़ी की चाल 70.5 किमी/घंटा है।

अतः विकल्प (D) सही है।

119. शंकु का वक्र पृष्ठीय क्षेत्रफल $= \pi rl$

$= \frac{22}{7} \times 13 \times 21$

$= 858$ सेमी^{2}

अतः विकल्प (C) सही है।

120. विकल्प '(A)' के अनुसार,

$60 \div 5 \times 4 = 48$

$\Rightarrow 12 \times 4 = 48$

$\Rightarrow 48 = 48$

अतः विकल्प (A) सही है।

121. दी गयी श्रेणी का क्रम निम्नवत् है-

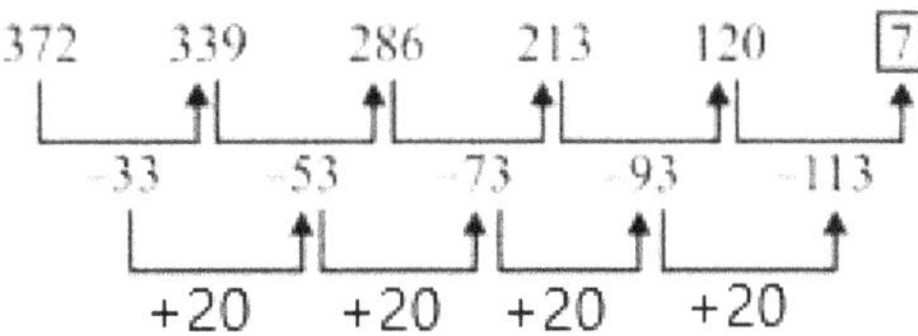

अतः विकल्प (B) सही है।

122. अनुच्छेद- 22 गिरफ्तार हुए और हिरासत में लिए गए लोगों को विशेष अधिकार प्रदान करता है, विशेष रूप से गिरफ्तारी के आधार सूचित किए जाने, अपनी पसंद के एक वकील से सलाह करने, गिरफ्तारी के 24 घण्टे के अन्तर एक मजिस्ट्रेट के समक्ष पेश किए जाने और मजिस्ट्रेट के आदेश के बिना उस अवधि से अधिक हिरासत में न रखे जाने का अधिकार।

अतः विकल्प (B) सही है।

123. प्रश्नानुसार, सम्बन्ध आरेख बनाने पर-

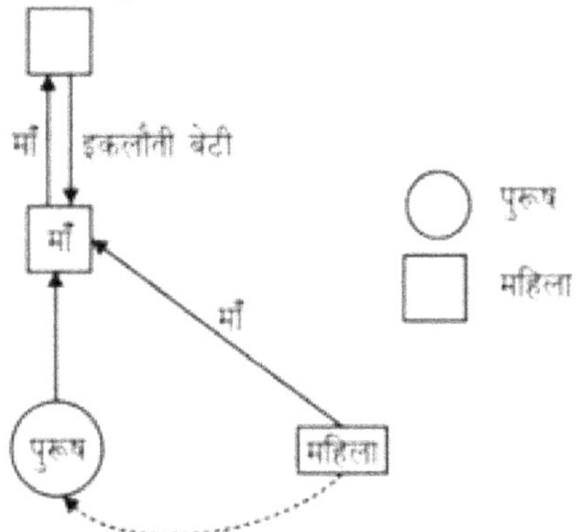

इसलिए, सम्बन्ध आरेख से स्पष्ट है वह पुरूष उस महिला का भाई है।
अतः विकल्प (C) सही है।

124. दी गयी श्रेणी को हल करने पर-

(1) W ↓ 23 + E ↓ 5 = 28 + 2 = 30

(2) O ↓ 15 + E ↓ 5 = 20 + 2 = 22

(3) K ↓ 11 + E ↓ 5 = 16 + 2 = 18

(4) S ↓ 19 + E ↓ 5 = 24 + 2 = 26 ≠ 24

इसलिए, असंगत चित्र '4' है, क्योंकि 24 के स्थान पर 26 होना चाहिए।
अतः विकल्प (C) सही है।

125. lion सभी से भिन्न है, क्योंकि यह जातीय विशेष को बताता है, जबकि अन्य समूह विशेष को बताता है।
अतः विकल्प (A) सही है।

126. दी गयी श्रेणी का क्रम निम्नवत् है-

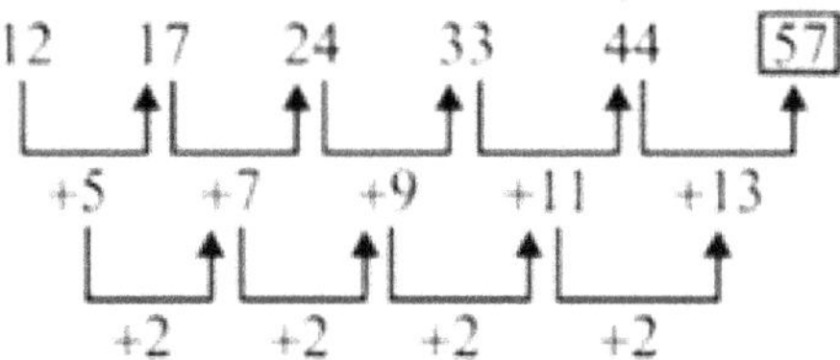

इसलिए, ? = 57
अतः विकल्प (C) सही है।

127. प्रश्नानुसार,

2 8 4 8 5 2 8 2 8 4 8 8 2 4 8 2 8 1 8 4

(1: 8 4; 2: 8 2; 3: 8 4; 4: 8 8; 5: 8 2; 6: 8 2; 7: 8 1; 8: 8 4)

इसलिए, दी गई शृंखला में ऐसे आठ, 8 है जिनमें से प्रत्येक अपनी ठीक अनुवर्ती संख्या द्वारा पूर्णतः विभाज्य है।
अतः विकल्प (D) सही है।

128. दिये गये कथन के अनुसार निष्कर्ष i अनुसरण करता है।

$S < A \leq N$ अर्थात् $S < N$ (सही)

$A \leq N < D$ अर्थात् $D > A, D \neq A$ (गलत)

अतः विकल्प (B) सही है।

129. पासे के प्रथम दो छवियों को लेने पर, उभयनिष्ठ सतह 5

1 —के विपरीत फलक→ 3

2 —के विपरीत फलक→ 4

इसलिए, C के स्थान पर छुपी सतह 6 होगी।
अतः विकल्प (A) सही है।

130.

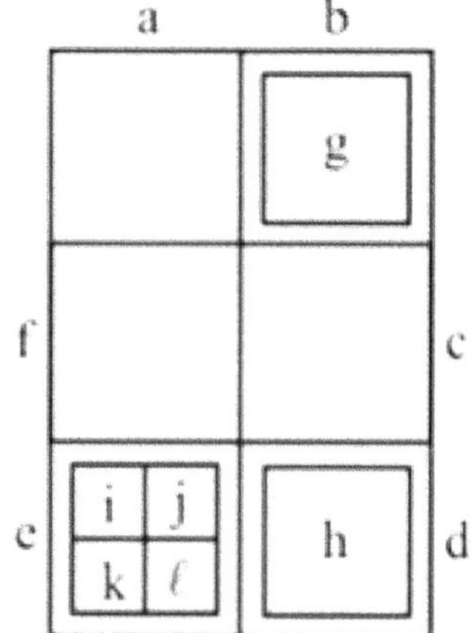

एक अक्षर वाले वर्ग $= (a, b. c, d, e, f, g, h, i, j, k, l) = 12$

चार अक्षर वाले वर्ग $= [(a, b, c, f), (f, c, e, d), (i, j, k, l)] = 3$

इसलिए कुल वर्गों की संख्या $= 12 + 3 = 15$

अतः विकल्प (A) सही है।

131. दी गयी श्रेणी का क्रम निम्नवत् है-

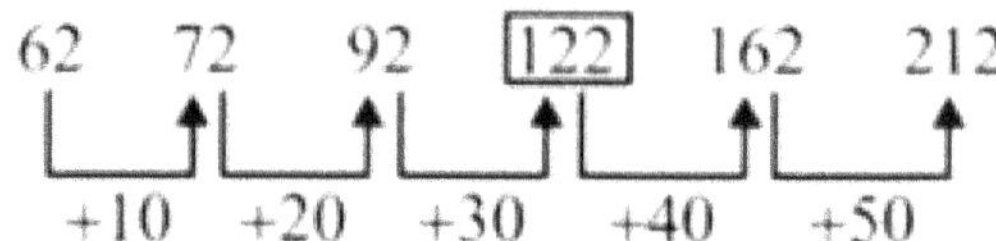

इसलिए, ? $= 122$
अतः विकल्प (B) सही है।

132. जिस प्रकार,

$21027 \rightarrow 2 + 1 + 0 + 2 + 7 = 12$

उसी प्रकार,

$32576 \rightarrow 3 + 2 + 5 + 7 + 6 = 23$

अतः विकल्प (B) सही है।

133. सम्बन्ध आरेख बनाने पर:

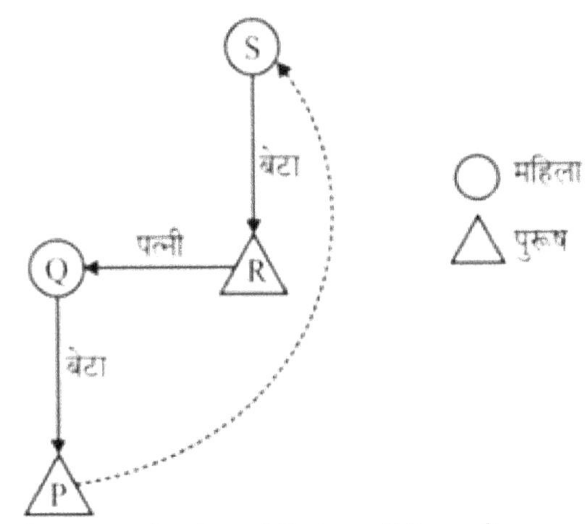

इसलिए सम्बन्ध आरेख से स्पष्ट है कि S, P की ग्रैंडमदर है।
अतः विकल्प (C) सही है।

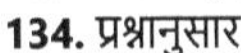
134. प्रश्नानुसार,

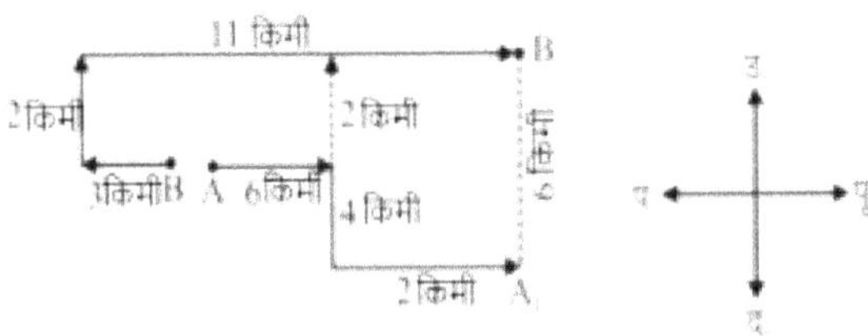

इसलिए, A और B के बीच की दूरी 6 किमी होगी।
अतः विकल्प (A) सही है।

135. हिंदू विवाह अधिनियम की धारा 13-बी में आपसी सहमति से तलाक लेने वाले जोड़े को तलाक के लिए पहला संयुक्त आवेदन करने के बाद छह महीने की अवधि तक इंतजार करने का प्रावधान है। छह महीने की समाप्ति के बाद ही दंपति अपने विवाह के विघटन के लिए दूसरा आवेदन कर सकते हैं।
अत: विकल्प (A) सही है।

136. हेलेना ब्लावट्स्की 'की टू थियोसॉफी' की लेखिका हैं जो 1889 में प्रकाशित हुई थी।
हेलेना ब्लावट्स्की 19वीं सदी के उत्तरार्ध की सबसे प्रसिद्ध और कुख्यात रहस्यवादी, तांत्रिक और माध्यम थीं। अध्यात्मवाद और गुह्यवाद के युग में, मैडम ब्लावट्स्की, जैसा कि उन्हें आमतौर पर जाना जाता था, ने 1875 में "विज्ञान, धर्म और दर्शन के संश्लेषण" के उद्देश्य से अभी भी मौजूद थियोसोफिकल सोसाइटी की सह-स्थापना की।
अतः विकल्प (D) सही है।

137. प्रश्नानुसार,

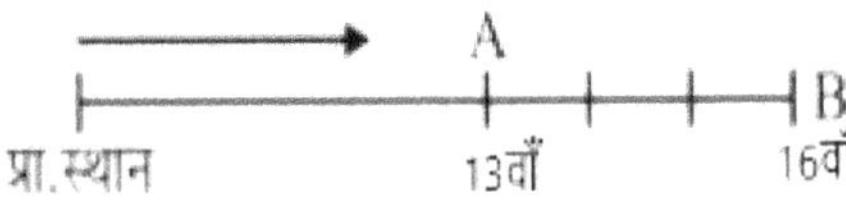

इसलिए, कतार से पहले 8 व्यक्तियों को हटाने पर,
B का स्थान $= 16 - 8 = 8$वाँ
अतः विकल्प (C) सही है।

138. $P = 24, \quad Q = 12, \quad R = 18, \quad S = 9$
$P \times Q + R \div S = 24 \times 12 + 18 \div 9$
$= 288 + 2 = 290$
अतः विकल्प (C) सही है।

139. जैसा कि हम जानते हैं,

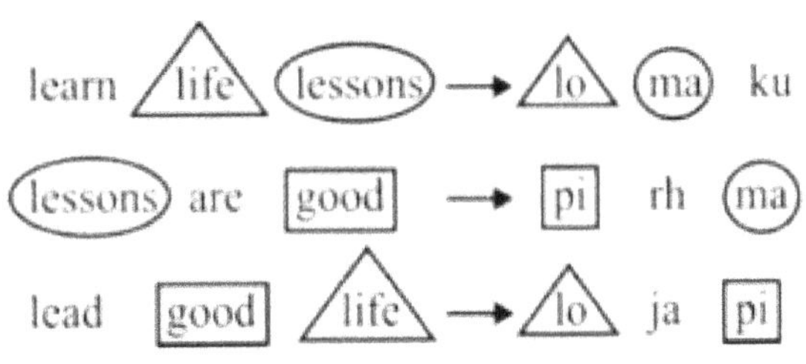

इसलिए, learn को ku लिखा जायेगा।
अतः विकल्प (A) सही है।

140. प्रश्नानुसार,
मूल शब्द- SUPERNATURAL
अक्षरों के स्थान बदलने पर,

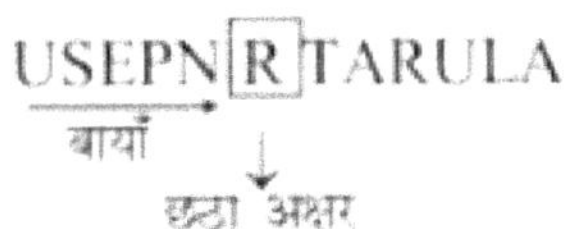

इसलिए, बाईं ओर से छठा अक्षर R होगा।
अतः विकल्प (D) सही है।

141. जिस प्रकार,
Pig - Piglet
उसी प्रकार,
Lion - Cub
अतः विकल्प (D) सही है।

142. माना, ₹ 1,₹ 2, ₹ 5 के सिक्कों की संख्या $= x$
प्रश्नानुसार,
$x + 2x + 5x = 1080$
$x = 135$
इसलिए, बॉक्स में सिक्कों की कुल संख्या $= 3x = 3 \times 135 = 405$
अतः विकल्प (A) सही है।

143. स्वतंत्रता के बाद, 1959 में केरल द्वारा पहली पुलिस सुधार समिति का गठन किया गया था। इसके बाद मुख्य रूप से साठ और सत्तर के दशक के दौरान विभिन्न राज्य सरकारों द्वारा नियुक्त पुलिस आयोगों का उत्तराधिकार हुआ (1960-61 में पश्चिम बंगाल, 1961-62 में पंजाब, 1968 में दिल्ली, 1971 में तमिलनाडु कुछ नाम रखने के लिए)।
अत: विकल्प (B) सही है।

144. भारतीय दंड संहिता की धारा 307 हत्या के प्रयास के अपराध से संबंधित है।
अतः विकल्प (C) सही है।

145. जैसा कि हम दिए गए गद्यांश में स्पष्ट रूप से देख सकते हैं, हाल के दिनों में किसी भी भ्रमणकारी टीम के लिए ऑस्ट्रेलिया में शृंखला जीतने का इतना शानदार मौका नहीं मिला है। यह स्टीव वॉ और रिकी पोंटिंग की आक्रामक ऑस्ट्रेलियाई टीम नहीं है, जो इसके पहले गई सभी टीमों पर भारी पड़ती थी और जिनके लिए घरेलू मैदान में उनके खिलाफ खतरनाक लगता था। इसलिए, कथन निश्चित रूप से सत्य है।
अत: विकल्प (D) सही है।

146.

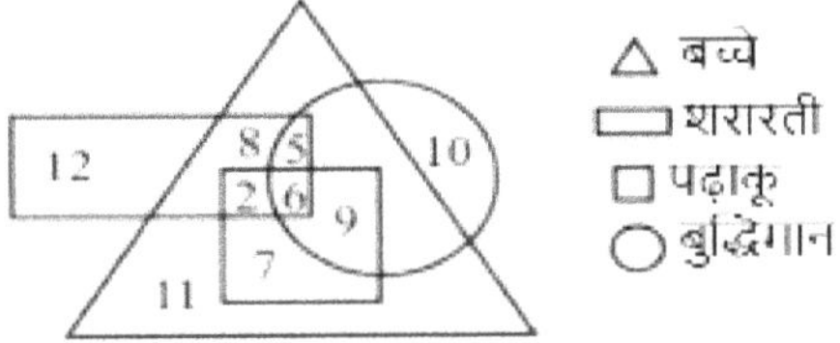

दिए गए वेन आरेख में संख्या '2' केवल उन बच्चों को दर्शाती है जो पढ़ाकू और शरारती हैं।
अतः विकल्प (A) सही है।

147. दी गयी शृंखला का अगला चित्र '2' का चित्र होगा।

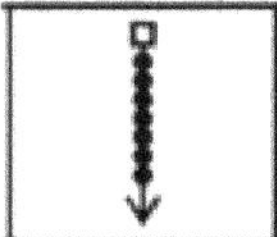

अतः विकल्प (A) सही है।

148. भारत में किशोर न्याय (देखभाल और संरक्षण) अधिनियम 2015 में अधिनियमित किया गया था।

किशोर न्याय (देखभाल और संरक्षण) अधिनियम, 2015 में कहा गया है कि नागरिक अदालत द्वारा गोद लेने का आदेश जारी होने पर बच्चे को गोद लेना अंतिम होता है। बिल में यह प्रावधान है कि अदालत के बजाय जिला मजिस्ट्रेट (अतिरिक्त जिला मजिस्ट्रेट सहित) ऐसे गोद लेने के आदेश जारी करेगा।

अतः विकल्प (B) सही है।

149. विकल्प (D) का आंकड़ा दिए गए आंकड़े को सबसे अच्छा पूरा करेगा।

अतः विकल्प (D) सही है।

150.

A का दाईं ओर से 10वाँ

B

A (9वाँ) के बाईं ओर से

इसलिए, पंक्ति में कुल व्यक्तियों की संख्या$= 10 + 3 = 13$

अतः विकल्प (B) सही है।

151. लिली, सूरजमुखी, कमल सभी फूल हैं जबकि तरबूज एक फल है।

अतः विकल्प (A) सही है।

152.

BCDFGH J KLMN P QRSTVWXYZ

बाईं ओर से 7वाँ के दाईं ओर 5वाँ

इसलिए, बाएँ से सातवें अक्षर की दाईं ओर पांचवां अक्षर P होगा।

अतः विकल्प (D) सही है।

153.

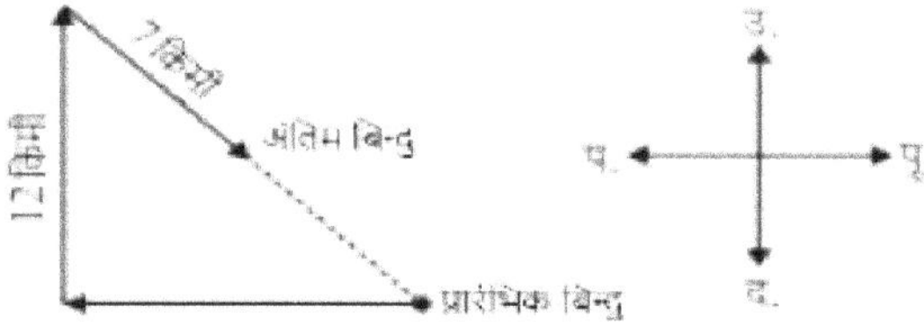

माना प्रारंभिक बिन्दु और अंतिम बिन्दु के बीच की दूरी x किमी है।

इसलिए, $(7 + x)^2 = 12^2 + 9^2$

$\Rightarrow (7 + x)^2 = 144 + 81$

$\therefore x = 8$ किमी

अतः विकल्प (A) सही है।

154.

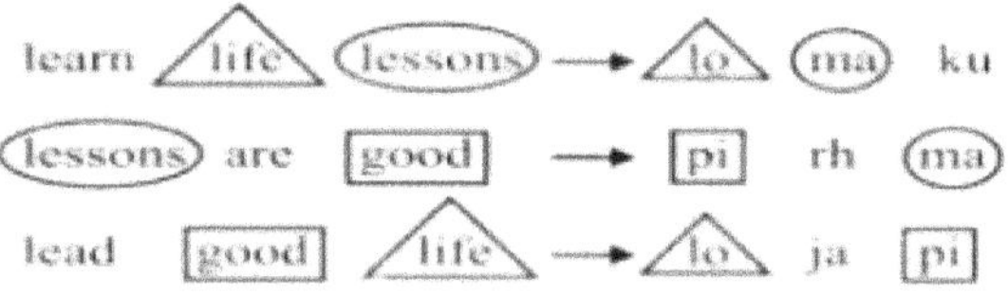

इसलिए, कूट शब्द ja का उपयोग lead के लिये किया गया है।

अतः विकल्प (C) सही है।

155.

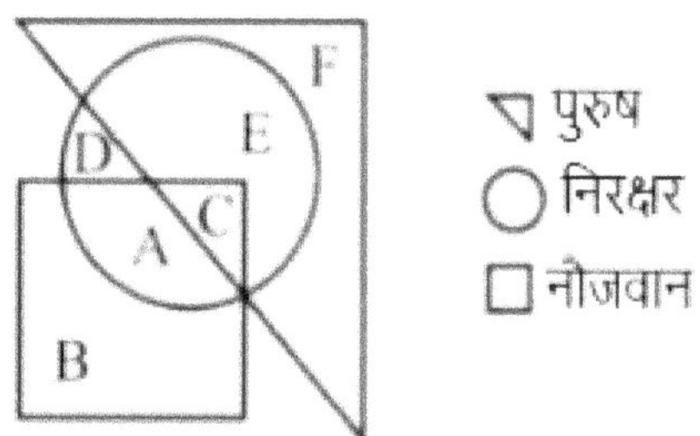

वेन आरेख में 'E' वर्ण केवल उन पुरूषों को दर्शाता है जो निरक्षर हैं।

अतः विकल्प (C) सही है।

156. दी गयी श्रेणी का क्रम निम्नवत् है-

इसलिए, $? = 676$

अतः विकल्प (D) सही है।

157. सभी विषम और सम संख्याओं में 1 जोड़ने पर-

6 8 9 4 3 2 2 5 6 7 4 3

आरोही क्रम में लिखने पर-

2 2 3 3 4 4 5 6 6 7 8 9

दायें से

इसलिए, दायें से 5 वाँ अंक 6 होगा।

अतः विकल्प (C) सही है।

158. सम्बन्ध आरेख खींचने पर-

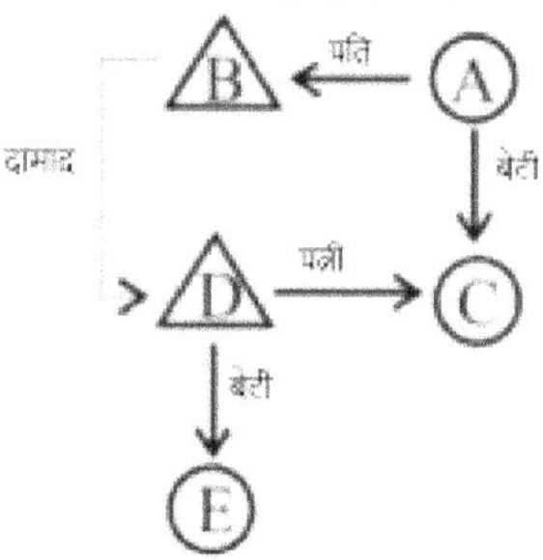

इसलिए, D, B का दामाद है।

अतः विकल्प (A) सही है।

159. सम्बन्ध आरेख बनाने पर-

P

पिता

Q ← भाई R ← बहन S

पुरुष

महिला

इसलिए, सम्बन्ध आरेख से स्पष्ट है कि P, S का पिता है।

अतः विकल्प (B) सही है।

160. अनुच्छेद-15 में किसी भी भारतीय नागरिक को जाति, धर्म, लिंग, जन्म स्थान और वंश के आधार पर भेदभाव नहीं किया जायेगा, लेकिन इसका अपवाद-अनुच्छेद 15(3) के अनुसार यदि महिलाओं और बच्चों के लिये स्पेशल प्रोविजन बनाए जा सकते हैं अर्थात् राज्यों को महिलाओं और बच्चों के लिए विशेष कानून बनाने का अधिकार है।

अतः विकल्प (C) सही है।

विगत वर्षीय प्रश्नपत्र 05

General Hindi

Q.1 जिन पंक्तियों में एक या अनेक वर्णों की एक ही क्रम में एक बार आवृत्ति हो तो वहाँ कौन-सा अलंकार होता है?

A. वृत्यानुप्रास अलंकार **B.** छेकानुप्रास अलंकार
C. श्रुत्यानुप्रास अलंकार **D.** लाटानुप्रास अलंकार

Q.2 'अल्प' का विलोम शब्द क्या है?

A. स्वल्प **B.** कल्प **C.** ज्ञान **D.** अति

Q.3 'अंधकार' का विलोम शब्द क्या है?

A. अबोध **B.** प्रशांति **C.** प्रकाश **D.** अधिकार

Q.4 'Administrative control (एड्मिनिस्ट्रेटिव कंट्रोल)' का हिंदी पर्याय कौन-सा है?

A. प्रशासनिक नियंत्रण **B.** प्रशासनिक कार्रवाई
C. प्रशासनिक योग्यता **D.** प्रशासनिक सुविधा

Q.5 कैलाश वाजपेयी कृत 'हवा में हस्ताक्षर' के लिए कौन-सा पुरस्कार प्राप्त हुआ?

A. साहित्य अकादमी पुरस्कार
B. मूर्तिदेवी पुरस्कार
C. ज्ञानपीठ पुरस्कार
D. व्यास सम्मान

Q.6 'जो न जाना गया हो' - इस वाक्यांश के लिए सही शब्द कौन-सा है?

A. अनजान **B.** अज्ञात **C.** ज्ञात **D.** न जान

Q.7 'निष्करुण' का सही संधि-विच्छेद कौन-सा है?

A. निः + क्रोण **B.** निः + करुण
C. निष्क + रुण **D.** निष + करुण

Q.8 'अर्श पर होना' - मुहावरे का अर्थ क्या है?

A. प्यार करना
B. क्रोधित होना
C. अपने को बहुत बड़ा समझना
D. उद्देश्य की सिद्धि

Q.9 "तीसरा विश्व हिंदी सम्मेलन कहाँ संपन्न हुआ था?" - यह किस प्रकार का वाक्य है?

A. संकेतवाचक वाक्य **B.** विधानवाचक वाक्य
C. विस्मयादिबोधक वाक्य **D.** प्रश्नवाचक वाक्य

Q.10 शीर्षक-अध्याय-इकाई-पाठ इन चारों में से कितने स्त्रीलिंग शब्द हैं?

A. 1 **B.** 4 **C.** 0 **D.** 2

Q.11 'यह घर मेरा है।' - इस वाक्य में 'यह' किस प्रकार का विशेषण है?

A. गुणवाचक विशेषण **B.** सार्वनामिक विशेषण
C. परिमाणवाचक विशेषण **D.** संख्यावाचक विशेषण

Q.12 केंद्र सरकारी कर्मचारियों के हिंदी प्रशिक्षण हेतु गठित केंद्रीय हिंदी प्रशिक्षण संस्थान किस विभाग के तहत कार्यरत है?

A. राजभाषा विभाग **B.** विधायी विभाग
C. उच्चतर शिक्षा विभाग **D.** साहित्य अकादमी

Q.13 'सोद्देश्य' का सही संधि-विच्छेद कौन-सा है?

A. सो + देश्य **B.** सोद + देश्य
C. सो + द्देश्य **D.** स + उद्देश्य

Q.14 इनमें से कौन-सा शब्द 'कसक' का पर्यायवाची शब्द नहीं है?

A. पीड़ा **B.** दु:ख **C.** विवाद **D.** दर्द

Q.15 'राष्ट्रीय' शब्द में कौन-सा प्रत्यय है?

A. ईय **B.** ष्ट्रीय **C.** राष्ट्र **D.** रा

Q.16 केंद्रीय हिंदी निदेशालय का मुख्यालय कहाँ है?

A. हैदराबाद **B.** नई दिल्ली **C.** आगरा **D.** गुवाहाटी

Ques (17-19):निर्देश: गद्यांश पढ़कर, दिए गए प्रश्नों के सही उत्तर चुनिए। भारतीय साहित्य शास्त्र पर आनंदवाद का गहरा असर है। काव्यानंद को 'ब्रह्मानंद सहोदर' कहा गया है। रसात्मक वाक्य को ही काव्य कहा गया है। और संस्कृत साहित्य की समीक्षा के प्रचलित सभी मानदंडों- रस, रीति, अलंकार, वक्रोक्ति और ध्वनि में से भारतीय मनीषा ने रस को ही सर्वाधिक ऊंचा स्थान दिया है। आनंदवाद शैव दर्शन का शब्द है। इसका मूल रूप उपनिषदों में दिखायी देता है। तैत्तिरीयोपनिषद में लिखा है कि, "रसो वै सः रस ह्येवायं लबध्वानंदी भवति। एष ह्येवानंदति।" अर्थात् रस ही ब्रह्मा है। इस रस को पाकर पुरुष आनंदित हो जाता है। यह रस सबको आनंदित करता है। बृहदारण्यक उपनिषद में कहा गया है कि इस आनंद के अंश मात्र के आश्रय से ही सभी प्राणी जीवित रहते हैं। शंकराचार्य ने भी 'सौदर्य-लहरी' में "चिदानंदकारं शिव युवदि भावेन विभृषे" कहकर शिव को चिदानंद रूप बताया है।

Q.17 'ब्रह्मानंद सहोदर' किसे कहा गया है?

A. रीति को **B.** उपनिषदों को
C. काव्यानंद को **D.** अलंकार को

Q.18 संस्कृत साहित्य की समीक्षा के प्रचलित मानदंडों में भारतीय मनीषा ने किसे सर्वाधिक ऊंचा स्थान दिया है?

A. रीति को **B.** रस को
C. वक्रोक्ति को **D.** अलंकार को

Q.19 'रस ही ब्रह्म' होने के अर्थ में कथन किसमें मिलता है?

A. तैत्तिरीयोपनिषद में **B.** सौंदर्य लहरी में
C. तंत्रलोक में **D.** बृहदारण्यक उपनिषद में

Q.20 अपभ्रंश भाषा किस परिवार की भाषा है?

A. सेमेटिक **B.** आर्य **C.** आग्नेय **D.** द्रविड़

Q.21 'समकालीन भारतीय साहित्य' पत्रिका के प्रकाशक कौन हैं?

A. केंद्रीय हिंदी निदेशालय **B.** हिंदी अकादमी
C. प्रकाशन विभाग **D.** साहित्य अकादमी

Q.22 मैथिली किस राज्य में ज्यादा बोली जाती है?

A. पंजाब **B.** छत्तीसगढ़ **C.** राजस्थान **D.** बिहार

Q.23 करुण रस का स्थायीभाव क्या होता है?

A. शोक **B.** भय **C.** रति **D.** निर्वेद

Q.24 'वागर्थ' पत्रिका के प्रकाशक कौन हैं?

A. भारतीय सांस्कृतिक संबंध परिषद
B. केंद्रीय हिंदी संस्थान
C. साहित्य अकादमी
D. भारतीय भाषा परिषद

Q.25 "सरकार ने अंशतः प्रतिपूर्ति की है।" - इस वाक्य में किस प्रकार के क्रिया विशेषण का प्रयोग हुआ है?

A. रीतिवाचक **B.** स्थानवाचक
C. कालवाचक **D.** परिमाणवाचक

Q.26 कंठ्य अल्पप्राण व्यंजन वर्ण का उदाहरण कौन-सा है?

A. घ् **B.** ग् **C.** थ् **D.** फ्

Q.27 सही वर्तनी वाला शब्द कौन-सा है?

A. त्रतीय **B.** तृत्तीय **C.** तृतीय **D.** तुर्तीय

Q.28 'नीलिमा' शब्द में कौन-सा प्रत्यय है?

A. इमा **B.** नीलि **C.** मा **D.** लिमा

Q.29 "कच्ची गोली खेलना"- इस लोकोक्ति का अर्थ क्या है?

A. असंभव कार्य करना **B.** गोली न सुखाना
C. अनुभवहीन होना **D.** तमाशा करना

Q.30 "आई तो रोजी नहीं तो रोजा"- इस लोकोक्ति का अर्थ क्या है?
A. कमाया तो खाया नहीं तो भूखे
B. किसी से कोई वास्ता न रखना
C. अन्याय न करना
D. धोखा देना

Q.31 "हे राम! मेरी रक्षा करो।" - इस वाक्य में कौन-सा कारक है?
A. संबोधन कारक **B.** अपादान कारक
C. अधिकरण कारक **D.** संप्रदान कारक

Q.32 राजभाषा प्रगामी प्रयोग की समीक्षार्थ गठित संसदीय राजभाषा समिति की अध्यक्षता कौन करते हैं?
A. भारत के गृह मंत्री **B.** भारत के प्रधान मंत्री
C. भारत के राष्ट्रपति **D.** भारत के उप राष्ट्रपति

Q.33 'अत्युक्ति' शब्द में कौन-सा उपसर्ग है?
A. अत्यु **B.** उक्ति **C.** अति **D.** क्ति

Q.34 'परोपकार' शब्द में कौन-सा उपसर्ग है?
A. परो **B.** ओपकार **C.** पर **D.** उपकार

Q.35 'कृपया मेरी थोड़ी-सी मदद करो।' - इस वाक्य में 'थोड़ी-सी' किस प्रकार का क्रियाविशेषण है?
A. परिमाणवाचक क्रियाविशेषण
B. स्थानवाचक क्रियाविशेषण
C. रीतिवाचक क्रियाविशेषण
D. कालवाचक क्रियाविशेषण

Q.36 चौथा विश्व हिंदी सम्मेलन कहाँ संपन्न हुआ था?
A. लंदन
B. पोर्ट ऑफ़ स्पेन (त्रिनिदाद)
C. पोर्ट लुई (मॉरिशस)
D. नई दिल्ली (भारत)

Q.37 इनमें से कौन-सा शब्द 'अनंत' शब्द का अर्थ नहीं है?
A. अंतहीन **B.** आकाश **C.** आशा **D.** शेषनाग

Q.38 सही वर्तनी वाला शब्द कौन-सा है?
A. परोपकार **B.** परोप्पक्कार **C.** परोप्कार **D.** परुपकार

Q.39 'ए. बी. सी. डी.' के रचनाकार कौन हैं?
A. मैत्रेयी पुष्पा **B.** नासिरा शर्मा
C. रवींद्र कालिया **D.** प्रभा खेतान

Q.40 'कर्ण' शब्द का तद्भव रूप क्या है?
A. अर्जुन **B.** करनी **C.** खान **D.** कान

Law/ Constitution/General Knowledge

Q.41 भारतीय संविधान के निम्नलिखित में से किन अनुच्छेदों के तहत "सांस्कृतिक और शैक्षिक अधिकार" प्रदान किए जाते हैं?
A. अनुच्छेद 14 से 18 **B.** अनुच्छेद 19 से 22
C. अनुच्छेद 29 से 30 **D.** अनुच्छेद 32 से 35

Q.42 भारतीय संविधान के अनुच्छेद 352 में किस संवैधानिक संशोधन अधिनियम ने मूल वाक्यांश, 'आंतरिक अशांति' को 'सशस्त्र विद्रोह' के साथ बदल दिया था?
A. 1980 का 45वां संशोधन अधिनियम
B. 1975 का 38वां संशोधन अधिनियम
C. 1978 का 44 वां संशोधन अधिनियम
D. 1974 का 34वां संशोधन अधिनियम

Q.43 राष्ट्रीय सुदूर संवेदन केंद्र (NRSC) कहाँ स्थित है?
A. पटना **B.** हैदराबाद **C.** इलाहाबाद **D.** शिमला

Q.44 _______ के मामले में, उच्चतम न्यायालय ने कार्यस्थल पर यौन उत्पीड़न को रोकने के लिए दिशा-निर्देश जारी किए थे।
A. सुनील बत्रा बनाम दिल्ली प्रशासन
B. हुसैनारा खातून बनाम बिहार राज्य
C. डी. के. बासु बनाम पश्चिम बंगाल राज्य
D. विशाखा और अन्य बनाम राजस्थान राज्य

Q.45 निम्नलिखित प्रोटोकॉल में से कौन सा जैव सुरक्षा के लिए जैविक विविधता सम्मेलन है?
A. मॉन्ट्रियल प्रोटोकॉल **B.** कार्टाजेना प्रोटोकॉल
C. नागोया प्रोटोकॉल **D.** क्योटो प्रोटोकॉल

Q.46 "अस्पृश्यता" का उन्मूलन कर दिया गया है और भारतीय संविधान के अनुच्छेद _________ के तहत किसी भी रूप में इसका अभ्यास निषिद्ध है।
A. 19 **B.** 16 **C.** 18 **D.** 17

Q.47 कंप्यूटर में DVD का पूर्ण रूप क्या है?
A. डिजिटल वोल्टेज डिस्क
B. डेटा विजुअल डिस्क
C. डेटा वीडियो डिस्क
D. डिजिटल वर्सेटाइल डिस्क

Q.48 निम्नलिखित में से कौन सा ओमेगा-3 वसीय अम्ल का सबसे अच्छा स्रोत है?
A. धान्य तेल **B.** गेहूं उत्पाद
C. सूअर का मांस **D.** सार्डिन

Q.49 भारत सरकार के एक कार्यकारी प्रस्ताव द्वारा राष्ट्रीय विकास परिषद की स्थापना किस वर्ष में की गई थी?
A. 1954 **B.** 1950 **C.** 1956 **D.** 1952

Q.50 जनहित याचिका की शुरुआत _____ में हुई थी।
A. 1986 **B.** 1950 **C.** 1976 **D.** 1988

Q.51 भारत की प्रथम "महिला निर्वाचन आयुक्त" कौन थीं?
A. जयंती पटनायक **B.** वी. एस. रमादेवी
C. सतबीर बेदी **D.** रेखा शर्मा

Q.52 शीतलन प्रक्रिया द्वारा गैस को द्रव में बदलने की प्रक्रिया को ______ कहा जाता है।
A. संगलन **B.** संघनन **C.** उर्ध्वपातन **D.** हिमीकरण

Q.53 निम्नलिखित में से उत्तर प्रदेश के किस जिले में तुलसी मानस मंदिर स्थित है?
A. अयोध्या **B.** वाराणसी **C.** मथुरा **D.** प्रयागराज

Q.54 भारतीय संविधान का कौन सा अनुच्छेद उच्चतम न्यायालय को, भारत के क्षेत्र में किसी भी न्यायालय/न्यायाधिकरण से 'अपील करने के लिए विशेष अनुमति' प्रदान करने के लिए अधिकृत करता है?
A. अनुच्छेद 327 **B.** अनुच्छेद 251
C. अनुच्छेद 136 **D.** अनुच्छेद 125

Q.55 भारतीय संविधान के निम्नलिखित में से किस अनुच्छेद में 'विधि का शासन' सन्निहित है?
A. अनुच्छेद 18 **B.** अनुच्छेद 19
C. अनुच्छेद 21 **D.** अनुच्छेद 14

Q.56 चौहान राजाओं का राजधानी शहर कौन सा था जो बाद में मुगलों का सूबा मुख्यालय बन गया?
A. अहमदाबाद **B.** बिदर

C. अजमेर **D.** सोमनाथ

Q.57 भारतीय संविधान में मौलिक कर्तव्यों के समावेशन के समय केंद्रीय विधि और न्याय मंत्री कौन थे?

A. केंगल हनुमंथैया **B.** एच.आर. गोखले

C. शिव शंकर **D.** शांति भूषण

Q.58 कारगिल समीक्षा समिति को भारत सरकार द्वारा वर्ष _________ में नियुक्त किया गया था।

A. 2000 **B.** 2002 **C.** 1999 **D.** 1993

Q.59 एक धन विधेयक के मामले में अनुशंसा (यदि कोई हो) करने हेतु राज्यसभा के लिए निर्धारित अधिकतम अवधि क्या है?

A. 28 दिन **B.** 21 दिन **C.** 14 दिन **D.** 7 दिन

Q.60 पंचायती राज व्यवस्था का उद्घाटन किसके द्वारा किया गया था?

A. पंडित जवाहर लाल नेहरू

B. इंदिरा गांधी

C. राजीव गांधी

D. महात्मा गांधी

Q.61 RFCTLARR अधिनियम, 2013 के अनुसार, अधिकृत भूमि के लिए देय मुआवजे के अतिरिक्त किसी व्यक्ति को देय राशि को _______ कहा जाता है।

A. ब्याज **B.** बोनस **C.** हर्जाना **D.** जुर्माना

Q.62 गिरफ्तार किए गए व्यक्ति के फरार हो जाने की रोकथाम के लिए उसे आवश्यक नियंत्रण से अधिक नियंत्रण के अधीन नहीं रखा जाएगा। यह प्रावधान _____ के अंतर्गत आता है।

A. दंड प्रक्रिया संहिता, 1973 की धारा 49

B. नागरिक अधिकार संरक्षण अधिनियम, 1955 की धारा 10

C. दंड प्रक्रिया संहिता, 1973 की धारा 46

D. भारत के संविधान का अनुच्छेद 20(2)

Q.63 गूगल के निम्नलिखित में से किस उत्पाद को 2020 में "गूगल मीट" के रूप में पुनः ब्रांडेड किया गया था?

A. हैंगआउट्स मीट **B.** पिक्सल

C. गूगल डुओ **D.** गूगल पॉडकास्ट्स

Q.64 निम्नलिखित में से किस संगठन की सामान्य परिषद ने क्षेत्रीय व्यापार समझौतों में पारदर्शिता स्थापित की है?

A. विश्व व्यापार संगठन

B. विश्व स्वास्थ्य संगठन

C. भारतीय व्यापार संवर्धन सेवा

D. भारतीय व्यापार संगठन

Q.65 साइबर अपीलीय अधिकरण के आदेश के खिलाफ अपील दायर करने की समय सीमा ______है।

A. 30 दिन **B.** 60 दिन **C.** 90 दिन **D.** 45 दिन

Q.66 "अफगानिस्तान में शांति लाने" के लिए किन राष्ट्रों ने समझौते पर हस्ताक्षर किए हैं?

A. अमेरिका और तालिबान **B.** अमेरिका और ईरान

C. अमेरिका और रूस **D.** ईरान और तालिबान

Q.67 भारतीय संविधान का भाग IX उन राज्यों में पंचायतों की त्रिस्तरीय प्रणाली की परिकल्पना करता है जहां जनसंख्या _______ से अधिक है।

A. 10 लाख **B.** 30 लाख **C.** 15 लाख **D.** 20 लाख

Q.68 विश्व की जनसंख्या में भारत का कितना हिस्सा है?

A. 37.7% **B.** 17.7% **C.** 7.7% **D.** 27.7%

Q.69 निम्नलिखित में से किस भारतीय राज्य में 1971 में पहली बार लोकायुक्त संस्थान की स्थापना की गई थी?

A. गुजरात **B.** महाराष्ट्र **C.** राजस्थान **D.** मध्य प्रदेश

Q.70 भारत के संविधान के किस अनुच्छेद में राष्ट्रपति को उनके कार्यों के संचालन में प्रधानमंत्री की अध्यक्षता वाली मंत्रिपरिषद द्वारा सहायता और सलाह देने का प्रावधान दिया गया है?

A. अनुच्छेद 76 **B.** अनुच्छेद 78

C. अनुच्छेद 74 **D.** अनुच्छेद 72

Q.71 निम्नलिखित में से कौन सा मामला मृदा प्रदूषण से संबंधित है?

A. भारतीय पर्यावरण-कानूनी कार्रवाई परिषद बनाम भारत संघ

B. भारतीय जीव जंतु कल्याण बोर्ड बनाम ए. नागराज और अन्य

C. WWF बनाम भारत संघ

D. एम. सी. मेहता बनाम कमल नाथ

Q.72 भारतीय राष्ट्रीय राजमार्ग प्राधिकरण अधिनियम, 1988 _______ तक विस्तारित है।

A. केंद्र शासित प्रदेशों को छोड़कर संपूर्ण भारत

B. उत्तर-पूर्वी राज्यों को छोड़कर संपूर्ण भारत

C. जम्मू और कश्मीर राज्य को छोड़कर संपूर्ण भारत

D. संपूर्ण भारत

Q.73 आर्थिक सर्वेक्षण 2019-20 में भारत में भोजन की प्लेट की मितव्ययिताओं का वर्णन करने के लिए निम्नलिखित में से किस शब्द का उपयोग किया गया था?

A. इकोनमेट्रिक्स **B.** फूडोनॉमिक्स

C. एयरोनॉमिक्स **D.** थालीनॉमिक्स

Q.74 मानवाधिकार संरक्षण अधिनियम, 1993 के तहत निम्नलिखित में से किस न्यायालय को मानवाधिकार न्यायालय के रूप में कार्य करने के लिए नामित किया गया है?

A. लोक अदालत **B.** सत्र न्यायालय

C. दंडाधिकारी न्यायालय **D.** मुंसिफ न्यायालय

Q.75 भारत के उच्चतम न्यायालय का उद्घाटन किस वर्ष में किया गया था?

A. 1955 **B.** 1947 **C.** 1952 **D.** 1950

Q.76 निम्नलिखित पदों में से कौन सा पद ऐसी स्थिति को दर्शाता है जिसमें अर्थव्यवस्था में उच्च मुद्रास्फीति, उच्च बेरोजगारी और स्थिर आर्थिक वृद्धि का एक साथ अनुभव होता है?

A. प्रत्यवस्फीति (रिफ्लेशन)

B. अपस्फीति

C. वैषम्य स्फीति (स्क्यूफ्लेशन)

D. मुद्रास्फीतिजनित मंदी

Q.77 कृषि आय को आयकर अधिनियम, 1961 की _______ के तहत कराधान से मुक्त किया गया है।

A. धारा 10 (13A) **B.** धारा 10(6)

C. धारा 10(1) **D.** धारा 10(11)

Q.78 अफगान-भारत मैत्री बांध का उद्घाटन कब हुआ था?

A. 2012 **B.** 2016 **C.** 2010 **D.** 2019

Q.79 भूमि पर कब्जा करने के सरकार के इरादे के बारे में ______ सुविधाजनक स्थानों पर सार्वजनिक नोटिस प्रकाशित करेगा।

A. राजस्व निरीक्षक

B. जिला कलेक्टर

C. प्रशासक

D. ग्राम प्रशासनिक अधिकारी

Q.80 निम्नलिखित में से किसे 'सीमांत गांधी' के नाम से जाना जाता है?

A. अब्दुल गफ्फार खान **B.** बाल गंगाधर तिलक

C. सुभाष चन्द्र बोस **D.** मोतीलाल नेहरू

Numerical & Mental Ability Test

Q.81 निर्देश: दी गई श्रेणी में अगला पद ज्ञात करें।
BIODIVERSITY, DIVERS, IODIVERSIT, IVER, ?

A. ODIVERSI **B.** DIVERS
C. IVERSI **D.** ODIVER

Q.82 निर्देश: प्रश्न चिह्न को उस विकल्प से प्रतिस्थापित कीजिये जो पहले युग्म में प्रयुक्त तर्क का अनुसरण करता है।
PROBLEM : OPRLBME :: MYSTERY : ??

A. SMYRETY **B.** SYMTERY
C. SMYETYR **D.** SYMERYT

Q.83 जब 125 × 139 × 145 × 160 × 175 को 25 से विभाजित किया जाता है, तो शेषफल ज्ञात कीजिए।

A. 5 **B.** 0 **C.** 7 **D.** 9

Q.84 निर्देश: प्रश्न चिह्न को उस विकल्प से प्रतिस्थापित कीजिए जो पहले युग्म में प्रयुक्त तर्क का अनुसरण करता है।
RDSE : MGNH :: IKJL : ??

A. TCVE **B.** NLOJ **C.** SBTC **D.** PFQI

Q.85 उस बेलन का आयतन ज्ञात कीजिए जिसकी त्रिज्या 28 सेमी और ऊँचाई 15 सेमी है। (सेमी 3 में और $\pi = \frac{22}{7}$ का प्रयोग कीजिए)

A. 38960 **B.** 36960 **C.** 39960 **D.** 37960

Q.86 यदि 410 का 20%, 520 के 40% से x% कम है, तो x ज्ञात कीजिए। (दशमलव के दो स्थानों तक)

A. 81.56% **B.** 85% **C.** 70.65% **D.** 60.57%

Q.87 एक स्मार्ट टीवी को 161700 रुपये में खरीदा गया। इसका अंकित मूल्य 30% अधिक अंकित किया गया। इसे अंकित मूल्य पर 20% की छूट पर बेचा गया। स्मार्ट टीवी का लाभ प्रतिशत कितना था?

A. 1 **B.** 3 **C.** 0 **D.** 4

Q.88 5 किलोमीटर चलने के बाद, एक लड़का बाएँ मुड़ा और 6 किलोमीटर चला। फिर वह दाएँ मुड़ा और 15 किलोमीटर चला। यदि वह अंततः दक्षिण दिशा की ओर सम्मुख खड़ा होता है, तो वह पहले 5 किलोमीटर किस दिशा में चला है?

A. पूर्व **B.** दक्षिण **C.** उत्तर **D.** पश्चिम

Q.89 निर्देश: निम्नलिखित समीकरण में से सभी * चिह्नों को प्रतिस्थापित करने और उसे संतुलित करने के लिए गणितीय संक्रियाओं के अनुक्रम के उपयुक्त समुच्चय का चयन कीजिए।
48 * 4 * 2 * 10

A. + × = **B.** - × = **C.** × + = **D.** ÷ - =

Q.90 निर्देश: निम्नलिखित प्रश्नों में कुछ कथन दिए गए हैं और इन कथनों के बाद दो निष्कर्ष i और ii दिए गए हैं। आपको दिए गए कथनों को सत्य मानना है, भले ही वे सर्वज्ञात तथ्यों से भिन्न प्रतीत होते हों। निष्कर्षों को पढ़िए और फिर निर्धारित कीजिये कि दिए गए निष्कर्षों में से कौन सा सामान्य ज्ञात तथ्यों की उपेक्षा करते हुए दिए गए कथनों का तार्किक रूप से अनुसरण करता है।

कथन:
सभी लाल, गुलाबी हैं।
कुछ गुलाबी, भूरे हैं।

निष्कर्ष:
i) कुछ लाल, भूरे हैं।
ii) कुछ गुलाबी, लाल हैं।

चयन कीजिये,
(A) केवल (i) निष्कर्ष अनुसरण करता है
(B) केवल (ii) निष्कर्ष अनुसरण करता है
(C) न तो (i) और न ही (ii) अनुसरण करता है
(D) दोनों (i) और (ii) अनुसरण करते हैं
(E) या तो (i) या (ii) अनुसरण करता है

A. E **B.** B **C.** C **D.** A

Q.91 निर्देश: निम्नलिखित प्रश्नों में कुछ कथन दिए गए हैं और इन कथनों के बाद दो निष्कर्ष i और ii दिए गए हैं। आपको दिए गए कथनों को सत्य मानना है भले ही वे सर्वज्ञात तथ्यों से भिन्न प्रतीत होते हों। निष्कर्षों को पढ़िए और फिर निर्धारित कीजिए कि दिए गए निष्कर्षों में से कौन सा सामान्य ज्ञात तथ्यों की उपेक्षा करते हुए दिए गए कथनों का तार्किक रूप से अनुसरण करता है।

कथन:
सभी गेहूँ, भूरे हैं।
सभी भूरे, चीनी हैं।
सभी चीनी, सफ़ेद हैं।

निष्कर्ष:
i) सभी गेहूँ, चीनी हैं।
ii) सभी भूरे, सफ़ेद हैं।

चयन कीजिये,
(A) केवल (i) निष्कर्ष अनुसरण करता है
(B) केवल (ii) निष्कर्ष अनुसरण करता है
(C) न तो (i) और न ही (ii) अनुसरण करता है
(D) दोनों (i) और (ii) का अनुसरण करते हैं
(E) या तो (i) या (ii) अनुसरण करता है

A. B **B.** A **C.** D **D.** C

Q.92 दी गई श्रेणी में प्रश्न चिह्न के स्थान पर क्या लिखा जाएगा?
J10L12C3M13?19

A. S **B.** Q **C.** R **D.** T

Q.93 यदि R का अर्थ 'में जोड़ा जाता है' है, Q का अर्थ 'से गुणा किया जाता है' है, S का अर्थ 'से घटाया जाता है' और P का अर्थ 'से विभाजित किया जाता है' है, तो (28P7R3Q2)S12 = ?

A. 2 **B.** 8 **C.** 6 **D.** 4

Q.94 A, एक कार्य को 118 दिनों में कर सकता है और B उसी कार्य को 177 दिनों में कर सकता है। एक साथ कार्य करते हुए, वे उसी कार्य को कितने दिनों में पूरा करेंगे?

A. 64.8 **B.** 70.8 **C.** 68.8 **D.** 66.8

Q.95 850 मीटर लंबी एक ट्रेन जो 162 किमी प्रति घंटे की गति से चलती है, एक सुरंग को 63 सेकंड में पार करती है। सुरंग की लंबाई (मीटर में) ज्ञात कीजिए?

A. 1785 **B.** 1885 **C.** 2085 **D.** 1985

Q.96 दी गई गुणोत्तर श्रेणी का योग ज्ञात कीजिए:
$\frac{9}{5}, \frac{9}{25}, \frac{9}{125}, \frac{9}{625}, \ldots$ n पदों तक।

A. $\frac{9}{4}\left(1-\left(\frac{1}{5^n}\right)\right.$ **B.** $\frac{5}{9}\left(1-\left(\frac{1}{5^n}\right)\right.$
C. $\frac{7}{9}\left(1-\left(\frac{1}{5^n}\right)\right.$ **D.** $\frac{4}{5}\left(1-\left(\frac{1}{5^n}\right)\right.$

Q.97 x का मान ज्ञात कीजिए।
$\sqrt{140-x} = \sqrt{13+\sqrt{144}}$

A. 120 **B.** 110 **C.** 115 **D.** 125

Q.98 निर्देश: प्रश्न में दिए गए शब्द को पुनर्व्यवस्थित कीजिए और पुनर्व्यवस्थित शब्द के लगभग समान अर्थ वाले विकल्प का चयन कीजिए।
UOSRBT

A. POWERFUL **B.** SOFT
C. WEAK **D.** FRAGILE

Q.99 अमूल और विवेक ने 6 : 5 के अनुपात में कुछ राशि का निवेश कर के एक साझेदारी व्यापार आरंभ किया। रागुल छह महीने बाद विवेक के समान राशि का निवेश करके उनके साथ शामिल हो जाता है। वर्ष के अंत में अमूल, विवेक और रागुल के बीच लाभ को किस अनुपात में वितरित किया जाना चाहिए?

A. 12 : 10 : 5 **B.** 5 : 12 : 10
C. 10 : 12 : 5 **D.** 12 : 5 : 10

Q.100 निम्नलिखित प्रश्न में प्रश्नवाचक चिह्न (?) के स्थान पर कौन सा मान आना चाहिए?

$$\sqrt{10.24} \times \sqrt{17.64} \div \sqrt{4.41} \times \sqrt{40.96} = ?$$

A. 26.35 **B.** 38.36 **C.** 40.96 **D.** 25.65

Q.101 4 अंकों की सबसे छोटी संख्या ज्ञात कीजिए, जिसे 8, 10, 12, 15, 20 से विभाजित करने पर शेषफल 7 प्राप्त होता है।

A. 1087 **B.** 1100 **C.** 1080 **D.** 1073

Q.102 तीन पदों का योगफल 12580 है। पहले और दूसरे पद के बीच का अनुपात 13 : 14 है तथा दूसरे और तीसरे पद के बीच का अनुपात 15 : 16 है। पहले और अंतिम पद के बीच का अंतर ज्ञात कीजिए।

A. 600 **B.** 620 **C.** 560 **D.** 580

Q.103 यदि एक दर्पण को छायांकित रेखा पर रखा जाता है, तो निम्नलिखित में से कौन सा विकल्प दी गई आकृति का दर्पण प्रतिबिम्ब है?

74sJKt26

A.

B.

C.

D.

Q.104 एक व्यापारी 140 रुपये प्रति किलोग्राम के 235 किलोग्राम चावल को, 140 रुपये प्रति किलोग्राम की अन्य किस्म के 245 किलोग्राम चावल के साथ मिलाता है और मिश्रण को 168 रुपये प्रति किलोग्राम की दर से बेचता है। उसका लाभ प्रतिशत ज्ञात कीजिए।

A. 35 **B.** 30 **C.** 25 **D.** 20

Q.105 प्रति वर्ष साधारण ब्याज की किस दर (% में) पर, 47500 रुपये का मूलधन, 17 वर्षों में, 153425 रुपये का ब्याज अर्जित करेगा?

A. 23 **B.** 19 **C.** 17 **D.** 21

Q.106 पाइप A एक टंकी को 792 मिनट में भर सकता है और पाइप B उसी टंकी को 990 मिनट में खाली कर सकता है। यदि दोनों पाइपों को एक साथ खोल दिया जाए, तो खाली टंकी को भरने में कितने घंटे लगेंगे?

A. 72 **B.** 70 **C.** 68 **D.** 66

Q.107 दुकानदार द्वारा एक वस्तु को 30% हानि पर बेचा जाता है। यदि उसने इसे 650 रुपये अधिक में बेचा होता तो उसे 35% का लाभ होता। वस्तु का क्रय मूल्य ज्ञात कीजिए। (रुपये में)

A. 1100 **B.** 980 **C.** 960 **D.** 1000

Q.108 ब्याज की गणना वार्षिक तथा अर्ध-वार्षिक चक्रवृद्धि आधार पर करते हुए, प्रति वर्ष 6% ब्याज दर पर 1 वर्ष के लिए 25000 रुपये पर अर्जित चक्रवृद्धि ब्याजों के बीच का अंतर कितना होगा? (रुपये में)

A. 16.5 **B.** 20.5 **C.** 18.5 **D.** 22.5

Q.109 वर्ष 1833 का कैलेंडर वर्ष _______ कैलेंडर के समान था।

A. 1842 **B.** 1839 **C.** 1835 **D.** 1836

Q.110 निर्देश: इस प्रश्न में, एक कथन के बाद दो निष्कर्ष i और ii दिए गए हैं। आपको कथन की संपूर्ण जानकारी को सत्य मानना है, फिर दोनों निष्कर्षों पर एक साथ विचार करना है और फिर निर्णय लेना है कि दिए गए निष्कर्षों में से कौन सा निष्कर्ष कथन में दी गई जानकारी का उचित संदेह से परे तार्किक रूप से अनुसरण करता है।

कथन:

हाई स्कूल के बाद, कई छात्र इंजीनियरिंग को अपनी पसंद के पाठ्यक्रम के रूप में वरीयता देते हैं।

निष्कर्ष:

i) सीखने के लिए सबसे आसान पाठ्यक्रम इंजीनियरिंग है।

ii) उनके माता-पिता ने उन्हें इंजीनियरिंग चुनने के लिए राजी किया।

निम्नलिखित विकल्पों में से उपयुक्त विकल्प का चयन कीजिए:

(A) केवल निष्कर्ष i अनुसरण करता है
(B) केवल निष्कर्ष ii अनुसरण करता है
(C) या तो i या ii अनुसरण करता है
(D) न तो i और न ही ii अनुसरण करता है और
(E) i और ii दोनों अनुसरण करते हैं।

A. E **B.** A **C.** D **D.** B

Q.111 निर्देश: नीचे दिए गए प्रत्येक प्रश्न में एक कथन है, उसके बाद I और II दो तर्क दिए गए हैं। आपको यह निर्णय लेना होगा कि कौन सा तर्क एक 'प्रबल' तर्क है और कौन सा तर्क 'दुर्बल' तर्क है।

कथन:

क्या ऐसा कानून होना चाहिए जो विवाह के लिए न्यूनतम आयु निर्धारित करे?

तर्क:

I. हाँ, बाल विवाह और नाबालिगों के शोषण को अनिवार्य रूप से रोकने के लिए यह आवश्यक है।

II. नहीं, यह माता-पिता को अपने बच्चों के प्रति अपनी जिम्मेदारियों को पूरा करने से रोकता है।

उत्तर दीजिए:

(A) यदि केवल तर्क I प्रबल है
(B) यदि केवल तर्क II प्रबल है
(C) यदि I या I प्रबल है
(D) यदि न तो I और न ही II प्रबल है और
(E) यदि I और II दोनों प्रबल हैं।

A. C **B.** D **C.** B **D.** A

Q.112 1650 मीटर लंबा एक ट्रक 118 किमी/घंटा की गति पर गतिमान है। उसी दिशा में 88 किमी/घंटा की गति पर चलती हुई 1550 मीटर लंबी रेलगाड़ी को पार करने में इसे कितने सेकंड का समय लगेगा?

A. 354 **B.** 384 **C.** 364 **D.** 374

Q.113 निर्देश: दिए गए प्रश्नों का उत्तर देने के लिए निम्नलिखित रेखा-आलेख और दिए गए आंकड़ों का अध्ययन कीजिए।

दिए गए वर्षों 2001, 2011, 2021 और 2031 के लिए मोबाइल बेचने वाली 3-विभिन्न कंपनियों A, B और C की बिक्री। (हजारों में)

दिए गए सभी वर्षों में, कंपनी A के बिक्री प्रतिशत की तुलना में कंपनी B ने कितने प्रतिशत अधिक बिक्री की है? (दो दशमलव स्थानों तक)

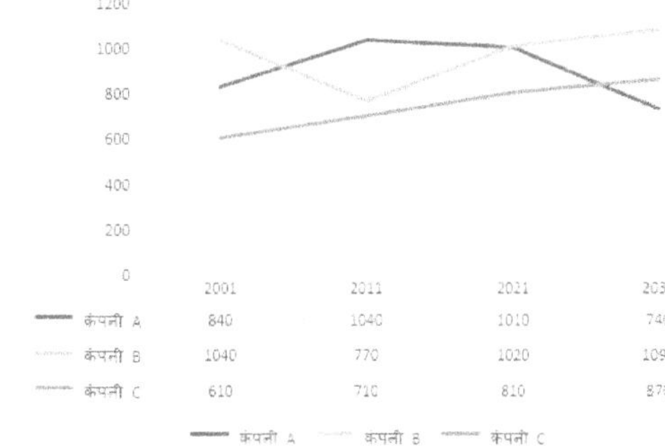

A. 9.26% **B.** 7.98% **C.** 7.28% **D.** 8.46%

Q.114 950 तक कितनी संख्याएँ, 3 और 5 दोनों से विभाज्य हैं?

A. 68 **B.** 67 **C.** 63 **D.** 65

Q.115 वह निम्नतम संख्या ज्ञात कीजिए जिसे 226627 से घटाने पर प्राप्त संख्या 16 से विभाज्य हो।

A. 4 **B.** 2 **C.** 1 **D.** 3

Q.116 निर्देश: दिए गए प्रश्नों का उत्तर देने के लिए निम्नलिखित रेखा-आलेख और दिए गए आंकड़ों का अध्ययन कीजिए।

दिए गए वर्षों 2001, 2011, 2021 और 2031 के लिए मोबाइल बेचने वाली 3-विभिन्न कंपनियों A, B और C की बिक्री (हजारों में)।

कंपनी B की अधिकतम बिक्री किस वर्ष में हुई है?

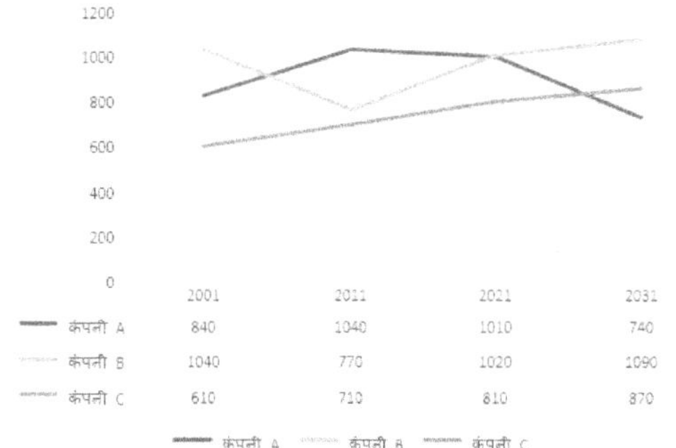

A. 2011 **B.** 2021 **C.** 2001 **D.** 2031

Ques (117-118):निर्देश: निम्नलिखित रेखा आलेख का अध्ययन कीजिए जो 2015 से 2020 तक छह वर्षों के लिए वर्ष की शुरुआत में स्कूल में शामिल होने और स्कूल छोड़ने वाले छात्रों की संख्या को प्रदान करता है।2014 में स्कूल में छात्रों की प्रारंभिक संख्या 2000 थी।नीचे दिए गए रेखा आलेख के आधार पर प्रश्नों के उत्तर दीजिए।

Q.117 वर्ष 2017 के अंत में स्कूल में छात्रों की संख्या कितनी है?

A. 2280 **B.** 2210 **C.** 2230 **D.** 2250

Q.118 वर्ष 2017 में स्कूल में प्रवेश लेने वाले छात्रों की संख्या और वर्ष 2019 में स्कूल छोड़कर गए छात्रों की संख्या अनुपात ज्ञात कीजिए।

A. 8 : 11 **B.** 11 : 8 **C.** 8 : 9 **D.** 7 : 11

Q.119 निर्देश: दिए गए प्रश्नों का उत्तर देने के लिए निम्नलिखित रेखा-आलेख और दिए गए आंकड़ों का अध्ययन कीजिए।

दिए गए वर्षों 2001, 2011, 2021 और 2031 के लिए मोबाइल बेचने वाली 3-विभिन्न कंपनियों A, B और C की बिक्री (हजारों में)

कंपनी B के लिए 2011 से 2021 तक बिक्री में कितने प्रतिशत वृद्धि हुई है? (दो दशमलव स्थानों तक)

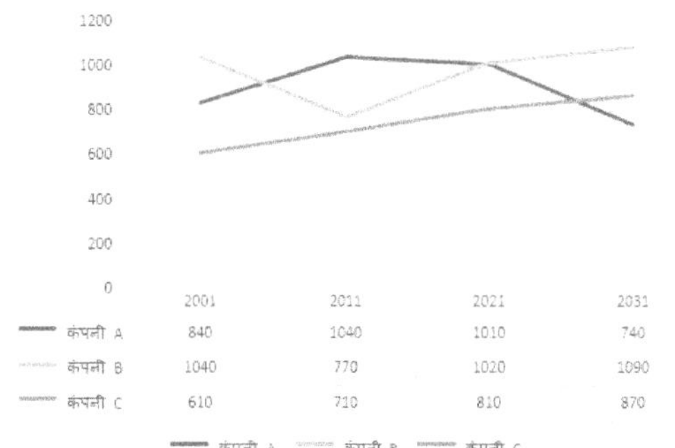

A. 32.46% **B.** 36.65% **C.** 36.52% **D.** 45.26%

Q.120 39 दूरसंचार टावरों की औसत ऊँचाई 282 मीटर है। यदि पहले 19 दूरसंचार टावर की औसत ऊँचाई 280 मीटर है और अंतिम 19 दूरसंचार टावर की औसत ऊँचाई 284 मीटर है, तो 20वें दूरसंचार टावर की ऊँचाई क्या होगी? (मीटर में)

A. 292 **B.** 272 **C.** 282 **D.** 262

Mental Aptitude Test/Intelligence Test/Test of Reasoning

Q.121 "अस्पृश्यता को समाप्त कर दिया गया है और इसका किसी भी तरह से आचरण करना निषिद्ध है", निम्नलिखित में से किस अनुच्छेद में निर्दिष्ट किया गया है?

A. अनुच्छेद 17 **B.** अनुच्छेद 27

C. अनुच्छेद 10 **D.** अनुच्छेद 24

Q.122 एक पंक्ति के सभी व्यक्ति उत्तर के सम्मुख हैं, A दाएँ से 31वाँ है और B दाएँ से 13वाँ है। यदि A और B स्थान बदलते हैं, तो बाएँ से A का क्या स्थान क्या होगा, यदि उस पंक्ति में 35 व्यक्ति हैं?

A. 27 **B.** 23 **C.** 26 **D.** 25

Q.123 एक बॉक्स में भिन्न मूल्यवर्गों जैसे पच्चीस पैसे के सिक्के, पचास पैसे के सिक्के और एक रुपये के सिक्के हैं, जिनका मूल्य 420 रुपये है। सभी मूल्य वर्ग के सिक्कों की संख्या समान है। बॉक्स में एक रुपये के सिक्कों का मूल्य कितना है? (रुपये में)

A. 250 **B.** 220 **C.** 230 **D.** 240

Q.124 एक लड़के की ओर इशारा करते हुए एक महिला ने कहा, "वह मेरी दादी के इकलौते बच्चे के पति की इकलौती पुत्री के भाई का पुत्र है।" लड़के का महिला से क्या संबंध है?

A. भतीजा **B.** पुत्र **C.** भाई **D.** पोता

Q.125 निर्देश: दी गई श्रेणी में अगली संख्या ज्ञात कीजिए।

320, 328, 338, 350, 364, ?

A. 384 **B.** 375 **C.** 380 **D.** 378

Q.126 निर्देश: प्रश्न चिह्न को उस विकल्प से प्रतिस्थापित करें जो पहले युग्म में लागू तर्क का अनुसरण करता है।

Ludicrous : Sensible :: Earnest : ??

A. Humorous **B.** Dedicated

C. Serious **D.** Grave

Q.127 निर्देश: दी गई श्रृंखला में अगली संख्या ज्ञात कीजिए।

32, 32, 39, 78, 89, 267, ?

A. 274 **B.** 276 **C.** 282 **D.** 289

Q.128 एक पासे में, प्रत्येक फलक को इस प्रकार रंगा गया है:

1) बैंगनी के विपरीत नारंगी है

2) धूसर के विपरीत काला है

3) जामुनी के विपरीत नीला है

निम्न में से कौन-सा कथन निश्चित रूप से असत्य है?

A) जामुनी, काले और धूसर के सन्निकट नहीं है

B) नीला, जामुनी के सन्निकट नहीं है

C) नारंगी, धूसर के सन्निकट है

D) काला, नीले के सन्निकट है

A. B **B.** A **C.** C **D.** D

Q.129 प्रश्न चिह्न को उस विकल्प से प्रतिस्थापित कीजिए जो पहले युग्म में लागू तर्क का अनुसरण करता है।

19 : 30 :: 57 : ?

A. 36 **B.** 35 **C.** 34 **D.** 37

Q.130 एक निश्चित कूट भाषा में, यदि YELLOW को WOLLEY के रूप में कूटबद्ध किया जाता है, तो POETRY को उस भाषा में कैसे कूटबद्ध किया जाता है?

A. EOPYRT **B.** YRTEOP

C. OPTEYR **D.** EPORYT

Q.131 वेन आरेख में निम्नलिखित में से कौन सी संख्या पक्षियों और मनुष्यों को दर्शाती है, लेकिन जानवरों की नहीं?

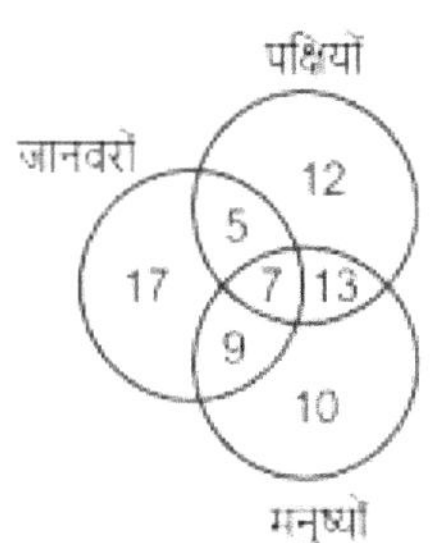

A. 13 **B.** 9 **C.** 7 **D.** 5

Q.132 दी गई श्रृंखला में से असंगत छवि ज्ञात करें।

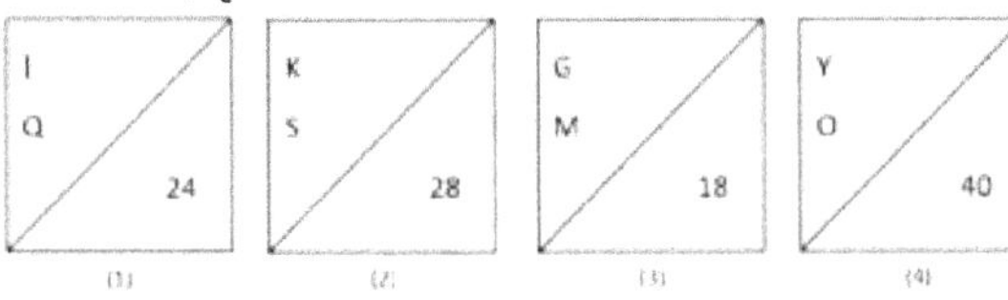

A. 4 **B.** 2 **C.** 1 **D.** 3

Q.133 किस वर्ष में अस्पृश्यता अपराध अधिनियम को अधिनियमित किया गया था?

A. 1955 **B.** 1900 **C.** 1925 **D.** 1990

Q.134 (1), (2), (3), (4) के रूप में संख्यांकित निम्न में से कौन सी आकृति दी गई श्रृंखला में अगली आकृति होगी?

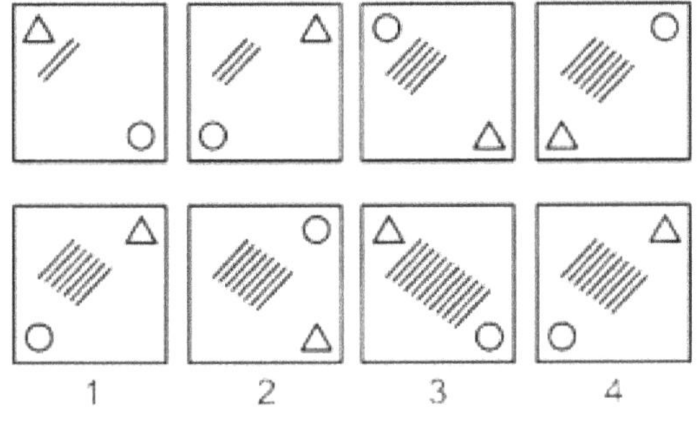

A. 2 **B.** 4 **C.** 1 **D.** 3

Q.135 वेन आरेख में निम्नलिखित में से कौन-सी संख्या केवल पिछड़े और निरक्षर क्षेत्र को दर्शाती है?

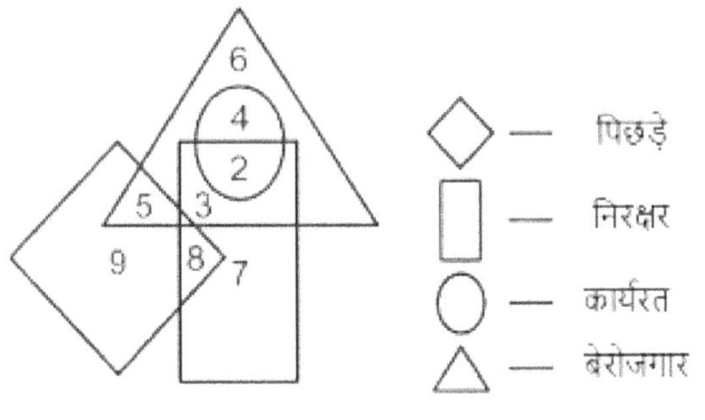

A. 4 **B.** 3 **C.** 5 **D.** 8

Q.136 निम्नलिखित में से कौन-सा विषय भारतीय संविधान की 'राज्य सूची' के अंतर्गत आता है?

A. सार्वजनिक व्यवस्था

B. आपराधिक कानून

C. दिवालियापन

D. नागरिक(सिविल) प्रक्रिया

Q.137 निम्नलिखित जानकारी को ध्यान से पढ़ें और प्रश्न का उत्तर दें।
A + B का अर्थ है A, B का पिता है
A - B का अर्थ है A, B की माता है
A * B का अर्थ है A, B की बहन है
A / B का अर्थ है A, B का भाई है
दिए गए व्यंजक M/N*O+P में, N, P से किस प्रकार संबंधित है?

A. मामा **B.** चाचा **C.** मामी **D.** चाची

Q.138 ______ राष्ट्रीय बाल हेल्पलाइन नंबर है, जो केंद्रीय महिला और बाल विकास मंत्रालय द्वारा मान्यता प्राप्त है।

A. 1098 **B.** 1078 **C.** 1091 **D.** 108

Q.139 यदि A = 42, B = 54, C = 4, D = 6, E = 3 है, तो B - A ÷ D × C + E = ?

A. 36 **B.** 29 **C.** 18 **D.** 42

Q.140 एक लड़का पश्चिम की ओर 15 किमी चलता है, दाएँ मुड़ता है और 7 किमी चलता है; बाएँ मुड़ता है और 12 किमी चलता है और गंतव्य तक पहुँचता है। लड़के द्वारा तय की गयी दूरी क्या है?

A. 38 किमी **B.** 36 किमी **C.** 33 किमी **D.** 34 किमी

Q.141 वह विकल्प चुनें जो दिए गए विकल्पों में से एक भिन्न शब्द/ संख्या/ अक्षर युग्म हो।

A. पहाड़ **B.** नदी **C.** पठार **D.** पहाड़ी

Q.142 एक निश्चित कूट भाषा में,
'123' का अर्थ 'she is quiet" है;
'315' का अर्थ 'is he quiet' है और
'367' का अर्थ 'it is tasty' है।
निम्नलिखित में से कौन-सा अंक 'quiet' के लिए है?

A. 1 **B.** 3 **C.** 5 **D.** 2

Q.143 निम्नलिखित पाँच में से चार, निश्चित तरीके से एक समान हैं और इसलिए एक समूह बनाते हैं। वह कौन-सा विकल्प है जो उस समूह से संबंधित नहीं है?
Z, X, O, F, B

A. X **B.** F **C.** Z **D.** O

Q.144 श्रृंखला में अगली संख्या ज्ञात करें।
120, 295, 525, 810, 1150, ?

A. 1544 **B.** 1550 **C.** 1545 **D.** 1554

Q.145 यदि निम्नलिखित में से प्रत्येक संख्या के मध्यांक में से 2 घटाया जाता है और फिर अंकों के स्थान को व्युत्क्रमित किया जाता है, तो निम्न में से मध्य संख्या का प्रथम अंक कौन-सा होगा?
764 378 531 248 972

A. 1 **B.** 3 **C.** 5 **D.** 8

Q.146 यदि संख्या अनुक्रम 2 3 4 8 7 6 5 7 1 3 3 5 में, सभी विषम संख्याओं में एक जोड़ दिया जाता है और सभी सम संख्याओं में से दो घटा दिया जाता है, और नए संख्या अनुक्रम को आरोही क्रम में व्यवस्थित किया जाता है, तो दाईं ओर से आठवीं संख्या कौन सी होगी?

A. 4 **B.** 2 **C.** 8 **D.** 6

Q.147 एक लड़की बिंदु A से चलना आरंभ करती है और दक्षिण की ओर 3 किमी चलती है, दाएँ मुड़ती है और 1 किमी चलती है; एक और बार बाएँ मुड़ती है और 2 किमी चलती है। वह फिर दाएँ मुड़ती है और 16 किमी चलती है; बाएँ मुड़ती है और 3 किमी चलती है। वह फिर पूर्व की ओर 8 किमी चलती है और बाएँ मुड़ती है और B तक पहुँचने के लिए 8 किमी चलती है। B से A की दूरी कितनी है?

A. 12 किमी **B.** 8 किमी **C.** 9 किमी **D.** 11 किमी

Q.148 निम्न में से कौन-सा विकल्प दी गई आकृति को उत्तम रूप से पूर्ण करेगा?

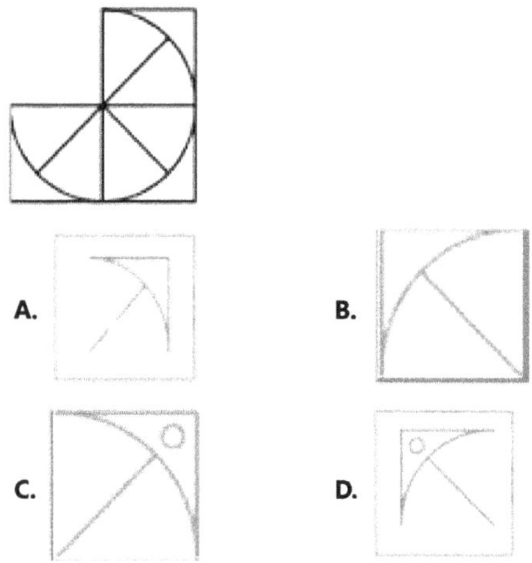

Q.149 दी गई आकृति में कितने वर्ग हैं?

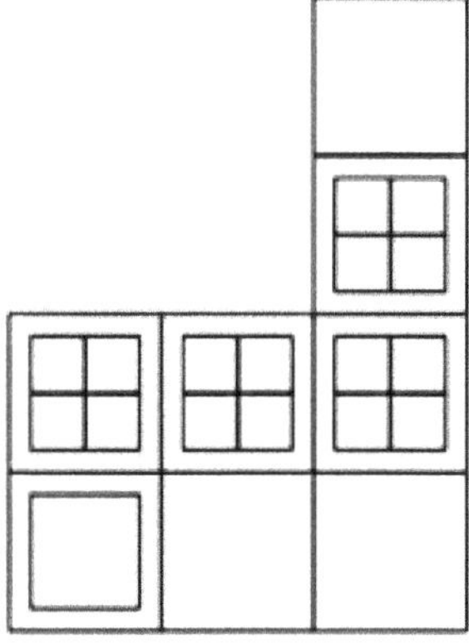

A. 34 **B.** 30 **C.** 33 **D.** 31

Q.150 यदि अंग्रेजी वर्णमाला अनुक्रम में A से शुरू करते हुए प्रत्येक दूसरे अक्षर को छोटे अक्षरों में लिखा जाता है, और बाकी सभी को बड़े अक्षरों में लिखा जाता है, तो दिए गए शब्द 'Conjucate' को कैसे लिखा जाएगा?

A. coNJucaTe **B.** CoNJuCaTE

C. cONJucATe **D.** CoNJuCate

Q.151 निम्नलिखित में से कौन-सा कानून, गिरफ्तारी के बाद बच्चों को पुलिस हिरासत में रखने या उन्हें थाने में लाने पर प्रतिबंध लगाता है?

A. मॉडल पुलिस अधिनियम , 2006

B. पुलिस अधिनियम, 1888

C. बाल अधिकार संरक्षण अधिनियम, 2005

D. किशोर न्याय (बच्चों की देखभाल और सुरक्षा) अधिनियम 2000

Q.152 अरुण के पुत्र अक्षय की माता अम्बिगा की बहन मल्लिगा है। मल्लिगा का अरुण से क्या संबंध है?

A. ब्रदर इन लॉ **B.** ससुर

C. सास **D.** साली

Q.153 श्रृंखला में अगली संख्या ज्ञात करें।

3, 10, 33, 104, 319, ?

A. 965 **B.** 964 **C.** 966 **D.** 967

Q.154 निम्नलिखित कथनों को पढ़िए और निम्नलिखित प्रश्न का उत्तर दीजिए।

M2N का अर्थ है M, N का पति है

M4N का अर्थ है M, N की पत्नी है

M6N का अर्थ है M, N की बहन है

M8N का अर्थ है M, N का भाई है

समीकरण P2Q6R6S में, S के पिता P से किस प्रकार संबंधित है?

A. पिता **B.** ग्रैंड फादर **C.** अंकल **D.** ससुर

Q.155 निम्नलिखित में से किसको भारतीय संविधान का संरक्षक माना जाता है?

A. किशोर न्याय बोर्ड (जुवेनाइल जस्टिस बोर्ड)

B. जिला न्यायालय

C. उच्चतम न्यायालय

D. उच्च न्यायालय

Q.156 निम्नलिखित में से कौन-सा, भारतीय दंड संहिता (आईपीसी) के तहत मृत्युदंड योग्य अपराध नहीं है?

A. भारत सरकार के विरुद्ध युद्ध छेड़ना

B. दहेज़ हत्या

C. बच्चे को आत्महत्या के लिए उकसाना

D. हत्या के साथ डकैती

Q.157 निर्देश: इस प्रश्न में, कथन में विभिन्न तत्वों के बीच संबंध दिखाया गया है। इस कथन के बाद दो निष्कर्ष हैं:

कथन:

$I > N \geq T = E > R \geq V = A < L$

निष्कर्ष:

i) $N > E$

ii) $T > V$

निम्नलिखित में से उपयुक्त विकल्प चुनें

(A) केवल निष्कर्ष i अनुसरण करता है

(B) केवल निष्कर्ष ii अनुसरण करता है

(C) या तो निष्कर्ष i या ii अनुसरण करता है

(D) न तो निष्कर्ष i न ही ii अनुसरण करता है

(E) निष्कर्ष i और ii दोनों अनुसरण करते हैं

A. C **B.** B **C.** D **D.** A

Q.158 यदि EXCITEMENT शब्द के पहले आधे भाग को व्युत्क्रमित किया जाता है, तो निम्नलिखित में से बाएँ छोर से छठे अक्षर के दाएँ से दूसरा अक्षर कौन-सा होगा?

A. N **B.** X **C.** M **D.** E

Q.159 X और Y उत्तर दिशा के सम्मुख हैं, दाएँ छोर से शुरू करते हुए X बाएँ से आठवें स्थान पर आ जाता है, और बाएँ छोर से शुरू करते हुए Y दाएँ से नौवें स्थान पर आ जाता है। अब X, Y के ठीक दाएँ है। पंक्ति में कितने व्यक्ति हैं?

A. 14 **B.** 15 **C.** 13 **D.** 17

Q.160 निर्देश: इस प्रश्न में, एक गद्यांश के बाद एक कथन दिया गया है। गद्यांश को ध्यान से पढ़ें और दिए गए गद्यांश के आधार पर कथन का आकलन करें।

इंडोनेशिया की सुनामी के कारण यह आशंका जताई जा रही है कि एक और घातक लहर दुनिया में अब तक मौजूद कुछ दर्जन जावाई गैंडों का सफाया कर सकती है। माना जा रहा है कि उजुंग कुलोन राष्ट्रीय उद्यान, जो कि उस ज्वालामुखी के निकट है, जहाँ से यह घातक लहर उत्पन्न हुई थी, वहाँ गंभीर रूप से लुप्तप्राय प्रजातियों में से 70 से भी कम प्रजातियां हैं। इस आपदा में किसी भी पशु की मृत्यु नहीं हुई है- हालांकि इसमें 400 से भी अधिक लोग मारे गए हैं - परंतु अधिकारी चेतावनी दे रहे हैं कि त्रस्त क्षेत्र में एक और घातक लहर आ सकती है। इससे राष्ट्रीय उद्यान के संरक्षणवादियों पर दबाव बन रहा है कि वे गैंडों के लिए एक उपयुक्त द्वितीय निवास स्थान खोजने की दीर्घकालिक योजना पर तीव्रता से कार्य करें। इन प्रजातियों के लिए एक दूसरा निवास स्थान खोजने की योजना पर लगभग आठ वर्षों से कार्य चल रहा है, जिसमें संरक्षणवादी जावा और पड़ोसी सुमात्रा के सभी क्षेत्रों का सर्वेक्षण कर रहे हैं, परंतु अब तक कोई सफलता प्राप्त नहीं हुई है। एक शर्मीला प्राणी, जिसकी ढीली त्वचा की परतें ऐसी दिखती हैं कि उसने कवच पहना हो, कभी हजारों की संख्या में हुआ करता था और पूरे दक्षिण-पूर्व एशिया में घूमा करता था। लेकिन, विश्व भर में अन्य गैंडों की प्रजातियों की तरह, इसके प्राकृतवास पर अवैध शिकार और मानव अतिक्रमण के कारण

नाटकीय रूप से इसकी संख्या में गिरावट आई है। गैंडे के सींगों का उपयोग पारंपरिक एशियाई चिकित्सा में किया जाता है, जिसके कारण सींगों में कोई औषधीय महत्व होने का वैज्ञानिक प्रमाण न होने के बावजूद, चोर बाजार में इसकी हमेशा बहुत अधिक कीमतें वसूली जाती हैं।

कथन:

जावाई गैंडे लुप्त हो गए हैं।

निम्न विकल्पों में से उपयुक्त विकल्प का चयन करें।

A - कथन निश्चित रूप से सत्य है।

B - कथन संभवतः सत्य है।

C - कथन का निर्धारण नहीं किया जा सकता है।

D - कथन निश्चित रूप से असत्य है।

A. D **B.** B **C.** C **D.** A

// स्मार्ट उत्तर पुस्तिका //

सही उत्तर उन छात्रों का प्रतिशत जिन्होंने प्रश्नों का सही उत्तर दिया था। छोड़ दिया उन छात्रों का प्रतिशत जिन्होंने प्रश्नों को छोड़ दिया था।

प्रश्न संख्या	उत्तर	सही उत्तर	छोड़ दिया	प्रश्न संख्या	उत्तर	सही उत्तर	छोड़ दिया	प्रश्न संख्या	उत्तर	सही उत्तर	छोड़ दिया	प्रश्न संख्या	उत्तर	सही उत्तर	छोड़ दिया	प्रश्न संख्या	उत्तर	सही उत्तर	छोड़ दिया	प्रश्न संख्या	उत्तर	सही उत्तर	छोड़ दिया
1	B	64.02 %	1.45 %	22	D	65.16 %	1.57 %	43	B	54.4 %	1.57 %	64	A	59.08 %	1.62 %	85	B	44.88 %	1.05 %	106	D	51.28 %	1.34 %
2	D	86.2 %	0.0 %	23	A	81.49 %	0.0 %	44	D	58.68 %	1.38 %	65	B	59.87 %	1.09 %	86	D	63.13 %	1.85 %	107	D	45.1 %	1.48 %
3	C	77.37 %	0.0 %	24	D	60.94 %	1.63 %	45	B	61.41 %	1.18 %	66	A	67.2 %	1.12 %	87	D	67.33 %	1.88 %	108	D	50.18 %	1.76 %
4	A	61.13 %	1.51 %	25	D	66.23 %	1.48 %	46	D	52.09 %	1.57 %	67	D	42.68 %	1.13 %	88	B	54.94 %	1.65 %	109	B	63.45 %	1.94 %
5	A	69.09 %	1.02 %	26	B	40.53 %	1.99 %	47	D	89.36 %	0.0 %	68	B	77.21 %	0.0 %	89	D	63.33 %	1.0 %	110	C	57.41 %	1.71 %
6	B	88.05 %	0.0 %	27	C	48.54 %	1.08 %	48	D	54.61 %	1.77 %	69	B	47.29 %	1.52 %	90	B	62.45 %	1.45 %	111	D	44.0 %	1.91 %
7	B	43.34 %	1.56 %	28	A	64.82 %	1.45 %	49	D	60.24 %	1.86 %	70	C	40.46 %	1.48 %	91	C	65.13 %	1.3 %	112	B	68.06 %	1.64 %
8	C	64.71 %	1.26 %	29	C	61.09 %	1.37 %	50	C	42.18 %	1.79 %	71	A	56.16 %	1.44 %	92	A	63.26 %	1.23 %	113	B	63.91 %	1.25 %
9	D	67.69 %	1.47 %	30	A	55.49 %	1.68 %	51	B	68.31 %	1.33 %	72	D	59.77 %	1.78 %	93	A	47.23 %	1.56 %	114	C	59.32 %	1.01 %
10	A	51.64 %	1.92 %	31	A	65.35 %	1.52 %	52	B	58.99 %	1.25 %	73	D	51.59 %	1.36 %	94	B	45.22 %	1.21 %	115	D	47.08 %	1.24 %
11	B	55.53 %	1.49 %	32	A	41.02 %	1.16 %	53	B	88.44 %	0.0 %	74	B	66.34 %	1.54 %	95	D	55.59 %	1.47 %	116	D	53.49 %	1.03 %
12	A	64.23 %	1.7 %	33	C	45.82 %	1.69 %	54	C	53.65 %	1.82 %	75	D	69.84 %	1.74 %	96	A	61.67 %	1.11 %	117	C	60.52 %	1.15 %
13	D	62.84 %	1.78 %	34	C	60.8 %	1.44 %	55	D	40.88 %	1.16 %	76	D	44.9 %	1.23 %	97	C	68.18 %	1.3 %	118	A	69.64 %	1.6 %
14	C	44.88 %	1.23 %	35	A	40.19 %	1.71 %	56	C	54.65 %	1.63 %	77	C	68.25 %	1.88 %	98	A	54.27 %	1.71 %	119	A	40.27 %	1.84 %
15	A	49.87 %	1.01 %	36	C	67.49 %	1.37 %	57	B	65.57 %	1.28 %	78	B	57.05 %	1.32 %	99	A	66.27 %	1.17 %	120	C	66.91 %	1.89 %
16	B	69.9 %	1.22 %	37	C	53.39 %	1.59 %	58	C	85.06 %	0.0 %	79	B	62.59 %	1.9 %	100	C	66.31 %	1.42 %	121	A	57.97 %	1.21 %
17	C	54.02 %	1.4 %	38	A	40.63 %	1.72 %	59	C	42.19 %	1.26 %	80	A	54.64 %	1.89 %	101	A	51.33 %	1.42 %	122	B	43.4 %	1.43 %
18	B	62.62 %	1.32 %	39	C	63.79 %	1.42 %	60	A	79.12 %	0.0 %	81	A	54.09 %	2.0 %	102	D	58.73 %	1.74 %	123	D	47.29 %	1.56 %
19	A	67.59 %	1.81 %	40	D	68.25 %	1.57 %	61	C	82.34 %	0.0 %	82	C	40.36 %	1.26 %	103	D	40.3 %	1.81 %	124	A	44.68 %	1.43 %
20	B	47.65 %	1.46 %	41	C	44.77 %	1.18 %	62	A	52.67 %	1.55 %	83	B	55.95 %	1.54 %	104	D	46.16 %	1.95 %	125	C	60.74 %	1.1 %
21	D	56.75 %	1.37 %	42	C	41.4 %	1.08 %	63	A	44.51 %	1.82 %	84	C	49.92 %	2.0 %	105	B	43.43 %	1.69 %	126	A	64.72 %	1.62 %

प्रश्न संख्या	उत्तर	सही उत्तर	छोड़ दिया
127	C	41.44 %	1.91 %
128	B	55.91 %	1.14 %
129	A	40.93 %	1.7 %
130	B	69.16 %	1.95 %
131	A	58.85 %	1.05 %
132	A	46.93 %	1.66 %
133	A	66.97 %	1.87 %
134	D	65.03 %	1.06 %
135	D	50.51 %	1.19 %
136	A	52.86 %	1.12 %
137	D	60.03 %	1.02 %
138	A	63.53 %	1.81 %
139	B	52.14 %	1.72 %
140	D	55.33 %	1.65 %
141	B	87.95 %	0.0 %
142	A	61.84 %	1.09 %
143	D	40.08 %	1.1 %
144	C	42.89 %	1.12 %
145	A	55.94 %	1.9 %
146	A	66.39 %	1.68 %
147	C	52.13 %	1.05 %
148	B	56.01 %	1.35 %
149	D	51.58 %	1.32 %
150	A	49.29 %	1.54 %
151	D	63.42 %	1.49 %
152	D	78.06 %	0.0 %
153	C	57.26 %	1.26 %
154	D	59.29 %	1.35 %
155	C	52.48 %	1.48 %
156	B	45.21 %	1.47 %
157	B	69.55 %	1.99 %
158	D	50.94 %	1.15 %
159	D	14.85 %	4.44 %
160	A	15.49 %	3.9 %

// संकेत और समाधान //

1. जिस पंक्तिया जिन पंक्तियों में एक या अनेक वर्णों की एक ही क्रम में एक बार आवृत्ति हो तो वहाँ छेकानुप्रास अलंकार होता है।
जैसे:-"इस करुणा कलित हृदय में,
अब विकल रागिनी बजती"
अत: विकल्प (B) सही है।
2. अल्प का विलोम 'अति' होगा।

- अल्प का अर्थ : थोड़ा।
- अति का अर्थ : बहुत।

अत: विकल्प (D) सही है।
3. 'अंधकार' का विलोम प्रकाश होगा।

- अंधकार का अर्थ : अँधेरा।
- प्रकाश का अर्थ : उजाला।

अत: विकल्प (C) सही है।
4. 'Administrative control (एड्मिनिस्ट्रेटिव कंट्रोल)' का हिंदी पर्याय शब्द 'प्रशासनिक नियंत्रण' होगा।

- 'Administrative action (एड्मिनिस्ट्रेटिव ऐक्शन)' का हिंदी पर्याय शब्द 'प्रशासनिक कार्रवाई' होगा।
- 'Administrative skills (एड्मिनिस्ट्रेटिव स्किल्स)' का हिंदी पर्याय शब्द 'प्रशासनिक योग्यता' होगा।
- 'Administrative facility (एड्मिनिस्ट्रेटिव फैसिलिटी)' का हिंदी पर्याय शब्द 'प्रशासनिक सुविधा' होगा।

अत: विकल्प (A) सही है।
5. कैलाश वाजपेयी कृत "हवा में हस्ताक्षर" के लिए "साहित्य अकादमी पुरस्कार" प्राप्त हुआ।

- हवा में हस्ताक्षर हिन्दी के विख्यात साहित्यकार कैलाश वाजपेयी द्वारा रचित एक कविता-संग्रह है।
- जिसके लिये उन्हें सन् 2009 में साहित्य अकादमी पुरस्कार से सम्मानित किया गया।

अत: विकल्प (A) सही है।
6. 'जो न जाना गया हो' के लिए एक शब्द 'अज्ञात' होगा।

- कुछ न जाननेवाला : अनजान।
- जाना हुआ : ज्ञात।
- न जान : निरर्थक।

अत: विकल्प (B) सही है।
7. 'निष्करुण' का सही संधि-विच्छेद 'नि: + करुण' है। 'निष्करुण' में विसर्ग संधि है।
विसर्ग संधि:- जब संधि करते समय विसर्ग के बाद स्वर या व्यंजन वर्ण के आने से जो विकार उत्पन्न होता है, हम उसे विसर्ग संधि कहते हैं। उदाहरण:- अंतः + करण : अन्तकरण
अत: विकल्प (B) सही है।
8. 'अर्श पर होना' मुहावरे का अर्थ है - अपने को बहुत बड़ा समझना।
वाक्य प्रयोग - भ्रष्टाचार में लिप्त बाबूजी बड़ी शेखी बघारते थे, एक मामले में निलंबित होने पर वे अर्श से फर्श पर आ गए।
अत: विकल्प (C) सही है।
9. "तीसरा विश्व हिंदी सम्मेलन कहाँ संपन्न हुआ था?" यह प्रश्नवाचक वाक्य है। जिस वाक्य में प्रश्न पूछ ने का भाव हो उसे प्रश्नवाचक वाक्य कहते हैं।
अत: विकल्प (D) सही है।
10. शीर्षक-अध्याय-इकाई-पाठ इन चारों में से 1 स्त्रीलिंग शब्द हैं।
इकाई यहाँ स्त्रीलिंग शब्द हैं।
शीर्षक-अध्याय-पाठ यह तीनो पुल्लिंग शब्द हैं।
अत: विकल्प (A) सही है।
11. 'यह घर मेरा है।' - इस वाक्य में 'यह' सार्वनामिक विशेषण है।
यहाँ 'यह' शब्द का प्रयोग संज्ञा से पहले लगकर संज्ञा शब्द की विशेषण की तरह विशेषता बता रहा हैं।
अत: विकल्प (B) सही है।
12. केंद्र सरकारी कर्मचारियों के हिंदी प्रशिक्षण हेतु गठित केंद्रीय हिंदी प्रशिक्षण संस्थान 'राजभाषा विभाग' के तहत कार्यरत है।
राजभाषा विभाग भारत सरकार के गृह मंत्रालय, भारत सरकार के अधीन एक विभाग है। राजभाषा के बारे में संवैधानिक और विधिक प्रावधानों के अनुपालन तथा संघ के कार्यालयीन प्रयोजनों के लिए हिन्दी के प्रयोग को बढावा देने के लिए जून 1975 में, गृह मंत्रालय के एक स्वतन्त्र विभाग के रूप में राजभाषा विभाग की स्थापना की गयी थी।
अत: विकल्प (A) सही है।
13. 'सोद्देश्य' का सही संधि-विच्छेद 'स + उद्देश्य' है। 'सोद्देश्य' में गुण संधि है।
जब संधि करते समय (अ, आ) के साथ (इ, ई) हो तो 'ए' बनता है, जब (अ, आ) के साथ (उ, ऊ) हो तो 'ओ' बनता है, जब (अ, आ) के साथ (ऋ) हो तो 'अर' बनता है तो यह गुण संधि कहलाती है।
अत: विकल्प (D) सही है।
14. कसक का पर्यायवाची शब्द 'विवाद' नहीं है।
अन्य विकल्प पीड़ा, दु:ख और दर्द कसक के पर्यायवाची शब्द है।
अत: विकल्प (C) सही है।
15. 'राष्ट्रीय' शब्द में 'ईय' प्रत्यय है तथा 'राष्ट्र' मूल शब्द है।
राष्ट्र + ईय = राष्ट्रीय
राष्ट्रीय का अर्थ : राष्ट्र का।
अत: विकल्प (A) सही है।
16. केंद्रीय हिंदी निदेशालय का मुख्यालय 'नई दिल्ली' में है।
केन्द्रीय हिन्दी निदेशालय, नई दिल्ली स्थित एक सरकारी विभाग है, जो भारत सरकार के मानव संसाधन विकास मंत्रालय के अधीन है। इसके चार क्षेत्रीय कार्यालय हैं जो चैन्नई, हैदराबाद, गुवाहाटी और कोलकाता में स्थित हैं। 1 मार्च 1960 को केन्द्रीय हिन्दी निदेशालय की स्थापना की गई थी।
अत: विकल्प (B) सही है।
17. दिए गए अनुच्छेद के अनुसार काव्यानंद को 'ब्रह्मानंद सहोदर' कहा गया है।
भारत के विभिन्न रसाचार्यों ने काव्य के आनंद को 'रस' कहा है। काव्य की इस आनंद को ब्रह्मानंद स्वाद-सहोदर भी कहा जाता है।
अत: विकल्प (C) सही है।
18. दिए गए अनुच्छेद के अनुसार संस्कृत साहित्य की समीक्षा के प्रचलित मानदंडों में भारतीय मनीषा ने 'रस' को सर्वाधिक ऊंचा स्थान दिया है।
श्रव्य काव्य के पठन अथवा श्रवण एवं दृश्य काव्य के दर्शन तथा श्रवण में जो अलौकिक आनन्द प्राप्त होता है, वही काव्य में रस कहलाता है।
अत: विकल्प (B) सही है।
19. दिए गए अनुच्छेद के अनुसार 'रस ही ब्रह्म' होने के अर्थ में कथन तैत्तिरीयोपनिषद में मिलता है।

- तैत्तिरीयोपनिषद कृष्ण यजुर्वेदीय शाखा के अन्तर्गत एक उपनिषद है।
- यह अत्यन्त महत्वपूर्ण प्राचीनतम दस उपनिषदों में से एक है।

अत: विकल्प (A) सही है।
20. अपभ्रंश भाषा आर्य परिवार की भाषा है।
अपभ्रंश, आधुनिक भाषाओं के उदय से पहले उत्तर भारत में बोलचाल और साहित्य रचना की सबसे जीवन्त और प्रमुख भाषा है।
अत: विकल्प (B) सही है।
21. 'समकालीन भारतीय साहित्य' पत्रिका के प्रकाशक 'साहित्य अकादमी' हैं। इसके सम्पादक श्री ब्रजेन्द्र कुमार त्रिपाठी हैं।
समकालीन भारतीय साहित्य, साहित्य अकादमी, (रवींद्र भवन, नई दिल्ली) की प्रतिष्ठित द्वैमासिक हिन्दी पत्रिका है। इसका प्रकाशन सन् 1980 से हो रहा है। यह पत्रिका विभिन्न भारतीय भाषाओं में रचित श्रेष्ठ समकालीन साहित्य को प्रस्तुत करती रही हैं।
अत: विकल्प (D) सही है।
22. मैथिली 'बिहार' राज्य में ज्यादा बोली जाती है।

- मैथिली हिन्दी प्रदेश की उपभाषा 'बिहार' की यह एक बोली है।
- 'मैथिली' नाम उस क्षेत्र के नाम 'मिथिला' से सम्बद्ध है।
- मैथिली मुख्य रूप से भारत में उत्तरी बिहार और नेपाल के तराई के क्षेत्रों में बोली जाने वाली भाषा है।

अत: विकल्प (D) सही है।
23. करुण रस का स्थायीभाव 'शोक' होता है।
'शोक' नामक स्थाई भाव अपने अनुकूल विभाव, अनुभाव एवं संचारी भावों के सहयोग से अभिव्यक्त होकर जब आस्वाद का रूप धारण कर लेता है तब उसे करुण रस कहा जाता है।
करुण रस के अनुभाव:- रोना, जमीन पर गिरना, प्रलाप करना, छाती पीटना, आंसू बहाना, छटपटाना आदि अनुभाव है।
अत: विकल्प (A) सही है।
24. 'वागर्थ' पत्रिका के प्रकाशक "भारतीय भाषा परिषद" हैं।

- भारतीय भाषा परिषद कीमासिक पत्रिकावागर्थ हिंदी की सर्वश्रेष्ठ पत्रिकाओं में से एक है।
- इसका प्रकाशन 1995 से नियमित रूप से हो रहा है।
- इसके प्रधान सम्पादक प्रभाकर श्रोत्रिय थे।

अत: विकल्प (D) सही है।
25. "सरकार ने अंशतः प्रतिपूर्ति की है।"- इस वाक्य में परिमाणवाचक क्रियाविशेषण का प्रयोग हुआ है।
यहाँ 'अंशतः प्रतिपूर्ति' में नापतोल का बोध हो रहा है। अत: यहाँ परिमाणवाचक क्रियाविशेषण होगा।
अत: विकल्प (D) सही है।
26. 'ग्' कंठ्य अल्पप्राण व्यंजन वर्ण का उदाहरण है।

- अल्पप्राण व्यंजन वह व्यंजन होतें हैं जिन्हें बहुत कम वायु-प्रवाह से बोला जाता है जैसे कि 'क', 'ग', 'ज' और 'प'।
- कंठ्य वर्ण- जिन वर्णों का उच्चारण कंठ से होता है, उसे कंठ्य वर्ण कहते हैं।
- जैसे- अ, क, ख, ग, घ, ङ, ह, और विसर्ग (:)

अत: विकल्प (B) सही है।
27. 'तृतीय' शुद्ध वर्तनी वाला शब्द है। अन्य विकल्प सही नहीं है।

- तृतीय का अर्थ : तीसरा
- वाक्य: उस ने तृतीय स्थान प्राप्त किया

अत: विकल्प (C) सही है।
28. 'नीलिमा' शब्द में 'इमा' प्रत्यय है तथा 'नील' मूल शब्द है।

- नील + इमा = नीलिमा
- नीलिमा का अर्थ : नीले होने की अवस्था।

अत: विकल्प (A) सही है।
29. "कच्ची गोली खेलना" लोकोक्ति का अर्थ है अनुभवहीन होना।
वाक्य प्रयोग : रमेश के अधिकारी ने उसके काम में गलतियां निकालने की बहुत कोशिश की लेकिन उसने भी कच्ची गोलियां नहीं खेली थी।
अत: विकल्प (C) सही है।
30. "आई तो रोजी नहीं तो रोजा" लोकोक्ति का अर्थ है कमाया तो खाया नहीं तो भूखे।
वाक्य प्रयोग : फेरी वाले का क्या, यदि कुछ माल बिक जाता है तो खाना खा लेता है वरना भूखा सो जाता है। सच है, आई तो रोजी नहीं तो रोजा।
अत: विकल्प (A) सही है।
31. "हे राम! मेरी रक्षा करो।" इस वाक्य में संबोधन कारक है।
वाक्य में 'हे' विभक्ति चिन्ह का प्रयोग किया है। यह सम्बोधन के लिए प्रयोग किया जाता है। इसलिए, यहाँ संबोधन कारक है।
अत: विकल्प (A) सही है।
32. राजभाषा प्रगामी प्रयोग की समीक्षार्थ गठित संसदीय राजभाषा समिति की अध्यक्षता भारत के गृह मंत्री करते हैं।
माननीय गृह मंत्री जी इस समिति के अध्यक्ष हैं। संसदीय राजभाषा समिति का गठन राजभाषा अधिनियम, 1963 के अधीन वर्ष 1976 में किया गया था।
अत: विकल्प (A) सही है।
33. 'अत्युक्ति' शब्द में 'अति' उपसर्ग है तथा 'उक्ति ' मूल शब्द है।

- अति + उक्ति = अत्युक्ति
- अत्युक्ति का अर्थ : अधिक, ऊपर, उस पार

अत: विकल्प (C) सही है।
34. 'परोपकार' शब्द में 'पर' उपसर्ग है तथा 'उपकार' मूल शब्द है।
पर + उपकार = परोपकार
परोपकार का अर्थ : वह काम जिससे दूसरों का भला हो।
अत: विकल्प (C) सही है।
35. "कृपया मेरी थोड़ी-सी मदद करो।"- इस वाक्य में परिमाणवाचक क्रियाविशेषण का प्रयोग हुआ है।
यहाँ 'थोड़ी-सी' शब्द बोलने की क्रिया की मात्रा की तरफ संकेत कर रहा है।
अत: यहाँ परिमाणवाचक क्रियाविशेषण होगा।
अत: विकल्प (A) सही है।
36. चौथा विश्व हिंदी सम्मेलन पोर्ट लुई (मॉरिशस) में संपन्न हुआ था।
चौथे विश्व हिन्दी सम्मेलन का आयोजन 2 दिसम्बर से 4 दिसम्बर 1993 तक मॉरीशस की राजधानी पोर्ट लुई में आयोजित किया गया।
अत: विकल्प (C) सही है।
37. 'आशा' शब्द 'अनंत' शब्द का अर्थ नहीं है।
अन्य विकल्प 'अनंत' शब्द का अर्थ प्रकट करते है।
अत: विकल्प (C) सही है।
38. 'परोपकार' शुद्ध वर्तनी वाला शब्द है। अन्य विकल्प सही नहीं है।
परोपकार का अर्थ : दूसरों की भलाई करना।
वाक्य : हर मनुष्य में परोपकार की भावना होनी चाहिए।
अत: विकल्प (A) सही है।
39. 'ए. बी. सी. डी.' के रचनाकार 'रवींद्र कालिया' हैं।
हिंदी साहित्य में रवींद्र कालिया की ख्याति उपन्यासकार, कहानीकार और संस्मरण लेखक के अलावा एक ऐसे बेहतरीन संपादक के रूप में है। जो मृतप्राय: पत्रिकाओं में भी जान फूंक देते हैं।
अत: विकल्प (C) सही है।
40. 'कर्ण' शब्द का तद्भव रूप 'कान' है।
तद्भव शब्द ऐसे शब्द जो संस्कृत से हिंदी में आने पर उनका रूप बदल गया। जैसे - आग, खीर, छत आदि।
अत: विकल्प (D) सही है।
41. भारतीय संविधान के अनुच्छेद 29 से 30 के तहत "सांस्कृतिक और शैक्षिक अधिकार" प्रदान किए जाते हैं।

- सांस्कृतिक और शैक्षिक अधिकार अल्पसंख्यकों के भाषाई, सांस्कृतिक और धार्मिक अधिकारों की रक्षा करते हैं।
- यह सभी समुदायों की संस्कृति और विरासत को संरक्षित करने का प्रयास करता है।

अत: विकल्प (C) सही है।
42. 44वां संशोधन अधिनियम, 1978, जनता पार्टी द्वारा अधिनियमित किया गया था।
इस संवैधानिक संशोधन अधिनियम ने भारतीय संविधान के अनुच्छेद 352 में मूल वाक्यांश, 'आंतरिक गड़बड़ी' को 'सशस्त्र विद्रोह' से बदल दिया। यह प्रदान करता है कि आपातकाल की उद्घोषणा केवल तभी जारी की जा सकती है जब युद्ध या बाहरी आक्रमण या सशस्त्र विद्रोह द्वारा भारत या उसके किसी भी हिस्से की सुरक्षा को खतरा हो।
अत: विकल्प (C) सही है।
43. राष्ट्रीय सुदूर संवेदन केंद्र (NRSC) हैदराबाद, तेलंगाना में स्थित है।

- यह भारतीय अंतरिक्ष अनुसंधान संगठन (ISRO) के प्राथमिक केंद्रों में से एक है।
- यह हवाई और उपग्रह स्रोतों से डेटा का प्रबंधन करता है।

अत: विकल्प (B) सही है।

44. विशाखा और अन्य बनाम राजस्थान राज्य 1997 का भारतीय सर्वोच्च न्यायालय का मामला था।
अदालत ने फैसला किया कि "संविधान के अनुच्छेद 14, 15, 19(1)(g) और 21 में लैंगिक समानता की गारंटी, मानव गरिमा के साथ काम करने का अधिकार और उसमें निहित यौन उत्पीड़न के खिलाफ सुरक्षा उपायों की गारंटी की व्याख्या के उद्देश्य से अंतर्राष्ट्रीय सम्मेलनों और मानदंडों का विचार महत्वपूर्ण है।"
अत: विकल्प (D) सही है।
45. जैविक विविधता पर कन्वेंशन के लिए जैव सुरक्षा पर कार्टाजेना प्रोटोकॉल 2003 से प्रभावी जैव विविधता पर कन्वेंशन (CBD) के पूरक के रूप में जैव सुरक्षा पर एक अंतरराष्ट्रीय समझौता है।
जैव सुरक्षा प्रोटोकॉल आधुनिक जैव प्रौद्योगिकी से उत्पन्न आनुवंशिक रूप से संशोधित जीवों द्वारा उत्पन्न संभावित जोखिमों से जैविक विविधता की रक्षा करना चाहता है।
अत: विकल्प (B) सही है।
46. अनुच्छेद 17, अस्पृश्यता के उन्मूलन से संबंधित है।

- अस्पृश्यता को समाप्त कर दिया गया है और भारत के संविधान के अनुच्छेद 17 के तहत किसी भी रूप में इसका अभ्यास निषिद्ध है।
- अस्पृश्यता से उत्पन्न होने वाली किसी भी विकलांगता का प्रवर्तन कानूनन दंडनीय अपराध होगा।

अत: विकल्प (D) सही है।
47. DVD, जिसे डिजिटल वर्सटाइल डिस्क या डिजिटल वीडियो डिस्क के रूप में भी जाना जाता है, एक ऑप्टिकल डिस्क स्टोरेज मीडिया प्रारूप है।

- यह 1995 में सोनी, पैनासोनिक और सैमसंग द्वारा विकसित और आविष्कार किया गया था।
- इसका मुख्य उपयोग वीडियो और डेटा को स्टोर करना है।

अत: विकल्प (D) सही है।
48. सार्डिन ओमेगा-3 वसीय अम्ल का स्रोत होती है।
सार्डिन पोषक तत्वों से भरपूर, छोटी, तैलीय मछली है, जिसका मनुष्यों द्वारा व्यापक रूप से सेवन किया जाता है। इसे अक्सर कैन में परोसा जाता है लेकिन ताजा होने पर इसे ग्रिल्ड, अचार या स्मोक्ड करके भी खाया जा सकता है।
अत: विकल्प (D) सही है।
49. राष्ट्रीय विकास परिषद की स्थापना 6 अगस्त, 1952 को भारत सरकार के एक कार्यकारी प्रस्ताव द्वारा की गई थी।

- यह भारत में विकास के मामलों पर निर्णय लेने और विचार-विमर्श करने का शीर्ष निकाय है।
- इसकी अध्यक्षता प्रधानमंत्री करते हैं।
- इसकी स्थापना पंचवर्षीय योजनाओं के समर्थन में राष्ट्र के प्रयासों और संसाधनों को मजबूत और संगठित करने के लिए की गई थी।

अत: विकल्प (D) सही है।
50. जनहित याचिका की शुरुआत 1976 में हुई थी।
जनहित याचिका वह याचिका है, जो कि जन (लोगों) के सामूहिक हितों के लिए न्यायालय में दायर की जाती है। कोई भी व्यक्ति जन हित में या फिर सार्वजनिक महत्व के किसी मामले के विरूद्ध, जिसमें किसी वर्ग या समुदाय के हित या उनके मौलिक अधिकार प्रभावित हुए हों, जन हित याचिका के जरिए न्यायालय की शरण ले सकता है।
अत: विकल्प (C) सही है।
51. भारत की प्रथम "महिला निर्वाचन आयुक्त" वी. एस. रमादेवी थीं।

- वी. एस. रमादेवी का जन्म 15 जनवरी, 1934 को आंध्र प्रदेश में हुआ था।
- वह 26 जुलाई, 1997 से 1 दिसम्बर, 1999 तक हिमाचल प्रदेश की राज्यपाल भी रहीं।
- वह देश की प्रथम और एकमात्र महिला थीं, जिन्होंने भारत के मुख्य चुनाव आयुक्त का पदभार सम्भाला।

अत: विकल्प (B) सही है।
52. शीतलन प्रक्रिया द्वारा गैस को द्रव में बदलने की प्रक्रिया को संघनन कहा जाता है।
संघनन तब होता है जब ओसांक जमाव बिंदु से नीचे होता है तथा तब भी संभव है जब ओसांक जमाव बिंदु से ऊपर होता है।
अत: विकल्प (B) सही है।
53. तुलसी मानस मंदिर उत्तर प्रदेश के पवित्र शहर वाराणसी में सबसे प्रसिद्ध मंदिरों में से एक है।

- हिंदू धर्म में इस मंदिर का बड़ा ऐतिहासिक और सांस्कृतिक महत्व है।
- प्राचीन हिंदू महाकाव्य रामचरितमानस मूल रूप से 16वीं शताब्दी (1532-1623) में हिंदू कवि-संत, सुधारक और दार्शनिक गोस्वामी तुलसीदास द्वारा इस स्थान पर लिखा गया था।

अत: विकल्प (B) सही है।
54. अनुच्छेद 136 सर्वोच्च न्यायालय द्वारा अपील करने के लिए विशेष अनुमति के बारे में है।

- यह प्रावधान करता है कि सर्वोच्च न्यायालय, अपने विवेकानुसार, भारत के क्षेत्र में किसी न्यायालय या न्यायाधिकरण द्वारा पारित या किए गए किसी भी कारण या मामले में किसी भी निर्णय, राजाज्ञा, निर्धारण, वाक्य या आदेश से अपील करने के लिए विशेष अनुमति दे सकता है।

अत: विकल्प (C) सही है।
55. भारत नेहरू, गांधीजी बनाम राज नारायण - 1975 के मामले में सर्वोच्च न्यायालय ने कहा कि अनुच्छेद 14 में सन्निहित विधि का शासन भारतीय संविधान की 'मूल संरचना' है और इसलिए इसे संविधान के अनुच्छेद 368 के तहत संविधान के संशोधन द्वारा भी नष्ट नहीं किया जा सकता है।
भारत के संविधान के अनुच्छेद -14 के तहत विधि के शासन के एक पहलू के रूप में कानून के समक्ष समानता की गारंटी देता है।
अत: विकल्प (D) सही है।
56. अजमेर बारहवीं शताब्दी में चौहान राजाओं का राजधानी शहर था और बाद में मुगलों के अधीन सूबा मुख्यालय बन गया।

- यह धार्मिक सह-अस्तित्व का एक बड़ा उदाहरण है।
- शहर को चौहान शासक, या तो अजयराज प्रथम या अजयराज द्वितीय, द्वारा "अजयमेरु" के रूप में स्थापित किया गया था और 12 वीं शताब्दी ईस्वी तक उनकी राजधानी थी।

अत: विकल्प (C) सही है।
57. भारतीय संविधान में मौलिक कर्तव्यों को शामिल करने के समय एच. आर. गोखले केंद्रीय कानून और न्याय मंत्री थे।

- उन्होंने आपातकाल (1975-1977) के दौरान इंदिरा गांधी सरकार में कानून और न्याय के कैबिनेट मंत्री के रूप में कार्य किया।.
- एच. आर. गोखले एक भारतीय राजनीतिज्ञ थे, जो महाराष्ट्र से भारतीय राष्ट्रीय कांग्रेस के सदस्य थे और मुंबई उत्तर पश्चिम से लोकसभा के सदस्य थे।

अत: विकल्प (B) सही है।
58. कारगिल समीक्षा समिति (KRC) का गठन भारत सरकार द्वारा कारगिल युद्ध की समाप्ति के तीन दिन बाद 29 जुलाई 1999 को किया गया था। समिति का गठन "घटनाओं के अनुक्रम की जांच करने और भविष्य के लिए सिफारिशें करने के लिए" किया गया था। कारगिल समीक्षा समिति (KRC) को सरकार द्वारा जम्मू-कश्मीर में लद्दाख के कारगिल जिले में पाकिस्तानी आक्रमण से पहले की घटनाओं की समीक्षा करने और ऐसे उपायों की सिफारिश करने के लिए नियुक्त किया गया था, जो इस तरह के सशस्त्र घुसपैठ के खिलाफ राष्ट्रीय सुरक्षा की रक्षा के लिए आवश्यक माने जाते हैं।
अत: विकल्प (C) सही है।
59. राज्य सभा को धन विधेयक प्राप्त होने के चौदह दिनों की अवधि के भीतर लोक सभा को लौटाना होता है।

- धन विधेयक केवल लोक सभा में पेश किया जाता है और उस सभा द्वारा पारित किए जाने के बाद इसे राज्य सभा की सहमति या सिफारिश के लिए भेजा जाता है।
- राज्य सभा धन विधेयक में सीधे संशोधन नहीं कर सकती; वह केवल विधेयक में संशोधन की सिफारिश कर सकती है।

अत: विकल्प (C) सही है।

60. पंचायती राज का उद्घाटन 2 अक्टूबर 1959 को राजस्थान के नागौर में तत्कालीन प्रधानमंत्री पंडित जवाहरलाल नेहरू ने किया था। राजस्थान पंचायत समिति और जिला परिषद अधिनियम, 1959 के तहत पहला चुनाव सितंबर-अक्टूबर 1959 में आयोजित किया गया था।
अत: विकल्प (A) सही है।

61. RFCTLARR अधिनियम, 2013 के अनुसार, अधिग्रहित की गई भूमि के लिए देय मुआवजे के अलावा किसी व्यक्ति को देय राशि को हर्जाना कहा जाता है। इस अधिनियम में उन लोगों को उचित मुआवजा प्रदान करने का प्रावधान है, जिनकी भूमि छीन ली गई है। यह अधिनियम कारखानों या भवनों, अवसंरचनात्मक परियोजनाओं की स्थापना के लिए भूमि अधिग्रहण की प्रक्रिया में पारदर्शिता लाता है और प्रभावित लोगों के पुनर्वास का आश्वासन देता है।
अत: विकल्प (C) सही है।

62. गिरफ्तार व्यक्ति को उसके फरार हो जाने की रोकथाम के लिए उसे आवश्यक से अधिक नियंत्रण के अधीन नहीं किया जाएगा। यह प्रावधान दंड प्रक्रिया संहिता, 1973 की धारा 49 के तहत आता है।
नागरिक अधिकार संरक्षण अधिनियम, 1955 की धारा 10: एक लोक सेवक जो जानबूझकर इस अधिनियम के तहत दंडनीय किसी भी अपराध की जांच की उपेक्षा करता है, उसे इस अधिनियम के तहत दंडनीय अपराध के लिए उकसाया गया माना जाएगा।
अत: विकल्प (A) सही है।

63. गूगल हैंगआउट्स मीट अब गूगल मीट है।
गूगल द्वारा आधिकारिक तौर पर नाम परिवर्तन की घोषणा की गई और अब इसे वीडियो कॉन्फ्रेंसिंग प्लेटफॉर्म गूगल मीट कहा जाता है। कोविड-19 महामारी के कारण गूगल मीट के उपयोगकर्ताओं की संख्या में प्रतिदिन 20 लाख नए उपयोगकर्ताओं की वृद्धि हुई है, जो कार्यस्थलों को अपनी बैठकों पर पुनर्विचार करने के लिए मजबूर करता है।
अत: विकल्प (A) सही है।

64. विश्व व्यापार संगठन की आम परिषद ने क्षेत्रीय व्यापार समझौतों में पारदर्शिता स्थापित की है।
14 दिसंबर 2006 को जनरल काउंसिल ने सभी क्षेत्रीय व्यापार समझौतों (RTAs) के लिए अनंतिम आधार पर एक नया पारदर्शिता तंत्र स्थापित किया। नियमों पर वार्ता समूह में बातचीत की गई नई पारदर्शिता व्यवस्था में किसी भी RTA की जल्द घोषणा और WTO को अधिसूचना जारी करने का प्रावधान है।
अत: विकल्प (A) सही है।

65. IT अधिनियम की धारा 62 के अनुसार, CAT के फैसले या आदेश से असंतुष्ट व्यक्ति अधिकरण के फैसले या आदेश की अधिसूचना की तारीख के साठ दिनों के भीतर उच्च न्यायालय में अपील दायर कर सकता है।
उच्च न्यायालय यदि इस बात से संतुष्ट होता है कि अपीलकर्ता को पर्याप्त कारण से निर्दिष्ट अवधि के भीतर अपील प्रस्तुत करने से रोका गया था, तो इसे साठ दिनों से अधिक की अतिरिक्त अवधि के भीतर प्रस्तुत करने की अनुमति दी जा सकती है।
अत: विकल्प (B) सही है।

66. अफगानिस्तान में शांति लाने के लिए समझौते को आमतौर पर अमेरिका-तालिबान सौदा या दोहा समझौते के रूप में जाना जाता है। यह समझौता अफगानिस्तान में 2001-2021 के युद्ध को समाप्त करने के लिए दोहा, कतर में 29 फरवरी, 2020 को संयुक्त राज्य अमेरिका और तालिबान द्वारा हस्ताक्षरित एक शांति समझौता था। यह सौदा, जिसमें गुप्त अनुबंध भी थे, उन महत्वपूर्ण घटनाओं में से एक था जो अफगान राष्ट्रीय सुरक्षा बलों के पतन का कारण बना।
अत: विकल्प (A) सही है।

67. भारतीय संविधान के भाग IX में उन राज्यों में पंचायतों की त्रि-स्तरीय प्रणाली की परिकल्पना की गई है जहां जनसंख्या 20 लाख से अधिक है। प्रत्येक राज्य में इस भाग के उपबंधों के अनुसार ग्राम, मध्यवर्ती और जिला स्तर पर पंचायतों का गठन किया जाएगा। खंड (1) में किसी भी बात के बावजूद, बीस लाख से अधिक जनसंख्या वाले राज्य में मध्यवर्ती स्तर पर पंचायतों का गठन नहीं किया जा सकता है।
अत: विकल्प (D) सही है।

68. चीन और भारत सबसे अधिक जनसंख्या वाले राष्ट्र हैं, जिनकी कुल हिस्सेदारी 17.9 प्रतिशत और 17.76 प्रतिशत है।

- 15 नवंबर, 2022 को विश्व की जनसंख्या 8 अरब के निशान से ऊपर थी
- विश्व के 9 अरब के आंकड़े को छू लेने से पहले ही, भारत चीन को पीछे छोड़ देगा और सबसे बड़ा हिस्सा होगा।

अत: विकल्प (B) सही है।

69. महाराष्ट्र पहला राज्य था जिसने 1971 में लोकायुक्त और उप-लोकायुक्त अधिनियम के माध्यम से लोकायुक्त संस्था शुरू की थी।

- इसके बाद ओडिशा, राजस्थान, बिहार, उत्तर प्रदेश, कर्नाटक, मध्य प्रदेश, आंध्र प्रदेश, गुजरात, केरल, तमिलनाडु और केंद्र शासित प्रदेश दिल्ली राज्यों द्वारा इसी तरह के अधिनियम बनाए गए थे।
- प्रत्येक राज्य में लोकायुक्त की शक्तियां अलग-अलग हैं और उन्हें एक समान बनाने के प्रयास किए जा रहे हैं।

अत: विकल्प (B) सही है।

70. भारत गणराज्य के संविधान के अनुच्छेद 74 में एक मंत्रिपरिषद का प्रावधान है जो राष्ट्रपति के कार्यों के प्रयोग में राष्ट्रपति की सहायता करेगी। राष्ट्रपति की सहायता और सलाह देने के लिए प्रधानमंत्री के साथ एक मंत्रिपरिषद होगी, जो अपने कार्यों के प्रयोग में, ऐसी सलाहों के अनुसार कार्य करेगा।
अत: विकल्प (C) सही है।

71. इस मामले में भारतीय पर्यावरण-कानूनी कार्रवाई परिषद नाम के एक पर्यावरण संघ ने प्रादेश याचिका दायर की थी। इस संगठन ने राजस्थान के उदयपुर जिले में स्थित बिछरी गांव नामक एक छोटे से गांव में रहने वाले लोगों के बारे में स्थितियों पर प्रकाश डालते हुए एक मुद्दा उठाया। इस गांव के उत्तरी भाग पर हिंदुस्तान जिंक लिमिटेड और कई अन्य जैसे रासायनिक औद्योगिक संयंत्रों का कब्जा था। मुख्य जोर दिया गया था कि कैसे बड़े व्यवसायी इन अवसरों को औद्योगिकीकरण और निर्यात को प्रोत्साहित करके अपने लाभ मार्जिन को बढ़ाने के तरीकों के रूप में देखते हैं।
अत: विकल्प (A) सही है।

72. भारतीय राष्ट्रीय राजमार्ग प्राधिकरण अधिनियम, 1988 संपूर्ण भारत में विस्तारित है।

- यह उस तारीख को लागू होगा जिसे केंद्र सरकार, आधिकारिक राजपत्र में अधिसूचना द्वारा, नियुक्त करती है।
- "राष्ट्रीय राजमार्ग" का अर्थ है कि राष्ट्रीय राजमार्ग अधिनियम, 1956 (1956 का 48) की धारा 2 के तहत किसी भी राजमार्ग को राष्ट्रीय राजमार्ग के रूप में घोषित किया जा रहा है।

अत: विकल्प (D) सही है।

73. सर्वेक्षण में कहा गया है कि 'थालीनॉमिक्स: भारत में भोजन की एक प्लेट की मितव्ययिता' यह पता लगाने का एक प्रयास है कि भारत में भोजन की कीमत कितनी है। अनाज, सब्जियों, दालों और ईंधन की लागत को ध्यान में रखते हुए, शाकाहारी और मांसाहारी दोनों भोजन की कीमत 25 राज्यों / केंद्र शासित प्रदेशों के लिए तैयार की गई है। इस डेटा का विश्लेषण करते हुए सर्वेक्षण में पाया गया कि 2015-16 के बाद से 'थाली' की कीमतों की गतिशीलता में बदलाव आया है।
अत: विकल्प (D) सही है।

74. सत्र न्यायालय को 1993 के मानवाधिकार संरक्षण अधिनियम के तहत मानवाधिकार न्यायालय के रूप में कार्य करने के लिए नामित किया गया है।

- दंड प्रक्रिया संहिता, 1973 के तहत एक सत्र न्यायाधीश अपराध का संज्ञान नहीं ले सकता है।

- वह केवल दंड प्रक्रिया संहिता की धारा 193 के तहत मजिस्ट्रेट द्वारा किए गए मामलों की सुनवाई कर सकता है।

अत: विकल्प (B) सही है।

75. भारत का सर्वोच्च न्यायालय 26 जनवरी, 1950 को अस्तित्व में आया और तिलक मार्ग, नई दिल्ली पर स्थित है।

- 28 जनवरी, 1950 को, भारत के संप्रभु लोकतांत्रिक गणराज्य बनने के दो दिन बाद, सर्वोच्च न्यायालय अस्तित्व में आया।
- उद्घाटन संसद भवन में चैंबर ऑफ प्रिंसेस में हुआ, जिसमें भारत की संसद भी थी, जिसमें राज्य परिषद और लोक सभा शामिल थे।

अत: विकल्प (D) सही है।

76. मुद्रास्फीतिजनित मंदी एक आर्थिक स्थिति है जब स्थिर आर्थिक विकास, उच्च बेरोजगारी और उच्च मुद्रास्फीति एक साथ गठबंधन करते हैं।

- मूल रूप से, मुद्रास्फीति और स्थिर वृद्धि मुद्रास्फीतिजनित मंदी के बराबर है।
- यह शब्द 1973-1975 की मंदी के दौरान उभरा।

अत: विकल्प (D) सही है।

77. धारा 10 (1) के अनुसार, भारत में करदाता द्वारा अर्जित कृषि आय को कर से छूट दी गई है।

- कृषि आय को आयकर अधिनियम की धारा 2 (1A) के तहत परिभाषित किया गया है।
- नर्सरी में उगाए गए पौधों या रोपाई से प्राप्त किसी भी आय को कृषि आय माना जाएगा।

अत: विकल्प (C) सही है।

78. अफगान-भारत मैत्री बांध का उद्घाटन 4 जून 2016 को भारतीय प्रधानमंत्री नरेंद्र मोदी ने अफगानिस्तान के राष्ट्रपति अशरफ गनी के साथ किया था। अफगान-भारत मैत्री बांध (AIFD), जिसे पहले सलमा बांध कहा जाता था, पश्चिमी अफगानिस्तान में हेरात प्रांत के चिश्ती शरीफ जिले में हरि नदी पर स्थित एक पनबिजली और सिंचाई बांध परियोजना है।
अत: विकल्प (B) सही है।

79. जिला कलेक्टर भूमि का कब्जा लेने के लिए सरकार के इरादे के बारे में सुविधाजनक स्थानों पर सार्वजनिक सूचना प्रकाशित करेगा।
इसके बाद कलेक्टर कब्ज़ा की जाने वाली भूमि पर या उसके आस-पास सुविधाजनक स्थानों पर सार्वजनिक सूचना देगा, जिसमें कहा जाएगा कि सरकार भूमि का कब्जा लेने का इरादा रखती है और ऐसी भूमि में सभी हितों के लिए मुआवजे का दावा किया जा सकता है।
अत: विकल्प (B) सही है।

80. अब्दुल गफ्फार खान को 'सीमांत गांधी' के नाम से जाना जाता है। ख़ान अब्दुल ग़फ़्फ़ार ख़ान (1890 - 20 जनवरी 1988) सीमाप्रांत और बलूचिस्तान के एक महान राजनेता थे जिन्होंने भारत के स्वतंत्रता संग्राम में भाग लिया और अपने कार्य और निष्ठा के कारण "सरहदी गांधी" (सीमान्त गांधी), "बच्चा खाँ" तथा "बादशाह खान" के नाम से पुकारे जाने लगे।
अत: विकल्प (A) सही है।

81. 1) पहला शब्द "BIODIVERSITY" है।
2) अगला शब्द, पहले शब्द के पहले तीन अक्षरों और अंतिम तीन अक्षरों को हटाकर प्राप्त किया जाता है → BIODIVERSITY
3) तीसरा शब्द, दूसरे और तीसरे अक्षर और अंतिम दूसरे और आखिरी तीसरे अक्षर को जोड़कर प्राप्त किया जाता है जिसे पहले हटा दिया गया था → IODIVERSIT
4) चौथा शब्द, पिछले शब्द के पहले तीन अक्षरों और अंतिम तीन अक्षरों को हटाकर प्राप्त किया जाता है →IODIVERSIT
इसी प्रकार,
पाँचवाँ शब्द दूसरे और तीसरे अक्षर को जोड़कर प्राप्त किया जाएगा और अंतिम दूसरे और अंतिम तीसरे अक्षर को पहले हटा दिया गया था
→ ODIVERSI
अत: विकल्प (A) सही है।

82.

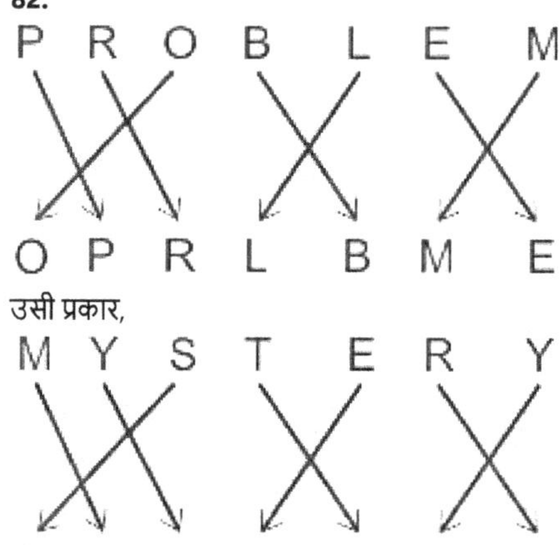

इस प्रकार, 'MYSTERY', 'SMYETYR' से संबंधित है।
अतः विकल्प (C) सही है।

83. उपरोक्त भाग से, यह स्पष्ट है कि पूरा भाग स्पष्ट रूप से, 25 से विभाज्य है और शेषफल शून्य है, क्योंकि, पूरे भाग का एक पद जो कि 125 है, भागफल के रूप में 5 और शेषफल के रूप में शून्य देकर 25 से पूरी तरह से विभाज्य है। इसलिए उत्तर 0 है।
अतः विकल्प (B) सही है।

84. तर्क यहाँ इस प्रकार है:

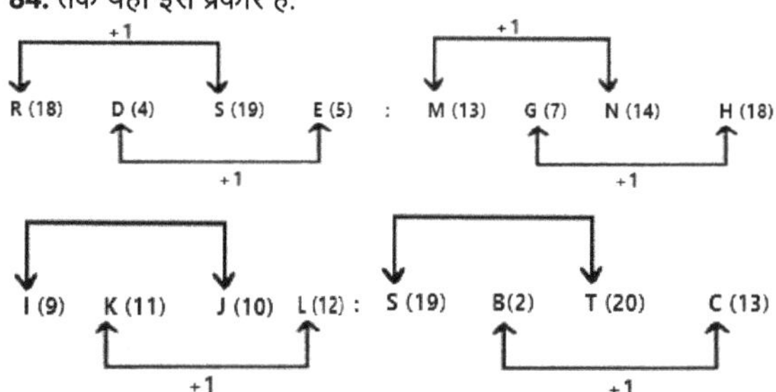

इसलिए, सही उत्तर है "SBTC".
अतः विकल्प (C) सही है।

85. बेलन का आयतन = $\pi r^2 h$

$\Rightarrow \frac{22}{7} \times 28 \times 28 \times 15$

$\Rightarrow 22 \times 4 \times 28 \times 15 = 36960$ सेमी^{3}

अतः विकल्प (B) सही है।

86. 410 का 20%, 520 के 40% से x% कम है

⇒ 410 का 20% = 520 का 40% - x%

$\Rightarrow \frac{20}{100}$ का $410 = \frac{40}{100}$ का $520 - \frac{x}{100}$

$\Rightarrow 82 = 208 - \frac{x}{100}$

$\Rightarrow 126 = \frac{x}{100}$

$\Rightarrow x = 126 \times 100 = 12600$

अब, 520 के 40% के संबंध में प्रतिशत मान होगा,

$\frac{12600}{208}$ = 60.57%

अतः विकल्प (D) सही है।

87. क्रय मूल्य 161700 रुपये है

अंकित मूल्य = 161700 का 30% + 161700

$\Rightarrow 161700 \times \frac{30}{100} + 161700$

$\Rightarrow 161700 + 48510 =$ 210210 रुपये (अंकित मूल्य)

अब, विक्रय मूल्य = 210210 - 210210 का 20%

$\Rightarrow 210210 - \frac{20}{100} \times 210210$

⇒ 210210 - 42042 = 168168 रुपये (विक्रय मूल्य)

अब, लाभ% $= \frac{SP-CP}{CP} \times 100$

$\Rightarrow \frac{168168-161700}{161700} \times 100$

$\Rightarrow \frac{6468}{1617} = 4\%$

अतः विकल्प (D) सही है।

88. इसलिए, निम्नलिखित आरेख बनाया जा सकता है:

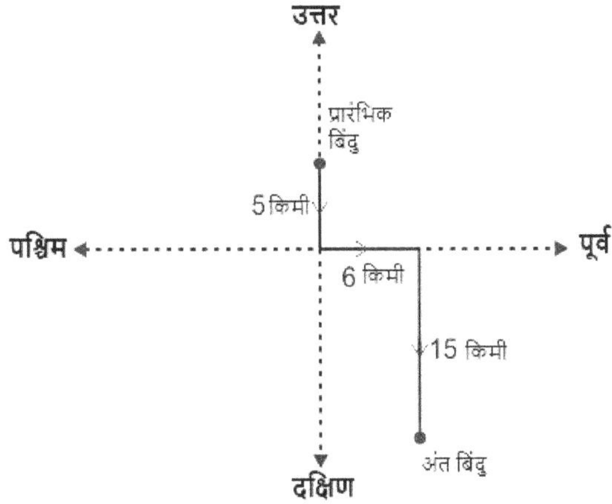

स्पष्ट है, वह पहले 5 किलोमीटर 'दक्षिण' दिशा में चला।
अतः विकल्प (B) सही है।

89. विकल्प (D) की जाँच करने और चिह्नों को बाएँ से दाएँ बदलने और BODMAS नियम का उपयोग करने पर, हमें प्राप्त होता है:

⇒ 48 ÷ 4 - 2 =10

⇒ 12 - 2 =10

⇒ 10 =10

अतः विकल्प (D) सही है।

90. दिए गए कथनों के लिए न्यूनतम संभावित आरेख इस प्रकार है:

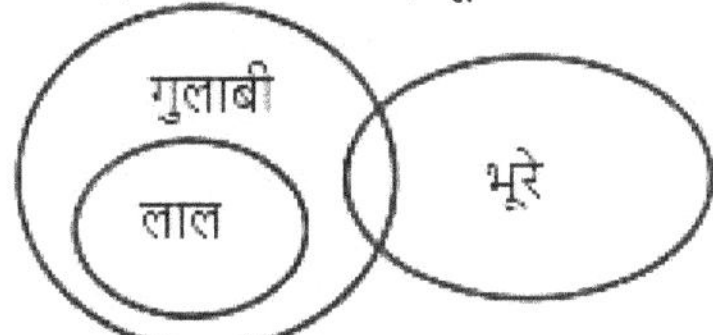

निष्कर्ष:
i) कुछ लाल, भूरे हैं → असत्य (चूँकि 'लाल' और 'भूरा' के बीच कोई सीधा संबंध नहीं है, इसलिए यह संभव है लेकिन निश्चित नहीं है)
ii) कुछ गुलाबी, लाल हैं → सत्य (चूँकि 'सभी लाल, गुलाबी हैं', इस प्रकार 'कुछ गुलाबी, लाल हैं', निश्चित रूप से सत्य है)
अतः विकल्प (B) सही है।

91. दिए गए कथनों के लिए न्यूनतम संभावित आरेख इस प्रकार है:

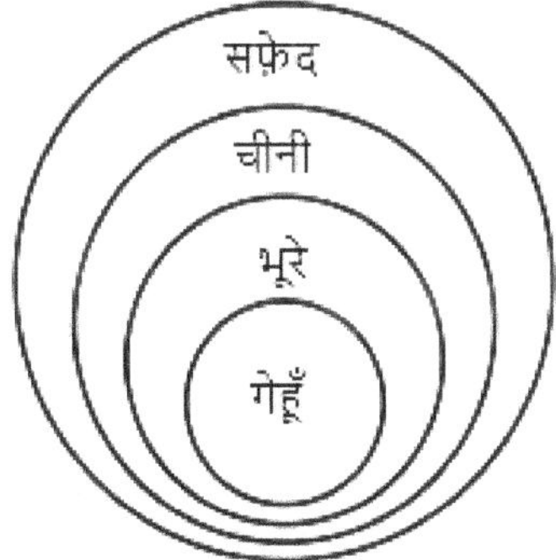

निष्कर्ष:
i) सभी गेहूँ, चीनी हैं → सत्य (चूँकि 'सभी गेहूँ, भूरे हैं' और 'सभी भूरे, चीनी हैं', इस प्रकार सभी 'गेहूँ', 'भूरे' हैं और सभी 'भूरे', 'चीनी' हैं, इसलिए यह निश्चित रूप से सत्य है)
ii) सभी भूरे, सफेद हैं → सत्य (चूँकि 'सभी भूरे, चीनी हैं' और 'सभी चीनी, सफेद हैं', इस प्रकार सभी 'भूरे', 'चीनी' हैं और सभी 'चीनी', 'सफेद' हैं, इसलिए यह निश्चित रूप से सत्य है)
अतः विकल्प (C) सही है।

92. यहाँ अनुसरित तर्क है:
अक्षरों का स्थितीय मान लिखा जाता है।

J ⟶ 10
L ⟶ 12
C ⟶ 13
M ⟶ 3
S ⟶ 19

इस प्रकार, 'S' दी गई श्रेणी को पूरा करेगा।
अतः विकल्प (A) सही है।

93. प्रतीकों को बाएँ से दाएँ बदलने और BODMAS नियम का उपयोग करने के बाद, हम प्राप्त करते हैं:

⇒ (28 ÷ 7 + 3 × 2) - 12 = ?

⇒ (4 + 3 × 2) - 12 = ?

⇒ (4 + 6) - 12 = ?

⇒ - 2 = ?

अतः विकल्प (A) सही है।

94. यदि एक व्यक्ति m दिनों में कार्य कर सकता है, तो एक दिन में किए गए कार्य का भाग $\frac{1}{m}$

A कार्य को 118 दिनों में पूरा कर सकता है

A द्वारा 1 दिन में किये गये कार्य का भाग = $\frac{1}{118}$

B एक काम को 177 दिनों में पूरा कर सकता है

B द्वारा 1 दिन में किये गये कार्य का भाग = $\frac{1}{177}$

दोनों द्वारा किया गया कुल कार्य $= \frac{1}{118} + \frac{1}{177}$

118 और 177 का लघुत्तम समापवर्त्य = 354

118 के गुणनखंड = 2 × 59

177 के गुणनखंड = 3 × 59

इसलिए, लघुत्तम समापवर्त्य = 2 × 3 × 59 = 354

अब, कुल कार्य $= \frac{3+2}{354} = \frac{5}{354}$

एक साथ कार्य करने पर $= \frac{354}{5} = 70.8$ दिन

अतः विकल्प (B) सही है।

95. 162 किमी प्रति घंटे का मीटर/सेकेंड में रूपांतरण

$= 162 \times \frac{5}{18} = 45$ मीटर/सेकेंड

अब, माना कि सुरंग की लंबाई x है।

प्रश्नानुसार,

$45 = \frac{850+x}{63}$

$\Rightarrow 45 \times 63 = 850 + x$

$\Rightarrow 2835 = 850 + x$

$\Rightarrow x = 2835 - 850 = 1985$

अतः विकल्प (D) सही है।

96. $a = \frac{9}{5}$ और, $r = \frac{9}{25} \div \frac{9}{5} = \frac{1}{5}$

$Sn = \frac{a \times (1-r^n)}{1-r}$

$\Rightarrow \frac{\frac{9}{5}(1-\frac{1}{5^n})}{(1-1/5)}$

$\Rightarrow \frac{\frac{9}{5}(1-\frac{1}{5^n})}{\frac{4}{5}} = \frac{9}{4}\left[1-\left(\frac{1}{5^n}\right)\right]$

अतः विकल्प (A) सही है।

97. दोनों पक्षों का वर्ग करने पर हमें प्राप्त होता है,
$\Rightarrow [\sqrt{140-x}]^2 = [\sqrt{13+\sqrt{144}}]^2$
$\Rightarrow 140 - x = 13 + 12$
$\Rightarrow x = 140 - 25 = 115$
अतः विकल्प (C) सही है।

98. दिए गए सभी अक्षरों को पुनर्व्यवस्थित करके हम एक अर्थपूर्ण शब्द → ROBUST बना सकते हैं, जिसका अर्थ मजबूत और स्वस्थ है।
प्रत्येक विकल्प की जाँच करने पर,
उपरोक्त सभी विकल्प POWERFUL के अलावा ROBUST के विलोम हैं।
इसलिए, यह ROBUST के अर्थ में समान है।
अतः विकल्प (A) सही है।

99. माना कि अमूल और विवेक द्वारा लिया गया समय 12 महीने (1 वर्ष) और रागुल द्वारा लिया गया समय = 12 - 6 = 6 महीने
प्रश्नानुसार,
उनके निवेश का अनुपात = 6x × 12 : 5x × 12 : 5x × 6
⇒ 72x : 60x : 30x
⇒ 12 : 10 : 5 (लाभ का अभीष्ट अनुपात)
अतः विकल्प (A) सही है।

100. $\sqrt{10.24} \times \sqrt{17.64} \div \sqrt{4.41} \times \sqrt{40.96} = ?$
$\Rightarrow 3.2 \times 4.2 \div 2.1 \times 6.4$
$\Rightarrow 3.2 \times 4.2 \times \frac{1}{2.1} \times 6.4$
$\Rightarrow 3.2 \times 2 \times 6.4$
$\Rightarrow 6.4 \times 6.4 = 40.96$
अतः विकल्प (C) सही है।

101. 8, 10, 12, 15, 20 का लघुत्तम समापवर्त्य = 120
अब, जब हम 1000 को 120 से विभाजित करते हैं तो हमें शेषफल के रूप में 40 प्राप्त होता है
चार अंकों की सबसे छोटी संख्या जो 8, 10, 12, 15, 20 से विभाज्य है = 1000 - 40 + 120 = 1080
चार अंकों की सबसे छोटी संख्या जिसे 8, 10, 12, 15, 20 से विभाजित करने पर प्रत्येक स्थिति में 7 शेषफल प्राप्त होता है = 1080 + 7 = 1087
अतः विकल्प (A) सही है।

102. मान लीजिये, तीन संख्याएँ x, y, z हैं
प्रश्नानुसार,
x + y + z = 12580
x : y = 13 : 14 और, y : z = 15 : 16
इसलिए, x : y : z = 13 × 15 : 14 × 15 : 14 × 16
⇒ 195 : 210 : 224
अब,
195a + 210a + 224a = 12580 (मान लीजिए, a तीनों पदों के लिए एक उभयनिष्ठ पद है)
⇒ 629a = 12580
$\Rightarrow a = \frac{12580}{629} = 20$
अभीष्ट संख्याएँ हैं: 195 × 20 = 3900, 210 × 20 = 4200, 224 × 20 = 4480
पहले और अंतिम पद के बीच का अंतर = 4480 - 3900 = 580
अतः विकल्प (D) सही है।

103. जब दर्पण को छायांकित रेखा पर रखा जाता है, तो बाएँ पक्ष और दाएँ पक्ष एक-दूसरे के विपरीत बदल जाते हैं जबकि ऊपर और नीचे के पक्ष समान रहते हैं। इस प्रकार, दी गई आकृति का सही दर्पण प्रतिबिम्ब होगा:

74sJKt26

अतः विकल्प (D) सही है।

104. 1 किलोग्राम चावल की कीमत 140 रुपये है
इसलिए, 235 किलोग्राम चावल की कीमत 235 × 140 रुपये = 32900 रुपये होगी
पुनः, 245 किलोग्राम चावल की कीमत 245 × 140 रुपये = 34300 रुपये होगी
इसलिए, कुल क्रय मूल्य = (32900 + 34300) रुपये = 67200 रुपये
अब, कुल किलोग्राम चावल = 235 + 245 = 480 किलोग्राम
जब, 1 किलोग्राम चावल 168 रुपये में बिकता है,
तब, 480 किलोग्राम चावल, 480 × 168 रुपये = 80640 रुपये (विक्रय मूल्य) पर बेचा जाएगा
लाभ% $= \frac{SP-CP}{CP} \times 100$
$\Rightarrow \frac{80640-67200}{67200} \times 100 = \frac{13440}{672} = 20\%$
अतः विकल्प (D) सही है।

105. मूलधन × दर × समय / 100
⇒ दर $= \frac{153425 \times 100}{47500 \times 17}$
⇒ दर $= \frac{15342500}{807500} = 19\%$
अतः विकल्प (B) सही है।

106. माना कुल कार्य 3960 इकाई है।
A की दक्षता $= \frac{3960}{792} = 5$ इकाई
B की दक्षता $= \frac{3960}{990} = -4$ इकाई (- चिह्न B के लिए है क्योंकि यह टैंक को खाली कर सकता है)
इसलिए, दोनों द्वारा कार्य को पूरा करने में लिया गया समय
$= \frac{3960}{5-4} = 3960$ मिनट
1 घंटा = 60 मिनट
⇒ 3960 मिनट $= \frac{3960}{60} = 66$ घंटा
अतः विकल्प (D) सही है।

107. 30% हानि के लिए विक्रय मूल्य $= \frac{100-30}{100} \times C.P$
35% लाभ के लिए विक्रय मूल्य $= \frac{100+35}{100} \times C.P$
प्रश्न के अनुसार,
$\frac{100+35}{100} \times C.P - \frac{100-30}{100} \times C.P = 650$
$\Rightarrow \frac{135}{100} \times C.P - \frac{70}{100} \times C.P = 650$
$\Rightarrow \frac{65}{100} \times C.P = 650$
⇒ C.P $= 650 \times \frac{100}{65} = 1000$ रुपये
अतः विकल्प (D) सही है।

108. $C.I_1 = 25000 \times \left(1 + \frac{6}{200}\right)^2 - 25000$
$\Rightarrow 25000 \times \left(\frac{103}{100}\right)^2 - 25000$
⇒ 26522.5 - 25000 = 1522.5 रुपये
$C.I_2 = 25000 \times \left(1 + \frac{6}{100}\right) - 25000$
$\Rightarrow 25000 \times \frac{106}{100} - 25000$
⇒ 26500 - 25000 = 1500 रुपये
अर्धवार्षिक और वार्षिक चक्रवृद्धि ब्याज के बीच अंतर = 1522.5 - 1500 = 22.5 रुपये
अतः विकल्प (D) सही है।

109. यहाँ, दिया गया वर्ष 1833 है। यह एक गैर-अधिवर्ष है, इसलिए हम इसमें विषम दिन गिनेंगे:
1833 → 1 विषम दिन
1834→ 1 विषम दिन
1835 → 1 विषम दिन
1836 → 2 विषम दिन
1837 → 1 विषम दिन
1838 → 1 विषम दिन
कुल = 7 विषम दिन
इस प्रकार, 1833 को 7 विषम दिनों के बाद अर्थात् 1839 में दोहराया जाएगा।
अतः विकल्प (B) सही है।

110. निष्कर्ष:
i) सीखने के लिए सबसे आसान पाठ्यक्रम इंजीनियरिंग है।
→ इस कथन में यह दिया गया है कि कई छात्र हाई स्कूल के बाद

इंजीनियरिंग को अपनी पसंद के पाठ्यक्रम के रूप में वरीयता देते हैं लेकिन यह उल्लेख नहीं किया गया है कि वे इसे इसलिए चुनते हैं क्योंकि यह सीखने का सबसे आसान पाठ्यक्रम है।
इसलिए, निष्कर्ष i अनुसरण नहीं करता है।
ii) उनके माता-पिता ने उन्हें इंजीनियरिंग चुनने के लिए राजी किया।
→ कथन में यह उल्लेख नहीं किया गया है कि छात्र के माता-पिता उन्हें इंजीनियरिंग चुनने के लिए राजी करते हैं, इसलिए निष्कर्ष ii भी सत्य नहीं है।
इस प्रकार, 'न तो i और न ही ii अनुसरण करता है'।
अतः विकल्प (C) सही है।

111. I. हाँ, बाल विवाह और नाबालिगों के शोषण को अनिवार्य रूप से रोकने के लिए यह आवश्यक है।
यह एक प्रबल तर्क है क्योंकि विवाह के लिए न्यूनतम आयु निर्धारित करने से निश्चित रूप से बाल विवाह अवैध हो जाएगा और नाबालिगों के साथ दुर्व्यवहार को रोका जा सकेगा।
II. नहीं, यह माता-पिता को अपने बच्चों के प्रति अपनी जिम्मेदारियों को पूरा करने से रोकता है।
नहीं, यह एक प्रबल तर्क नहीं है क्योंकि यह जरूरी नहीं है कि माता-पिता अपनी जिम्मेदारियों को तभी पूरा कर सकते हैं जब उनके बच्चे का विवाह न्यूनतम आयु से पहले हो जाए। इसलिए, अपने बच्चों के प्रति माता-पिता की जिम्मेदारियों को पूरा करने का विवाह की न्यूनतम आयु से कोई संबंध नहीं है।
इसलिए, तर्क II प्रबल नहीं है।
अतः विकल्प (D) सही है।

112. सापेक्ष गति = ट्रक की गति - ट्रेन की गति
⇒ 118 - 88 = 30 किमी/घंटा
सापेक्ष दूरी = 1650 + 1550 = 3200 मीटर
मीटर/सेकेंड में सापेक्ष गति $= 30 \times \frac{5}{18} = \frac{25}{3}$ मीटर/सेकेंड
समान दिशा में एक दूसरे को पार करने में लगा समय (सेकंड में),
सापेक्ष समय = सापेक्ष दूरी / सापेक्ष गति
$\Rightarrow \frac{3200}{\frac{25}{3}} = 3200 \times \frac{3}{25} = 384$ सेकंड
अतः विकल्प (B) सही है।

113. सभी वर्षों में कंपनी B की कुल बिक्री,
⇒ 1040 + 770 + 1020 + 1050 = 3920
सभी वर्षों में कंपनी A की कुल बिक्री,
⇒ 840 + 1040 + 1010 + 740 = 3630
कंपनी B की बिक्री का प्रतिशत कंपनी A से अधिक है,
$\Rightarrow \frac{3920-3630}{3630} \times 100$
$\Rightarrow \frac{290}{3630} \times 100 = 7.98\%$
अतः विकल्प (B) सही है।

114. 950 तक 15 (3 और 5 दोनों) से विभाज्य अंतिम पद (a_n)= 945
15 से विभाज्य पहला पद स्वयं 15 है, a = 1, और d = 15
$a_n = [a + (n - 1)d]$
⇒ 945 = 15 + (n -1) x 15
⇒ 930 = (n -1) x 15
⇒ n = 62 + 1 = 63
अतः विकल्प (C) सही है।

115. दिया है:
वह निम्नतम संख्या ज्ञात करनी है जिसको 226627 से घटाए जाने पर प्राप्त संख्या 16 से विभाज्य हो
यदि हम 226627 को 16 से भाग दें तो शेषफल 3 प्राप्त होता है।
इसलिए, घटाई जाने वाली सबसे छोटी संख्या 3 है
अतः विकल्प (D) सही है।

116. गणना:
कंपनी A के विभिन्न वर्षों की बिक्री की तुलना करने पर
770(2011)<1020(2021)<1040(2001)<1090(2031)
∴ उत्तर 2031 है।
अतः विकल्प (D) सही है।

117. दिया है:
छात्र भिन्न वर्षों में शामिल हुए और छोड़कर चले गए
स्कूल में छात्रों की प्रारंभिक संख्या = 2000
2017 के अंत में स्कूल में छात्रों की संख्या = 2000 + (375 - 250) + (350 - 400) + (400 - 220) = 230
अतः विकल्प (C) सही है।

118. 2015 से 2020 तक छह वर्षों के लिए वर्ष की शुरुआत में स्कूल में शामिल होने और छोड़ने वाले छात्रों की संख्या।
2014 में स्कूल में छात्रों की प्रारंभिक संख्या 2000 थी।
2017 में स्कूल में प्रवेश लेने वाले छात्रों की संख्या = 400
2019 में स्कूल छोड़ने वाले छात्रों की संख्या = 550
प्रश्न के अनुसार, अनुपात हो जाता है = 400 : 550 = 8 : 11
अतः विकल्प (A) सही है।

119. दिए गए वर्ष 2001, 2011, 2021 और 2031 के लिए 3-भिन्न कंपनियों A, B और C के मोबाइल की बिक्री
2011 से 2021 तक कंपनी B की बिक्री में प्रतिशत वृद्धि =
$= \frac{1020-770}{770} \times 100 = 32.46\%$
अतः विकल्प (A) सही है।

120. पहले 19 टेलीकॉम टावरों की ऊँचाई का योग = 280 × 19 = 5320 मीटर
अंतिम 19 टेलीकॉम टावरों की ऊँचाई का योग = 284 × 19 = 5396 मीटर
39 टेलीकॉम टावरों की ऊँचाई का योग = 39 × 282 = 10998 मीटर
20वें टेलीकॉम टावर की ऊँचाई = 10998 - (5320 + 5396) = 282 मीटर
अतः विकल्प (C) सही है।

121. भारतीय संविधान के अनुच्छेद 17 में स्पष्ट रूप से कहा गया है कि अस्पृश्यता को समाप्त कर दिया गया है ओर किसी भी रूप में इसका अभ्यास निषिद्ध है।
अस्पृश्यता एक सामाजिक प्रथा को संदर्भित करती है जो कुछ उत्पीड़ित वर्गों को केवल उनके जन्म के आधार पर देखती है और इस आधार पर उनके खिलाफ कोई भेदभाव करती है।
अतः विकल्प (A) सही है।

122.

- A दाएँ से 31वाँ है और B दाएँ से 13वाँ है।

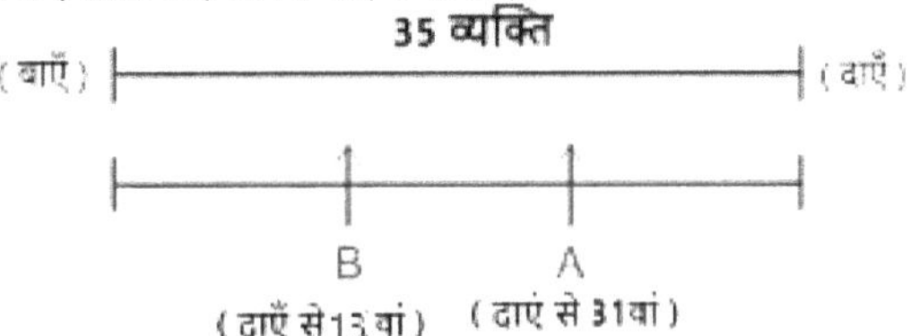

- यदि A और B स्थान बदलते हैं:

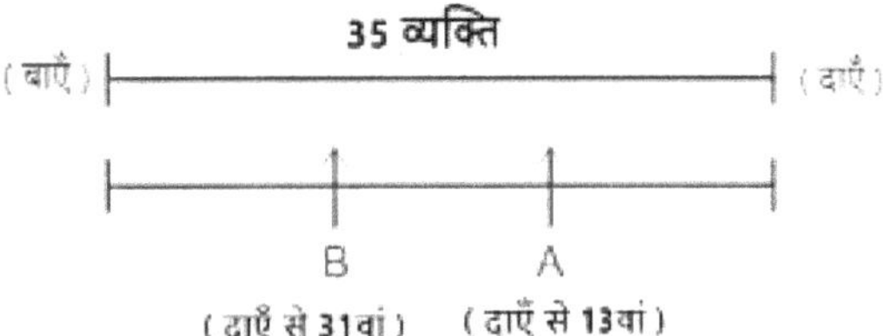

स्थान बदलने के बाद, B क्रमशः दाएँ से 31वें और A, 13वें स्थान पर है।
बाएँ से A का स्थान = पंक्ति में कुल व्यक्ति - दाएँ से A का स्थान + 1= 35 -13 + 1= 23
इस प्रकार बाएँ से A का स्थान '23वाँ' होगा।
अतः विकल्प (B) सही है।

123. माना कुल सिक्कों की संख्या a है
प्रश्न के अनुसार,
a x (1 + 0.5 + 0.25) = 420
⇒ a = $\frac{420}{1.75}$ = 240 रुपये
चूँकि सभी मूल्य वर्गों में समान संख्या में सिक्के हैं इसलिए एक रुपये के सिक्कों का कुल मान = 1 x 240 = 240 रुपये

अतः विकल्प (D) सही है।

124. निम्नलिखित वंश-वृक्ष बनाया जा सकता है:

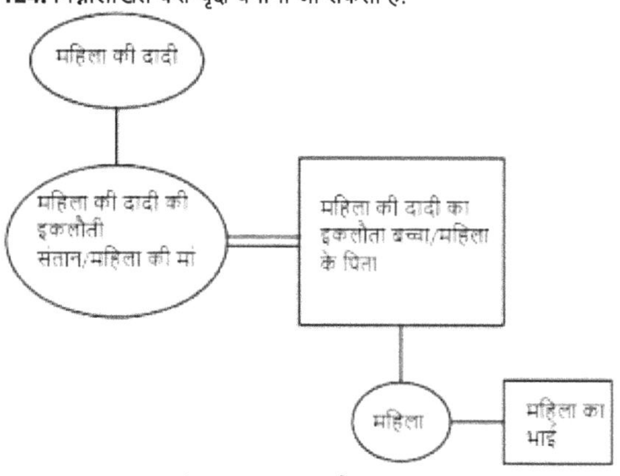

इस प्रकार, लड़का महिला का 'भतीजा' है।
अतः विकल्प (A) सही है।

125. यहाँ अनुसरित तर्क है:

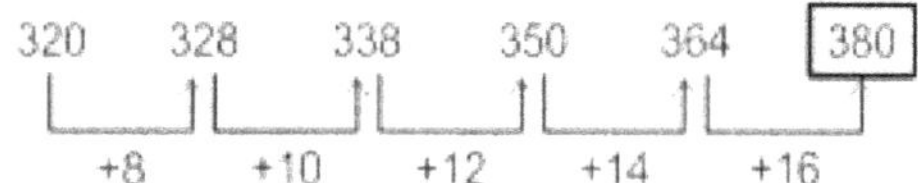

इसलिए, सही उत्तर "380" है।
अतः विकल्प (C) सही है।

126. यहाँ, Sensible, Ludicrous शब्द का विलोम है
इसी प्रकार,
यहाँ, Humorous, Earnest शब्द का विलोम है।
अतः विकल्प (A) सही है।

127. यहाँ अनुसरित तर्क निम्न प्रकार है:

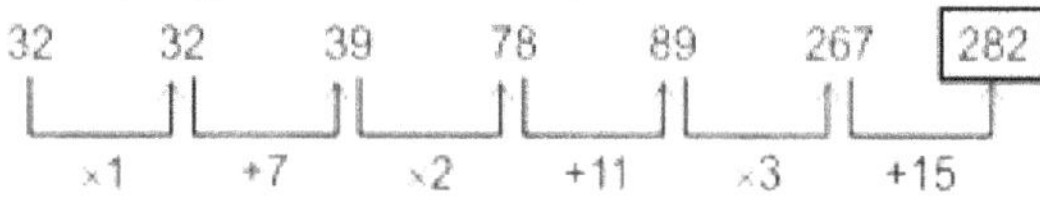

इसलिए, सही उत्तर "282" है।
अतः विकल्प (C) सही है।

128. निम्नलिखित व्यवस्था ग्रहण की जा सकती है:

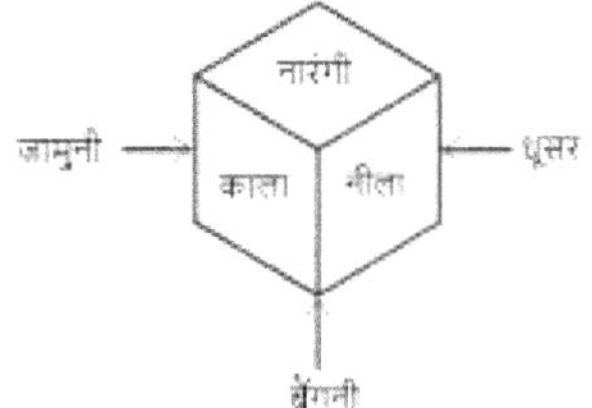

कथन की जाँच:
A) जामुनी, काले और धूसर के सन्निकट नहीं है → असत्य, क्योंकि बैंगनी, काले और धूसर दोनों के सन्निकट है।
इसलिए, कथन 'A' निश्चित रूप से असत्य है।
अतः विकल्प (B) सही है।

129. माना कि (पहली संख्या : दूसरी संख्या)
(पहली संख्या के अंकों का योग) × 3 = दूसरी संख्या
⇒ (1 + 9) × 3 = (10)× 3 = दूसरी संख्या
⇒ (5 + 7) × 3 = (12) × 3 = 36 = दूसरी संख्या
अतः विकल्प (A) सही है।

130. यहाँ अनुसरित तर्क निम्न प्रकार है :

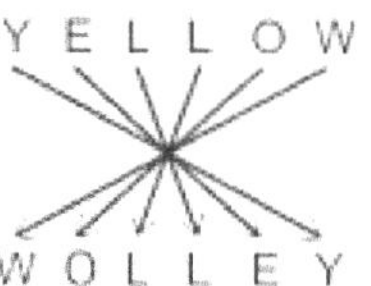

इस प्रकार

इस प्रकार, 'POETRY', 'YRTEOP' से संबंधित है।
अतः विकल्प (B) सही है।

131. दी गई जानकारी के अनुसार,

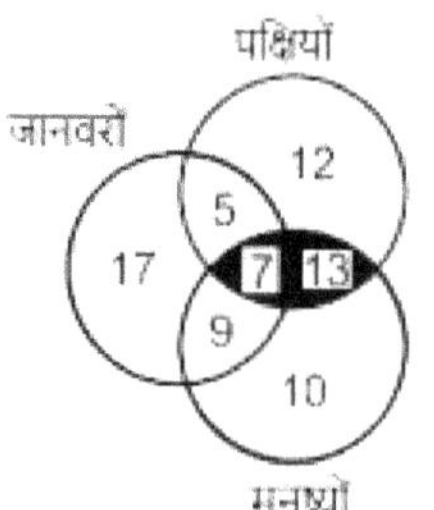

इस वेन आरेख से, हम देख सकते हैं कि छायांकित भाग पक्षियों और मनुष्यों का प्रतिनिधित्व करता है जिसमें जानवर शामिल नहीं हैं अर्थात 13।
इसलिए, सही उत्तर "13" है।
अतः विकल्प (A) सही है।

132. (आकृति के ऊपरी बायें कोने में दिए गए अक्षरों के स्थानीय मानों का योग) = आकृति के निचले दायें कोने में अंक।
पहली आकृति में, I (9) + Q (17) = 26 - 2 = 24
इसलिए, यह तर्क का पालन करता है।
दूसरी आकृति में, K (11) + S (19) = 30 - 2 = 28
इसलिए, यह भी तर्क का पालन करता है।
तीसरी आकृति में, G (7) + M (13) = 20 - 2 = 18
चौथी आकृति में, Y (25) + O (15) = 40 - 2 = 38 $\neq$ 40
इसलिए, चौथी आकृति आवश्यक तर्क का पालन नहीं करती है।
अतः विकल्प (A) सही है।

133. अस्पृश्यता (अपराध) अधिनियम, जो अस्पृश्यता के अभ्यास के लिए दंड निर्धारित करता है और इस जघन्य प्रथा को समाप्त करता है, यह 1 जून 1955 को लागू हुआ।

- भारतीय संविधान का अनुच्छेद 17 अस्पृश्यता की प्रथा को समाप्त करता है।अस्पृश्यता (अपराध) अधिनियम, 1955 इस प्रथा को दंडनीय अपराध बनाता है।
- यह अस्पृश्यता से उत्पन्न होने वाली किसी भी विकलांगता के प्रवर्तन के लिए दंड भी निर्धारित करता है।

अतः विकल्प (A) सही है।

134. ऊपरी दायें कोने में त्रिभुज, दक्षिणावर्त दिशा में दूसरे कोने में जा रहा है। साथ ही, निचले दायें में वृत्त दूसरे कोने में दक्षिणावर्त दिशा में जा रहा है। तथा आकृति के मध्य में दी गई रेखा प्रत्येक आकृति में क्रमागत विषम संख्या से बढ़ती जा रही है।
इसलिए, अगली आकृति यानी 5वीं आकृति के मध्य में 9 रेखाएँ होंगी, निचले दायें कोने पर वृत्त और ऊपरी बायें कोने में त्रिभुज होगा।

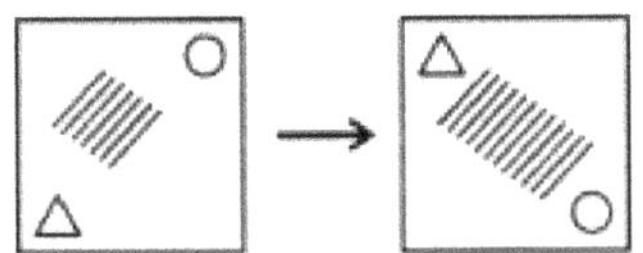

इसलिए, तीसरी आकृति सही आकृति होगी।
अतः विकल्प (D) सही है।
135. दी गयी जानकारी के अनुसार,

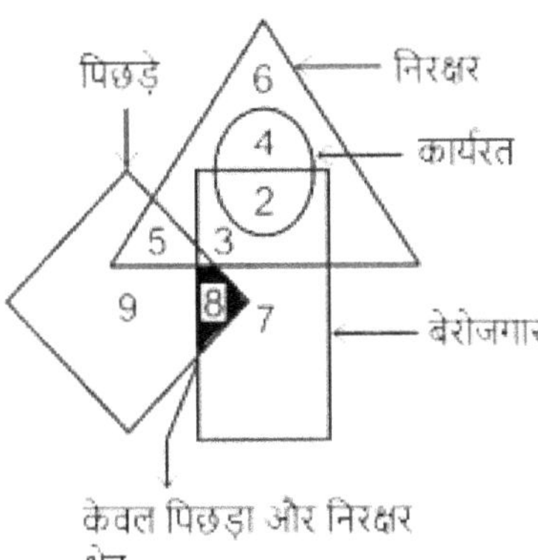

छायांकित हिस्सा 'केवल पिछड़े और निरक्षर क्षेत्र को दर्शाता' है = 8
अतः विकल्प (D) सही है।
136. भारतीय संविधान की 'राज्य सूची' के अंतर्गत सार्वजनिक व्यवस्था आती है।
सार्वजनिक आदेश (लेकिन किसी भी नौसेना, सैन्य या वायु सेना या संघ के किसी भी अन्य सशस्त्र बल या संघ के नियंत्रण के अधीन किसी अन्य बल या नागरिक शक्ति की सहायता में किसी भी दल या इकाई के उपयोग सहित नहीं) होता है।
अतः विकल्प (A) सही है।
137. आइए पहले दिए गए प्रतीकों को विकूटित करते हैं और फिर एक वंश वृक्ष बनाते हैं

A है				
प्रतीक	+	-	*	/
अर्थ	पिता	माता	बहन	भाई
B का				

विकल्प की जाँच करने पर: M/N*O+P
1) M/N
यहाँ, M, N का भाई है।
2) N*O
यहाँ, N, O की बहन है।
3) O+P
यहाँ, O, P का पिता है।

- इस प्रकार, निम्नलिखित वंश वृक्ष बनाया जा सकता है:

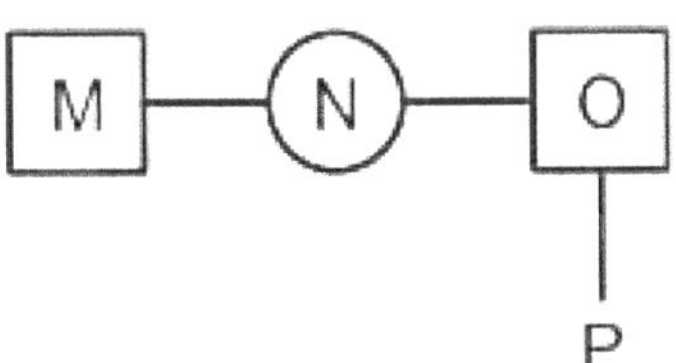

- स्पष्ट रूप से N, P की 'चाची' है।

इसलिए, सही उत्तर "चाची" है।
अतः विकल्प (D) सही है।
138. 1098 राष्ट्रीय बाल हेल्पलाइन नंबर है, जिसे केंद्रीय महिला एवं बाल विकास मंत्रालय द्वारा मान्यता प्राप्त है।
चाइल्डलाइन 1098 एक ऐसा फोन नंबर है जो पूरे भारत में लाखों बच्चों के लिए उम्मीद जगाता है। यह सहारे और सहायता की आवश्यकता वाले बच्चों के लिए दिन में 24 घंटे, वर्ष में 365 दिन, मुफ्त, आपातकालीन फोन सेवा है।
अतः विकल्प (A) सही है।
139. अब, चिह्न को बाएँ से दाएँ बदलने और BODMAS नियम का उपयोग करने पर, हमें प्राप्त होता है:
$54 - 42 \div 6 \times 4 + 3 = ?$
$\Rightarrow 54 - 42 \div 6 \times 4 + 3$
$\Rightarrow 29$
अतः विकल्प (B) सही है।
140. इस प्रकार, निम्नलिखित आरेख खींचा जा सकता है:

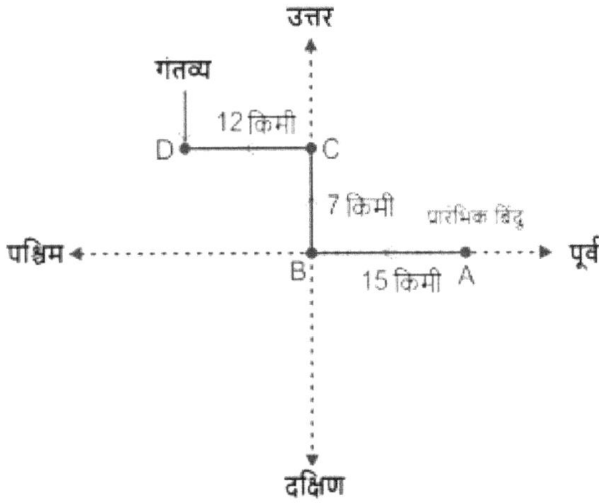

कुल दूरी = AB + BC + CD = 15 + 7 + 12 = 34
अतः विकल्प (D) सही है।
141. पहाड़, पठार और पहाड़ी सभी भू-आकृतियों के प्रकार हैं।
जबकि,
'नदी' बहते पानी की एक बड़ी, प्राकृतिक धारा है।
इस प्रकार, 'नदी' अन्य से अलग है और उस समूह से संबंधित नहीं है।
अतः विकल्प (B) सही है।
142. दी गयी जानकारी के अनुसार:

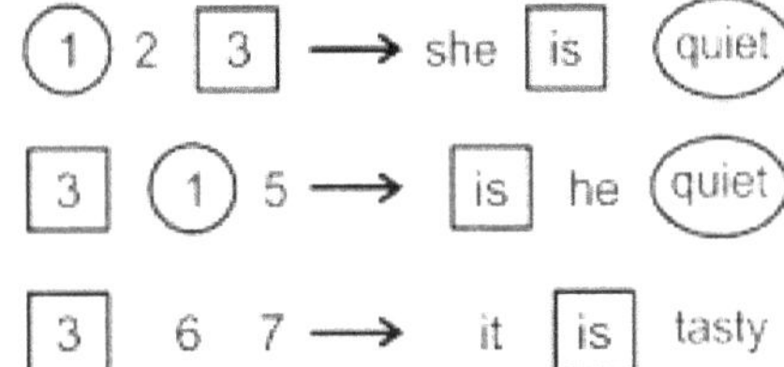

कूट सारणीबद्ध रूप में निम्न प्रकार हैं:

शब्द	कूट
she	2
is	3
quiet	1
he	5
it	$\frac{6}{7}$
tasty	$\frac{7}{6}$

इस प्रकार, 'quiet' के लिए कूट '1' है।
अतः विकल्प (A) सही है।
143. यहाँ अनुसरित तर्क निम्न प्रकार है:
दिए गये अक्षर : Z, X, O, F, B

यहाँ, Z (26), X (24), F (6), और B (2) के स्थितीय मान सभी सम संख्याएँ हैं जबकि 'O (15)' का स्थितीय मान एक विषम संख्या है।
इसलिए, 'O' दिए गए अन्य अक्षरों से भिन्न है और इस प्रकार यह उस समूह से संबंधित नहीं है।
अतः विकल्प (D) सही है।

144.

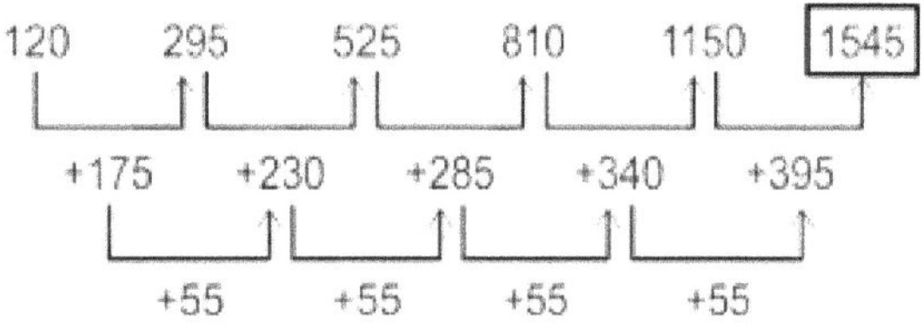

इसलिए, सही उत्तर "1545" है।
अतः विकल्प (C) सही है।

145. यदि निम्नलिखित प्रत्येक संख्या के मध्यांक में से 2 घटाया जाता है :744 358 511 228 952
अंकों के स्थान को व्युत्क्रमित किया जाता है, तब अंको की नयी व्यवस्था होगी: 447 853 115 822 259
मध्य संख्या होगी : 447 853 115 822 259
मध्य संख्या का पहला अंक होगा : 447 853 115 822 259
इसलिए, मध्य संख्या का पहला अंक '1' होगा।
अतः विकल्प (A) सही है।

146. यदि सभी विषम संख्याओं में एक की वृद्धि की जाती है और सभी सम संख्याओं में दो की कमी की जाती है:
नए संख्या क्रम को आरोही क्रम में व्यवस्थित किया जाता है, तो नई व्यवस्था है:
0 2 2 4 4 4 4 6 6 6 6 8
अब दाएं से आठवीं संख्या होगी : (बाएं) 0 2 2 4 4 4 4 6 6 6 6 8 (दाएं)
इसलिए, दाएं से आठवीं संख्या '4' होगी।
अतः विकल्प (A) सही है।

147.

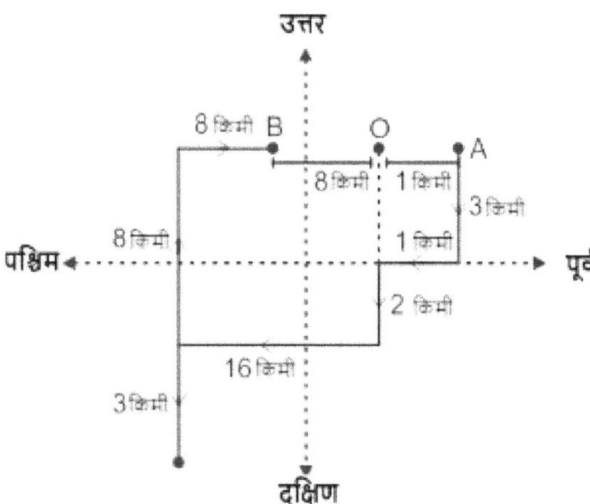

AB के बीच की दूरी = BO + OA= 8 + 1 = 9 किमी
अतः विकल्प (C) सही है।

148. दी गयी जानकारी के अनुसार:
जब प्रश्न आकृति को विकल्प (B) में दी गई आकृति के साथ मिला दिया जाता है, तो पूरे पैटर्न को इस प्रकार देखा जा सकता है:

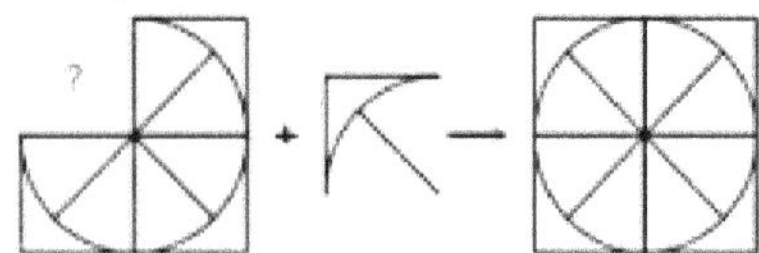

अतः विकल्प (B) सही है।

149.

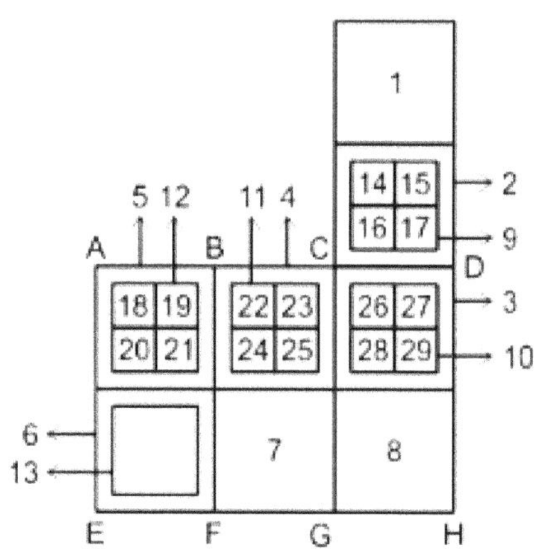

29 वर्गों को गिनने के बाद हमारे पास 2 और वर्ग हैं जो इस प्रकार हैं: ACGE, और BDHF
इस प्रकार, दी गई आकृतियों में '31' वर्ग हैं।
अतः विकल्प (D) सही है।

150. दी गयी जानकारी के अनुसार, यदि अंग्रेजी वर्णमाला अनुक्रम में A से शुरू करते हुए प्रत्येक दूसरे अक्षर को छोटे अक्षरों में लिखा जाता है, और बाकी सभी को बड़े अक्षरों में लिखा जाता है, तो नई व्यवस्था होगी:
a B c D e F g H i J k L m N o P q R s T u V w X y Z
दिए गये शब्द 'Conjucate' को इस प्रकार लिखा जाएगा : c o N J u c a T e
अतः विकल्प (A) सही है।

151. किशोर न्याय (बच्चों की देखभाल और सुरक्षा) अधिनियम 2000 पुलिस हवालात में बच्चों को रखने या गिरफ्तारी के बाद पुलिस स्टेशनों में लाने पर रोक लगाता है।
किशोर न्याय (बच्चों की देखभाल और सुरक्षा) अधिनियम, 2000 भारत में किशोर न्याय के लिए प्राथमिक कानूनी ढांचा है।
अतः विकल्प (D) सही है।

152. अरुण का पुत्र अक्षय है और अक्षय की माता अम्बिगा है और अम्बिगा की बहन मल्लिगा है।

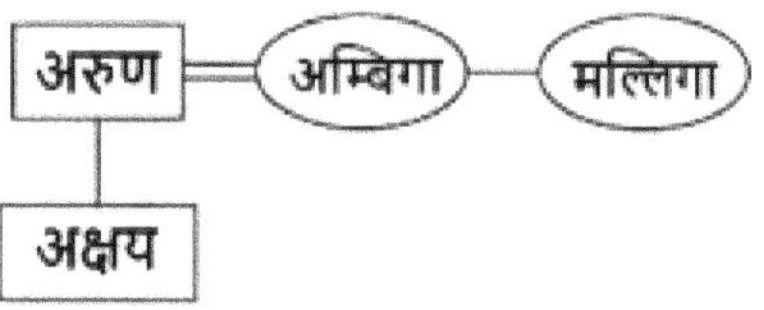

स्पष्ट है, 'मल्लिगा, अरुण की 'साली' है।
अतः विकल्प (D) सही है।

153. यहाँ अनुसरित तर्क निम्न प्रकार है

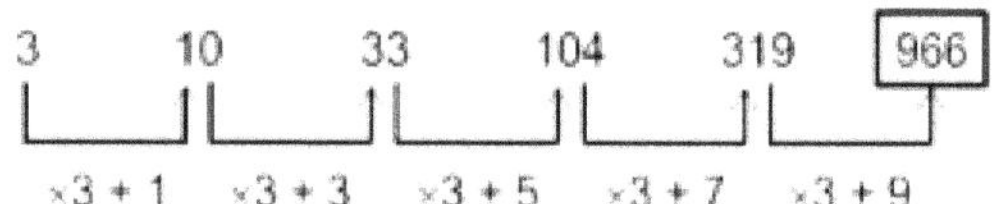

इसलिए, सही उत्तर "966" है।
अतः विकल्प (C) सही है।

154. P2Q6R6S = P, Q का पति है जो R की बहन है और R, S की बहन है

इसलिए, संक्षेप में, P, S का जीजा है, और S के पिता, P के ससुर होंगे।
अतः विकल्प (D) सही है।

155. सुप्रीम कोर्ट (उच्चतम न्यायालय) को हमारे संविधान के संरक्षक के रूप

में जाना जाता है।
भारतीय न्यायपालिका के शीर्ष पर सर्वोच्च न्यायालय भारत के संविधान को बनाए रखने, नागरिकों के अधिकारों और स्वतंत्रता की रक्षा करने और कानून के शासन के मूल्यों को बनाए रखने के लिए सर्वोच्च प्राधिकरण है।
अतः विकल्प (C) सही है।
156. दहेज हत्या भारतीय दंड संहिता (आईपीसी) के तहत एक पूंजीगत अपराध नहीं है।

- IPC की धारा 304B दहेज हत्या को परिभाषित करती है, "अगर किसी महिला की शादी के सात साल के भीतर किसी जलने या शारीरिक चोट से मृत्यु हो जाती है या यह पता चलता है कि उसकी शादी से पहले वह अपने पति या पति के किसी अन्य रिश्तेदार द्वारा क्रूरता या उत्पीड़न के संपर्क में थी। दहेज की मांग के संबंध में महिला की मृत्यु को दहेज हत्या माना जाएगा।

अतः विकल्प (B) सही है।
157. निष्कर्ष :
i) N > E → असत्य (क्योंकि I > N ≥ T = E > R ≥ V = A < L से, N ≥ E प्राप्त होता है, इसलिए यह निश्चित रूप से सत्य है।)
ii) T > V → सत्य (क्योंकि I > N ≥ T = E > R ≥ V = A < L से; T < V प्राप्त होता है →इसलिए यह निश्चित रूप से सत्य है)
इस प्रकार, 'केवल निष्कर्ष ii अनुसरण करता है'।
अतः विकल्प (B) सही है।
158. यदि EXCITEMENT शब्द के पहले आधे भाग को व्युत्क्रमित किया जाता है, तो नई व्यवस्था होगी:
T I C X E E M E N T
बाएँ छोर से छठे अक्षर के दाएँ से दूसरा अक्षर E T I C X E M **E** N T
इस प्रकार बायें छोर से छठे अक्षर के दाएँ से दूसरा अक्षर 'E' होगा।
अतः विकल्प (D) सही है।
159. दी गयी जानकारी के अनुसार,
X और Y उत्तर दिशा के सम्मुख हैं।

- दाएँ छोर से शुरू करते हुए X बाएँ से आठवें स्थान पर आ जाता है:

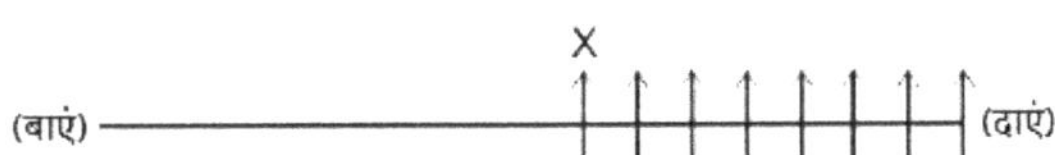

- बाएँ छोर से शुरू करते हुए Y दाएँ से नौवें स्थान पर आ जाता है।

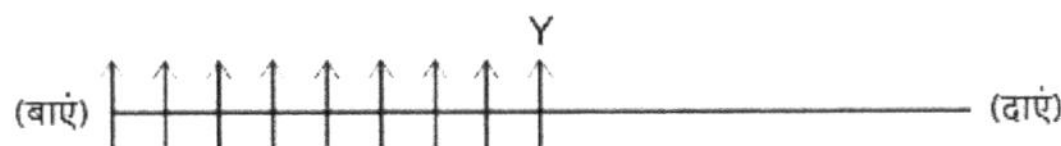

- अब X, Y के ठीक दाएँ है।

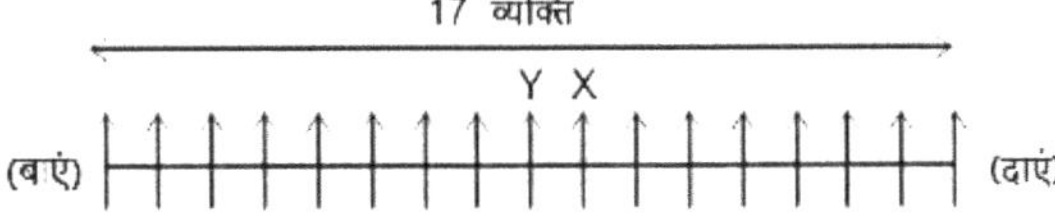

इस प्रकार, पंक्ति में '17' व्यक्ति हैं।
अतः विकल्प (D) सही है।
160. दिया गया कथन : जावाई गैंडे लुप्त हो गए हैं।
लेकिन गधांश के अनुसार "इंडोनेशिया की सुनामी के कारण यह आशंका जताई जा रही है कि एक और घातक लहर दुनिया में अब तक मौजूद कुछ दर्जन जावाई गैंडों का सफाया कर सकती है"। इसका अर्थ है जवाई गैंडे अभी भी जीवित हैं और लुप्त नहीं हुए हैं।
इस प्रकार, दिया गया कथन निश्चित रूप से सत्य है।
अतः विकल्प (A) सही है।

विगत वर्षीय प्रश्नपत्र 06

General Hindi

Q.1 दिए गए विकल्पों में से 'बादल' का समानार्थी शब्द कौन-सा है?
A. अंबुज **B.** नीरज **C.** जलज **D.** अंबुद

Q.2 वर्ष 1982 में इनमें से किसे ज्ञानपीठ पुरस्कार मिला है?
A. जयशंकर प्रसाद **B.** महादेवी वर्मा
C. बंकिमचन्द्र चटर्जी **D.** इनमें से किसी को नहीं

Q.3 निम्न शब्दों में पुल्लिंग शब्द कौन-सा है?
A. जाति **B.** विधि **C.** राशि **D.** शशि

Q.4 'अचानक घबरा जाना' अर्थ के लिए निम्नलिखित में से उचित मुहावरा कौन-सा है?
A. हक्का-बक्का रह जाना
B. हाथों के तोते उड़ना
C. भीगी बिल्ली बनना
D. अपने पाँव पर कुल्हाड़ी मारना

Q.5 'मैंने मेरे को सुधार लिया है।' वाक्य में किस प्रकार की अशुद्धि है?
A. कारक **B.** सर्वनाम **C.** लिंग **D.** वचन

Q.6 लोकोक्ति अपने आप में पूरा वाक्य होती है, जबकि मुहावरा ________ होता है।
A. वाक्यांश **B.** पूर्ण इकाई
C. अर्थ विशेष **D.** परंपरागत कथन

Q.7 'कंगाली में आटा गीला' प्रस्तुत लोकोक्ति का अर्थ निम्नलिखित में से कौन-सा विकल्प दर्शाता है?
A. बुरे के साथ रहने से बुराई ही मिलती है
B. एक तो दोष था, दूसरा और लग गया
C. मुसीबत में और मुसीबत आना
D. गरीबी में और मुसीबत आना

Q.8 व्याकरण का वह विभाग, जिसमें शब्दों के भेद, रूप, बनावट आदि का वर्णन होता है, वह क्या कहलाता है?
A. शब्द विचार **B.** वर्ण विचार
C. वाक्य विचार **D.** भाषा विचार

Q.9 जो भाववाचक संज्ञा नहीं है उसका चयन करके रिक्त स्थान भरें। निम्न में से ______ भाववाचक संज्ञा नहीं है।
A. करुणा **B.** सुन्दरता **C.** अमीरी **D.** पढ़ाई

Q.10 'चाँदनी' का समानार्थी निम्नलिखित में से कौन-सा नहीं है?
A. बिजली **B.** ज्योत्सना **C.** चमक **D.** रोशनी

Q.11 नीचे दिए गए शब्दों में से सही शब्द पहचानिए।
A. त्यौहार **B.** त्योहर **C.** त्योहार **D.** तयोहार

Ques (12-14):निर्देश: नीचे दिए गए गद्यांश को ध्यानपूर्वक पढ़िए तथा सम्बन्धित प्रश्नों के उत्तर दीजिए।भाषा का प्रश्न अत्यन्त संवेदनशील है, अतएव इस पर बड़ी सूझ-बूझ, सहानुभूति और धैर्य से विचार करना आवश्यक है। इस सम्बन्ध में जो भी समाधान ढूँढ़ा जाए, उससे यह आभास नहीं होना चाहिए कि एक भाषाई गुट की विजय हुई है और दूसरे की पराजय। कोई भी सर्वमान्य हल निश्चय ही उस भारतीय राष्ट्रीयता की विजय का द्योतक होगा, जिसने अतीत में समय-समय पर अपनी शक्ति प्रदर्शित की है। हमने राष्ट्रीयता तो प्राप्त कर ली है, एक राष्ट्रीय पताका भी अपना लिया है, परन्तु हम देश की एक सम्पर्क भाषा, संघ की राजभाषा अपनाने के अपने अभीष्ट लक्ष्य पर अभी तक नहीं पहुँच पाए हैं। इस उद्देश्य की पूर्ति के लिए हमें अनुकूल वातावरण तैयार करने की जी तोड़ कोशिश करनी होगी। ऐसे मामलों में जल्दबाजी आत्मघाती है, क्योंकि उससे अनेक समस्याएँ खड़ी हो जाती हैं, खास तौर पर लोगों के मन में सन्देह और अविश्वास उत्पन्न हो जाता है और ये दोनों ही राष्ट्रीय एकता के कट्टर दुश्मन हैं।

Q.12 उपर्युक्त गद्यांश का मूल तथ्य क्या है?
A. राजभाषा के सर्वसम्मत हल के बिना राष्ट्रीया एकता सम्भव नहीं है
B. भारतीय राष्ट्रीयता क्षेत्रीय स्वार्थों पर विजय प्राप्त कर लेना है
C. भाषा का विवाद एक गम्भीर समस्या है
D. भाषा के प्रश्न को राष्ट्रीय एकता के परिप्रेक्ष्य में देखा जाना चाहिए

Q.13 भाषा के प्रश्न को हल करने के लिए किस गुण की आवश्यकता है?
A. राजनीतिक चातुर्य
B. साम्प्रदायिक सद्भावना
C. प्रशासनिक दक्षता
D. विवेक, धैर्य और सहानुभूति

Q.14 इस गद्यांश का शीर्षक क्या है?
A. राष्ट्रभाषा की तलाश
B. भाषा विवाद और राष्ट्रीय एकता
C. राष्ट्रभाषा हिन्दी
D. हिन्दी का महत्त्व

Q.15 निम्नलिखित विकल्पों में से कौन-सा अलंकार का भेद नहीं है?
A. साधारणधर्म **B.** उपमान
C. वाचक **D.** लक्षण

Q.16 'कनक-कनक ते सौ गुनी मादकता अधिकाय। ये खाए बौरात हैं बे पाए बौराय'। यहाँ कौन-सा अलंकार प्रयोग हुआ है?
A. अनुप्रास **B.** यमक **C.** उपमा **D.** श्लेष

Q.17 'यह कहानी रोचक है।' यह विशेषण का कौन-सा भेद है?
A. संकेतवाचक **B.** निश्चित संख्यावाचक
C. सार्वनामिक **D.** गुणवाचक

Q.18 नीचे दिए गए शब्दों में से कौन-सा गुणवाचक का उदाहरण नहीं है?
A. ऐतिहासिक **B.** प्रभावशाली
C. पाश्चात्य **D.** बहुत लम्बी रस्सी

Q.19 निम्नलिखित में से कौन-सा विकल्प 'बहू' का बहुवचन दर्शाता है?
A. बहुयें **B.** बहुजन **C.** बहूएँ **D.** बहुएँ

Q.20 कादम्बरी किस लेखक की रचना है?
A. भवभूति **B.** कबीर **C.** बाणभट्ट **D.** विद्यापति

Q.21 साकार का विपरीत शब्द दिए हुए विकल्पों में से कौन-सा है?
A. विकार **B.** निराकार **C.** आकार **D.** प्रकार

Q.22 भाषा लिखने के लिए प्रयुक्त चिह्नों के व्यवस्थित रूप को क्या कहते हैं?
A. व्याकरण **B.** बोली **C.** भाषा **D.** लिपि

Q.23 नाव का समानार्थी शब्द निम्नलिखित विकल्पों में से कौन-सा नहीं है?
A. नौका **B.** डोंगी **C.** तरुणी **D.** तरी

Q.24 प्रश्न-पत्र में कुछ प्रश्नों के उत्तर संक्षिप्त लिखने होते हैं तो कुछ _____ से। दिए हुए में से उचित विकल्प का चयन करके प्रस्तुत वाक्य पूर्ण कीजिए।
A. लघु **B.** विस्तृत **C.** विस्तार **D.** दीर्घ

Q.25 हिन्दी भारत की कौन-सी भाषा है?
A. राज्यभाषा **B.** ब्रजभाषा **C.** राष्ट्रभाषा **D.** राजभाषा

Q.26 रिक्त स्थानों की पूर्ति के लिए दिए गए विकल्पों में से सही विकल्पों का चयन करें।
हम जिनसे कुछ रखते _____ हैं, वह हमारी _____ करते हैं।
A. उम्मीद, मदद **B.** अपकार, उपकार
C. अपेक्षा, उपेक्षा **D.** चिन्ता, सहायता

Q.27 रिक्त स्थानों की पूर्ति के लिए दिए गए विकल्पों में से सही विकल्पों का चयन करें।
_____ और _____ दोनों शब्दांश हैं, जिन्हें मूल शब्दों में जोड़कर नए शब्दों का निर्माण किया जाता है।

A. सन्धि, समास **B.** क्रिया, समास
C. उपसर्ग, प्रत्यय **D.** संज्ञा, विशेषण

Q.28 जहाँ एक शब्द अनेक अर्थों में प्रयुक्त होता है, वहाँ कौन-सा अलंकार होता है?

A. यमक **B.** श्लेष **C.** शब्दश्लेष **D.** अर्थ-श्लेष

Q.29 रिक्त स्थान की पूर्ति के लिए दिए गए विकल्पों में से सही विकल्प का चयन करें।
इंडोनेशिया में एक बार फिर ज्वालामुखी ने ____ बरपाया है।

A. क्रोध **B.** कहर **C.** रूप **D.** तहलका

Q.30 क्रिया के जिस रूप में वर्तमन में क्रिया के होने का संदेह हो, क्रिया का वह सन्दर्भ क्या कहलाता है?

A. संदिग्ध भूत **B.** संदिग्ध वर्तमान
C. संभाव्य भविष्यत् **D.** अपूर्ण वर्तमान

Q.31 जिस कृति के लिए कवि नागार्जुन को साहित्य अकादमी पुरस्कार मिला, वह किस भाषा में रचित है?

A. हिन्दी **B.** संस्कृत **C.** प्राकृत **D.** मैथिली

Q.32 'एकाकिनी' शब्द का लिंग बदलें।

A. एक **B.** एकाकिन **C.** एकाकी **D.** एकाकिनी

Q.33 समास विग्रह और उनके भेद की जानकारी दे रहे प्रस्तुत वाक्य में रिक्त स्थान की पूर्ति के लिए सही विकल्पों का चयन करें।
देशभक्ति का समास विग्रह है _______ और समास विग्रह का भेद है ________।

A. देश पर भक्ति, अधिकरण तत्पुरुष
B. देश से भक्ति, करण तत्पुरुष
C. देश की भक्ति, सम्बन्ध तत्पुरुष
D. देश के लिए भक्ति, सम्प्रदान तत्पुरुष

Q.34 पद्मावत महाकाव्य कौन-सी भाषा में लिखा है?

A. राजस्थानी **B.** खड़ी बोली **C.** अवधी **D.** ब्रज

Q.35 'पंक्ति' शब्द का वचन बदल कर लिखिए।

A. पंक्तिआँ **B.** पंक्तियाँ **C.** पंक्तियों **D.** पंक्तीयाँ

Q.36 'जबरदस्ती चिपका हुआ' मुहावरा का उचित अर्थ निम्न में से कौन-सा है?

A. नाक में नकेल डालना **B.** नाकों चने चबाना
C. गले का ढोल **D.** गले पड़ना

Q.37 "वह, तुम और हम बाजार जाएँगे" वाक्य को शुद्ध कीजिए।

A. तुम, वह और हम बाजार जाएँगे।
B. वह, तुम और हम बाजार जाएँगे।
C. हम, तुम और वह बाजार जाएँगे।
D. वह, हम और तुम बाजार जाएँगे।

Q.38 'यह देखिए, अरविन्द से शिशु वृन्द कैसे सो रहे' प्रस्तुत वाक्य में कौन-सा अलंकार है?

A. व्यतिरेक **B.** लुप्तोपमा **C.** अन्योक्ति **D.** पूर्णोपमा

Q.39 "मैं आप पर श्रद्धा करती हूँ। " प्रस्तुत वाक्य में त्रुटि है, जिसका शुद्ध रूप निम्न में से किसी एक विकल्प में है, वह विकल्प कौन-सा है?

A. मैं आपमें श्रद्धा करती हूँ
B. मैं आपकी श्रद्धा रखती हूँ
C. मैं आपको श्रद्धा करती हूँ
D. मैं आपमे श्रद्धा रखती हूँ

Q.40 दिए गए शब्दों में से नित्य एकवचन में प्रयोग होने वाला कौन-सा शब्द नहीं है?

A. जनता **B.** आकाश **C.** हस्ताक्षर **D.** पानी

General Knowledge/Law & Constitution

Q.41 भरतपुर राष्ट्रीय उद्यान निम्नलिखित राष्ट्रीय उद्यानों में से किसका पूर्व नाम है?

A. पेंच राष्ट्रीय उद्यान **B.** काजीरंगा राष्ट्रीय उद्यान
C. रणथंबोर राष्ट्रीय उद्यान **D.** केवलादेव राष्ट्रीय उद्यान

Q.42 आयकर अधिनियम के तहत, जिस कम्पनी का कोई भी अन्तर्राष्ट्रीय लेन-देन नहीं होता, उसके लिए, रिटर्न जमा करने की नियत तारीख कौन-सी है?

A. 31 जुलाई **B.** 30 नवम्बर
C. 30 सितम्बर **D.** 31 अगस्त

Q.43 अविश्वास प्रस्ताव के विषय में इनमें से कौन-सा सही है?
P. यह केवल लोकसभा में लाया जा सकता है।
Q. यह केवल मंत्रिपरिषद् के खिलाफ लाया जा सकता है, किसी एक मंत्री के खिलाफ नहीं।

A. केवल P **B.** केवल Q
C. P और Q दोनों ही नहीं **D.** P और Q

Q.44 निम्नलिखित में से कौन-सा जनहित याचिका के बारे में सत्य है?
P. एक बार जनहित याचिका दायर की गई और उस पर सुनवाई हुई तो फिर उसे वापस लेने की अनुमति नहीं दी जा सकती।
Q. जनहित याचिका दायर करने वाले व्यक्ति के लिए अपनी रुचि दिखाना आवश्यक नहीं है।

A. P और Q **B.** केवल P
C. P और Q दोनों ही नहीं **D.** केवल Q

Q.45 निर्देशक सिद्धान्तों को उस क्रम में व्यवस्थित कीजिए जिस क्रम में वे संविधान में सूचीबद्ध हैं।
P. राज्य द्वारा लोगों के कल्याण को बढ़ावा देने के सामाजिक क्रम को सुरक्षित रखना।
Q. समान न्याय और मुफ्त कानूनी सहायता।
R. ग्राम पंचायतों को संगठित करना।

A. RPQ **B.** PRQ **C.** PQR **D.** QPR

Q.46 ब्रिटिश ईस्ट इण्डिया कम्पनी के परिसमापन और ब्रिटिश क्राउन को उसके कार्यों के हस्तांतरण के लिए कौन-सा अधिनियम लाया गया था?

A. पिट्स इण्डिया अधिनियम, 1784
B. भारत सरकार अधिनियम, 1858
C. 1813 का चार्टर अधिनियम
D. 1853 का चार्टर अधिनियम

Q.47 संविधान में 42वाँ संशोधन पारित किए जाने के समय भारत का राष्ट्रपति कौन था?

A. जैलसिंह **B.** नीलम संजीव रेड्डी
C. फखरुद्दीन अली अहमद **D.** वी वी गिरि

Q.48 गुटनिरपेक्ष आन्दोलन का 17वाँ शिखर सम्मेलन कहाँ आयोजित किया गया था?

A. नई दिल्ली, भारत **B.** बेलग्रेड, यूगोस्लाविया
C. पोरलामार, वेनेजुएला **D.** तेहरान, ईरान

Q.49 जिम्म में कौन-सा किसी इकाई द्वारा दावा किए गए डेटा के गुण-न्यास की सत्यता की पुष्टि का कार्य है?

A. प्रमाणीकरण **B.** लेखापरीक्षा
C. जाँच योग (चेकसम) **D.** अभिगम नियत्रण

Q.50 निम्नलिखित में से कौन-सी कम्पनी क्रेडिट रेटिंग एजेंसी (सीआरए)

नहीं है?

A. भारतीय कृषि अनुसंधान परिषद् (आईसीएआर)

B. क्रेडिट विश्लेषण और अनुसंधान (सीएआरई), लिमिटेड

C. मूडीज निदेशक सेवा

D. निवेश सूचना और क्रेडिट रेटिंग एजेंसी (आईसीआरए)

Q.51 निम्नलिखित में से किस सेक्टर के समग्र विकास और प्रबन्धन को सक्षम करने के लिए मिशन फिंगरलिंग नामक कार्यक्रम शूरू किया गया है?

A. मत्स्य-पालन सेक्टर

B. मधुमक्खी-पालन सेक्टर

C. बागवानी सेक्टर

D. डेयरी सेक्टर

Q.52 आइसलैण्ड में हाल ही में 2017 में आयोजित अन्तर्राष्ट्रीय तलवारबाजी (फेंसिंग) स्पर्धा में सेबर एकल में स्वर्ण पदक किसने जीता था?

A. सी. ए. भावनी देवी **B.** सोफिया वेलिकाय

C. किम जी-योन **D.** यना इगोरियन

Q.53 इनमें से कौन-सा/से विशेष आर्थिक क्षेत्र (SEZ) से सम्बन्धित है/हैं?

I. मुक्त घरेलू प्रापण या परिचालन के लिए माल का आयात, एसईजेड इकाइयों का रखरखाव और विकास।

II. केन्द्रीय और राज्य स्तर की मंजूरी के लिए निकासी की एकल खिड़की है।

III. कस्टम अधिकारी आयात और निर्यात के लिए माल की नियमित जाँच के लिए नहीं जाते हैं।

A. केवल II और III **B.** उपर्युक्त सभी

C. केवल I और II **D.** केवल I

Q.54 भारत के प्रथम मुख्य न्यायायीश कौन थे?

A. के. जी. बालकृष्णन **B.** एम. पतंजलि शास्त्री

C. बिजन कुमार मुखर्जी **D.** एच. जे. कानिया

Q.55 निम्न में से कौन-सा विकल्प केन्द्रीय सतर्कता आयोग (सेन्ट्रल विजिलेंस कमिशन- सीवीसी) के बारे में सच नहीं है?

A. सीवीसी केन्द्रीय और राज्य स्तर पर सरकारी अधिकारियों के खिलाफ शिकायतों की जाँच कर सकता है

B. केद्रीय सतर्कता आयोग उच्च स्तरीय सरकारी अधिकारियों के खिलाफ शिकायतों की जाँच कर सकता है

C. समूह A से ऊपर के सभी अधिकारी (संयुक्त सचिव के ऊपर) इसके क्षेत्राधिकार में आते हैं

D. आरबीआई, नाबार्ड और एलआईसी जैसे संगठनों के वरिष्ठ अधिकारी इसके क्षेत्राधिकार में आते हैं

Q.56 संसद अपनी संशोधन शक्ति का उपयोग संविधान के अनुच्छेद - 368 के तहत मूल संरचना अथवा ढाँचे को क्षतिगस्त, निष्प्रभावी, नष्ट, निरस्त, परिवर्तन या हेर-फेर करने के लिए नहीं कर सकती। निम्न में से कौन-सा मामला उपरोक्त कथन से सम्बन्धित है?

A. इंदिरा साहनी बनाम भातीय संघ

B. विशाखा बनाम राजस्थान राज्य

C. चम्पकम दोरैराजन बनाम मद्रास राज्य

D. केशवानन्द भारती बनाम केरल राज्य

Q.57 भारत के कौन से राज्य में सबसे अधिक सिंचित क्षेत्र है?

A. पश्चिम बंगाल **B.** उत्तर प्रदेश

C. राजस्थान **D.** पंजाब

Q.58 निम्न में से किस स्वतंत्रता सेनानी के खिलाफ केन्द्रीय विधानसभा बम मामला (1929) दायर किया गया था?

A. राजगुरु **B.** बटुकेश्वर दत्त

C. सुखदेव **D.** चन्द्रशेखर आजाद

Q.59 आंग्ल भारतीय समुदाय के लिए लोकसभा में कितनी सीटें आरक्षित हैं?

A. 1 **B.** 2 **C.** 3 **D.** 0

Q.60 राष्ट्रपति के चुनाव के सम्बन्ध में निम्नलिखित में से कौन-सा सत्य है?

P. अगर राष्ट्रपति का चयन करने वाली पीठ (कॉलेजियम) में उल्लेखनीय रिक्तियाँ हों तो राष्ट्रपति के रूप में किसी व्यक्ति के चुनाव पर सवाल उठाया जा सकता है।

Q. राष्ट्रपति पद के लिए नामांकित व्यक्ति, को अपना नाम मतपत्र पर दर्ज करने के लिए 50 मतदाता प्रस्तावक के रूप में और 50 मतदाता समर्थक के रूप में चाहिए होते हैं।

A. P और Q **B.** केवल P

C. केवल Q **D.** P और Q दोनों ही नहीं

Q.61 केन्द्र और राज्य के बीच प्रशासनिक सम्बन्धों के बारे में निम्न में से कौन/ सा/से कथन सही है/हैं?

P. अनुच्छेद-256 बताता है कि प्रत्येक राज्य की कार्यकारी शक्ति का प्रयोग इस प्रकार किया जाएगा कि संसद द्वारा बनाए गए नियमों का अनुपालन सुनिश्चित हो।

Q. संविधान के अनुच्छेद-257 में प्रावधान है कि प्रत्येक राज्य की कार्यकारी शक्ति का प्रयोग इस प्रकार किया जाएगा ताकि वह संघ की कार्यकारी शक्ति के अमल में बाधा या प्रतिकूल प्रभाव न डाले।

A. केवल P **B.** केवल Q

C. न तो P और न ही Q **D.** P और Q

Q.62 इनमें से किस भारतीय राज्य में बाघ रक्षित स्थान (टाइगर रिजर्व) की संख्या अधिकतम है?

A. आंध्र प्रदेश **B.** तमिलनाडु

C. मध्य प्रदेश **D.** पश्चिम बंगाल

Q.63 भारतीय दण्ड संहिता की धारा-304B के अन्तर्गत, "दहेज मौत" के लिए जिम्मेदार व्यक्ति को न्यूनतम कितने वर्ष की सजा देने का प्रावधान है?

A. 3 वर्ष **B.** 7 वर्ष **C.** 5 वर्ष **D.** 12 वर्ष

Q.64 राष्ट्रपति शासन को उसकी घोषणा के कितने समय के अन्दर संसद द्वारा अनुमोदित कर दिया जाना चाहिए?

A. 2 महीने **B.** 1 महीने **C.** 6 महीने **D.** 3 महीने

Q.65 कौन-से दो व्यक्तियों ने 1947 से 1950 तक किंग जॉर्ज-VI के प्रतिनिधि के रूप में भारत के गवर्नर जनरल की भूमिका निभाई थी?

A. लुई माउण्टबेटन और जवाहरलाल नेहरू

B. लुई माउण्टबेटन और राजेन्द्र प्रसाद

C. राजेन्द्र प्रसाद और सी. राजगोपालाचारी

D. लुई माउण्टबेटन और सी. राजगोपालाचारी

Q.66 1970 के दशक में मौन घाटी परियोजना एक प्रमुख पर्यावरण बनाम विकास विवाद बन गई थी। यह मुददा एक बाँध के निर्माण को लेकर था। इसका प्रतिकूल असर किस राज्य के उष्णकटिबन्धीय वन क्षेत्र के बड़े क्षेत्र पर पड़ने वाला था?

A. कर्नाटक **B.** केरल **C.** महाराष्ट्र **D.** मध्यप्रदेश

Q.67 निम्नलिखित में से किसे मांसपेशीय-कंकालीय (मस्कुलोस्टकेलेटल) प्रणाली, विशेष रूप से रीढ़ के यांत्रिक विकारों का निदान और उपचार कहा जाता है?

A. ओब्स्टेट्रिक्स

B. काइरोप्रैक्टिक चिकित्सा पद्धति

C. आर्थोपेडिक

D. जेरऐट्रिक्स

Q.68 कर प्रणाली के तहत अघोषित आय की चोरी करने वालों की जाँच के लिए विमुद्रीकरण के तुरन्त बाद कौन-सा अभियान शुरू किया गया था?

A. स्वच्छ धन अभियान

B. हरित घन अभियान (ऑपरेशन ग्रीन मनी)

C. काला धन अभियान

D. विदेशी लघुअवधि धन अभियान (ऑपरेशन हॉट मनी)

Q.69 सूचना का अधिकार अधिनियम-2005 के तहत "सूचना अधिकार" में निम्न में से कौन-सा/से शामिल है/हैं?
P. दस्तावेजों और रिकॉर्डों का निरीक्षण करना।
Q. सामग्री के प्रमाणित नमूनों को लेने का अधिकार।
R. प्रिंटआउट, डिस्क, विडियो कैसेट आदि के रूप में जानकारी प्राप्त करने का अधिकार।

A. P और R **B.** P और Q
C. केवल P **D.** P, Q और R

Q.70 कणों की तरंग प्रकृति किसने स्थापित की?

A. डी-ब्रोगली **B.** फर्मी
C. पाली **D.** क्लार्क मैक्सवेल

Q.71 जो अल्पसंख्यक छात्र यूपीएससी, एसएससी आदि द्वारा आयोजित पूर्व परीक्षा उत्तीर्ण कर लेते हैं, उन्हें मुख्य परीक्षा की तैयारी में सहायता प्रदान करने के लिए जो योजना है, उसका नाम क्या है?

A. नई उड़ान **B.** हौसला
C. समृद्धि-शक्ति **D.** नवजीवन

Q.72 एमनेस्टी इंटरनेशनल की स्थापना किसने की थी?

A. बान की मून **B.** नेल्सन मंडेला
C. मदर टेरेसा **D.** पीटर बनेनसन

Q.73 कार्यस्थल पर यौन उत्पीड़न की शिकायत दर्ज करने हेतु कामकाजी महिलाओं के लिए वह कौन-सी ऑनलाइन शिकायत प्रबन्धन प्रणाली है जो नवम्बर, 2017 में मेनका गांधी द्वारा शुरू की गई थी?

A. शी-बॉक्स **B.** आय एम दैट वूमन
C. # मी टू **D.** माय वॉयस

Q.74 इस यातायात प्रतीक से क्या अभिप्रेत है?

A. आगे Y जंक्शन
B. आगे यातायात विभाजन
C. आगे यातायात विलय
D. तिराहा

Q.75 निम्न में से कौन-सी इकाई (यूनिट) तुल्यकालन संकेत उत्पन्न करती है?

A. कंट्रोल यूनिट **B.** मैमरी यूनिट
C. आउटपुट **D.** प्रोसेसर यूनिट

Q.76 भारत में संसदीय क्षेत्रों की संख्या कितनी है और लोकसभा में कितने सांसद होते हैं?

A. 543, 545 **B.** 543, 543 **C.** 541, 543 **D.** 545, 545

Q.77 आजादी के बाद से भारत में कितनी बार आपातकाल स्थिति घोषित की गई है?

A. तीन बार **B.** एक बार **C.** दो बार **D.** चार बार

Q.78 कौन-सा महासागर अधिकतम निमग्न द्वीपों से बना है?

A. प्रशान्त महासागर **B.** अटलांटिक महासागर
C. भारतीय महासागर **D.** अंटार्कटिक महासागर

Q.79 भारतीय राष्ट्रीय विश्वविद्यालय विधेयक, 2015 में रक्षा मंत्रालय के तहत राष्ट्रीय महत्त्व के एक विश्वस्तरीय पूर्ण स्वायत्त संस्थान को कहाँ स्थापित करने का प्रस्ताव है?

A. पुणे **B.** मोहाली **C.** जयपुर **D.** गुरुग्राम

Q.80 निम्नलिखित में से कौन-सा स्थान बुद्ध वंश के शाक्यों द्वारा शसित था?

A. कपिलवस्तु **B.** अंग
C. मगध **D.** गंधार

Numerical & Mental Ability

Q.81 C एक काम को पूरा करने के लिए B से दोगुना समय लेता है। A उसी काम को पूरा करने के लिए C से तीन गुना समय लेता है। A, B और C एक साथ काम शुरू करते हैं। A काम के पूरा होने से 6 दिन पहले काम छोड़ देता है और B काम के पूरा होने से 3 दिन पहले काम छोड़ देता है और C x दिनों के लिए काम करता है। यदि B अकेले उसी काम को 16 दिनों में पूरा कर सकता है, तो कितने दिनों में काम पूरा हो जाएगा?

A. 16 दिन **B.** 20 दिन **C.** 10 दिन **D.** 12 दिन

Q.82 निम्नलिखित प्रश्न में (?) के स्थान पर क्या आएगा?
9999 × 19 + 1111 × 111 + 777 × 7 = ?

A. 390031 **B.** 291301 **C.** 191131 **D.** 318741

Ques (83-85):
निर्देश: निम्नलिखित जानकारी का अध्ययन कीजिये और दिए गए प्रश्नों का उत्तर दीजिये।यह तालिका विभिन्न कम्पनियों में काम कर रहे कर्मचारियों की संख्या को और सम्बन्धित कम्पनियों में काम कर रही महिला कर्मचारियों के प्रतिशत को दर्शाती है।

कम्पनी	कर्मचारियों की कुल संख्या	महिला कर्मचारियों का प्रतिशत
A	2600	45
B	1800	50
C	2000	48
D	1400	40
E	1500	55

Q.83 कम्पनी C में काम कर रहे पुरुष कर्मचारियों की संख्या और कम्पनी B में काम कर रही महिला कर्मचारियों की संख्या के बीच क्या अन्तर है?

A. 120 **B.** 35 **C.** 40 **D.** 140

Q.84 कम्पनी D में महिला कर्मचारियों की संख्या, कम्पनी A में काम कर रहे पुरुष कर्मचारियों की संख्या का कितना प्रतिशत है?

A. 48.75% **B.** 41.33% **C.** 39.16% **D.** 63.22%

Q.85 यदि कम्पनी E के कुल कर्मचारियों में से 20% छोड़ देते हैं, तो कम्पनी E में काम कर रहे पुरुष कर्मचारियों की संख्या की तुलना में कम्पनी C में काम कर रही महिला कर्मचारियों की संख्या का अनुपात क्या है, यह मानते हुए कि कुल कर्मचारियों में से 20% के छोड़ देने के बाद भी पुरुष और महिला का अनुपात समान रहता है?

A. 7 : 12 **B.** 12 : 17 **C.** 16 : 9 **D.** 9 : 11

Q.86 निम्नलिखित प्रश्न में (?) के स्थान पर क्या आएगा?
90 × 11 ÷ 15 × 45 - 980 + 42 × 48 = ?

A. 4019 **B.** 4016 **C.** 4006 **D.** 4009

Q.87 5 व्यक्ति A, B, C, D और E की आयु का अनुपात निम्नानुसार है। A : E, 1 : 2 है, B : C, 4 : 3 है, E : B, 1 : 2 है, C की आयु, D की आयु की 60% है और C और D की आयु का योग 120 है। सबसे कम उम्र के व्यक्ति की आयु ज्ञात कीजिये।

A. 25 वर्ष **B.** 20 वर्ष **C.** 15 वर्ष **D.** 30 वर्ष

Q.88 एक व्यक्ति के किराया, स्कूल फीस और घरेलू सामान पर मासिक व्यय क्रमशः 3 : 4 : 6 के अनुपात में है। यदि प्रत्येक माह में उसके द्वारा दी गई फीस 5,600 रुपये है, तो उसकी वार्षिक आय क्या है? (मान लें, वह कुछ भी नहीं बचाता है।)

A. 2,39,800 रुपये **B.** 2,18,400 रुपये

C. 2,18,900 रुपये **D.** 1,90,800 रुपये

Q.89 निम्नलिखित प्रश्न में (?) के स्थान पर क्या आएगा?
$4\frac{1}{7} \times \frac{21}{58} + \frac{9}{11} \times 165 = ?$

A. $1.35\frac{1}{2}$ **B.** $134\frac{1}{2}$ **C.** $136\frac{1}{2}$ **D.** $132\frac{1}{2}$

Q.90 वर्ष 2016 में एक कॉलेज में छात्रों की कुल संख्या 2500 है। इनमें से 55% लड़के हैं और बाकी लड़कियाँ हैं। वर्ष 2017 में, छात्रों की कुल संख्या में 12% की वृद्धि होती है। यदि लड़के और लड़कियों के बीच का अनुपात पिछले वर्ष से बदलता नहीं है, तो वर्ष 2017 में कॉलेज में लड़कियों की कुल संख्या ज्ञात कीजिये।

A. 1135 **B.** 1100 **C.** 1130 **D.** 1260

Q.91 यदि 20 जनवरी 2030 को रविवार है, तो 4 जनवरी 2028 को कौन-सा दिन होगा?

A. सोमवार **B.** रविवार **C.** मंगलवार **D.** शनिवार

Q.92 निम्नलिखित श्रृंखला की माध्यिका और माध्य का योग क्या है?
56, 48, 68, 113, 180, 104, 124

A. 104 **B.** 5 **C.** 99 **D.** 203

Q.93 एक ट्रेन 3 घंटे में एक निश्चित दूरी तय करती है। यदि ट्रेन की गति 20 किमी प्रति घंटे से कम की जाती है, तो उसी दूरी को तय करने में 1 घंटा अधिक लगता है। तो लिए गए सामान्य समय और मूल गति को 50% बढ़ा देने के बाद लिए जाने वाले समय के बीच अन्तर ज्ञात कीजिये।

A. 1 घंटे **B.** 3 घंटे **C.** 3 घंटे **D.** 2 घंटे

Q.94 एक घोड़े को 16 मीटर भुजा वाले वर्गाकार मैदान के एक कोने पर 14 मीटर लम्बी एक रस्सी के साथ बाँधा जाता है। मैदान के उस क्षेत्रफल को ज्ञात कीजिये जो घोड़े की पहुँच से बाहर है।

A. 95 मी^{2} **B.** 72 मी^{2} **C.** 102 मी^{2} **D.** 102 मी^{2}

Q.95 70 मीटर व्यास का एक कुआँ 40 मीटर गहरा खोदा गया है और निकाली गयी मिट्टी को एक तटबंध बनाने के लिए 10 मीटर की चौड़ाई तक इसके चारों ओर बिखेर दिया गया है। तटबंध की ऊँचाई _____ है।

A. 61.25 मीटर **B.** 81.25 मीटर

C. 51.25 मीटर **D.** 65.25 मीटर

Q.96 संगीता ने 15% के लाभ पर एक साड़ी बेची। यदि उसने साड़ी को 10% कम पर खरीदा होता और पिछले विक्रय मूल्य की तुलना मे 400 रुपए अधिक पर बेच दिया होता, तो उसे 33.33% का लाभ प्राप्त होता। साड़ी का समान्य क्रय मूल्य क्या होगा?

A. 7,600 रुपए **B.** 8,000 रुपए

C. 7,500 रुपए **D.** 8,400 रुपए

Q.97 18 लीटर के मिश्रण में अम्ल और पानी 5 : 1 के अनुपात में है। जब x लीटर पानी को मिश्रण में मिलाया जाता है, तो अम्ल और पानी का अनुपात 3 : 1 हो जाता है। x का मान क्या है?

A. 1 **B.** 2 **C.** 5 **D.** 3

Q.98 $\frac{4}{5}$, $\frac{5}{7}$, $\frac{4}{7}$ का महत्तम समापवर्तक ज्ञात कीजिये।

A. $\frac{1}{35}$ **B.** $\frac{5}{13}$ **C.** $\frac{2}{31}$ **D.** $\frac{1}{31}$

Q.99 यदि एक ट्रेन की गति 32 किमी/घण्टा है, तो 9 सेकण्ड में ट्रेन द्वारा तय की गयी दूरी कितनी है?

A. 95 मीटर **B.** 88 मीटर **C.** 92 मीटर **D.** 80 मीटर

Q.100 3 वर्ष के लिए 15000 रुपए की राशि पर साधारण ब्याज 3600 रुपए है। प्रति वर्ष ब्याज की दर ज्ञात कीजिये।

A. 8% **B.** 6% **C.** 10% **D.** 12%

Q.101 यदि A = {6, 8, 23, 69, 80} और B = {4, 8, 69, 80, 82} और सकल समुच्चय U = {1, 2, 3, ...150} तो n(A ∪ B) : {n(A) ∩ B) + 10}...है।

A. 11 : 3 **B.** 13 : 1 **C.** 11 : 1 **D.** 7 : 13

Q.102 चार बल्ब कुछ समय के लिए क्रमश: 2, 3, 4 और 5 मिनट के 4 अलग-अलग अन्तरालों पर जलते हैं। वे रात 8:00 बजे एक साथ चालू किए गए थे। अगली बार किस समय पर सभी बल्ब एक साथ जलेंगे?

A. रात 8:45 **B.** रात 9:45 **C.** रात 8:30 **D.** रात 9:00

Q.103 A एक वस्तु को अंकित मूल्य के 20% की छूट पर बेचता है। यदि अंकित मूल्य 1200 रुपये है तो, वस्तु का विक्रय मूल्य क्या है?

A. 1020 रुपये **B.** 1,080 रुपये

C. 940 रुपये **D.** 960 रुपये

Q.104 A, B और C एक साथ 12 दिनों में एक काम को पूरा कर सकते हैं। A, 24 दिनों में काम को पूरा कर सकता है और B काम को 32 दिनों में पूरा कर सकता है। C अकेले उसी काम को कितने दिनों में पूरा कर सकता है?

A. 64 दिन **B.** 48 दिन **C.** 96 दिन **D.** 24 दिन

Q.105 निम्न प्रश्न में (?) का मान ज्ञात कीजिये।
0.010 × 0.25 + 2.5 × 4 + 0.6666 - 0.340 = ?

A. 95.291 **B.** 10.3291 **C.** 9.2915 **D.** 9.9251

Q.106 कक्षा A और कक्षा B के गणित में औसत अंक क्रमश: 80 और 99 हैं। कक्षा A में कुल छात्रों की संख्या 45 और कक्षा B में 50 है। यदि प्रत्येक कक्षा से 5 न्यूनतम अंक निकाल दिए जाते हैं, जिसके कारण दोनों कक्षा A और कक्षा B की कुल मिलाकर औसत 3 बढ़ जाता है, तो हटाए गए अंकों का औसत ज्ञात कीजिये

A. 70.5 **B.** 58.5 **C.** 62.5 **D.** 64.5

Q.107 एक व्यक्ति को एक निश्चित दूरी को तय करने में 8 घण्टे लगते हैं, जब वह 5 किमी प्रति घण्टा की गति से यात्रा करता है। यदि वह साइकिल के बजाय बाइक का उपयोग करता है, तो उसी दूरी को तय करने के लिए वह 2 घण्टे कम का समय लेता है। अगर बाइक की गति बस की गति से एक तिहाई है, तो बस की गति क्या है?

A. 30 किमी/घण्टा **B.** 40 किमी/घण्टा

C. 20 किमी/घण्टा **D.** 85 किमी/घण्टा

Q.108 शब्द ASSERTION के सभी अक्षरों को कितने तरीके से व्यवस्थित किया जा सकता है?

A. 5760 **B.** 362880 **C.** 181440 **D.** 6480

Q.109 180 का 15%, 250 के 18% का कितना प्रतिशत है?

A. 54% **B.** 62% **C.** 71% **D.** 60%

Q.110 किसी संख्या के $\frac{5}{9}$ भाग के $\frac{4}{5}$ भाग को उसी संख्या से घटाया जाता है तो 300 शेषफल प्राप्त होता है। उस संख्या का $\frac{5}{6}$ भाग क्या है?

A. 450 **B.** 560 **C.** 550 **D.** 520

Q.111 एक दुकानदार ने 20 रुपए में 14 के दर से कुछ स्ट्रॉबेरी खरीदे और वह उन्हें 22 रुपए में 8 की दर से बेचता है। उसका लाभ प्रतिशत ज्ञात कीजिये।

A. 91.75% **B.** 88.50% **C.** 92.50% **D.** 94.25%

Q.112 शराब और पानी के 40 लीटर मिश्रण में 65% शराब है। मिश्रण में पानी की मात्रा ज्ञात कीजिये।

A. 14 लीटर **B.** 15 लीटर **C.** 16 लीटर **D.** 12 लीटर

Q.113 दो व्यक्ति A और B, 3 : 2 के अनुपात में दो अलग-अलग योजनाओं में अपने धन का निवेश करते हैं। A और B अपने धन को 3 वर्ष के लिए ब्याज दर 10% प्रतिवर्ष के हिसाब से क्रमशः साधारण और चक्रबृद्धि ब्याज पर निवेश करते हैं। यदि निवेश किया गया कुल धन 10000 रुपये है, तो दोनों योजनाओं में प्राप्त ब्याज राशि के बीच अन्तर क्या है?

A. 476 रुपये **B.** 746 रुपये **C.** 656 रुपये **D.** 536 रुपये

Q.114 A और B एक साथ 12 दिनों में एक काम को पूरा कर सकते हैं। A अकेले उसी काम को 18 दिनों में पूरा कर सकता है। A और B ने काम शुरू किया और 4 दिनों के बाद A ने छोड़ दिया। B द्वारा शेष काम कितने दिनों में पूरा किया जाएगा?

A. 12 दिन **B.** 24 दिन **C.** 36 दिन **D.** 18 दिन

Q.115 निम्न प्रश्न में (?) का मान ज्ञात करें।
$\frac{0.49x^2+0.09y^2+0.42xy}{0.4x+0.3x+0.3y} = ?$

A. $7x + 3y$ **B.** $0.7x + 0.3y$

C. $0.07x + 0.03y$ **D.** $0.49x + 0.09y$

Q.116 पहली संख्या के 70%, दूसरी संख्या के 45% और तीसरी संख्या के 30% का योग, 30 के वर्ग से 1020 अधिक है। दूसरी संख्या पहली संख्या की दोगुनी है। दूसरी संख्या और पहली संख्या के बीच का अन्तर भी 30 का वर्ग है। तीसरी संख्या के $\frac{5}{7}$वें भाग के 63% के 40% का मान क्या है?

A. 268 **B.** 288 **C.** 482 **D.** 472

Q.117 क्रमशः 300 मीटर और 400 मीटर की लम्बाई वाली दो ट्रेनें A और B एक ही समय पर एक-दूसरे की ओर चलना शुरू करती हैं और 10 सेकंड में एक-दूसरे को पार करती हैं। यदि ट्रेन A की गति 50 मीटर/सेकंड है तो ट्रेन B की गति ज्ञात कीजिये।

A. 18 मी/से **B.** 15 मी/से **C.** 20 मी/से **D.** 22 मी/से

Q.118 एक कक्षा में 50 छात्रों का औसत वजन 52 किग्रा है। यदि पहले 25 छात्रों का औसत वजन 50 किग्रा है और अगले 24 छात्रों का औसत वजन 54 किग्रा है, तो अन्तिम छात्र का वजन ज्ञात करें?

A. 56 किग्रा **B.** 58 किग्रा **C.** 45 किग्रा **D.** 54 किग्रा

Q.119 यदि 23 दिसम्बर, 2020 को बुधवार है, तो 23 जनवरी 2021 को कौन-सा दिन होगा?

A. शनिवार **B.** गुरुवार **C.** रविवार **D.** बुधवार

Q.120 एक बक्से में 2 माजा, 1 फेंटा, 4 एप्पी और 3 पेप्सी हैं। यदि उनमें से दो को एक-एक करके बेतरतीब ढंग से उठाया जाता है, और उनके स्थान पर दूसरी नहीं रखी जाती, तो इसके दोनों एप्पी होनें की प्रायिकता क्या है?

A. $\frac{2}{3}$ **B.** $\frac{3}{11}$ **C.** $\frac{2}{15}$ **D.** $\frac{3}{4}$

Mental Aptitude & Reasoning

Q.121 मीना अपने घर से दक्षिण दिशा में 50 मीटर चलती है और फिर अपने बाएं मुड़ जाती है और 20 मी चलती है। फिर उत्तर दिशा में मुड़कर वह 30 मीटर चलती है और फिर अपने घर की ओर चलना शुरू कर देती है। मीना अब किस दिशा के सम्मुख है?

A. उत्तर **B.** दक्षिण

C. उत्तर-पश्चिम **D.** दक्षिण-पूर्व

Ques (122-124):निर्देश: निम्नलिखित जानकारी का ध्यानपूर्वक अध्ययन कीजिए और दिए गए प्रश्न का उत्तर दीजिए।एक शब्द और संख्या विन्यास मशीन को जब शब्दों और संख्याओं की एक इनपुट पंक्ति दी जाती है तो वह प्रत्येक चरण में एक विशेष नियम का अनुसरण कर उनका पुनर्विन्यास करती है। इनपुट का और इसके पुनर्विन्यास का एक उदाहरण निम्नलिखित है। (सभी संख्याएँ दो अंकों की संख्याएँ हैं।)इनपुट: torn 45 25 sum ball 93 74 39 white king give 31 62 catchचरण I: 25 torn 45 sum 93 74 39 white king give 31 62 catch ballचरण II: 31 25 torn 45 sum 93 74 39 white king give 62 ball catchचरण III: 39 31 25 torn 45 sum 93 74 white king 62 ball catch giveचरण IV: 45 39 31 25 torn sum 93 74 white 62 ball catch give kingचरण V: 62 45 39 31 25 torn 93 74 white ball catch give king sumचरण VI: 74 62 45 39 31 25 93 white ball catch give king sum tornचरण VII: 93 74 62 45 39 31 25 ball catch give king sum torn whiteऔर चरण VII ऊपर दिए गए इनपुट के पुनर्विन्यसास का अन्तिम चरण है क्योंकि अभीष्ट विन्यास प्राप्त हो चुका है।

Q.122 उपरोक्त चरणों में अनुसरित नियमों के अनुसार, नीचे दिए गए इनपुट के लिए कौन-सी चरण संख्या निम्न आउटपुट है?
38 33 19 87 volt right make 46 torn 63 95 cart gate hate?
इनपुट 87 volt right 19 38 make cart hate gate 46 33 torn 63 95

A. चरण V **B.** चरण III **C.** चरण IV **D.** चरण VI

Q.123 उपरोक्त चरणों में अनुसरित नियमों के अनुसार कौन-सा शब्द/संख्या नीचे दिए गए इनपुट के चरण VI में दाएं छोर से 7वें स्थान पर होगा?
इनपुट 87 volt right 19 38 make cart hate gate 46 33 torn 63 95

A. volt **B.** 95 **C.** 19 **D.** cart

Q.124 उपरोक्त चरणों में अनुसरित नियमों के अनुसार, नीचे दिए गए इनपुट के अन्तिम चरण में '46' और 'right' के बीच कितने तत्त्व है?
इनपुट: 87 volt right 19 38 make cart hate gate 46 33 torn 63 95

A. सात **B.** पाँच **C.** आठ **D.** छः

Ques (125-127):निर्देश: निम्नलिखित जानकारी का ध्यानपूर्वक अध्ययन कीजिए और नीचे दिए गए प्रश्नों के उत्तर दीजिए।हिमाचल प्रदेश में स्थिति विवेकानन्द रामकृष्ण इंजीनियरिंग कॉलेज विदेश में उच्च शिक्षा के लिए अपने कर्मचारियों को छात्रवृत्ति प्रदान करता है। कर्मचारियों को छात्रवृत्ति देने के लिए निम्नलिखित शर्तें हैं। उम्मीदवार को/नेA. 1 अप्रैल, 2017 को तीस वर्ष से अधिक आयु का नहीं होना चाहिए।B. अपने स्नातकोत्तर पाठ्यक्रम में 70 प्रतिशत से ज्यादा अंक और अपने स्नातक पाठ्यक्रम में 75 प्रतिशत अंक हासिल किए होने चाहिए।C. कम्पनी में कम से कम दो साल कार्य करने का अनुभव होना चाहिए।D. कम्पनी के साथ दो साल के लिए एक अनुबंध पर हस्ताक्षर करने के लिए तैयार होना चाहिए।E. पिछले दो वर्षों में अपने काम के लिए A अथवा A + रेटिंग प्राप्त की होनी चाहिए।एक उम्मीदवार के मामले में जो अन्य सभी मानदण्डों को पूरा करता है। सिवाया. (B) उपर्युक्त के, लेकिन अपने स्नातक स्तर और स्नातकोत्तर पाठ्यक्रम में न्यूनतम 60 प्रतिशत अंक हासिल किए हैं, और पीएचडी भी की है, उसके मामले को निदेशक को भेजा जा सकता है।II. (E) उपर्युक्त के, लेकिन रेटिंग B+, A या A+ के साथ तीन साल का काम का अनुभव है, उसके मामले को अध्यक्ष को भेजा जा सकता है।III. (D) उपर्युक्त के, 50000 रुपये का भुगतान करने के लिए तैयार है, उसके मामले को प्रधान को भेजा जा सकता है।

Q.125 इन मानदण्डों और नीचे दी गई जानकारी के आधार पर, इस मामले में क्या निर्णय लेना चाहिए। आपको कोई भी पूर्वानुमान नहीं लगाना है। यह मामला आपको यथास्थिति 1 अप्रैल, 2017 के अनुसार दिया गया है। सुलोचना पण्डित पिछले तीन सालों से कम्पनी में काम कर रही है। उसका कार्य-निष्पादन अच्छा है और उसने पिछले दो सालों से A+ रेटिंग हासिल कर ली है। उसके क्रमशः स्नातक और स्नातकोत्तर पाठ्यक्रम में 70 प्रतिशत अंक भी हैं। वह गणित में स्नातकोत्तर है। वह दो साल के लिए अनुबंध पर हस्ताक्षर करने के लिए तैयार है। उसकी जन्म तिथि हस्ताक्षर करने के लिए उपयुक्त नहीं है। उसकी जन्म तिथि 31.03.1988 है। उसने पीएचडी भी की है।

A. छात्रवृत्ति नहीं दी जा सकती है

B. मामला निदेशक को भेजा जाना चाहिए

C. मामला प्रधान या अध्यक्ष को भेजा जाना चाहिए

D. मामला प्रधान या अध्यक्ष को भेजा जाना चाहिए

Q.126 इन मानदण्डों और नीचे दी जानकारी के आधार पर, इस मामले में क्या निर्णय लेना चाहिए। आपको कोई भी पूर्वानुमान नहीं लगाना है। यह मामला आपको यथास्थिति 1 अप्रैल, 2017 के अनुसार दिया गया है। रवि की आयु 27 वर्ष है उसे कम्पनी के साथ 4 साल का कार्य अनुभव है। उसे स्नातक स्तर पर 80% अंक और स्नाकोत्तर में 75% अंक मिले हैं। कम्पनी में अपने काम के लिए उसे पिछले 3 वर्षों में A+ की रेटिंग मिली। वह 2 साल के लिए अनुबंध पर हस्ताक्षर करने के लिए तैयार है

A. मामला निदेशक को भेजा जाना चाहिए

B. छात्रवृत्ति दी जा सकती है

C. छात्रवृत्ति नहीं दी जा सकती है

D. मामला प्रधान या अध्यक्ष को भेजा जाना चाहिए

Q.127 इन मानदण्डों और नीचे दी गई जानकारी के आधार पर इस मामले में क्या निर्णय लेना चाहिए। आपको कोई भी पूर्वानुमान नहीं लगाना है। यह मामला आपको यथास्थिति 1 अप्रैल, 2017 के अनुसार दिया गया है। सुर्यानारायाणन मनोविज्ञान में स्नातकोत्तर है। उसके स्नातक में 72% अंक और स्नातकोत्तर स्तर की पढ़ाई में 78% अंक हैं। वह कम्पनी में दो वर्षों से अधिक समय से काम कर रहा है और पिछले दो सालों में उसके कार्य-निष्पादन की रेटिंग क्रमशः A+ और A है। वह अनुबंध पर हस्ताक्षर करने के लिए तैयार नहीं है, लेकिन यदि छोड़ने की आवश्यकता हुई तो 50,000 रुपये देने के लिए तैयार है। उसकी जन्म तिथि 14.08.1987 है।

A. छात्रवृत्ति दी जा सकती है

B. मामला निदेशक को भेजा जाना चाहिए

C. छात्रवृत्ति नहीं दी जा सकती

D. मामला प्रधान या अध्यक्ष को भेजा जाना चाहिए

Q.128 नीचे दिए गए प्रश्न में एक कथन के बाद दो तर्क I और II दिए गए हैं। आपको तय करना है कि इनमें से कौन-सा तर्क मजबूत है।

कथन: क्या भारत में जो नेता नहीं हैं, उन्हें Z-सुरक्षा दी जानी चाहिए।

तर्क:

I. हाँ, यदि आवश्यक हो।

II. नहीं, क्योंकि वह करदाता के पैसे की बर्बादी है।

A. न तो तर्क I मजबूत है और न ही तर्क II मजबूत है

B. केवल तर्क I मजबूत है

C. तर्क I और II दोनों मजबूत हैं

D. केवल तर्क II मजबूत है

Q.129 विनायाकन दक्षिण दिशा में 5 मीटर चलता है और फिर वह अपने बाएं मुड़कर 12 मीटर चलता है। इसके बाद वह फिर से दक्षिण दिशा की ओर मुड़ता है और 8 मीटर चलता है। फिर वह अपने दाएं मुड़ता है और 15 मीटर चलता है। अपने प्रारम्भिक बिन्दु के सन्दर्भ में विनायकन अब किस दिशा में हैं?

A. उत्तर-पूर्व **B.** दक्षिण

C. उत्तर **D.** दक्षिण-पश्चिम

Q.130 कमल ने एक तस्वीर में एक महिला का जिक्र करते हुए कहा, "उसकी बेटी का पिता मेरी माँ का दामाद है।" कमल उस महिला से किस प्रकार सम्बंधित है?

A. भाई **B.** पुत्र **C.** अंकल **D.** पिता

Q.131 दिए गए प्रश्न चित्र में कौन-सा उत्तर चित्र स्वरुप को पूरा करेगा?

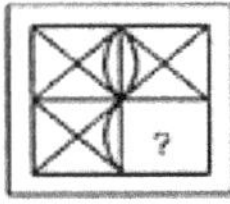

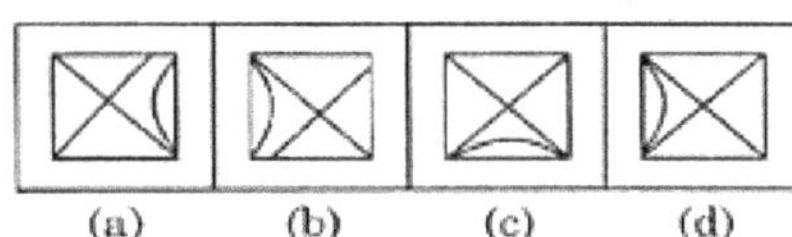

A. a **B.** b **C.** c **D.** d

Q.132 नीचे दिए गए प्रश्न में एक कथन के बाद दो पूर्वानुमान I और II शामिल हैं। आपको कथन और दो पूर्वानुमानों पर विचार करना है और तय करना है कि इनमें से कौन-सा पूर्वानुमान कथन में निहित है।

कथन: केंद्रीय सड़क परिवहन और राजमार्ग मंत्रालय ने सभी वाहन निर्माताओं के लिए, प्रत्येक वाहन के सम्बन्ध में जिसका वे अप्रैल , 2017 तक उत्पादन कर चुके हैं, उत्सर्जन और ध्वनि प्रदुषण विवरण प्रदान करना अनिवार्य कर दिया है ।

पूर्वानुमान

I. अप्रैल, 2017 से पहले, नियम अनिवार्य नहीं था।

II. भारत में वाहन (शोर) प्रदूषण से मुक्त नहीं हैं।

A. न तो पूर्वानुमान I न ही पूर्वानुमान II निहित है।

B. केवल पूर्वानुमान I निहित है

C. पूर्वानुमान I और पूर्वानुमान II दोनों निहित हैं

D. केवल पूर्वानुमान II निहित है

Q.133 अगर एक विशेष कूट भाषा में, LAFANGEY को 31615757 के रूप में लिखा जाता है, तो उसी कूट भाषा में SAILBOAT के लिए क्या कूट होगा?

A. 11586221 **B.** 11852612

C. 12589321 **D.** 11932612

Q.134 नीचे दिया गया प्रश्न दो कथनों I और II से मिलकर बना है। आपको यह तय करना है कि क्या कथनों में दी गयी जानकारी नीचे दिए गए प्रश्न का उत्तर देने के लिए पर्याप्त हैं। दोनों कथनों का अध्ययन कीजिये और सही विकल्प का चयन कीजिए।

N का ब्रदर-इन-ला कौन है?

I. N, B की माँ है और A के भाई से विवाहित है।

II. M और D, A के भाई हैं और L, D की पत्नी है।

A. केवल कथन II में दी गयी जानकारी प्रश्न का उत्तर देने के लिए पर्याप्त है, जबकि केवल कथन I में दी गयी जानकारी प्रश्न का उत्तर देने के लिए पर्याप्त नहीं है

B. केवल कथन I में दी गयी जानकारी प्रश्न का उत्तर देने के लिए पर्याप्त है, जबकि केवल कथन II में दी गयी जानकारी प्रश्न का उत्तर देने के लिए पर्याप्त नहीं है

C. कथन I और II में एक साथ दी गयी जानकारी प्रश्न का उत्तर देने के लिए पर्याप्त नहीं है

D. कथन I और II में एक साथ दी गयी जानकारी प्रश्न का उत्तर देने के लिए पर्याप्त नहीं है

Q.135 अक्षरों का कौन-सा समुच्चय दी गयी अक्षरों की शृंखला में अन्तरालों में अनुक्रमिक रूप से रखे जाने पर, इसे पूरा करेगा?

xy_zy_x_zz_x_yz_yx

A. zyxzyy **B.** yyxzzx **C.** zxyyxz **D.** zxyyxz

Q.136 यहाँ निम्नलिखित चित्र में कितने त्रिभुज है?

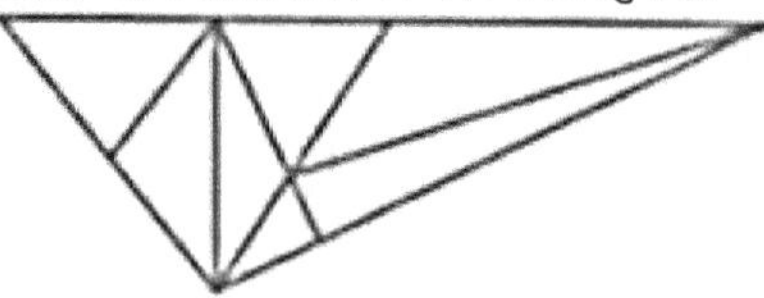

A. 10 **B.** 14 **C.** 15 **D.** 17

Q.137 नीचे दिए गए प्रश्न में उस विकल्प का चयन कीजिए जो प्रश्न चिह्न (?) के स्थान पर आयेगा।

BDCE : GIFU :: QSKI : ?

A. VWXY **B.** VXYW **C.** VXNY **D.** VYNX

Q.138 एक कागज़ के टुकड़े को नीचे दर्शाए गये अनुसार मोड़ा और काटा जाता है। उचित विकल्प का चयन कीजिये जो यह दर्शाए कि खोले जाने पर यह किस प्रकार दिखाई देगा।

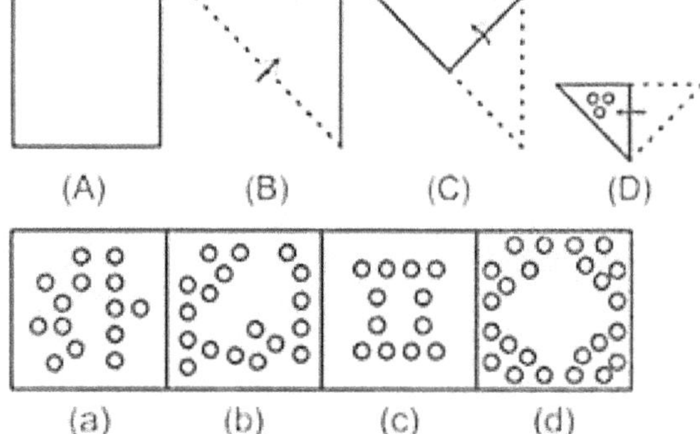

A. a **B.** b **C.** c **D.** d

Q.139 निम्नलिखित संख्या शृंखला में प्रश्न चिह्न (?) के स्थान पर कौन-सी संख्या आनी चाहिए?

6, 40, ?, 1812, 7240

A. 342 **B.** 304 **C.** 324 **D.** 384

Q.140 उस विकल्प का चयन कीजिए जो दिए गए विकल्पों से भिन्न है।

A. गाजर **B.** पत्तागोभी **C.** शलजम **D.** आलू

Q.141 निम्नलिखित जानकारी को पढ़िए और दिए गए प्रश्न का उत्तर दीजिए।

I. ग्यारह छात्राएँ अल्फा, बीटा, सिएटा, डेल्टा, एकता, फेल्टा, गिल्टा, हेमा, आयरिश, जूलियट और काईटा एक थियेटर की आखिरी पंक्ति में स्क्रीन के सम्मुख बैठी हैं।

II. डेल्टा, जो फेल्टा की निकटतम बाईं ओर है, सिएरा के दाईं ओर दूसरे स्थान पर है।

III. एकता जो कि एक सिरे पर है, अल्फा उसके दाईं ओर दूसरे स्थान पर है।

IV. जूलियट अल्फा और बीटा की निकटतम पड़ोसी है और गिल्टा की बाईं ओर तीसरे स्थान पर है।

V. हेमा, डेल्टा की निकटतम बाईं ओर है और आयरिश की दाईं ओर तीसरे स्थान पर है।
एकता और हेमा के ठीक बीच में कौन बैठी है?

A. आयरिश **B.** जूलियट **C.** अल्फा **D.** बीटा

Q.142 व्यक्तियों के एक समूह में S, T का भाई है, X, S की बहन है, B, H का भाई है और H, T का पुत्र है। B का अंकल कौन है?

A. T **B.** H **C.** S **D.** X

Q.143 नीचे दिए गए प्रश्न का उत्तर देने के लिए निम्नलिखित जानकारी को ध्यान से पढ़िए।
I. 'A + B' का अर्थ है 'A, B का पिता है'
II. 'A - B' का अर्थ है 'A, B की पत्नी है'
III. 'A × B' का अर्थ है 'A, B का भाई है'
IV. 'A ÷ B' का अर्थ है 'A, B की पुत्री है'
यदि P ÷ R + S + Q है, तो निम्नलिखित में से कौन-सा सत्य है?

A. P, Q की माता है। **B.** Q, P की आंटी है।
C. P, Q की पुत्री है। **D.** P, Q की आंटी है।

Q.144 नीचे दिए गए प्रश्न में एक कथन के बाद दो पूर्वानुमान I और II शामिल हैं। आपको कथन और दो पूर्वानुमानों पर विचार करना है और तय करना है कि इनमें से कौन-सा पूर्वानुमान कथन में निहित है।
कथन: केवल अंक पा लेना ही शिक्षा का एकमात्र लक्ष्य नहीं होना चाहिए।
पूर्वानुमान:
I. अंक रोजगार प्रदान नहीं करते हैं।
II. अंकों से हमें शैक्षिक संस्थानों में स्थान मिलते हैं।

A. केवल पूर्वानुमान I निहित है।
B. पूर्वानुमान I और पूर्वानुमान II दोनों निहित हैं।
C. न तो पूर्वानुमान I निहित है न ही पूर्वानुमान II निहित है।
D. केवल पूर्वानुमान II निहित है।

Q.145 नीचे दिया गया प्रश्न दो कथनों I और II से मिलकर बना है। आपको यह तय करना है कि क्या कथनों में दिए गए डेटा नीचे दिए गए प्रश्न का उत्तर देने के लिए पर्याप्त हैं। दोनों कथनों को पढ़िए और सही विकल्प का चयन कीजिए।
स्तम्भ Q के सन्दर्भ में स्तम्भ P किस दिशा में हैं?
I. स्तमभ P, स्तम्भ X के दक्षिण में है, जो स्तम्भ B के पूर्व में है। स्तम्भ Q स्तम्भ B के उत्तर में है।
II. स्तम्भ P स्तम्भ B के दक्षिण-पूर्व में है। स्तम्भ X स्तम्भ Q के दक्षिण पूर्व में है।

A. कथन I में दिया गया डेटा अकेले ही प्रश्न का उत्तर देने के लिए पर्याप्त है, जबकि कथन II में दिया गया डेटा अकेले प्रश्न का उत्तर देने के लिए पर्याप्त नहीं है
B. कथन I और II में दिए गए डेटा मिलकर प्रश्न का उत्तर देने के लिए पर्याप्त नहीं है
C. कथन II में दिया गया डेटा अकेले ही प्रश्न का उत्तर देने के लिए पर्याप्त है, जबकि कथन I में दिया गया डेटा अकेले प्रश्न का उत्तर देने के लिए पर्याप्त नहीं है
D. कथन I और II में दिए गए डेटा मिलकर प्रश्न का उत्तर देने के लिए पर्याप्त हैं

Q.146 दिए गए विकल्पों में से असंगत ज्ञात कीजिए।
320, 160, 120, 600, 2100, 9450

A. 600 **B.** 2100 **C.** 9450 **D.** 120

Q.147 निम्नलिखित दोनों कथनों को सही मानिए।
A. जब तक दारा क्रिकेट नहीं खेलता है, अमर क्रिकेट नहीं खेलेगा।
B. दारा केवल रविवार को क्रिकेट खेलता है। कल शनिवार होगा।
निम्न में से कौन-सा निष्कर्ष सही है?

A. दारा और अमर एक ही टीम में हैं।
B. दारा ने कल क्रिकेट खेला था।
C. दारा कल क्रिकेट खेलेगा।
D. दारा ने कल क्रिकेट नहीं खेला था।

Q.148 नीचे दिया गया प्रश्न दो कथनों I और II से मिलकर बना है। आपको यह तय करना है कि क्या कथनों में दिए गए डेटा नीचे दिए गए प्रश्न का उत्तर देने के लिए पर्याप्त हैं। दोनों कथनों को पढ़िए और सही विकल्प का चयन कीजिए।
कक्षा में कितने छात्र हैं?
I. टीना का स्थान नीचे से 19वाँ है और वो नीतू से चार स्थान ऊपर है।
II. अतुल का स्थान शीर्ष से 7वाँ है और वो तरुण से 8 स्थान ऊपर है, जिसका स्थान नीचे से 30वाँ है।

A. कथन I में दिया गया डेटा अकेले ही प्रश्न का उत्तर देने के लिए पर्याप्त, है, जबकि कथन II में दिया गया डेटा अकेले प्रश्न का उत्तर देने के लिए पर्याप्त नहीं है
B. कथन I और II में दिए गए डेटा मिलकर प्रश्न का उत्तर देने के लिए पर्याप्त हैं
C. कथन I और II में दिए गए डेटा मिलकर प्रश्न का उत्तर देने के लिए पर्याप्त नहीं हैं
D. कथन II में दिया गया डेटा अकेले ही प्रश्न का उत्तर देने के लिए पर्याप्त है, जबकि कथन I में दिया गया डेटा अकेले प्रश्न का उत्तर देने के लिए पर्याप्त नहीं है

Q.149 औसत ज्ञात कीजिए।
61, 67, 73, 79, 85 & 91

A. 76 **B.** 78 **C.** 80 **D.** 72

Q.150 एक खेल के मैदान में आनन्द, भास्करन, चिन्नी, डेविड और एडवर्ड उत्तर के सम्मुख हैं और नीचे लिखे अनुसार खड़े हैं।
I. भास्करन डेविड के दाईं ओर 40 मीटर की दूरी पर है।
II. आनन्द भास्करन के दक्षिण में 60 मीटर की दूरी पर है।
III. चिन्नी डेविड के पश्चिम में 25 मीटर की दूरी पर है।
IV. एडवर्ड आनन्द के उत्तर में 90 मीटर की दूरी पर है।
उस व्यक्ति के उत्तर-पूर्व में कौन है, जो भास्करन की बाईं ओर है?

A. आनन्द **B.** चिन्नी **C.** डेविड **D.** एडवर्ड

Q.151 नीचे दिए गए प्रश्न में एक कथन के बाद तीन तर्क I, II और III शामिल हैं। आपको तय करना है कि इनमें से कौन-सा तर्क सशक्त है।
कथन: धूम्रपान करने वाले और शराबियों की संख्या कम करने के लिए एक कदम के रूप में, पिछले चार-पाँच वर्षों से, सेंसर बोर्ड फिल्मों में धूम्रपान और शराब पीने से जुड़े दृश्यों को हटाने पर जोर दे रहा है।
तर्क:
I. व्यक्ति धूम्रपान करने और शराब पीने के लिए फिल्मों से प्रेरित होते हैं।
II. चार-पाँच वर्ष पहले, धूम्रपान करने और शराब पीने के लिए व्यक्ति फिल्मों से प्रभावित नहीं होते थे।
III. सेंसर बोर्ड की कुछ सामाजिक जिम्मेदारियाँ भी हैं।

A. केवल तर्क II सशक्त है
B. केवल तर्क I और III सशक्त है
C. केवल तर्क I सशक्त है
D. कोई सशक्त नहीं है

Q.152 निम्नलिखित प्रश्न में कुछ कथनों के बाद चार निष्कर्ष दिए गए हैं। आपको दिए गए कथनों को सत्य मानना होगा, भले ही, वे सामान्यत: ज्ञात तथ्यों से भिन्न हों। सभी निष्कर्षों को पढ़िए और तय कीजिए कौन-सा निष्कर्ष सामान्यत: ज्ञात तथ्यों की परवाह किए बिना तर्कसंगत रूप से कथनों का अनुसरण करता है।
कथन:
सभी वर्ग वृत्त हैं।
कुछ आयत वृत्त हैं।
कुछ त्रिभुज आयत हैं।
सभी त्रिभुज षट्भुज हैं।
निष्कर्ष:
I. कुछ त्रिभुज वृत्त हैं।
II. कुछ आयत षट्भुज हैं।
III. कुछ त्रिभुज आयत और वृत्त दोनों हैं।

IV. कुछ वर्ग षट्भुज हैं।

A. केवल निष्कर्ष I अनुसरण करता है

B. केवल निष्कर्ष I और III अनुसरण करते हैं

C. केवल निष्कर्ष II और III अनुसरण करते हैं।

D. केवल निष्कर्ष II अनुसरण करता है

Q.153 निम्नलिखित प्रश्न में, तीन निष्कर्षों के बाद कुछ कथन दिए गए हैं। आपको दिए गए कथनों को सत्य मानना है भले ही वे ज्ञात तथ्यों से अलग प्रतीत होते हों। सभी निष्कर्षों को पढ़िए और फिर निर्णय कीजिए कि कौन-सा निष्कर्ष ज्ञात तथ्यों को नजरंदाज करने पर कथनों का तार्किक रूप से अनुसरण करता है।

कथन:

सभी राजा रानियाँ हैं।
कुछ रानियाँ सैनिक हैं।
सभी सैनिक चोर हैं।

निष्कर्ष:

I. कुछ राजा चोर हैं।
II. कुछ चोर रानियाँ हैं।
III. सभी राजा चोर हैं।

A. केवल निष्कर्ष II अनुसरण करता है

B. केवल निष्कर्ष I अनुसरण करता है

C. सभी निष्कर्ष अनुसरण करते हैं

D. केवल निष्कर्ष III अनुसरण करता है

Q.154 दिए गए विकल्पों में से असंगत को ज्ञात कीजिए।

20, 29, 40, 52, 68, 85

A. 40 **B.** 85 **C.** 29 **D.** 52

Q.155 यदि A + B का अर्थ है 'A, B का भाई है'
A × B का अर्थ है 'A, B की माता है' और
A ÷ B का अर्थ है 'A, B की बहन है, तो निम्न में से किसका अर्थ है 'X, Y का अंकल है?'

A. X ÷ Y + A **B.** X × A + Y

C. X + A × Y **D.** X ÷ A + Y

Q.156 "यदि सुमी स्कूल जाती है, तो ही, उसकी कक्षा होगी। यदि सुमी जल्दी उठती है, तो वह स्कूल जाएगी" यदि यह एक सत्य कथन है तो निम्नलिखित निष्कर्षों में से कौन-सा सही है?

A. सुमी क्रिकेट खेलने गयी थी, मतलब वो जल्दी उठी थी।

B. सुमी की कक्षा नहीं थी, मतलब वो स्कूल नहीं गयी थी।

C. सुमी सोमवार को स्कूल गयी थी, मतलब वो जल्दी उठी थी।

D. सुमी की कक्षा नहीं थी, मतलब वो देर से उठी थी।

Q.157 उस विकल्प का चयन कीजिए जो दिए गए विकल्पों से भिन्न है।

A. मटर **B.** मूँगफली **C.** दालचीनी **D.** सेम

Q.158 यदि एक विशेष कूट भाषा में, TANJORE को WDQMRUH के रूप में लिखा जाता है तो उसी कूट भाषा में MADURAI के लिए कूट क्या होगा?

A. PDGXUDL **B.** PDGXVDL

C. PSXGUDL **D.** PDGYUDL

Q.159 निम्नलिखित प्रश्न में छ: आकृति दी गई हैं इन्हें Q, 1, 2, 3, 4 और 5 के रूप में संख्यांकित किया गया है। इन छ: आकृतियों की एक शृंखला बनानी चाहिए। कौन-सा चित्र (1, 2, 3 या 4 के रूप में संख्यांकित) शृंखला में उपयुक्त नहीं है?

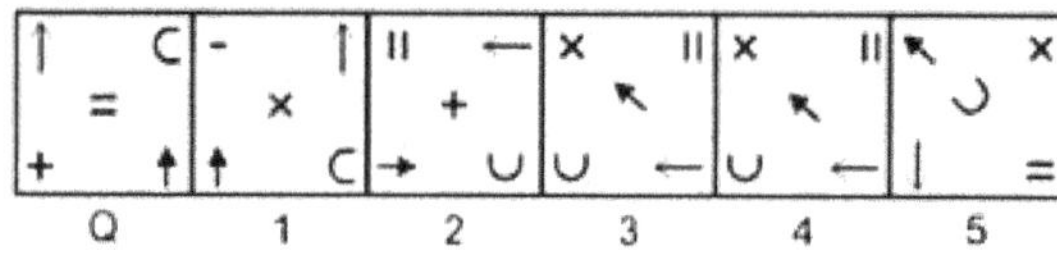

A. 2 **B.** 3 **C.** 1 **D.** 4

Q.160 यदि एक विशेष कूट भाषा में DEMOCRAT को FCOMEPCR के रूप में लिखा जाता है, तो उसी कूट भाषा में MONARCHY के लिए क्या कूट होगा?

A. QMPYTAJW **B.** OMPYUAJW

C. OMPZZTBJW **D.** OMPYTAJW

// स्मार्ट उत्तर पुस्तिका //

सही उत्तर उन छात्रों का प्रतिशत जिन्होंने प्रश्नों का सही उत्तर दिया था। **छोड़ दिया** उन छात्रों का प्रतिशत जिन्होंने प्रश्नों को छोड़ दिया था।

प्रश्न संख्या	उत्तर	सही उत्तर	छोड़ दिया
1	D	58.26 %	1.83 %
2	B	61.26 %	1.31 %
3	D	66.88 %	1.49 %
4	B	47.84 %	1.35 %
5	B	85.06 %	0.0 %
6	A	41.87 %	1.12 %
7	C	55.75 %	1.9 %
8	A	58.34 %	1.63 %
9	D	87.9 %	0.0 %
10	A	47.41 %	1.59 %
11	C	88.31 %	0.0 %
12	C	53.04 %	1.63 %
13	D	88.87 %	0.0 %
14	B	68.76 %	1.62 %
15	D	46.15 %	1.47 %
16	B	84.34 %	0.0 %
17	C	60.61 %	1.9 %
18	C	50.96 %	1.88 %
19	D	79.12 %	0.0 %
20	C	42.55 %	1.09 %
21	B	59.77 %	1.65 %
22	D	57.73 %	1.31 %
23	C	59.69 %	1.09 %
24	C	80.14 %	0.0 %
25	D	79.21 %	0.0 %
26	C	48.65 %	1.49 %
27	C	69.69 %	1.38 %
28	B	46.33 %	1.82 %
29	B	89.31 %	0.0 %
30	B	50.56 %	1.21 %
31	D	27.01 %	3.83 %
32	C	79.65 %	0.0 %
33	D	47.95 %	1.72 %
34	C	68.91 %	1.96 %
35	B	87.39 %	0.0 %
36	D	51.3 %	1.88 %
37	C	45.46 %	1.36 %
38	B	55.92 %	1.47 %
39	D	89.38 %	0.0 %
40	C	44.54 %	1.28 %
41	D	67.83 %	1.53 %
42	A	87.01 %	0.0 %
43	D	43.95 %	1.72 %
44	B	59.7 %	1.41 %
45	C	57.89 %	1.9 %
46	B	67.07 %	1.91 %
47	C	44.88 %	1.73 %
48	C	48.59 %	1.05 %
49	A	62.29 %	1.88 %
50	A	45.64 %	1.78 %
51	A	58.65 %	1.93 %
52	A	22.14 %	3.04 %
53	B	51.66 %	1.45 %
54	D	56.84 %	1.16 %
55	A	28.87 %	3.97 %
56	D	54.67 %	1.61 %
57	B	85.44 %	0.0 %
58	B	59.89 %	1.91 %
59	B	68.49 %	1.65 %
60	C	52.0 %	1.85 %
61	C	62.41 %	1.92 %
62	C	89.61 %	0.0 %
63	B	44.35 %	1.29 %
64	B	25.07 %	3.38 %
65	D	43.2 %	1.84 %
66	B	47.66 %	1.46 %
67	B	60.85 %	1.86 %
68	A	12.24 %	3.59 %
69	D	53.32 %	1.63 %
70	A	40.28 %	1.77 %
71	A	16.86 %	3.95 %
72	D	32.46 %	4.21 %
73	A	23.33 %	3.89 %
74	A	45.52 %	1.86 %
75	A	30.74 %	3.35 %
76	A	85.72 %	0.0 %
77	A	68.86 %	1.47 %
78	B	32.56 %	4.08 %
79	D	15.06 %	3.88 %
80	A	87.7 %	0.0 %
81	D	21.86 %	3.51 %
82	D	41.67 %	1.76 %
83	D	80.51 %	0.0 %
84	C	66.64 %	1.04 %
85	C	62.92 %	1.25 %
86	C	51.42 %	1.76 %
87	C	50.19 %	1.75 %
88	B	81.45 %	0.0 %
89	C	55.4 %	1.46 %
90	D	83.54 %	0.0 %
91	C	44.21 %	1.18 %
92	D	66.53 %	1.85 %
93	A	40.83 %	1.18 %
94	C	40.6 %	1.94 %
95	A	67.81 %	1.8 %
96	B	42.2 %	1.07 %
97	B	65.17 %	1.41 %
98	A	78.24 %	0.0 %
99	D	85.26 %	0.0 %
100	A	82.64 %	0.0 %
101	D	20.06 %	3.7 %
102	D	59.25 %	1.33 %
103	D	83.61 %	0.0 %
104	C	76.14 %	0.0 %
105	B	78.52 %	0.0 %
106	D	45.35 %	1.46 %
107	C	55.11 %	1.53 %
108	C	82.35 %	0.0 %
109	D	80.78 %	0.0 %
110	A	76.47 %	0.0 %
111	C	89.29 %	0.0 %
112	A	88.47 %	0.0 %
113	A	65.11 %	1.62 %
114	B	60.44 %	1.49 %
115	B	87.0 %	0.0 %
116	B	48.96 %	1.62 %
117	C	41.06 %	1.64 %
118	D	56.17 %	1.6 %
119	A	68.31 %	1.31 %
120	C	69.66 %	1.04 %
121	C	88.26 %	0.0 %
122	B	13.82 %	3.9 %
123	B	28.5 %	3.2 %
124	A	24.63 %	4.99 %
125	B	27.85 %	3.03 %
126	B	10.71 %	4.52 %

प्रश्न संख्या	उत्तर	सही उत्तर	छोड़ दिया	प्रश्न संख्या	उत्तर	सही उत्तर	छोड़ दिया	प्रश्न संख्या	उत्तर	सही उत्तर	छोड़ दिया	प्रश्न संख्या	उत्तर	सही उत्तर	छोड़ दिया	प्रश्न संख्या	उत्तर	सही उत्तर	छोड़ दिया	प्रश्न संख्या	उत्तर	सही उत्तर	छोड़ दिया
127	D	20.78 %	4.65 %	133	D	42.34 %	1.4 %	139	B	20.54 %	4.29 %	145	A	17.48 %	4.08 %	151	B	62.13 %	1.59 %	157	C	78.49 %	0.0 %
128	B	46.87 %	1.46 %	134	C	30.66 %	4.01 %	140	B	88.44 %	0.0 %	146	D	17.83 %	4.88 %	152	D	59.56 %	1.45 %	158	A	59.89 %	1.92 %
129	D	85.76 %	0.0 %	135	C	43.82 %	1.02 %	141	D	12.65 %	4.6 %	147	D	42.0 %	1.69 %	153	A	48.04 %	1.22 %	159	C	69.47 %	1.75 %
130	A	40.49 %	1.15 %	136	C	27.04 %	3.79 %	142	C	82.74 %	0.0 %	148	C	14.4 %	4.6 %	154	D	40.85 %	1.53 %	160	D	40.41 %	1.84 %
131	B	77.21 %	0.0 %	137	C	63.83 %	1.75 %	143	D	52.39 %	1.56 %	149	A	80.22 %	0.0 %	155	C	45.89 %	1.58 %				
132	B	28.23 %	3.88 %	138	D	84.76 %	0.0 %	144	D	20.94 %	4.79 %	150	D	55.27 %	1.02 %	156	C	40.01 %	2.0 %				

// संकेत और समाधान //

1. दिए गए विकल्पों में सही उत्तर अंबुद है।
'बादल' शब्द के समानार्थी शब्द 'मेघ, घन, जलधर, जलद, वारिद, नीरद, पयोद, अंबुद, धराधार, पयोधर, वारीधर, वारिवाह' आदि हैं।
अतः विकल्प (D) सही है।

2. वर्ष 1982 में महादेवी वर्मा को हिंदी साहित्य के क्षेत्र में उनके योगदान हेतु ज्ञानपीठ पुरस्कार मिला है। भारत का कोई भी नागरिक जो आठवीं अनुसूची में बताई गई 22 भाषाओं में से किसी भाषा में लिखता हो इस पुरस्कार के योग्य है। पुरस्कार में ग्यारह लाख रुपये की धनराशि, प्रशस्तिपत्र और वाग्देवी की कांस्य प्रतिमा दी जाती है।
अतः विकल्प (B) सही है।

3. उपरोक्त विकल्पों में शशि शब्द पुल्लिंग है। शशि का अर्थ चाँद अथवा चन्द्रमा होता है।
अतः विकल्प (D) सही है।

4. दिए गए विकल्पों में सही उत्तर हाथों के तोते उड़ना होगा। 'हाथों के तोते उड़ना' मुहावरे अर्थ है अचानक घबरा जाना।
वाक्य प्रयोग- परीक्षा में कठिन परीक्षा पत्र देखकर मेरे हाथों के तोते उड़ गए।
अतः विकल्प (B) सही है।

5. 'मैंने मेरे को सुधार लिया है।' वाक्य में सर्वनाम की अशुद्धि है। शुद्ध वाक्य होगा: मैंने अपने आप को सुधार लिया है।
अतः विकल्प (B) सही है।

6. लोकोक्ति अपने आप में पूरा वाक्य होता है, जबकि मुहावरा वाक्यांश होता है।
अतः विकल्प (A) सही है।

7. 'कंगाली में आटा गीला' प्रस्तुत लोकोक्ति का अर्थ है- मुसीबत में और मुसीबत आना।
अतः विकल्प (C) सही है।

8. दिए गए विकल्पों में सही उत्तर शब्द विचार होगा। व्याकरण का वह विभाग, जिसमें शब्दों के भेद, रूप, बनावट आदि का वर्णन होता है, वह शब्द विचार कहलाता है।
अतः विकल्प (A) सही है।

9. पढ़ाई भाववाचक संज्ञा नहीं है। जो शब्द पदार्थों की अवस्था, गुण, दोष, धर्म, दशा, स्वभाव आदि का बोध कराते हैं उन्हें भाववाचक संज्ञा कहते हैं।
उदाहरण- बुढ़ापा, मिठास, बचपन, चढाई, थकावट, मोटापा आदि।
अतः विकल्प (D) सही है।

10. 'चाँदनी' का समानार्थी 'बिजली' नहीं है। 'चाँदनी' के समानार्थी हैं- चमक, रोशनी, चन्द्रिका, कौमुदी, ज्योत्स्ना, चन्द्रमरीचि, उजियारी आदि।
अतः विकल्प (A) सही है।

11. दिए गए विकल्पों में शुद्ध शब्द 'त्योहार' है।
अतः विकल्प (C) सही है।

12. उपर्युक्त गद्यांश का मूल तथ्य 'भाषा का विवाद एक गम्भीर समस्या है' होगा।
अतः विकल्प (C) सही है।

13. भाषा के प्रश्न को हल करने के लिए विवेक, धैर्य और सहानुभूति जैसे गुणों की आवश्यकता है।
अतः विकल्प (D) सही है।

14. इस गद्यांश का शीर्षक 'भाषा विवाद और राष्ट्रीय एकता' होगा।
अतः विकल्प (B) सही है।

15. उपरोक्त विकल्पों में लक्षण अलंकार का भेद नहीं है। अन्य तीनों विकल्प अलंकार के भेद हैं।
अतः विकल्प (D) सही है।

16. 'कनक कनक ते सौ गुनी मादकता अधिकाय। ये खाए बौरात हैं बे पाए बौराय।' यहाँ यमक अलंकार का प्रयोग हुआ है।
अतः विकल्प (B) सही है।

17. 'यह कहानी रोचक है।' यह सार्वनामिक विशेषण का भेद है। ऐसे सर्वनाम शब्द जो संज्ञा से पहले लगकर उस संज्ञा शब्द की विशेषण की तरह विशेषता बताते हैं, वे शब्द सार्वनामिक विशेषण कहलाते हैं।
अतः विकल्प (C) सही है।

18. पाश्चात्य शब्द गुणवाचक विशेषण का उदाहरण नहीं है। वैसे शब्द जो किसी व्यक्ति या वस्तु के गुण, दोष, रंग, आकार, अवस्था, स्थिति, स्वभाव, दशा, दिशा, स्पर्श, गंध, स्वाद आदि का बोध कराए, 'गुणवाचक विशेषण' कहलाते हैं।
अतः विकल्प (C) सही है।

19. 'बहू' का बहुवचन बहुएँ होगा। शब्द के जिस रूप से किसी व्यक्ति, वस्तु आदि के अनेक होने का ज्ञान हो, उसे बहुवचन कहते हैं।
अतः विकल्प (D) सही है।

20. कादम्बरी बाणभट्ट की रचना है। बाणभट्ट के दो प्रमुख ग्रंथ हैं: हर्षचरितम् तथा कादम्बरी। हर्षचरितम् , राजा हर्षवर्धन का जीवन-चरित्र था और कादंबरी दुनिया का पहला उपन्यास था।
अतः विकल्प (C) सही है।

21. 'साकार' का विपरीतार्थक शब्द 'निराकार' होगा।
अतः विकल्प (B) सही है।

22. भाषा लिखने के लिए प्रयुक्त चिह्नों के व्यवस्थित रूप को लिपि कहते हैं।
अतः विकल्प (D) सही है।

23. नाव का समानार्थी शब्द 'तरुणी' नहीं है।
नाव के समानार्थी शब्द होंगे- नौका, तरिणी, जलयान, जलपात्र, तरी, डोंगी, तरी आदि।
अतः विकल्प (C) सही है।

24. दिए गए विकल्पों में सही उत्तर विस्तार है। पूर्ण वाक्य होगा- 'प्रश्न-पत्र में कुछ प्रश्नों के उत्तर संक्षिप्त लिखने होते हैं तो कुछ विस्तार से।'
अतः विकल्प (C) सही है।

25. हिन्दी भारत की राजभाषा है। भारत में 'हिन्दी' बहुत पहले सम्पर्क भाषा के रूप में रही है क्योंकि हिन्दी की सार्वदेशिकता सम्पूर्ण भारत के सामाजिक स्वरूप का प्रतिफल है।
अतः विकल्प (D) सही है।

26. दिए गए विकल्पों में सही उत्तर अपेक्षा, उपेक्षा है। पूर्ण वाक्य होगा - हम जिनसे कुछ अपेक्षा रखते हैं, वह हमारी उपेक्षा करते हैं।
अतः विकल्प (C) सही है।

27. दिए गए विकल्पों में सही उत्तर उपसर्ग, प्रत्यय है। पूर्ण वाक्य होगा- उपसर्ग और प्रत्यय दोनों शब्दांश हैं, जिन्हें मूल शब्दों में जोड़कर नए शब्दों का निर्माण किया जाता है।
अतः विकल्प (C) सही है।

28. जहाँ एक शब्द अनेक अर्थों में प्रयुक्त होता है, वहाँ श्लेष अलंकार होता है।
जब किसी शब्द का प्रयोग एक बार ही किया जाता है पर उसके एक से अधिक अर्थ निकलते हैं तब श्लेष अलंकार होता है।
अतः विकल्प (B) सही है।

29. दिए गए विकल्पों में सही उत्तर कहर है। पूर्ण वाक्य होगा - इंडोनेशिया में एक बार फिर ज्वालामुखी ने कहर बरपाया है।
अतः विकल्प (B) सही है।

30. क्रिया के जिस रूप में वर्तमान में क्रिया के होने का संदेह हो, क्रिया का वह सन्दर्भ संदिग्ध वर्तमान कहलाता है।
अतः विकल्प (B) सही है।

31. जिस कृति के लिए कवि नागार्जुन को साहित्य अकादमी पुरस्कार मिला, वह मैथिली भाषा में रचित है।
परंपरागत प्राचीन पद्धति से संस्कृत की शिक्षा प्राप्त करने वाले बाबा नागार्जुन हिन्दी, मैथिली, संस्कृत तथा बांग्ला में कविताएँ लिखते थे। मैथिली भाषा में लिखे गए आपके काव्य संग्रह 'पत्रहीन नग्न गाछ' के लिए आपको साहित्य अकादमी पुरस्कार से सम्मानित किया गया।
अतः विकल्प (D) सही है।

32. 'एकाकिनी' शब्द का विपरीत लिंग 'एकाकी' होगा।
अतः विकल्प (C) सही है।

33. दिए गए विकल्पों में सही उत्तर देश के लिए भक्ति, सम्प्रदान तत्पुरुष होगा। पूर्ण वाक्य होगा- देशभक्ति का समास विग्रह है 'देश के लिए भक्ति' और समास विग्रह का भेद है सम्प्रदान तत्पुरुष।
अतः विकल्प (D) सही है।

34. पद्मावत महाकाव्य अवधी भाषा में लिखा है।
पद्मावत हिन्दी साहित्य के अन्तर्गत सूफी परम्परा का प्रसिद्ध महाकाव्य है। इसके रचनाकार मलिक मोहम्मद जायसी हैं। दोहा और चौपाई छन्द में लिखे गए इस महाकाव्य की भाषा अवधी है। यह हिन्दी की अवधी बोली में है और

चौपाई, दोहों में लिखी गई है।
अतः विकल्प (C) सही है।

35. शब्द 'पंक्ति' का बहुवचन 'पंक्तियाँ' होगा।
शब्द के जिस रूप से किसी व्यक्ति, वस्तु आदि के अनेक होने का ज्ञान हो, उसे बहुवचन कहते हैं।
अतः विकल्प (B) सही है।

36. 'जबरदस्ती चिपका हुआ' इसके अर्थ को दर्शाता सही मुहावरा दिए हुए विकल्पों में से गले पड़ना है।
वाक्य प्रयोग- मैंने उसे एक बार पैसे उधार क्या दे दिए, वह तो गले ही पड़ गया।
अतः विकल्प (D) सही है।

37. दिए गए विकल्पों में शुद्ध वाक्य है- हम, तुम और वह बाजार जाएँगे।
अतः विकल्प (C) सही है।

38. 'यह देखिए, अरविन्द से शिशु वृन्द कैसे सो रहे' प्रस्तुत वाक्य में लुप्तोपमा अलंकार है।
जिसमे उपमा के चारों अगों में से यदि एक या दो का या फिर तीन का न होना पाया जाए वहाँ पर लुप्तोपमा अलंकार होता है।
अतः विकल्प (B) सही है।

39. दिए गए विकल्पों में शुद्ध वाक्य है- 'मैं आपमे श्रद्धा रखती हूँ।'
अतः विकल्प (D) सही है।

40. दिए गए शब्दों में से नित्य एकवचन में प्रयोग होने वाला हस्ताक्षर शब्द नहीं है।
शब्द के जिस रूप से किसी व्यक्ति, वस्तु आदि के एक होने का ज्ञान हो, उसे एकवचन कहते हैं।
अतः विकल्प (C) सही है।

41. भरतपुर राष्ट्रीय उद्यान केवलादेव राष्ट्रीय उद्यान का पूर्व नाम है। यह राजस्थान के भरतपुर में स्थित है। पूर्व में भरतपुर पक्षी अभयारण्य के रूप में जाना जाने वाला केवलादेव राष्ट्रीय उद्यान विश्व के सबसे महत्वपूर्ण पक्षी प्रजनन और चारागाहों में से एक माना जाता है।
अतः विकल्प (D) सही है।

42. आयकर अधिनियम के तहत, ऐसी कंपनी के लिए जिसका कोई अंतरराष्ट्रीय लेनदेन नहीं है, 31 जुलाई रिटर्न जमा करने की नियत तारीख थी। इस तरह की नियत तारीख के बाद रिटर्न दाखिल करने वाले करदाताओं को 234A के तहत ब्याज और 234F के तहत जुर्माना देना होगा।
अतः विकल्प (A) सही है।

43. अविश्वास प्रस्ताव एक संसदीय प्रस्ताव है जिसे लोकसभा में पूरी मंत्री परिषद (लोकसभा के सदस्यों) के खिलाफ लाया जाता है, जिसमें कहा गया है कि उन्हें कुछ मामलों में उनकी अपर्याप्तता या अपने दायित्वों को पूरा करने में उनकी विफलता के कारण जिम्मेदारी के पदों पर रखने के लिए फिट नहीं माना जाता है। अविश्वास प्रस्ताव पारित किया जा सकता है, जब न्यूनतम 50 सदस्य, सदन में प्रस्ताव का समर्थन करते हैं।
अतः विकल्प (D) सही है।

44. जनहित याचिका के संबंध में सही कथन P है। आमतौर पर, जनहित याचिका महत्वपूर्ण सार्वजनिक महत्व के किसी भी विषय पर दायर की जा सकती है, जैसे:
बंधुआ मजदूरी के मामले, उपेक्षित बच्चे, दंगा पीड़ितों की याचिकाएँ, अन्य व्यक्तियों द्वारा या पुलिस द्वारा अनुसूचित जाति, अनुसूचित जनजाति और अन्य पिछड़ा वर्ग के व्यक्तियों के उत्पीड़न या यातना की शिकायत करने के लिए याचिकाएं और याचिकाकर्ता पर्यावरण प्रदूषण, पारिस्थितिक संतुलन, वन और वन्य जीवन की गड़बड़ी से संबंधित है।
अतः विकल्प (B) सही है।

45. जिस दिशा में वे संविधान में सूचीबद्ध हैं, उस दिशा में निर्देशक सिद्धांतों का सही क्रम P Q R है। संविधान राज्य के नीति के कुछ विशिष्ट निर्देशक सिद्धांतों का पालन करता है, जो हालांकि न्यायसंगत नहीं हैं, पर 'देश के प्रशासन में मौलिक' हैं, और कानून बनाने में इन सिद्धांतों को लागू करना राज्य का कर्तव्य है। ये बताते हैं कि राज्य लोगों के कल्याण को बढ़ावा देने और उनकी रक्षा करने का प्रयास करेगा क्योंकि यह एक सामाजिक व्यवस्था है, जिसमें राष्ट्रीय जीवन के सभी संस्थानों में न्याय-सामाजिक, आर्थिक और राजनीतिक रूप से प्रभावी होगा।
अतः विकल्प (C) सही है।

46. भारत सरकार अधिनियम, 1858 ब्रिटिश ईस्ट इंडिया कंपनी के परिसमापन और ब्रिटिश क्राउन के प्रति इसके कार्यों के हस्तांतरण के लिए लाया गया था। 2 अगस्त 1858 को भारत सरकार अधिनियम, 1885 पारित किया गया था, यह यूनाइटेड किंगडम की संसद का एक अधिनियम था। इस अधिनियम ने पिट्स इंडिया अधिनियम की दोहरी सरकार को समाप्त कर दिया, चूक के सिद्धांत को समाप्त कर दिया और ईस्ट इंडिया कंपनी को भी समाप्त कर दिया।
अतः विकल्प (B) सही है।

47. फखरुद्दीन अली अहमद उस समय भारत के राष्ट्रपति थे जब संविधान का 42वां संशोधन पारित किया गया था। सरकार द्वारा गठित स्वर्ण सिंह समिति की सिफारिशों पर नागरिकों के मौलिक कर्तव्यों को 1976 में 42वें संशोधन द्वारा संविधान में जोड़ा गया था।
अतः विकल्प (C) सही है।

48. वेनेजुएला के पोरलामर में गुटनिरपेक्ष आंदोलन का 17वां शिखर सम्मेलन आयोजित किया गया। भारत गुट निरपेक्ष आंदोलन के संस्थापक सदस्यों में से एक है और भारत ने 1983 में नई दिल्ली में 7वें एनएएम शिखर सम्मेलन की मेजबानी की।
अतः विकल्प (C) सही है।

49. प्रमाणीकरण में एक इकाई द्वारा दावा किए गए डेटा की अखंडता को सत्यापित करने का कार्य होता है। कुछ प्रमुख प्रमाणीकरण कारक हैं: ज्ञान कारक, स्वामित्व कारक और अंतर्निहित कारक।
अतः विकल्प (A) सही है।

50. भारतीय कृषि अनुसंधान परिषद् (आईसीएआर) एक क्रेडिट रेटिंग एजेंसी (सीआरए) नहीं है। एक क्रेडिट रेटिंग एजेंसी (सीआरए) क्रेडिट रेटिंग का मूल्यांकन और प्रदान करती है जो एक देनदार की ऋण का भुगतान करने की क्षमता को रेटिंग देती है।
अतः विकल्प (A) सही है।

51. मत्स्य-पालन सेक्टर के समग्र विकास और प्रबंधन को सक्षम करने के लिए, मिशन फ़िंगरलिंग नामक एक कार्यक्रम शुरू किया गया है। मत्स्य-पालन सेक्टर में क्षमता और संभावनाओं को पहचानते हुए, भारत सरकार ने एकीकृत दृष्टिकोण के माध्यम से देश की अव्यक्त क्षमता को खोलने करने के लिए 'ब्लू रेवोल्यूशन' नामक एक कार्यक्रम की परिकल्पना की है।
अतः विकल्प (A) सही है।

52. सी.ए. भवानी देवी ने 2017 में हाल ही में आइसलैंड में आयोजित अंतर्राष्ट्रीय तलवारबाजी प्रतियोगिता में सेबर एकल में स्वर्ण पदक जीता। सी. ए. भवानी देवी एक भारतीय सेबर (फ़ेंसर) हैं, उनका जन्म तमिलनाडु के चेन्नई में हुआ था। वह गोस्पोर्टस् फाउंडेशन द्वारा समर्थित है।
अतः विकल्प (A) सही है।

53. विशेष आर्थिक क्षेत्र (SEZ) से संबंधित दिए गए सभी कथन सत्य हैं। निर्यात को बढ़ावा देने में निर्यात प्रसंस्करण क्षेत्र (EPZ) मॉडल की प्रभावशीलता को पहचानने वाला भारत, एशिया में पहला था, 1965 में कांडला में एशिया का पहला EPZ स्थापित किया गया था।
एसईजोड वाणिज्य और उद्योग मंत्रालय, वाणिज्य विभाग के अंतर्गत आता है और वाणिज्य और उद्योग विभाग, वाणिज्य विभाग के वर्तमान मंत्री पीयूष गोयल है।
अतः विकल्प (B) सही है।

54. एच. जे. कनिया भारत के प्रथम मुख्य न्यायाधीश थे। एच. जे. कानिया ने 1950 से 1951 तक भारत के प्रथम मुख्य न्यायाधीश के रूप में कार्य किया। वर्ष 1951 में कार्यालय में सेवा करते हुए उनकी मृत्यु हो गई।
अतः विकल्प (D) सही है।

55. केंद्रीय सतर्कता आयोग की स्थापना सरकार ने सतर्कता के क्षेत्र में केंद्र सरकार की एजेंसियों को सलाह देने और मार्गदर्शन करने के लिए श्री के. संथानम की अध्यक्षता में भ्रष्टाचार निरोधक समिति की सिफारिशों पर फरवरी 1964 में की थी।
अतः विकल्प (A) सही है।

56. दिया गया कथन केशवानन्द भारती बनाम केरल राज्य से संबंधित है। केशवानन्द भारती के फैसले ने संविधान के मूल सिद्धांत की संरचना को पेश किया, यह भारत के सर्वोच्च न्यायालय द्वारा लिया गया एक ऐतिहासिक निर्णय था।
अतः विकल्प (D) सही है।

57. उत्तर प्रदेश में सबसे अधिक सिंचित क्षेत्र है। गंगा नदी राज्य की सिंचाई प्रणाली की रीढ़ है। गंगा नहर को अंग्रेजों ने उन्नीसवीं सदी में विकसित किया

था। प्रमुख सिंचाई परियोजनाएँ लखवार व्यासी, पूर्वी गंगा नहर, ऊपरी गंगा नहर, मौधा बाँध, सरदा सहायक, सरयूकनाल और उर्मिल बाँध हैं।
अतः विकल्प (B) सही है।

58. बटुकेश्वर दत्त के खिलाफ केंद्रीय विधान सभा बम मामला (1929) दायर किया गया था। 8 अप्रैल 1929 को भगत सिंह और बटुकेश्वर दत्त ने दिल्ली स्थित केंद्रीय विधान सभा में बम फेंके। उन्होंने केंद्रीय विधान सभा हॉल में आगंतुक गैलरी से 'इंकलाब जिंदाबाद' के नारे लगाने शुरू कर दिए। उनका मुख्य उद्देश्य लोगों को घायल करने के बजाय 'बधिर अंग्रेजों को सुनाना' था।
अतः विकल्प (B) सही है।

59. लोकसभा में कुल 2 सीटें हैं जो आंग्ल-भारतीय समुदाय के लिए आरक्षित हैं। लोकसभा में 543 संसदीय क्षेत्र हैं और वर्तमान में, सदन की शक्ति 545 है। सदन की अधिकतम शक्ति 552 सदस्य हैं - जिनमें राज्यों का प्रतिनिधित्व करने के लिए 530 सदस्य, केंद्र शासित प्रदेशों का प्रतिनिधित्व करने के लिए 20 सदस्य और आंग्ल-भारतीय समुदाय से 2 सदस्य राष्ट्रपति द्वारा मनोनीत किए जाते हैं।
अतः विकल्प (B) सही है।

60. केवल Q सही है।
राष्ट्रपति पद के लिए उम्मीदवार को 50 निर्वाचकों द्वारा प्रस्तावकों के रूप में तथा 50 निर्वाचकों द्वारा अनुमोदकों के रूप में समर्थित होना चाहिए। भारत के संविधान के अनुच्छेद 55(3) के अनुसार, राष्ट्रपति का चुनाव एकल हस्तांतरणीय मत के माध्यम से आनुपातिक प्रतिनिधित्व की प्रणाली के अनुसार होगा और इस तरह के चुनाव में मतदान गुप्त मतदान द्वारा होगा।
अतः विकल्प (C) सही है।

61. केंद्र और राज्य के बीच प्रशासनिक संबंधों के बारे में दोनों कथन गलत हैं।
अनुच्छेद 256: प्रत्येक राज्य की कार्यपालिका शक्ति का इस प्रकार प्रयोग किया जाएगा जिससे संसद द्वारा बनाई गई विधियों का और ऐसी विद्यमान विधियों का, जो उस राज्य में लागू हैं, अनुपालन सुनिश्चित रहे और संघ की कार्यपालिका शक्ति का विस्तार किसी राज्य को ऐसे निदेश देने तक होगा जो भारत सरकार को उस प्रयोजन के लिए आवश्यक प्रतीत हों।
अनुच्छेद 257 (1): प्रत्येक राज्य की कार्यपालिका शक्ति का प्रयोग इस प्रकार से किया जाएगा कि वह केन्द्र की कार्यकारी शक्ति के प्रयोग में किसी भी प्रकार की बाधा उत्पन्न न करें, हालांकि केन्द्र को इस प्रयोजन हेतु राज्यों को आवश्यक निर्देश देने का अधिकार होगा।
अतः विकल्प (C) सही है।

62. मध्य प्रदेश में बाघ रक्षित स्थान (टाइगर रिजर्व) की संख्या सबसे अधिक है। मध्य प्रदेश को 'टाइगर स्टेट' के रूप में भी जाना जाता है, राज्य के भीतर 6 टाइगर रिजर्व हैं। मध्य प्रदेश के छह टाइगर रिजर्व हैं: कान्हा टाइगर रिजर्व, पेंच टाइगर रिजर्व, पन्ना टाइगर रिजर्व, बांधवगढ़ टाइगर रिजर्व, सतपुड़ा टाइगर रिजर्व, और संजय टाइगर रिजर्व।
अतः विकल्प (C) सही है।

63. भारतीय दंड संहिता की धारा 304B के तहत "दहेज हत्या" के लिए जिम्मेदार व्यक्ति के लिए न्यूनतम 7 वर्ष की सजा का प्रावधान है।
अतः विकल्प (B) सही है।

64. इसकी घोषणा के 1 महीने के भीतर राष्ट्रपति शासन को संसद द्वारा अनुमोदित किया जाना चाहिए। भारत में, राष्ट्रपति शासन राज्य सरकार का निलंबन है और केंद्र सरकार राज्य का प्रत्यक्ष नियंत्रण लेती है। राष्ट्रपति शासन की अवधि के दौरान, राज्य का राज्यपाल इसका संवैधानिक प्रमुख बन जाता है।
अतः विकल्प (B) सही है।

65. लुई माउण्टबेटन और सी. राजगोपालाचारी दो व्यक्ति हैं जिन्होंने 1947 से 1950 तक किंग जॉर्ज- VI के प्रतिनिधि के रूप में भारत के गवर्नर-जनरल की भूमिका निभाई। लुई माउण्टबेटन भारत के अंतिम वायसराय थे जिन्होंने भारत और पाकिस्तान के स्वतंत्र राज्यों के निर्माण की देखरेख की थी। मार्च 1947 में लुई माउण्टबेटन को भारत का वायसराय नियुक्त किया गया, वे जून 1948 तक भारत के पहले गवर्नर-जनरल थे। स्वतंत्रता के बाद, चक्रवर्ती राजगोपालाचारी भारत के अंतिम और एकमात्र भारतीय गवर्नर-जनरल बने जब तक कि भारत 1950 में एक गणतंत्र देश नहीं बन गया।
अतः विकल्प (D) सही है।

66. केरल के उष्णकटिबंधीय वन क्षेत्र के एक बड़े हिस्से पर प्रतिकूल प्रभाव पड़ने जा रहा था। साइलेंट वैली नेशनल पार्क एक राष्ट्रीय उद्यान है जो केरेला की नीलगिरि पहाड़ियों में स्थित है। 1978 में, भारत के माननीय प्रधानमंत्री ने इस शर्त के साथ परियोजना को मंजूरी दी कि राज्य सरकार आवश्यक सुरक्षा उपायों को सुनिश्चित करने के लिए कानून बनाएगी। 1980 में, भारत की तत्कालीन माननीय प्रधानमंत्री श्रीमती इंदिरा गांधी ने केरल सरकार से परियोजना क्षेत्र में सभी पहलुओं पर पूरी तरह से चर्चा करने तक आगे के कामों को रोकने का अनुरोध किया था।
अतः विकल्प (B) सही है।

67. काइरोप्रैक्टिक चिकित्सा पद्धति को मस्कुलोस्केलेटल सिस्टम, विशेष रूप से रीढ़ के यांत्रिक विकारों का निदान और उपचार कहा जाता है। कायरोप्रैक्टिक एक लाइसेंस प्राप्त स्वास्थ्य देखभाल पेशा है, एक हाड वैद्य रीढ़ या शरीर के अन्य भागों में समायोजन करता है।
अतः विकल्प (B) सही है।

68. स्वच्छ धन अभियान को उन आयकर मामलों की जांच और छानबीन के लिए शुरु किया गया है, जहां भारी मात्रा में राशि या संदिग्ध राशि, जो विमुद्रीकरण के बाद जमा की जा रही थी जमाकर्ताओं के लेनदेन के इतिहास के अनुरूप नहीं है।
8 नवंबर, 2016 को 500 रुपये और 1000 रुपये के नोटों का विमुद्रीकरण के बाद, सीबीडीटी ने एक विशेष ऑपरेशन या एक छानबीन शुरू किया है, जिसे स्वच्छ धन अभियान (ओसीएम) के रूप में जाना जाता है, जो कि बेहिसाब/काले धन के सफेद धन में रूपांतरण के संबंध में भ्रष्टाचार की जांच करने और उन पर अंकुश लगाने के लिए है।
अतः विकल्प (A) सही है।

69. सूचना का अधिकार अधिनियम-2005 के तहत "सूचना अधिकार" में P, Q और R तीनों शामिल हैं।
सूचना का अधिकार अधिनियम 2005 सरकारी सूचना के लिए नागरिकों के अनुरोधों पर समय पर प्रतिक्रिया देता है। 2005 का आरटीआई अधिनियम नागरिकों के लिए निम्न सुविधाएं प्रदान करता है:

- कार्य, दस्तावेजों, अभिलेखों का निरीक्षण;
- नोट, उद्धरण, या दस्तावेजों या रिकॉर्ड की प्रमाणित प्रतियां लेना
- सामग्री के प्रमाणित नमूने लेना।
- डिस्केट, फ़्लॉपी, टेप, वीडियो कैसेट या किसी अन्य इलेक्ट्रॉनिक मोड में या प्रिंटआउट के माध्यम से जानकारी प्राप्त करना जहां ऐसी जानकारी कंप्यूटर या किसी अन्य डिवाइस में संग्रहीत होती है।
- सूचना के अधिकार कानून का मूल उद्देश्य नागरिकों को सशक्त बनाना, सरकार के काम में पारदर्शिता और जवाबदेही को बढ़ावा देना, भ्रष्टाचार को नियंत्रित करना और वास्तविक अर्थों में लोगों के लिए हमारे लोकतंत्र का काम करना है।
- 2005 के सूचना के अधिकार अधिनियम ने पूर्व की सूचना की स्वतंत्रता अधिनियम, 2002 की जगह ली।

अतः विकल्प (D) सही है।

70. डी-ब्रोगली ने कणों की तरंग प्रकृति की स्थापना की। लुई विक्टर डी ब्रोगली (1892 - 1987) फ्रांसीसी भौतिकशास्त्री जिन्होंने पदार्थ की तरंग प्रकृति के क्रांतिकारी विचार को सामने रखा। इस विचार को इरविन श्रोडिंगर ने क्वांटम यांत्रिकी के एक पूर्ण सिद्धांत में विकसित किया था जिसे आमतौर पर वेव मैकेनिक्स के रूप में जाना जाता है।
अतः विकल्प (A) सही है।

71. नयी उड़ान यूपीएससी, एसएससी, आदि द्वारा आयोजित पूर्व परीक्षा उत्तीर्ण करने वाले अल्पसंख्यक छात्रों को मुख्य परीक्षा की तैयारी में सहायता प्रदान करने की योजना का नाम है। इस योजना का उद्देश्य मेधावी अल्पसंख्यक छात्रों को वित्तीय सहायता प्रदान करना है, जो यूपीएससी, एसएससी और राज्य पीएससी, आदि द्वारा आयोजित प्रारंभिक परीक्षाओं को पास करते हैं।
अतः विकल्प (A) सही है।

72. पीटर बनेनसन एमनेस्टी इंटरनेशनल के संस्थापक हैं। एमनेस्टी इंटरनेशनल की स्थापना वर्ष 1961 में लंदन में पीटर बनेनसन द्वारा की गई थी, यह एक गैर सरकारी संगठन है जो मानव अधिकारों पर केंद्रित है। "अत्याचार के खिलाफ मानवीय गरिमा की रक्षा" के लिए इस संगठन को 1977 के नोबेल शांति पुरस्कार से सम्मानित किया गया था।
अतः विकल्प (D) सही है।

73. कामकाजी महिलाओं के लिए शी-बॉक्स ऑनलाइन शिकायत प्रबंधन प्रणाली है, जो कार्यस्थल पर यौन उत्पीड़न की शिकायतें दर्ज करने के लिए मेनका गांधी द्वारा नवंबर 2017 में शुरु किया गया था।
अतः विकल्प (A) सही है।
74. दिया गया यातायात प्रतीक आगे Y जंक्शन दर्शाता है।
अतः विकल्प (A) सही है।
75. कंट्रोल यूनिट एक तुल्यकालन संकेत उत्पन्न करती है। एलटीई में सेल की पहचान और फ्रेम टाइमिंग प्राप्त करने के लिए दो प्रकार के तुल्यकालन संकेत, प्राइमरी तुल्यकालन संकेत और सेकेंडरी तुल्यकालन संकेत मौजूद होते हैं। प्राइमरी तुल्यकालन संकेत एक आवृत्ति-डोमेन ज़डॉफ़-चू अनुक्रम पर आधारित होती है और सेकेंडरी तुल्यकालन संकेत अधिकतम लंबाई अनुक्रम (एम-सीक्वेंस) पर आधारित है।
अतः विकल्प (A) सही है।
76. लोकसभा में 543 संसदीय क्षेत्र हैं और वर्तमान में, सदन की शक्ति 545 है। लोकसभा प्रत्यक्ष चुनाव द्वारा वयस्क मताधिकार के आधार पर चुने गए लोगों के प्रतिनिधियों से बनती है। सदन की अधिकतम शक्ति 552 सदस्य हैं - जिनमें राज्यों का प्रतिनिधित्व करने के लिए 530 सदस्य, केंद्र शासित प्रदेशों का प्रतिनिधित्व करने के लिए 20 सदस्य और आंग्ल-भारतीय समुदाय से 2 सदस्य राष्ट्रपति द्वारा मनोनीत किए जाते हैं।
अतः विकल्प (A) सही है।
77. स्वतंत्रता के बाद से भारत में तीन बार आपातकाल की स्थिति घोषित की गई है।

- 26 अक्टूबर 1962 से 10 जनवरी 1968 के बीच भारत-चीन युद्ध के दौरान आपातकाल लागू किया गया था, यह वह समय था जब "भारत की सुरक्षा" को "बाहरी आक्रमण से खतरा" घोषित किया गया था।
- 3 से 17 दिसंबर 1971 के बीच भारत-पाकिस्तान युद्ध के दौरान दूसरे आपातकाल की घोषणा भी की गई थी, बाद में इसे 25 जून 1975 को प्रधानमंत्री इंदिरा गांधी द्वारा लगाए गए तीसरे उद्घोषण के साथ बढ़ाया गया था। यह 'आपातकाल' आंतरिक गड़बड़ी के कथित खतरे के कारण लगाया गया था।
- तीसरा आपातकाल नाटकीय रूप से समाप्त हो गया क्योंकि जैसे ही यह शुरू हुआ, इसके परिणामस्वरूप 1977 के लोकसभा चुनाव में कांग्रेस की हार हुई थी।

अतः विकल्प (A) सही है।
78. अटलांटिक महासागर अधिकतम निमग्न हुए द्वीपों से बना है। अटलांटिक महासागर का क्षेत्रफल लगभग 106,460,000 किमी^{2} है, यह पृथ्वी पर दूसरा सबसे बड़ा महासागर है। अटलांटिक महासागर पृथ्वी की सतह का लगभग 20 प्रतिशत आच्छादित करता है, और यह अमेरिका को यूरोप और अफ्रीका से अलग करता है।
अतः विकल्प (B) सही है।
79. गुरुग्राम में, भारतीय राष्ट्रीय विश्वविद्यालय विधेयक, 2015 ने रक्षा मंत्रालय के तहत राष्ट्रीय महत्व के एक विश्व स्तरीय पूरी तरह से स्वायत्त संस्थान की स्थापना का प्रस्ताव रखा।
अतः विकल्प (D) सही है।
80. कपिलवस्तु बुद्ध वंश के शाक्यों द्वारा शासित था। प्राचीन शहर कपिलवस्तु शाक्यों के कबीले की राजधानी थी। ऐसा माना जाता है कि कपिलवस्तु में राजा शुद्धोधन और रानी माया रहते थे।
अतः विकल्प (A) सही है।
81. माना काम को पूरा करने के लिए C को a दिन लगतें है।
⇒ अकेले B काम को पूरा कर सकता है = $\frac{a}{2}$ = 16 दिनों में
⇒ अकेले C काम को पूरा कर सकता है = 32 दिनों में
⇒ अकेले A काम को पूरा कर सकता है = 3a = 3 × 32 = 96 दिनों में
तो, उनके कार्य समय का ल.स.प. = ल.स.प. (96, 16 और 32) = 96
⇒ A, B और C, काम करते हैं = 1 इकाई प्रति दिन, 6 इकाई प्रति दिन और 3 इकाई प्रति दिन
⇒ A + B + C = 1 + 6 + 3 = 10 इकाई प्रतिदिन
⇒ B + C = 6 + 3 = 9 इकाई प्रतिदिन
⇒ पिछले 3 दिनों में किया गया कार्य = 3 × 3 = 9 इकाई
⇒ पिछले छः दिनों में किया गया कार्य = 9 + 9 × 3 = 36 इकाई
⇒ 6 दिनों के बाद शेष कार्य = 96 - 36 = 60 इकाई
⇒ 60 इकाई पूरा होगा = $\frac{60}{10}$ = 6 दिनों में
⇒ कुल दिन = 6 + 6 = 12 दिन
अतः विकल्प (D) सही है।
82. 9999 × 19 + 1111 × 111 + 777 × 7 = ?
⇒ (10000 - 1) × 19 + (1100 + 11) × 111 + (700 + 77) × 7 = ?
⇒ 190000 - 19 + 122100 + 1221 + 4900 + 539 = ?
∴ ? = 318741
अतः विकल्प (D) सही है।
83. कंपनी C में काम करने वाले पुरुष कर्मचारियों की संख्या = 2000 × $\frac{52}{100}$ = 1040
कंपनी B में कार्यरत महिला कर्मचारियों की संख्या = 1800 × $\frac{50}{100}$ = 900
∴ आवश्यक अंतर = 1040 - 900 = 140
अतः विकल्प (D) सही है।
84. कंपनी D में महिला कर्मचारियों की संख्या = 1400 × $\frac{40}{100}$ = 560
कंपनी A में पुरुष कर्मचारियों की संख्या = 2600 × $\frac{55}{100}$ = 1430
इसलिए, आवश्यक प्रतिशत = $\frac{560}{1430}$ × 100 = 39.16%
अतः विकल्प (C) सही है।
85. कंपनी C में महिला कर्मचारियों की संख्या= 2000 × $\frac{48}{100}$ = 960
20% कर्मचारियों के छोड़ने के बाद वर्तमान कर्मचारियों की कुल संख्या = 1500 × $\frac{80}{100}$ = 1200
कंपनी E में पुरुष कर्मचारियों की संख्या = 1200 × $\frac{45}{100}$ = 540
∴ आवश्यक अनुपात = 960 : 540 = 16: 9
अतः विकल्प (C) सही है।
86. 90 × 11 × 15 × 45 - 980 + 42 × 48 = ?
⇒ 90 × $\frac{11}{15}$ × 45 - 980 + 42 × 48 = ?
⇒ 2970 - 980 + 2016 = ?
∴ ? = 4006
अतः विकल्प (C) सही है।
87. माना C और D की वर्तमान आयु क्रमशः c वर्ष और d वर्ष हैं।
⇒ c + d = 120
⇒ c = d × $\frac{60}{100}$ = $\frac{3d}{5}$
⇒ d = 75 वर्ष और c = 45 वर्ष
⇒ B : C = 4 : 3
B की वर्तमान आयु = 75 × $\frac{4}{3}$ = 60 वर्ष
⇒ E : B = 1 : 2
E की वर्तमान आयु = 60 × $\frac{1}{2}$ = 30 वर्ष
⇒ A : E = 1 : 2
A की वर्तमान आयु = 30 × $\frac{1}{2}$ = 15 वर्ष
अतः विकल्प (C) सही है।
88. माना किराए, स्कूल की फीस और घरेलू सामान पर खर्च की जाने वाली राशि क्रमशः 3a रुपये, 4a रुपये और 6a रुपये है।
⇒ 4a = 5600
⇒ a = 1400
इसलिए, उसका मासिक वेतन = 3a + 4a + 6a = 13a = 13 × 1400 = 18200 रुपये
∴ उसका वार्षिक वेतन = 18200 × 12 = 218400 रुपये
अतः विकल्प (B) सही है।

89.
$$\Rightarrow 4\tfrac{1}{7} \times \frac{21}{58} + \frac{9}{11} \times 165 = ?$$
$$\Rightarrow \frac{29}{7} \times \frac{21}{58} + \frac{9}{11} \times 165 = ?$$
$$\Rightarrow \frac{3}{2} + 9 \times 15 = ?$$
$$\therefore\ ? = \frac{273}{2} = 136\tfrac{1}{2}$$
अतः विकल्प (C) सही है।
90. यह दिया गया है कि, 2016 में कॉलेज में छात्रों की कुल संख्या = 2500
इसलिए, 2017 में कॉलेज में छात्रों की कुल संख्या = 2500 × $\frac{112}{100}$ = 2800
तो, 2017 में कॉलेज में लड़कियों की संख्या = 2800 × $\frac{45}{100}$ = 1260
अतः विकल्प (D) सही है।

91. यह दिया गया है कि, 20 जनवरी 2030 को रविवार है।
चूँकि, प्रत्येक महीने में 1, 8, 15, 22 और 29 तारीख सप्ताह में समान दिनों पर आते हैं। इसलिए, 1 जनवरी, 2030 को मंगलवार होगा।
इसलिए, 4 जनवरी, 2028 को मंगलवार होगा।
अतः विकल्प (C) सही है।

92. दिए गए आंकड़ों को आरोही क्रम में व्यवस्थित करने पर,
48, 56, 68, 104, 113, 124, 180
यहाँ पदों की संख्या = 7
माध्य $= \frac{(48+56+68+104+113+124+180)}{7} = 99$
मध्यिका = 104
∴ अभीष्ट योग = 99 + 104 = 203
अतः विकल्प (D) सही है।

93. माना ट्रेन की गति a किमी प्रति घंटा है।
3 घंटे में तय की गई दूरी = 3a किमी
नई गति = (a - 20) किमी प्रति घंटा
गति कम होने पर ट्रेन को 1 घंटा अधिक लगता है
इस प्रकार कुल समय = 4 घंटे
इसलिए, प्रश्नानुसार,
$\Rightarrow 4 = \frac{3a}{(a-20)}$
⇒ 4a - 80 = 3a
⇒ a = 80 किमी प्रति घंटा
ट्रेन की गति = 80 किमी प्रति घंटा
तय की गयी दूरी = 80 × 3 = 240 किमी
बढ़ी हुई नई गति = 80 × $\frac{150}{100}$ = 120 किमी प्रति घंटा
240 किमी की दूरी को बढ़ी हुई गति से तय करने में ट्रेन द्वारा लिया गया समय = $\frac{240}{120}$ = 2 घंटे
∴ अभीष्ट अंतर = 3 - 2 = 1 घंटे
अतः विकल्प (A) सही है।

94. रस्सी की लंबाई = 14 मी
वर्गाकार मैदान की भुजा = 16 मी
इसलिए, वर्गाकार मैदान का क्षेत्रफल = 162 = 256 वर्गमीटर
वृत्ताकार मैदान का क्षेत्रफल जिसमें घोडा चलेगा = $\frac{\pi r^2}{4}$
= $\frac{22}{7}$ × 142 × $\frac{1}{4}$
= 154 वर्गमीटर
∴ मैदान का क्षेत्रफल जो कि घोड़े की पहुच से बाहर है = 256 - 154 = 102 वर्गमीटर
अतः विकल्प (C) सही है।

95. कुँए की त्रिज्या = 35 मी
कुँए की ऊँचाई = 40 मी
कुँए का आयतन = $2r^2h$ = $\frac{22}{7}$ × 35 2 × 40 = 154000 घनमीटर
माना तटबंध की ऊंचाई a मीटर है। इसलिए,
तटबंध की बाह्य त्रिज्या = 35 + 10 = 45 मी
तटबंध की आंतरिक त्रिज्या = 35 मी
तटबंध का आयतन = $\frac{22}{7}$ × 452 × a - $\frac{22}{7}$ × 352 × a
⇒ $\frac{22}{7}$ × 452 × a - $\frac{22}{7}$ × 352 × a = 154000
⇒ a = 61.25
अतः विकल्प (A) सही है।

96. लाभ प्रतिशत = 15%
माना साड़ी का क्रय मूल्य m रुपए है।
साड़ी का विक्रय मूल्य = m × $\frac{115}{100}$ = $\frac{23m}{20}$ रुपए
साड़ी का नया क्रय मूल्य = m × $\frac{90}{100}$ = $\frac{9m}{10}$ रुपए
साड़ी का नया विक्रय मूल्य = $\frac{23m}{20}$ + 400
इसलिए,
$\Rightarrow \frac{[(23\frac{m}{20}+400)-(\frac{9m}{10})]}{(\frac{9m}{10})} \times 100 = 33.33$
$\Rightarrow \frac{(5m+8000)}{18m} \times 100 = 33.33$
⇒ m = 8000
अतः विकल्प (B) सही है।

97. मिश्रण में अम्ल की मात्रा = 18 × $\frac{5}{6}$ = 15 लीटर
मिश्रण में पानी की मात्रा = 18 - 15 = 3 लीटर
इसलिए, प्रश्नानुसार,
⇒ 15 : (3 + x) = 3 : 1
⇒ 15 = 9 + 3x
∴ x = 2
अतः विकल्प (B) सही है।

98. संख्याएँ हैं: $= \frac{4}{5}$, $\frac{5}{7}$ और $\frac{4}{7}$
भिन्न का महत्तम समापवर्तक = (अंशों का महत्तम समापवर्तक) / (हरों का लघुत्तम समापवर्तक)
अंशों का महत्तम समापवर्तक = 4, 5 और 4 = 1
हरों का लघुत्तम समापवर्तक = 5, 7 और 7 = 35
∴ अभीष्ट महत्तम समापवर्तक = $\frac{1}{35}$
अतः विकल्प (A) सही है।

99. ट्रेन की गति = 32 किमी प्रति घंटा = 32 × $\frac{5}{18}$ = $\frac{80}{9}$ मीटर/सेकंड
∴ 9 सेकंड में ट्रेन द्वारा तय की गई दूरी = $\frac{80}{9}$ × 9 = 80 मीटर
अतः विकल्प (D) सही है।

100. यह दिया गया है कि, 3 वर्ष के लिए 15000 रुपए की राशि पर साधारण ब्याज 3600 रुपए है।
इसलिए, साधारण ब्याज = $\frac{PNR}{100}$
$\Rightarrow 3600 = \frac{(15000\times R\times 3)}{100}$
⇒ R = 8%
अतः विकल्प (A) सही है।

101. A = {6, 8, 23, 69, 80} और B = {4, 8, 69, 80, 82}
समुच्चय U = {1, 2, 3, ...150}
इसलिए, यहां प्रयुक्त सूत्र है:
n(A ∪ B) = n(A) + n(B) - n(A ∪ B)
n(A) = {6, 8, 23, 69, 80} = 5
n(B) = {4, 8, 69, 80, 82} = 5
n(A ∪ B) = {4, 6, 8, 23, 69, 80, 82} = 7
n(A) ∩ B) = {8, 69, 80} = 3
⇒ n(A ∪ B) : {n(A) ∩ B) + 10} = 7 : 3 +10
⇒ n(A ∪ B) : {n(A) ∩ B) + 10} = 7 : 13
अतः विकल्प (D) सही है।

102. चार बल्ब का अंतराल समय = 2, 3, 4 और 5 मिनट
समय अंतराल का लघुत्तम सम्पवार्तक = 2, 3, 4 और 5 = 60
अतः विकल्प (D) सही है।

103. अंकित मूल्य = 1200 रुपये और छूट = 20%
∴ विक्रय मूल्य = 1200 × $\frac{80}{100}$ = 960
अतः विकल्प (D) सही है।

104. (A + B + C) के 1 दिन का काम = $\frac{1}{12}$
A के 1 दिन का काम = $\frac{1}{24}$
B के 1 दिन का काम = $\frac{1}{32}$
C के 1 दिन का काम = $\frac{1}{12} - \frac{1}{24} - \frac{1}{32} = \frac{2}{192} = \frac{1}{96}$
अतः विकल्प (C) सही है।

105. 0.010 × 0.25 + 2.5 × 4 + 0.6666 - 0.340 = ?
⇒ 0.0025 + 10 + 0.6666 - 0.340 = ?
⇒ ? = 10.6691 - 0.340
∴ ? = 10.3291
अतः विकल्प (B) सही है।

106. गणित में कक्षा A में कुल अंक = 80 × 45 = 3600
गणित में कक्षा B में कुल अंक = 99 × 50 = 4950
दोनों कक्षाओं के कुल अंक = 3600 + 4950 = 8550
दोनों कक्षाओं का औसत = $\frac{8550}{95}$ = 90
नया औसत = 93
हटाने के बाद दोनों कक्षाओं के कुल अंक = 93 × 85 = 7905
10 छात्रों के कुल अंक = 8550 - 7905 = 645
∴ अभीष्ट औसत = $\frac{(645)}{10}$ = 64.5

अतः विकल्प (D) सही है।
107. व्यक्ति की गति = 5 किमी प्रति घंटा और समय = 8 घंटे
हम यह जानते हैं कि,
गति = दूरी / समय
व्यक्ति द्वारा 8 घंटे में दूरी = 5 × 8 = 40 किमी
माना की बाइक की गति a किमी प्रति घंटा है।
⇒ a = $\frac{40}{(8-2)}$ = $\frac{20}{3}$ किमी प्रति घंटा
∴ बस की गति = 3 × $\frac{20}{3}$ = 20 किमी प्रति घंटा
अतः विकल्प (C) सही है।
108. अक्षरों की संख्या = 9
इसलिए, आवश्यक तरीके = $\frac{9!}{2!}$ = 181440
अतः विकल्प (C) सही है।
109. प्रश्नानुसार,
⇒ $\frac{15}{100}$ × 180 = 27
⇒ $\frac{18}{100}$ × 250 = 45
यहां प्रयुक्त सूत्र है:
आवश्यक प्रतिशत = (अंतिम संख्या / गहन संख्या) × 100
आवश्यक प्रतिशत = $\left(\frac{27}{45}\right)$ × 100
आवश्यक प्रतिशत = $\left(\frac{3}{5}\right)$ × 100
∴ ? = 60%
अतः विकल्प (D) सही है।
110. माना संख्या n है।
⇒ $\frac{n-4}{5}$ × $\frac{5}{9}$ × n = 300
⇒ n = 540
∴ अभीष्ट मान = 540 × $\frac{5}{6}$ = 450
अतः विकल्प (A) सही है।
111. 14 स्ट्रॉबेरी का क्रय मूल्य = 20 रुपए
एक स्ट्रॉबेरी का क्रय मूल्य = $\frac{20}{14}$ रुपए = $\frac{10}{7}$ रुपए
स्ट्रॉबेरी का विक्रय मूल्य = $\frac{22}{8}$ = $\frac{11}{4}$ रुपए
∴ अभीष्ट प्रतिशत = $\frac{\left(\frac{11}{4}-\frac{10}{7}\right)}{\left(\frac{10}{7}\right)}$ × 100 = 92.5%
अतः विकल्प (C) सही है।
112. मिश्रण में शराब की मात्रा = 40 × $\frac{65}{100}$ = 26 लीटर
∴ मिश्रण में पानी की मात्रा = 40 - 26 = 14 लीटर
अतः विकल्प (A) सही है।
113. माना A और B का प्रारंभिक निवेश क्रमशः 3a रुपये और 2a रुपये हैं। इसलिए, प्रश्नानुसार,
⇒ 3a + 2a = 10000
⇒ a = 2000
A का प्रारंभिक निवेश = 6000 रुपये
B का प्रारंभिक निवेश = 4000 रुपये
माना P = मूलधन, R = ब्याज दर और N = समय
साधारण ब्याज = $\frac{PNR}{100}$
चक्रवृद्धि ब्याज = P $\left(\frac{1+R}{100}\right)^n$ - P
साधारण ब्याज = $\frac{(6000\times10\times3)}{100}$ = 1800 रुपये
चक्रवृद्धि ब्याज = $4000\left(\frac{1+10}{100}\right)^3$ - 4000 = 1324 रुपये
∴ अंतर = 1800 - 1324 = 476 रुपये
अतः विकल्प (A) सही है।
114. (A + B) के 1 दिन का काम = $\frac{1}{12}$
A के एक दिन का काम = $\frac{1}{18}$
B के 1 दिन का काम = $\frac{1}{12} - \frac{1}{18} = \frac{1}{36}$
(A + B) के 4 दिन का काम = 4 × $\frac{1}{12}$ = $\frac{1}{3}$
शेष काम = 1 - $\frac{1}{3}$ = $\frac{2}{3}$
∴ समय = $\frac{2}{3}$ × 36 = 24 दिन
अतः विकल्प (B) सही है।
115. दिया गया समीकरण है:
⇒ $\frac{0.49x^2+0.09y^2+0.42xy}{0.4x+0.3x+0.3y}=?$
⇒ $\frac{(0.7x+0.3y)^2}{(0.7x+0.3y)}=?$
$\therefore\ ? = 0.7x + 0.3y$
अतः विकल्प (B) सही है।
116. माना पहली संख्या, दूसरी संख्या और तीसरी संख्या क्रमशः a, b और c हैं। इसलिए, प्रश्नानुसार,
⇒ $\frac{70a}{100}$ + $\frac{45b}{100}$ + $\frac{30c}{100}$ = 1020 + 302 = 1920
⇒ b = 2a
⇒ b - a = 900
⇒ a = 900 and b = 1800
हल करने पर,
⇒ c = 1600
∴ अभीष्ट मान = $\frac{40}{100}$ × $\frac{63}{100}$ × $\frac{5}{7}$ × 1600 = 288
अतः विकल्प (B) सही है।
117. यह दिया गया है कि, ट्रेन A की लंबाई 300 मी और ट्रेन B की लंबाई 400 मी है।
हम यह जानते हैं कि, यदि दो वस्तुएं विपरीत दिशा से चलतीं हैं, तो उनकी सापेक्ष गति उनकी व्यक्तिगत गति का योग होती है।
समय = दूरी/गति
माना ट्रेन B की गति x मी/से है।
सापेक्ष गति = (x + 50) मी/से
इसलिए, प्रश्नानुसार,
10 = $\frac{(300+400)}{(x+50)}$
⇒ 10x + 500 = 700
⇒ x = 20
अतः विकल्प (C) सही है।
118. 50 छात्रों का औसत वजन = 52 किग्रा
पहले 25 छात्रों का औसत वजन = 50 किग्रा
अगले 24 छात्रों का औसत वजन = 54 किग्रा
हम यह जानते हैं कि,
औसत = तत्वों का योग / तत्वों की संख्या
50 छात्रों का कुल वजन = 50 × 52 = 2600 किग्रा
पहले 25 छात्रों का कुल वजन = 25 × 50 = 1250 किग्रा
अगले 24 छात्रों का कुल वजन = 24 × 54 = 1296 किग्रा
∴ अंतिम छात्र का वजन = 2600 - 1250 - 1296 = 54 किग्रा
अतः विकल्प (D) सही है।
119. प्रश्नानुसार, यदि 23 दिसम्बर, 2020 को बुधवार है, तो
22 दिसंबर 2020 = मंगलवार
29 दिसंबर 2020 = मंगलवार
31 दिसंबर 2020 = गुरुवार
1 जनवरी 2021 = शुक्रवार
22 जनवरी 2021 = शुक्रवार
23 जनवरी 2021 = शनिवार
अतः विकल्प (A) सही है।
120. बॉक्स में पेय की कुल संख्या = 2 + 1 + 4 + 3 = 10
एप्पी पेय की संख्या = 4
यहां प्रयुक्त सूत्र है:
P(E) = (घटनाओं की संख्या)/(प्रतिदर्श समष्टि की संख्या)
∴ अभीष्ट प्रायिकता = $\frac{4}{10}$ × $\frac{3}{9}$ = $\frac{2}{15}$
अतः विकल्प (C) सही है।
121. दी गई जानकारी के अनुसार:

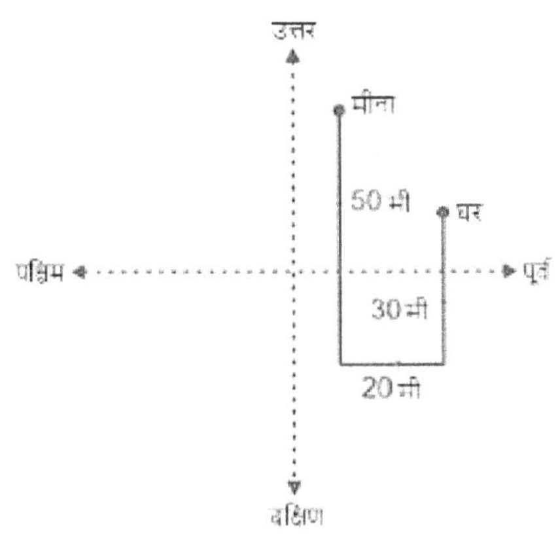

इसलिए, मीना उत्तर-पश्चिम दिशा के सम्मुख है।
अतः विकल्प (C) सही है।

122. दिए गए इनपुट में व्यवस्था इस प्रकार से है कि संख्याएँ बाएं से दाएं घटते क्रम में व्यवस्थित हो रही हैं और शब्दों को वर्णमाला के बढ़ते क्रम में व्यवस्थित किया गया है।
प्रत्येक चरण में, वे अक्षर और शब्द को एक साथ व्यवस्थित कर रहे हैं।
इसलिए, चरण III हम दिए गए कथन को प्राप्त कर सकतें हैं।
अतः विकल्प (B) सही है।

123. दिए गए इनपुट में व्यवस्था इस प्रकार से है कि संख्याएँ बाएं से दाएं घटते क्रम में व्यवस्थित हो रही हैं और शब्दों को वर्णमाला के बढ़ते क्रम में व्यवस्थित किया गया है।
प्रत्येक चरण में, वे अक्षर और शब्द को एक साथ व्यवस्थित कर रहे हैं।
इसलिए , इनपुट के चरण VI में दाएं छोर से 7 वें स्थान पर 95 होगा।
अतः विकल्प (B) सही है।

124. यह व्यवस्था इस प्रकार से है कि संख्याएँ बाएं से दाएं घटते क्रम में व्यवस्थित हो रही हैं और शब्दों को वर्णमाला के बढ़ते क्रम में व्यवस्थित किया गया है।
प्रत्येक चरण में, वे अक्षर और शब्द को एक साथ व्यवस्थित कर रहे हैं।
इसलिए, इनपुट के अन्तिम चरण में '46' और 'right' के बीच 7 तत्त्व है।
अतः विकल्प (A) सही है।

125. दी गई जानकारी के अनुसार, सुलोचना पंडित पिछले तीन सालों से कंपनी में काम कर रही हैं।
उसने अच्छा प्रदर्शन किया है और पिछले दो वर्षों से ए + रेटिंग हासिल की है।
उसने क्रमशः स्नातक और स्नातकोत्तर पाठ्यक्रमों में 70 प्रतिशत अंक भी किया है।
वह गणित में स्नातकोत्तर है।
वह दो साल के लिए एक अनुबंध पर हस्ताक्षर करने के लिए तैयार है।
उसके जन्म की तारीख उसे हस्ताक्षर करने के योग्य नहीं बनाती है।
उसकी जन्म तिथि 31.03.1988 है। उन्होंने अपनी पीएचडी भी की है।
इसलिए , मामला निदेशक को भेजा जाना चाहिए।
अतः विकल्प (B) सही है।

126. रवि 27 वर्ष का है और उसे कंपनी के साथ 4 वर्ष का कार्य अनुभव है।
उन्होंने स्नातक में 80% और स्नातकोत्तर में 75% अंक प्राप्त किए हैं।
उन्हें कंपनी में अपने काम के लिए पिछले 3 वर्षों में A + रेटिंग मिली।
वह 2 साल के लिए अनुबंध पर हस्ताक्षर करने के लिए तैयार है
सभी मानदंड पूरे होते हैं।
इसलिए, छात्रवृत्ति दी जा सकती है।
अतः विकल्प (B) सही है।

127. दी गई जानकारी के अनुसार, मामला 1 अप्रैल, 2017 को दिया गया है
सूर्यनारायण मनोविज्ञान में स्नातकोत्तर हैं।
उन्होंने अपने स्नातक में 72% अंक और स्नातकोत्तर में 78% अंक प्राप्त किए हैं।
वह कंपनी में दो साल से अधिक समय से काम कर रहे हैं और पिछले दो वर्षों में उसके कार्य-निष्पादन की रेटिंग क्रमशः A + और A है।
वह अनुबंध पर हस्ताक्षर करने के लिए तैयार नहीं है, लेकिन यदि छोड़ने की आवश्यकता हुई तो 50,000 रुपये देने के लिए तैयार है।
उनकी जन्मतिथि 14.08.1987 है। तो उम्र 30 वर्ष है।
इसलिए , मामला प्रधान या अध्यक्ष को भेजा जाना चाहिए।
अतः विकल्प (D) सही है।

128. तर्क I. हाँ, यदि आवश्यक हो। (सत्य: क्योंकि यह कोई भी हो सकता है जिसे आपात की स्थिति में जेड-सुरक्षा की आवश्यकता होती है। इसलिए इसे आवश्यकता पड़ने पर दिया जाता है।)
तर्क II. नहीं, क्योंकि यह करदाता के पैसे की बर्बादी है (असत्य: क्योंकि Z-सुरक्षा केवल तब दी जाती है जब आवश्यकता होती है और सिर्फ स्वाभाविक रूप से नहीं।)
इसलिए, केवल तर्क I मजबूत है।
अतः विकल्प (B) सही है।

129. विनायकन के द्वारा चला गया पथ नीचे दर्शाया गया है,

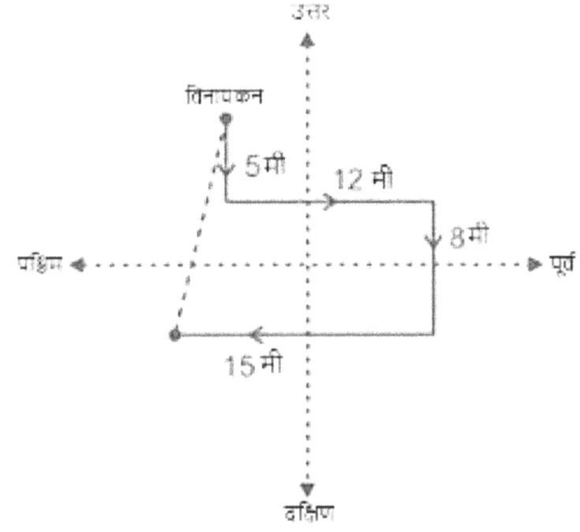

इसलिए, वह अपने शुरुआती बिंदु से दक्षिण-पश्चिम दिशा में है।
अतः विकल्प (D) सही है।

130. दी गयी जानकारी से हम निम्न वंश वृक्ष बना सकते हैं:

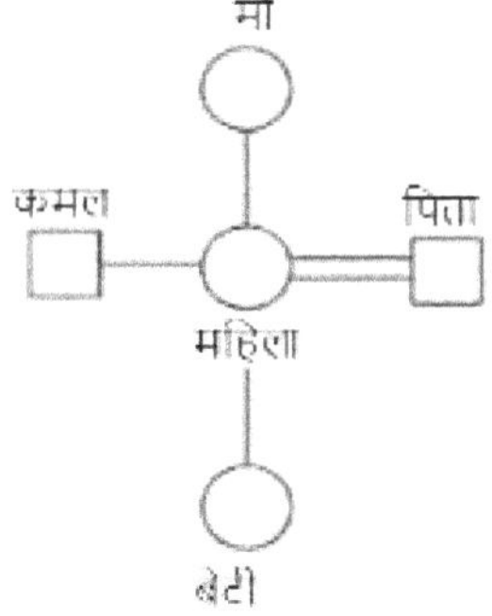

इसलिए, कमल, महिला का भाई है।
अतः विकल्प (A) सही है।

131. दी गई आकृति में लुप्त स्वरूप को पूरा करनें वाली आकृति है:

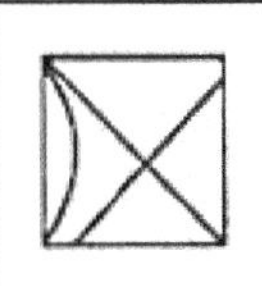

अतः विकल्प (B) सही है।

132. दिए गए कथन के अनुसार,
I. अप्रैल 2017 से पहले, नियम अनिवार्य नहीं था। (सत्य, क्योंकि सरकार ने प्रत्येक वाहन के संबंध में विवरण प्रदान करना अब अनिवार्य कर दिया है। यदि यह पहले किया गया था तो अब इसे अनिवार्य बनाने की आवश्यकता

नहीं है।

II। भारत में वाहन (शोर) प्रदूषण से मुक्त नहीं हैं। (असत्य, जैसा कि वाहनों के विवरण के बारे में पूछा गया है लेकिन इस बात का कोई उल्लेख नहीं है कि ध्वनि प्रदूषण से मुक्त नहीं है)

इसलिए, केवल पूर्वानुमान I निहित है।

अतः विकल्प (B) सही है।

133. कूट शब्द का उपयोग इस प्रकार है,

उदहारण- N = 14;

कूट = 1 + 4 = 5, जब तक यह इकाई अंक में नहीं बदल जाता है इकाई अंक का स्थानीय मान उसी के रूप में लिया जाता है

इसलिए, दी गयी कूट भाषा होगी,

L = 12; कूट = 1 + 2 = 3

A = 1

F = 6

A = 1

N = 14; कूट = 1 + 4 = 5

G = 7

E = 5

Y = 25; कूट = 2 + 5 = 7

इसी प्रकार,

S = 19; कूट = 1 + 9 = 10; 1 + 0 = 1

A = 1

I = 9

L = 12: कूट = 1 + 2 = 3

B = 2

O = 15; कूट = 1 + 5 = 6

A = 1

T = 20; कूट = 2 + 0 = 2

इसलिए, SAILBOAT का कूटबद्ध रूप 11932612 है।

अतः विकल्प (D) सही है।

134. I. N, B की माँ है और A के भाई से विवाहित है।

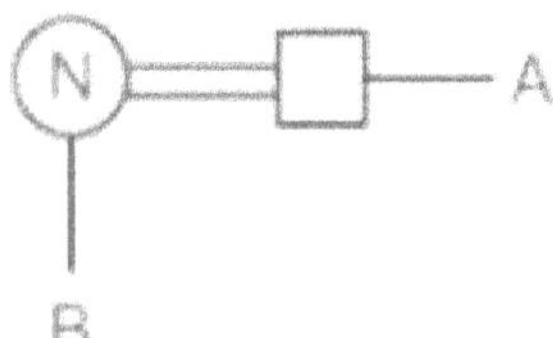

II. M और D, A के भाई हैं और L, D की पत्नी है।

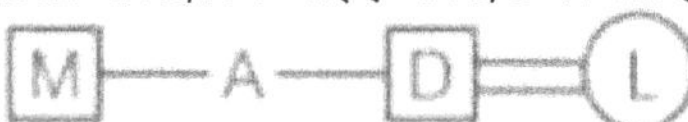

अतः,कथन I और II में एक साथ दी गयी जानकारी प्रश्न का उत्तर देने के लिए पर्याप्त नहीं है।

अतः विकल्प (C) सही है।

135. दी गई श्रृंखला है,

xy_zy_x_zz_x_yz_yx

विकल्प (A) का उपयोग करने पर,

xyzzyy / xxzzzx / yyzyyx (यह अनुसरण नहीं करता है)

विकल्प (B) का उपयोग करने पर,

xyyzyy / xxzzzx / zyzxyx (यह अनुसरण नहीं करता है)

विकल्प (C) का उपयोग करने पर,

xyzzyx / xyzzyx / xyzzyx (यह अनुसरण करता है)

विकल्प (D) का उपयोग करने पर,

xyxzyz / xyzzyx / xyzzyx (यह अनुसरण नहीं करता है)

अतः विकल्प (C) सही है।

136. दिए गए चित्र के अनुसार, त्रिभुज हैं:

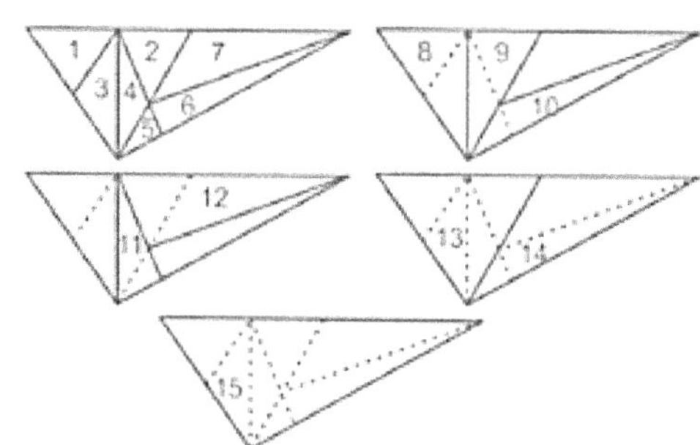

अतः विकल्प (C) सही है।

137. यहाँ अनुसरित स्वरूप है,

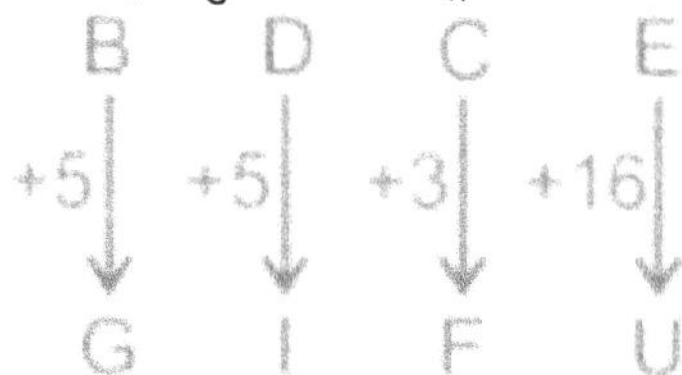

इस प्रकार,

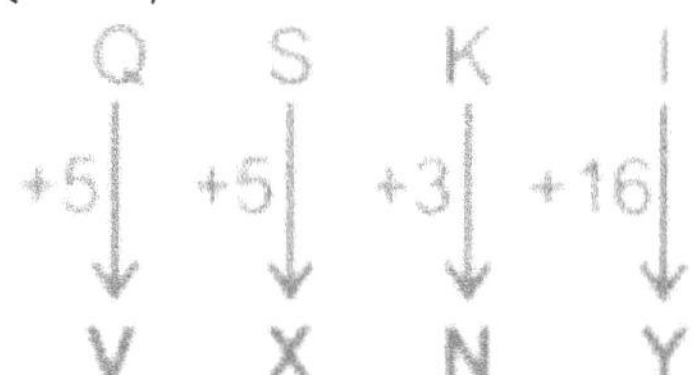

इसलिए, VXNY प्रश्न चिह्न (?) के स्थान पर आयेगा।

अतः विकल्प (C) सही है।

138. स्वरूप के अनुसार,

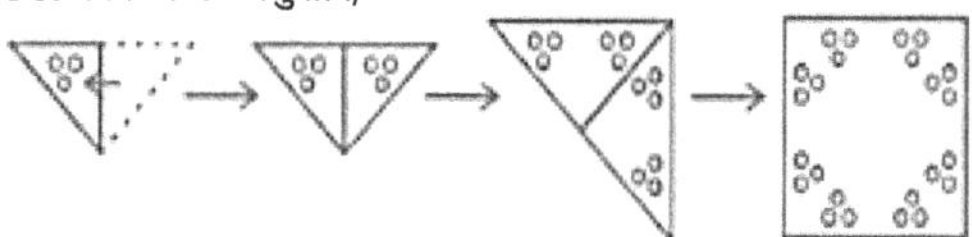

अतः विकल्प (D) सही है।

139. यहाँ अनुसरित स्वरूप है:

6 × 10 - 2 × 10;

= 60 - 20;

= 40

40 × 8 - 2 × 8;

= 320 - 16

= 304

304 × 6 - 2 × 6;

= 1825 - 12;

= 1812

1812 × 4 - 2 × 4;

= 7248 - 8

= 7240

इसलिए, प्रश्न चिन्ह के स्थान पर 304 आएगा।

अतः विकल्प (B) सही है।

140. दिए गए विकल्पों में एक को छोड़कर सभी मिट्टी के अंदर विकसित होते हैं। पत्तागोभी मिट्टी के बाहर विकसित होती है और इसलिए, यह दिए गए विकल्पों से भिन्न है।

अतः विकल्प (B) सही है।

141. दी गयी जानकारी से हम निम्न आरेख बना सकते हैं:

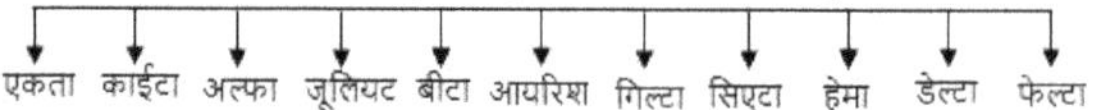

इसलिए, बीटा, एकता और हेमा के ठीक बीच में बैठी है।
अतः विकल्प (D) सही है।
142. S, T का भाई है। इसलिए,

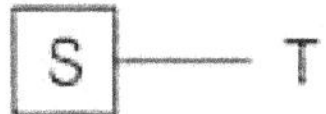

X, S की बहन है। इसलिए,

B, H का भाई है और H, T का पुत्र है। इसलिए,

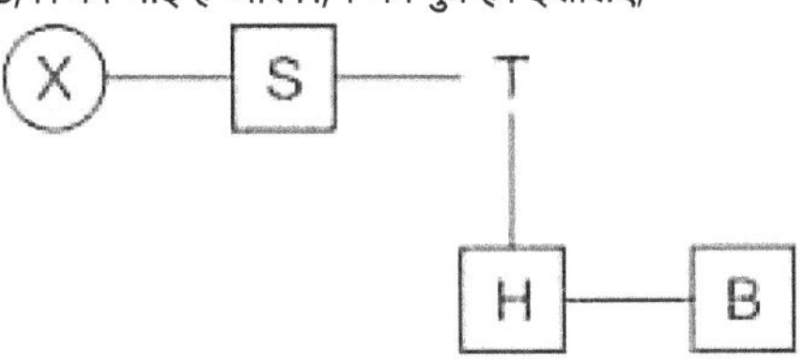

इसलिए, 'S', 'B' का अंकल है।
अतः विकल्प (C) सही है।
143. दी गयी जानकारी से हम निम्न वंश वृक्ष बना सकते हैं:

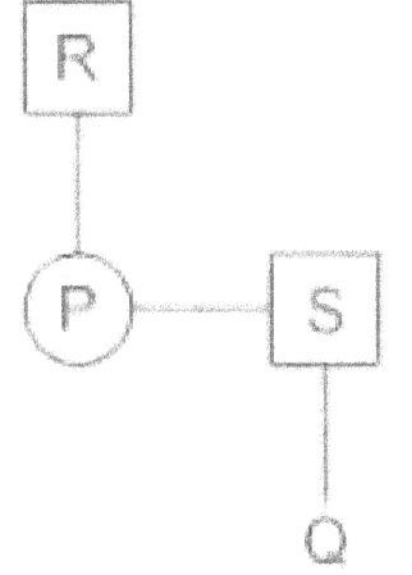

विकल्पों का अवलोकन करने पर:
(A) P, Q की माता है→ असत्य
(B) Q, P की आंटी है → असत्य
(C) P, Q की पुत्री है → असत्य
(D) P, Q की आंटी है → सत्य
इसलिए , सही उत्तर है P, Q की आंटी है।
अतः विकल्प (D) सही है।
144. पूर्वानुमान I. अंक रोजगार प्रदान नहीं करते हैं। (इस पर विचार नहीं किया जा सकता है)
पूर्वानुमान II. अंकों से हमें शैक्षिक संस्थानों में स्थान मिलते हैं। (इस पर विचार किया जा सकता है क्योंकि शैक्षणिक संस्थानों में स्थान पाने के लिए अच्छे अंक आवश्यक हैं)
इसलिए, सही उत्तर है 'केवल पूर्वानुमान II निहित है'।
अतः विकल्प (D) सही है।
145. कथन (I) से :
स्तमभ P, स्तम्भ X के दक्षिण में है, जो स्तम्भ B के पूर्व में है। स्तम्भ Q स्तम्भ B के उत्तर में है।

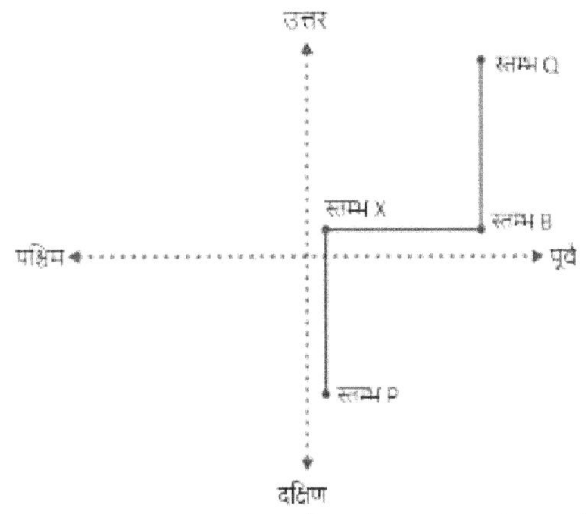

इस कथन के द्वारा, हम कह सकते हैं कि स्तंभ P स्तंभ Q के सन्दर्भ में दक्षिण- पश्चिम दिशा में है।
कथन (II) से :
स्तम्भ P स्तम्भ B के दक्षिण-पूर्व में है। स्तम्भ X स्तम्भ Q के दक्षिण पूर्व में है।

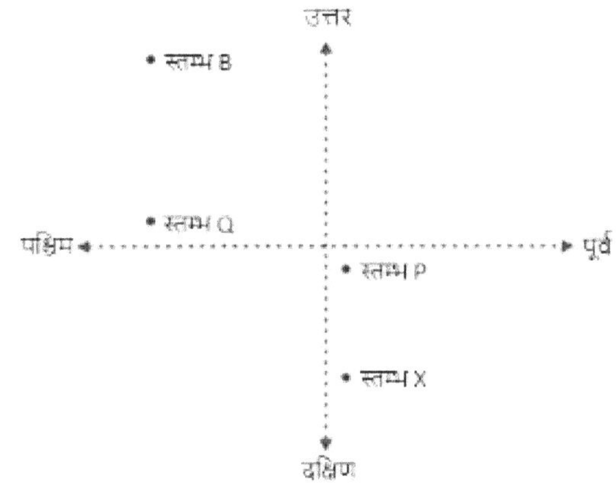

इस कथन के द्वारा, हम स्तंभ Q के सन्दर्भ में स्तंभ P की दिशा को निर्धारित नहीं कर सकते हैं।
इसलिए, कथन I में दिया गया डेटा अकेले ही प्रश्न का उत्तर देने के लिए पर्याप्त है।
अतः विकल्प (A) सही है।
146. यहाँ अनुसरित स्वरूप इस प्रकार है:

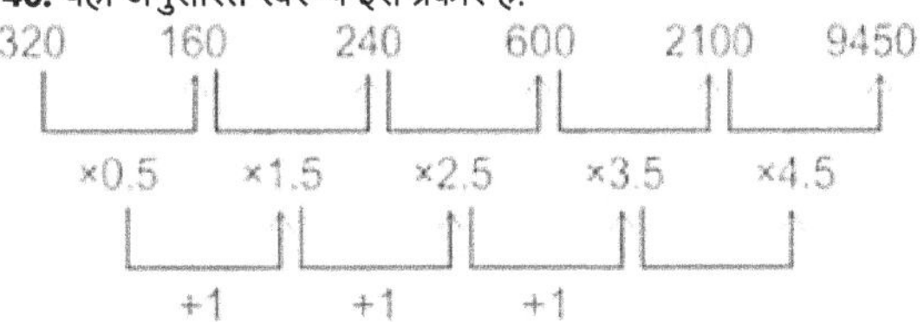

'120' के स्थान पर यहाँ '240' होना चाहिए था।
इसलिए, सभी में से '120' असंगत है।
अतः विकल्प (D) सही है।
147. दिए गए कथन हैं:
A. जब तक दारा क्रिकेट नहीं खेलता है, अमर क्रिकेट नहीं खेलेगा।
B. दारा केवल रविवार को क्रिकेट खेलता है। कल शनिवार होगा।
विकल्पों का अवलोकन करने पर :
(A) दारा और अमर एक ही टीम में हैं।
इसका उल्लेख A और B दोनों में से किसी में भी नहीं किया गया है कि दारा और अमर एक ही टीम में खेलते हैं।
(B) दारा ने कल क्रिकेट खेला था।
कथन B से हम यह निष्कर्ष निकाल सकते हैं कि कल शनिवार है इसलिए

आज शुक्रवार है और कल गुरुवार था और कथन B में स्पष्ट रूप से उल्लेख किया गया है कि दारा रविवार को क्रिकेट खेलता है इसलिए दिया गया विकल्प गलत है।
(C) दारा कल क्रिकेट खेलेगा।
कथन B से हम यह निष्कर्ष निकाल सकते हैं कि कल शनिवार है इसलिए कथन B में स्पष्ट रूप से उल्लेख किया गया है कि दारा रविवार को क्रिकेट खेलता है इसलिए दिया गया विकल्प गलत है।
D) दारा ने कल क्रिकेट नहीं खेला था।
कथन B से हम यह निष्कर्ष निकाल सकते हैं कि कल शनिवार है इसलिए आज शुक्रवार है और कल गुरुवार था और कथन B में स्पष्ट रूप से उल्लेख किया गया है कि दारा केवल रविवार को ही क्रिकेट खेलता है इसलिए दिया गया विकल्प सही है।
इसलिए, 'दारा ने कल क्रिकेट नहीं खेला था।' सही उत्तर है।
अतः विकल्प (D) सही है।

148. कथन I से :
टीना का स्थान नीचे से 19वाँ है और वो नीतू से चार स्थान ऊपर है।
टीना का स्थान नीतू के नीचे से 19वां है, टीना की स्थिति से 4 स्थान नीचे का अर्थ है 23वां स्थान, लेकिन इस प्रश्न से, हमें कक्षा में कुल छात्रों को ज्ञात नहीं कर सकते हैं।
कथन II से :
अतुल का स्थान शीर्ष से 7वाँ है और वो तरुण से 8 स्थान ऊपर है, जिसका स्थान नीचे से 30वाँ है।
अतुल की स्थिति ऊपर से 7वीं है और वह तरुण से 8 स्थान ऊपर है, जिसकी स्थिति नीचे से 30वीं है, तरुण शीर्ष से 15वें स्थान पर है, लेकिन इस स्थिति में भी हम कक्षा में कुल छात्रों की संख्या ज्ञात नहीं कर सकते हैं।
कथन I और II से :
कथन I से नीतू और टीना की स्थिति का उल्लेख किया गया है और कथन II में अतुल और तरुण की स्थिति का उल्लेख किया गया है और अतुल, तरुण, नीतू और टीना के बीच कोई संबंध नहीं है, इसलिए दोनों कथनों के संयोजन से हम छात्रों की कुल संख्या को ज्ञात नहीं कर सकते हैं।
अतः विकल्प (C) सही है।

149. दी गयी संख्याएं हैं,
61, 67, 73, 79, 85 & 91
औसत का सूत्र है:
औसत = (सभी पदों का योग) ÷ (कुल पदों की संख्या)
औसत = (61+ 67+ 73 + 79 + 85 + 91) ÷ 6
औसत = (456) ÷ 6
औसत = 76
अतः विकल्प (A) सही है।

150. यह दिया गया है कि,
एक खेल के मैदान में आनन्द, भास्करन, चिन्नी, डेविड और एडवर्ड उत्तर के सम्मुख हैं
I. भास्करन डेविड के दाईं ओर 40 मीटर की दूरी पर है।
II. आनन्द भास्करन के दक्षिण में 60 मीटर की दूरी पर है।

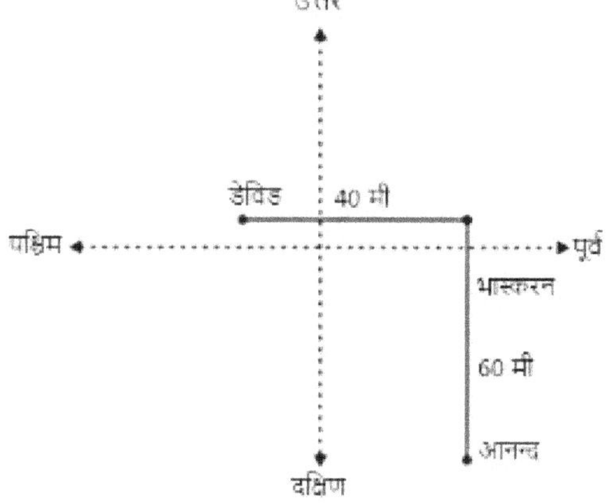

III. चिन्नी डेविड के पश्चिम में 25 मीटर की दूरी पर है।
IV. एडवर्ड आनन्द के उत्तर में 90 मीटर की दूरी पर है।

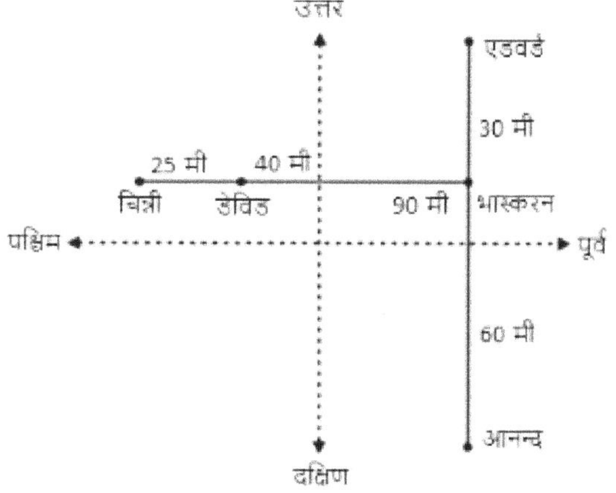

डेविड भास्करन के बाईं ओर है और एडवर्ड डेविड के उत्तर-पूर्व में है।
अतः विकल्प (D) सही है।

151. यह दिया गया है कि,
कथन: धूम्रपान करने वाले और शराबियों की संख्या कम करने के लिए एक कदम के रूप में, पिछले चार-पाँच वर्षों से, सेंसर बोर्ड फिल्मों में धूम्रपान और शराब पीने से जुड़े दृश्यों को हटाने पर जोर दे रहा है।
I. व्यक्ति धूम्रपान करने और शराब पीने के लिए फिल्मों से प्रेरित होते हैं। अधिकांश व्यक्ति फिल्मों से प्रेरित होते हैं इसलिए हम 1 तर्क पर विचार कर सकते हैं।
II. चार-पाँच वर्ष पहले, धूम्रपान करने और शराब पीने के लिए व्यक्ति फिल्मों से प्रभावित नहीं होते थे। इस कथन पर विचार नहीं किया जा सकता है।
III. सेंसर बोर्ड की कुछ सामाजिक जिम्मेदारियाँ भी हैं। इस कथन पर विचार किया जा सकता है क्योंकि यह सेंसर बोर्ड की सामाजिक जिम्मेदारी है कि वह व्यक्तियों को शराब पीने और धूम्रपान करने के बारे में जागरूक करे।
इसलिए, 'केवल तर्क I और III सशक्त है' सही उत्तर है।
अतः विकल्प (B) सही है।

152. दिए गए कथनों के लिए न्यूनतम संभावित वेन आरेख इस प्रकार है:

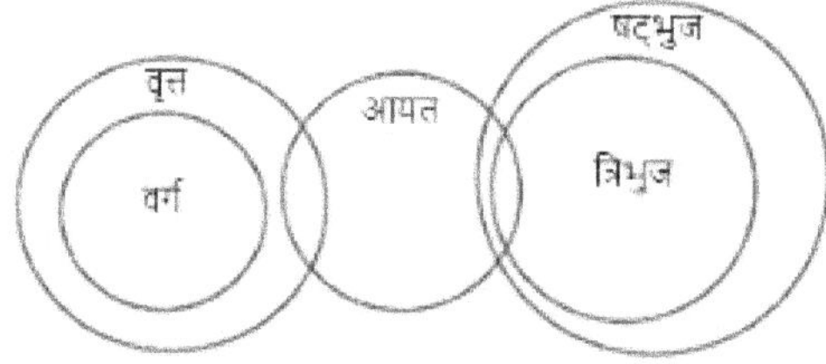

I. कुछ त्रिभुज वृत्त हैं → असत्य (यह संभव है लेकिन निश्चित नहीं है)
II. कुछ आयत षट्भुज हैं → सत्य (चूँकि, कुछ आयत वृत्त हैं, कुछ त्रिभुज आयत हैं और सभी त्रिभुज षट्कोण हैं)
III. कुछ त्रिभुज आयत और वृत्त दोनों हैं→ असत्य (यह संभव है लेकिन निश्चित नहीं है)
IV. कुछ वर्ग षट्भुज हैं → असत्य (यह संभव है लेकिन निश्चित नहीं है)
इसलिए, केवल निष्कर्ष II अनुसरण करता है।
अतः विकल्प (D) सही है।

153. दिए गए कथनों के लिए न्यूनतम संभावित वेन आरेख इस प्रकार है:

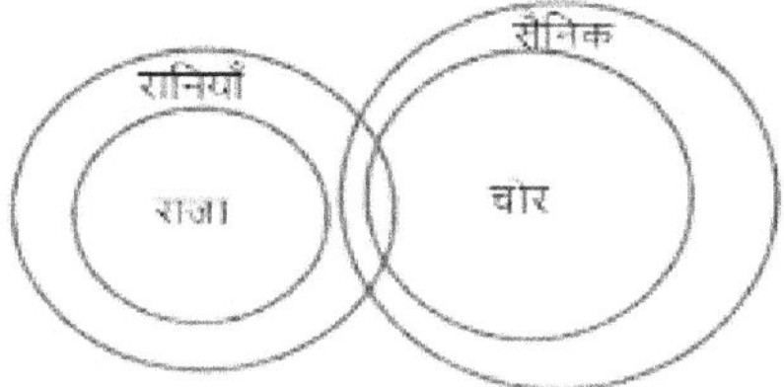

I. कुछ राजा चोर हैं → असत्य (यह संभव है लेकिन निश्चित नहीं है)
II. कुछ चोर रानियाँ हैं → सत्य (चूँकि सभी राजा रानी हैं, कुछ रानी सैनिक हैं

और सभी सैनिक चोर हैं)
III. सभी राजा चोर हैं → असत्य (सभी राजा रानी हैं, कुछ रानी सैनिक हैं और सभी सैनिक चोर हैं)
इसलिए , केवल निष्कर्ष II अनुसरण करता है।
अतः विकल्प (A) सही है।
154. तर्क: प्रत्येक पद में विषम संख्या का क्रमिक जोड़ 9 से शुरू होता है। यहाँ अनुसरित स्वरूप इस प्रकार है:

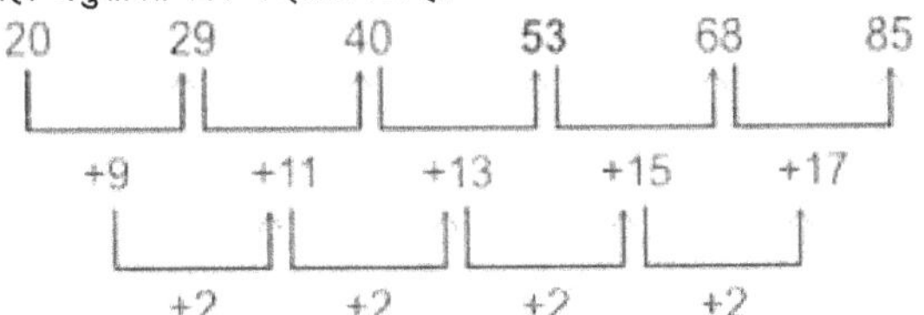

इसलिए '52' के स्थान पर यहाँ '53' आना चाहिए था।
इसलिए, इनमें से '52' असंगत है।
अतः विकल्प (D) सही है।
155. विकल्पों का अवलोकन करने पर:
(A) X ÷ Y + A
इसका अर्थ है कि X, Y का भाई है, Y, A की बहन है।

इसलिए, X, Y का भाई है।
(B) X × A + Y
इसका अर्थ है कि X, A की माता है, A, Y का भाई है।

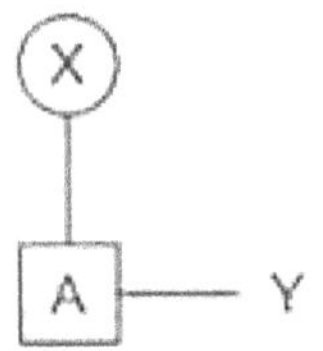

इसलिए, X, Y की माता है।
(C) X + A × Y
इसका अर्थ है कि X, A का भाई है, A, Y की माता है।

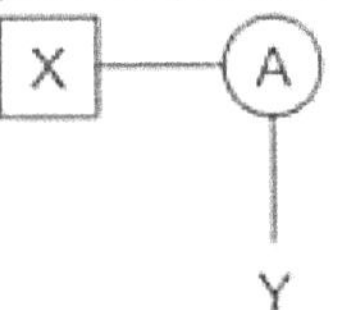

इसलिए, X, Y का अंकल है।
(D) X ÷ A + Y
इसका अर्थ है कि X, A की बहन है, A, Y का भाई है।

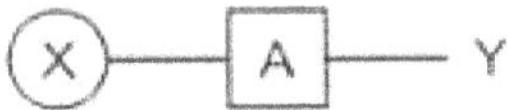

इसलिए, X, Y की बहन है।
अतः विकल्प (C) सही है।
156. दिए गए विकल्प में यह उल्लेख है कि सुमी स्कूल गई थी और कथन में यह भी उल्लेख किया गया है कि यदि सुमी जल्दी उठती है तो वह स्कूल जाएगी। इसलिए हम इस विकल्प के द्वारा कथन का निष्कर्ष नहीं निकाल सकते हैं।
अतः विकल्प (C) सही है।
157. मटर, मूंगफली और सेम तीनों ही संबंधित पौधों के बीज हैं। लेकिन दालचीनी पेड़ की छाल है।
इसलिए, 'दालचीनी' दिए गए विकल्पों से भिन्न है।
अतः विकल्प (C) सही है।
158. कूट प्राप्त करने के लिए दिए गए शब्द के प्रत्येक अक्षर में 3 की वृद्धि की गई है।
यहाँ अनुसरित स्वरूप इस प्रकार है:

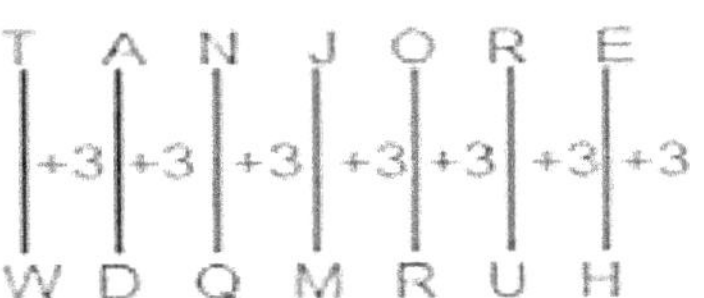

इसी तरह,

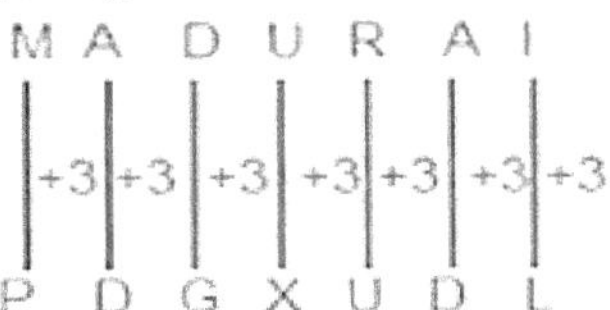

इसलिए, सही उत्तर 'PDGXUDL' है।
अतः विकल्प (A) सही है।
159. दी गई आकृति में सभी आकृतियों में पांच समान तत्व हैं लेकिन आकृति 1 में एक तत्व अन्य से भिन्न है अर्थात्
आकृति 1 में '-' के स्थान पर '=' है।
अतः विकल्प (C) सही है।
160. तर्क: कूट प्राप्त करने के लिए शब्द के प्रत्येक अक्षर की स्थिति में 2 की वृद्धि और कमी की गई है।
यहाँ अनुसरित स्वरूप इस प्रकार है:

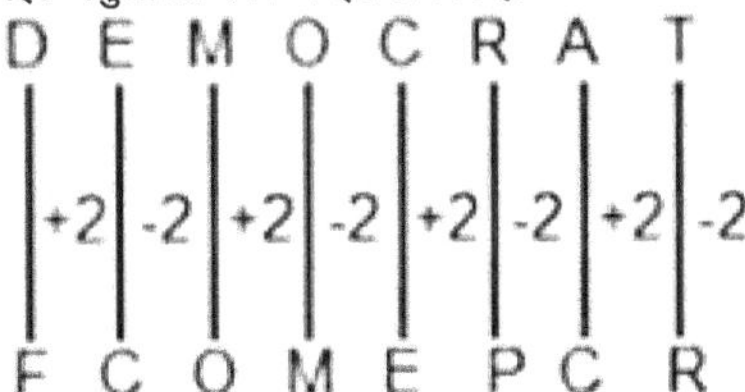

इसी तरह,

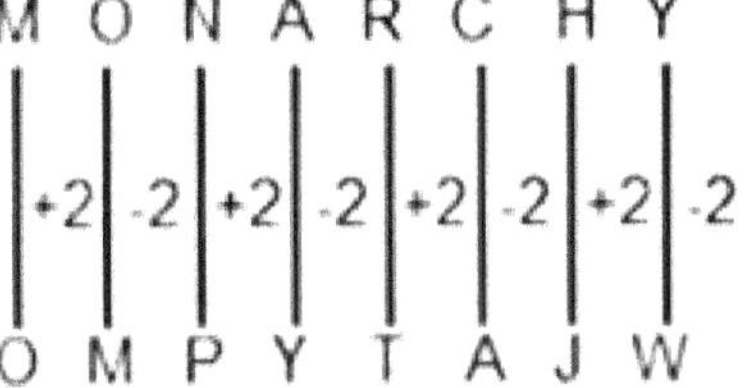

इसलिए, सही उत्तर 'OMPYTAJW' है।
अतः विकल्प (D) सही है।

विगत वर्षीय प्रश्नपत्र 07

General Hindi

Q.1 'वह दीपशिखा-सी शांत भाव में लीन' इस वाक्य में प्रयुक्त अलंकार पहचानिए।

A. मालोपमा **B.** उत्प्रेक्षा **C.** सांगरूपक **D.** रूपक

Q.2 'अचल दृग हो उठते चंचल। चपल पग हो जाते अविचल।' इस पंक्ति में प्रयुक्त अलंकार पहचानिए।

A. भ्रांतिमान **B.** ऊपमा
C. विरोधाभास **D.** संदेह

Q.3 दिए गए विकल्पों में से 'गेहूं' के समानार्थी शब्द कौन से है?

A. तम, तमर, तिमिस **B.** सभा, परिषद, गोष्ठी
C. कनक, गोधूम, गंदुम **D.** सदन, भवन, गोष्ठी

Q.4 'बात का धनी होना' दिए गए विकल्पों में से दिए गए मुहावरे का अर्थ कौन सा हैं-

A. नि: स्वार्थ होना **B.** वायदे का पक्का होना
C. बात को मानने वाला **D.** सच्चा होना

Q.5 इनमें से कौन से शब्द का अर्थ हिंदी और अंग्रेजी में भिन्न होता है?

A. लूट **B.** डूंगरी **C.** ठग **D.** अवतार

Q.6 इनमें से कौन से शब्द का अर्थ स्त्रीलिंग और पुल्लिंग दोनों रूपों में समान होता है?

A. आशोक, आम **B.** हिमालय, विंध्याचल
C. राष्ट्रपति, प्रधानमंत्री **D.** रविवार, सोमवार

Q.7 यक्ष देवों की एक________होती है। वाक्य को उचित विकल्प से पूर्ण करे।

A. प्रकार **B.** जाति **C.** कोटी **D.** रूप

Q.8 निम्नलिखित में से हजारी प्रसाद द्विवेदी द्वारा रचित निबंध कौन सा होगा।

A. बुढ़ापा **B.** उत्सव **C.** कुटज **D.** कुछ

Q.9 नीचे दिए गए चार वाक्यों में से गलत वाक्य की पहचान कीजिए।

A. कुत्ता चिल्ला रहा है। **B.** नदियां गा रही है।
C. कोयल कूक रही है। **D.** घोडा हिनहिना रहा है।

Q.10 'समझौता करना' निम्न में से किस मुहावरे का अर्थ है?

A. खाई पाटना **B.** मुँह की खाना
C. पीठ ठोकना **D.** कान भरना

Q.11 'यदि बारिश होती तो सुखा ना पड़ता' – इस वाक्य मे काल का कौन सा रूप है?

A. संदिग्ध भूतकाल **B.** हेतुहेतुमद भविष्य
C. संभाव्य भविष्य **D.** हेतुहेतुमद भूतकाल

Q.12 'कोप' और 'रोष' किस शब्द के समानार्थी शब्द है?

A. मोद **B.** हर्ष **C.** आनंद **D.** क्रोध

Q.13 निम्नलिखित में से कौन सा शब्द एकवचन हैं?

A. आँसू **B.** प्राण **C.** आकाश **D.** दर्शन

Q.14 दिए गये विकल्पों में से 'काया' शब्द का समानार्थी विकल्प कौन-सा है।

A. चक्षु **B.** तम **C.** तरु **D.** गात

Q.15 हिन्दी में रिपोर्ताज विधा का जनक किसे माना जाता है?

A. राम कुमार वर्मा **B.** राम विलास शर्मा
C. शिव दान सिंघ चौहान **D.** नंद दुलारे बाजपेयी

Ques (16-18):निर्देश: निम्नलिखित गद्यांश के आधार पर प्रश्नों के उत्तर दीजिए-दूसरों को स्नेह देना और उनका सम्मान करना सामाजिक सफलता का एकमात्र मंत्र है। जीवन में सुख-शांति और उन्नति चाहने वाले प्रत्येक महत्वाकांक्षी को सबसे पहले यही सीख धारण करनी चाहिए। युधिष्ठिर के राजसूय यज्ञ में कृष्ण ने लोगों के स्वागत की जिम्मेदारी ली और बदले में वे उस यज्ञ के सर्वाधिक पूज्य व्यक्ति माने गये। ईसा मसीह, गौतम बुद्ध, महावीर महात्मा गांधी जैसे महापुरुषों में रंचमात्र भी अभिमान न था। उन्होंने सदैव दूसरों को महत्त्व दिया और वे स्वयं ही महान बन गए। मान-सम्मान का मूल्य चुकाना असंभव है। अत: विद्यार्थी जीवन का भी प्रथम पाठ यही है कि वह गुरु के प्रति सच्चे सम्मान का भाव हृदय में पैदा करे, अन्यथा उसकी विद्या निष्फल है।

Q.16 'रंचमात्र भी अभिमान न था' का तात्पर्य कौन-सा विकल्प दर्शाता है?

A. कम अभिमान न था
B. जरा-सी भी अभिमान था
C. बहुत अभिमान न था
D. अधिक अभिमान न था

Q.17 दिए गए विकल्पों में से 'स्वागत' का संधि विच्छेद कौन-सा विकल्प है?

A. स्व + आगत **B.** स्वा + गत
C. स्वा + आगत **D.** सु + आगत

Q.18 प्रस्तुत गद्यांश के द्वारा क्या संदेश दिया गया है?

A. सदा सुख-शांति रखें।
B. सदा कर्म पर अडिग रहें।
C. सदा आदरणीय बनें।
D. सदा दूसरों को स्नेह एवं सम्मान दें।

Q.19 "योग्य व्यक्ति ही पहचाना जाता है" वाक्य में 'योग्य' शब्द क्या है?

A. परिमाणवाचक विशेषण **B.** संख्यावाचक विशेषण
C. सार्वनामिक विशेषण **D.** गुणवाचक विशेषण

Q.20 जैनेन्द्र कुमार की किस रचना को हिन्दुस्तानी अकादमी पुरस्कार से सम्मानित किया गया है?

A. कल्याणी **B.** त्यागपत्र **C.** सुनीता **D.** परख

Q.21 वर्तनी की दृष्टि से दिए गए विकल्पों में से अशुद्ध विकल्प छाँटिए।

A. उपर्युक्त **B.** ब्यंग **C.** पूजनीय **D.** महीना

Q.22 दिए गए विकल्पों में से 'संधि' शब्द का विलोम शब्द पहचानिए।

A. सरस **B.** सुगम **C.** सार्थक **D.** विग्रह

Q.23 "जिस वाक्य समूह में एक वाक्य ____ हो और अन्य वाक्य उसके ____ हों, उसे मिश्रण वाक्य कहते हैं।" दिए गए विकल्पों में से सही विकल्पों का चयन करके वाक्य पूर्ण करें।

A. प्रधान, गोष्ठी **B.** प्रधान, आश्रित
C. मुख्य, प्रधान **D.** आश्रित, प्रधान

Q.24 न्यूनतम विशेषण की कौन-सी अवस्था है?

A. मूलावस्था **B.** प्रथमावस्था
C. उत्तरावस्था **D.** उत्तमावस्था

Q.25 हिन्दी के सफलतम उपन्यासों से गिना जाने वाला 'आपका बंटी' की उपन्यासकार कौन हैं?

A. मन्नू भंडारी **B.** कृष्णा सोबती
C. मृदुला गर्ग **D.** चित्रा मुदगल

Q.26 दिए गए विकल्पों में से सही विकल्पों का चयन करके वाक्य पूर्ण करें। "जिससे____प्राप्त करने की इच्छा हो, वह_____कहलाता है।"

A. मोक्ष, मुमुक्ष **B.** मोक्ष, पारंगत
C. मोक्ष, पारदर्शक **D.** स्वर्ग, जिज्ञासु

Q.27 भ्रांतिमान अलंकार का उदाहरण निम्न में से कौन-सा है?

A. सीतल चंदन चंदहू, लगे जरावन गात
B. सोहत ओढत पीत पट, स्याम सलोने गात

C. नाक का मोती अधर की कांति से, बीज दाडिम का समझकर भ्रांति से

D. उदित उदयगिरी मंच पर, रघुबर बाल पतंग

Q.28 दिए गए विकल्पों में से 'उदय' का विलोम शब्द कौन-सा है?

A. अस्त **B.** अन्त **C.** आदि **D.** मंद

Q.29 विग्रह की दृष्टि से दिए गए विकल्पों में से कौन-सा विकल्प अनुचित है?

A. वन में वास **B.** देश पर निकाला

C. चन्द्र का प्रकाश **D.** जल की धारा

Q.30 'देश में राजनीति के प्रति लोगों की_______को देखते हुए 25 जनवरी को देश में मतदाताओं को_______करने के लिए राष्ट्रीय मतदाता दिवस मनाये जाने का संकल्प लिया गया है।' दिए गए विकल्पों का चयन करके वाक्य पूर्ण करें।

A. अंधविश्वास, प्रोत्साहित **B.** स्नेह, शिक्षित

C. उत्सुकता, इकट्ठा **D.** उदासीनता, जागरूक

Q.31 निम्न में से कौन-से शब्दों का विकल्प स्त्रीलिंग में नहीं आता?

A. पंजाबी, बंगाली **B.** सप्ताह, महीना

C. आँख, नाक **D.** गंगा, यमुना

Q.32 निम्न में से कौन-सा शब्द बहुवचन है?

A. गौ **B.** गुरुजन **C.** लेखक **D.** अनुज

Q.33 'करत-करत अभ्यास के जड़मति होत सुजान' – इस लोकोक्ति का तात्पर्य क्या है?

A. अनिश्चय में सफलता मिलती है।

B. अभ्यास मूर्ख को भी चतुर बना देता है।

C. अभ्यास से जड़मति होती है।

D. सुजान अभ्यास से जड़ हो जाता है।

Q.34 'साहित्य का_______प्रत्येक मनुष्य के लिए अनिवार्य है।' दिए गए विकल्पों में से सही का चयन करके वाक्य पूर्ण करें।

A. पहचान **B.** ज्ञान **C.** परख **D.** पथ

Q.35 'संगति का प्रभाव जरुर पड़ता है' प्रस्तुत वाक्य निम्नवर्णित में से किस लोकोक्ति का उचित अर्थ है?

A. ऊँट के मुँह में जीरा।

B. अंधा क्या मांगे दो आँखे।

C. पर उपदेश कुशल बहुतेरे।

D. खरबूजे को देखकर खरबूजा रंग बदलता है।

Q.36 कहानी 'बूढ़ी काकी तथा अन्य नाटक' की रचनाकार कौन हैं?

A. सुधा अरोड़ा **B.** चित्रा मुद्गल

C. राजी सेठ **D.** कृष्णा सोबती

Q.37 'संस्था' शब्द का बहुवचन क्या है?

A. संस्थापन **B.** संस्थाओं **C.** संस्थाएँ **D.** संस्थागत

Q.38 निम्नलिखित वाक्य के किस भाग में त्रुटि है?
रूस का समुद्र किनारे जमा हो रहे बर्फ के इन गोलों का रहस्य क्या है?

A. बर्फ के इन गोलों का **B.** रूस का समुद्र किनारे

C. जमा हो रहे **D.** रहस्य क्या है

Q.39 अंतिकाटू वचन कहति कैकेई। मानहु लोनजरे पर देई। इस पंक्ति में कौन-सा अलंकार है?

A. श्लेष **B.** विभावना **C.** यमक **D.** उत्प्रेक्षा

Q.40 हिन्दी की प्रमुख पत्रिका 'धर्मयुग' के संपादक निम्न में से कौन-थे?

A. हजारी प्रसाद द्विवेदी **B.** कमलेश्वर

C. धर्मवीर भारती **D.** प्रेमचंद

General Knowledge/Law & Constitution

Q.41 छावनियाँ वो क्षेत्र होती हैं जिसमें सैन्य और नागरिक आबादी दोनों शामिल हैं। छावनी बोर्ड ______ के नियंत्रण के तहत भारत में नागरिक प्रशासन निकायों में से एक है।

A. रक्षा मंत्रालय

B. भारत के राष्ट्रपति

C. मानव संसाधन विकास मंत्रालय

D. गृह मंत्रालय

Q.42 इस ट्रैफिक प्रतीक का क्या अर्थ है?

A. आगे कंपन-पट्टी है

B. आगे ऊबड-खाबड़ रास्ता है

C. आगे 2 गति अवरोधक है

D. आगे पहाड़ी रास्ता है

Q.43 निम्न में से कौन-सा सूचना प्रदाता संरक्षण अधिनियम, 2014 के संबंध में सही है?
(A) विधेयक सार्वजनिक और निजी क्षेत्र दोनों में भ्रष्टाचार के कृत्यों से संबंधित सूचना प्रदाता की रक्षा करने से संबंधित है।
(B) सतर्कता आयोग को भ्रष्टाचार के खिलाफ शिकायत में शिकायकर्त्ता की पहचान बताने की जरुरत नहीं है।

A. (A) और (B) दोनों **B.** केवल (B)

C. न तो (A) न ही (B) **D.** केवल (A)

Q.44 शपथ और अभिपुष्टि के रूपों का भारत के संविधान की _____ अनुसूची में उल्लेख किया गया है।

A. तीसरी **B.** चौथी **C.** दूसरी **D.** पहली

Q.45 निम्न में से कौन-सा संविधान सभा के बारे में सही है?
(A) संविधान का मसौदा तैयार करना ही संविधान सभा का एकमात्र कार्य है।
(B) एक बार जब संविधान अस्तित्व में आता है तो, संविधान सभा भंग कर दी जाती हैं।

A. (A) और (B) दोनों

B. केवल (A)

C. केवल (B)

D. (A) और (B) दोनों में से कोई नहीं

Q.46 _______ एक ऐसा प्रश्न है जो प्रश्नकाल में पूछा जाता है जब सदस्य को सदन में मौखिक उत्तर की आवश्यकता होती है और इसके परिणामस्वरूप जिस पर पूरक प्रश्न पूछे जा सकते हैं।

A. तारांकित प्रश्न

B. गैर-सरकारी सदस्य को संबोधित प्रश्न

C. अल्प सूचना प्रश्न

D. अतारांकित प्रश्न

Q.47 संसद और राज्य विधानमंडलों के चुनाव के संबंध में चुनाव याचिका _______ के समक्ष दायर की जा सकती है।

A. निर्वाचन आयोग **B.** सर्वोच्च न्यायालय

C. उच्च न्यायालय **D.** राष्ट्रपति

Q.48 किसी राज्य विधान परिषद का निर्माण या निरस्त करने के लिए, राज्य विधान सभा को एक प्रस्ताव पारित करना होगा, जिसे निम्न द्वारा समर्थित होना चाहिए।
(A) सदन की बहुमत संख्या

(B) सदन में उपस्थित और मतदान करने वाले सदस्यों का 2/3 बहुमत।

A. (A) और (B) दोनों

B. (A) और (B) दोनों में से कोई नहीं

C. केवल (A)

D. केवल (B)

Q.49 निम्नलिखित में से किसका भारत के मूल संविधान में राज्य नीति के एक निदेशक सिद्दान्त के रूप में उल्लेख नहीं किया गया?

A. जीवन स्तर को बढ़ावा राज्य का कर्तव्य

B. पोषण का स्तर बढ़ाना राज्य का कर्तव्य

C. पर्यावरण की रक्षा करना और बेहतर बनाना राज्य का कर्तब्य

D. सार्वजनिक स्वास्थ्य में सुधार करना राज्य का कर्तव्य

Q.50 निम्न में से किन पर जनहित याचिका मामलों के रूप में विचार नहीं किया जाता है?

(A) मकान मालिक-किरायेदार मामले।

(B) सेवा मामले और पेंशन और ग्रेच्युटी से संबंधित मामले।

(C) पारिवारिक पेंशन

A. (A), (B) और (C) **B.** केवल (A)

C. (A) और (B) **D.** (B) और (C)

Q.51 कम्प्यूटर तकनीक की पहली पीढ़ी में किस भाषा का प्रयोग किया गया था?

A. कोबोल (COBOL) **B.** फोर्टेन (FORTRAN)

C. असेंबली भाषा **D.** मशीन भाषा

Q.52 किस विवादित मामले में सर्वोच्च न्यायालय की बेंच ने कहा कि "न्यायिक समीक्षा संविधान की बुनियादी विशेषता है और नौंवी अनुसूची में एक ऐसा अधिनियम सम्मिलित करना, जिसे या जिसके हिस्से को न्यायिक समीक्षा की शक्ति का प्रयोग करते हुए असंवैधानिक माना गया है, संविधान के मूल ढाँचे को नष्ट करना या नुकसान पहुँचाना है।"

A. आईआर कोएल्हो बनाम तमिलनाडु राज्य

B. केशवानंद भारती बनाम केरल

C. मेनका गांधी बनाम भारत सरकार

D. कॉमन कॉज बनाम भारत सरकार

Q.53 निम्न में से कौन-सा एक कर बचत निवेश नहीं है?

A. गृह ऋण मूलधन चुकौती

B. सार्वजानिक भविष्य निधि (पीपीएफ)

C. जीवन बीमा प्रीमियम

D. सावधि जमा (एफडी)

Q.54 'उडी हमला' जम्मू एवं कश्मीर के राज्य में भाती हथियारों से लैस चार आतंकवादियों के द्वारा हुआ था, वह किस तारीख को हाआ था?

A. 25 सितम्बर, 2016 **B.** 20 सितम्बर, 2016

C. 18 अगस्त, 2016 **D.** 18 सितम्बर, 2016

Q.55 केन्द्रीय जाँच ब्यूरो (सीबीआई) के संस्थापक निदेशक कौन थे?

A. करम चंद जैन

B. खान बहादुर कुर्बान अली खान

C. डी. पी. कोहली

D. एम.सी. मेहता

Q.56 निम्न में से कौन-सा राज्य के नीति निदेशक सिद्धान्तों में नहीं कहा गया था?

(A) शिक्षा का अधिकार

(B) ग्राम पंचायतों संगठन

A. (A) और (B) दोनों में से कोई नहीं

B. केवल (A)

C. (A) और (B) दोनों

D. केवल (B)

Q.57 निम्नलिखित में से कौन-सा भारत में निर्वाचित प्रतिनिधियों का एक संसदीय विशेषधिकार है?

(A) संसद में बोलने की स्वतंत्रता

(B) संसद में कुछ भी कहने या उनके द्वारा दिए हुए किसी मतदान के संबंध में गिरफ्तारी से मुक्ति

(C) जब सदन चालू है तो एक गवाह के रूप में भाग लेने से छूट।

A. (A) और (B) **B.** (B) और (C)

C. (A), (B) और (C) **D.** (A) और (C)

Q.58 बोतल बनाने में इस्तेमाल होने वाला पॉलीमर क्या है?

A. पोलीप्रोपाइलिन

B. कम घनत्व का पॉलीएथिलीन

C. पोलीएसटीरीन

D. ज्यादा घनत्व का पॉलीएथिलीन

Q.59 संविधान का वो कौन-सा एकमात्र हिस्सा है जिसे पूरी तरह से हटा कर दिया गया है?

A. भाग 22 **B.** भाग 11 **C.** भाग 7 **D.** भाग 5

Q.60 हिमालय में पंग्सन दर्रा ________ जोड़ता है।

A. सिक्किम को चीन से

B. हिमाचल प्रदेश को तिब्बत से

C. उत्तराखंड को तिब्बत से

D. अरुणाचल प्रदेश को म्यांमार से

Q.61 निम्नलिखित में से कौन-सा संगठन वैश्विक भूख सूचकांक (जीएचआई) जारी करता है?

A. अखिल अमेरिकी स्वास्थ्य संगठन (पीएएचओ)

B. अंतर्राष्ट्रीय खाद्य नीति अनुसंधान संस्थान (आईएफपीआरआई)

C. विश्व स्वास्थ्य संगठन (डब्ल्यूएचओ)

D. रेडक्रॉस की अंतर्राष्ट्रीय समिति (आईसीआरसी)

Q.62 अन्हिलवाड़ा किस राजवंश की राजधानी थी?

A. राष्ट्रकूट **B.** मित्राका राजवंश

C. पाल राजवंश **D.** सोलंकी

Q.63 भारतीय दंड संहिता की धारा 307 का संबंध निम्न में से किससे है?

A. खतरनाक हथियारों का उपयोग कर स्वेच्छा से चोट पहुँचाना

B. हत्या का प्रयास

C. अप्राकृतिक अपराध

D. अनुचित निरोध और अनुचित बंधन

Q.64 ________ नाम भारत के परमाणु कार्यक्रम को दिया गया था जिसमें भारत ने पोखरण में 15 किलोटन प्लूटोनियम उपकरण का विस्फोट किया और परमाणु क्लब का सदस्य बन गया।

A. ऑपरेशन सनफ्लॉवर

B. ऑपरेशन राइजिंग टाइगर

C. ऑपरेशन स्माइलिंग बुद्धा

D. मुक्ति वाहिनी

Q.65 वे किसान जो तुरंत फसल ऋण चुकाते हैं, उन्हें भारत सरकार द्वारा _______% की दर से अतिरिक्त ब्याज सहायता दी जाती है।

A. 0.7% **B.** 0.3% **C.** 0.4% **D.** 0.2%

Q.66 निम्नलिखित में से कौन-सी एक रूपांतरित चट्टान है?

A. असिताश्म **B.** सीनईट **C.** शैल **D.** बालू पत्थर

Q.67 निम्नलिखित में से कौन-सा केन्द्र के कानून बनाने के अधिकार के संबंध में सही है?

(A) संसद, किसी भी अन्य देश के साथ किसी भी संधि या अंतर्राष्ट्रीय समझौते को लागू करने के लिए पूरे या भारत के राज्यक्षेत्र के किसी भी हिस्से के लिए कानून बना सकती है।

(B) इस उद्देश्य के लिए संसद द्वारा पारित किसी भी कानून को राज्य सूची में उल्लिखित विषय से संबंधित होने के आधार पर अवैध नहीं टहराया जा सकता।

A. (A) और (B) दोनों

B. केवल (A)

C. केवल (B)

D. (A) और (B) दोनों में से कोई

Q.68 यदि कोई सिविल सेवक अनुसूचित जाति/अनुसूचित जनजाति से संबंधित अपने कर्तव्य की उपेक्षा करता है, तो उसे अधिकतम अनुसूचित जाति और अनुसूचित जनजाति (अत्याचार निवारण) अधिनियम की धारा 4 के तहत अधिकतम कितने समय तक दंडित किया जा सकता है?

A. 24 महीने **B.** 3 महीने **C.** 12 महीने **D.** 0 महीने

Q.69 भारतीय पुलिस सेवा (आईपीएस) के लिए संवर्ग नियंत्रित करने वाला प्राधिकरण कौन-सा है?

A. मानव संसाधन विकास मंत्रालय

B. भारत की की लोक सेवा के प्रमुख

C. गृह मंत्रालय

D. पुलिस अनुसंधान एवं विकास ब्यूरो

Q.70 भारत में अबाधित मार्ग से खुदरा क्षेत्र में प्रत्यक्ष विदेशी निवेश की अनुमेय सीमा कितने प्रतिशत है?

A. 49% **B.** 74% **C.** 25% **D.** 100%

Q.71 निम्नलिखित में से कौन-सा/से निकाय सूचना का अधिकार (RTI) के दायरे में आता है?

(A) स्वापक नियंत्रण ब्युरो

(B) प्रवर्तन निदेशालय

(C) अनुसंधान और विश्लेषण स्कंध।

A. (A) और (C)

B. (B) और (C)

C. (A) और (B)

D. (A), (B) और (C) में से कोई भी नहीं

Q.72 वह कौन-सा पुरस्कार है जो उन व्यक्तियों और संस्थाओं को पर्यावरण एवं वन मंत्रालय द्वारा दिया जाता है जिन्होने वनीकरण और बंजर भूमि विकास के क्षेत्र में अग्रणी काम किया है?

A. वन विज्ञान पुरस्कार

B. पर्यावरण के नायक पुरस्कार

C. इंदिरा प्रियदर्शनी वृक्ष मित्र पुरस्कार

D. इंदिरा गांधी पर्यावरण पुरस्कार

Q.73 एक दुर्भावनापूर्ण कार्यक्रम है जो उस समय निष्पादित होता है जब एक निश्चित मानदंड पूरा किया जाता है, या एक निश्चित फाइल तक पहुचा जाता है, या जब एक निश्चित कुंजी संयोजन दबाया जाता है।

A. लांजिक हैक **B.** सेवा से इंकार

C. रूट-किट **D.** लॉजिक बम

Q.74 कोलकाता में धर्म सभा की स्थापना किसने की थी?

A. गोपी मोहन देव

B. भाई बालक सिंह

C. सैयद अहमद

D. हेनरी लौइस्विविअन डेरोजियो

Q.75 कौन-से संगठन, ने एक आजीविका संसाधन के रूप में भूमि और जंगलों पर लोगों के नियंत्रण पर ध्यान केंद्रित किया और 2007 में बैनर जनादेश और 2012 में जन सत्यग्राह के तहत पदयात्रा आयोजित की?

A. एकता परिषद

B. चेंगरा

C. लैंड फॉर टिलर्स फ्रीडम (एलएएफटीआई)

D. पारदी

Q.76 शहरों में भूमिगत मिट्टी के प्रदूषण का सबसे बड़ा कारण कौन-सा होता है?

A. क्रोमियम **B.** स्वच्छता अपशिष्ट

C. विघटित सामग्री **D.** कैडमियम

Q.77 चीन में बनी विश्व की सबसे बड़ी रेडियो दूरबीन का उपनाम क्या है?

A. तियानयान **B.** केएटी -7

C. देलिया **D.** नन्शान

Q.78 निम्नलिखित में से कौन-सा मद राज्य सूची का एक हिस्सा है?

A. न्यास और न्यासी

B. जंगली पशुओं और पक्षियों का संरक्षण

C. सामाजिक सुरक्षा और सामाजिक बीमा

D. भारत में तीर्थ

Q.79 अंडे की सफेदी में मौजूद प्रोटीन जो विटाभिन बी -7 के अवशोषण को रोकता है वह दिए गए विकल्पों में से कौन-सा है?

A. एल्बयूमिन **B.** ग्लूटाइमाइन

C. केराटिन **D.** एबीडीन

Q.80 सरकारी खर्च के स्त्रोत कौन-से है?

A. घाटे की वित्त व्यवस्था और कर में बढ़ोतरी ऋण का विस्तार

B. ब्याज दर बढ़ोतरी

C. ब्याज दर में कमी

D. राजनीतिक माहौल में परिवर्तन

Numerical & Mental Ability

Q.81 एक व्यक्ति दो वस्तुएँ 12900 रुपये प्रति वस्तु की दर से बेचता है, इस सौदे में उसे न तो लाभ होता है न ही हानि। यदि उसने एक वस्तु 29% लाभ पर बेची है तो दूसरी वस्तु उसने कितनी हानि पर बेची है?

A. 18.53% **B.** 46.23% **C.** 24.83% **D.** 23.455%

Q.82 एक व्यक्ति एक यात्रा में चार स्थानों चेन्नई, बंगलौर, दिल्ली और मुंबई का दौरा करना चाहता था। व्यक्ति द्वारा मुंबई से बिल्कुल पहले चेन्नई का दौरा करने की प्रायिकता ज्ञात कीजिये।

A. $\frac{1}{2}$ **B.** $\frac{1}{12}$ **C.** $\frac{1}{4}$ **D.** $\frac{1}{6}$

Q.83 यदि x के 15% का 24% = 10.8 रुपये है, तो x का मान क्या होगा?

A. 300 रुपये **B.** 150 रुपये **C.** 360 रुपये **D.** 320 रुपये

Q.84 15 लीटर विलयन जिसमें 40% अम्ल और 60% पानी है उसमें 25 लीटर ऐसा विलयन मिलाया जाता है जिसमें 60% अम्ल और 40% पानी है। परिणामी मिश्रण में पानी का प्रतिशत ज्ञात कीजिये।

A. 50% **B.** 38% **C.** 60% **D.** 47.50%

Q.85 एक व्यक्ति को एक दूरी तक यात्रा करने में 10 घंटे लगते हैं। यदि वह अपनी गति को 20% कम कर देता है तो उतनी ही दूरी को तय करने के लिए लगने वाले समय में कितने प्रतिशत की बढ़ोतरी होगी?

A. 33.33%

B. 20%

C. 25%

D. निर्धारित नहीं किया जा सकता

Q.86 यदि $\frac{x}{(y+z)} = \frac{y}{(x+z)} = \frac{z}{(x+y)} = K$, K का संभावित मान ________ है।

A. -2 **B.** $\frac{1}{2}$ और -1

C. $-\frac{1}{2}$ और 1 **D.** -1

Q.87 एक हेलीकाप्टर 6 घंटे में 180 किमी/घंटे की गति से एक निश्चित दूरी

तय करता है। वही दूरी $\frac{10}{3}$ घंटे में तय करने के लिए, उसे किस गति से यात्रा करनी होगी?

A. 360 किमी/घंटे **B.** 344 किमी/घंटे

C. 315 किमी/घंटे **D.** 324 किमी/घंटे

Q.88 समीकरण $\frac{1}{2}+\frac{1}{4}+\frac{1}{8}+\frac{1}{a}+\frac{1}{6}=\frac{2}{6}+\frac{1}{3}+\frac{2}{3}$ का सरलीकरण कीजिये और a का मान ज्ञात कीजिये।

A. $\frac{25}{24}$ **B.** $\frac{24}{7}$ **C.** 3 **D.** $\frac{7}{24}$

Q.89 18 व्यक्तियों के एक परिवार का औसत वजन तब 1 किलो से कम हो जाता है जब उसमें एक बच्चे का वजन जोड़ा जाता है। यदि बच्चे का वजन शामिल करने के बाद परिवार का औसत वजन 19 किलो है, तो बच्चे का वजन क्या होगा?

A. 19 किलो **B.** 1 किलो **C.** 2 किलो **D.** 3 किलो

Q.90 एक सिलाई मशीन का मूल्य हर वर्ष 15% की दर से कम होता है। इसे 2 वर्ष पहले खरीदा गया था। यदि मशीन का वर्तमान मूल्य 1445 रुपये है, तो इसका क्रय मूल्य ज्ञात कीजिये।

A. 2400 रुपये **B.** 2200 रुपये

C. 1800 रुपये **D.** 2000 रुपये

Q.91 संख्या को 6 और 9 से विभाजित करने पर शेषफल क्रमशः a और b मिलता है। कितने भिन्न मूल्य हो सकते हैं |a – b| है?

A. 3 **B.** 2 **C.** 4 **D.** 1

Q.92 तीन प्रोफेसर डॉ. राम, डॉ. राधा और डॉ. कला एक विषय की उत्तर कॉपियों का मूल्यांकन कर रहे हैं। डॉ. राम, डॉ. राधा की तुलना में 40% अधिक सक्षम हैं, जो डॉ. कला से 20% अधिक सक्षम हैं। डॉ. राम, डॉ. राधा की तुलना में मूल्यांकन कार्य पूरा करने के लिए 10 दिन कम लेते हैं। डॉ. राम मूल्यांकन कार्य शुरू करते हैं और 10 दिनों तक काम करते हैं और उसके बाद डॉ. राधा उस काम को जारी रखती हैं। डॉ. राधा अगले 15 दिनों तक मूल्यांकन करती हैं और फिर बंद कर देती हैं फिर वह काम डॉ. कला द्वारा किया जाता है।
शेष मूल्यांकन कार्य पूरा करने के लिए डॉ. कला कितने दिन लेंगी?

A. 7.2 दिन **B.** 6 दिन **C.** 6.2 दिन **D.** 7 दिन

Q.93 एक बर्तन का 3 भाग फलों के रस से और 5 भाग पानी से भरा है। उसमें से कितने मिश्रण को निकाल कर उसमें उसी मात्रा में फलों के रस भरे जाने से फलों के रस और पानी का अनुपात 1 : 1 हो जाएगा?

A. $\frac{13}{19}$ **B.** $\frac{1}{5}$ **C.** $\frac{11}{6}$ **D.** $\frac{7}{9}$

Q.94 एक वितरण 20, 25 और 30 की आवृत्ति वाले 3 घटकों से बना हैं, जिसमें क्रमशः 25, 10 और 15 माध्य हैं। संयुक्त वितरण का माध्य ज्ञात कीजिये।

A. 17.5 **B.** 16 **C.** 20 **D.** 14

Q.95 दो पाइप एक टंकी को क्रमशः 10 मिनट और 12 मिनट में भर सकते हैं। एक निकासी पाइप प्रति मिनट 9 गैलन खाली कर सकता है। तीनों पाइप साथ मिलकर टंकी को 30 मिनट में भर सकते हैं। टंकी की क्षमता का ज्ञात कीजिये।

A. 60 गैलन **B.** 180 गैलन **C.** 120 गैलन **D.** 240 गैलन

Q.96 टॉम ने अपने बेटे अरुण को अपनी आधी संपत्ति दे दी और शेष संपत्ति का एक चौथाई अपनी बेटी को दे दिया। उसने अपनी कुल संपत्ति का $\frac{1}{16}$ वाँ भाग एक संस्था को दान कर दिया। टॉम की संपत्ति का कितना अंश टॉम के पास बचा है?

A. $\frac{9}{16}$ **B.** $\frac{3}{16}$ **C.** $\frac{5}{16}$ **D.** $\frac{1}{6}$

Q.97 क्रमशः 4 सेमी और 6 सेमी आंतरिक और बाहरी व्यास के एक खोखले गोले को एक 8 सेमी आधार व्यास वाले शंकु में पिघलाया जाता है। शंकु की ऊँचाई ज्ञात कीजिये।

A. 4.75 सेमी **B.** 38 सेमी **C.** 9.5 सेमी **D.** 19 सेमी

Q.98 SOFTWARE शब्द के अक्षरों को कितने तरीके से क्रमबद्ध किया जा सकता है ताकि सभी स्वर एक साथ हों?

A. 102 **B.** 360 **C.** 1440 **D.** 4320

Q.99 50 व्यक्तियों के पास औसत धनराशि 40 रुपये हैं। वे संपूर्ण धनराशि को एक थैले में रख देते हैं, परन्तु उसमें से 500 रुपये चोरी हो जाते हैं। कुल 'n' लोग कुछ भी पैसा न लेने पर सहमत होते है और शेष राशि बाकी लोगों में बराबर बाँट दी जाती है जिससे उनमें से हर एक को 50 रुपये मिलते हैं। तो n = ?

A. 30 **B.** 20 **C.** 10 **D.** 15

Q.100 1850 से 2050 तक कितने लीप वर्ष हैं?

A. 51 **B.** 49 **C.** 48 **D.** 50

Q.101 निम्नलिखित संख्याओं में से कौन-सी संख्या में 8 की वृद्धि होने के बाद यह 7, 8, 5 और 11 से विभाज्य है?

A. 6158 **B.** 6254 **C.** 6160 **D.** 6152

Q.102 एक राशि में प्रत्येक वर्ष इसके मूल राशि से $\frac{1}{5}$वें भाग की वृद्धि होती है। यदि वर्तमान राशि 10,000 रुपये है, तो 3 वर्ष के बाद कुल राशि कितनी होगी?

A. 17280 रुपये **B.** 18324 रुपये

C. 15675 रुपये **D.** 19000 रुपये

Q.103 दो रेल एक साथ चलती हैं, जिसमें से एक स्थान C से B की ओर यात्रा कर रही है और दूसरी स्थान B से C की ओर यात्रा कर रही है। दोनों के मिलने के बाद, रेलें अपने गंतव्य स्थानों पर क्रमशः 4 घंटों और 9 घंटों में पहुँचती हैं। उनकी गति का अनुपात ज्ञात कीजिये।

A. 4 : 3 **B.** 4 : 5 **C.** 3 : 2 **D.** 3 : 4

Q.104 एक व्यापारी अपना माल बेच कर 5% का लाभ अर्जित करता है। उसके लाभ का प्रतिशत क्या होगा यदि उसके क्रय मूल्य और विक्रय मूल्य दोनों में 20% की वृद्धि होती है।

A. 5% **B.** 8% **C.** 6% **D.** 10%

Q.105 आज बुधवार है। 148 दिनों बाद कौन-सा दिन होगा?

A. गुरूवार **B.** रविवार **C.** सोमवार **D.** शुक्रवार

Q.106 5% चक्रवृद्धि ब्याज पर 7500 रुपये की राशि का भुगतान 3 वर्षों में समान वार्षिक किश्तों में जमा किया जाना है। प्रत्येक किश्त की राशि ज्ञात कीजिये।

A. 4257 रुपये **B.** 2574 रुपये

C. 2457 रुपये **D.** 2754 रुपये

Q.107 एक कार्य को पूरा करने के लिए A और B साथ में 6 दिन लेते हैं, B और C साथ में 15 दिन लेते हैं, और A, B और C, 5 दिन लेते हैं। एक साथ कार्य करते हुए A और C उस कार्य को पूरा करने में कितना समय लेंगे?

A. 6.5 दिन **B.** 6 दिन **C.** 5 दिन **D.** 5.5 दिन

Ques (108-110):निर्देश: निम्नलिखित चित्र को देखें और नीचे दिए गए प्रश्न के उत्तर दें।

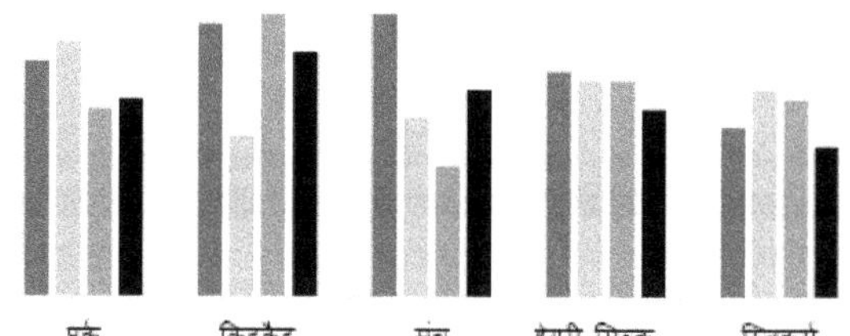

(उपरोक्त बार ग्राफ में पहला स्तम्भ 2001, दूसरा स्तम्भ 2002, तीसरा स्तम्भ 2003 और चौथा स्तम्भ 2004 को प्रदर्शित करता है।)

Q.108 वर्ष 2001 में पर्क की बिक्री के अनुपात में 2003 में किटकैट की बिक्री का अनुपात क्या है?

A. 6 : 5 **B.** 2 : 3 **C.** 3 : 2 **D.** 5 : 6

Q.109 स्निकर्स की औसत बिक्री की तुलना में मंच की औसत बिक्री का प्रतिशत क्या है?

A. 94.46% **B.** 95.7% **C.** 92.25% **D.** 90.58%

Q.110 डेयरी मिल्क की औसत बिक्री की तुलना में किटकैट की औसत बिक्री की प्रतिशत वृद्धि क्या है?

A. 10.5% **B.** 15.6% **C.** 24.05% **D.** 13.33%

Q.111 एक कॉलेज में लड़कों की कुल संख्या कॉलेज में लड़कियों की कुल संख्या से 16% अधिक है। उस कॉलेज में लड़कों की कुल संख्या का अनुपात लड़कियों की तुलना में क्या है?

A. 20 : 27 **B.** 29 : 25 **C.** 32 : 25 **D.** 18 : 19

Q.112 एक रेल 72 किमी/घंटे की गति से बढ़ रही है। यदि रेल की लंबाई 220 मीटर है, तो 330 मीटर लम्बे प्लेटफार्म को पार करने में यह कितना समय लेगी?

A. 48.5 सेकंड **B.** 11 सेकंड
C. 16.5 सेकंड **D.** 27.5 सेकंड

Q.113 3^{40} को 4 से विभाजित करने पर शेषफल क्या होगा?

A. 1 **B.** 2 **C.** 3 **D.** 0

Q.114 वह सबसे छोटी संख्या ज्ञात कीजिये जिसे $\frac{2}{3}$, $\frac{3}{5}$, और $\frac{6}{10}$ भिन्नों में से प्रत्येक से विभाजित किये जाने पर प्रत्येक बार भागफल के रूप में पूर्ण संख्या प्राप्त हों।

A. $\frac{6}{30}$ **B.** $\frac{1}{30}$ **C.** 6 **D.** $\frac{6}{4}$

Q.115 समीकरण $\frac{(120 \div 20 \times y + 31)}{(8^2 - 6 \times 4 + y^2)} = 1$ का सरलीकरण कीजिये और y का मान ज्ञात कीजिये।

A. 6 **B.** 3 **C.** 4 **D.** 2

Q.116 दो समान त्रिभुजों ABC और DEF के क्षेत्रफल क्रमशः144 सेमी^{2}, 81 सेमी^{2} हैं। यदि ΔABC की सबसे बड़ी भुजा 36 सेमी है, तो ΔDEF की सबसे बड़ी भुजा ज्ञात कीजिये।

A. 27 सेमी **B.** 26 सेमी **C.** 30 सेमी **D.** 20 सेमी

Q.117 10, 18, 14, और 26 से क्या घटाया जाना चाहिए ताकि परिणामी संख्याएँ आनुपातिक हो जाएँ?

A. 8 **B.** 6 **C.** 4 **D.** 2

Q.118 $\left(\frac{-1}{729}\right)^{-\frac{1}{2}}$ का मान ________ है।

A. $\frac{1}{81}$ **B.** −81 **C.** $-\frac{1}{81}$ **D.** 81

Q.119 यदि $\frac{a}{b} = \frac{5}{8}$ तो $\frac{11}{14} + \frac{(b-a)}{(b+a)} = ?$

A. $\frac{185}{182}$ **B.** $\frac{180}{183}$ **C.** $\frac{182}{183}$ **D.** $\frac{182}{185}$

Q.120 किसी भी दो समूहों A और B के लिए A ∪ (A ∩ B) = ?

A. O **B.** B **C.** A ∩ B **D.** A

Mental Aptitude & Reasoning

Q.121 एक निश्चित कूट भाषा में "PRINCE" को "356987" के रूप में लिखा गया है। उस भाषा में "NICE" कैसे लिखा जाएगा?

A. 8965 **B.** 9687 **C.** 9876 **D.** 7896

Q.122 निर्देश: निम्न कथन को पढ़िये और निर्दिष्ट कीजिए कि निम्नलिखित में से कौन सा/से तर्क सशक्त हैं?

कथन: हाल ही में, केंद्र सरकार ने विभिन्न श्रेणियों में फिल्मों को प्रमाणित करने के लिए फिल्म सेंसर बोर्ड की भूमिका को सीमित करने का निर्णय लिया है।

तर्क:

I. सरकार का दायित्व है कि वह समाज के नैतिक ढांचे की रक्षा करे। इस कर्तव्य का निर्वहन करने का एक तरीका फिल्म सेंसरशिप है। सरकार इस कदम के माध्यम से अपने उत्तरदायित्व से पीछे हट जाएगी।

II. कई क्षेत्रों में, भारत उन्नत अर्थव्यवस्थाओं के विशिष्ट समूहों में शामिल हो रहा है। उन देशों की तरह, इसे भी पुरातन प्रथाओं से छुटकारा पाना चाहिए।

III. लोकतांत्रिक विकास के उद्देश्य में व्यक्तिगत स्वतंत्रता के प्रयासों को भी शामिल किया जाना चाहिए और यह साहसिक फैसलों में से एक है जिसे प्रोत्साहित किया जाना चाहिए।

A. केवल तर्क I सशक्त है

B. केवल तर्क II सशक्त है

C. सभी तर्क I, II और III सशक्त नहीं हैं

D. केवल तर्क I और II सशक्त हैं

Q.123 निम्नलिखित शब्दों को शब्दकोष में उनकी उपस्थिति के अनुसार क्रमवार व्यवस्थित कीजिए।

1. Pizzeria
2. Pixie
3. Pivotal
4. Pixelate
5. Pizzazz

A. 13452 **B.** 34152 **C.** 34251 **D.** 32451

Q.124 निम्नलिखित शब्दों को शब्दकोष में उनकी उपस्थिति के अनुसार क्रमवार व्यवस्थित कीजिए।

1. Density
2. Denunciation
3. Dentist
4. Denounce
5. Denude

A. 42153 **B.** 45123 **C.** 34152 **D.** 41352

Q.125 प्रिया अपने घर से शुरू कर, उत्तर में 7 किमी चलती है, फिर अपने दाईं ओर मुड़ 9 किमी चलती है। अंत में वह अपने दाईं ओर मुड़कर 7 किमी चलती है। वह अपने घर से कितनी दूर और किस दिशा में हैं?

A. 7 किमी, पूर्व **B.** 9 किमी, पश्चिम
C. 7 किमी, पश्चिम **D.** 9 किमी, पूर्व

Q.126 निम्नलिखित आरेख में से कौन इन सबके बीच संबंध दर्शाता है।
मांसभक्षी, शेर, खरगोश

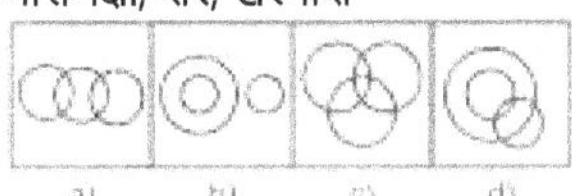

A. (a) **B.** (b) **C.** (c) **D.** (d)

Q.127 एक निश्चित कूट भाषा में 'ANKLET' को 'NPBQCK' के रूप में लिखा गया है। उस भाषा में 'MEDIUM' कैसे लिखा जाएगा?

A. NGGHSJ **B.** NGGFSL
C. GGNLSF **D.** GGNJSH

Q.128 यहाँ दिए गए विकल्पों में से, दूसरे युग्म के लिए संबंधित अक्षर-समूह का चयन कीजिए, जो पहले युग्म के संबंध का अनुसरण करके प्रश्न चिह्न (?) का स्थान लेगा।

IJKL : PQRS :: RQPO : ?

A. KJIH **B.** IJKT **C.** JKLM **D.** PRST

Q.129 एक तस्वीर की ओर इशारा करते हुए एक व्यक्ति कहता है, "इस महिला की पुत्री का भाई मेरा ससुर है।" तस्वीर में मौजूद महिला से इस व्यक्ति की पत्नी का क्या सम्बन्ध है?

A. माता **B.** पोती **C.** चचेरा भाई **D.** पुत्रवधु

Q.130 एक निश्चित कूट भाषा में 'LEARNING' को 'UDHODKFK' के रूप में और 'TOWERS' को 'ZRWPOB' के रूप में लिखा गया है। उस भाषा में 'RIVETS' किस प्रकार लिखा जाएगा?

A. YLUPBQ **B.** YLUPQB
C. YULPBQ **D.** YULPQB

Q.131 निम्नलिखित आरेख में से कौन इन सबके बीच संबंध दर्शाता है।
आयरलैंड, डबलिन, ग्रीस

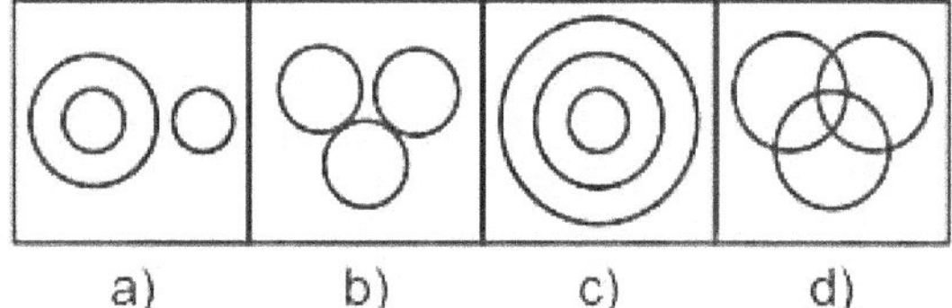

A. (a) **B.** (b) **C.** (c) **D.** (d)

Q.132 एक के अतिरिक्त निम्नलिखित सभी शब्द एक ही समूह से संबंधित हैं। उस भिन्न शब्द को पहचानिये जो इस समूह से संबंधित नहीं है।
वायलिन, गिटार, बैंजो, बाँसुरी, वाइला

A. वायलिन **B.** बैंजो **C.** बाँसुरी **D.** गिटार

Q.133 निम्नलिखित विकल्पों में से विषम अक्षर युग्म ज्ञात कीजिए।

A. EG **B.** BD **C.** QR **D.** KM

Ques (134-136):निर्देश: निम्नलिखित जानकारी का ध्यानपूर्वक अध्ययन कीजिए और दिए गए प्रश्नों के उत्तर दीजिए। निम्नलिखित इनपुट और उसके पुनर्विन्यास का एक उदहारण इस प्रकार है। (संख्याएँ जहाँ भी उपस्थित हैं वे दो अंकीय संख्याएं हैं)इनपुट : 49 Pollen 92 Flower 02 Anther 16 Stamen 60.चरण I : 92 49 Pollen flower 02 16 stamen 60 Anther.चरण II : 92 60 49 Pollen 02 16 stamen Anther Flower.चरण III : 92 60 49 02 16 stamen Anther Flower Pollen.चरण IV : 92 60 49 16 02 Anther flower pollen stamen.और IV चरण उपरी इनपुट के पुनर्विन्यास का अंतिम चरण है।

Q.134 उपरोक्त चरणों में पालन किए गए नियमों के अनुसार, नीचे दिए गए इनपुट के अंतिम चरण तक पहुँचने के लिए कितने चरणों की आवश्यकता होगी?
नया इनपुट : 82 hertz 54 flake 34 rancid 94 appeal 18.

A. चरण VII **B.** चरण IV **C.** चरण VI **D.** चरण V

Q.135 उपरोक्त चरणों में दिए गए नियमों के अनुसार, निम्नलिखित इनपुट में तीसरे चरण में बाएं से चौथा पद ज्ञात कीजिए।
इनपुट : 82 hertz 54 flake 34 rancid 94 appeal 18.

A. 34 **B.** Appeal **C.** Rancid **D.** 18

Q.136 उपरोक्त चरणों में दिए गए नियमों के अनुसार, निम्नलिखित इनपुट के तीसरे चरण में दाएं छोर से तीसरे पद के बाएं से चौथा पद ज्ञात कीजिए।
इनपुट : 82 hertz 54 flake 34 rancid 94 appeal 18.

A. 54 **B.** Rancid **C.** 82 **D.** 34

Q.137 निर्देश: नीचे दिए गए प्रश्न में दो कथन I और II हैं। आपको निर्णय करना है कि कथनों में दिये गए तथ्य नीचे दिए गए प्रश्न का उत्तर देने के लिए पर्याप्त हैं या नहीं है। दोनों कथनों को पढ़िए और सही विकल्प का चयन कीजिए।
A, B, C, D और E के बीच सबसे मोटा कौन है?
I. A, B से मोटा है लेकिन C से पतला है। C सबसे पतला नहीं है।
II. A केवल B से मोटा है। C, E से मोटा है। C सबसे मोटा नहीं है।

A. कथन I और II दोनों के तथ्य मिलकर प्रश्न के उत्तर देने के लिए पर्याप्त हैं

B. कथन I का तथ्य अकेले ही प्रश्न का उत्तर देने के लिए पर्याप्त है

C. कथन I और II के तथ्य मिलकर प्रश्न का उत्तर देने के लिए पर्याप्त नहीं हैं

D. कथन II का तथ्य अकेले ही प्रश्न का उत्तर देने के लिए पर्याप्त है

Q.138 वह विकल्प चुनें जिसमें प्रश्न आकृति छिपी / निहित है?

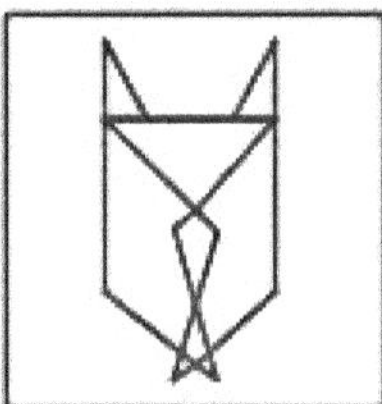

A.
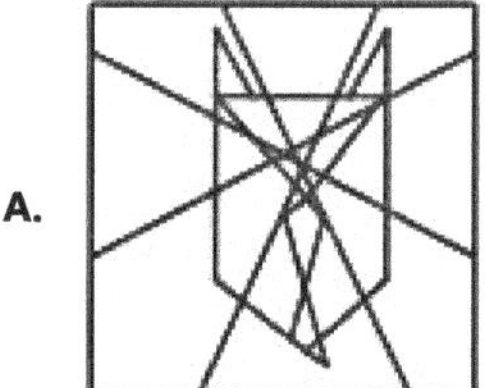

B.
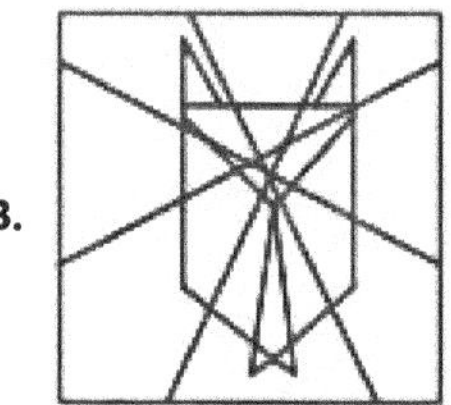

C.
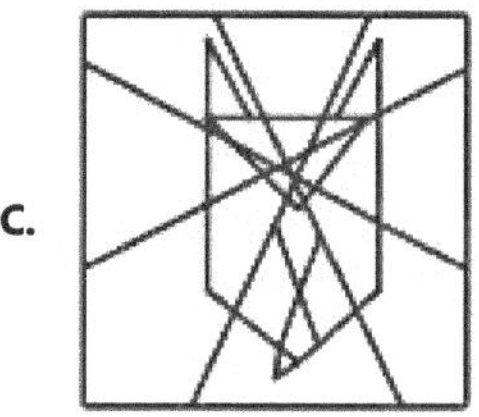

D.
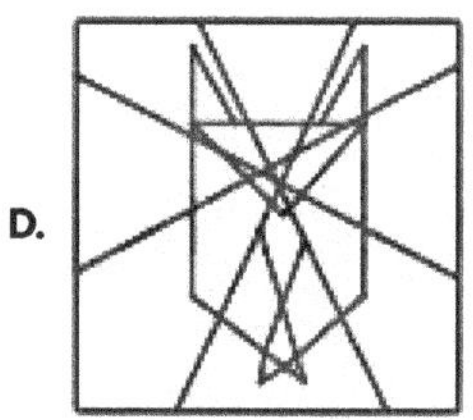

Ques (139-141):निर्देश: निम्नलिखित जानकारी पढ़कर दिए गए प्रश्नों के उत्तर दीजिये।एक प्रतिष्ठित कंपनी में चयन होने के लिए यह निम्नलिखित शर्तें हैं। उम्मीदवार के पास निम्नलिखित अवश्य होना चाहिए। A. 10वीं और 12वीं कक्षा, दोनों में कम-से-कम 75% प्राप्तांक होने चाहिए। B. यांत्रिक या सिविल इंजीनियरिंग में 70% प्राप्तांक होने चाहिए। C. 08 सितम्बर 2016 को उम्र 25 वर्ष से ज्यादा नहीं होनी चाहिए। D. चयन परीक्षा कम-से-कम 60% अंकों के साथ उत्तीर्ण होना चाहिए। E. एक प्रतिष्ठित संस्थान से CAD पाठ्यक्रम पूरा किया होना चाहिए।कोई एक ही उम्मीदवार उपरोक्त सभी मानदंडो को संतुष्ट करता है।I. (C) ऊपर के, लेकिन यदि उसके पास एक प्रतिष्ठित कंपनी में 1 वर्ष से अधिक का अनुभव है, तो उसके मामले को कंपनी के अध्यक्ष के पास निर्णय के लिए भेजा जाएगा।II. (E) ऊपर के, लेकिन कम-से-कम 30,000 रुपये की राशि का भुगतान करने को तैयार है और स्नातक स्तर पर कम-से-कम 75% अंक प्राप्त किए हैं, तो उनके मामले को कंपनी के अध्यक्ष के पास निर्णय के लिए भेजा जाएगा।नीचे दिए गए प्रश्न में, एक उम्मीदवार के बारे में विस्तृत जानकारी दी गई है। आप उपलब्ध कराई गई जानकारी का ध्यान से अध्ययन कीजिये और ऊपर दी गई जानकारी और शर्तों पर आधारित निम्नलिखित में से किसी एक का चयन कीजिये। आपको प्रश्न में उपलब्ध कराई गई जानकारी के अलावा और कुछ भी पूर्वानुमान नहीं करना है। यह एक मामला 08.09.2016 को आपको सौंपा जा रहा है।उनके मामले में यह निर्णय लिया जाएगा।

Q.139 नताशा ने 10वीं और 12वीं कक्षा में 80% अंक हासिल किये। उन्होंने 75% अंकों के साथ सिविल इंजीनियरिंग पूरी की थी। उनकी जन्म तिथि 08.02.1992 है और उन्होंने चयन परीक्षा में 60% अंक प्राप्त किये हैं और 35,000 रुपये की राशि का भुगतान करने को तैयार हैं।

A. मामले को प्रबंध निदेशक के पास भेजा जाएगा

B. या तो उम्मीदवार का चयन नहीं होना है या दी गई जानकारी अपर्याप्त है

C. मामले को अध्यक्ष के पास भेजा जाएगा

D. उम्मीदवार का चयन होना है

Q.140 आदेश ने चयन परीक्षा में 65% अंक हासिल किये हैं और मैकेनिकल इंजीनियरिंग में 75% अंकों के साथ स्नातक किया है। उन्होंने NIT में CAD पाठ्यक्रम पूरा किया है और वे 25.09.1998 को पैदा हुए थे। उन्हें 10वीं कक्षा में 500 में से 370 अंक और 12वीं कक्षा में 1200 में से 920 अंक मिले।

A. मामले को प्रबंध निदेशक के पास भेजा जाएगा

B. मामले को अध्यक्ष के पास भेजा जाएगा

C. उम्मीदवार का चयन होना है

D. या तो उम्मीदवार का चयन नहीं हुआ है या दी गई जानकारी अपर्याप्त है

Q.141 स्टेला ने 6.06.2011 को स्नातक पूरा किया है। उन्होंने 10वीं कक्षा में 80% अंक और 12वीं कक्षा में 75% अंक प्राप्त किये हैं। उन्होंने सिविल इंजीनियरिंग में 85% अंकों के साथ स्नातक स्तर की पढ़ाई पूरी की थी। उन्होंने चयन परीक्षा में 65% अंक हासिल किये। उन्होंने CAD पाठ्यक्रम पूरा किया हुआ है। स्नातक स्तर की पढ़ाई पूरी होने के समय में वह 21 वर्ष की थीं।

A. या तो उम्मीदवार का चयन नहीं हुआ है या दी गई जानकारी अपर्याप्त है

B. उम्मीदवार का चयन होना है

C. मामले को प्रबंध निदेशक के पास भेजा जाएगा

D. मामले को अध्यक्ष के पास भेजा जाएगा

Q.142 एक लड़का, एक लड़की का परिचय अपने अंकल की माता के पुत्र की पुत्री के रूप में करवाता है। लड़की का उस लड़के से क्या सम्बन्ध है?

A. माता **B.** भतीजी **C.** चचेरा भाई **D.** बहन

Q.143 निर्देश: निम्नलिखित प्रश्न में एक कथन और उसके बाद। और ॥ से अंकित दो निष्कर्ष दिए गये हैं। सभी निष्कर्षों को पढ़िए और फिर निर्णय कीजिए कि दिया गया कौन-सा निष्कर्ष कथनों का तार्किक रूप से अनुसरण करता है।

कथन: सभी आकाश बादल हैं।
सभी बादल बारिश है।

निष्कर्ष: I. कुछ आकाश बादल हैं।
II. सभी बादल आकाश है।

A. केवल निष्कर्ष ॥ अनुसरण करता है

B. या निष्कर्ष। या निष्कर्ष ॥ अनुसरण करता है

C. केवल निष्कर्ष। अनुसरण करता है

D. न तो निष्कर्ष। और न ही निष्कर्ष ॥ कोई अनुसरण नहीं करता है

Q.144 निम्नलिखित विकल्पों में से विषम शब्द ज्ञात कीजिए।

A. फिनलैंड **B.** क्यूबा

C. कनाडा **D.** सेंट लुशिया

Q.145 एक लड़के की ओर इशारा करते हुए नवीन कहता है, "उसकी दादीजी.की एक मात्र बेटी, मेरी दादी की बेटी है।" उस लड़के का नवीन से क्या रिश्ता हो सकता है?

A. मामा **B.** भांजा **C.** साला **D.** भाई

Q.146 एक के अतिरिक्त निम्नलिखित सभी शब्द एक ही समूह से संबंधित हैं। उस भिन्न शब्द को पहचानिये जो इस समूह से संबंधित नहीं है।

A. वीनस फ्लाई ट्रैप **B.** सूरजमुखी

C. घटपर्णी **D.** घड़ा

Q.147 निर्देश: नीचे दिए गए प्रश्न में एक कथन है जिसके बाद दो धारणाएं। और ॥ हैं। आपको कथन में सब कुछ सत्य मानना है और फिर दो धारणाओं पर विचार कीजिए और यह तय कीजिए कि धारणाओं में से कौन-सी कथन में दी गई जानकारी का बिना किसी उचित संदेह के तार्किक रूप से अनुसरण करती है।

कथन: नागरिक प्राधिकरण ने व्यक्तियों से अपील की है कि पानी की खपत कम कीजिए क्योंकि वहाँ आने वाले सप्ताहों में जल की भीषण कमी हो सकती है।

निष्कर्ष:
I. निकट भविष्य में वर्षा बिल्कुल नहीं होगी।
II. व्यक्ति नागरिक अधिकारियों की सलाह का पालन करने के लिए तैयार हैं।

A. धारणा। और धारणा ॥ में से कोई भी निहित नहीं है

B. केवल धारणा ॥ निहित है

C. केवल धारणा। निहित है

D. धारणा। और ॥ दोनों निहित हैं

Q.148 निम्नलिखित संख्या श्रृंखला में प्रश्न चिन्ह के स्थान पर क्या आयेगा?
9, 7, 11, 29, 111, ?

A. 589 **B.** 549 **C.** 529 **D.** 489

Q.149 मोहन पूर्व की ओर 5 मीटर चलता है और फिर अपने दाईं ओर मुड़कर 4 मीटर चलता है और उसके बाद फिर अपने दाईं ओर मुड़कर 5 मीटर चलता है। अब वह बाईं ओर मुड़ता है और 20 मीटर चलता है। वह फिर पुनः दाईं ओर मुड़ता है और थिएटर पहुँचने के लिए अतिरिक्त 20 मीटर चलता है। मोहन के प्रारम्भिक बिन्दु के संदर्भ में थिएटर किस दिशा में है?

A. उत्तर-पूर्व **B.** उत्तर-पश्चिम

C. दक्षिण-पश्चिम **D.** पूर्व

Q.150 निर्देश: निम्नलिखित प्रश्न में दो कथन और उसके बाद। और ॥ से अंकित दो निष्कर्ष दिए गये हैं। सभी निष्कर्षों को पढ़िए और फिर निर्णय कीजिए कि दिया गया कौन-सा निष्कर्ष कथनों का तार्किक रूप से अनुसरण करता है।

कथन: सभी श्वेत रक्त कोशिकाएँ रक्त कोशिकाएँ हैं।
कुछ रक्त कोशिकाएँ लाल हैं।

निष्कर्ष:
I. सभी रक्त कोशिकाएँ लाल होना एक संभावना है।
II. कुछ लाल रक्त कोशिकाएँ, रक्त कोशिकाएँ नहीं है।

A. निष्कर्ष। और निष्कर्ष ॥ दोनों अनुसरण करते हैं

B. न तो निष्कर्ष। और न ही निष्कर्ष ॥ अनुसरण करता है

C. केवल निष्कर्ष ॥ अनुसरण करता है

D. केवल निष्कर्ष। अनुसरण करता है

Q.151 दिए गए विकल्पों में से उस आकृति का चयन कीजिए जहाँ बिन्दु/बिन्दुओं को इस प्रकार रखा जा सकता है जैसे निम्नलिखित आकृति में बिन्दु/बिन्दुओं को रखा गया है।

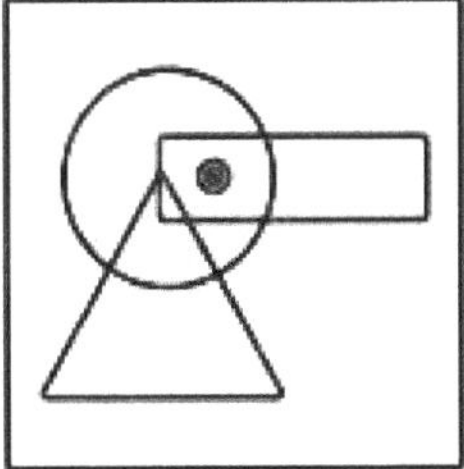

A. 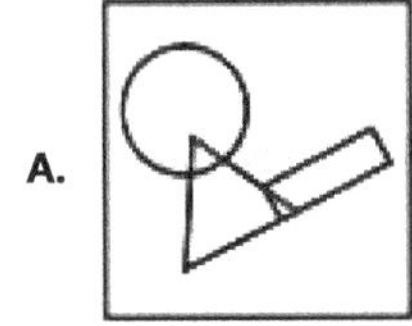

B. 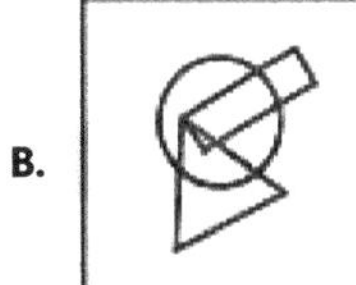

C. 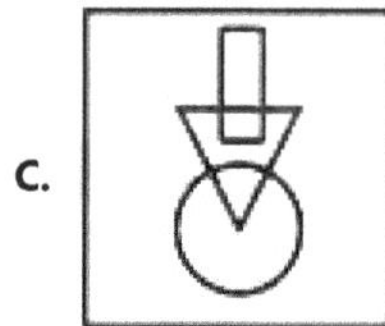 D. 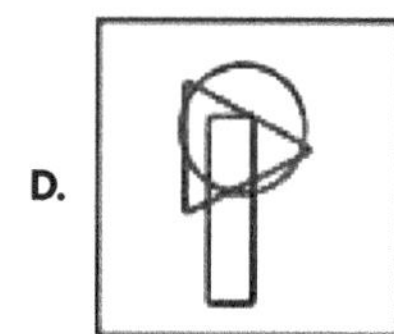

Q.152 A, B से 12 मीटर दक्षिण में है और C, B से 8 मीटर पश्चिम में है। D, C से 1 मीटर उत्तर में है, E, D से 16 मीटर पूर्व में है। F, A से 8 मीटर पूर्व में है। A और F का मध्यबिन्दु G है। D और E का मध्यबिंदु H है। तब A, G के बीच की दूरी और D, H के बीच की दूरी में अंतर क्या है?

A. 8 मीटर **B.** 7 मीटर **C.** 5 मीटर **D.** 4 मीटर

Q.153 निम्नलिखित संख्या श्रृंखला में प्रश्न चिन्ह के स्थान पर क्या आएगा?
6, 3, 4, 13, 82, ?

A. 857 **B.** 727 **C.** 789 **D.** 785

Q.154 यहाँ दिए गए विकल्पों में से, दूसरे युग्म के लिए संबंधित अक्षर-समूह का चयन कीजिए जो पहले युग्म के संबंध का अनुसरण करके प्रश्न चिह्न (?) का स्थान लेगा।
PNMJ : QRVZ :: DCEB : ?

A. EGRN **B.** FGNR **C.** EGNR **D.** EGNS

Q.155 उस विकल्प का चयन कीजिए जिसमे प्रश्न आकृति छिपी हुई/निहित है।

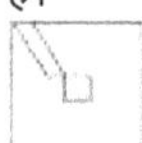

A. 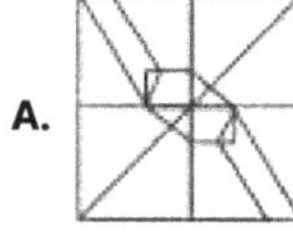  B. 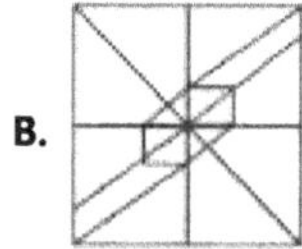

C. 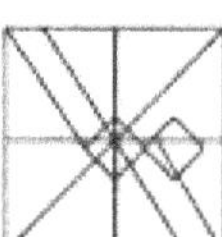 D. 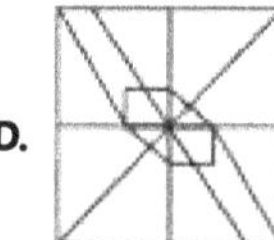

Q.156 निर्देश: इस कथन को पढ़िए और बताएं कि निम्न तर्कों में से कौन-सा सशक्त हैं।
कथन: केन्द्र सरकार को भारत में फाँसी की सजा समाप्त कर देनी चाहिए।
निष्कर्ष:
I. हमेशा के लिए मौत की सजा हटाये जाने से पूर्वनियोजित और जघन्य अपराधों के दोषियों में इस तरह के अपराधों में बार-बार लिप्त होने का साहस बढ़ा देगा। इसलिए, मौत की सजा पूरी तरह से हटाने के बजाय इसके चयनात्मक और विशेष परिस्थिति में इस्तेमाल का मामला ज्यादा सशक्त है।
II. मौत की सजा, स्वयं ही राज्य द्वारा अपने आप में एक जीवन लिए जाने के बराबर है, जो एक जघन्य अपराध माना जाता है। इसलिए इसे समाप्त किया जाना चाहिए।

A. दोनों तर्क I और II सशक्त हैं
B. केवल तर्क II सशक्त है
C. न तो तर्क I और न ही तर्क II सशक्त है
D. केवल तर्क I सशक्त है

Q.157 निर्देश: नीचे दिए गए प्रश्न में I और II दो कथन हैं। आपको तय करना है कि कथनों में दिए गए तथ्य प्रश्न का उत्तर देने के लिए पर्याप्त हैं या नहीं। दोनों कथनों को पढ़िए और सही विकल्प का चयन कीजिए।
कक्षा में कितने छात्र हैं?
निष्कर्ष:
I. हरिधा, कक्षा की लड़कियों में शीर्ष से दसवें स्थान पर है।
II. सुरेश शीर्ष से पन्द्रहवें स्थान पर है तथा हरिधा और सुरेश के बीच पाँच छात्र हैं।

A. कथन I में दिए तथ्य अकेले ही प्रश्न का उत्तर देने के लिए पर्याप्त हैं
B. कथन II में दिए तथ्य अकेले ही प्रश्न का उत्तर देने के लिए पर्याप्त हैं
C. दोनों कथन I और II में दिए गए तथ्य मिलकर प्रश्न का उत्तर देने के लिए पर्याप्त नहीं है
D. दोनों कथन I और II में दिए गए तथ्य मिलकर प्रश्न का उत्तर देने के लिए पर्याप्त हैं

Q.158 निर्देश: नीचे दिए गए प्रश्न में I और II दो कथन हैं। आपको तय करना है कि कथनों में दिए गए तथ्य प्रश्न का उत्तर देने के लिए पर्याप्त हैं या नहीं। दोनों कथनों को पढ़िए और सही विकल्प का चयन कीजिए।
पाँच छात्र U, W, X, Y और Z के बीच परीक्षा में किसने सबसे कम अंक प्राप्त किये हैं?
I. U ने W से अधिक लेकिन Y और X से कम अंक प्राप्त किये हैं।
II. X ने Y से अधिक अंक प्राप्त किये हैं लेकिन उच्चतम अंक प्राप्त नहीं किये हैं।

A. दोनों कथन I और II में दिए गए तथ्य मिलकर प्रश्न का उत्तर देने के लिए पर्याप्त नहीं है
B. कथन I में दिया गया तथ्य अकेले ही प्रश्न का उत्तर देने के लिए पर्याप्त है
C. दोनों कथन I और II में दिए गए तथ्य मिलकर प्रश्न का उत्तर देने के लिए पर्याप्त हैं
D. कथन II में दिया गया तथ्य अकेले ही प्रश्न का उत्तर देने के लिए पर्याप्त है

Q.159 उस विकल्प का चयन कीजिए जो अन्य निम्नलिखित विकल्पों से भिन्न है।

   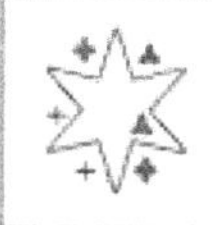

A. (a) **B.** (b) **C.** (c) **D.** (d)

Q.160 निर्देश: नीचे दिए गए प्रश्न में एक कथन है जिसके बाद दो धारणाएं I और II हैं। आपको कथन में सब कुछ सत्य मानना है और फिर दो धारणाओं पर विचार कीजिए और यह तय कीजिए कि धारणाओं में से कौन-सी कथन में दी गई जानकारी का बिना किसी उचित संदेह के तार्किक रूप से अनुसरण करती है।
कथन: एक समाचार-पत्र में एक घोषणा हुई है, "सभी मनोरंजन कार्यक्रम में भाग लेने के लिए प्रेमपूर्वक आमंत्रित हैं। यह निःशुल्क है।"
धारणाएं:
I. पाठकों की एक नगण्य संख्या समाचार-पत्र में घोषणाएं पढ़ती है।
II. आमतौर पर व्यक्ति ऐसे मनोरंजन कार्यक्रम में भाग नहीं लेते हैं जो निःशुल्क होते हैं।

A. केवल धारणा II निहित है
B. न तो धारणा I और न ही धारणा II निहित है
C. धारणा I और धारणा II दोनों निहित हैं
D. केवल धारणा I निहित है

// स्मार्ट उत्तर पुस्तिका //

सही उत्तर उन छात्रों का प्रतिशत जिन्होंने प्रश्नों का सही उत्तर दिया था। **छोड़ दिया** उन छात्रों का प्रतिशत जिन्होंने प्रश्नों को छोड़ दिया था।

प्रश्न संख्या	उत्तर	सही उत्तर	छोड़ दिया	प्रश्न संख्या	उत्तर	सही उत्तर	छोड़ दिया	प्रश्न संख्या	उत्तर	सही उत्तर	छोड़ दिया	प्रश्न संख्या	उत्तर	सही उत्तर	छोड़ दिया	प्रश्न संख्या	उत्तर	सही उत्तर	छोड़ दिया	प्रश्न संख्या	उत्तर	सही उत्तर	छोड़ दिया
1	A	50.1 %	1.12 %	22	D	22.64 %	4.06 %	43	B	15.77 %	4.07 %	64	C	88.9 %	0.0 %	85	C	23.64 %	4.24 %	106	D	24.51 %	3.8 %
2	C	16.36 %	3.02 %	23	B	19.32 %	4.72 %	44	A	79.57 %	0.0 %	65	D	59.19 %	1.1 %	86	B	15.83 %	4.39 %	107	B	15.28 %	3.44 %
3	C	45.8 %	1.82 %	24	D	19.1 %	3.69 %	45	A	13.74 %	4.59 %	66	C	21.13 %	4.37 %	87	D	47.2 %	1.39 %	108	D	52.85 %	1.65 %
4	B	81.7 %	0.0 %	25	A	67.2 %	1.06 %	46	A	32.25 %	3.24 %	67	A	23.11 %	4.78 %	88	B	18.88 %	3.38 %	109	D	50.84 %	1.89 %
5	B	23.42 %	4.88 %	26	A	30.69 %	3.39 %	47	C	47.52 %	1.42 %	68	C	27.11 %	4.57 %	89	B	17.84 %	3.92 %	110	D	61.3 %	1.96 %
6	C	14.18 %	3.26 %	27	C	44.37 %	1.69 %	48	A	67.11 %	1.07 %	69	C	80.31 %	0.0 %	90	D	54.04 %	1.54 %	111	B	54.93 %	1.17 %
7	B	57.02 %	1.19 %	28	A	82.15 %	0.0 %	49	C	61.58 %	1.17 %	70	D	26.01 %	4.52 %	91	A	68.91 %	1.1 %	112	D	66.32 %	1.46 %
8	C	19.57 %	3.27 %	29	B	62.51 %	1.58 %	50	C	28.77 %	4.56 %	71	D	19.87 %	3.73 %	92	A	20.13 %	4.51 %	113	A	41.94 %	1.93 %
9	A	76.24 %	0.0 %	30	D	18.85 %	4.57 %	51	D	45.38 %	1.94 %	72	C	67.3 %	1.32 %	93	B	63.14 %	1.88 %	114	C	16.8 %	4.83 %
10	A	68.39 %	1.2 %	31	B	78.42 %	0.0 %	52	A	65.3 %	1.51 %	73	A	61.66 %	1.05 %	94	B	77.58 %	0.0 %	115	B	22.26 %	4.88 %
11	D	22.22 %	4.51 %	32	B	85.04 %	0.0 %	53	D	54.6 %	1.48 %	74	D	60.45 %	1.93 %	95	A	25.47 %	4.69 %	116	A	24.05 %	3.12 %
12	D	59.07 %	1.47 %	33	B	65.88 %	1.96 %	54	D	43.88 %	1.23 %	75	A	40.39 %	1.27 %	96	C	77.11 %	0.0 %	117	D	12.81 %	4.94 %
13	C	87.37 %	0.0 %	34	B	15.38 %	4.57 %	55	C	20.49 %	4.31 %	76	D	19.84 %	3.37 %	97	A	17.31 %	4.73 %	118	D	81.64 %	0.0 %
14	D	47.32 %	1.6 %	35	D	57.63 %	1.2 %	56	C	56.59 %	1.38 %	77	A	11.61 %	4.65 %	98	D	82.81 %	0.0 %	119	A	41.14 %	1.35 %
15	C	44.94 %	1.34 %	36	B	88.94 %	0.0 %	57	A	32.01 %	4.08 %	78	D	54.1 %	1.78 %	99	B	31.59 %	3.6 %	120	D	86.23 %	0.0 %
16	D	47.83 %	1.29 %	37	C	83.69 %	0.0 %	58	D	56.94 %	1.58 %	79	A	57.66 %	1.83 %	100	B	42.02 %	1.82 %	121	B	84.5 %	0.0 %
17	D	49.31 %	1.35 %	38	B	46.42 %	1.1 %	59	C	28.32 %	3.62 %	80	B	86.88 %	0.0 %	101	D	50.0 %	1.09 %	122	A	53.88 %	1.86 %
18	D	56.72 %	1.48 %	39	D	22.68 %	4.76 %	60	D	42.85 %	1.42 %	81	A	54.65 %	1.25 %	102	A	63.56 %	1.95 %	123	C	81.12 %	0.0 %
19	D	11.42 %	4.04 %	40	C	25.97 %	3.6 %	61	B	40.27 %	1.05 %	82	C	23.14 %	3.62 %	103	C	79.34 %	0.0 %	124	D	40.77 %	1.28 %
20	D	32.19 %	4.07 %	41	A	17.66 %	3.6 %	62	D	14.37 %	4.77 %	83	A	83.92 %	0.0 %	104	A	15.69 %	3.52 %	125	D	65.08 %	1.42 %
21	B	86.88 %	0.0 %	42	C	56.81 %	1.7 %	63	B	68.87 %	1.23 %	84	D	22.89 %	4.93 %	105	A	61.48 %	1.83 %	126	B	47.28 %	1.78 %

प्रश्न संख्या	उत्तर	सही उत्तर	छोड़ दिया	प्रश्न संख्या	उत्तर	सही उत्तर	छोड़ दिया	प्रश्न संख्या	उत्तर	सही उत्तर	छोड़ दिया	प्रश्न संख्या	उत्तर	सही उत्तर	छोड़ दिया	प्रश्न संख्या	उत्तर	सही उत्तर	छोड़ दिया	प्रश्न संख्या	उत्तर	सही उत्तर	छोड़ दिया
127	D	14.53 %	4.93 %	133	C	28.62 %	4.97 %	139	C	15.91 %	4.78 %	145	D	59.09 %	1.86 %	151	B	52.65 %	1.69 %	157	C	41.51 %	1.5 %
128	A	30.33 %	4.39 %	134	B	27.98 %	4.44 %	140	D	69.93 %	1.93 %	146	B	56.26 %	1.9 %	152	D	24.91 %	4.1 %	158	C	57.77 %	1.64 %
129	B	26.38 %	4.19 %	135	A	23.19 %	3.47 %	141	A	64.78 %	1.39 %	147	B	63.48 %	1.3 %	153	B	86.51 %	0.0 %	159	A	84.08 %	0.0 %
130	B	27.13 %	4.8 %	136	A	17.97 %	4.28 %	142	C	66.08 %	1.31 %	148	B	43.26 %	1.5 %	154	C	54.4 %	1.62 %	160	B	27.69 %	3.54 %
131	A	80.58 %	0.0 %	137	D	50.57 %	1.66 %	143	C	57.78 %	1.41 %	149	C	22.28 %	3.81 %	155	D	79.26 %	0.0 %				
132	C	67.56 %	1.06 %	138	D	80.4 %	0.0 %	144	A	80.97 %	0.0 %	150	D	25.53 %	4.18 %	156	D	27.96 %	3.55 %				

// संकेत और समाधान //

1. जहां उपमेय का उत्कर्ष दिखाने के लिये अनेक उपमान एकत्र किए जाए, वहां मालोपमा अलंकार होगा।
उपयुक्त अलंकार में मालोपमा अलंकार प्रयुक्त हुआ है। यहां उपमेय का उत्कर्ष दिखाने के लिए दीपशिखा उपमान का प्रयोग हुआ है। अन्य विकल्प असंगत है।
अतः विकल्प (A) सही है।

2. जहाँ वाक्य में विरोध का आभाष हो परन्तु विरोध ना हो वहां विरोधाभास अलंकार होगा।
उपर्युक्त वाक्य में विरोधाभास अलंकार प्रयुक्त हुआ है। यहाँ वाक्य में विरोध का आभास हो रहा है, परंतु विरोध नहीं हो रहा है। अन्य विकल्प असंगत है।
अतः विकल्प (C) सही है।

3. समान अर्थ देने वाले शब्दों को समानार्थी शब्द/ पर्यायवाची कहते है।
कनक, गोधूम, गंदुम ये सभी 'गेहूँ' शब्द के समानार्थी है। अन्य विकल्प इसके सही उत्तर नहीं है।
अतः विकल्प (C) सही है।

4. 'मुहावरे' का अर्थ बोलचाल की भाषा में सांकेतिक रूप से किसी भाव को प्रकट करना होता है। 'बात का धनी होना' मुहावरे का अर्थ वायदे का पक्का होना होता है। अन्य विकल्प असंगत है।
अतः विकल्प (B) सही है।

5. डूंगरी यहाँ सही विकल्प है, अन्य विकल्प यहाँ असंगत है।
डूंगरी का हिंदी अर्थ – छोटी पहाड़ी।
डूंगरी का अंग्रेजी अर्थ – एक प्रकार का वस्त्र और एक गांव।
अतः विकल्प (B) सही है।

6. जो शब्द स्त्री और नर होने का बोध कराते है, लिंग कहलाते है।
राष्ट्रपति, प्रधानमंत्री यहाँ सही विकल्प होगा, अन्य विकल्प असंगत है।
अतः विकल्प (C) सही है।

7. यक्ष देवों की एक जाति होती है। जाति शब्द यहाँ सार्थक और उचित विकल्प होगा। अन्य विकल्प असंगत है।
पूर्ण वाक्य- यक्ष देवों की एक जाति होती है।
अतः विकल्प (B) सही है।

8. कुटज हजारी प्रसाद द्विवेदी द्वारा रचित निबंध है। अन्य निबंध हजारी प्रसाद द्विवेदी जी के नहीं है।
हजारी प्रसाद द्विवेदी जी के निबन्ध संग्रह - अशोक के फूल, कुटज, विचार और वितर्क, विचार प्रवाह, कल्पलता आदि।
अतः विकल्प (C) सही है।

9. विकल्प कुत्ता चिल्ला रहा है गलत वाक्य है। अन्य विकल्प असंगत है।
पूर्ण सार्थक शुद्ध वाक्य – कुत्ता भौंक रहा है।
कुत्ता चिल्लाता नही है, कुत्ते की आवाज को भौंकना कहते है।
अतः विकल्प (A) सही है।

10. 'मुहावरे' का अर्थ बोलचाल की भाषा में सांकेतिक रूप से किसी भाव को प्रकट करना होता है। खाई पाटना का अर्थ समझौता करना होता है। अन्य मुहावरे यहाँ असंगत है।
अतः विकल्प (A) सही है।

11. हेतुहेतुमद भूतकाल: यह भूतकाल में उस समय को दर्शाती है जहाँ एक क्रिया दूसरी क्रिया पर निर्भर करती है।
उपर्युक्त वाक्य में हेतुहेतुमद भूतकाल होगा। अन्य विकल्प असंगत है।
अतः विकल्प (D) सही है।

12. 'कोप' और 'रोष' क्रोध शब्द के समानार्थी शब्द है। अन्य विकल्प असंगत है।
क्रोध के अन्य समानार्थी शब्द- रोष, अमिह, कोप, प्रतिघात आदि।
अतः विकल्प (D) सही है।

13. शब्द के जिस रूप से वस्तु या व्यक्ति का एक संख्या होने का बोध हो, एकवचन कहलाते हैं।आकाश एकवचन है। अन्य विकल्प बहुवचन के अंतर्गत आते है।
अतः विकल्प (C) सही है।

14. एक ही अर्थ में प्रयुक्त होने वाले शब्द जो बनावट में भले ही अलग हों, पर्यायवाची या समानार्थी शब्द कहलाते हैं।
'काया' शब्द का समानार्थी गात है। काया के अन्य समानार्थी- कलेवर, गात, अंग, तन, शरीर, देह आदि।
अतः विकल्प (D) सही है।

15. शिव दान सिंह चौहान को हिन्दी में रिपोर्ताज विधा का जनक माना जाता है। इन्हे हिंदी साहित्य के प्रथम मार्क्सवादी आलोचक के रूप मे भी जाना जाता है। लेखक होने के साथ साथ ये सक्रिय राजनीतिक कार्यकर्ता भी थे।
अतः विकल्प (C) सही है।

16. 'रंचमात्र भी अभिमान न था' का तात्पर्य अधिक अभिमान न था से है। अन्य विकल्प असंगत है।
अतः विकल्प (D) सही है।

17. 'स्वागत' का संधि विच्छेद, सु + आगत होगा।
इस संधि को बनाने का नियम : (उ + आ = व् + आ)
स्वागत में संधि का प्रकार : यण संधि
अतः विकल्प (D) सही है।

18. उपर्युक्त गद्यांश के अनुसार, विकल्प (D) सदा दूसरों को स्नेह एवं सम्मान दें, इसका सही उत्तर है। इसमें 'सदा दूसरों को स्नेह एवं सम्मान' का संदेश दिया गया है।
अतः विकल्प (D) सही है।

19. वाक्य में 'योग्य' शब्द गुण को प्रकट करता है। अत: यहाँ गुणवाचक विशेषण है।
अतः विकल्प (D) सही है।

20. जैनेन्द्र कुमार की रचना परख को 1929 मे हिन्दुस्तानी अकादमी पुरस्कार से सम्मानित किया गया है। जैनेंद्र कुमार 20वीं शताब्दी के हिंदी भाषा के लेखक थे। अन्य विकल्प असंगत है।
जैनेन्द्र की प्रमुख रचनाएँ- सुनीता, त्यागपत्र, दिव्या, खेल आदि।
अतः विकल्प (D) सही है।

21. दिए गए विकल्पों में 'ब्यंग' की वर्तनी अशुद्ध है। इसका शुद्ध रूप 'व्यंग्य' होगा। अतिरिक्त विकल्प वर्तनीगत शुद्ध हैं।
अतः विकल्प (B) सही है।

22. विपरीत (उल्टा) अर्थ बताने वाले शब्दों को विलोम शब्द कहते हैं। 'संधि' शब्द का उचित विलोम विग्रह होगा।
अतः विकल्प (D) सही है।

23. उक्त वाक्य में मिश्रण या वाक्य की परिभाषा को प्रस्तुत किया गया है। हम जानते हैं की जिस वाक्य समूह में एक प्रधान वाक्य तथा अन्य आश्रित वाक्य होते हैं, उसे मिश्रण या मिश्र वाक्य कहा जाता है। इस प्रकार दिए गए विकल्पों में से सही विकल्प 'प्रधान, आश्रित' होगा।
अतः विकल्प (B) सही है।

24. विशेषण की न्यूनतम अवस्था 'उत्तमावस्था' होती है।
उत्तमावस्था: इसमें दो से अधिक व्यक्तियों या वस्तुओं की तुलना की जाती है।
जैसे- राम सबसे वीर है।
अतः विकल्प (D) सही है।

25. 'आपका बंटी' उपन्यास की उपन्यासकार मन्नू भंडारी है। आपका बंटी उपन्यास (1970) शादीशुदा पति-पत्नी के झगड़े पर आधारित और उनके बीच में उनके बेटे का झगड़े के बीच में फंसना ही इस उपन्यास का सार है।
अतः विकल्प (A) सही है।

26. रिक्त स्थान की पूर्ती हेतु सही विकल्प (A) मोक्ष, मुमुक्ष ही होगा।
पूर्ण सार्थक वाक्य - "जिसमें मोक्ष प्राप्त करने की इच्छा हो, वह पारंगत कहलाता है।"
मोक्ष का अर्थ- मुक्ति
मुमुक्ष - मुक्ति की कामना करने वाला
अतः विकल्प (A) सही है।

27. भ्रांतिमान अलंकार अर्थात् जब किसी वस्तु में किसी अन्य वस्तु होने का भ्रम हो जाये तो वहाँ भ्रांतिमान अलंकार होता है। यहाँ नाक के मोती का बीज दाडिम होने का भ्रम हो रहा है, अत: यह भ्रंतिमान अलंकार का उदाहरण है।
अत: सही विकल्प "नाक का मोती अधर की कांति से, बीज दाडिम का समझकर भ्रांति से" है।
अतः विकल्प (C) सही है।

28. 'उदय' का विलोम शब्द अस्त होता है।
अतः विकल्प (A) सही है।

29. विग्रह की दृष्टि से विकल्प देश पर निकाला अनुचित है। अन्य विकल्प उचित हैं, इसलिए सही विकल्प नही होंगे।
अनुचित वाक्य - देश पर निकाला

उचित सार्थक वाक्य - देश से निकाला
अतः विकल्प (B) सही है।
30. 'देश में राजनीति के प्रति लोगो की उदासीनता को देखते हुए 25 जनवरी को देश में मतदाताओं को जागरूक करने के लिए राष्ट्रीय मतदाता दिवस मनाये जाने का संकल्प लिया गया है।'
उक्त वाक्य व्याकरणिक दृष्टि से शुद्ध और सार्थक है।
अतः विकल्प (D) सही है।
31. जो शब्द स्त्री और नर होने का बोध कराते है, लिंग कहलाते है। सार्थक उपरोक्त विकल्पों में, सप्ताह, महीना दोनो पुल्लिंग है।
अतः विकल्प (B) सही है।
32. वचन की परिभाषा: जिन शब्दों से संज्ञा या सर्वनाम के एक या अनेक होने का बोध होता है, उन्हें वचन कहते हैं।
गुरूजन बहुवचन है, इसका एकवचन गुरु होगा।
अतः विकल्प (B) सही है।
33. किसी विशेष स्थान पर प्रसिद्ध हो जाने वाले कथन को 'लोकोक्ति' कहते हैं।
'करत-करत अभ्यास के जड़मति होत सुजान' – इस लोकोक्ति का तात्पर्य अभ्यास मुर्ख को भी चतुर बना देता है।
अतः विकल्प (B) सही है।
34. ज्ञान शब्द यहाँ रिक्त स्थान की पूर्ति हेतु सार्थक है।इसलिए विकल्प (B) ज्ञान उपयुक्त विकल्प है। अन्य विकल्प असंगत है।
पूर्ण सार्थक वाक्य -साहित्य का ज्ञान प्रत्येक मनुष्य के लिए अनिवार्य है।
अतः विकल्प (B) सही है।
35. संगति का प्रभाव जरुर पड़ता है, यह खरबूजे को देखकर खरबूजा रंग बदलता है लोकोक्ति का उचित अर्थ है।
उदाहरण- राम ने मेहनत शुरू करते ही श्याम भी काम पर लग गया, इसलिए ही कहते है की खरबूजे को देखकर खरबूजा रंग बदलता है।
अतः विकल्प (D) सही है।
36. कहानी 'बूढ़ी काकी तथा अन्य नाटक' की रचनाकार चित्रा मुद्गल है। चित्रा मुद्गल नारी चेतना की प्रमुख लेखिकाओं में से एक है, उनकी प्रमुख रचना - पोस्ट बॉक्स नम्बर- 203 नाला सोपारा है।
अतः विकल्प (B) सही है।
37. बहुवचन: शब्द के जिस रूप से वस्तु या व्यक्ति का एक संख्या होने का बोध हो, एकवचन कहलाते हैं।
'संस्था' शब्द का बहुवचन संस्थाएँ होगा।
अतः विकल्प (C) सही है।
38. रूस का समुद्र किनारे वाक्य मे त्रुटि है। यह व्याकरणिक दृष्टि से गलत है। अन्य विकल्प त्रुटि रहित है, इसलिए असंगत है।
सही वाक्य होगा- रूस के समुद्र किनारे जमा हो रहे बर्फ के इन गोलों का रहस्य क्या है।
अतः विकल्प (B) सही है।
39. उत्प्रेक्षा अलंकार: जहाँ उपमेय में उपमान के होने की संभावना का वर्णन होता हो। जैसे - मुख मानो चन्द्रमा है में मुख को चंद्रमा कहा जा रहा है। उपर्युक्त पंक्ति मे उत्प्रेक्षा अलंकार होगा।
अतः विकल्प (D) सही है।
40. हिन्दी की प्रमुख पत्रिका 'धर्मयुग' के संपादक धर्मवीर भारती है। धर्मवीर भारती हिंदी के महान रचनाकारों की श्रेणी में आते हैं इनकी प्रमुख रचनाएँ- अंधा युग, सूरज का सातवाँ घोड़ा आदि है। 1972 में धर्मवीर भारती को पद्मश्री से भी सम्मानित किया गया है।
अतः विकल्प (C) सही है।
41. एक छावनी बोर्ड रक्षा मंत्रालय के नियंत्रण में भारत में एक नागरिक प्रशासन निकाय है। बोर्ड में छावनी अधिनियम, 2006 के अनुसार पदेन सदस्य और मनोनीत सदस्य के अलावा निर्वाचित सदस्य शामिल हैं। बोर्ड के सदस्य के पद का कार्यकाल पाँच वर्ष है।
अतः विकल्प (A) सही है।
42. इस ट्रैफिक प्रतीक का अर्थ, आगे 2 गति अवरोधक से हैं। गति अवरोधक यातायात प्रबंधन उपकरण हैं जिनका उपयोग स्कूल, अस्पताल, टोल बूथ आदि के पास वाहन को धीमा करने के लिए किया जाता है।
अतः विकल्प (C) सही है।
43. शिकायतकर्ता की पहचान तब तक सामने नहीं आएगी जब तक कि शिकायतकर्ता स्वयं / शिकायतकर्ता के विवरण को सार्वजनिक नहीं करता है या उसने किसी अन्य कार्यालय या प्राधिकरण को अपनी पहचान का खुलासा नहीं किया है।
अतः विकल्प (B) सही है।
44. संवैधानिक पदों पर निर्वाचित/नियुक्त किए गए व्यक्तियों की शपथ संविधान की तीसरी अनुसूची में उल्लिखित है। अनुसूचियों को उन सूचियों के रूप में परिभाषित किया जा सकता है जो संवैधानिक मामलों से संबंधित विभिन्न वस्तुओं को वर्गीकृत और सारणीबद्ध करती हैं।
अतः विकल्प (A) सही है।
45. संविधान का प्रारूपण संविधान सभा का एकमात्र कार्य था। इसलिए कथन (A) सही है। एक बार जब संविधान तैयार हो गया था और उसे अपनाया गया था, तब संविधान सभा भंग कर दी गई थी। इसलिए कथन (B) सही है।
अतः विकल्प (A) सही है।
46. तारांकित प्रश्न के लिए मौखिक उत्तर की आवश्यकता होती है और इसलिए पूरक प्रश्न पूछे जा सकते हैं। हर संसदीय बैठक का पहला घंटा प्रश्नकाल के लिए रखा गया है।
अतः विकल्प (A) सही है।
47. संसद और राज्य विधानमंडलों के चुनाव के संबंध में चुनाव याचिका उच्च न्यायालय के समक्ष दायर की जा सकती है। चुनाव याचिकाएं उस विशेष राज्य के उच्च न्यायालय में दायर की जाती हैं जिसमें चुनाव हुआ था। इसलिए, केवल उच्च न्यायालयों को चुनाव याचिकाओं पर निर्णय लेने का मूल अधिकार क्षेत्र है।
अतः विकल्प (C) सही है।
48. भारतीय संविधान के अनुच्छेद 169 के अनुसार, संसद किसी राज्य में परिषद का निर्माण या निरस्त कर सकती है यदि उस राज्य की विधान सभा विशेष बहुमत से उस आशय का प्रस्ताव पारित करती है। विशेष बहुमत का अर्थ, विधानसभा की कुल सदस्यता का बहुमत और वर्तमान और मतदान के दो-तिहाई से कम सदस्यों के बहुमत से है। इसलिए (A) और (B) दोनों सही हैं।
अतः विकल्प (A) सही है।
49. अनुच्छेद 48 A के अनुसार, राज्य पर्यावरण की रक्षा, सुधार और देश के वनों और वन्यजीवों की रक्षा करने का प्रयास करेगा'। 1976 में भारतीय संविधान के 42वें संशोधन ने अनुच्छेद 48 A को जोड़ा गया। इसलिए मूल रूप से यह संविधान का हिस्सा नहीं था।
अतः विकल्प (C) सही है।
50. सुप्रीम कोर्ट ने जनहित याचिका दिशानिर्देशों का एक सेट जारी किया है जिसके अनुसार निम्नलिखित मामलों को जनहित याचिका के रूप में अनुमति नहीं दी जाएगी:

1. मकान मालिक-किरायेदार मामले
2. सेवा मामले और पेंशन और ग्रेच्युटी से संबंधित मामले

अतः विकल्प (C) सही है।
51. मशीन भाषा एक कंप्यूटर द्वारा समझी जाने वाली भाषा है। कंप्यूटर को निर्देश निम्न-स्तरीय प्रोग्रामिंग भाषा का उपयोग करके दिए गए हैं जो सीधे कंप्यूटर की केंद्रीय प्रसंस्करण इकाई को नियंत्रित करता है। इसमें बाइनरी अंक (एक और शून्य) शामिल हैं।
अतः विकल्प (D) सही है।
52. आईआर कोएल्हो मामले (2007) में, सुप्रीम कोर्ट ने निर्णय दिया कि नौवीं अनुसूची के तहत आने वाले कानूनों में न्यायिक समीक्षा से कोई आवरण प्रतिरक्षा नहीं हो सकती है। सुप्रीम कोर्ट ने स्पष्ट किया कि न्यायिक समीक्षा संविधान की एक 'मूलभूत विशेषता' है और इसे नौवीं अनुसूची का उपयोग करके भी दूर नहीं किया जा सकता है।
अतः विकल्प (A) सही है।
53. सावधि जमा से मिलने वाली ब्याज आय पूरी तरह से कर योग्य है। यह कर उस समय बैंक द्वारा स्रोत पर काटा जाता है जब वे खाते में ब्याज को क्रेडिट करते हैं, न कि जब एफडी परिपक्व होता है।
अतः विकल्प (D) सही है।
54. 18 सितंबर, 2016 की रात में, उत्तरी कश्मीर के उडी शहर में भारी हथियारों से लैस आतंकवादियों ने भारतीय सेना के एक बटालियन मुख्यालय पर धावा बोल दिया। हमले में 17 जवान शहीद हो गए और 19 अन्य लोग

घायल हो गए।
अतः विकल्प (D) सही है।
55. सीबीआई के संस्थापक-निदेशक श्री डी.पी. कोहली थे। उन्होंने 1 अप्रैल 1963 से 31 मई, 1968 तक कार्यालय संभाला। 1963 में, भारत सरकार द्वारा सीबीआई की स्थापना गंभीर अपराधों की जाँच के उद्देश्य से की गई थी।
अतः विकल्प (C) सही है।
56. डीपीएसपी (राज्य के नीति निदेशक सिद्धांत) का अनुच्छेद 45, कहता है कि चौदह वर्ष की आयु पूरी करने तक राज्य सभी बच्चों को मुफ्त और अनिवार्य शिक्षा प्रदान करने का प्रयास करेगा। डीपीएसपी का अनुच्छेद 40 कहता है कि राज्य ग्राम पंचायतों को व्यवस्थित करने के लिए कदम उठाएंगे और उन्हें ऐसी शक्तियां और अधिकार प्रदान करेंगे जो उन्हें स्वशासन की इकाइयों के रूप में कार्य करने में सक्षम बनाने के लिए आवश्यक हो।
अतः विकल्प (C) सही है।
57. सांसदों का विशेषाधिकार:
किसी भी सदस्य को सदन की चार दीवारों (जैसे कानून की अदालत) के बाहर कहीं भी काम करने के लिए नहीं ले जाया जा सकता है या सदन और उसकी समितियों में उसके विचारों को व्यक्त करने के लिए भेदभाव नहीं किया जा सकता है। सदन (लोकसभा या राज्यसभा) के स्थगन के 40 दिन पहले और बाद में भी सदन के सत्र में किसी सदस्य को गिरफ्तार नहीं किया जाएगा। ये सांसदों का विशेषाधिकार है।
अतः विकल्प (A) सही है।
58. प्लास्टिक की बोतलें उच्च घनत्व वाली पॉलीएथिलीन से बनाई जाती हैं। एचडीपीई एक उत्प्रेरक प्रक्रिया द्वारा एथिलीन/पेट्रोलियम से तैयार हाइड्रोकार्बन बहुलक है। यह एक प्रकार का थर्माप्लास्टिक है जिसमें उच्च तन्यता क्षमता होती है। यह उच्च तापमान को भी सह सकता है।
अतः विकल्प (D) सही है।
59. संविधान के भाग 7 को 7वें संशोधन अधिनियम द्वारा निरस्त किया गया था। वर्तमान में, भारतीय संविधान में 25 भाग और एक प्रस्तावना है। प्रस्तावना को भारत के संविधान का एक भाग भी माना जाता है। भाग 7 का निरसन किया गया इसलिए आज भारत के संविधान के कुल 25 भाग हैं।
अतः विकल्प (C) सही है।
60. पंग्सन दर्रा भारत-म्यांमार सीमा पर पटकाई पहाड़ियों के शिखर पर स्थित है। यह अरुणाचल प्रदेश को म्यांमार से जोड़ता है। दर्रा असम के मैदानी इलाकों से बर्मा के लिए सबसे आसान मार्गों में से एक है। इसका नाम निकटतम बर्मी गाँव, पंग्सन के नाम पर रखा गया है, जो पास से 2 किमी दूर है।
अतः विकल्प (D) सही है।
61. ग्लोबल हंगर इंडेक्स (जीएचआई) वाशिंगटन स्थित अंतर्राष्ट्रीय खाद्य नीति अनुसंधान संस्थान (आईएफपीआरआई) द्वारा जारी एक रिपोर्ट है। 1975 में स्थापित अंतर्राष्ट्रीय खाद्य नीति अनुसंधान संस्थान (आईएफपीआरआई), गरीबी और भूख और कुपोषण को कम करने के लिए अनुसंधान-आधारित नीति समाधान प्रदान करता है।
अतः विकल्प (B) सही है।
62. गुजरात राजवंश के चालुक्यों को सोलंकी राजवंश के रूप में भी जाना जाता था, जिनका 940 ई. से 1244 ई. तक वर्तमान गुजरात और राजस्थान कुछ हिस्सों में शासन था। उनकी राजधानी अन्हिलवाड़ा में स्थित थी। वर्तमान मध्य प्रदेश में मालवा क्षेत्र तक शासन था। मूलाराजा राजवंश के संस्थापक थे।
अतः विकल्प (D) सही है।
63. भारतीय दंड संहिता में धारा 307 के अनुसार है कि कोई भी अधिनियम ऐसे इरादे या ज्ञान के साथ, और ऐसी परिस्थितियों में, अगर वह उस कार्य से मृत्यु का कारण बनता है, तो वह हत्या का दोषी होगा।
अतः विकल्प (B) सही है।
64. भारत ने 18 मई को राजस्थान के पोखरण में अपना पहला परमाणु परीक्षण किया, जिसका नाम 1974 में " ऑपरेशन स्माइलिंग बुद्धा" रखा गया। जैसा कि उस वर्ष के बुद्ध पूर्णिमा पर परीक्षण आयोजित किया गया था, इस कार्यक्रम का नाम बुद्ध के नाम पर रखा गया था। यह एक ऐसे देश द्वारा पहली बार किया गया परमाणु परीक्षण था जो UNSC का स्थायी सदस्य नहीं था।
अतः विकल्प (C) सही है।
65. जो किसान तुरंत फसल ऋण चुकाते हैं उन्हें 0.2% की दर से अतिरिक्त ब्याज अनुदान दिया जाता है।ब्याज सब्सिडी एक लाभ है जो सरकार ऋण के कुछ या सभी ब्याज का भुगतान करके प्रदान करती है।
अतः विकल्प (D) सही है।
66. शैल आमतौर पर अभिसरण प्लेट सीमाओं पर क्षेत्रीय रूपांतर द्वारा बनता है। यह एक उच्च श्रेणी की कायांतरित चट्टान है जिसमें खनिज को तीव्र ऊष्मा और दाब के तहत पुनर्गठित किया जाता है।
अतः विकल्प (C) सही है।
67. अनुच्छेद 253 कहता है कि संसद के पास किसी भी अंतरराष्ट्रीय संधि, समझौते या सम्मेलन को लागू करने के लिए भारत के क्षेत्र के पूरे या किसी भी हिस्से के लिए कोई भी कानून बनाने की शक्ति है। इसलिए (A) सही है। संसद द्वारा बनाए गए कानून को इस आधार पर अवैध नहीं ठहराया जा सकता है कि उसका एक अतिरिक्त क्षेत्रीय अभियान है। इसलिए (B) सही है।
अतः विकल्प (A) सही है।
68. अनुसूचित जाति और अनुसूचित जनजाति अधिनियम की धारा 4 में दिया गया है कि, यदि कोई लोक सेवक, लेकिन अनुसूचित जाति या अनुसूचित जनजाति का सदस्य नहीं है, तो उसके द्वारा किए जाने वाले आवश्यक कर्तव्यों की उपेक्षा करने पर उस पद के लिए कारावास की सजा दी जाएगी जो छह वर्ष से कम नहीं होगी, लेकिन एक वर्ष तक बढ़ सकती है।
अतः विकल्प (C) सही है।
69. भारतीय पुलिस सेवा (आईपीएस) अखिल भारतीय सेवाओं के तहत एक सेवा है। गृह मंत्रालय भारतीय पुलिस सेवा (आईपीएस) के लिए कैडर नियंत्रण प्राधिकरण है। गृह मंत्रालय आंतरिक सुरक्षा और घरेलू नीति के रखरखाव के लिए मुख्य रूप से जिम्मेदार है। गृह मंत्रालय का नेतृत्व केंद्रीय गृह मंत्री अमित शाह कर रहे हैं।
अतः विकल्प (C) सही है।
70. खुदरा उद्योग में एफडीआई का अर्थ है कि कुछ श्रेणियों में विदेशी कंपनियां देश में अपनी खुदरा दुकान के माध्यम से उत्पाद बेच सकती हैं। अप्रतिबंधित मार्गों के माध्यम से खुदरा क्षेत्र में एफडीआई की अनुमेय सीमा 100% है।
अतः विकल्प (D) सही है।
71. एनसीबी को आरटीआई अधिनियम, 2005 की धारा 24 (1) के तहत एक छूट संगठन घोषित किया गया है। आरटीआई अधिनियम, 2005 की दूसरी अनुसूची के साथ धारा 24 के तहत, प्रवर्तन निदेशालय को सूचना के प्रकटीकरण से छूट दी गई थी। अनुसंधान और विश्लेषण विंग को आरटीआई के तहत प्रकटीकरण से छूट दी गई है।
अतः विकल्प (D) सही है।
72. इंदिरा प्रियदर्शनी वृक्ष मित्र (IPVM) पुरस्कार वर्ष 1986 में स्थापित किए गए थे। यह हर वर्ष वनीकरण / बंजर भूमि विकास के क्षेत्र में व्यक्तियों और संस्थानों द्वारा किए गए अग्रणी और अभिनव योगदान को पहचानता है।
अतः विकल्प (C) सही है।
73. लॉजिक बम एक ऑपरेटिंग सिस्टम या सॉफ्टवेयर एप्लिकेशन में डाला गया कोड का भाग है जो एक निश्चित समय सीमा या विशिष्ट परिस्थितियों के पूरा होने के बाद एक मेलीसियस फ़ंक्शन को लागू करता है। लॉजिक बम का उपयोग अक्सर वायरस, वर्म और ट्रोजन हॉर्स के साथ किया जाता है ताकि समय से पहले उन पर ध्यान दिया जा सके।
अतः विकल्प (A) सही है।
74. कोलकाता में धर्म सभा की स्थापना हेनरी लौइस्विविअन डेरोजियो ने की थी। धर्म सभा एक रूढ़िवादी हिंदू समाज था। इस समाज ने समाज के उदारवादी और कट्टरपंथी सुधारों का विरोध किया। जैसे सतीप्रथा आदि का उन्मूलन। धर्म सभा ने हिंदू विधवा पुनर्विवाह अधिनियम, 1856 के खिलाफ अभियान चलाया।
अतः विकल्प (D) सही है।
75. एकता परिषद भूमि अधिकारों के लिए एक जन-आधारित आंदोलन है, जिसमें 250,000 भूमिहीन गरीबों की सक्रिय सदस्यता है। 2007 में, एकता परिषद के नेतृत्व में, 25000 भूमिहीन गरीबों ने दिल्ली तक मार्च किया और 'वन अधिकार अधिनियम' के लिए बातचीत की।
अतः विकल्प (A) सही है।
76. मिट्टी और खाद्य फसलों का कैडमियम (Cd) संदूषण एक सर्वव्यापी पर्यावरणीय समस्या है, जिसका परिणाम अनियंत्रित औद्योगीकरण, निरंतर शहरीकरण और गहन कृषि प्रथा है। विषाक्त तत्व होने के कारण, Cd से मिट्टी की गुणवत्ता, खाद्य सुरक्षा और मानव स्वास्थ्य के लिए उच्च खतरे हैं।
अतः विकल्प (D) सही है।

77. चीन ने विश्व के सबसे बड़े रेडियो टेलीस्कोप का उपनाम तियानयान (हेवेनली आई या "द आई ऑफ हैवेन") बनाया है। यह पांच सौ मीटर का एपर्चर टेलिस्कोप है। यह रूसी रतन -600 के बाद विश्व का सबसे बड़ा भरा हुआ एपर्चर (एकल डिश) रेडियो टेलीस्कोप और दूसरा सबसे बड़ा रेडियो टेलीस्कोप है, जिसमें एक स्पर्सली भरा एपर्चर है।
अतः विकल्प (A) सही है।

78. भारत में तीर्थ का उल्लेख राज्य सूची में है। जंगली पशुओं और पक्षियों का संरक्षण समवर्ती सूची में है। ट्रस्ट और ट्रस्टी समवर्ती सूची में हैं। सामाजिक सुरक्षा और सामाजिक बीमा समवर्ती सूची में हैं।
अतः विकल्प (D) सही है।

79. एल्बमिन, अंडे की सफेदी में मौजूद एक प्रोटीन है। एल्बमिन विटामिन B-7 के अवशोषण को रोकने के कार्य में हमेशा हिस्सा लेता है। विटामिन B-7 के अवशोषण को रोकने में मदद करने के लिए, शरीर में पर्याप्त मात्रा में एल्बमिन की मदद की जाती है। जब विटामिन B-7 के अवशोषण को रोका जाता है, तो शरीर के लिए बेहतर पोषण मिलता है, जो बुखर्ता, बलगम, वजन कमी, वर्णन की कमी जैसी समस्याओं को निवारित करता है।
अतः विकल्प (A) सही है।

80. सरकारी व्यय से तात्पर्य सार्वजनिक क्षेत्र द्वारा माल के अधिग्रहण और शिक्षा, स्वास्थ्य सेवा, सामाजिक सुरक्षा और रक्षा जैसी सेवाओं के प्रावधान पर खर्च की गयी निधि से है। सरकारी व्यय का एक स्रोत ब्याज दर में वृद्धि है। भारतीय रिजर्व बैंक रेपो, रिवर्स रेपों और सीआरआर, आदि की दरों में वृद्धि या कमी कर सकता है।
अतः विकल्प (B) सही है।

81. माना, पहली वस्तु का क्रय मूल्य = 100
प्रश्नानुसार, पहली वस्तु का विक्रय मूल्य = 100 + 29 = 129
∴ 129 = 12900
⇒ 100 = 10000
∴ पहली वस्तु पर लाभ = 2900
यह दिया गया है, लाभ = हानि
∴ दूसरी वस्तु का क्रय मूल्य = 12900 + 2900 = 15800
हानि % = $\left(\frac{2900}{15800}\right)$ × 100 = 18.35%
अतः विकल्प (A) सही है।

82. हम जानते है कि, प्रायिकता (घटनाक्रम) = (अनुकूल परिणामों की संख्या (घटनाक्रम))/(सभी संभावित परिणामों की कुल संख्या)
संभावित परिणामों की कुल संख्या = 4! = 4 × 3 × 2 = 24
स्थानों के पहले अक्षर पर विचार करना और सभी अनुकूल परिणामों को लिखना, चेन्नई मुंबई से ठीक पहले होना चाहिए।
अनुकूल परिणाम = CMBD, CMDB, DCMB, BCMD, BDCM, DBCM
अनुकूल परिणामों की कुल संख्या = 6
P(E) = $\frac{6}{24}$ = $\frac{1}{4}$
अतः विकल्प (C) सही है।

83. x के 15% का 24% = 10.8 रुपये
⇒ $\frac{15}{100} \times \frac{24}{100} \times x = 10.8$
⇒ $\left(\frac{18}{500}\right)$ × x = 10.8
⇒ x = $\frac{(10.8 \times 500)}{18}$
⇒ x = 300
अतः विकल्प (A) सही है।

84. अम्ल की मात्रा = $\left(\frac{40}{100}\right)$ × 15 = 6 लीटर
60% पानी का मतलब है $\left(\frac{60}{100}\right)$ × 15 = 9 लीटर
25 लीटर में एसिड 60% और पानी 40% है।
इसका मतलब है, अम्ल की मात्रा = $\left(\frac{60}{100}\right)$ × 25 = 15 लीटर
40% पानी का अर्थ है पानी की मात्रा = $\left(\frac{40}{100}\right)$ × 25 = 10 लीटर
परिणामी मिश्रण में अम्ल = (6 + 15) = 21 लीटर
परिणामी मिश्रण में पानी = (9 + 10) = 19 लीटर
कुल परिणामी मिश्रण = (15 + 25) = 40 लीटर
परिणामी मिश्रण में पानी का प्रतिशत = $\left(\frac{19}{40}\right)$ × 100 = 47.50%
अतः विकल्प (D) सही है।

85. माना, उसकी गति x किमी / घंटा है।
दूरी तय करने में वह 10 घंटे लेता है।
इसका मतलब है कि कुल दूरी = 10x किमी
बाद की गति $= x\left\{\frac{(100-20)}{100}\right\}$ = $\left(\frac{4x}{5}\right)$ किमी / घंटा
इस गति से पूरी दूरी तय करने में लगने वाला समय है $\frac{10x}{\left(\frac{4x}{5}\right)}$ = 12.5 घंटे
समय वृद्धि = (12.5 – 10) घंटे = 2.5 घंटे
लिए गए समय में प्रतिशत वृद्धि = $\left(\frac{2.5}{10}\right)$ × 100 = 25%
अतः विकल्प (C) सही है।

86. $\frac{x}{(y+z)} = \frac{y}{(x+z)} = \frac{z}{(x+y)} = K$
उपरोक्त समीकरण से,
$\frac{x}{(y+z)}$ = k
⇒ kz = x – ky ----(1)
$\frac{y}{(x+z)}$ = k
⇒ kz = y – kx ----(2)
$\frac{z}{(x+y)}$ = K
⇒ ky = z – kx ----(3)
(1) और (2) से मिलता है,
x – ky = y – kx
⇒ (x – y) = (ky – kx)
⇒ (x – y) = - k(x – y)
⇒ k = - 1
अब (1), (2) और (3) को जोड़ने पर मिलता है,
kz + kz + ky = x – ky + y – kx + z – kx
⇒ x + y + z = kz + kz + kx + kx + ky + ky
⇒ (x + y + z) = 2k(x + y + z)
⇒ 2k = 1
⇒ k = $\frac{1}{2}$
अतः विकल्प (B) सही है।

87. हम जानते है कि, तय की गई दूरी = गति × समय
कुल दूरी = 180 × 6 = 1080 किमी
अब, हेलीकॉप्टर को $\frac{10}{3}$ घंटे में समान दूरी तय करनी होगी।
तब गति होगी = $\left(1080 \div \frac{10}{3}\right)$
⇒ $\left(1080 \times \frac{3}{10}\right)$ = 324
अतः विकल्प (D) सही है।

88. $\frac{1}{2} + \frac{1}{4} + \frac{1}{8} + \frac{1}{a} + \frac{1}{6} = \frac{2}{6} + \frac{1}{3} + \frac{2}{3}$
⇒ $\frac{1}{a} = \frac{2}{6} + \frac{1}{3} + \frac{2}{3} - \frac{1}{2} - \frac{1}{4} - \frac{1}{8} - \frac{1}{6}$
⇒ $\frac{1}{a} = \frac{7}{24}$
⇒ a = $\frac{24}{7}$
अतः विकल्प (B) सही है।

89. हम जानते है कि, कुल वजन = औसत वजन × व्यक्ति की कुल संख्या
इसका मतलब है कि बच्चे का औसत वजन जोड़ने से पहले 18 व्यक्तियों का औसत वजन था (19 + 1) = 20 किग्रा
कुल वजन = (20 × 18) = 360 किग्रा
परिवार में सदस्यों की वर्तमान संख्या 19 है।
वर्तमान कुल वजन = (19 × 19) = 361 किग्रा
बच्चे का वजन = (361 - 360) = 1 किग्रा
अतः विकल्प (B) सही है।

90. माना, क्रय मूल्य P है।
2 साल का समय और लागत हर साल 15% कम हो रहा। वर्तमान मूल्य 1445 है।
$P\left(\frac{1-15}{100}\right)^2$ = 1445
⇒ P × $\frac{85}{100}$ × $\frac{85}{100}$ = 1445
⇒ P = 1445 × $\frac{100}{85}$ × $\frac{100}{85}$
⇒ P = 2000
अतः विकल्प (D) सही है।

91. हम जानते है कि, संख्या = भाजक × भागफल + अवशेष
माना संख्या N है।
और भागफल 6 और 9 से विभाजित होने पर क्रमशः p और q है।

N = 6p + a ----(1)
N = 9q + b ----(2)
अब, दोनों समीकरण को घटाने के बाद
N – N = 6p + a – 9q – b
⇒ 9q – 6p = a – b
⇒ |a – b| = |9q – 6p|
⇒ |a – b| = 3|3q – 2p|
|a – b| का मान 8 से अधिक नहीं हो सकता क्योंकि 9 शेष 8 से अधिक नहीं हो सकता है।
उपरोक्त समीकरण में, जब |3q – 2p| = 0, 1 और 2 तब
|a – b| = 0, 3 और 6
अतः विकल्प (A) सही है।

92. हम जानते है कि, दक्षता = 1 / समय
कुल कार्य = दक्षता × कुल समय
राधा और कला की दक्षता 6 और 5 है और राम और राधा की दक्षता 7 और 5 है।
राम राधा कला की दक्षता = 42 : 30 : 25
राम, राधा, कला द्वारा लिए गए समय का अनुपात =
$\left(\frac{1}{42}\right) : \left(\frac{1}{30}\right) : \left(\frac{1}{25}\right)$
राम, राधा, कला द्वारा लिए गए समय का अनुपात = 25 : 35 : 42
अब, A/Q
राधा - राम = 10 इकाइयाँ
⇒ 10 इकाइयाँ → 10 दिन
⇒ 1 यूनिट → 1 दिन
कुल काम = 42 × 25 = 1050 इकाई
राम 10 दिन = 42 × 10 = 420 इकाइयों के लिए काम करता है।
राधा 15 दिन = 30 × 15 = 450 इकाइयों के लिए काम करती हैं।
शेष कार्य = (1050 - 420 + 450) = 180 इकाइयाँ
शेष 180 यूनिट काम कला द्वारा किया गया।
अतः विकल्प (A) सही है।

93. प्रश्न के अनुसार, प्रारंभिक मिश्रण का अनुपात बाहर निकालने के बाद मिश्रण के अनुपात के समान होगा:

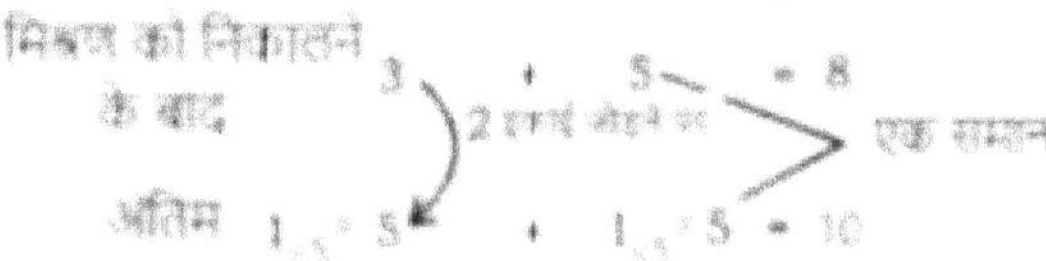

मिश्रण को बाहर निकाला जाता है = 2
प्रारंभिक मिश्रण = 8 + 2 = 10
बाहर निकाला = 2
⇒ $\frac{2}{10} = \frac{1}{5}$
अतः विकल्प (B) सही है।

94. हम जानते है कि, संयुक्त वितरण का माध्य = (माध्य × आवृत्ति)/कुल आवृत्ति
संयुक्त वितरण का माध्य = $\frac{(20 \times 25 + 25 \times 10 + 30 \times 15)}{(20 + 25 + 30)}$
⇒ $\frac{1200}{75}$ = 16
अतः विकल्प (B) सही है।

95. माना, तीन पाइप A, B, C और टैंक की कुल क्षमता = (10, 12, और 30) का एलसीएम 60 लीटर है
A की दक्षता = $\frac{60}{10}$ = 6 लीटर / मिनट
B की दक्षता = $\frac{60}{12}$ = 5 लीटर / मिनट
ABC की दक्षता = $\frac{60}{30}$ = 2 लीटर / मिनट
∵ C निकासी पाइप है।
⇒ C की दक्षता = 2 - (6 + 5) = - 9 लीटर/मिनट
प्रश्न के अनुसार,
9 लीटर/मिनट → 9 गैलन/मिनट
⇒ 1 लीटर = 1 गैलन
अतः विकल्प (A) सही है।

96. अरुण को मिला संपत्ति का हिस्सा = $\frac{1}{2}$
उसकी बेटी को मिला संपत्ति का हिस्सा = $\frac{1}{8}$
उसने अपनी संपत्ति का हिस्सा एक संस्थान को दान कर दिया = $\frac{1}{16}$
अरुण के पास संपत्ति का हिस्सा है = 1
टॉम के पास संपत्ति का बचा हुआ हिस्सा है =
$1 - \left(\frac{1}{2} + \frac{1}{8} + \frac{1}{16}\right) = \frac{5}{16}$
अतः विकल्प (C) सही है।

97. खोखले गोले का आयतन = $\frac{4}{3}\pi\left(r_o^3 - r_i^3\right)$
⇒ $\frac{4}{3}\pi$ (33 – 23) = 76 $\frac{\pi}{3}$
शंकु की ऊंचाई h सेमी है।
शंकु की आयतन = $\frac{1}{3}\pi$ R2 h
⇒ $\frac{1}{3}\pi$ × 42 × h = $\frac{16}{3}\pi$ h
यदि एक गोले को पिघलाकर शंकु में बदला जाता है, तो गोले और शंकु की आयतन समान होती है।
⇒ $\frac{76}{3}\pi = \frac{16h}{3}\pi$
⇒ h = $\frac{76}{16}$ = 4.75
अतः विकल्प (A) सही है।

98. दिए गया शब्द = SOFTWARE
किसी शब्द के n अक्षर की व्यवस्था:
स्थिति1: - यदि कोई अक्षर दोबारा नहीं आया है = n!
स्थिति2: - यदि एक तरह का "r" अक्षर होता है = $\frac{n!}{r!}$
सभी स्वरों को एक स्थान पर रखना और उसे एक स्वर मानना
⇒ SFTWR(OAE)
यहाँ, n = 6 और स्वर की संख्या = 3
सभी अक्षर 6! तरीकों में व्यवस्थित किए जा सकते हैं और स्वर 3! तरीकों में व्यवस्थित किए जा सकते हैं।
शब्द की व्यवस्था के कुल तरीके = 6! × 3! = 6 × 5 × 4 × 3 × 2 × 1 × 3 × 2 × 1 = 4320
∴ शब्द को व्यवस्थित करने के कुल तरीकों की संख्या = 4320
अतः विकल्प (D) सही है।

99. व्यक्तियों की कुल संख्या = 50
औसत राशि = 40 रुपये
चोरी हुई राशि = 500 रुपये
औसत = सभी पदों का योग/ कुल पदों की संख्या
50 व्यक्तियों की कुल धनराशि = 50 × 40 = 2000 रुपये
चोरी के बाद शेष राशि = 2000 - 500 = 1500 रुपये
शेष लोग जो 50 रुपये लेते हैं = 50 - n
अब, 50 × (50 - n) = 1500
⇒ (50 - n) = 30
⇒ n = 20
अतः विकल्प (B) सही है।

100. संख्या जो 1850 से 2050 के बीच 4 से विभाज्य है।
पहली संख्या, (a) = 1852
nवाँ पद = 2048 और d = 4
nवाँ पद = a + (n - 1)d
⇒ 2048 = 1852 + (n - 1)4
⇒ n = 50
1900 एक लीप वर्ष नहीं है।
∴ लीप वर्ष की कुल संख्या = 50 - 1 = 49
अतः विकल्प (B) सही है।

101. दी गई संख्या = 7, 8, 5 और 11
7, 8, 5 और 11 का लघुत्तम समापवर्त्य = 7 × 8 × 5 × 11 = 3080
अगली संख्या जो कि 7, 8, 5 और 11 से विभाज्य है = 3080 × 2 = 6160
संख्या 8 की वृद्धि करने के बाद 7, 8, 5 और 11 से विभाज्य संख्याएं हैं = 6160 - 8 = 6152
अतः विकल्प (D) सही है।

102. वर्तमान राशि = 10,000
प्रश्नानुसार,

$10,000 \times \left(1+\frac{1}{5}\right) \times \left(1+\frac{1}{5}\right) \times \left(1+\frac{1}{5}\right)$
⇒ 10,000 × $\frac{6}{5}$ × $\frac{6}{5}$ × $\frac{6}{5}$ = 17280
∴ 3 वर्ष के बाद कुल राशि = 17280
अतः विकल्प (A) सही है।
103. जब दोनों रेलों का मिलने के बाद समय दिया गया है, तो उनकी गतियों का अनुपात है:
$v_1 : v_2 = \sqrt{t_2} : \sqrt{t_1}$
⇒ $v_1 : v_2 = \sqrt{9} : \sqrt{4}$
⇒ $v_1 : v_2 = 3 : 2$
अतः विकल्प (C) सही है।
104. जब लाभ 5% है, तो CP और SP का अनुपात = 20 : 21
अब CP और SP दोनों में 20% की वृद्धि हो रही है।
CP और SP का अनुपात =20 + 20 का 20% तथा 21 + 21 का 21% = 24 : 25.4
लाभ = $\left(\frac{1.4}{24}\right)$ × 100 = 5%
अतः विकल्प (A) सही है।
105. आज का दिन = बुधवार
7 दिन बाद प्रत्येक दिन की पुनरावृत्ति होती है।
दिन जिसके बाद बुधवार की पुनरावृत्ति होगी = $\frac{147}{7} + \frac{1}{7} = 21 + \frac{1}{7}$
21 दिनों के बाद, बुधवार आएगा
⇒ 22वें दिन = गुरूवार
∴ 148 दिनों बाद, गुरूवार होगा।
अतः विकल्प (A) सही है।
106. $A = P \times \left(\frac{1+r}{100}\right)^t$
1 वर्ष के बाद, P : I = 20 : 21 ----(1)
2 वर्ष के बाद P : I = $(20)^2 : (21)^2$
⇒ 2 वर्ष के बाद P : I = 400 : 441 ----(2)
3 वर्ष के बाद P : I = $(20)^3 : (21)^3$
⇒ 3 वर्ष के बाद P : I = 8000 : 9261 ----(3)
सभी वर्षों के लिए किस्त समान है।
(1) में 441 और (2) में 21 से गुणा करने पर, हम प्राप्त करते हैं।
⇒ 1 वर्ष के बाद, P : I = (20 : 21) × 441
⇒ 1 वर्ष के बाद, P : I = 8820 : 9261
इसी तरह, दूसरे वर्ष के बाद P : I = (400 : 441) × 21
2 वर्ष के बाद P : I = 8400 : 9261
अब, 1 इकाई = $\frac{7500}{(8820+8400+8000)}$
किस्त = 9261 × 0.297
⇒ किस्त = 2754 रुपये
अतः विकल्प (D) सही है।
107. हम जानते है कि, कुल कार्य = दक्षता × लिया गया समय
माना A, B और C की दक्षताएं क्रमशः a, b और c हैं।
A और B द्वारा एकसाथ लिया गया समय = 6 दिन
B और C द्वारा एकसाथ लिया गया समय= 15 दिन
A, B और C द्वारा एकसाथ लिया गया समय = 5 दिन
कुल कार्य (TW) = (6, 5, 15) का लघुत्तम समापवर्त्य = 30
⇒ (a + b) = $\frac{30}{6}$ = 5 ----(1)
⇒ (b + c) = $\frac{30}{15}$ = 2 ----(2)
⇒ (a + b + c) = $\frac{30}{5}$ = 6 ----(3)
B की दक्षता = b = (1) + (2) - (3)
⇒ b = 5 + 2 - 6 = 1
(3) में b का मान रखने पर, हमें प्राप्त होता है:
a + 1 + c = 6
⇒ a + c = 5
कार्य को पूरा करने के लिए A और C द्वारा लिया गया समय = $\frac{TW}{(a+c)}$
⇒ कार्य को पूरा करने के लिए A और C द्वारा लिया गया समय = $\frac{30}{5}$
⇒ कार्य को पूरा करने के लिए A और C द्वारा लिया गया समय = 6 दिन
अतः विकल्प (B) सही है।
108. 2001 में पर्क की बिक्री = 25 लाख
2003 में किटकैट की बिक्री = 30 लाख
2001 में पर्क की बिक्री और 2003 में किटकैट की बिक्री का अनुपात = $\frac{25}{30}$ =5:6
अतः विकल्प (D) सही है।
109. मंच की कुल बिक्री = (30 + 19+14+22) लाख = 85 लाख
स्निकर्स की कुल बिक्री = (18 + 22+21+16) लाख = 77 लाख
प्रयुक्त सूत्र: प्रतिशत = (मंच की औसत बिक्री/स्निकर्स की औसत बिक्री) × 100
औसत बिक्री = कुल बिक्री/वर्षों की संख्या
मंच की औसत बिक्री = $\frac{85}{4}$ = 21.25 लाख
स्निकर्स की औसत बिक्री = $\frac{77}{4}$ = 19.25 लाख
प्रतिशत = $\left(\frac{19.25}{21.25}\right)$ × 100 = 90.58%
अतः विकल्प (D) सही है।
110. किटकैट की कुल बिक्री = (29 + 17+30+26) लाख = 102 लाख
डेयरी मिल्क की कुल बिक्री = (24 + 23+23+20) लाख = 90 लाख
प्रतिशत वृद्धि = (औसत बिक्री में वृद्धि/डेयरी मिल्क की औसत बिक्री) × 100
औसत बिक्री = कुल बिक्री/वर्षों की संख्या
किटकैट की औसत बिक्री = $\frac{102}{4}$ = 25.5 लाख
डेयरी मिल्क की औसत बिक्री = $\frac{90}{4}$ = 22.5 लाख
प्रतिशत वृद्धि = $\left[\frac{(25.5-22.5)}{22.5}\right]$ × 100 =13.33%
अतः विकल्प (D) सही है।
111. कॉलेज में लड़कों की कुल संख्या = कॉलेज में लड़कियों की कुल संख्या का 116%
माना, कॉलेज में लड़कियों की कुल संख्या 100 है।
लड़कों की कुल संख्या = $\left(\frac{116}{100}\right)$ × 100 = 116
लड़कों और लड़कियों की कुल संख्या का अनुपात = $\frac{116}{100}$ = 29 : 25
अतः विकल्प (B) सही है।
112. रेल की गति= 72 किमी/घंटे
रेल की लम्बाई = 220 मीटर
प्लेटफार्म की लम्बाई = 330 मीटर
गति (मीटर/सेकंड में) = गति (किमी/घंटे में) × $\left(\frac{5}{18}\right)$
= 72 × $\left(\frac{5}{18}\right)$ = 20 मीटर/सेकंड
तय कुल दूरी = 220 + 330 = 550 मीटर
दूरी को तय करने में लगा समय = दूरी/गति = $\frac{550}{20}$ = 27.5 सेकंड
अतः विकल्प (D) सही है।
113. संख्या = 3^{40}
विभाजित किया गया है = 4
⇒ $\frac{3^{40}}{4}$
⇒ $(3^2)^{20}/4$
⇒ $(9)^{20}/4$
⇒ $(1)^{20}$ = 1
अतः विकल्प (A) सही है।
114. संख्या = $\frac{2}{3}$, $\frac{3}{5}$ और $\frac{6}{10}$
प्रयुक्त सूत्र: भिन्नों का लघुत्तम समापवर्त्य = (अंशों का लघुत्तम समापवर्त्य)/(हरों का महत्तम समापवर्त्य)
⇒ (2,3 और 6 का लघुत्तम समापवर्त्य)/(,5 और 10 का महत्तम समापवर्त्य)
⇒ $\frac{6}{1}$ = 6
अतः विकल्प (C) सही है।
115. समीकरण = $\frac{(120 \div 20 \times y + 31)}{(8^2 - 6 \times 4 + y^2)}$ = 1
⇒ $\frac{(120 \div 20 \times y + 31)}{(8^2 - 6 \times 4 + y^2)}$ = 1
⇒ (120 ÷ 20 × y + 31) = $(8^2 - 6 \times 4 + y^2)$
⇒ 6y = y^2 + 40 - 31
⇒ y^2 - 6y +9 = 0
⇒ $(y - 3)^2$ = 0

⇒ y = 3
अतः विकल्प (B) सही है।

116. प्रयुक्त सूत्र: (ABC का क्षेत्रफल)/(DEF का क्षेत्रफल) = (ABC की भुजा)2/(DEF की भुजा)^2
माना, DEF की भुजा x है ।

⇒ $\frac{144}{81} = \frac{(36)^2}{x^2}$

⇒ $\frac{\sqrt{144}}{\sqrt{81}} = \frac{36}{x}$

⇒ $\frac{12}{9} = \frac{36}{x}$

⇒ x = 27 सेमी
अतः विकल्प (A) सही है।

117. संख्याएं = 10, 18, 14, और 26
माना, मान x है ।

⇒ $\frac{(10-x)}{(18-x)} = \frac{(x-14)}{(x-26)}$

⇒ (10 - x) × (x - 26) = (x - 14) × (18 - x)
⇒ 36x -32x = 260 - 252
⇒ x = 2
अतः विकल्प (D) सही है।

118. $(-\frac{1}{729})^{-\frac{2}{3}}$

⇒ $(-729)^{\frac{2}{3}}$

⇒ $(-9)^{3 \times \frac{2}{3}}$

⇒ $(-9)^2 = 81$

अतः विकल्प (D) सही है।

119. माना a = 5 और b = 8

$\frac{(b-a)}{(b+a)} = \frac{(8-5)}{(8+5)} = \frac{3}{13}$

⇒ $\frac{11}{14} + \frac{(b-a)}{(b+a)}$

⇒ $\frac{11}{14} + \frac{3}{13} = \frac{185}{182}$

अतः विकल्प (A) सही है।

120. वितरण नियम:
A ∪ (B ∩ C) = (A ∪ B) ∩ (A ∪ C)
इसलिए, A ∪ (A ∩ B)
⇒ (A ∪ A)∩(A ∪ B)
⇒ A ∩ (A ∪ B)   (As A ∪ A = A)
⇒ A
अतः विकल्प (D) सही है।

121. एक निश्चित कूट भाषा में:

शब्द	P	R	I	N	C	E
कूट	3	5	6	9	8	7

उसी प्रकार,

शब्द	N	I	C	E
कूट	9	6	8	7

अतः विकल्प (B) सही है।

122. तर्क I सशक्त है: (चूंकि ऐसी कई फिल्में हैं जो समाज के नैतिक ढांचे को बाधित करती हैं और सेंसरशिप द्वारा पारित की जाती हैं)
तर्क II सशक्त नहीं है: (कथन में उन्नत अर्थव्यवस्थाओं में शामिल होने के बारे में कुछ भी नहीं कहा गया है।)
तर्क III सशक्त नहीं है: (ऐसे किसी भी लोकतांत्रिक विकास और स्वतंत्रता पर कथन में चर्चा नहीं की गई है।)
अतः विकल्प (A) सही है।

123. इन शब्दों का सही शब्दकोश क्रम इस प्रकार होगा:
3. Pivotal
4. Pixelate
2. Pixie
5. Pizzazz
1. Pizzeria

इसलिए, '34251' सही क्रम है जिसमें शब्द शब्दकोश में दिखाई देते हैं।
अतः विकल्प (C) सही है।

124. इन शब्दों का सही शब्दकोश क्रम इस प्रकार होगा:
4. Denounce
1. Density
3. Dentist
5. Denude
2. Denunciation

इसलिए, '41352' सही क्रम है जिसमें शब्द शब्दकोश में दिखाई देते हैं।
अतः विकल्प (D) सही है।

125. दी गई जानकारी के अनुसार,

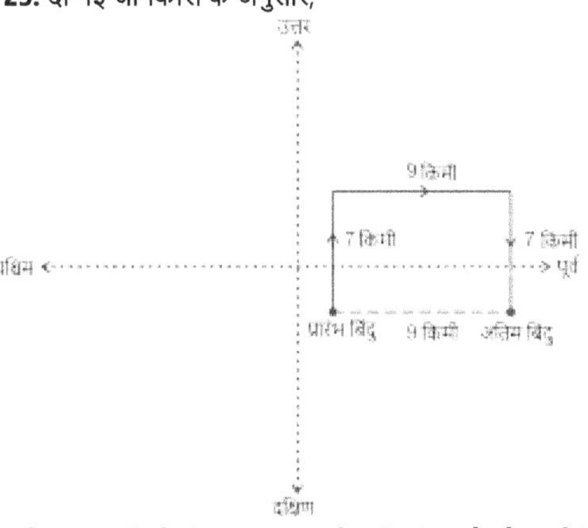

उपरोक्त आकृति से, प्रिया मूल स्थान से 9 किमी दूर है और पूर्व दिशा में है।
अतः विकल्प (D) सही है।

126. मांसाहारी जानवर वे जानवर हैं जो गोश्त और मांस खाते हैं। शेर मांस खाते हैं लेकिन खरगोश मांस नहीं खाते हैं।

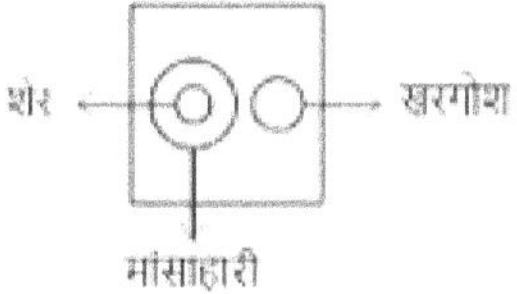

अतः विकल्प (B) सही है।

127. एक निश्चित कूट भाषा में,

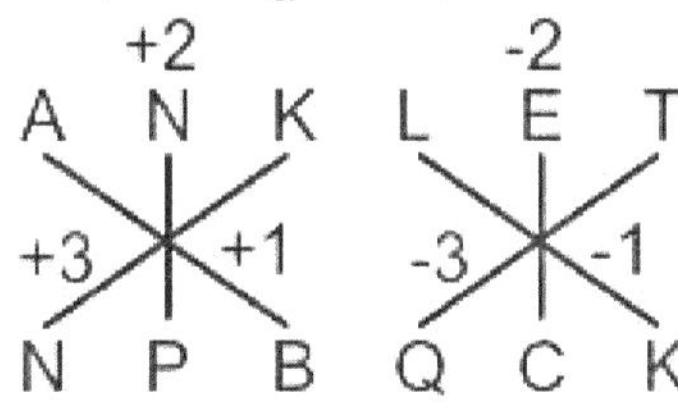

इसी तरह,

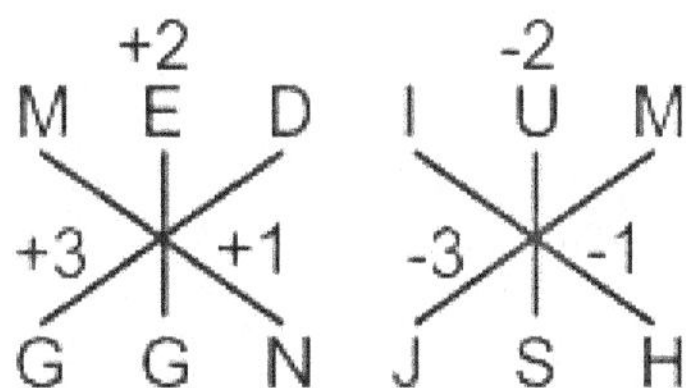

इसलिए, 'GGJNSH' सही उत्तर है।
अतः विकल्प (D) सही है।

128. एक निश्चित कूट में,

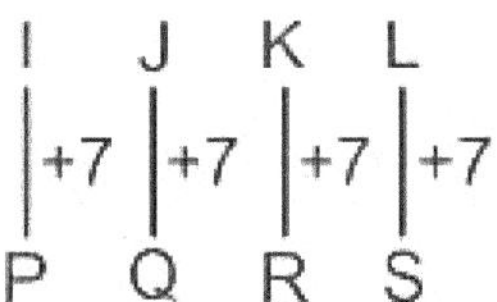

इसी तरह,

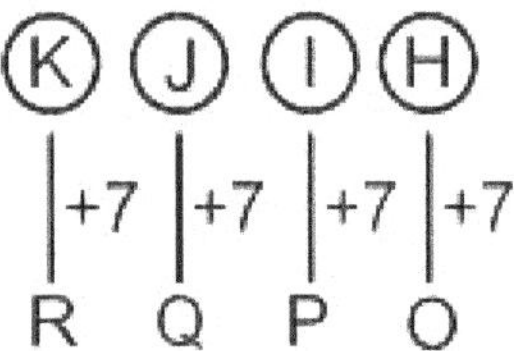

अतः विकल्प (A) सही है।

129. दिया गया है:

एक तस्वीर की ओर इशारा करते हुए एक व्यक्ति कहता है, "इस महिला की पुत्री का भाई मेरा ससुर है।"

प्रतीक और उसके अर्थ इस प्रकार हैं:

आरेख में प्रतीक	अर्थ
○	महिला
□	पुरुष
═	शादीशुदा जोड़ा
—	भाई-बहन
|	एक पीढ़ी का अंतर

दिए गए निर्देशों का संभावित वंश वृक्ष इस प्रकार है:

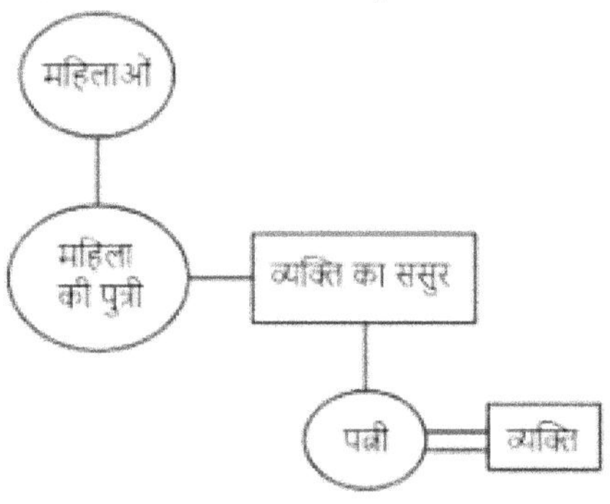

इसलिए, तस्वीर में व्यक्ति की पत्नी उस महिला की पोती है।

अतः विकल्प (B) सही है।

130. यहाँ अनुसरित स्वरूप इस प्रकार है:

आधे अक्षरों में 3 की कमी हो रही है और आधे अक्षरों में 3 की वृद्धि हो रही है।

व्यवस्था इस प्रकार है:

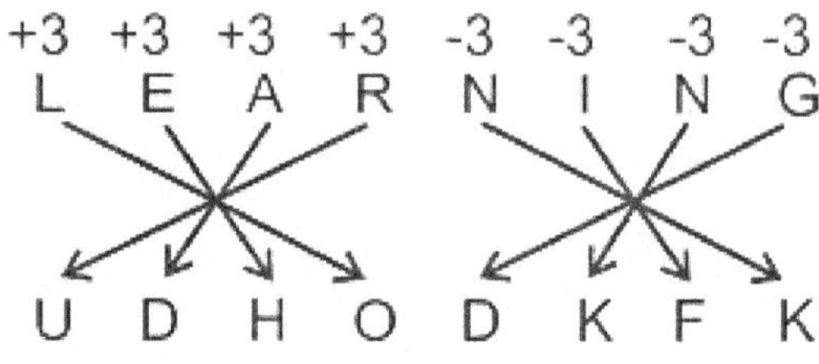

और,

+3 +3 +3 -3 -3 -3
T O W E R S
Z R W P O B

इसी तरह

+3 +3 +3 -3 -3 -3
R I V E T S
Y L U P Q B

इसलिए, RIVETS की कूटित भाषा YLUPQB है।

अतः विकल्प (B) सही है।

131. आयरलैंड एक देश है और डबलिन इसकी राजधानी है, जबकि ग्रीस एक देश है।

इसलिए संभावित संबंध आरेख इस प्रकार होगा:

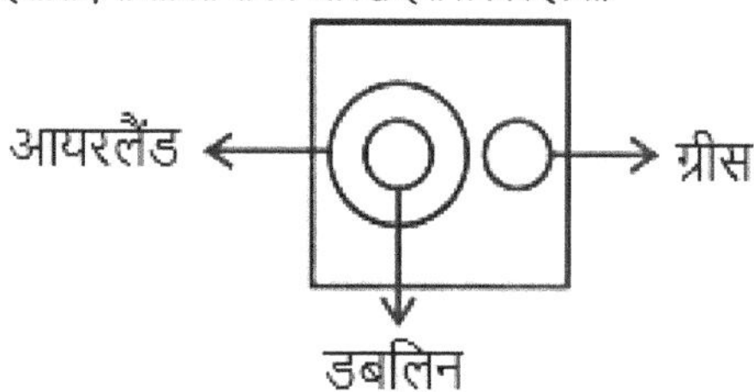

अतः विकल्प (A) सही है।

132. यहाँ संबंध यह है कि एक वाद्य यंत्र कैसे बजाया जाता है।

बांसुरी के अतिरिक्त कोई और वाद्य यंत्र हवा से नहीं बजाया जाता है।

इसलिए, बांसुरी इनमें से भिन्न है।

अतः विकल्प (C) सही है।

133. यहाँ अनुसरित स्वरूप इस प्रकार है,

1. E = 5; 5 + 2 = 7; 7 = G
2. B = 2; 2 + 2 = 4; 4 = D
3. Q = 17; 17 + 2 = 19; 19 = S
4. K = 11; 11 + 2 = 13; 13 = M

अतः विकल्प (C) सही है।

134. यहाँ अनुसरित स्वरूप इस प्रकार है:

सभी संख्याओं को बाएं से घटते क्रम में व्यवस्थित किया गया है और शब्दों को शब्द के पहले वर्णमाला से वर्णानुक्रम में व्यवस्थित किया गया है।

दिया गया:

इनपुट: 82 hertz 54 flake 34 rancid 94 appeal 18.

चरण I: 94 82 hertz 54 flake 34 rancid 18 appeal.

चरण II: 94 82 54 hertz 34 rancid 18 appeal flake.

चरण III: 94 82 54 34 rancid 18 appeal flake hertz.

चरण IV: 94 82 54 34 18 appeal flake hertz rancid.

इसलिए अंतिम चरण तक पहुँचने के लिए IV चरणों की आवश्यकता होगी।

अतः विकल्प (B) सही है।

135. यहाँ अनुसरित स्वरूप इस प्रकार है:
सभी संख्याओं को बाएं से घटते क्रम में व्यवस्थित किया गया है और शब्दों को शब्द के पहले वर्णमाला से वर्णानुक्रम में व्यवस्थित किया गया है।
दिया गया:
इनपुट: 82 hertz 54 flake 34 rancid 94 appeal 18.
चरण I: 94 82 hertz 54 flake 34 rancid 18 appeal.
चरण II: 94 82 54 hertz 34 rancid 18 appeal flake.
चरण III: 94 82 54 34 rancid 18 appeal flake hertz.
चरण IV: 94 82 54 34 18 appeal flake hertz rancid.
इसलिए तीसरे चरण में बाएं से चौथा पद 34 है।
अतः विकल्प (A) सही है।

136. यहाँ अनुसरित स्वरूप इस प्रकार है:
सभी संख्याओं को बाएं से घटते क्रम में व्यवस्थित किया गया है और शब्दों को शब्द के पहले वर्णमाला से वर्णानुक्रम में व्यवस्थित किया गया है।
दिया गया:
इनपुट: 82 hertz 54 flake 34 rancid 94 appeal 18.
चरण I: 94 82 hertz 54 flake 34 rancid 18 appeal.
चरण II: 94 82 54 hertz 34 rancid 18 appeal flake.
चरण III: 94 82 54 34 rancid 18 appeal flake hertz.
चरण IV: 94 82 54 34 18 appeal flake hertz rancid.
दाएं छोर से तीसरा पद appeal है।
तीसरे चरण में appeal के बाएं से चौथा पद 54 है।
अतः विकल्प (A) सही है।

137. A, B, C, D और E के बीच सबसे मोटे को ज्ञात करने के लिए, एक मोटे व्यक्ति के अवरोही क्रम के अनुसार व्यवस्थित करने पर,
कथन I: A, B से मोटा है लेकिन C से पतला है। C सबसे पतला नहीं है।

C
A
B

इसलिए कथन I प्रश्न का उत्तर देने के लिए पर्याप्त नहीं है।
कथन II: A केवल B से मोटा है। C, E से मोटा है। C सबसे मोटा नहीं है।

D
C
E/A
A/E
B

इसलिए, केवल कथन II प्रश्न का उत्तर देने के लिए पर्याप्त है।
अतः विकल्प (D) सही है।

138. निकटतम आरेख जिसमें अंतर्निहित आकृति है:

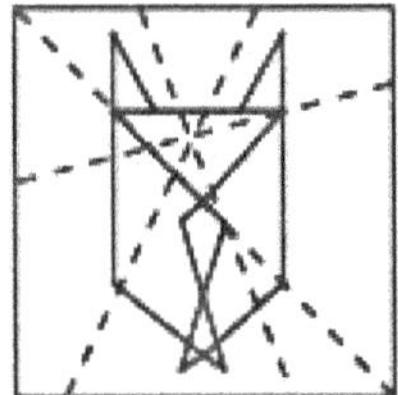

अन्य सभी विकल्पों में मामूली अंतर है जो कि विकल्प (D) के अलावा अंतर्निहित आकृति के अनुरूप नहीं है।
अतः विकल्प (D) सही है।

139. दिया गया है:
नताशा ने 10वीं और 12वीं कक्षा में 80% अंक हासिल किये।
उन्होंने 75% अंकों के साथ सिविल इंजीनियरिंग पूरी की थी।
उनकी जन्म तिथि 08.02.1992 है।
8 सितंबर 2016 को आयु 24 वर्ष और 7 महीने है। (25 से कम)
उन्होंने चयन परीक्षा में 60% अंक प्राप्त किये हैं और 35,000 रुपये की राशि का भुगतान करने को तैयार हैं।
मामले को अध्यक्ष के पास भेजा जाएगा क्योंकि उन्होंने CAD पाठ्यक्रम नहीं किया है, लेकिन स्नातक में 75% अंक प्राप्त किये हैं और 35,000 का भुगतान करने को तैयार हैं।
अतः विकल्प (C) सही है।

140. दिया गया है:
आदेश ने चयन परीक्षा में 65% अंक हासिल किये हैं और मैकेनिकल इंजीनियरिंग में 75% अंकों के साथ स्नातक किया है।
उन्होंने NIT में CAD पाठ्यक्रम पूरा किया है।
वे 25.09.1998 को पैदा हुए थे।
8 सितंबर 2016 तक उनकी आयु 18 वर्ष है।
उन्हें 10वीं में 500 में से 370 अंक मिले, तो प्रतिशत = 74%
12 वीं में 1200 में से 920, प्रतिशत = 76.6
10वीं में उनका प्रतिशत 75% से कम है।
इसलिए, उम्मीदवार का चयन नहीं हुआ है या दी गई जानकारी अपर्याप्त है।
अतः विकल्प (D) सही है।

141. दिया गया है:
स्टेला ने 6.06.2011 को स्नातक पूरा किया है।
स्नातक स्तर की पढ़ाई पूरी होने के समय में वह 21 वर्ष की थीं।
8 सितम्बर 2016 को आयु 26 वर्ष 3 महीने है। (25 से कम होनी चाहिए)
उन्होंने 10वीं कक्षा में 80% अंक प्राप्त किये।
12वीं कक्षा में 75% अंक प्राप्त किये।
उन्होंने सिविल इंजीनियरिंग में 85% अंकों के साथ स्नातक स्तर की पढ़ाई पूरी की थी।
उन्होंने चयन परीक्षा में 65% अंक हासिल किये।
उन्होंने CAD पाठ्यक्रम पूरा किया हुआ है।
इसलिए, उम्मीदवार का चयन नहीं हुआ है या दी गई जानकारी अपर्याप्त है।
अतः विकल्प (A) सही है।

142. दी गई जानकारी के अनुसार,

आरेख में प्रतीक	अर्थ
○	महिला
□	पुरुष
═	शादीशुदा जोड़ा
—	भाई-बहन
|	एक पीढ़ी का अंतर

दिए गए निर्देशों का संभावित वंश वृक्ष इस प्रकार है:

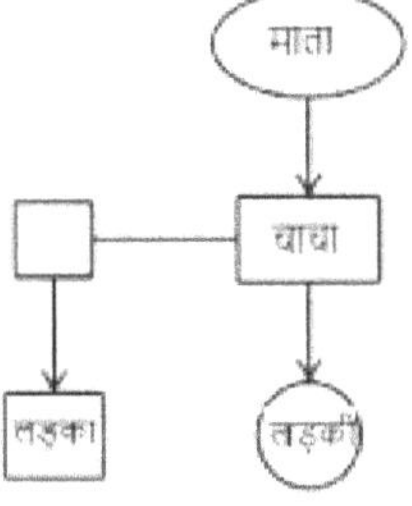

अतः विकल्प (C) सही है।

143. वेन आरेख के अनुसार,

निष्कर्ष:

I: कुछ आकाश बादल हैं → सत्य, जैसा कि कथन में कहा गया है सभी आकाश बादल हैं।

II. सभी बादल आकाश है → असत्य, क्योंकि केवल कुछ बादल आकाश हो सकते हैं सभी नहीं हो सकते हैं।

इसलिए, निष्कर्ष I अनुसरण करता है।

अतः विकल्प (C) सही है।

144. क्यूबा, कनाडा, और सेंट लूसिया उत्तरी अमेरिका में है।
जबकि, फिनलैंड यूरोप में है।
इसलिए, फिनलैंड इनमें से विषम है।
अतः विकल्प (A) सही है।

145. दी गई जानकारी के अनुसार,

आरेख में प्रतीक	अर्थ
○	महिला
□	पुरुष
═	शादीशुदा जोड़ा
—	भाई-बहन
│	एक पीढ़ी का अंतर

वंश वृक्ष को इस प्रकार दर्शाया जाएगा,

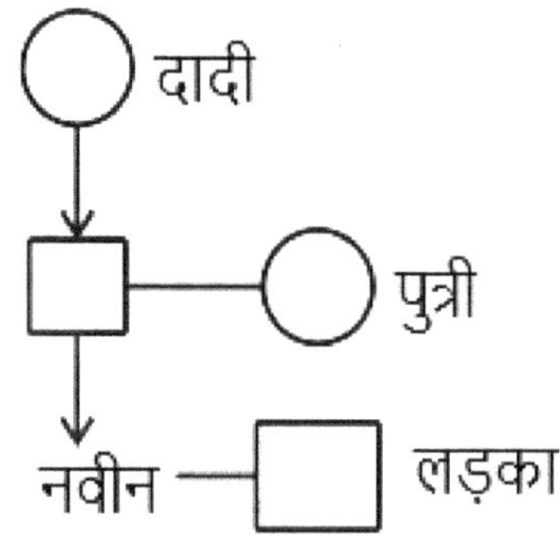

इसलिए, 'भाई' सही उत्तर है।
अतः विकल्प (D) सही है।

146. सूरजमुखी के अतिरिक्त दिए गए सभी विकल्प मांसाहारी पौधे हैं।
इसलिए, सूरजमुखी इनमें से विषम है।
अतः विकल्प (B) सही है।

147. निष्कर्ष: I निकट भविष्य में वर्ष बिल्कुल नहीं होगी। (गलत, चूँकि पानी की कमी होगी, लेकिन निकट भविष्य में वर्षा नहीं होने के बारे में कुछ भी नहीं कहा गया है।)

II. व्यक्ति नागरिक अधिकारियों की सलाह का पालन करने के लिए तैयार हैं। (सही, पानी की कमी सभी को प्रभावित करेगी, इसीलिए प्रत्येक व्यक्ति सलाह का पालन करने के लिए तैयार है।)

इसलिए, धारणा II निहित है।
अतः विकल्प (B) सही है।

148. दी गई श्रृंखला:
9, 7, 11, 29, 111, ?
उनके द्वारा अनुसरित स्वरूप इस प्रकार है:

9 × 1 - 2 = 7;
7 × 2 - 3 = 11;
11 × 3 - 4 = 29;
29 × 4 - 5 = 111;
111 × 5 - 6 = 549

इसलिए, 549 श्रृंखला में अगला पद होगा।
अतः विकल्प (B) सही है।

149. दी गई जानकारी के अनुसार:

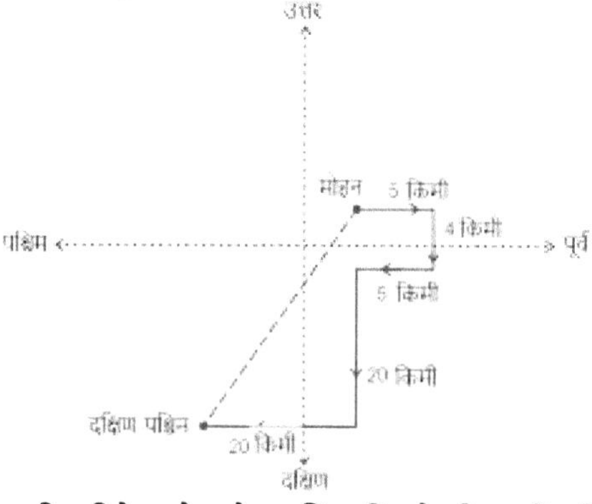

इसलिए, थियेटर मोहन के प्रारम्भिक बिंदु से दक्षिण-पश्चिम दिशा में है।
अतः विकल्प (C) सही है।

150. दिया गया है:
कथन : सभी श्वेत रक्त कोशिकाएँ रक्त कोशिकाएँ हैं।
कुछ रक्त कोशिकाएँ लाल हैं।
संभावित वेन आरेख इस प्रकार है:

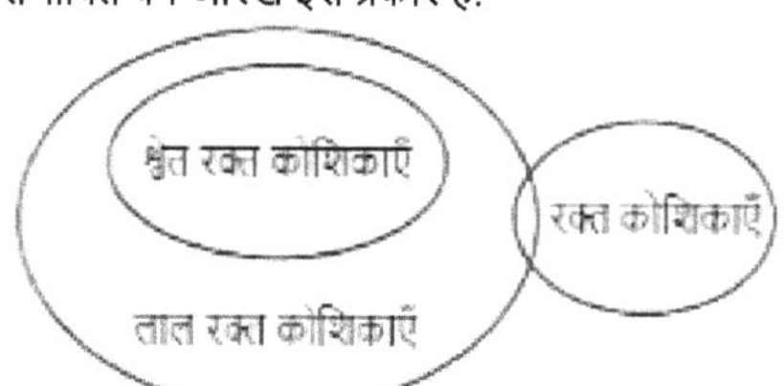

निष्कर्ष:

I. सभी रक्त कोशिकाएँ लाल होना एक संभावना है। (सत्य, लाल रक्त कोशिकाओं में सभी रक्त कोशिकाओं का होना संभव है।)

II. कुछ लाल रक्त कोशिकाएँ, रक्त कोशिकाएँ नहीं है। (असत्य, यह संभव हो सकता है लेकिन निश्चित नहीं है।)

अतः विकल्प (D) सही है।

151. दिए गए बिन्दुओं के अनुसार, यह वृत्त-आयत के संयोजन में होना चाहिए।
दिए गए विकल्पों में से केवल एक सही है जो कि (B) है।

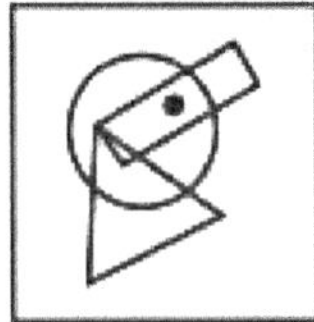

अतः विकल्प (B) सही है।

152. निम्नलिखित के संभावित विराम निम्नानुसार हैं:

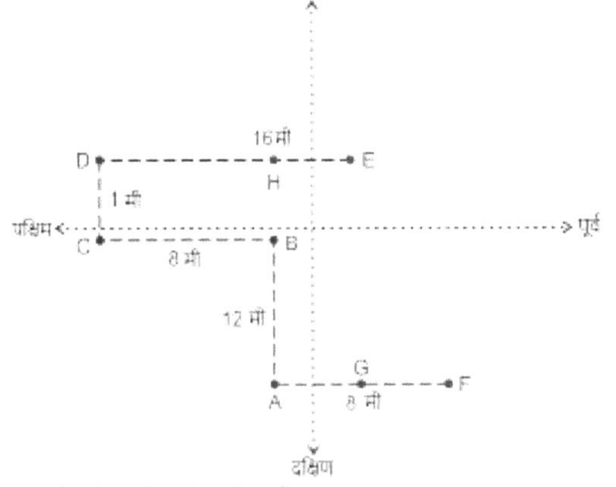

A, G के बीच की दूरी 4 मीटर है।
D, H के बीच की दूरी 8 मीटर है।
A, G और D, H के बीच अंतर = 8 - 4 = 4 मीटर
अतः विकल्प (D) सही है।

153. यहाँ अनुसरित स्वरूप इस प्रकार है:
6 × 1 - 3 = 3
3 × 3 - 5 = 4
4 × 5 - 7 = 13
13 × 7 - 9 = 82
इसी तरह,
82 × 9 - 11 = 727
इसलिए, 727 प्रश्न चिह्न के स्थान पर आएगा।
अतः विकल्प (B) सही है।

154. यहाँ अनुसरित स्वरूप इस प्रकार है:

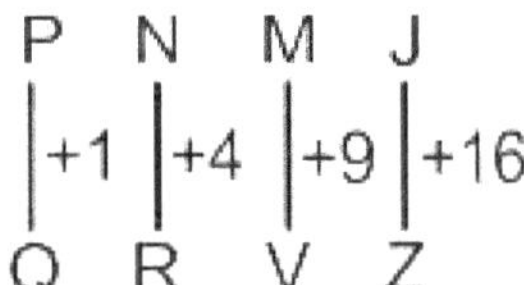

इसी तरह,

D C E B
+1 +4 +9 +16
E G N R

अतः विकल्प (C) सही है।

155. नज़दीकी अवलोकन पर, हम पाते हैं कि प्रश्न आकृति विकल्प (D) में निहित है जैसा कि नीचे दिखाया गया है:

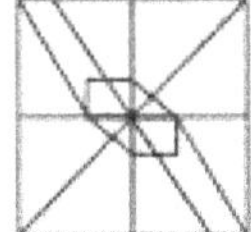

अतः विकल्प (D) सही है।

156. निष्कर्ष I: सही है, जघन्य अपराधियों के लिए मजबूत कानून होना चाहिए और इसका इस्तेमाल चयनात्मक हो सकता है और विशेष परिस्थिति में इस्तेमाल का मामला ज्यादा सशक्त है।
निष्कर्ष II: गलत है, मौत की सजा कानून द्वारा दी गई है और इसे अपराध नहीं माना जा सकता है।
इसलिए, केवल तर्क I सशक्त है।
अतः विकल्प (D) सही है।

157. निष्कर्ष I: अपर्याप्त, क्योंकि हरिधा की श्रेणी केवल शीर्ष और केवल लड़कियों के बीच से दी गई है।
निष्कर्ष II: अपर्याप्त, पुनः श्रेणी केवल शीर्ष से दी गई है और नीचे से नहीं दी गई है।
इसलिए, दोनों कथन I और II में दिए गए तथ्य मिलकर प्रश्न का उत्तर देने के लिए पर्याप्त नहीं है।
अतः विकल्प (C) सही है।

158. I. U ने W से अधिक लेकिन Y और X से कम अंक प्राप्त किये हैं।

Y/X
U
W

II. X ने Y से अधिक अंक प्राप्त किये हैं लेकिन उच्चतम अंक प्राप्त नहीं किये हैं।

Z
X
Y
U
W

इसलिए, दोनों कथन I और II में दिए गए तथ्य मिलकर प्रश्न का उत्तर देने के लिए पर्याप्त हैं।
अतः विकल्प (C) सही है।

159. दी गई आकृति में,
पहली आकृति के अतिरिक्त सभी समान हैं।
आकृति (a) के अतिरिक्त सभी में बिन्दुवत वस्तु सितारे के अंदर है।
इसलिए, आकृति (a) इनमें से भिन्न है।
अतः विकल्प (A) सही है।

160. धारणा I: गलत, क्योंकि समाचार पत्र में अधिकतम व्यक्तियों तक पहुंचने के लिए विज्ञापन दिया जाता है।
धारणा II: गलत, व्यक्तियों की भागीदारी के बारे में कुछ नहीं कहा गया है।
इसलिए, न तो धारणा I और न ही धारणा II निहित है।
अतः विकल्प (B) सही है।

विगत वर्षीय प्रश्नपत्र 08

General Hindi

Q.1 किस वर्ष साहित्य अकादमी पुरस्कार नहीं दिया गया?
A. सन् 1955 **B.** सन् 1962 **C.** सन् 1965 **D.** सन् 2000

Q.2 निम्नलिखित में से कौन-सा विकल्प शब्द और उनके विलोम शब्द की सही जोड़ी नहीं है?
A. राग-विराग **B.** व्यष्टि-समष्टि
C. बच्चा-जवान **D.** उत्तम-अधम

Q.3 निम्न में से कौन-सा कवि भारतेंदु युगीन नहीं है?
A. बद्रीनारायण चौधरी 'प्रेमघन'
B. ठाकुर जगमोहन सिंह
C. पं. अंबिकादत्त व्यास
D. श्रीधर पाठक

Q.4 'पयोधि', 'सिंधु', 'वारीश' किसके पर्यावाची शब्द है?
A. मेघ **B.** समुद्र **C.** नदी **D.** गंगा

Q.5 निम्नलिखित वाक्य में आए खाली स्थान के लिये सही शब्द चुनिये-
अभिषेक _____ घर चला गया।
A. किसके **B.** अपने-आप **C.** इस **D.** उस

Q.6 सन् 2019 में व्यास सम्मान किसे प्रदान किया गया?
A. नासिरा शर्मा **B.** लीलाधर जगूड़ी
C. ममता कालिया **D.** नरेंद्र कोहली

Q.7 निम्नलिखित में कौन-सा शब्द तत्सम है?
A. उज्ज्वल **B.** इकट्ठा **C.** कँवल **D.** उपरोक्त

Q.8 वाक्य में काम करने वाले को क्या कहते हैं?
A. कर्त्ता **B.** करण **C.** कर्म **D.** क्रिया

Q.9 निम्नलिखित वाक्य में आए खाली स्थान के लिये सही शब्द चुनिये-
गिलास _____ तोड़ा?
A. तुमने **B.** उसने **C.** किसने **D.** इसने

Q.10 पुरुषोत्तम अग्रवाल को उनकी किस रचना के लिये 'देवीशंकर अवस्थी स्मृति सम्मान' प्रदान किया गया?
A. विचार का अनंत
B. तीसरा रूख
C. संस्कृति : वर्चस्व और प्रतिरोध
D. अकथ कहानी प्रेम की : कबीर की कविता और उनका समय

Q.11 लोकोक्ति और उनके सही अर्थ वाले जोड़े के विकल्प की पहचान कीजिये।

(A)	(B)
1. चित्त भी मेरी पट भी मेरा	a. दोनों ओर से लाभ चाहना
2. चोर की दाढ़ी में तिनका	b. अपराधी भयभीत रहता है
3. नाच न जाने आँगन टेढ़ा	c. अयोग्यता का दोष दूसरों को देना
4. नेकी कर दरिया में डाल	d. भला करके भूल जाना चाहिये

A. a-d, 2-c, 3-b, 4-a **B.** 1-c, 2-a, 3-b, 4-d
C. 1-b, 2-a, 3-c, 4-d **D.** 1-a, 2-b, 3-c, 4-d

Q.12 'निंदा' का विलोम शब्द है-
A. स्तुति **B.** राग **C.** द्वेष **D.** सम्मान

Q.13 भारतीय संविधान में 22 भाषाओं को आधिकारिक भाषा का दर्जा दिया गया है, जिनमें यह भाषा शामिल नहीं है?
A. मैथिली **B.** मणिपुरी **C.** बोडो **D.** भोजपुरी

Q.14 जिस पर क्रिया का प्रभाव पड़े, उसे क्या कहते हैं?
A. कर्त्ता **B.** करण **C.** कर्म **D.** अपादान

Q.15 निम्नलिखित वाक्यांश में अपादान कारक प्रयुक्त हुआ है-
A. श्याम का घर **B.** पेड़ से गिर पड़ा
C. कुर्सी के नीचे **D.** आरी से काटो

Q.16 निम्नलिखित में से सही वाक्य की पहचान कीजिये।
A. मैं रविवार के दिन तुम्हारे घर आऊँगा।
B. मैं रविवार को तुम्हारे घर आऊँगा।
C. मैं रविवार को तुम्हारे घर को आऊँगा।
D. मैं रविवार दिन को तुम्हारे घर आऊँगा।

Q.17 निम्नलिखित में से सही वाक्य की पहचान कीजिये।
A. वह क्या जाने कि मैं कैसे जी रहा हूँ।
B. वह कैसे जानें कि क्या मैं जी रहा हूँ।
C. वह क्या जानें कि मैं कैसे जी रहा हूँ।
D. वे क्या जाने कि मैं कैसे जी रहा हूँ।

Q.18 'विरोधी पक्ष का' वाक्यांश के लिये एक सार्थक शब्द कौन-सा है?
A. पक्षपाती **B.** विपक्षी **C.** पक्षघाती **D.** द्विपक्षी

Q.19 'वधूत्सव' का संधि विच्छेद रूप क्या है?
A. वद + उत्सव **B.** वध + उत्सव
C. वधू + उत्सव **D.** वधो + उत्सव

Q.20 निम्नलिखित में से कौन-सा संधि विच्छेद का एक गलत उदाहरण है?
A. महा ओज **B.** पौ अक
C. नौ इक **D.** परो + उपकार

Q.21 निम्नलिखित में कौन-सा तत्सम-तद्भव जोड़ी का सही विकल्प नहीं है?
A. सूत्र-सूत **B.** हस्त - हाथ
C. चक्र - गोला **D.** ग्राहक - गाहक

Q.22 सुधी, मनीषी, बुध निम्नलिखित में से किसके पर्यायवाची शब्द हैं?
A. पंडित **B.** धनी **C.** पति **D.** गुरू

Q.23 'बाग-बाग होना' मुहावरे का सही अर्थ होगा-
A. आसान काम **B.** हरियाली छाना
C. खुश होना **D.** कार्य सिद्ध होना

Q.24 'अवधी बोली' का अन्य नाम है-
A. कोसली **B.** बनाफरी **C.** बैगानी **D.** मघेसी

Q.25 निम्न उपन्यासों में कौन-सा मृदुला गर्ग द्वारा रचित नहीं है?
A. उसक हिस्से की धूप **B.** रूकोगी नहीं राधिका
C. चित्त कोबरा **D.** मैं और मैं

Q.26 निम्न में से किस साहित्यकार को 'प्रेमचंद की कहानियों का काल-क्रमानुसार अध्ययन' के लिये 'व्यास सम्मान' प्रदान किया गया है?
A. गोपेश्वर सिंह **B.** वीरभारत तलवार

C. कमल किशोर गोयनका **D.** वीरेंद्र यादव

Q.27 निम्नलिखित में कौन-सा 'असुर' का पर्यायवाची शब्द नहीं है?

A. निशिचर **B.** दनुज **C.** राक्षस **D.** महाकाय

Q.28 निम्नलिखित में तद्भव शब्द कौन-सा है?

A. विकार **B.** दंड **C.** कोकिल **D.** नींद

Q.29 इनमें से 'जो पहले कभी न हुआ हो' का व्यक्त करने वाला कौन-सा एक शब्द है?

A. अभूतपूर्व **B.** भूतपूर्व **C.** अनादि **D.** अद्वितीय

Q.30 मार्तण्ड, अर्क, अंशुमाली निम्नलिखित में से किसके पर्यायवाची शब्द है?

A. रोशनी **B.** चंद्र **C.** सूर्य **D.** रेखा

Q.31 'मैं भंगी हूँ' आत्मकथा के लेखक है?

A. सूरजपाल चौहान **B.** मोहनदास नैमिशराय

C. भगवानदास **D.** ओमप्रकाश वाल्मीकि

Q.32 'मलबे का मालिक' कहानी के कहानीकार हैं-

A. राजेंद्र यादव **B.** मोहन राकेश

C. कमलेश्वर **D.** निर्मल वर्मा

Ques (33-37):निर्देश: निम्न गद्यांश को पढ़ें और प्रश्न का उत्तर दें।हमारे यहाँ के विद्वान पुनर्जागरण पर ही इतना अधिक ध्यान देते हैं कि यदि हम उसे पढ़ें तो अतीत के विष्ज्य में जानने की हमारी लालसा और बढ़ जाती है। हमें यह अनुभव कराया गया कि संपूर्ण भारत रामकृष्ण, विवेकानंद और दयानंद जैसे महापुरुषों की मंडली है। हमें यह भी अनुभव कराया गया कि औरतों की दश बहुत अच्छी थी और जातीयता को प्राणघातक मान लिया गया था। इसके अलावा कुछ दूसरी चीजें भी उस दौरान घटित हुईं, जिसके बारे में हम बात नहीं करते। एक हिन्दी भाषी प्रांत में दयानंद को जूतों की माला से स्वागत किया गया थ जब 'आर्यसमाज' और 'ब्रह्मसमाज' मौजूद था, उसी समय 'सनातन धर्म सभा' और 'भारत धर्मसभा' भी स्थापित हुआ। दयानंद शास्त्रार्थ में हरा दिये गए। कट्टरपंथी और रूढ़िवादी लोगों ने नए विचारों का विरोध किया। बाद में ब्रह्मसमाज भी अत्यधिक पुरातनपंथी हो गया। राजा राममोहन राय के बारे में कहा जाता है कि जब वे मृत्युशय्या पर थे तो उन्हें भागीरथी के तट पर लाया गया। उनके चारों तरफ खड़े लोगों ने उनसे पूछा कि वे लोग उनके लिये क्या कर सकते हैं? तो उन्होंने अपने पूरे शरीर पर राधाकृष्ण लिखने को कहा। जिन लोगों ने धार्मिक सुधार के लिये विद्रोह किया वे अत्यधिक पुरातनपंथी निकलें आंदोलन के अंतिम दिनों में ब्रह्मसमाज कम्युनिस्ट और मार्क्सवादी हो गए।

Q.33 अतीत के विषय में जानने की लालसा कब और बढ़ जाती है?

A. ब्रह्मसमाज के विचारों को पढ़कर

B. आर्यसमाज के विचारों को पढ़कर

C. विवेकानंद के विचारों को पढ़कर

D. भारतीय विद्वानों के पुनर्जागरण संबंधी विचारों को पढ़कर

Q.34 जूतों की माला से किसका स्वागत किया गया था?

A. दयानंद **B.** विवेकानंद

C. राममोहन राय **D.** रामकृष्ण परमहंस

Q.35 बाद में कौन-सी संस्था अत्यधिक पुरातनपंथी हो गई?

A. सनातन धर्म सभा

B. रामकृष्ण परमहंस मिशन

C. ब्रह्मसमाज

D. भारत धर्मसभा

Q.36 ब्रह्म समाज के संदर्भ में असत्य कथन है-

A. बाद में बहुत सारे ब्रह्मसमाजी मार्क्सवादी हो गए थे।

B. ब्रह्मसमाज की स्थापना दयानंद सरस्वती ने किया था।

C. बाद में ब्रह्मसमाज भी अत्यधिक पुरातनपंथी हो गया।

D. अंतिम दिनों में ब्रह्मसमाज के अनुयायी हठधर्मी हो गए थे।

Q.37 निम्न में कौन-सा विद्वान शास्त्रार्थ में हरा दिया गया था?

A. विवेकानंद **B.** रामकृष्ण परमहंस

C. राममोहन राय **D.** दयानंद

General Awareness

Q.38 ग्लोबल वेब इंडेक्स 2020 के अनुसार दुनिया में औसत उपयोगकर्ता प्रतिदिन सोशल मीडिया पर कितना समय व्यतीत करता है?

A. 144 मिनट प्रतिदिन **B.** 110 मिनट प्रतिदिन

C. 100 मिनट प्रतिदिन **D.** 162 मिनट प्रतिदिन

Q.39 चीन की ग्रेट वॉल मोटर कंपनी ने भारत के किस राज्य सरकार के साथ, $1 बिलियन निवेश करने के लिए समझौता ज्ञापन (MoU) पर हस्ताक्षर किया है?

A. राजस्थान **B.** पंजाब **C.** गुजरात **D.** महाराष्ट्र

Q.40 ग्रेमी अवाड्स निम्नलिखित में से किस क्षेत्र में योगदान के लिये प्रदान किये जाते हैं?

A. खेल **B.** साहित्य **C.** संगीत **D.** औषधि

Q.41 निम्नलिखित में से कौन-सा कथन सही है?

A. 1947 के बाद, बोर्ड का न्यायिक विंग इलाहाबाद में कार्य करता रहा, प्रशासनिक विंग को लखनऊ स्थानांतरित कर दिया गया।

B. 1947 के बाद, बोर्ड का प्रशासनिक विंग इलाहाबाद में कार्य करता रहा, न्यायिक विंग को लखनऊ स्थानांतरित कर दिया गया।

C. 1947 के बाद, बोर्ड के न्यायिक विंग और प्रशासनिक विंग दोनों, इलाहाबाद में कार्य करते रहे।

D. 1947 के बाद, बोर्ड का न्यायिक विंग और प्रशासनिक विंग दोनों, को लखनऊ स्थानांतरित कर दिया गया।

Q.42 निम्नलिखित जीवों में से किसकी यौगिक (कंपाउंड) आँखें होती हैं?

A. ड्रैगन मक्खी **B.** कबूतर

C. मेंढक **D.** टूना मछली

Q.43 निम्नलिखित में से किसके द्वारा 'जीवन रक्षा के लिये प्रधानमंत्री का पुलिस पदक' प्रदान किया जाता है?

A. गृह मंत्रालय

B. इंटेलिजेंस ब्यूरो

C. पुलिस अनुसंधान एवं विकास ब्यूरों

D. द इंडियन पुलिस फाउंडेशन

Q.44 निम्नलिखित में से कौन-सी सेना, जो भारत सरकार की महत्त्वपूर्ण एजेंसियों में से है, 1982 से वार्षिक कैलाश मानसरोवर यात्रा के सफल संचालन में शामिल होती रही है?

A. असम राइफल्स (AR)

B. केंद्रीय रिजर्व पुलिस बल (CRPF)

C. भारत-तिब्बत सीमा पुलिस बल (ITBP)

D. होम गार्ड्स

Q.45 CRPF का निम्नलिखित में से वह कौन सा विशेष विंग है, जो दंगों और दंगों जैसी स्थितियों से निपटने के लिये बनाया गया था?

A. केंद्रीय औद्योगिक सुरक्षा बल (CISF)

B. राष्ट्रीय सुरक्षा गार्ड (NSG)

C. होम गार्ड्स

D. रैपिड एक्शन फोर्स

Q.46 स्वामीनारायण अक्षरधाम एक हिंदू मंदिर परिसर है, जो भारत के निम्नलिखित स्थानों में से कहाँ स्थित है?

A. पुणे **B.** बेंगलुरू **C.** मुंबई **D.** दिल्ली

Q.47 भारत छोड़ों आंदोलन 1942 झारखंड में किस नेता के नेतृत्व में लड़ा गया था?

A. जैपाल सिंह **B.** चूनाराम महतो
C. रामनाथ सोरेन **D.** राम भगत

Q.48 भारत की निम्नलिखित नदियों में से किसका नाम संस्कृत शब्द 'लवणावरी' से लिया गया है, जिसका अर्थ है नमकीन नदी?
A. चंबल **B.** बनास **C.** माही **D.** लूनी

Q.49 निम्नलिखित में से कौन सा पर्वत दर्रा भारत के उत्तराखंड राज्य में स्थित है?
A. कोंगका दर्रा **B.** लिपुलेख दर्रा
C. खारदुंग दर्रा **D.** लनक दर्रा

Q.50 निम्नलिखित में से कौन-सा लॉन्च वाहन मिशन चंद्रयान-2 में उपयोग किया गया था?
A. GSLV Mk III **B.** PSLV C11
C. GSLV F11 **D.** PSLV C45

Q.51 निम्नलिखित में से किस देश ने दुनिया का प्रथम तैरता हुआ परमाणु संयंत्र बनाया है?
A. भारत **B.** चीन **C.** अमेरिका **D.** रूस

Q.52 सर्दियों के दौरान बर्फ में नमक डालने से बर्फ पिघलने लगती है, क्योंकि?
A. बर्फ की सतह पर पानी के हिमांक बिंदु को बढ़ाता है
B. बर्फ के गहरे अंदर मौजूद पानी के हिमांक बिन्दु को कम करता है
C. बर्फ की सतह पर पानी के हिमांक बिन्दु को कम करता है
D. ऊष्मा उत्पन्न करने वाले पानी के अणुओं की गतिज ऊर्जा को बढ़ाता है

Q.53 कपास प्रौद्योगिकी पर अनुसंधान के लिये केंद्रीय संस्थान कहां स्थित है?
A. मुंबई **B.** नागपुर **C.** दिल्ली **D.** जयपुर

Q.54 निर्देश: निम्नलिखित कथनों को पढ़े और सही विकल्प चुनें।
(i) चोल वंश एक तमिल राजवंश था, जिसने 13 वीं शताब्दी तक मुख्य रूप से दक्षिण भारत में शसन किया था।
(ii) यह चोल वंश समृद्ध गंगा नदी घाटी में उत्पन्न हुआ था।
A. (i) सही है और (ii) सही है
B. (i) सही है और (ii) गलत है
C. (i) गलत है और (ii) सही है
D. (i) गलत है और (ii) गलत है

Q.55 निम्नलिखित में से कौन भारत के प्रधानमंत्री की नियुक्ति करता है?
A. भारत के राष्ट्रपति
B. भारत के मुख्य चुनाव आयुक्त
C. भारत के नियंत्रक और महालेखा परीक्षक
D. भारत के मुख्य न्यायाधीश

Q.56 राष्ट्रीय मानवाधिकार आयोग (NHRC) में कितने सदस्य होते हैं?
A. 2 **B.** 4 **C.** 8 **D.** 9

Q.57 प्रशासनिक सुविधा के लिये, उत्तर प्रदेश राज्य में कितने मंडल मौजूद हैं?
A. 18 **B.** 22 **C.** 28 **D.** 14

Q.58 चीनी मुद्रा को क्या कहा जाता है?
A. डॉलर **B.** रूपया **C.** रेन्मिन्बी **D.** पाउंड

Q.59 कौन-सा रसायन, आतिशबाजी प्रदर्शित करते समय हरे रंग के लिये जिम्मेदार है?
A. स्ट्रोन्शियम कार्बोनेट **B.** सोडियम नाइट्रेट
C. बेरियम क्लोराइड **D.** कॉपर क्लोराइड

Q.60 निम्नलिखिति में से कौन-सा शब्द, अनचाहे ई-मेल से संबंधित है?
A. स्पैम **B.** न्यूज ग्रुप **C.** बैकबोन **D.** अपडेट्स

Q.61 भारत सरकार में, जनवरी 2020 के दौरान, वाणिज्य और उद्योग मंत्री कौन रहे थे?
A. श्रीमती निर्मला सीतारमण
B. श्री धर्मेंद्र प्रधान
C. श्री पीयूष गोयल
D. श्री प्रकाश जावड़ेकर

Q.62 CAPFs /CPO के 'सर्वश्रेष्ठ पुलिस प्रशिक्षण संस्थानों' के विजेता को प्रति वर्ष कितनी ट्राफियाँ प्रदान की जाती है? (संक्षिप्त रूप अपने सामान्य अर्थ में प्रयोग किये गए हैं।)
A. 5 **B.** 2 **C.** 3 **D.** 4

Q.63 2010 के दौरान लागू हुई नवीनतम कोर अंतर्राष्ट्रीय मानवाधिकार संधि निम्नलिखित में से कौन-सी है?
A. विकलांग व्यक्तियों के अधिकारों पर समिति
B. एन्फोर्स्ड डिसएप्पीयरेंसेंस पर समिति
C. प्रवासी श्रमिकों पर समिति
D. महिलाओं के विरूद्ध भेदभाव के उन्मूलन पर समिति

Q.64 आर्मेनिया की मुद्रा को क्या कहा जाता है?
A. द्राम **B.** ग्राम **C.** डॉलर **D.** रूपया

Q.65 भारत ने जीएसटी (GST) के दोहरे मॉडल को किस देश से चुना है?
A. यू.के. **B.** कनाडा **C.** अमेरिका **D.** जापान

Q.66 निम्नलिखित में से किस तारीख को अंतर्राष्ट्रीय शांति दिवस के रूप में मनाया जाता है?
A. 15 सितंबर **B.** 21 सितंबर
C. 2 सितबंर **D.** 28 सितंबर

Q.67 सूची-I में दिये गए अकबर के शासनकाल के निम्नलिखित अधिकारियों का सूची-II में दिये गये उनके संबंधित कर्त्तव्यों से मिलान करें।
सूची-I - सूची-II:
A. वजीर - (i) शाही परिवर का प्रभारी
B. मीर बक्शी - (ii) न्यायिक विभाग का प्रमुख
C. मीर समन - (iii) सैन्य विभाग का प्रमुख
D. प्रमुख काजी - (iv) राजस्व विभाग का प्रमुख
A. A-(ii) B-(i) C-(iv) D-(iii)
B. A-(ii) B-(iii) C-(iv) D-(i)
C. A-(iv) B-(iii) C-(i) D-(ii)
D. A-(iii) B-(ii) C-(iv) D-(i)

Q.68 'चकबंदी' से आपका क्या अभिप्राय है?
A. भूमि का एकीकरण **B.** संपत्ति का एकीकरण
C. परिवार का एकीकरण **D.** कर का समेकन

Q.69 भारतीय मुद्रा में 2000 रूपए के नोट का आकार क्या है?
A. 55 mm × 160 mm **B.** 60 mm × 166 mm
C. 66 mm × 166 mm **D.** 66 mm × 160 mm

Q.70 शिक्षा मित्र निम्नलिखित में से किसे कहा जाता है?
A. प्राथमिक विद्यालय के लिये शिक्षक
B. विज्ञान महाविद्यालय के लिये शिक्षक
C. कला महाविद्यालय के लिये शिक्षक
D. माध्यमिक विद्यालय के लिये शिक्षक

Q.71 अंगूर की खेती को आमतौर पर क्या कहा जाता है?
A. सेरिकल्चर **B.** एवीकल्चर
C. मोरीकल्चर **D.** विटीकल्चर

Q.72 आरंभ में निम्नलिखित में से कौन-सा कार्य, वर्ष 1831 में, राजस्व परिषद, उत्तर प्रदेश द्वारा संपन्न किया जाता था, जिसे 1932-35 के दौरान हटा दिया गया था?
A. किराया वसूली, राजस्व वसूली और वसूली कर्मचारियों पर नियंत्रण

B. राजस्व कानूनों का प्रशासन

C. कोर्ट ऑफ वाड्र्स से संबंधित कार्य

D. बंदोबस्त संचालन

Q.73 निम्नलिखित में से किस निगम ने मई 2019 में दो 1600 एचपी डीईएमयू (HPDEMU) ट्रेन सेट की आपूर्ति करने के लिये नेपाल के रेलवे विभाग के साथ अनुबंध समझौते पर हस्ताक्षर किया?

A. रेल विकास निगम

B. इंडियन रेलवे कंस्ट्रक्शन कंपनी लिमिटेड (IRCON)

C. कोंकण रेलवेज कॉर्पोरेशन लिमिटेड

D. रेलटेल कॉर्पिरेशन ऑफ इंडिया

Q.74 भारत के उस पड़ोसी देश का नाम बताइये, जिसके साथ भारत और जापान ने मई 2019 में ईस्ट कंटेनर टर्मिनल को संयुक्त रूप से विकसित करने के लिये एक समझौते पर हस्ताक्षर किये।

A. चीन **B.** बांग्लोदश **C.** मालदीव **D.** श्रीलंका

Q.75 भारत के निम्नलिखित में से किन स्थानों के बीच महात्मा गांधी के नेतृत्व में अंग्रेजों के विरूद्ध नमक मार्च आयोजित किया गया था?

A. भावनगर से दांडी **B.** जूनागढ़ से दांडी

C. राजकोट से दांडी **D.** अहमदाबाद से दांडी

Numerical Ability & Mental Ability

Q.76 एक अंतरिक्ष यान 2 घंटे 20 मिनट में 6625 किमी की यात्रा करता है और उसके बाद यह 40 मिनट में 824 किमी आगे बढ़ता है। अंतरिक्ष यान की औसत गति क्या होगी?

A. 2483 किमी प्रति घंटे **B.** 3154 किमी प्रति घंटे

C. 3256 किमी प्रति घंटे **D.** 4125 किमी प्रति घंटे

Q.77 एक लिफ्ट प्रत्येक 65 किग्रा के औसत भार केवल 6 लोगों को ले जा सकती है। यदि उस लिफ्ट में 5 लोगों का औसत भार 67.2 किग्रा है, तो छठे व्यक्ति का अधिकतम भार कितना हो सकता है?

A. 55 किग्रा **B.** 64 किग्रा **C.** 60 किग्रा **D.** 54 किग्रा

Q.78 अधिकतम वेतन के लिये किसी व्यक्ति को किस वेतन वृद्धि वाले विकल्प को चुनना चाहिये?

A. हर तिमाही में वेतन में 10 प्रतिशत की वृद्धि

B. हर साल वेतन में 40 प्रतिशत की वृद्धि

A. A **B.** B

C. दोनों समान है **D.** वेतन पर निर्भर करता है

Q.79 किसी कर्मचारी का वेतन पहले 50 प्रतिशत बढ़ता है और उसके बाद 54 प्रतिशत घट जाता है। उनके वेतन में परिवर्तन का कुल प्रतिशत कितना था?

A. 4 प्रतिशत वृद्धि **B.** 31 प्रतिशत कमी

C. 31 प्रतिशत वृद्धि **D.** 4 प्रतिशत कमी

Q.80 'P' यूनिट त्रिज्या वाले वृत्त का क्षेत्रफल है:

A. πP^2 वर्ग यूनिट **B.** $2\pi P$ वर्ग यूनिट

C. πP वर्ग यूनिट **D.** शून्य

Q.81 'A' के पास 63 ग्राम वजन वाले चांदी के सिक्के और 'B' के पास 77 ग्राम वजन वाले चांदी के सिक्के हैं। यदि चांदी के सिक्कों का वजन पूर्णांकों में है और सभी सिक्कों के लिये समान हैं, तो 'A' और 'B' के पास एक साथ कम-से-कम कितने सिक्के है?

A. 14

B. 11

C. 20

D. निर्धारित नहीं किया जा सकता

Q.82 इनमें से कौन मिश्रित संख्या है?

A. $2\frac{3}{8}$ **B.** $\frac{5}{8}$ **C.** $\frac{2}{3}$ **D.** $\frac{7}{2}$

Q.83 दिये गए व्यंजक का मान कितना है?

$\sqrt[5]{\sqrt[3]{\sqrt[2]{3^3}}}$

A. 3^{90} **B.** $3^{\frac{1}{6}}$ **C.** $3^{\frac{1}{10}}$ **D.** 3^{30}

Q.84 k के किस मान के लिये समीकरणों की प्रणाली $2x + 3y = 5$ और $4x + ky = 10$ में असीम रूप से कई समाधान हैं?

A. 1 **B.** 3 **C.** 6 **D.** 0

Q.85 यदि: $-$ का अर्थ है गुणा, $\times$ का अर्थ है योग, $+$ का अर्थ है विभाजन और $\div$ का अर्थ है घटाव, तो निम्नलिखित व्यंजक का मान कितना है?

$40 \times 12 + 3 - 6 \div 60$

A. -44 **B.** 7.95 **C.** 4 **D.** 482.9

Q.86 G उत्तर की ओर 20 किमी चलता है। वह बाई ओर मुड़ता है और 40 किमी चलता है। वह पुनः बाई ओर मुड़ता है और 20 किमी चलता है। अंत में वह बाईं ओर मुड़ने के बाद 20 किमी चलता है। वह अपनी प्रारंभिक स्थिति से कितनी दूर है?

A. 20 किमी **B.** 30 किमी **C.** 50 किमी **D.** 60 किमी

Q.87 निर्देश: निम्नलिखित चार विकल्पों में से एक का चयन कीजिये, जो दूसरी जोड़ी को दी गई पहली जोड़ी के समरूप बनाएगा-

CACTUS : CACSUT :: BUZZER : ?

A. REZZUB **B.** UZZBER

C. ZUBREZ **D.** UZEZBR

Q.88 निर्देश: नीचे एक कथन और उसके दो पूर्वधारणाएँ दी गई हैं। उत्तर को इस रूप में चुनिये-

A. यदि कथन में केवल पूर्वधारणा (i) निहित है।

B. यदि कथन में केवल पूर्वधारणा (ii) निहित है।

C. यदि कथन में (i) और (ii) दोनों पूर्वधारणाएँ निहित है।

D. यदि कथन में दोनों ही पूर्वधारणाएँ निहित नहीं है।

कथन:

शतरंज एक दिमागी खेल है और इसे खेलने के लिये अधिक सोच-विचार की आवश्यकता होती है।

पूर्वधारणाएँ:

(i) विश्वनाथन आनंद इस देश के सर्वश्रेष्ठ शतरंज खिलाड़ी हैं।

(ii) शतरंज में आनंद की रणनीतियाँ अद्वितीय हैं।

A. A **B.** C **C.** D **D.** B

Q.89 श्रृंखला 23, 28, 34, 41, 49, में अगली संख्या क्या है?

A. 52 **B.** 54 **C.** 58 **D.** 61

Q.90 "MATURITY" शब्द के अक्षरों का उपयोग करके इनमें से कौन-सा अर्थपूर्ण शब्द बनाया जा सकता है?

A. NATURAL **B.** ARMATURE

C. ATRIUM **D.** RITUAL

Q.91 दी गई श्रृंखला में अगली आकृति कौन-सी है? [नोट : दिए गए उत्तर विकल्पों में से सही उत्तर को पहचानिए और नीचे के विकल्पों में से उचित उत्तर चुनिए।

उत्तर विकल्प:

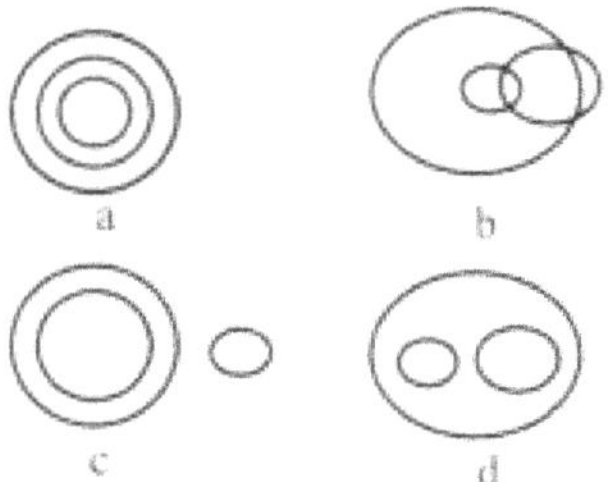

A. b **B.** c **C.** a **D.** d

Q.92 8 PM बजे मिनट की सुई और घंटे की सुई के बीच न्यून कोण (डिग्री में) क्या होगा?

A. 90 **B.** 120 **C.** 150 **D.** 180

Q.93 निर्देश: प्रश्न में एक कथन और उसके दो तर्क, I और II दिए गए हैं। आपको यह तय करना है कि दिए गए तर्कों में से कौन-सा तर्क मजबूत और कौन-सा तर्क कमज़ोर है।

कथन:
क्या जनता के लिए बुलेट ट्रेन शुरू की जानी चाहिए?

तर्क:
I. हाँ, यह यात्रा के समय को कम करता है, जिससे समय और धन की बचत होगी।
II. नहीं, इसके लिए पहले एक अच्छा इंफ्रास्ट्रक्चर बनाया जाना चाहिए, जिसके बाद बुलेट-ट्रेनों को शुरू किया जा सकता है।
1. केवल तर्क I मज़बत है।
2. केवल तर्क II मज़बूत है।
3. I और II दोनों तर्क मजबूत हैं।
4. न तो तर्क I और न ही तर्क II मज़बूत है।

A. 2 **B.** 3 **C.** 1 **D.** 4

Q.94 यहाँ दिए गए वेन आरेख में एक खेल प्रतियोगिता में भाग लेने वाले छात्रों की संख्या की रिपोर्ट दी गई है। उस प्रतियोगिता में केवल 4 खेल आयोजित किए गए थे। यह वितरण 4 खेल A, B, C और D में भाग लेने वाले छात्रों की संख्या को दर्शाता है। वेन आरेख में दी गई जानकारियों के आधार पर नीचे दिए गए प्रश्न का उत्तर दीजिए।
खेल प्रतियोगिता में कुल कितने छात्रों ने भाग लिया?

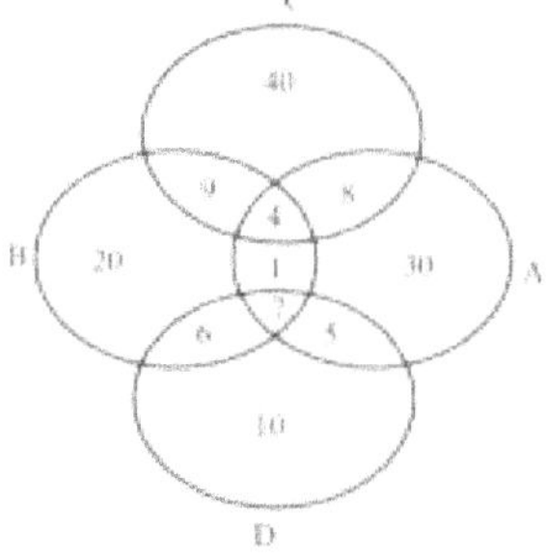

A. 150 **B.** 140 **C.** 129 **D.** 128

Mental Aptitude, IQ and Reasoning Ability

Q.95 अपने काम पर जाने के रास्ते पर, हर दिन बेथ गरीब बच्चों के एक झुंड को अपने स्लम के पास स्टिक्स से क्रिकेट और टेनिस बॉल खेलते हुए देखती है, जबकि उस समय अन्य बच्चे स्कूल में होते हैं। बेथ एकल है, एक पार्ट टाइम वर्कर है, एक सम्पन्न परिवार से आती है और बस अपने को व्यस्त रखने के लिए काम करती है। इन बच्चों की मदद करने के लिए बेथ क्या कर सकती है?

A. उनके पास जाए और उनसे बात करके कुछ समय बिताए।

B. उन्हें देने के लिए कुछ बैट और बॉल्स खरीदे।

C. अपने भाई को साथ ले आए जो उन्हें खेल को सही तरीके से खेलना सिखाए।

D. सप्ताह के दौरान कुछ घंटे उन्हें पढ़ना और लिखना सिखाने में व्यतीत करें।

Q.96 एक ऐसी नौकरी पा लेना जिसमें उसकी रूचि है, से निम्नलिखित में से कौन-सा फ़ायदा प्राप्त करने में मदद मिल सकती है?

A. यदि कोई अच्छा वेतन प्राप्त रहा है, तो नौकरी में रूचि अधिक होने की संभावना है।

B. यदि कोई एक प्रतिष्ठित कंपनी में काम कर रहा है, तो वह अपनी नौकरी से संतुष्ट अवश्य ही होगा।

C. यदि किसी को नौकरी की आवश्यकता है, तो उस नौकरी पर बने रहने में खुशी होगी।

D. यदि नौकरी किसी की रूचि से मेल खाती है, तो इससे इस नौकरी में खुश रहने की संभावना है।

Q.97 जब देश Z के शहर 'साहस' की तुलना उसके अन्य शहरों से की जाती है, तो पाया जाता है कि उसे गंभीर कानून और व्यवस्था की समस्याओं का सामना करना पड़ता है। शहर 'साहस' में इस तरह की समस्या निम्नलिखित किस कारण से हो सकती है?

A. शहर का नियोजित विकास

B. प्रवासियों का अनियंत्रित प्रवेश

C. आमदनी में असमानता का अभाव

D. रोज़गार के अवसरों में वृद्धि

Q.98 केट ड्राइविंग कर रही है तभी वह देखती है कि एक कार उसे ओवरटेक करने की कोशिश कर रही है। उसने देखा कि ड्राइवर अपने फोन पर टेक्सिटंग करने व्यस्त है और अजीब तरीके से ड्राइविंग कर रहा है। निम्नलिखित में से कौन-सी कार्रवाई केट की ओर से उचित है?

A. वह बस अपने काम पर ध्यान दे और ड्राइविंग जारी रखे।

B. कोशिश करके ड्राइवर तक पहुंचे, अपनी खिड़की खोले और उस पर चिल्लाए।

C. ध्यान भटके हुए ड्राइवर को ओवरटेक करे, या अपनी गति धीमी करे और उसे आगे निकलने दे।

D. जैसे ही वह देखे कि व्यक्ति अपने फोन पर टेक्स्टंग कर रहा है, पुलिस को कॉल करें और रिपोर्ट करे।

Q.99 आकाश, भरत, चंदू और दामोदर एक साथ काम कर रहे हैं। आकाश, अगर समझता है कि वह इसे पूरा नहीं कर सकता है तो नई प्रतिबद्धता के लिए 'नहीं' कहने में संकोच नहीं करता। भरत सभी कामों को स्वीकार कर लेता है लेकिन उनमें से अधिकांश को पूरा करने में विफल रहता है। चंदू कभी भी ऐसे नए काम को स्वीकार नहीं करता जिसे सीखने की आवश्यकता है क्योंकि वह बदलाव से डरता है। दामोदर पर काम का बहुत भार है और हमेशा तनाव में रहता है क्योंकि वह अपने मालिक द्वारा दिए गए काम को अस्वीकार करने से बहुत डरता है। चारों मे से कौन मानसिक रूप से दृढ़ है?

A. दामोदर **B.** भरत **C.** आकाश **D.** चंदू

Q.100 रामनाथ एक विधुर हैं। रामनाथ के इकलौते बेटे ने एक अमेरिकी से शादी की। रामनाथ एक रूढ़िवादी व्यक्ति हैं उनके लिए अपनी बहू को स्वीकार करना बड़ी मुश्किल है। वे उसके लिए रूखे और स्नेहहीन हैं। यह उसके बेटे को परेशान करता है जो अपनी पत्नी से बेहद प्यार करता है। वह अपने पिता को समझाने की कोशिश करता है लेकिन उनके पिता बड़े अड़ियल किस्म के हैं। ऐसे परिदृश्य में रामनाथ के पुत्र के निम्नलिखित में से किस प्रकार व्यवहार करने की संभावना है?

A. वह अपने पत्नी को तलाक देकर फिर से शादी कर सकता है।

B. वह अपने पिता और पत्नी को अलग-अलग रखने का प्रयास करेगा।

C. वह अपनी पत्नी को अपने पिता का सम्मान करने के लिए मजबूर करेगा।

D. वह अपने पिता को त्याग कर अमेरिका चला जाएगा।

Q.101 एक लोकतांत्रिक व्यवस्था के अन्तर्गत पुलिस को निम्नलिखित में से इस एक को छोड़कर, सभी कार्य करने की अनुमति है:

A. कुछ प्रतिबंधात्मक नीतियों को रद्द करने की माँग करने वाले सार्वजनिक प्रदर्शन को प्रतिबंधित करना।

B. सार्वजनिक परिवहन जैसी सार्वजनिक संपत्ति को नुकसान पहुँचाने के लिए प्रदर्शनकारियों को गिरफ्तार करना।

C. विरोध करने वाले लोगों को डराने के बजाय बातचीत का सहारा लेना।

D. अस्पतालों जैसी अपातकालीन सेवाओं में सभी प्रकार की असुविधा को रोकना।

Q.102 प्रीति जिसके पिता राज्य के मुख्यमंत्री है और रंजनी जिसके पिता एक अमीर किसान हैं, दोनों दोस्त हैं। प्रीति और रंजनी दोनों सिविल सेवा परीक्षा दे रही हैं। प्रीति और रंजनी से लिए गए परीक्षा शुल्क के सन्दर्भ में निम्नलिखित में से कौन सा विकल्प सही है?

A. प्रीति, रंजनी द्वारा दी गई फीस से अधिक फीस का भुगतान करती है।

B. प्रीति, रंजनी द्वारा दी गई फीस से कम फीस का भुगतान करती है।

C. प्रीति और रंजनी दोनों को फीस देने से छूट दी गई है।

D. प्रीति और रंजनी दोनों ही एक ही एक समान फीस का भुगतान करती हैं।

Q.103 राजन का दोस्त हर साल पटाखे फोड़कर दिवाली मनाता है। वह अपने दोस्त को ऐसा न करने की सलाह देना चाहता है और वह उसे पटाखे न फोड़ने के कई कारण देता है। निम्नलिखित में से कौन-से कारण से आपको लगता है कि राजन के दोस्त को पटाखे नहीं फोड़ने का मन बनाने में मदद मिलेगी? यह...

A. हमारे बीच रहने वाले सभी कीड़ों को मार देता है।

B. आपकी पसंद है कि आप किसी भी त्योहार को कैसे मनाते हैं।

C. एक भारतीय परंपरा है और हमें अपनी सभी परंपराओं का पालन करना चाहिए।

D. फेफ़डों की बीमारी से जुड़ी समस्याओं को बढ़ा सकता है।

Q.104 नाग अभिनेता बनना चाहता है। उसके लिए एक पेशेवर अभिनेता बनने के लिए निम्नलिखित में से कौन-सी विशेषता महत्वपूर्ण है?

A. नाग को तेज़ दौड़ना आना चाहिए

B. नाग को खून से नहीं डरना चाहिए

C. नाग को भावनाओं को व्यक्त करने में सक्षम होना चाहिए

D. नाग का द्रष्टिकोण वैज्ञानिक होना चाहिए

Q.105 डिजिटल प्रौद्योगिकी के कारण व्यापार के उत्कृष्ट अवसर पैदा हुए हैं लेकिन इसने सूचना सुरक्षा के लिए भी चिंता बढ़ा दी है। साइबर अपराधों के उभरते रूझानों में निम्नलिखित में से कौन-से शामिल हैं?

1. हैकिंग
2. स्नैचिंग
3. फ़िशिंग
4. पिकपॉकेटिंग
5. आइडेंटिटी थेफ्ट

A. 1, 2, 3, और 4 **B.** 2, 3 और 4

C. 1, 3 और 5 **D.** 3, 4 और 5

Q.106 भारत में ब्रिटिश शासन 'फूट डालों और राज करों' की नीति पर आधारित था। भारत के राष्ट्रीय एकीकरण के लिए यह सबसे बड़ा झटका था। निम्नलिखित इस एक को छोड़कर अंग्रेजों की अन्य सभी प्रथाओं ने भारतीय सांप्रदायिक सद्भाव में विघ्न डाला:

A. उन्होंने धर्म के आधार पर हिंदू और मुसलमानों के बीच भेदभाव पैदा की।

B. उन्होंने अमीर-गरीब, ग्रामीण-शहरी, उच्चनिम्न वर्गों के बीच असमानताएँ पैदा की।

C. उन्होंने भाषाई मतभेद,सांप्रदायिकता, जातिवाद और क्षेत्रवाद को प्रोत्साहित किया।

D. उनकी नीतियों के खिलाफ आक्रोश ने सभी भारतीयों के बीच एकता और सद्भाव की भावना बनाई।

Q.107 यह पाया गया है कि मेट्रो ट्रेनों में नेत्रहीन यात्री अक्सर अपने स्टॉप में उतरने से चूक जाते हैं और दोबारा अपने मार्ग में वापस आने के लिए बड़ी असुविधाओं का सामना करते हैं। संबंधित अधिकारियों द्वारा ऐसी समस्याओं को निम्नलिखित में से किस तरीके से हल किया जा सकता है?

A. ट्रेन में नेत्रहीन यात्रियों की सुविधा के लिए 'अगला स्टॉप' की श्रव्य घोषनाएँ उपलब्ध कराएँ।

B. अधिकारियों को तुरंत नेत्रहीन यात्रियों को स्वतंत्र रूप से ट्रेनों का उपयोग करने से रोकना चाहिए।

C. यात्रियों के लाभ के लिए स्टेशनों पर 'अगला स्टॉप' की श्रव्य घोषनाएँ उपलब्ध कराएँ।

D. अधिकारियों द्वारा सभी नेत्रहीन यात्रियों को एस्कॉट्स के साथ विशेष ट्रेनें उपलब्ध करवाना चाहिए।

Q.108 मैरी को, एक अग्रणी सॉफ्टवेयर कंपनी में क्वालिटी एश्योरेंस टीम का प्रबंधन करने के लिए भर्ती प्रक्रिया के कई दौरों के माध्यम से सफलता मिली। इस नौकरी के लिए तीन महीने में एक बार अंतर्राष्ट्रीय यात्रा की आवश्यकता होती है। वह अपने नियोक्ता को पहले से बता देना चाहती थी इसलिए उसने उन्हें सूचित किया कि वह तीन महीने की गर्भवती है। साक्षात्कार पैनल उसके उत्तरों से बहुत खुश था, लेकिन उसके आश्वासन के बावजूद कि वह एक न्यूनतम पैरेटल लीव लेगी, चयन का फ़ैसला उसके विरूद्ध किया, क्योंकि वह:

A. गर्भवती थी **B.** अक्षम थी

C. अनुभवहीन थी **D.** जटिल थी

Q.109 तलाक लेने वाले दंपती के सामने बच्चे की कस्टडी सबसे महत्वपूर्ण समस्या है। आमतौर पर ऐसी परिस्थितियों में अदालत सामान्यतः इस आधार पर निर्णय लेती है:

A. पिता की स्थिति **B.** माँ की स्थिति

C. वकील की दलीलें **D.** बच्चे का सर्वोत्तम हित

Q.110 डेविड ने व्यावसायिक दस्तावेजों पर अपने भाई के जाली हस्ताक्षर किए और उससे मोटी रकम की ठगी की। डेविड के भाई ने निम्नलिखित में से किस तरीके से स्वयं को ठगे जाने से रोका?

1. अपने व्यवसाय में कामों और दोहरे नियंत्रणों को अलग-अलग करके
2. मालिक को सभी चेकों पर हस्ताक्षर करने और सभी लेनदेनों को स्वीकृति देनी चाहिए
3. चेक बुक्स को सुरक्षित रखने के लिए एक सिस्टम बनाना चाहिए
4. लिखावट में कई बदलावों के साथ एक जटिल हस्ताक्षर करने चाहिए

A. 1 और 2 **B.** 1, 2, 3, और 4

C. 3 और 4 **D.** 2, 3 और 4

Q.111 चार विकल्पों में से विषम कौन सा है?

A. &300# **B.** &200# **C.** &400# **D.** &T00#

Q.112 नीचे दी गई ज्यामितीय आकृतियों के नाम को उनकी भुजाओं की संख्या के आरोही क्रम में व्यवस्थित कर विकल्प का चयन करें।

1. सरल रेखा
2. पंचभुज
3. वर्ग
4. अष्टभुज
5. दशभुज

A. 1, 2, 3, 4, 5 **B.** 3, 2, 4, 5, 1

C. 1, 3, 2, 4, 5 **D.** 3, 1, 2, 4, 5

Q.113 निम्नलिखित चार विकल्पों में से कौन सा विकल्प दूसरी जोड़ी को पहली जोड़ी के समरूप बनाएगा:

नींद : अनिद्रा :: स्मृति : ?

A. हीमोफीलिया **B.** अल्ज़ाइमर्स

C. डायबिटीज़ **D.** इस्कीमिया

Q.114 निर्देश: नीचे दी गई तालिका, अलग-अलग समय अवधि में दो शहरों और की जनसंख्या बताती है। दी गई जानकारी से, नीचे दिए प्रश्न का उत्तर दें।

वर्ष	शहर A की जनसंख्या (1000 में)	शहर B की जनसंख्या (1000 में)
1970	45	59
1980	50	63
1990	54	67
2000	62	75
2010	70	80

निम्नलिखित में से किस वर्ष में शहर B की जनसंख्या की तुलना में शहर A की जनसंख्या का अनुपात सबसे ज्यादा हैं?

A. 1970 **B.** 1980 **C.** 2000 **D.** 2010

Q.115 एक विशेष कोड में यदि GATE को ETAG के रूप में कोड दिया जाता है, तो ROAD के लिए कोड क्या होगा?

A. DAOR **B.** DARO **C.** DORA **D.** DORO

Q.116 एक बच्चा जो पूर्व दिशा में था, वह घड़ी की विपरीत दिशा में 400 डिग्री और फिर घड़ी की दिशा में 220 डिग्री मुड़ता है। वह अब किस दिशा में है?

A. पूर्व **B.** पश्चिम **C.** उत्तर **D.** दक्षिण

Q.117 यदि बीते परसों का दिन रविवार था तो आज से 100 दिन बाद कौन सा दिन होगा?

A. रविवार **B.** मंगलवार **C.** गुरूवार **D.** शुक्रवार

Q.118 यदि परसों सोमवार है, तो आज से 15 दिन बाद कौन सा दिन रहेगा?

A. गुरूवार **B.** शुक्रवार **C.** शनिवार **D.** रविवार

Q.119 किसी संख्या का 3 गुना, उसी संख्या 50% के चार गुना में मिलाने पर उस संख्या से 200 अधिक होता है। संख्या कौन सी है?

A. 20 **B.** 50 **C.** 100 **D.** 150

Q.120 निर्देश: कौन सी उत्तर आकृति समस्या आकृति में दी गई आकृतियों की श्रृंखला को पूरी करेगी?

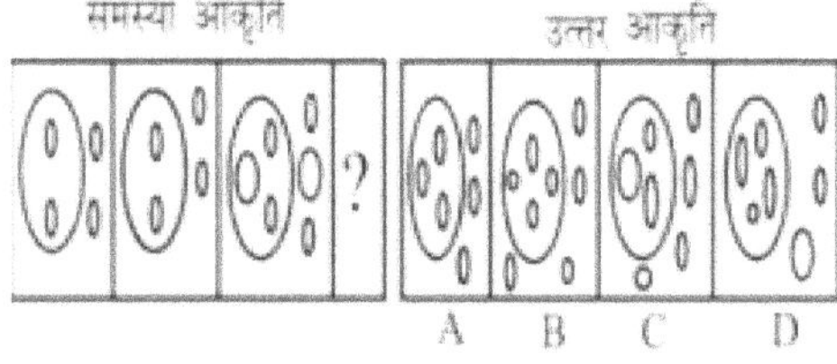

A. A **B.** B **C.** C **D.** D

Q.121 20 विशिष्ट दो-अंकीय संख्याओं के औसत की गणना करते हुए, टीना ने एक संख्या की रिवर्स ऑर्डर में नकल की, जिसके कारण प्राप्त औसत वास्तविक औसत से 3.6 कम था। संख्या के अंकों में क्या अंतर है?

A. 36 **B.** 8 **C.** 4 **D.** 16

Q.122 दी गई श्रृंखला में प्रश्नवाचक चिह्न के स्थान पर क्या आयेगा?
NOM, QRP, TUS, ?

A. HTU **B.** WXV **C.** WAX **D.** WVX

Q.123 हिना, रवि के पिता महेश के भाई की बेटी है। विक्रम हिना का भाई है। विक्रम और महेश की माँ के बीच क्या रिश्ता है?

A. बेटा **B.** भाई **C.** भतीजा **D.** पोता

Q.124 निर्देश: कौन सी उत्तर आकृति समस्या आकृति में दी गई आकृतियों की श्रृंखला को पूरी करेगी?

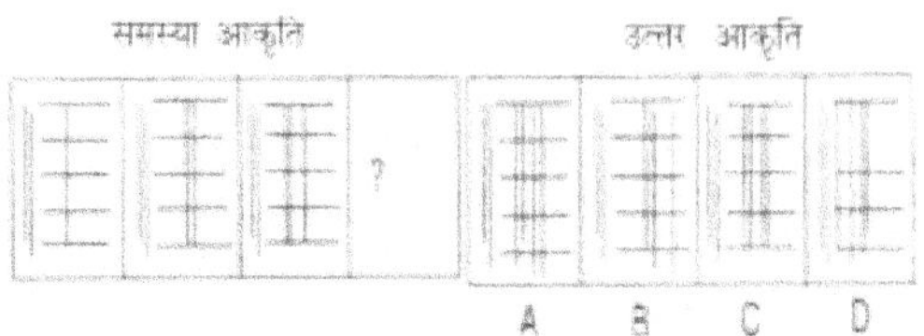

A. A **B.** B **C.** C **D.** D

Q.125 चार विकल्पों में से विषम कौन सा है?

A. A#M **B.** L#P **C.** U#Y **D.** #KJ

Q.126 दी गई श्रृंखला में प्रश्न चिह्न के स्थान पर क्या आएगा?
ATS, CUT, EVU, ?

A. KWV **B.** HVW **C.** GWV **D.** FHG

Q.127 एक कुत्ता दक्षिण दिशा की ओर 20 मी भागता है। यह बायीं ओर मुड़ता है और 10 मी भागता है। फिर वह दायीं और मुड़ता है और दौड़ने लगता है। कुत्ता अब किस दिशा में है?

A. पूर्व **B.** पश्चिम
C. दक्षिण पश्चिम **D.** दक्षिण

Q.128 नीचे दिए गए शब्दों को किसी संगठन में उनके पदों के अनुक्रम में व्यवस्थित करें।
1. सहायक प्रबंधक
2. प्रबंधक
3. उप महाप्रबंधक
4. वरिष्ठ प्रबंधक
5. मुख्य कार्यकारी अधिकारी

A. 1 2 4 3 5 **B.** 2 3 1 4 5 **C.** 1 3 2 4 5 **D.** 2 1 3 5 4

Q.129 यदि Sam का अर्थ Ben है, Ben का अर्थ Jam है, Jam का अर्थ Ren है, तो Ben का क्या अर्थ है?

A. Sam **B.** Jam **C.** Ren **D.** Ben

Q.130 यदि ORDINARY को ROIDANYR, के रुप में कूटबद्ध किया जाता है, तो PERFECTION के लिए क्या कोड होगा?

A. QFSGFDUJPO **B.** EPFRCEITNO
C. QFSGUDOPJ **D.** EPFRECNTO

Q.131 दिए गए 4 चित्रों के समूह में से चित्रों के कौन-से सेट को एक समूह के रूप में वर्गीकृत किया जा सकता है?

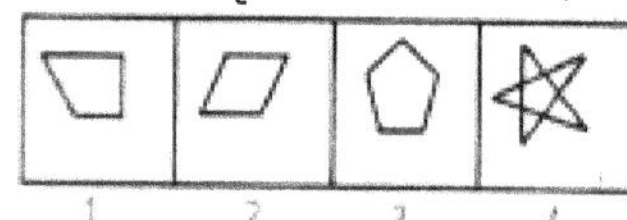

A. (1, 2, 3) **B.** (1, 2, 4) **C.** (1, 3, 4) **D.** (2, 3, 4)

Q.132 एक समांतर चतुर्भुज बनाने के लिए इनमें से किस आकृति के जोड़े को एकसाथ जोड़ा नहीं जा सकता?

A. दो समलंब **B.** दो समांतर चतुर्भुज
C. दो त्रिकोण **D.** दो वृत्त

Q.133 नीचे एक आकृति के रूप में एक पेपर शीट दी गई है। इसे दिए गए अनुक्रम में बिंदीदार रेखाओं के साथ समानांतर में काटा जाता है। काटे जाने के बाद परिणामी पेपर शीट के कितने किनारें होंगे?

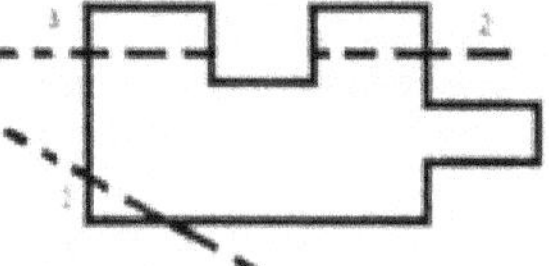

A. 12 **B.** 13 **C.** 14 **D.** 16

Q.134 डॉली की ऊँचाई चंद्रा और फराह से ज्यादा है। आनंद की ऊँचाई फराह से कम है, चंद्रा की ऊँचाई आनंद से अधिक है। डॉली की ऊँचाई भरत से कम है। यदि चंद्रा की ऊँचाई फराह की ऊँचाई से 6 सेमी अधिक है,

तो इनमें से कौन तीसरा सबसे ऊँचा व्यक्ति हैं?

A. फराह **B.** आनंद **C.** चंद्रा **D.** डॉली

Q.135 दृश्य श्रृंखला को पूरा करने वाली आकृति की पहचान कीजिए।

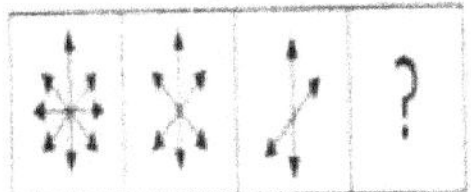

A. A **B.** B **C.** C **D.** D

Q.136 P, K का पिता है। J, X की भतीजी है। R, J की माँ है। K, X का भाई है। P के केवल दो बच्चे हैं। निम्नलिखित में से कौन सा कथन सही है?

A. X, R की साली है। **B.** X, K का भाई है।

C. P, X का पिता है। **D.** X, J का मौसा है।

Q.137 प्रदत्त विकल्पों में से कौन-सा विकल्प दिए गए सेट: (67, 71, 59, 97, 89) के तत्वों जैसी गुण को साझा नहीं करेगा?

A. 47 **B.** 43 **C.** 37 **D.** 39

Q.138 एक ही दिशा में जाती हुई दो ट्रेन प्लेटफार्म पर खड़े एक व्यक्ति को क्रमशः 15 सेकेंड और 25 सेकेंड में पार करती हैं और वे एक दूसरे को 18 सेकेंड में पार करती हैं। उनकी गति का अनुपात है:

A. 31:12 **B.** 43:3 **C.** 34:3 **D.** 7:3

Q.139 रोहित, रोहन और रानी तीन दोस्त प्रशासनिक कार्यालय में अपने फीस के भुगतान के लिए कतार में खड़े हैं। रोहित कतार के आरंभ की 9 वीं जगह पर खड़ा है। रानी अंत से 14 वीं जगह पर है। रोहन और रानी के बीच 4 छात्र हैं और रोहन और रोहित के बीच 5 छात्र हैं। अगर रानी आरंभ से 20 वीं जगह पर है, तो कतार की अंत से रोहन का स्थान है:

A. 24वाँ **B.** 19वाँ **C.** 18वाँ **D.** 9वाँ

Q.140 11 छक्के और 5 बाउंडरी सहित विराट ने 150 रन बनाए। छक्के लगाने के बाद उसके कुल स्कोर का प्रतिशत क्या था?

A. 62% **B.** 50% **C.** 44% **D.** 39%

Q.141 दृश्य श्रृंखला को पूरा करने वाली आकृति की पहचान कीजिए।

A. 1 **B.** 2 **C.** 3 **D.** 4

Q.142 दृश्य श्रृंखला को पूरा करने वाली आकृति की पहचान कीजिए।

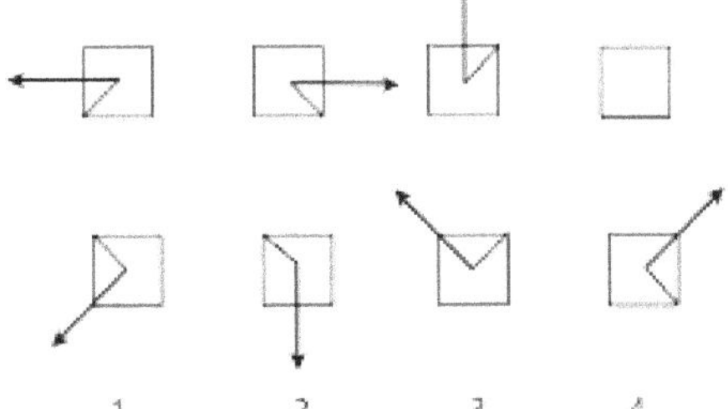

A. 1 **B.** 2 **C.** 3 **D.** 4

Q.143 एक पासा लिया गया है। 1 से 6 तक की संख्याएँ उसके फलकों पर लिखी जाती है। संख्या 1 और 4 वाले फलक एक-दूसरे के सन्निकट हैं। संख्या 6 वाला फलक संख्या 3 वाले फलक के विपरीत में है। संख्या 2, संख्या 4 वाले फलक के विपरीत नहीं है। इन संख्याओं में से कौन-सी संख्या 2 के विपरीत हो सकती है?

A. 1 **B.** 4 **C.** 5 **D.** 3

Q.144 निर्देश: निम्नलिखित चार विकल्पों में से उसका चयन कीजिए जो दूसरी जोड़ी को पहली जोड़ी के अनुरूप बनाएगा।

तोता : हरा :: कौआ : ?

A. पीला **B.** लाल **C.** काला **D.** सफेद

Q.145 निर्देश: निम्नलिखित चार विकल्पों में से उसका चयन कीजिए जो दूसरी जोड़ी को पहली जोड़ी के अनुरूप बनाएगा।

पुस्तकालय : पुस्तकें :: विद्यालय : ?

A. समाचार पत्र **B.** छात्र

C. इमारतें **D.** प्रयोगशाला

Q.146 रूबी जानती है कि उसके पिता की उम्र 55 से अधिक है, लेकिन 57 वर्ष से कम है। रूबी की माँ को याद है। कि उसके पति की उम्र 57 से अधिक है, लेकिन 60 वर्ष से कम है। रोहन, जो रूबी का बड़ा भाई है, जानता है कि उसके पिता की उम्र 58 से अधिक है, लेकिन 64 वर्ष से कम है। अगर केवल रूबी की माँ और भाई को सही पता है, तो रूबी के पिता कितने साल के हैं?

A. 59 **B.** 58 **C.** 57 **D.** 55

Q.147 नीचे दी गई श्रृंखला में प्रश्न चिन्ह (?) की जगह कौन सी संख्या हैं?

2, 1, 0, -3, -24,?

A. -264 **B.** -267 **C.** -270 **D.** -273

Q.148 वर्णमाला में स्थान के आधार पर दिए गए चार विकल्पों में से तीन एक जैसे है। विषम विकल्प को चुनिए।

A. TUF **B.** YZA **C.** WVJ **D.** OPK

Q.149 बायीं ओर एक पैटर्न के साथ एक आकृति दी गई है। ध्यानपूर्वक देखिए और बताइए कि दायीं ओर के तीन चित्रों में से कौन इस पैटर्न के दाएँ अर्द्ध हिस्से के समान दिखाई पड़ता है?

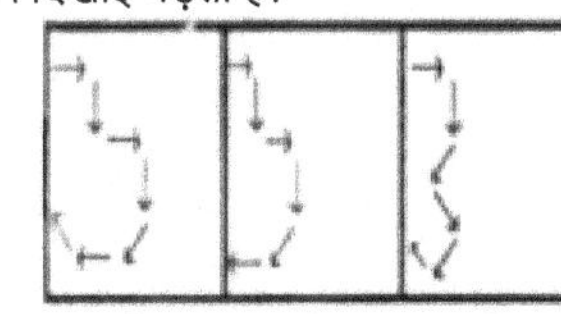

A. 1 **B.** 2

C. 3 **D.** 2 और 3 दोनों

Q.150 5 साल पहले सचिन की उम्र 10 साल बाद होनेवाली उम्र की $\frac{1}{2}$ थी। वर्तमान में सचिन की उम्र कितनी है?

A. 36 साल **B.** 25 साल **C.** 20 साल **D.** 15 साल

// स्मार्ट उत्तर पुस्तिका //

सही उत्तर उन छात्रों का प्रतिशत जिन्होंने प्रश्नों का सही उत्तर दिया था। **छोड़ दिया** उन छात्रों का प्रतिशत जिन्होंने प्रश्नों को छोड़ दिया था।

प्रश्न संख्या	उत्तर	सही उत्तर	छोड़ दिया	प्रश्न संख्या	उत्तर	सही उत्तर	छोड़ दिया	प्रश्न संख्या	उत्तर	सही उत्तर	छोड़ दिया	प्रश्न संख्या	उत्तर	सही उत्तर	छोड़ दिया	प्रश्न संख्या	उत्तर	सही उत्तर	छोड़ दिया	प्रश्न संख्या	उत्तर	सही उत्तर	छोड़ दिया
1	B	69.96 %	30.04 %	22	A	51.32 %	36.81 %	43	A	49.77 %	34.94 %	64	A	63.24 %	34.2 %	85	C	40.92 %	54.97 %	106	D	41.05 %	36.38 %
2	C	51.91 %	39.83 %	23	C	57.4 %	42.58 %	44	C	52.94 %	36.39 %	65	B	63.19 %	32.82 %	86	A	58.75 %	37.52 %	107	A	18.47 %	77.56 %
3	D	77.27 %	21.77 %	24	A	16.0 %	80.37 %	45	D	55.96 %	35.51 %	66	B	42.58 %	57.15 %	87	C	48.18 %	39.58 %	108	D	62.87 %	35.99 %
4	B	61.13 %	33.38 %	25	B	50.45 %	48.27 %	46	D	59.33 %	35.18 %	67	C	10.26 %	84.3 %	88	C	24.97 %	72.9 %	109	D	26.6 %	67.48 %
5	B	67.33 %	30.54 %	26	C	65.13 %	33.63 %	47	B	28.96 %	67.85 %	68	A	49.04 %	33.08 %	89	C	63.06 %	30.84 %	110	B	52.01 %	37.97 %
6	A	42.98 %	50.4 %	27	D	41.36 %	54.88 %	48	D	41.26 %	38.72 %	69	C	57.36 %	32.43 %	90	C	48.44 %	48.0 %	111	D	18.69 %	69.8 %
7	A	22.36 %	71.58 %	28	D	68.99 %	30.98 %	49	B	63.86 %	31.4 %	70	A	41.46 %	42.63 %	91	D	53.91 %	31.77 %	112	C	23.92 %	67.33 %
8	A	48.34 %	40.01 %	29	A	51.1 %	45.59 %	50	A	76.74 %	10.39 %	71	D	26.6 %	69.45 %	92	B	65.21 %	33.87 %	113	B	22.02 %	68.14 %
9	C	60.39 %	37.19 %	30	C	56.25 %	40.13 %	51	D	49.36 %	42.6 %	72	C	63.0 %	36.62 %	93	B	43.89 %	41.09 %	114	D	57.92 %	30.47 %
10	B	44.01 %	40.3 %	31	C	45.51 %	52.65 %	52	C	43.68 %	40.69 %	73	C	50.08 %	41.53 %	94	B	82.0 %	10.42 %	115	A	41.02 %	42.22 %
11	D	26.63 %	67.84 %	32	B	60.66 %	38.27 %	53	B	10.41 %	78.71 %	74	D	77.46 %	12.15 %	95	D	77.09 %	20.64 %	116	B	55.58 %	40.84 %
12	A	64.48 %	30.15 %	33	D	62.25 %	32.18 %	54	B	27.1 %	67.7 %	75	D	63.73 %	32.45 %	96	D	45.53 %	30.62 %	117	C	17.66 %	77.86 %
13	D	84.68 %	10.84 %	34	A	63.77 %	30.7 %	55	A	40.67 %	39.02 %	76	A	66.07 %	33.09 %	97	B	49.19 %	50.67 %	118	D	66.9 %	31.14 %
14	C	44.4 %	40.02 %	35	C	44.41 %	39.56 %	56	D	40.53 %	38.07 %	77	D	53.5 %	37.28 %	98	B	57.54 %	41.97 %	119	B	41.73 %	45.92 %
15	B	66.47 %	32.19 %	36	B	56.51 %	39.14 %	57	A	60.47 %	36.91 %	78	A	62.56 %	32.52 %	99	C	27.14 %	71.91 %	120	C	49.18 %	34.34 %
16	B	76.14 %	11.69 %	37	D	51.33 %	43.91 %	58	C	48.35 %	48.23 %	79	B	66.24 %	30.51 %	100	D	65.85 %	32.85 %	121	B	85.56 %	10.37 %
17	A	63.99 %	33.49 %	38	A	47.66 %	34.73 %	59	C	84.78 %	10.06 %	80	A	81.5 %	11.97 %	101	A	44.9 %	53.07 %	122	B	51.88 %	38.93 %
18	B	61.22 %	38.17 %	39	D	69.5 %	30.05 %	60	A	65.6 %	30.87 %	81	C	54.88 %	42.85 %	102	C	79.74 %	10.67 %	123	D	69.5 %	30.01 %
19	C	44.6 %	38.89 %	40	C	69.49 %	30.19 %	61	C	64.51 %	35.25 %	82	A	61.97 %	32.4 %	103	D	46.69 %	34.04 %	124	C	15.33 %	69.4 %
20	D	61.0 %	36.65 %	41	A	65.18 %	33.15 %	62	C	25.73 %	69.34 %	83	C	41.56 %	37.64 %	104	C	62.24 %	36.71 %	125	D	45.07 %	39.6 %
21	C	64.92 %	30.85 %	42	A	32.68 %	67.01 %	63	B	26.3 %	70.01 %	84	C	62.83 %	33.74 %	105	C	78.99 %	17.92 %	126	C	56.28 %	42.86 %

प्रश्न संख्या	उत्तर	सही उत्तर	छोड़ दिया
127	D	66.8 %	30.39 %
128	A	54.53 %	33.94 %
129	B	51.82 %	39.99 %
130	B	32.78 %	67.2 %
131	A	60.51 %	34.52 %
132	D	40.99 %	54.22 %
133	B	45.81 %	42.9 %
134	C	66.61 %	31.16 %
135	C	78.66 %	20.6 %
136	C	64.14 %	30.93 %
137	D	41.28 %	46.55 %
138	D	44.54 %	46.83 %
139	B	59.34 %	35.28 %
140	C	87.49 %	12.08 %
141	C	50.99 %	45.97 %
142	B	16.6 %	70.88 %
143	A	68.1 %	30.49 %
144	C	68.3 %	30.42 %
145	B	20.84 %	76.04 %
146	A	52.82 %	35.44 %
147	B	56.66 %	34.6 %
148	C	24.12 %	68.5 %
149	B	68.48 %	30.88 %
150	C	40.05 %	46.08 %

// संकेत और समाधान //

1. साहित्य अकादमी पुरस्कार सन् 1962 में नहीं दिया गया साहित्य अकादमी पुरस्कार भारत में एक साहित्यिक सम्मान है। साहित्य अकादमी प्रतिवर्ष भारत की अपने द्वारा मान्यता प्रदत्त प्रमुख भाषाओं में से प्रत्येक में प्रकाशित सर्वोत्कृष्ट साहित्यिक कृति को पुरस्कार प्रदान करती है।
अतः विकल्प (B) सही है।

2. दिये गये विकल्पों में बच्चा जवान एक दूसरे के विलोम शब्द नहीं है। शेष सभी शब्द एक दूसर के विलोम शब्द है। बच्चा का विलोम बूढ़ा होता है।
अतः विकल्प (C) सही है।

3. उपरोक्त विकल्पों में 'श्रीधर पाठक' के अतिरिक्त अन्य सभी कवि भारतेंदु युग से संबंधित है।
अतः विकल्प (D) सही है।

4. पयोधि, सिंधु, वारीश आदि 'समुद्र के पर्यायवाची शब्द हैं।
अत: विकल्प (B) सही है।

5. उपरोक्त वाक्य में रिक्त स्थान की पूर्ति हेतु 'अपने-आप' शब्द का प्रयोग किया जायेगा। अतः पूर्ण वाक्य निम्न होगा- अभिषेक <u>अपने-आप</u> घर चला गया।
अत: विकल्प (B) सही है।

6. सन् 2019 में 'व्यास सम्मान' नासिरा शर्मा को 'कागज की नाव' रचना के लिए प्रदान किया गया। व्यास सम्मान भारतीय साहित्य में दिए जाने वाले ज्ञानपीठ पुरस्कार के बाद दूसरा सबसे बड़ा साहित्य सम्मान है।
अत: विकल्प (A) सही है।

7. उपरोक्त विकल्पों में 'उज्ज्वल' तत्सम शब्द है शेष विकल्प तद्भव हैं।
अत: विकल्प (A) सही है।

8. वाक्य में काम करने वाले को - कर्ता कहा जाता है तथा - जिस पर क्रिया का प्रभाव पड़े उसे 'कर्म' कहते हैं।
अत: विकल्प (A) सही है।

9. दिये गये वाक्य में रिक्त स्थान की पूर्ति के लिए 'किसने' शब्द का प्रयोग होगा। अतः पूर्ण वाक्य निम्न होगा -
गिलास <u>किसने</u> तोड़ा?
अत: विकल्प (C) सही है।

10. पुरूषोत्तम अग्रवाल को उनकी रचना 'तीसरा रूख' के लिए 1996 में 'देवी शंकर अवस्थी स्मृति सम्मान' प्रदान किया गया।
अत: विकल्प (B) सही है।

11. 1-a, 2-b, 3-c, 4-d
लोकोक्ति(A) → अर्थ (B)
1. चित्त भी मेरी पट भी मेरा → (a) दोनों ओर से लाभ चाहना
2. चोर की दाढ़ी में तिनका → (b) अपराधी भयभीत रहता है
3. नाच न जाने आँगन टेढ़ा → (c) अयोग्यता का दोष दूसरे को देना
4. नेकी कर दरिया में डाल → (d) भला करके भूल जाना
अत: विकल्प (D) सही है।

12. 'निन्दा' शब्द का विलोम - 'स्तुति' होता है
अत: विकल्प (A) सही है।

13. भारतीय संविधान में 22 भाषाओं को अधिकारिक भाषा का दर्जा दिया गया है। विकल्प ' भोजपुरी' के अतिरिक्त अन्य भाषाएँ संविधान की 22 भाषाओं में सम्मलित हैं।
अत: विकल्प (D) सही है।

14. जिस पर क्रिया का प्रभाव पड़े उसे 'कर्म' कहते हैं।
अत: विकल्प (C) सही है।

15. 'पेड़ से गिर पड़ा', में अपादान कारक का प्रयोग हुआ है क्योंकि अपादान कारक का परसर्ग/चिह्न 'से' (अलगाव) है।
अत: विकल्प (B) सही है।

16. दिये गये विकल्पों में - 'मैं रविवार को तुम्हारे घर आऊँगा।' शुद्ध वाक्य है। शेष विकल्प त्रुटिपूर्ण हैं।
अत: विकल्प (B) सही है।

17. दिये गये विकल्पों में - 'वह क्या जाने कि मैं कैसे जी रहा हूँ सही वाक्य है। शेष विकल्प सही वाक्य नहीं हैं।
अत: विकल्प (A) सही है।

18. 'विरोधी पक्ष का' के लिए सार्थक शब्द - विपक्षी होता है।
अत: विकल्प (B) सही है।

19. 'वधूत्सव' का संधि-विच्छेद - वधू + उत्सव होता है 'ऊ + उ = ऊ' अतः यह दीर्घ संधि का शब्द है।
दो सवर्ण मिलकर दीर्घ हो जाते हैं। यदि 'अ', 'आ', 'इ', 'ई', 'उ', 'ऊ' और 'ऋ' के बाद ह्रस्व या दीर्घ स्वर आयें, तो दोनों क्रमशः 'आ', 'ई', 'ऊ' और 'ऋ' हो जाते हैं।
अत: विकल्प (C) सही है।

20. 'परो + उपकार' संधि विच्छेद का गलत उदाहरण है। शेष विकल्प सही हैं।
अत: विकल्प (D) सही है।

21. 'चक्र - गोला' विकल्प तत्सम - तद्भव जोड़ी का सही विकल्प नहीं है। शेष सभी विकल्प तत्सम - तद्भव जोड़ी से संबंधित हैं।
अत: विकल्प (C) सही है।

22. पंडित - सुधी, मनीषी, बुध का पर्यायवाची शब्द है।
अत: विकल्प (A) सही है।

23. 'बाग - बाग होना' मुहावरे का सही अर्थ - खुश होना होगा।
वाक्य प्रयोग – जब हम शिमला घूमने गए तो हमारा दिल बाग-बाग हो गया।
अत: विकल्प (C) सही है।

24. अवधी बोली का अन्य नाम कोसली है। अवध में बोली जाती है। यह उत्तर प्रदेश के कुछ इलाकों जैसे – गोरखपुर, गोंडा, बलिया, अयोध्या आदि क्षेत्र में बोली जाती है।
अत: विकल्प (A) सही है।

25. 'रूकोगी नहीं राधिका' ऊषा प्रियंवदा की रचना है शेष रचनाएँ मृदुला गर्ग की हैं - उसके हिस्से की धूप (1975), चितकोबरा (1979), मैं और मैं (1984)
अत: विकल्प (B) सही है।

26. 'प्रेमचन्द्र की कहानियों का काल-क्रमानुसार अध्ययन ' के लिए व्यास सम्मान - कमल किशोर गोयनका को 2014 में प्रदान किया गया।
अत: विकल्प (C) सही है।

27. 'महाकाय' असुर शब्द का पर्यायवाची नहीं है 'महाकाय' गणेश का पर्यायवाची शब्द है।
अत: विकल्प (D) सही है।

28. 'नींद' तद्भव शब्द है शेष विकल्प तत्सम शब्द हैं।
अत: विकल्प (D) सही है।

29. 'जो पहले कभी न हुआ हो' को - अभूतपूर्व कहते हैं जो पहले हो चुका हो - भूतपूर्व
अत: विकल्प (A) सही है।

30. मार्तण्ड, अर्क, अंशुमाली आदि सूर्य के पर्यायवाची हैं।
अत: विकल्प (C) सही है।

31. 'मैं भंगी हूँ' आत्मकथा के लेखक भगवानदास (1981) हैं। यह हिन्दी की पहली दलित आत्मकथा मानी जाती है।
अत: विकल्प (C) सही है।

32. 'मलबे का मालिक' कहानी के कहानीकार - मोहन राकेश हैं। इनकी अन्य रचनाएँ - अण्डे के छिलके, आधे-अधूरे आदि।
अत: विकल्प (B) सही है।

33. उपरोक्त अनुच्छेदानुसार - अतीत के विषय में जानने की लालसा भारतीय विद्वानों के पुनर्जागरण सम्बंधी विचारों को पढ़कर बढ़ जाती है।
अत: विकल्प (D) सही है।

34. उपरोक्त अनुच्छेद के आधार पर - जूतों की माला से - दयानंद जी का स्वागत किया गया था।
अत: विकल्प (A) सही है।

35. उपर्युक्त अनुच्छेद के अनुसार 'ब्रह्मसमाज' बाद में अत्यधिक पुरातनपंथी संस्था हो गयी।
अत: विकल्प (C) सही है।

36. 'ब्रह्मसमाज की स्थापना दयानंद सरस्वती ने किया था' कथन असत्य है।
अत: विकल्प (B) सही है।

37. 'दयानंद' शास्त्रार्थ में हरा दिये गये थे।
अत: विकल्प (D) सही है।

38. ग्लोबल वेब इंडेक्स 2020 के अनुसार दुनिया में औसत उपयोगकर्ता प्रतिदिन सोशल मीडिया पर 144 मिनट समय व्यतीत करता है। इस इंडेक्स में सोशल मीडिया उपयोगकर्ता में शीर्ष देश फिलीपींस है।

अत: विकल्प (A) सही है।

39. चीन की प्रमुख वाहन निर्माता कंपनी ग्रेट वॉल मोटर्स ने महाराष्ट्र सरकार के साथ एक समझौता ज्ञापन (MoU) पर हस्ताक्षर किया है। कंपनी महाराष्ट्र में 1 बिलियन अमेरिकी डॉलर (तकरीबन 7,600 करोड़ रूपये) को अलग - अलग चरणों में निवेश करेगी।

अत: विकल्प (D) सही है।

40. ग्रैमी अवार्ड मुख्य रूप से अंग्रेजी भाषा में संगीत के क्षेत्र में (1958 से) उत्कृष्ट उपलब्धियों के लिए दिए जाते हैं। ग्रैमी अवार्ड संगीत के क्षेत्र में दिया जाने वाला सबसे बड़ा सम्मान माना जाता है। वर्ष 2021 के 63 वें ग्रेमी आवार्ड का वितरण लॉस एंजिल्स (अमेरिका) में किया गया। 19 वर्षीय बिली एलिस (USA) ने लगातार दो बार पुरस्कार जीतने वाली प्रथम सोलो गायिका बनी।

अत: विकल्प (C) सही है।

41. वर्ष 1947 के बाद, बोर्ड का न्यायिक विंग इलाहाबाद में कार्य करता रहा, जबकि प्रशासनिक विंग को अलग कर लखनऊ स्थानांतरित कर दिया गया। ध्यातव्य है कि दिए गए विकल्पों में (A) सत्य है।

अत: विकल्प (A) सही है।

42. ड्रैगन मक्खी आर्थोपोडा संघ का एक कीट है। द्विपंखी गण या डिप्टेरा गण के अंतर्गत वे कीट संम्मिलित हैं जो द्विपक्षीय (दो पंख वाले) हैं। कीट का यह सबसे बृहत् गण है। इसमें लगभग 80 हजार कीट जातियाँ हैं। अतः ड्रैगन मक्खी ऐसा कीट हैं जिसमें यौगिक (कंपाउंड) आँखे होती है।

अत: विकल्प (A) सही है।

43. जीवन रक्षा पदक प्रदेश सरकार की संस्तुति पर गृह मंत्रालय द्वारा ऐसे नागरिकों को प्रदान किए जाते हैं, जिन्होंने अपनी जान जोखिम में डालकर जल में डूबते हुए, आग, खानों में बचाव कार्य के दौरान जीवन की रक्षा की हो।

अत: विकल्प (A) सही है।

44. भारत - तिब्बत सीमा पुलिस बल (ITBP) भारत सरकार की महत्वपूर्ण एजेंसियों में से एक है, वर्ष 1982 में प्रारम्भ हुए कैलाश मानसरोवर यात्रा में प्रारम्भ से ही आईटीबीपी ने केंद्रिय भूमिका निभाई है। कैलाश मानसरोवर तिब्बत में कैलाश माउंटेन रेंज में 21,778 फीट की ऊँचाई पर स्थित है।

अत: विकल्प (C) सही है।

45. रैपिड एक्शन फोर्स का गठन अक्टूबर 1992 में सीआरपीएफ की 10 बटालियनों से हुआ था। इसका मुख्य कार्य दंगे और दंगों जैसी स्थितियों से निपटना है। इस बल को दंगा नियंत्रण, आंसू गैस के गोले छोड़ने और आग से निपटने में महारत हासिल है।

अत: विकल्प (D) सही है।

46. नई दिल्ली में बना स्वामीनारायण अक्षरधाम मन्दिर एक अनोखा सांस्कृतिक तीर्थ स्थल है। इसे ज्योतिर्धर भगवान स्वामीनारायण की पुण्य स्मृति में बनवाया गया है। यह परिसर 100 एकड़ भूमि में फैला हुआ है। दुनिया का सबसे विशाल हिन्दू मन्दिर परिसर होने के कारण 26 दिसम्बर 2007 को यह गिनीज बुक ऑफ वर्ल्ड रिकार्ड्स में शामिल किया गया।

अत: विकल्प (D) सही है।

47. वर्ष 1942 ई0 के भारत छोड़ो आंदोलन में मानभूम (झारखण्ड) का नेतृत्व क्रान्तिकारी स्वतंत्रता सेनानी चूनाराम महतो तथा गोविंद महतो ने किया था। माना जाता है कि 29 सितम्बर 1942 ई0 को भारत छोड़ो आंदोलन के दौरान मानभूम, पुरुलिया के बांदवान और बहराभूम थाना को स्वतंत्रता सेनानियों द्वारा अदम्य साहस का परिचय देते हुए अंग्रेजों से कब्जा में लेकर प्रथम बार भारतीय तिरंगा झंडा फहराया गया था।

अत: विकल्प (B) सही है।

48. 'लूनी' नदी का नाम लवणाद्रि तथा संस्कृत शब्द लवणावरी (नमकीन नदी) से लिया गया है। इस नदी का उद्गम अजमेर जिले में स्थित नाग पहाड़ (अरावली पर्वत), से होता है। यह पुष्कर के समीप दो धाराओं सरस्वती और सागरमती के रूप में उत्पन्न होती है, जो गोविंदगढ़ के निकट आपस में मिल जाती है। यह भारत की एकमात्र अन्तर्वाही नदी है। जोवाई, सूकरी एवं जोजारी इसकी प्रमुख सहायक नदियाँ हैं।

अत: विकल्प (D) सही है।

49. दर्रा → स्थित क्षेत्र:

लिपुलेख दर्रा → उत्तराखण्ड

कोंगका दर्रा → लद्दाख

खारदुंग दर्रा →लेह

लनक दर्रा → अक्साई चीन क्षेत्र

अत: विकल्प (B) सही है।

50. 22 जुलाई, 2019 को भारतीय भू-तुल्यकाली उपग्रह प्रक्षेपण यान, जीएसएलवी एमके III (GSLV-MK III) द्वारा चन्द्रयान-2 को सफलतापूर्वक प्रक्षेपित किया गया। इसमें ऑर्बिटर, लैंडर (विक्रम) और रोबर (प्रज्ञान) का इस्तेमाल किया गया। लैंडर विक्रम का सफलतापूर्वक सॉफ्ट लैंडिग नहीं होने के कारण यह अभियान पूर्ण सफल नहीं हो सका।

अत: विकल्प (A) सही है।

51. दुनिया का पहला तैरता हुआ परमाणु संयंत्र का निर्माण रूस ने किया। जिसका नाम अकेदमिक लोमोनोसोव रखा गया। इस संयंत्र का निर्माण दूरस्थ क्षेत्रों में ऊर्जा जरूरतों को पूरा करने के उद्देश्य से किया गया है। इस संयंत्र में दो 35-35 मेगावाट के रिएक्टर हैं, जो एक लाख लोगों को ऊर्जा की पूर्ति करेगा।

अत: विकल्प (D) सही है।

52. सर्दियों के दौरान बर्फ में नमक डालने से बर्फ पिघलने लगती है, क्योंकि बर्फ की सतह पर पानी के हिमांक बिन्दु को कम करता है।

अत: विकल्प (C) सही है।

53. शोध संस्थान → केंद्र:

1. केन्द्रीय कपास संस्थान → नागपुर
2. भारतीय कृषि अनुसंधान संस्थान → दिल्ली
3. टाटा इंस्टिट्यूट ऑफ फंडामेंटल रिसर्च → मुम्बई
4. पंडित साबरमल शोध संस्थान → जयपुर

अत: विकल्प (B) सही है।

54. चोल वंश एक तमिल राजवंश था, जिसने 13 वीं शताब्दी तक मुख्य रूप से दक्षिण भारत में शासन किया था। चोल वंश समृद्ध गंग नदी घाटी में उत्पन्न नहीं हुआ बल्कि यह पेन्नार और कावेरी नदियों के मध्य पूर्वी तट पर स्थित था। चोल वंश का संस्थापक विजयालय था। उपर्युक्त विकल्पों में से (B) सत्य है।

अत: विकल्प (B) सही है।

55. संविधान के अनुच्छेद - 75 के अनुसार प्रधानमंत्री की नियुक्ति राष्ट्रपति करता है तथा अन्य मंत्रियों की नियुक्ति राष्ट्रपति प्रधानमंत्री की सलाह पर करेगा। मंत्रिपरिषद् में मंत्रियों की कुल संख्या प्रधानमंत्री को शामिल करके लोकसभा के कुल सदस्यों की कुल संख्या के 15% (पन्द्रह प्रतिशत) से अधिक नहीं होगी।

अत: विकल्प (A) सही है।

56. आयोग में एक अध्यक्ष, पांच पूर्णकालिक सदस्य और सात डीम्ड सदस्य होते हैं। क़ानून आयोग के अध्यक्ष और सदस्यों की नियुक्ति के लिए योग्यता निर्धारित करता है।

अत: विकल्प (D) सही है।

57. प्रशासनिक सुविधा के लिए उत्तर - प्रदेश राज्य को 18 मण्डल तथा 75 जिलों में विभाजित किया गया है। उत्तर प्रदेश का सबसे बड़ा मण्डल लखनऊ मण्डल है जबकि सबसे बड़ा जिला प्रयागराज (इलाहाबाद) है।

अत: विकल्प (A) सही है।

58. देश - मुद्रा:

ताइवान - डॉलर

भारत - रूपया

लेबनान - पाउंड

चीन - रेन्मिन्बी

अत: विकल्प (C) सही है।

59. आतिशबाजी के दौरान हरा रंग बेरियम क्लोराइड की उपस्थिति के कारण तथा लाल चटक रंग (क्रिमसोम रेड कलर) स्ट्राइकिन (Sr) की उपस्थिति के कारण उत्पन्न होता है।

अत: विकल्प (C) सही है।

60. किसी भी प्रकार की इलेक्ट्रानिक सन्देश प्रणाली जैसे ईमेल, चैट, वेब, चर्चा समूह, या अन्य प्रकार के अनचाहे सन्देश को 'स्पैम' कहते है, और इनको भेजना 'स्पैमिंग' कहलाता है।

अत: विकल्प (A) सही है।

61. जनवरी, 2020 की स्थिति के अनुसार,

मंत्री - विभाग:

- पीयूष गोयल - रेल और वाणिज्य एवं उद्योग

- निर्मला सीतारमण - वित्त एवं कॉरपोरेट
- प्रकाश जावड़ेकर - पर्यावरण, वन एवं जलवायु परिवर्तन
- धर्मेंद्र प्रधान - पेट्रोलियम एवं प्राकृतिक गैस

अत: विकल्प (C) सही है।
62. CAPF/CPO के सर्वश्रेष्ठ पुलिस प्रशिक्षण संस्थानों के विजेता को प्रतिवर्ष तीन ट्राफियाँ प्रदान की जाती है।
देश के सर्वश्रेष्ठ पुलिस प्रशिक्षण संस्थानों के लिए कुल मिलाकर छह ट्राफियां होंगी, तीन सीएपीएफ/सीपीओ प्रशिक्षण संस्थानों के लिए और तीन राज्य/संघ राज्य क्षेत्रों के पुलिस प्रशिक्षण संस्थानों के लिए है।
अत: विकल्प (C) सही है।
63. एन्फोर्स्ड डिसएप्पीयरेंसेंस समिति (सीईडी) स्वतंत्र विशेषज्ञों का निकाय है, जो राज्यों दलों द्वारा कन्वेंशन के कार्यान्वय की निगरानी करता। यह 2010 में लागू हुई अंतर्राष्ट्रीय मानवाधिकार संधि है।
अत: विकल्प (B) सही है।
64. देश - मुद्रा:

- भारत - रूपया
- आर्मेनिया - द्राम
- कनाडा - डॉलर

ग्राम किसी देश की मुद्रा नहीं है।
अत: विकल्प (A) सही है।
65. भारत ने जीएसटी (GST) के दोहरे मॉडल को कनाडा से ग्रहण किया है। जैसा की हम जानते है, की जीएसटी एक एकीकृत कर है जो 'वन नेशन वन टैक्स" की अवधारणा पर काम करता है। भारत में, केन्द्र और राज्यों दोनों को उपयुक्त कानून के माध्यम से कर लगाने और इकट्रा करने लिए शक्तियाँ सौपी गईं हैं।
अत: विकल्प (B) सही है।
66. तिथि - दिवस:
21 सितम्बर - विश्व शान्ति दिवस
15 सितम्बर - अभियन्ता दिवस
2 सितम्बर - विश्व नारियल दिवस
28 सितम्बर - विश्व रेबीज दिवस
अत: विकल्प (B) सही है।
67. वजीर (I) - सूची (II):
वजीर - राजस्व विभाग का प्रमुख
मीर बक्शी - सैन्य विभाग का प्रमुख
मीर समन - शाही परिवार का प्रभारी
प्रमुख काजी - न्यायिक विभाग का प्रमुख
अत: विकल्प (C) सही है।
68. चकबंदी से अभिप्राय भूमि के एकीकरण से है। अर्थात छोटे-छोटे टुकड़ो में बिखरी हुई कृषि-योग्य भूमि को, कृषक के गांव - घर के समीप, आपसी अदला-बदली के द्वारा, अपेक्षाकृत एक बड़े टुकड़े में परिवर्तित कर, उसे कृषि-कार्य के लिए अधिक सुगम एवं लाभप्रद बनाया जाना।
अत: विकल्प (A) सही है।
69. भारतीय मुद्रा में 2000 रूपये के नोट का आकार 66 mm × 166 mm है। इसके पीछे की ओर मंगलयान की तस्वीर अंकित है।
अत: विकल्प (C) सही है।
70. शिक्षा मित्र का संबंध प्राथमिक विद्यालय के लिए शिक्षक से है। 2001 में केन्द्र सरकार ने सर्वशिक्षा अभियान को सार्वभौमिक बनाने के लिए 65% तथा राज्य के 35% के सहयोग से प्राथमिक विद्यालयों में शिक्षकों की कमी दूर करने के लिए शिक्षा मित्रों की नियुक्ति का प्रावधान किया गया था।
अत: विकल्प (A) सही है।
71. खेती - नाम:
विटीकल्चर - अंगूर की खेती
सेरिकल्चर - रेशम पालन
मोरीकल्चर - रेशम कीट हेतु शहतूत उगाना
एवीकल्चर - पक्षी पालन
अत: विकल्प (D) सही है।
72. कोर्ट ऑफ वार्ड्स से संबंधित कार्य वर्ष 1831 में, राजस्व परिषद उत्तर प्रदेश द्वारा सम्पन्न किया जाता था, जिसे 1932 - 35 के दौरान हटा दिया गया था।
अत: विकल्प (C) सही है।
73. कोंकण रेलवेज कॉर्पोरेशन लिमिटेड ने मई 2019 में दो 1600 एचपी डीईएमयू (HPDEMU) ट्रेन सेट की आपूर्ति करने के लिए नेपाल के रेलवे विभाग के साथ अनुबंध समझौते पर हस्ताक्षर किया।
अत: विकल्प (C) सही है।
74. भारत, जापान तथा श्रीलंका ने मई 2019 में ईस्ट कंटेनर टर्मिनल को संयुक्त रूप से विकसित करने के लिए एक समझौते पर हस्ताक्षर किए।
अत: विकल्प (D) सही है।
75. नमक सत्याग्रह (नमक मार्च) महात्मा गांधी द्वारा चलाये गये प्रमुख आंदोलनों में से एक था। महात्मा गांधी ने 12 मार्च, 1930 में अहमदाबाद के पास स्थित साबरमती आश्रम से दांडी गांव तक 24 दिनों का पैदल मार्च निकाला था। सुभाष चन्द्र बोस ने इस दाण्डी यात्रा की तुलना नेपोलियन की उस यात्रा से की थी, जो उसने ऐल्बा से पेरिस के लिए की थी।
अत: विकल्प (D) सही है।
76. औसत चाल = कुल दूरी/कुल समय
= (6625+824)/(180 मिनट) किमी
(180 मिनट =3 घंटे क्योंकि 1 घंटा =60 मिनट)
$= \frac{7449}{3} = 2483$ किमी प्रति घंटे
अत: विकल्प (A) सही है।
77. 6 लोगों का कुल भार,
$= 65 \times 6$
$= 390$ किग्रा
5 लोगों का कुल भार,
$= 67.2 \times 5$
$= 336.0$ किग्रा
छठे व्यक्ति का अधिकतम भार,
$= 390 - 336$
$= 54$ किग्रा
अत: विकल्प (D) सही है।
78. यदि ब्याज तिमाही देय हो तो,
1 वर्ष = 4 तिमाही
यदि वेतन 100 ₹ है तो,
$A \rightarrow 100 \times \frac{110}{100} \times \frac{110}{100} \times \frac{110}{100} \times \frac{110}{100}$
$\rightarrow 146.41$
$B \xrightarrow{40\%} 100 \times \frac{140}{100} = 140$
इसलिए व्यक्ति A के वेतन में अधिकतम वृद्धि है।
अत: विकल्प (A) सही है।
79. यदि कर्मचारी का वेतन 100 ₹ है तो,
कर्मचारी का वेतन $= 100 \times \frac{150}{100} \times \frac{46}{100}$
$= 69$
अतः कर्मचारी के वेतन में कमी,
$= (100 - 69)\%$
$= 31\%$ कमी
अत: विकल्प (B) सही है।
80. वृत्त का क्षेत्रफल $= \pi r^2$
वृत्त का क्षेत्रफल $= \pi P^2$ वर्ग यूनिट
अत: विकल्प (A) सही है।
81.

3	63, 77
3	21, 77
7	7, 77
11	1, 11
	1, 1

L.C.M. $= 693$

A के पास सिक्कों की संख्या $= \frac{693}{63}$

= 11

B के पास सिक्कों की संख्या $= \frac{693}{77} = 9$

सिक्कों की कुल संख्या $= 11 + 9 = 20$

अत: विकल्प (C) सही है।

82. मिश्रित संख्या = मिश्रित भिन्न

$= 2\frac{3}{8}$

अत: विकल्प (A) सही है।

83. $\sqrt[5]{\sqrt[3]{\sqrt[2]{3^3}}}$

$\therefore \quad \sqrt[n]{x} = x^{\frac{1}{n}}$

$(x^m)^n = x^{m \times n}$

$\left(\left((3^3)^{\frac{1}{2}}\right)^{\frac{1}{3}}\right)^{\frac{1}{5}}$

$= 3^{3 \times \frac{1}{2} \times \frac{1}{3} \times \frac{1}{5}}$

$= 3^{\frac{3}{30}}$

$= 3^{\frac{1}{10}}$

अत: विकल्प (C) सही है।

84. यदि समीकरणों के कई हल हो तो,

$\frac{a_1}{a_2} = \frac{b_1}{b_2} = \frac{c_1}{c_2}$

$2x + 3y = 5 \Rightarrow 2x + 3y - 5 = 0$

इसी प्रकार, $a_1x + b_1y + c_1 = 0$ से तुलना करनें पर,

$a_1 = 2, b_1 = 3, c_1 = -5$

$4x + ky = 10$

$4x + ky - 10 = 0$

$a_2x + b_2y + c_2 = 0$ से तुलना करनें पर,

$a_2 = 4,\ b_2 = k, c_2 = -10$

सूत्र से $-\frac{2}{4} = \frac{3}{k} = \frac{-5}{-10}$

$\frac{3}{k} = \frac{5}{10}$

$k = 6$

अत: विकल्प (C) सही है।

85. $40 \times 12 + 3 - 6 \div 60$

चिन्ह परिवर्तित करनें पर,

$= 40 + 12 \div 3 \times 6 - 60$

$= 40 + 4 \times 6 - 60$

$= 40 + 24 - 60$

$= 4$

अत: विकल्प (C) सही है।

86. G का गमन पथ इस प्रकार है-

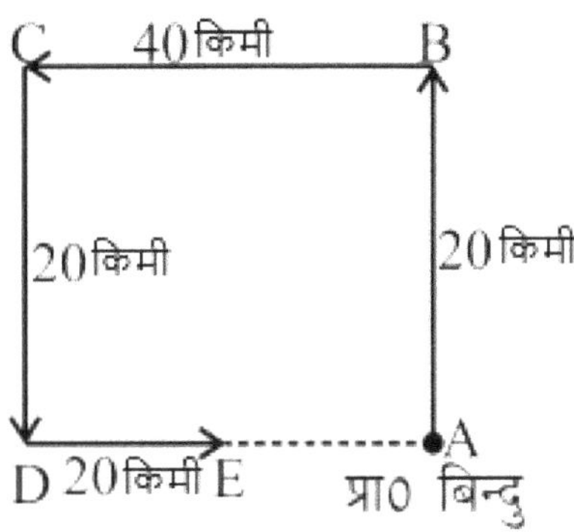

इसलिए G प्रारम्भिक स्थिति से (AE) 20 km की दूरी पर स्थित है।

अत: विकल्प (A) सही है।

87. जिस प्रकार-

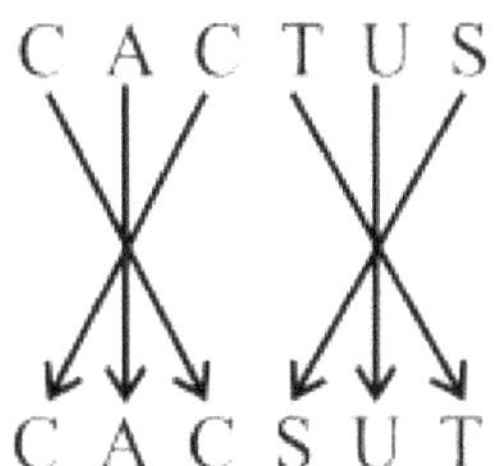

उसी प्रकार-

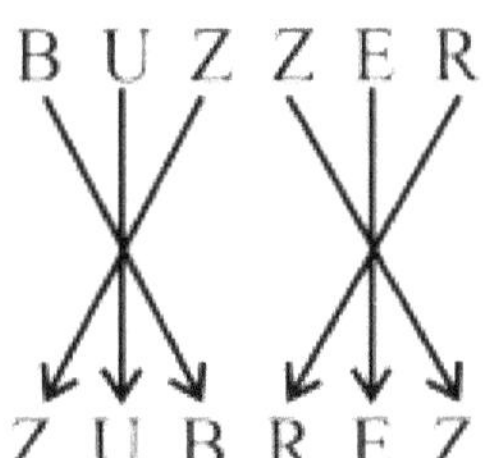

अत: विकल्प (C) सही है।

88. दिए गए कथन में दोनों पूर्वधारणाएँ निहित नहीं हैं क्योंकि दिया गया कथन खेल विशेष के बारे में है जबकि पूर्वधारणाएं व्यक्ति विशेष की हैं।

अत: विकल्प (C) सही है।

89. दी गई श्रृंखला इस प्रकार है-

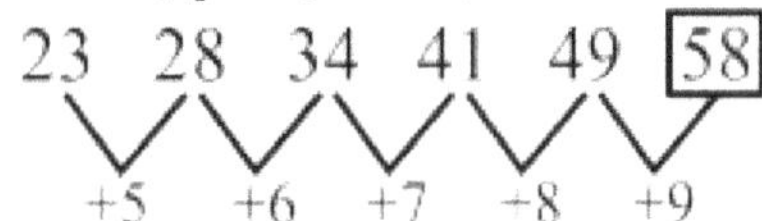

अत: विकल्प (C) सही है।

90. शब्द 'MATURITY' से ATRIUM अर्थपूर्ण शब्द बनाया जा सकता है।

अत: विकल्प (C) सही है।

91. पहले चित्र से दूसरे चित्र में जाने पर दो बाहरी वृत्त में से एक वृत्त बड़े वृत्त के अन्दर आ जाता है। उसी प्रकार दूसरे चित्र से तीसरे चित्र में जाने पर दूसरा वृत्त भी बड़े वृत्त के अन्दर आ जायेगा।

अत: विकल्प (D) सही है।

92. $M = \frac{2}{11}(M_1 \times 30^\circ \pm A)$

$0 = \frac{2}{11}(8 \times 30 \pm A)$

$A = 240^\circ$

जहाँ, $M =$ मिनट

$H_1 =$ प्रथम घंटा

$A =$ कोण

अभीष्ट न्यूनकोण $= 360^\circ - 240^\circ = 120^\circ$

अत: विकल्प (B) सही है।

93. यहाँ पर तर्क (I) और (II) दोनों मजबूत तर्क है।

अत: विकल्प (B) सही है।

94. कुल खेल प्रतियोगी

$= 40 + 30 + 20 + 9 + 4 + 8 + 1 + 7 + 6 + 5 + 10$

$= 140$

अत: विकल्प (B) सही है।

95. प्रश्न में बताया गया है कि बेथ एकल है, और एक पार्ट टाइम बर्कर है, एक सम्पन्न परिवार से आती है और अपने को व्यस्त रखने के लिए काम करती है।

इसलिए गरीब बच्चों को उन्हें पढ़ना और लिखना सिखाने के लिए सप्ताह के कुछ घंटे बिताए।

अत: विकल्प (D) सही है।

96. एक ऐसी नौकरी पा लेना जिसमें उसकी रुचि है से यह स्पष्ट होता है कि एक कार्य जिसमें रुचि है और वह मिल जाती है, तो वह प्रसन्नता से कार्य करेगा।

अत: विकल्प (D) सही है।

97. शहर 'साहस' में गंभीर कानून और व्यवस्था की समस्याओं का एक कारण प्रवासियों का अनियंत्रित प्रवेश हो सकता है।

अत: विकल्प (B) सही है।

98. प्रश्न में दी गई समस्या के अनुसार, केट को पुलिस को काल करके रिपोर्ट करना चाहिए कि कार ड्राइवर अपने फोन पर टेक्सिंटग तथा अजीब तरीके से ड्राइविंग कर रहा है। इसके अतिरिक्त विकल्प (B) की कार्यवाई भी उचित हो सकती है। चूंकि इस प्रश्न समस्या का कोई भी सटीक उत्तर विकल्प नहीं है हालांकि UPPRPB ने भी इस प्रश्न को विकल्पात्मक त्रुटिपूर्ण मानते हुए मूल्यांकन से बाहर रखा है।

अत: विकल्प (B) सही है।

99. आकाश, भरत, चंद्रू और दामोदर के स्वभाव का प्रश्नानुसार विश्लेषण करने पर चारों में मानसिक रूप से दृढ़ आकाश है, क्योंकि कार्य करने में असमर्थ होने पर वह स्पष्ट रूप से मना कर देता है।

अत: विकल्प (C) सही है।

100. प्रश्न में दी गई समस्या के अनुसार, रामनाथ का इकलौता पुत्र, दिए गए उत्तर व्यवहार में से कोई भी विकल्प नहीं अपनएगा। UPPRPB ने भी इस प्रश्न का उत्तर विकल्पानुसार त्रुटि पूर्ण मानते हुए मूल्यांकन से बाहर रखा है।

अत: विकल्प (D) सही है।

101. एक लोकतांत्रिक व्यवस्था के अंतर्गत पुलिस उत्तर विकल्पों में विकल्प (A) अर्थात् कुछ प्रतिबंधात्मक नीतियों को रद्द करने की मांग करने वाले सार्वजनिक प्रदर्शन को प्रतिबंधित करना, को छोड़कर सभी उत्तर विकल्प के कार्य करने की अनुमति है।

अत: विकल्प (A) सही है।

102. प्रीति और रंजनी से लिए गए परीक्षा शुल्क के संदर्भ में दोनों को फीस देने से छूट दी गई है क्योंकि सिविल सेवा परीक्षा में महिलाओं की भागीदारी के बढ़ावा के लिए महिलाओं से परीक्षा शुल्क नहीं ली जाती है।

अत: विकल्प (C) सही है।

103. पटाखे फोड़ने से वायु प्रदूषण होता है, जो फेफड़ों की बीमारी से जुड़ी समस्याओं को बढ़ा सकता है। यह कारण बताकर राजन अपने दोस्त को पटाखे नहीं फोड़ने का मन बनाने में मदद कर सकता है।

अत: विकल्प (D) सही है।

104. नाग अभिनेता बनना चाहता है। उसके लिए एक पेशेवर अभिनेता बनने के लिए नाग को भावनाओं को व्यक्त करने में सक्षम होना चाहिए।

अत: विकल्प (C) सही है।

105. डिजिटल प्रौद्योगिकी के कारण व्यापार के अवसर मिले, लेकिन इसका दुष्प्रभाव यह है कि सूचना सुरक्षित नहीं है। इस साइबर अपराधों में निम्नवत विकल्पानुसार शमिल हैं- हैकिंग, फिशिंग और आइडेंटिटी थेफ्ट इत्यादि।

अत: विकल्प (C) सही है।

106. भारत में ब्रिटिश शासन की नीतियों के खिलाफ आक्रोश ने सभी भारतीयों के बीच एकता और सद्भाव की भावना बनाई। जबकि अन्य उत्तर विकल्पों की नीतियों से अंग्रेजों ने भारतीय सांप्रदायिक सद्भाव में विघ्न डाला।

अत: विकल्प (D) सही है।

107. मेट्रो ट्रेनों में नेत्रहीन यात्री अक्सर अपने स्टॉप में उतरने से चूक जाते हैं और दोबारा अपने मार्ग में वापस आने के लिए बड़ी असुविधाओं का सामना करते हैं। संबंधित अधिकारियों द्वार इस समस्या का हल इस प्रकार किया जा सकता है कि ट्रेन में नेत्रहीन यात्रियों की सुविधा के लिए 'अगला-स्टॉप' की श्रव्य घोषणाएं उपलब्ध कराएं, जिससे कि नेत्रहीन यपात्री अपना-अपना स्टॉप सुनकर उतर सकें।

अत: विकल्प (A) सही है।

108. प्रश्न में दी गई समस्या के अनुसार, मैरी के चयन का फैसला उसक विरुद्ध हुआ। क्योंकि उसके चयन में गर्भवती/अक्षमता/अनुभवहीन/ जटिल इत्यादि कुछ भी बाधक हो सकता है। हालांकि UPPRPB ने भी इस प्रश्न को त्रुटिपूर्ण मानते हुए मूल्यांकन से बाहर रखा है।

अत: विकल्प (D) सही है।

109. तलाक लेने वाले दंपती के सामने बच्चे की कस्टडी सबसे महत्वपूर्ण समस्या है। आमतौर पर ऐसी परिस्थितियों में अदालत सामान्यतः बच्चे का सर्वोत्तम हित जिस आधार पर हो, उसी पर लेती है।

अत: विकल्प (D) सही है।

110. डेविड ने व्यावसायिक दस्तावेजों पर अपने भाई के जाली हस्ताक्षर किए और उससे मोटी रकम की ठगी की। डेविड के भाई निम्नवत तरीके से स्वयं को ठगे जाने से रोक सकता है-

अपने व्यवसाय में कामों और दोहरे नियंत्रणों को अलग-अलग करके मालिक को सभी चेकों पर हस्ताक्षर करने और सभी लेन-देन की स्वीकृति देकर। चेकबुक को सुरक्षित रखने के लिए एक सिस्टम बनाकर लिखावट में कई बदलावों के साथ एक जटिल हस्ताक्षर करके।

इसलिए चारो उत्तर कथन (1, 2, 3) और (4) सही हैं।

अत: विकल्प (B) सही है।

111. उपरोक्त प्रश्न के विकल्प (D) में अंग्रेजी वर्णमाला का अक्षर T है जो कि अन्य विकल्प से विषम हैं। क्योंकि अन्य विकल्प में अग्रेजी वर्णमाला का कोई भी अक्षर नहीं है।

अत: विकल्प (D) सही है।

112. प्रश्नानुसार, ज्यामितीय आकृतियो के नाम को उनकी भुजाओं की संख्या के आरोही क्रम में व्यवस्थित करने पर -

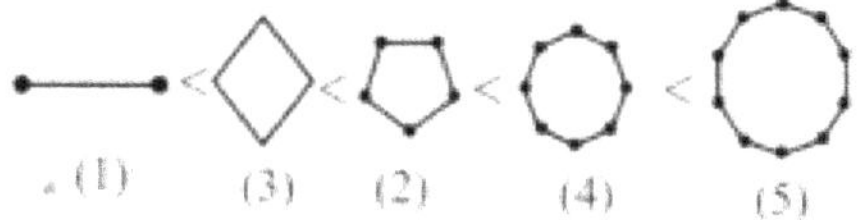

अत: विकल्प (C) सही है।

113. जिस प्रकार, नींद आने में और सोते रहने में लगातार बनी रहने वाली समस्या, अनिद्रा से सम्बन्धित है उसी प्रकार, एक लगातार बढ़ने वाला रोग जिससे स्मृति और अन्य महत्वपूर्ण दिमागी काम करने की क्षमता नष्ट हो जाती है, अल्जाइमर्स से सम्बन्धित है।

अत: विकल्प (B) सही है।

114. 1970 में $\frac{A}{B} = \frac{45}{59} \approx 75\%$

1980 में $\frac{A}{B} = \frac{50}{63} \approx 78\%$

1990 में $\frac{A}{B} = \frac{54}{67} \approx 80\%$

2000 में $\frac{A}{B} = \frac{62}{75} \approx 82\%$

2010 में $\frac{A}{B} = \frac{70}{80} \approx 87.5\%$

इसलिए 2010 में A का अनुपात B से अधिक है।

अत: विकल्प (D) सही है।

115. जिस प्रकार-

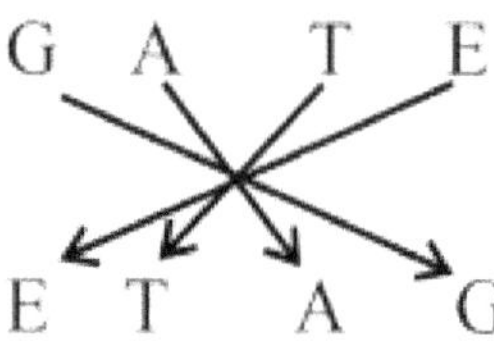

उसी प्रकार-

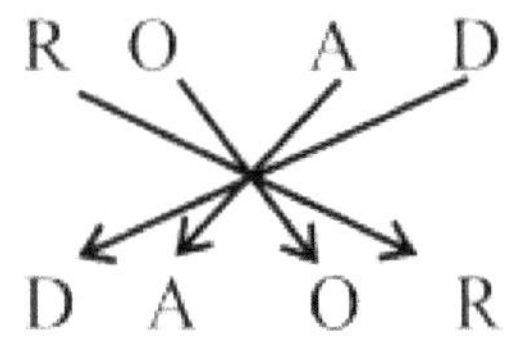

अत: विकल्प (A) सही है।

116.

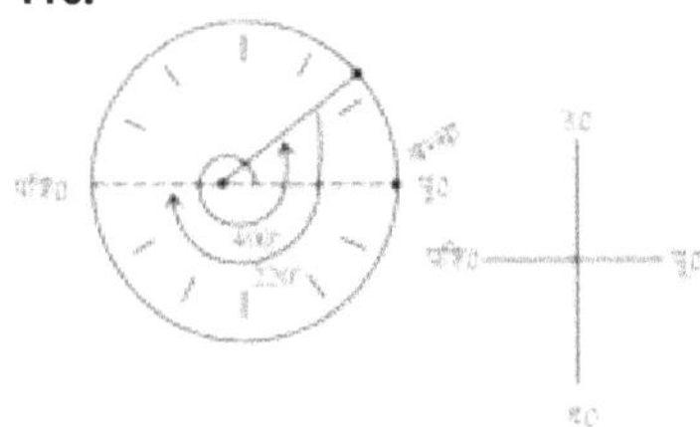

इसलिए चित्र से स्पष्ट है कि बच्चा अब पश्चिम दिशा की ओर हैं।
अत: विकल्प (B) सही है।

117. यदि बीते परसों का दिन रविवार था, तो आज का दिन $=$ मंगलवार
आज से 100 दिन बाद $= \frac{100}{7}$
$= 14$ सप्ताह, 2 दिन
$=$ मंगलवार $+2$ दिन
$=$ गुरूवार
अत: विकल्प (C) सही है।

118. यदि परसों सोमवार है तो आज शनिवार होगा। आज से 15 दिन बाद $= \frac{15}{7}$
$= 2$ सप्ताह, 1 दिन
$=$ शनिवार $+1$ दिन
$=$ रविवार
अत: विकल्प (D) सही है।

119. माना संख्या x है।
प्रश्नानुसार,
$x \times 3 + \left(x \times \frac{50}{100}\right) \times 4 = x + 200$
$\Rightarrow 3x + 2x = x + 200$
$\Rightarrow 4x = 200$
$\Rightarrow x = 50$
अत: विकल्प (B) सही है।

120. दी गई समस्या आकृति को विकल्प (C) में दी गई उत्तर आकृति श्रृंखला को पूरा करेगी।
अत: विकल्प (C) सही है।

121. माना सभी 20 संख्याओं का वास्तविक औसत a है तथा वह संख्या जिसकी नकल की गई वास्तविक रूप में $10x + y$ थी, तथा 19 अन्य संख्याओं का योग z है।
तब प्रश्नानुसार,
$z + 10x + y = 20a \quad \ldots(1)$
तथा $\frac{z+10y+x}{20} = a - 3.6$
या $z + 10y + x = 20a - 20 \times 3.6 \quad \ldots(2)$
समीकरण (1) में (2) को घटाने पर,
$(10x + y) - (10y - x) = 20 \times 3.6$
$\Rightarrow (9x - 9y) = 72$
$\Rightarrow x - y = \frac{72}{9} = 8$
अत: विकल्प (B) सही है।

122. दी गई अक्षर श्रृंखला निम्नवत् है -

N $\xrightarrow{+3}$ Q $\xrightarrow{+3}$ T $\xrightarrow{+3}$ W
O $\xrightarrow{+3}$ R $\xrightarrow{+3}$ U $\xrightarrow{+3}$ X
M $\xrightarrow{+3}$ P $\xrightarrow{+3}$ S $\xrightarrow{+3}$ V

इसलिए ? = WXV
अत: विकल्प (B) सही है।

123. प्रश्नानुसार व्यवस्थित करने पर -

चित्र से स्पष्ट है की विक्रम, महेश की माँ का पोता लगेगा।
अत: विकल्प (D) सही है।

124. दी गई समस्या आकृति को विकल्प (C) में दी गई उत्तर आकृति श्रृंखला को पूरा करेगी।
अत: विकल्प (C) सही है।

125. उपरोक्त प्रश्न के विकल्प (D) में '#' अंग्रेजी वर्णमाला के बायीं ओर स्थित है जबकि अन्य विकल्प में '#' अंग्रेजी वर्णमाला के बीच में स्थित है। इसलिए विकल्प (D) विषम है।
अत: विकल्प (D) सही है।

126. दी गई अक्षर श्रृंखला निम्नवत है-

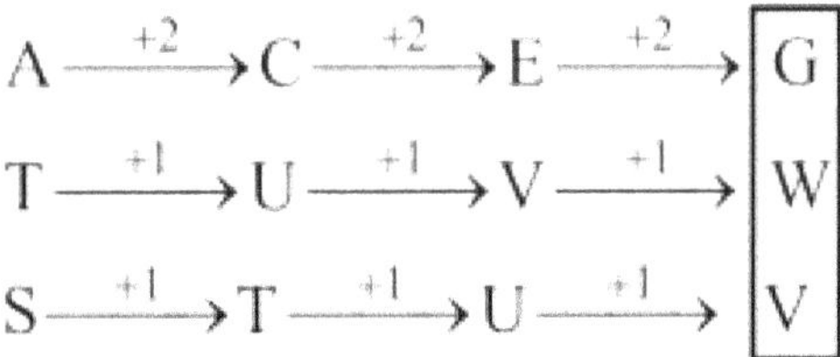

इसलिए ? = GWV
अत: विकल्प (C) सही है।

127.

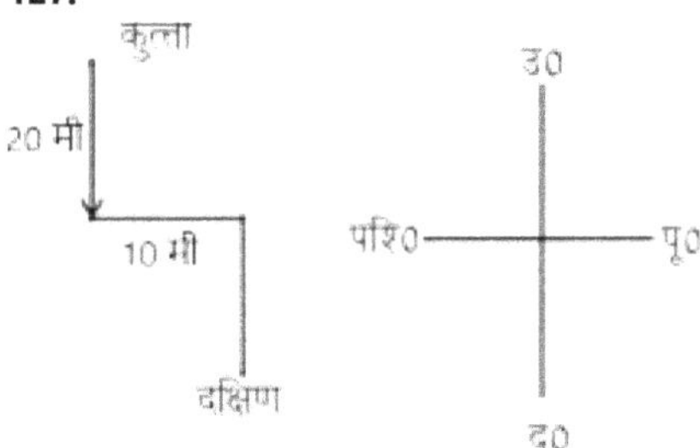

चित्रानुसार स्पष्ट है कि कुत्ता अब दक्षिण दिशा में है।
अत: विकल्प (D) सही है।

128. दिए गए पदों का सार्थक क्रम इस प्रकार है-

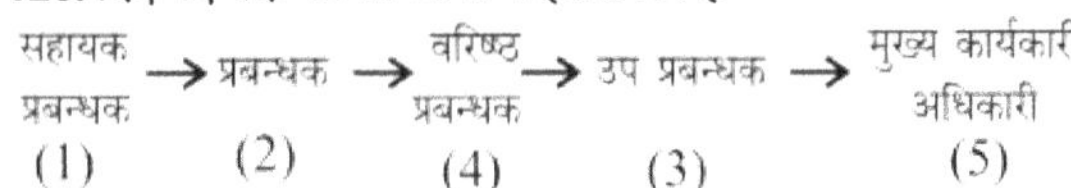

इसलिए अभीष्ट क्रम 1, 2, 4, 3, 5 है।
अत: विकल्प (A) सही है।

129. चूँकि Sam का अर्थ Ben है और Ben का अर्थ Jam है।
अत: विकल्प (B) सही है।

130. जिस प्रकार-

O R D I N A R Y
R O I D A N Y R

उसी प्रकार-

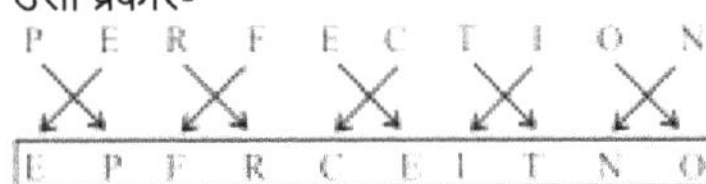

अत: विकल्प (B) सही है।

131. उपरोक्त प्रश्न से दिए गए 4 चित्रों के समूह में से सेट (1, 2, 3) अर्थात् विकल्प (A) को एक समूह के रूप में वर्गीकृत किया जा सकता है।
अतः विकल्प (A) सही है।

132. एक समान्तर चतुर्भुज बनाने के लिए समान्तर रेखाओं की आवश्यकता होती है। अर्थात दो समलंब, दो समान्तर चतुर्भुज या दो त्रिकोण को जोड़ा जाए तो समान्तर चतुर्भुज बनाया जा सकता है परन्तु दो वृत्त को एक साथ जोड़ने पर समान्तर चतुर्भुज नहीं बनाया जा सकता।
अतः विकल्प (D) सही है।

133. प्रश्नानुसार आकृति को काटे जाने के बाद चित्र -

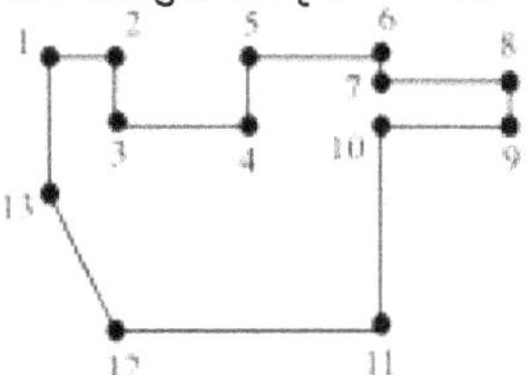

इसलिए काटे जाने के बाद परिणामी पेपर शीट में 13 किनारे होंगे।
अतः विकल्प (B) सही है।

134.

अतः विकल्प (C) सही है।

135. विकल्प (C), में दी गई आकृति द्वारा प्रश्न आकृति पूर्ण होगी।

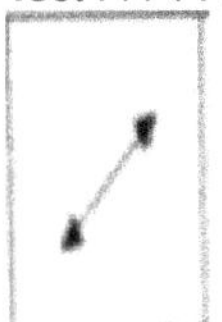

अतः विकल्प (C) सही है।

136.

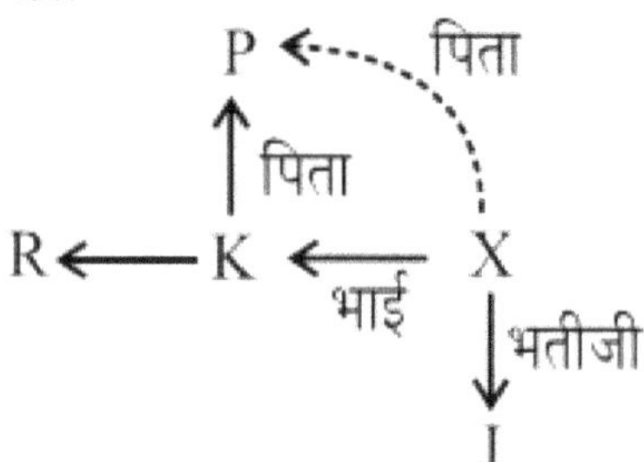

चित्र से स्पष्ट है कि P, X का पिता है।
अतः विकल्प (C) सही है।

137. दिए गए प्रश्न के अनुसार विकल्प (D), (67, 71, 59, 97, 89) के तत्वों जैसे गुण को साझा नहीं कर सकता क्योंकि 39 एक अभाज्य संख्या नहीं है जबकि अन्य सभी विकल्प अभाज्य संख्या है।
अतः विकल्प (D) सही है।

138. माना दोनों ट्रेनों की चाल $15x$ तथा $25y$ है।
प्रश्नानुसार,
$\frac{15x+25y}{x+y} = 18$
$\Rightarrow 15x + 25y = 18x + 18y$
$\Rightarrow 15x - 18x = -25y + 18y$
$\Rightarrow -3x = -7y$
$\Rightarrow \frac{x}{y} = -\frac{7}{8}$
इसलिए अभीष्ट अनुपात $= 7 : 3$
अतः विकल्प (D) सही है।

139.

आरंभ से 20वाँ स्थान (रानी का)
रोहित रोहन रानी (अन्त से)
(आरम्भ से) 9वाँ स्थान
अन्त से 14वाँ स्थान (रानी का)

इसलिए कतार के अंत से रोहन का 19वाँ स्थान है।
अतः विकल्प (B) सही है।

140. अभीष्ट प्रतिशत $= \frac{11 \times 6 \times 100}{150} = 44\%$
अतः विकल्प (C) सही है।

141. उत्तर आकृति (C), प्रश्न आकृति के दृश्य श्रृंखला को पूरा करेगी।
अतः विकल्प (C) सही है।

142. उत्तर आकृति (B), प्रश्न आकृति के दृश्य श्रृंखला को पूरा करेगी।
अतः विकल्प (B) सही है।

143.

2
6
5 1 4
3

दी हुयी सूचना से एक खुला हुआ घन बनाने पर,
$2 \rightarrow 1$ (विपरीत फलक)
$6 \rightarrow 3$ (विपरीत फलक)
$5 \rightarrow 4$ (विपरीत फलक)
अतः विकल्प (A) सही है।

144. जिस प्रकार तोते का रंग हरा होता है, उसी प्रकार कौआ का रंग काला होता है।
अतः विकल्प (C) सही है।

145. जिस प्रकार "पुस्तक" का सम्बन्ध "पुस्तकालय" से है, उसी प्रकार "छात्र" का सम्बन्ध " विद्यालय" से है।
अतः विकल्प (B) सही है।

146. अगर केवल रूबी की माँ और भाई को सही पता है, तो रूबी के पिता 59 साल के है।
अतः विकल्प (A) सही है।

147. दी गई श्रृंखला -
$2 \times 2 - 3 = 1$
$1 \times 3 - 3 = 0$
$0 \times 5 - 3 = -3$
$-3 \times 7 - 3 = -24$
$-24 \times 11 - 3 = -267$
अतः विकल्प (B) सही है।

148.

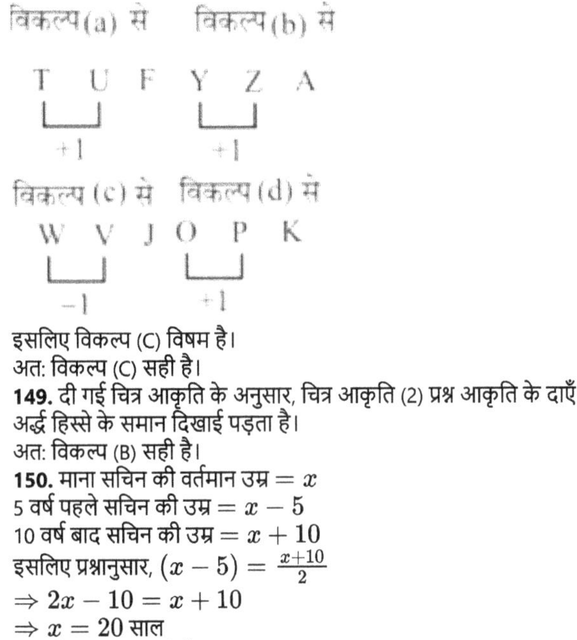

इसलिए विकल्प (C) विषम है।
अत: विकल्प (C) सही है।

149. दी गई चित्र आकृति के अनुसार, चित्र आकृति (2) प्रश्न आकृति के दाएँ अर्द्ध हिस्से के समान दिखाई पड़ता है।
अत: विकल्प (B) सही है।

150. माना सचिन की वर्तमान उम्र $= x$
5 वर्ष पहले सचिन की उम्र $= x - 5$
10 वर्ष बाद सचिन की उम्र $= x + 10$
इसलिए प्रश्नानुसार, $(x - 5) = \frac{x+10}{2}$
$\Rightarrow 2x - 10 = x + 10$
$\Rightarrow x = 20$ साल
अत: विकल्प (C) सही है।

विगत वर्षीय प्रश्नपत्र 09

General Hindi

Q.1 निम्नलिखित वाक्य के खाली स्थान के लिए सही मुहावरा चुनिए-
बूढ़ी औरत ने कपड़े माँगे और मालिक ने मना कर दिया, तभी किसी ने कहा कि ________

A. इन तिलों में तेल नहीं

B. कंगाली में आटा गीला

C. सर सलामत तो पगड़ी हजार

D. घर की मुर्गी दाल बराबर

Q.2 'महाजनी' शब्द में प्रयुक्त प्रत्यय है:

A. इ **B.** ई **C.** नी **D.** जनी

Q.3 हिंदी रामकाव्य परंपरा के अंतर्गत एक विशिष्ट कृति है:

A. रामचंद्रिका **B.** कविप्रिया

C. रसिकप्रिया **D.** विज्ञानगीता

Q.4 वाक्य में आए रिक्त स्थान के लिए विकल्पों में से सही शब्द चुनिए-
गाँव के लोगों को कहते हैं _________ ।

A. गंवार व्यक्ति **B.** ग्रामीण व्यक्ति

C. गोओरा व्यक्ति **D.** दुहाती व्यक्ति

Q.5 गणपतिचंद्र गुप्त ने हिंदी का प्रथम कवि किसे माना है?

A. पुण्ड **B.** सरहपाद

C. शालिभद्र सूरि **D.** स्वयम्भू

Q.6 निम्नलिखित शब्दों में से यौगिक शब्द की पहचान कीजिए।

A. मुरलीधर **B.** पंकज **C.** पुस्तक **D.** परमौषधि

Q.7 वाक्य में आए रिक्त स्थान के लिए विकल्प में सही शब्द चुनिए-
यह कविता ___________ लिखी है।

A. मैंने **B.** उस **C.** तुम **D.** किसने

Q.8 रामकुमार वर्मा ने प्रेमाख्यान परंपरा का प्रवर्तक किसे माना है?

A. कुतुबन **B.** असाइत

C. मुल्ला दाऊद **D.** मलिक मुहम्मद जायसी

Q.9 'दो चट्टानें' पर साहित्य अकादमी पुरस्कार पाने वाले कवि हैं-

A. मुक्तिबोध **B.** नागार्जुन

C. हरिवंश राय बच्चन **D.** केदारनाथ अग्रवाल

Q.10 माखनलाल चतुर्वेदी को किस रचना पर 'साहित्य अकादमी पुरस्कार' मिला है?

A. वेणु लो गूंजे धरा **B.** हिमकिरीटिनी

C. हिम तरंगिणी **D.** युग चरण

Q.11 निम्नलिखित में से कौन-सा समास विग्रह वाला पद है?

A. नगर प्रवेश **B.** कार्य में दक्ष

C. कलाप्रवीण **D.** रणशूर

Q.12 निम्नलिखित में से समासिक पद चुनिए-

A. वायुवेग **B.** वीर का पुत्र

C. राह का खर्च **D.** पथ से भ्रष्ट

Q.13 'उद्घाटन' का संधि विच्छेद है:

A. उद् + घाटन **B.** उत् + घाटन

C. उ + घाटन **D.** उत + घाटन

Q.14 भारत के उच्चतम न्यायालय तथा उच्च न्यायालयों की भाषा संबंधी निर्देश किस अनुच्छेद में दिया गया है?

A. अनुच्छेद 344 **B.** अनुच्छेद 346

C. अनुच्छेद 348 **D.** अनुच्छेद 120

Q.15 'प्रभु जी तुम चंदन हम पानी' पंक्ति किस कवि की है?

A. कबीरदास **B.** रैदास

C. हरिदास निरंजनी **D.** दादूदयाल

Q.16 निम्नलिखित में किस शब्द का वचन एक-सा नहीं रहता?

A. बेटा **B.** काका **C.** चाचा **D.** फूका

Q.17 'मैं घर जाता हूँ।' इस वाक्य में सहायक क्रिया कौन-सी है?

A. जाता **B.** जाना **C.** हूँ **D.** जा

Q.18 जहाँ दो या दो से अधिक धातुओं का प्रयोग साथ-साथ किया जाता है, वह क्रिया क्या कहलाती है?

A. सकर्मक **B.** अकर्मक **C.** संयुक्त **D.** नामधातु

Q.19 निम्नलिखित में से सही वाक्य की पहचान कीजिए।

A. मुझे बहुत आनंद आती हैं।

B. मुझे बहुत आनंद आते हैं।

C. मुझे बहुत आनंद आता है।

D. मुझे बहुत आनंद आती है।

Q.20 रामविलास शर्मा को साहित्य अकादमी पुरस्कार किस वर्ष प्रदान किया गया?

A. सन् 1970 **B.** सन् 1975 **C.** सन् 1998 **D.** सन् 1973

Q.21 'राष्ट्र' में 'ईय' प्रत्यय लगने पर कौन-सा नया शब्द बनेगा?

A. राज्यीय **B.** राष्ट्रिय **C.** राष्ट्रीय **D.** राष्ट्रीयता

Q.22 'विज्ञान' में कौन-सा उपसर्ग लगा है?

A. इ **B.** विज्ञ **C.** विज्ञ **D.** वि

Q.23 निम्नलिखित शब्दों में क्रमशः पर्यायवाची शब्द होंगे:
पार्वती, पुत्र, पृथ्वी

A. शिवा, अवनि, आत्मजा **B.** रुद्राणी, नंदन, अवनि

C. उमा, सुत, सुधा **D.** सुमन, सुता, वसुधा

Q.24 'तेलुगू' शब्द की उत्पत्ति निम्नलिखित किस शब्द से हुई है?

A. तुपानु **B.** त्रिलिंग **C.** मालिष **D.** मौदुर

Ques (25-29):निर्देश: निम्नलिखित अनुच्छेद को पढ़कर उसके नीचे दिये गये प्रश्नों के उत्तर दीजिए-विज्ञान और दर्शन दोनों के रास्ते एक ही मंजिल की तलाश करते हैं। यह ज़रूर है कि विज्ञान में अंध-आस्था की प्रवृत्तियों के लिए कोई जगह नहीं होनी चाहिए। विज्ञान में 'सत्य के साक्षात्कार' को कोई दावा नहीं चलता। मतलब यह है कि कोई भी सिद्धांत अपने आप में कभी निरपेक्ष, अकाट्य या परमसत्य नहीं होता। वह स्वयंभू या स्वयंसिद्ध होने का दावा नहीं कर सकता। लेकिन जब तक वह गलत नहीं साबित हो तब तक वह सच ही माना जाता है। इस प्रकार कोई भी वैज्ञानिक अवधारणा चिन्मय-चिरंतन न होकर एक सापेक्ष अवधारण होती है। वह अपने समय में एक तद्रथ सच्चाई ही बयां करती है। मसलन, कई सौ बरस तक न्यूटन के गुरुत्वाकर्षण सिद्धांत का किला अभेद्य ही माना जाता रहा। वह एक सच्चाई थी। लेकिन बाद में आइंस्टाइन के सिद्धांतों तथा क्वांटम फिजिक्स ने उसका खंडन प्रस्तुत किया। इसका मतलब यह भी नहीं कि अब न्यूटन का सिद्धांत बेमानी हो गया। आज भी अंतरिक्ष या बहमांड संबंधी अध्ययन हो या उपग्रहों का प्रक्षेपण, न्यूटन की गतिकी और गुरुत्व सिद्धांत ही काम में लाए जाते है। क्वांटम फिजिक्स के आगमन को दो तरह से देखा जा सकता है। एक, इसने न्यूटनवाद को झूठा करार दिया। दो, इससे न्यूटनवाद में एक नया अध्याय जुड़ा और न्यूटन का सिद्धांत परिष्कृत हो गया।

Q.25 विज्ञान के संदर्भ में असत्य कथन है

A. विज्ञान में 'सत्य के साक्षात्कार' का कोई दावा नहीं चलता।

B. विज्ञान एक सापेक्ष अवधारणा होती है।

C. विज्ञान अपने समय की वास्तविक सच्चाई बयां करती है।

D. विज्ञान और दर्शन दोनों के रास्ते एक ही मंजिल की तलाश करते हैं।

Q.26 निम्न में से किसका कोई भी सिद्धांत अपने आप में कभी निरपेक्ष,

अकाट्य या परमसत्य नहीं होता?

A. दर्शन **B.** विज्ञान **C.** साहित्य **D.** इतिहास

Q.27 न्यूटन का सिद्धांत किसकी वजह से परिष्कृत हुआ?

A. क्वांटम फिजिक्स **B.** गुरुत्थाकर्षण सिद्धांत

C. गति का नियम **D.** भारतीय दर्शन

Q.28 आज भी उपग्रहों के प्रक्षेपण में किसका प्रयोग होता है?

A. क्वांटम फिजिक्स

B. डॉप्लर प्रभाव

C. गुरुत्वाकर्षण सिद्धांत

D. ऊष्मा का यांत्रिक तुल्यांक

Q.29 किसने न्यूटनवाद को झूठा करार दिया?

A. गुरुत्वाकर्षण सिद्धांत **B.** क्वांटम फिजिक्स

C. गति का नियम **D.** ऊर्जा संरक्षण का नियम

Q.30 'प्रत्येक' इस संधि-भेद का उदाहरण है:

A. वृद्धि संधि **B.** गुण संधि **C.** यण संधि **D.** दीर्घ संधि

Q.31 'कनफटा' इस समाज-भेद का उदाहरण है:

A. बहुव्रीहि **B.** द्वंद्व **C.** अव्ययीभव **D.** कर्मधारय

Q.32 रमेशचन्द्र शाह को 'विनायक' रचना के लिए सन् 2014 में साहित्य अकादमी पुरस्कार से सम्मानित किया गया, इस रचना की विधा है:

A. कविता **B.** उपन्यास **C.** कहानी **D.** जीवनी

Q.33 'हमेशा एक जैसा रहना' अर्थ के लिए सही लोकोक्ति होगी|:

A. हाथ कंगन को आरसी क्या

B. होनहार बिरवान के होत चीकने पात

C. मुँह में राम बगल में छुरी

D. सावन हरे न भादो सूखे

Q.34 दिए गए पर्यायवायी शब्दों में से वाक्य में आए रिक्त स्थान के लिए सही शब्द चुनिए।

मृग ________घास खा रहा है।

A. बछड़ा **B.** शिशु **C.** बच्चा **D.** शावक

Q.35 'परिवर्तन', 'परिवार' में उपसर्ग:

A. परि **B.** प्र **C.** पर् **D.** पर

Q.36 कार्यालयी पत्र के अर्द्ध सरकारी पत्र क्यवहार इनमें से मुखयतया किनके बीच किया जा सकता है?

A. शासकीय अधिकारियों के बीच

B. किसी एक परिवार या दूसरे परिवारों के बीच

C. अध्यापक और छात्रों के बीच

D. आपसी घनिष्ठ संबंधियों के बीच

Q.37 निम्नलिखित में से सही वाक्य की पहचान कीजिए।

A. इस पर्वतीय क्षेत्र में सर्वस्व शांति है।

B. इस पर्वतीय क्षेत्र में सर्वत्र शांति है।

C. इस पर्वतीय क्षेत्र में सर्वविदित शांति है।

D. इस पर्वतीय क्षेत्र में सर्वहारा शांति है।

General Awareness

Q.38 इतिहासकारों के अनुसार, निम्नलिखित में से किसे दिल्ली का पहला सुल्तान माना जाता है?

A. महमूद ग़ज़नवी **B.** कुतुब-उद-दीन ऐबक

C. अलाउद्दीन खिलजी **D.** आरामशाह

Q.39 निम्नलिखित कथनों को पढ़ें और सही विकल्प चुनें।

(i) एक ट्रांसफार्मर एक उपकरण है जिसका उपयोग विद्युत ऊर्जा के विद्युत शक्ति संचरण में किया जाता है और विद्युत चुम्बकीय प्रेरण और पारस्परिक प्रेरण के मूल सिद्धांतों पर काम करता है।

(ii) उपयोग किए गए कोर के माध्यम के आधार पर, ट्रांसफार्मर को (a) स्टेप-अप ट्रांसफार्मर और (b) स्टेपडाउन ट्रांसफार्मर के रूप में वर्गीकृत किया जाता है।

A. (i) सही है और (ii) सही है

B. (i) सही है और (ii) गलत है

C. (i) गलत है और (ii) सही है

D. (i) गलत है और (ii) गलत है

Q.40 निम्नलिखित में से कौन-सी भाषा भारतीय संविधान की 8वीं अनसुची में उल्लिखित आधिकारिक भाषाओं में से नहीं है?

A. फ़ारसी **B.** संस्कृत **C.** कश्मीरी **D.** संथाली

Q.41 उत्तर प्रदेश के नौटंकी, रासलीला, कजरी, झोरा, छपेली और जैता निम्नलिखित में से किससे संबंधित हैं?

A. लोकनृत्य **B.** शास्त्रीय नृत्य

C. लोक चित्रकला **D.** प्रसिद्ध मेला

Q.42 'नीलगिरि खापली' भारतीय कृषि अनुसंधान संस्थान द्वारा जारी निम्नलिखित फ़सलों में से किसकी, एक उच्च उपज वाली किस्म है?

A. चावल **B.** चाय **C.** सरसों **D.** गेहूँ

Q.43 केंद्रीय पुलिस प्रशिक्षण अकादमी (CAPT) में निम्नलिखित में से किस श्रेणी के अधिकारियों को बुनियादी प्रशिक्षण मिलता है?

A. ग्रुप A **B.** ग्रुप B

C. ग्रुप C **D.** ग्रुप B और ग्रुप C दोनों

Q.44 अगस्त 2020 में शौर्य चक्र पुरस्कार से किसे सम्मानित किया गया?

A. विशाख नायर **B.** मेजर अमन सिंह

C. जी डी बक्शी **D.** विशाल कुशवाह

Q.45 इथोपिया की मुद्रा क्या है?

A. डॉलर **B.** शिलिंग **C.** टका **D.** बिर्र

Q.46 अर्जेंटीना की राजधानी इनमें से कौन सी है?

A. ब्यूनस आयर्स **B.** बहरीन

C. ब्रुसेल्स **D.** बोत्सवाना

Q.47 मानवाधिकार परिषद् निम्नलिखित में से किस वर्ष में गठित किया गया था?

A. 1946 **B.** 1948 **C.** 2006 **D.** 2017

Q.48 भारत में कितने केंद्रीय गुप्तचर प्रशिक्षण विद्यालय है?

A. 3 **B.** 5 **C.** 6 **D.** 7

Q.49 प्रसिद्ध पुस्तक 'द कैल्कटा क्रोमोसोम', निम्नलिखित में से किस लेखक द्वारा लिखा गया है?

A. जेरी पिंटो **B.** माररिट एटवुड

C. अमिताव घोष **D.** जोनाथन स्ट्राइक

Q.50 वायुमंडलीय सापेक्ष आर्द्रता को मापने के लिए उपयोग किया जाने वाला उपकरण निम्नानुसार है:

A. हाइड्रोमीटर **B.** हाइग्रोमीटर

C. लेक्टोमीटर **D.** पोटेन्शियोमीटर

Q.51 भारत में "लोसूंग या लोसांग" त्योहार ज्यादातर हर साल दिसंबर के महीने में मनाया जाता है। यह त्योहार भारत के किस राज्य का सबसे महत्वपूर्ण त्योहार है?

A. हरियाणा **B.** सिक्किम **C.** केरल **D.** पंजाब

Q.52 निम्नलिखित में से कौन-से देश संयुक्त राष्ट्र सुरक्षा परिषद के स्थायी सदस्य हैं?

A. भारत, पाकिस्तान, श्रीलंका, अमेरिका, चीन

B. श्रीलंका, बांग्लादेश, फ्रांस, चीन, जापान

C. फ्रांस, रूस, जापान, चीन, भारत

D. संयुक्त राज्य, रूस, यूके., फ्रांस, चीन

Q.53 कुतुब-उद-दीन ऐबक किस राजवंश का संस्थापक था?

A. लोदी वंश **B.** तुगलक वंश

C. गुलाम वंश **D.** खिलजी वंश

Q.54 निम्नलिखित विकल्पों में से कौन मध्य प्रदेश में स्थित UNESCO की विश्व धरोहर स्थलों में से एक नहीं है?

A. खजुराहो स्मारक समूह **B.** हम्पी स्मारक समूह

C. सांची में बौद्ध स्मारक **D.** भीमबेटका के शैलाश्रय

Q.55 भारत ने निम्नलिखित में से किस देश के साथ भूमि का एक समझौता किया जो जून 2015 में अनुसमर्थन पुष्टि या 'इस्ट्रेंट्स ऑफ़ रेटिफ़िकेशन' के आदानप्रदान के बाद लागू हुआ?

A. नेपाल **B.** बांग्लादेश **C.** भूटान **D.** चीन

Q.56 निम्नलिखित में से किस दिन को राष्ट्रीय एकता दिवस के रूप में मनाया जाता है?

A. 21 अक्टूबर **B.** 15 अक्टूबर

C. 31 अक्टूबर **D.** 21 जून

Q.57 'मानव तस्करी और जबरन श्रम पर रोक' का उल्लेख भारतीय संविधान के मौलिक अधिकारों की किस श्रेणी में किया गया है?

A. शोषण के विरुद्ध अधिकार

B. स्वतंत्रता का अधिकार

C. संस्कृति और शिक्षा संबंधी अधिकार

D. समानता का अधिकार

Q.58 मानवाधिकार उच्चायुक्त कार्यालय (OHCHR) में 2006 के दौरान निम्नलिखित में से किस निकाय ने 'मानवाधिकार आयोग' की जगह ली?

A. मानवाधिकार समिति

B. सार्वभौमिक आवधिक समीक्षा

C. मानवाधिकार परिषद्

D. आर्थिक, सामाजिक और सांस्कृतिक अधिकारों पर समिति

Q.59 भारत में नोटबंदी (विमुद्रीकरण) कब हुई?

A. 8 नवंबर 2016 **B.** 9 नवंबर 2016

C. 8 नवंबर 2018 **D.** 10 नवंबर 2017

Q.60 मार्च 2020 में उत्तर प्रदेश सरकार द्वारा जारी आंकड़ों के अनुसार उत्तर प्रदेश के निम्नलिखित में से किस जिले ने, राज्य की जीडीपी में अधिकतम योगदान दिया है?

A. नोएडा **B.** लखनऊ **C.** कानपुर **D.** आगरा

Q.61 निम्नलिखित विकल्पों में से किसे भारत और चीन के बीच प्रभावी सीमा कहा जाता है?

A. मैकमोहन रेखा **B.** डूरण्ड रेखा

C. रैडक्लिफ़ रेखा **D.** पाक जलडमरूमध्य

Q.62 निम्नलिखित में से किस देश ने सबसे पहले जीएसटी (GST) लागू किया?

A. यू के **B.** कनाडा **C.** यू एस ए **D.** फ्रांस

Q.63 जून 2020 में भारत और चीन के बीच सीमा संघर्ष के बाद राष्ट्रीय सुरक्षा और गोपनीयता की चिंताओं का हवाला देते हुए भारत सरकार द्वारा कितने चीनी ऐप्स को प्रतिबंधित किया गया?

A. 11 **B.** 27 **C.** 59 **D.** 62

Q.64 जनवरी 2020 में आशूगंज और अखौरा के बीच 50.58 किलोमीटर लंबी सड़क को चार-लेन के राजमार्ग में में बद्रने के लिए निम्नलिखित में से किस देश ने भारत के साथ एक समझौते पर हस्ताक्षर किया?

A. नेपाल **B.** बांग्लादेश **C.** भूटान **D.** म्यांमार

Q.65 1913-14 में हुए ताना भगत आंदोलन के नेता कौन थे?

A. जयपाल सिंह **B.** सुखदेव सिंह

C. जतरा भगत **D.** महिपाल जगत राणा

Q.66 भारतीय संविधान के राज्य नीति निर्देशक सिद्धांतों की अवधारणा निम्नलिखित में से किससे ली गई है?

A. आयरलैंड का संविधान

B. संयुक्त राज्य अमेरिका का संविधान

C. फ्रांस का संविधान

D. कनाडा का संविधान

Q.67 निम्नलिखित में से किसकी खेती भारत में 'जायद फसल ' के रूप में की जाती है?

A. कपास **B.** गेहूँ **C.** तरबूज **D.** सोयाबीन

Q.68 निम्नलिखित में से कौन 'राजस्व विभाग' का उच्चतर प्राधिकारी है?

A. राजस्व सचिव **B.** राजस्व परिषद

C. चकबंदी आयुक्त **D.** राहत आयुक्त

Q.69 निम्नलिखित में से कौन भारत के प्रथम सर्वोच्च वीरता पुरस्कार परमवीर चक्र से सम्मानित हुए थे?

A. मेजर सोमनाथ शर्मा

B. सेकेंड लेफ्टिनेंट रामा राघोबा राणे

C. कैप्टन विक्रम बत्रा

D. कैप्टन गुरबचन सिंह सलारिया

Q.70 उस देश का नाम बताइए जिसके साथ भारत ने अक्टूबर 2019 में दूध और दूध उत्पादों की आपूर्ति के लिए मेमोरेंडम ऑफ़ इंटेस्ट (MoI) पर हस्ताक्षर किया है?

A. नेपाल **B.** भूटान **C.** श्रीलंका **D.** मालदीव

Q.71 निम्नलिखित किस वर्ष में भारतीय आईटी अधिनियम 2000 में प्रमुख संशोधन किया गया था?

A. 2006 **B.** 2005 **C.** 2008 **D.** 2004

Q.72 दिए गए पुलिस के रैंक को निचले क्रम में उच्च कम में व्यवस्थित करें।

A. हेड कांस्टेबल, इंस्पेक्टर, पुलिस उप महानिरीक्षक, सहायक/उप पुलिस अधीक्षक

B. हेड कांस्टेबल, इंस्पेक्टर, सहायक/उप पुलिस अधीक्षक, पुलिस उप महानिरीक्षक

C. हेड कांस्टेबल, पुलिस उपमहानिरीक्षक, इंस्पेक्टर, सहायक/उप पुलिस अधीक्षक

D. पुलिस उप महानिरीक्षक, हेड कांस्टेबल, इंस्पेक्टर, सहायक/उप पुलिस अधीक्षक

Q.73 नोटबंदी से पहले अर्थव्यवस्था में 500 रुपये के नोटों की संख्या कितनी थी?

A. 17,800 मिलियन **B.** 17,165 मिलियन

C. 16, 196 मिलियन **D.** 17,000 मिलियन

Q.74 निम्नलिखित कथनों को पढ़ें और सही विकल्प चुनें।

(i) बोबिली वीणा कर्नाटक शास्रीय संगीत में इस्तेमाल किया जाने वाला एक बृहत् खिंचाव वाला तंतु वाद्ययंत्र है।

(ii) बोबिली वीणा को आमतौर पर 'एकंडा वीणा ' के रूप में जाना जाता है क्योंकि वे लकड़ी के एक टुकड़े से बनाए जाते हैं।

A. (i) सही है और (ii) सही है

B. (i) सही है और (ii) गलत है

C. (i) गलत है और (ii) सही है

D. (i) गलत है और (ii) गलत है

Q.75 मानवाधिकार संधि निकायों के स्वतंत्र विशेषज्ञों का कार्यकाल कितने वर्षों का होता है?

A. 1 वर्ष **B.** 2 वर्ष **C.** 3 वर्ष **D.** 4 वर्ष

Numerical Ability & Mental Ability

Q.76 एक व्यक्ति 35 मिनट में 455 मीटर लंबी सड़क पार करता है। किमी. प्रति घंटे में उसकी गति क्या है?

A. 0.95 किमी. प्रति घंटे **B.** 0.78 किमी. प्रति घंटे

C. 0.62 किमी. प्रति घंटे **D.** 0.52 किमी. प्रति घंटे

Q.77 दो संख्याओं को LCM और HCF क्रमशः 252 और 18 हैं। यदि संख्याओं के बीच का अंतर 90 है, तो संख्याओं का योग क्या होगा?

A. 180 **B.** 162 **C.** 126 **D.** 138

Q.78 हरीश एक पूँजीनिवेश में ₹ 16,000 का निवेश करता है, जो 10% की वार्षिक ब्याज दर सालाना चक्रवृद्धि के रूप में देता है। 3 वर्ष के अंत में हरीश के द्वारा प्राप्त राशि कितनी होगी?

A. ₹ 21000 **B.** ₹ 21296 **C.** ₹ 23296 **D.** ₹ 24500

Q.79 4052 और 12576 का H.C.F. (महत्तम समापवर्तक) है :

A. 4 **B.** 9 **C.** 12 **D.** 148

Q.80 ABC एक समभुज त्रिकोण है, जिसकी भुजाएँ 4 सेमी की हैं। यदि भुजाओं AB, BC, CA के मध्य बिंदु क्रमशः P, Q, R हैं, तो PQR त्रिकोण का क्षेत्रफल क्या होगा?

A. $\sqrt{\frac{3}{2}}$ सेमी^{2} **B.** $\sqrt{3}$ सेमी^{2}

C. $2\sqrt{3}$ सेमी^{2} **D.** $3\sqrt{3}$ सेमी^{2}

Q.81 $1.25 \times 0.05 \times 0.0004$ का मान क्या है?

A. 0.25×10^8 **B.** 2.5×10^3

C. 0.25×10^{-4} **D.** 25×10^{-6}

Q.82 यदि दो संख्याओं b और $4b$ का औसत 10 है, तो ' b ' का मान क्या है?

A. 2 **B.** 8 **C.** 4 **D.** 6

Q.83 यदि 4 कुर्सियों और 3 मेजों का मूल्य ₹ 2,100 है और 5 कुर्सियों और 2 मेजों का मूल्य ₹ 1,750 है, तो एक कुर्सी और एक मेज़ की कीमत क्या है?

A. कुर्सी = ₹ 150 और मेज़ = ₹ 500

B. कुर्सी = ₹ 100 और मेज़ = ₹ 200

C. कुर्सी = ₹ 500 और मेज़ = ₹ 500

D. कर्सी = ₹ 500 और मेज़ = ₹ 1,500

Q.84 $(5(2((2-4)^2+7)+3)-1)^2$ का मान इसके समान है:

A. 15276 **B.** 15176 **C.** 15376 **D.** 15476

Q.85 'A', 67% अंक प्राप्त करता है जो उत्तीर्ण अंकों की तुलना में 192 अंक अधिक है, जबकि 'B', 27% अंक प्राप्त करता है, और जो 48 अंकों से फेल हो जाता है। परीक्षा में उत्तीर्ण होने योग्य अंक क्या है?

A. 210 **B.** 320 **C.** 440 **D.** 550

Q.86 यहाँ दिए गए वेन आरेख में एक खेल प्रतियोगिता में भाग लेने वाले छात्रों की संख्या की रिपोर्ट दी गई है। उस प्रतियोगिता में केवल 4 खेल आयोजित किए गए थे। यह वितरण 4 खेल A, B, C और D में भाग लाने वाले छात्रों की संख्या को दर्शाता है। वेन आरेख में दी गई जानकारियों के आधार पर नीचे दिए गए प्रश्न का उत्तर दीजिए।

कितने छात्रों ने कम-से-कम 2 खेलों में भाग लिया?

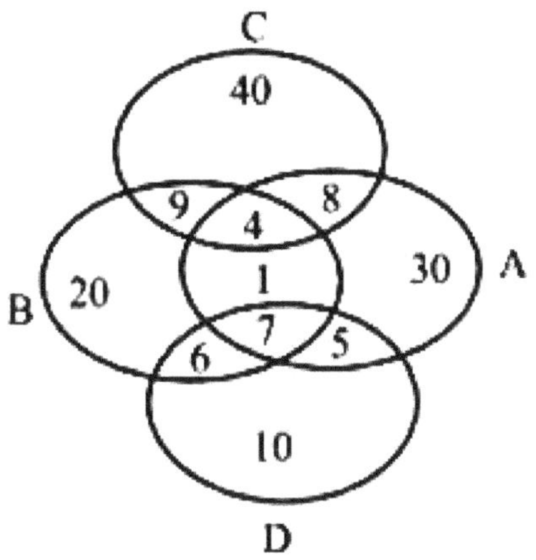

A. 11 **B.** 29 **C.** 30 **D.** 40

Q.87 निम्नलिखित चार विकल्पों में से एक का चयन कीजिए, जो दूसरी जोड़ी को दी गई पहली जोड़ी के समरूप बनाएगा-

सर्कल : सर्कम्फरन्स :: पॉलीगोन : ?

A. पेरिमीटर **B.** वॉल्यूम **C.** एरिया **D.** डायगोनल

Q.88 निर्देश: प्रश्न में एक कथन और उसके दो तर्क, I और II दिए गए हैं। आपको यह तय करना है कि दिए गए तकों में से कौन-सा तर्क मज़ूत और कौन-सा तर्क कमजोर है।

कथन: क्या ग्रेजुएशन करने वाले छात्रों को अच्छी वित्तीय शिक्षा दी जानी चाहिए, ताकि वे अपने भविष्य में अधिक कुशलता से धन का प्रबंधन कर सकें।

तर्क:

I. हाँ, सभी छात्रों में मूलभूत वित्तीय प्रबंधन कौशल की कमी है।

II. नहीं, जबकि चिकित्सा, कानून और कला के छात्र भी वित्तीय प्रबंधन कौशल में अच्छे हैं।

1. केवल तर्क I मजबूत है।
2. केवल तर्क II मजबूत है।
3. I और II दोनों तर्क मजबूत हैं।
4. न तो तर्क I और नही तर्क II मजबूत है।

A. 3 **B.** 4 **C.** 1 **D.** 2

Q.89 नीचे एक कथन और उसके दो पूर्वधारणाएँ, दी गई हैं।

उत्तर को इस रूप में चुनिए-

A. यदि कथन में केवल पूर्वधारणा (i) निहित है।

B. यदि कथन में केवल पूर्वधारणा (ii) निहित है।

C. यदि कथन में (i) और (ii) दोनों पूर्वधारणाएँ निहित हैं।

D. यदि कथन में दोनों ही पूर्वधारणाएँ निहित नहीं हैं।

कथन: इस देश में 18 वर्ष की आयु तक पहुंचने के बाद लोग मतदान कर सकते हैं।

पूर्वधारणाएँ:

(i) स्वतंत्रता से पहले कोई मतदान प्रक्रिया नहीं थी।

(ii) 18 वर्ष की आयु में मतदाता किसी व्यक्ति को वोट देने के बारे में परिपक्वता से निणय ले।सकता है।

A. B **B.** A **C.** C **D.** D

Q.90 दी गई श्रृंखला में अगली आकृति कौन-सी है। [नोट : दिए गये उत्तर विकल्पों (Answer options) में से सही उत्तर को पहचानिए और नीचे के विकल्पों में से उचित उत्तर दीजिए।

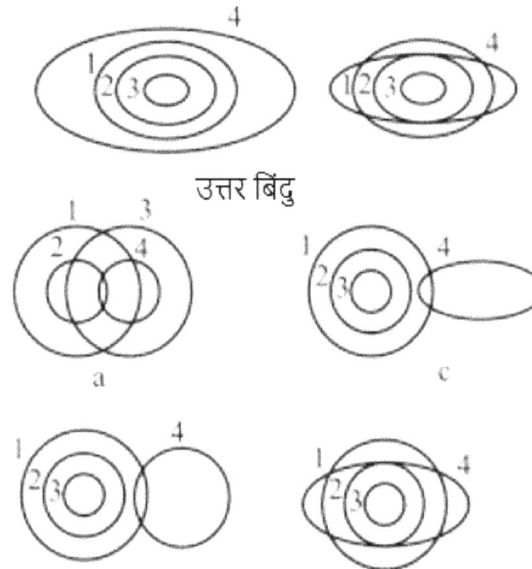

A. a **B.** d **C.** c **D.** b

Q.91 50 लीटर पानी को टम्बलर A से टम्बलर B में डाला जाता है। टम्बलर B के भरने के बाद, उसमें से एक चौथाई पानी नीचे बह जाता है। टम्बलर B की क्षमता कितनी है?

A. 37.5 लीटर **B.** 30 लीटर

C. 25 लीटर **D.** 12.5 लीटर

Q.92 5, 15, 45, 135, ?, 1215 श्रेंखला में अनुपस्थित संख्या कौन-सी है?

A. 275 **B.** 325 **C.** 475 **D.** 405

Q.93 आप पूर्व की ओर मुँह करके हैं। आप दक्षिणावर्त दिशा में 100° और फिर वामावर्त दिशा में 145° घूमते हैं। अब आप किस दिशा की ओर देख रहे हैं?

A. उत्तर-पूर्व **B.** पूर्व **C.** उत्तर-पूर्व **D.** दक्षिण-पूर्व

Q.94 विकल्पों में दिए गए शब्दों में से कौन-सा शब्द D, E, N, A, I, T अक्षरों में से किसी भी अक्षर का कितने भी बार उपयोग करके बनाया जा सकता है?

A. DETAINED **B.** DETERMINE

C. DETENTION **D.** DEFENDING

Q.95 अरूणा को एहसास हुआ कि उसके पड़ोसी का बच्चा जो उसकी तीन साल की बेटी के साथ खेलने के लिए आता है, वह बधिर है और उसको बाग्दोष भी है। अरूणा की निम्नलिखित में से किस क्रिया द्वारा उसे अपने पड़ोसी के बच्चे के प्रति संवेदनशील माना जाएगा?

A. अरूणा ने अपने पड़ोसी से अपने बच्चे को स्पीच थेरेपिस्ट के पास ले जाने का अनुरोध किया।

B. अरूणा अपने पड़ोसी के बच्चे के साथ वैसा ही व्यवहार करती है जैसे वह अन्य बच्चों के साथ करती।

C. अरूणा ने अपने तीन वर्ष के बच्चे को अपने पड़ोसी की बेटी से दूर रखा।

D. अरूणा ने अपने बेटी को एक सामान्य बच्चा बनाने के लिए भगवान का शुक्रिया अदा किया।

Q.96 भारत में जनता निम्नलिखित में से इस एक को छोड़कर, सभी चीजों के लिए पुलिस को दोषी मानती है:

A. सडकों पर सार्वजनिक अनुशासनहीनता

B. सड़कों पर यातायात की भीड़

C. पेयजल की आपूर्ति में कमी

D. शहर में कानून और व्यवस्था की स्थिति

Q.97 रीता बैंक से ऋण लेना चाहती है। उसके बैंक को निम्नलिखित में से कौन-सी एक सेवा प्रदान करने की आवश्यकता नहीं है?

A. उसकी जानकारी गोपनीय रखे जाने का आध्वासन देना।

B. लिंग के आधार पर उसके साथ भेदभाव नहीं किए जाने के बारे में सूचित करना।

C. जारी किए गए दस्तावेजों में स्पष्टीकरण और पारदर्शिता प्राप्त कराना।

D. ऐसे उत्पाद बेचा जाना जो उसकी जरूरतों से परे हों।

Q.98 सरकारी रेलवे पुलिस द्वारा निम्नलिखित इस एक को छोड़कर, अन्य सभी कर्तव्यों का पालन किया जाता है:

A. स्टेशनों पर रूकने वाली पैसेंजर ट्रेनों में कानून व्यवस्था बनाए रखना।

B. ट्रेनों में मरने वाले व्यत्तियों के शव निकालना।

C. प्लेटफ़ॉर्म और ट्रेन टिकट की जाँच करना।

D. स्टेशन परिसर के भीतर यात्री यातायात का नियंत्रण करना।

Q.99 ग्रांट ओर रैंडी अपनी कक्षा में प्रथम स्थान पर आने के लिए दृढता से प्रतिस्पर्धा करते हैं। रैंडी ने फ़ाइनल परीक्षा में धोखेबाज़ी की क्योंकि वह जानता था कि वह परीक्षा के लिए पूरी तरह से तैयार नहीं था और ग्रांट की अपेक्षा कम अंक आने की संभावना थी। रैंडी ने ग्रांट की अपेक्षा अधिक अंक प्राप्त किए और उसके प्रोफेसर ने छात्रवृत्ति के लिए सिफारिश की। रेडी द्वारा की गई निम्नलिखित में से कौन-सी कार्रवाई उसे अपने प्रोफेसर की नज़र में सम्मान दिलाएगी?

A. छात्रवृत्ति को स्वीकार करना जिसके लिए ग्रांट पात्र है।

B. प्रोफेसर के समक्ष स्वीकार करना कि उसने परीक्षा में धोखेबाज़ी की।

C. अपने प्रोफेसर के साथ तर्क करना कि छात्रवृत्ति उसके लिए महत्वपूर्ण थी।

D. प्रोफेसर के सामने यह साबित करने के तरीके खोजना कि ग्रांट भी धोखेबाज़ी का सहारा लेता है।

Q.100 हम विभिन्न समुदायों से जुड़े हैं, लेकिन हममें कुछ गुण सामान्य हैं। नीचे वे 4 गुण दिए गए हैं जो समुदायों मे हैं। निम्नलिखित में से कौन-सा गुण एक अच्छा समुदाय बनाने में मदद करना है?

समुदाय के सदस्य

A. अपने स्वयं के धर्म में निर्धारित लक्ष्यों की दिशा में काम करें।

B. एकता के साथ विभिन्न रीति-रिवाजों और परंपराओं का जश्न मनाएँ।

C. अपनी भोजन-आदतों को बनाए रखें, न कि उनको परस्पर से मिलाएँ।

D. उन सदस्यों को हतोत्साहित करें, जो समुदाय से संबंधित मुद्दों पर खुलकर चर्चा करते हैं।

Q.101 जब पुलिस तलाशी लेने के लिए आती है तो बायन कार्यालय में अपने लैपटॉप पर होता है। उसके लैपटॉप को छीनने का एक कारण निम्नलिखित में से कौन-सा होगा? वह

A. अपने बॉस को सबमिट करने के लिए एक गोपनीय एक्सेल स्प्रेडशीट पर काम कर रहा है।

B. एक रोमांटिक कॉमेडी का आखिरी दृश्य देख रहा है क्योंकि यह उसका लंच ब्रेक है।

C. अपने भाई की शादी में ली गई तस्वीरें अपने सहयोगी को दिखा रहा है।

D. एक वेबसाइट की जाँच कर रहा है जो आपको विस्फोटक उपकरण बनाने के टिप्स देती हैं

Q.102 जीना को शक है कि उसकी पड़ोसी उनकी जासूसी कर रही है क्योंकि वह जीना को वह बातें बताती है जो वह नहीं जान सकती थी, पोस्ट में उसके कुछ डाक गायब हैं और उसका घर ऐसा लग रहा है जैसे उसके पीछे कोई चोरी-छिपे घुसा हो। उसे क्या करना चाहिए?

A. डाक से छेड़छाड की जाँच करे और एंटी स्पाइवेयर का उपयोग करे।

B. पुलिस से जाकर शिकायत करे और पड़ोसी को गिरफ्तार करवाए।

C. उसके इस व्यवहार के बदले में पड़ोसी की जासूसी करना शुरू करे।

D. पड़ोसी पर जासूसी करने का आरोप लगाए और स्वयं ऐसा ही करने की उसे धमकी दे।

Q.103 वेणु पूर्ण रूप से वीगन-वह व्यक्ति जो पशु उत्पादों के उपयोग से परहेज़ करता है, विशेषतः आहार में पशु उत्पादों के उपयोग से परहेज करने की आदत। उसने सूज़ी से शादी की जो मांस और चिकन की शौकीन है। निम्नलिखित में से कौन-सा कथन इस बात की पुष्टि करता है कि खाद्य वरीयताओं की विभित्रताओं के कारण उनके संबंध प्रभावित होने की संभावना नहीं है?

A. वेणु ने आग्रह किया कि अगर वह उसके साथ रहना चाहती थी तो सूज़ी को मांस और चिकन खाना छोड़ देना चाहिए।

B. सूजी अक्सर अपने बच्चों को मांस और चिकन नहीं खिलाने के कारण बहस करती थी।

C. सूजी ने कभी भी घर में मांस या चिकन नहीं पकाया और वेणु ने जोर नहीं दिया कि वह मांस खाना बंद कर दे।

D. वेणु ने सूजी द्वारा पकाया गया कुछ भी खाने से इनकार कर दिया और अपना खाना स्वयं पकाना पसंद किया।

Q.104 सैमुअल लैंगिक समानता का प्रबल समर्थक है और उसे समावेश करने, पहल करने, और सामाजिक बदलाव लाने का समर्थन करने के लिए जाना जाता है। उसे जिनेवा में आयोजित होने वाले अंतर्राष्ट्रीय विज्ञान सम्मेलन के संयोजक के रूप में नियुक्त किया गया है। उसके इस सम्मेलन में लैंगिक समानता के अनुरक्षण के लिए एक आचार संहिता का मसौदा तैयार किया है। सैमुअल द्वारा इस मसौदे में निम्नलिखित में से किसको शामिल किए जाने की संभावना नहीं है?

A. सभी के साथ सम्मान और आदर से पेश आएँ।

B. अपने विचारों की समालोचना में विनीत और सचेत रहें।

C. सम्मेलन के नियमों और नीतियों के सम्मान करें।

D. केवल पुरुष वैज्ञानिकों के साथ सोचसमझकर संवाद करें।

Q.105 सैमुअल स्वयं काम करना पसंद करता है। उसे दूसरे लोगों से बातचीत करना अच्छा नहीं लगता। उसे ईमेल लिखना पसंद नहीं। सैमुअल के इसमें सफल होने की संभावना है।

A. मानव संसाधन और स्टाफिंग में

B. किसी टीम के प्रबंधक के रूप में

C. सोशल मीडिया के प्रबंधन में

D. ऐसे पेशे जिनमें प्रत्येक से अलग-अलग बातचीत की आवश्यकता होती हो।

Q.106 बिन सेंसर किए गए या स्वयं-सेंसर किए गए टेलीविजन कार्यक्रमों में हिंसा की दर बहुत अधिक होती है, जो शायद बच्चों के लिए उचित नहीं है। बच्चों को इन आयोग्य शोज़ को नहीं देखना चाहिए। इसे निम्नलिखित में से किस कार्यवाई द्वारा रोका जा कसता है?

A. सरकार को सभी बच्चों को टेलीविजन देखने से रोकना चाहिएं

B. स्क्रीन पर दिखाई जाने वाली हिंसा के प्रभाव के बारे में माता-पिता को अपने बच्चों को समझाना चाहिए।

C. बच्चों को केवल अपने माता-पिता की उपस्थिति में टेलीविजन देखना चाहिए।

D. सभी टेलीविजन निर्माताओं को केवल बाल उपयोगी विषयवस्तुओं का निर्मण करने की अनुति दी जानी चाहिएं

Q.107 विधि-शासन के बारे में निम्नलिखित में से कौन-सा कथन गलत है, यह सिद्धांत है कि सभी लोग और संस्थाएँ क़ानून के अधीन हैं और उसके प्रति जबावदेह है?

A. यह आमतौर पर शक्ति के मनमाने उपयोग को रोकता है।

B. यह लोगों के बीच भेदभाव नहीं करता है।

C. यह उन लोगों द्वारा शक्ति के दुरुपयोग की जाँच करता है जिनको प्राधिकार प्राप्त है।

D. यह व्यक्तियों को ऐसे अधिकार देता है जिन्हें आसानी से रह किया जा सकता है।

Q.108 शीतल अपने परिवार के साथ फिल्म देखने गई थी तब कॉलेज की लड़कियों का एक समूह उनके सामने आकर बैठ जाता है। लड़कियाँ थिएटर में दुर्व्यवहार करती हैं। वे तेज आवाज में बात कर रही हैं और अपने मोबाइल स्विच ऑन कर रखी है। फोन के शोर और लाइट दोनों से शीतल और उसके परिवार को परेशानी हो रही है। पहली चीज़ वह क्या कर सकती है?

A. लड़कियों को रोकने के लिए उन्हें इनसे अधिक शोर करना चाहिए, जितना शोर लडकियाँ कर रही हैं।

B. सिनेमा के मालिक से मिलने के लिए कहे और उनसे शिकायत करे।

C. एक द्वारपाल की तलाश करे और लड़कियों के व्यवहार के बारे में उनसे शिकायत करे।

D. झुके और लड़कियों से अपने फोन स्विच ऑफ करने और बात न करने का अनूरोध करे।

Q.109 निम्नलिखित में से कौन-सा एक सार्वभौमिक सिद्धांत नहीं है जिसमें सभी लोग और संस्थान क़ानून के अधीन हैं और उसके प्रति जबावदेह है?

A. कानून स्पष्ट, प्रचारित और खंडित हैं।

B. कानून बनाने की प्रक्रिया सुलभ, निष्पक्ष और कुशल है।

C. न्याय सक्षम और नैतिक प्रतिनिधियों द्वारा दिया जाता है।

D. सरकारी और निजी कलाकार कानून के तहत जवाबदेह हैं।

Q.110 एक सार्वजनिक क्षेत्र में अचानक भीषण आग लगने के दौरान, पुलिस इनमें से इस एक को छोड़कर अन्य सभी के लिए जिम्मेदार है:

A. घटनास्थल के आसपास खड़े लोगों की सुरक्षा करना।

B. अग्निशमन विभाग के उपकरणों की सुरक्षा करना।

C. गैर-आपातकालीन ट्रैफ़िक को पुनः व्यवस्थित करना।

D. फ़ोटो क्लिक करने में फोटोग्राफर्स की मदद करना।

Q.111 एक बूढ़ा व्यक्ति पूर्व की ओर चलता है, और फिर दक्षिण की ओर मुड़ता है। वह फिर अपने दायीं ओर मुड़ता है और चलने लगता है। वह अब किस दिशा में चल रहा हैं?

A. पूर्व **B.** पश्चिम **C.** उत्तर **D.** दक्षिण

Q.112 यदि उत्तर-पूर्व को पश्शिम कहा जाता है, दक्षिण-पूर्व को उत्तर कहा जाता है, 'दक्षिण-पश्चिम' को पूर्व कहा जाता है और उत्तर-पश्शिम को दक्षिण कहा जाता है, तो दक्षिण को कहा जाएगा:

A. पूर्व **B.** उत्तर-पूर्व

C. दक्षिण-पद्धिम **D.** दक्षिण

Q.113 यदि A और B दो सेट या समुच्चय हैं, तो $\mathrm{A} \cap (\mathrm{A} \cup \mathrm{B})'$ के बराबर है:

A. A **B.** B **C.** ϕ **D.** A'

Mental Aptitude, IQ and Reasoning Ability

Q.114 एक विशिष्ट कोड में यदि PHONE को FRSLQ के रूप में कोड किया जाता है, तो उसी कोड में NUMBER कैसे लिखा जाएगा?

A. OVNCFS **B.** SIFQYO

C. LVNCQS **D.** QDBLTM

Q.115 456 और 204 का HCF या महत्तम समापर्वतक क्या है?

A. 6 **B.** 8 **C.** 12 **D.** 24

Q.116 19^{144} का यूनिट या इकाई अंक क्या है?

A. 8 **B.** 4 **C.** 1 **D.** 6

Q.117 यदि आज शनिवार है, तो आज से 57 दिन के बाद सप्ताह का कौन-सा दिन होगा?

A. रविवार **B.** मंगलवार **C.** बुधवार **D.** शुक्रवार

Q.118 निम्नलिखित में से कौन सा विकल्प दूसरी जोड़ी को पहली जोडी के सम्बन्ध बनाएगा:
FHJL : CEGI

A. LNPR : IKMO **B.** ACEF : GIKL
C. HQRT : FISX **D.** HJLN : RTUW

Q.119 कौन सी उत्तर आकृति सम्बन्ध आकृति में दी गई आकृतियों की श्रृंखला को पूरी करेगी?

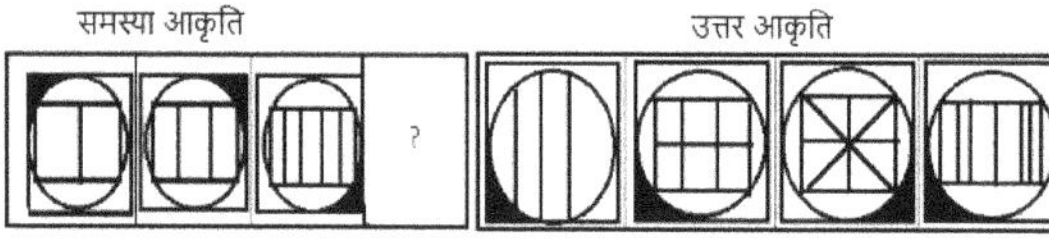

A. A **B.** B **C.** C **D.** D

Q.120 यदि आज शुक्रवार है, तो आज से 98 दिन के बाद सप्ताह का कौन सा दिन होगा?

A. रविवार **B.** मंगलवार **C.** बुधवार **D.** शुक्रवार

Q.121 39 छात्रों की कक्षा में रवि सुमित से 7 रैंक आगे है। यदि सुमित आखिरी से 17 वें स्थान पर है, तो रवि की रैक प्रथम से क्या है?

A. 14 **B.** 15 **C.** 16 **D.** 17

Q.122 दी गई श्रृंखला में प्रश्न चिह्न कें स्थान पर क्या आएगा?
BAT, BET, BIT, BOT,?

A. BIG **B.** PET **C.** BUT **D.** BOT

Q.123 नीचे दिए गए शब्दों को सार्थक अनुक्रम में व्यवस्थित करें।
1.भारतीय पासपोर्ट
2. उड़ान
3. आप्रवासन
4. विश्वकप
5. शतक

A. 1, 4, 3, 2, 5 **B.** 1, 3, 2, 4, 5
C. 3, 2, 1, 4, 5 **D.** 1, 2, 3, 4, 5

Q.124 चार विकल्पों में से विषम कौन सा है?

A. ##$ **B.** #$# **C.** $## **D.** &##

Q.125 चार विकल्पों में से विषम कौन सा है?

A. #8$ **B.** #6$ **C.** #4$ **D.** #32

Q.126 एक लिखित कूट भाषा में, [rini miki suki] को [we are together] के रूप में लिखा जाता है, [miki luci pinci] को [all are different] के रूप में लिखा जाता है, और [suki luci deni] को [all get together] के रूप में लिखा जाता है।
तो "luci" के लिए कोड क्या होगा?

A. together **B.** 'different'
C. 'get' **D.** 'all'

Q.127 एक निश्चित कोड में DESK को DEAB लिखा गया है, तो उस कोड में PROD को कैसे लिखा जाएगा?

A. GFID **B.** GDIF **C.** GIFD **D.** DGFI

Q.128 गणेश नीता का भाई है। सोनल संदीप की बहन है जो कि रीता का बेटा है। रीता और नीता बहनें है। सोनल की चाची कौन है?

A. रीता **B.** नीता
C. गणेश की माँ **D.** संदीप की पत्नी

Q.129 नीचे दी गई अक्षरों की श्रृंखला में बायीं ओर से तीसरे अक्षर और दायीं ओर से चौथे अक्षर के बीच में कितने अक्षर हैं?
A H K L M N O P Q G S Z N T U V

A. 9 **B.** 8 **C.** 7 **D.** 6

Q.130 कौन सी उत्तर आकृति समस्या आकृति में दी गई आकृतियों की श्रृंखला को परी करेगी?

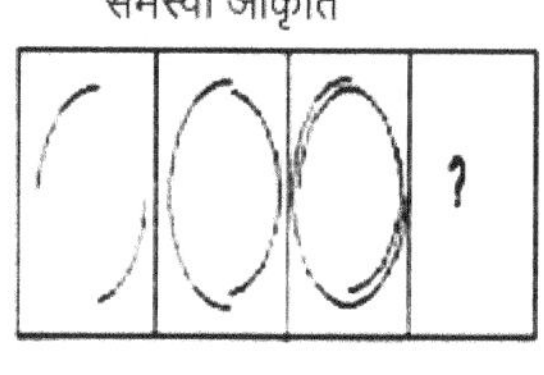

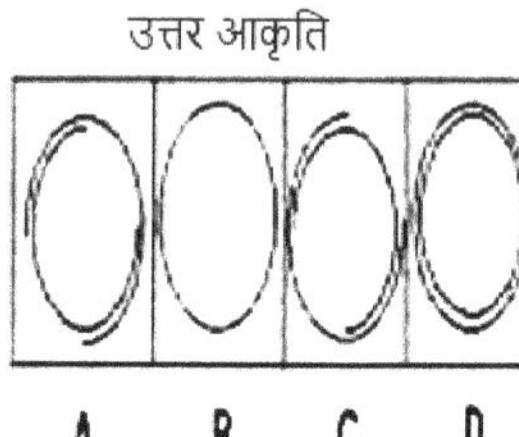

A B C D

A. A **B.** B **C.** C **D.** D

Q.131 रानी और सोनाली 800 मी. के एक गोलाकार मैदान में 10 किमी की दौड़ लगाती है। यदि उनकी गति 10 : 9 के अनुपात में हैं, तो विजेता दूसरी धावक को इतनी बार पार करती है:

A. एक बार **B.** दो बार **C.** तीन बार **D.** कभी नही

Q.132 निम्नलिखित चार विकल्पों में से उसका चयन कीजिए, जो दूसरी जोड़ी को पहली जोड़ी के समरूप बनाएगा।
103986 : 689301 : 965492 : ?

A. 763990 **B.** 296784 **C.** 294569 **D.** 983457

Q.133 एक पासा लिया गया है। 1 से 6 तक की संख्याएँ उसके फलकों पर लिखी गई है। संख्या 1 और 4 के फलक एक-दूसरें के सन्निकट हैं। संख्या 3 वाला फलक संख्या 6 वाले फलक के विपरीत में है। संख्या 2 , संख्या 4 वाले फलक के विपरीत फलक में नहीं है। इनमें से कौन-सा संख्या-जोड़ा सन्निकट फलकों पर है?

A. 1 और 2 **B.** 6 और 3 **C.** 4 और 5 **D.** 3 और 2

Q.134 मि. बजाज, मि. देसाई, मि. खान, मि. परमार और मि. चोपड़ा एक 5 मंज़िला इमारत की अलग-अलग मंज़िलों में रहते है। सब से नीचे की मंज़िल को मंज़िल 1 के रूप में क्रमांकित किया गया है, मंजिल 1 के ऊपर है मंजिल 2 और इसी क्रम से मंजिल 5 तक को क्रमांकित किया गया है। मि. देसाई, मि. खान की ऊपर वाली लेकिन मि. बजाज की नीचे वाली मंजिल में रहते हैं। मि. खान और मि. परमार के मंजिलों के बीच दो मंजिलों का अंतर है। मि. खान, मि. चोपड़ा की ठीक ऊपर वाली मंजिल में रहते हैं। मि. चोपड़ा जिस मंजिल में रहते हैं, उसकी संख्या है

A. 4 **B.** 3 **C.** 2 **D.** 1

Q.135 दिए गए 4 चित्रों के समूह में से चित्रों के कौन-से समुच्चय को एक समूह के रूप में वर्गीकृत किया जा सकता है?

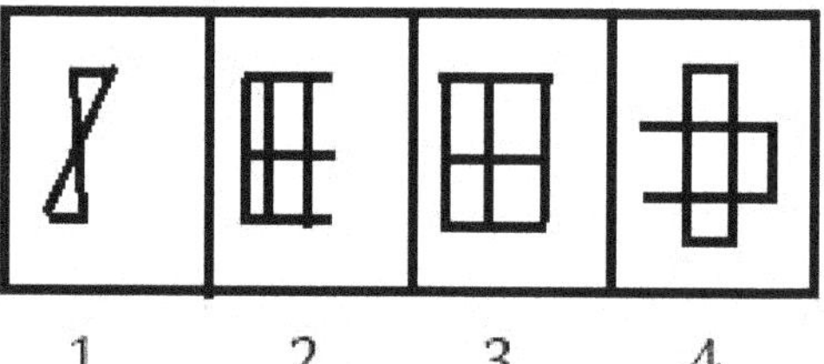

1 2 3 4

A. (1, 2, 3) **B.** (1, 2, 4) **C.** (1, 3, 4) **D.** (2, 3, 4)

Q.136 नीचे दी गई, श्रृंखला के प्रश्न चिह्न (?) को प्रतिस्थापित करने वाली संख्या कौन-सी है?
23, 28, 38, ?, 62, 70

A. 48 **B.** 49 **C.** 50 **D.** 51

Q.137 आठ समरूप घन लिए जाते है। उनमें से प्रत्येक विपरीत फलकों के एक जोड़े को लाल रूप रंग सें, विपरीत फलकों के एक जोड़े को हरें रंग से और शेष दो फलकों को नीले रंग से रंगा जाता है। एक बड़े घन की आकृति के लिए इन आठ घनों को एक साथ जोड़ा जाता है। बड़े घन की आकृति के एक फलक पर ज्यादा-से-कितने अलग-अलग रंग हो सकते है?

A. 1 **B.** 2 **C.** 3 **D.** 4

Q.138 डॉली की ऊँचाई चंद्रा और फराह से ज्यादा है। आनंद की ऊँचाई फराह से कम है, चंद्रा की ऊँचाई आनंद से अधिक है। डॉली की ऊँचाई भरत से कम है। यह तुलना पाँच दोस्तों के बीच की जाती है। यदि सबसे कम

ऊँचाई के साथ वजन में वृद्धि होती है, तो दूसरा सबसे मोटा व्यक्ति कौन है?

A. आनंद **B.** डॉली **C.** भरत **D.** फराह

Q.139 दृश्य श्रृंखला को पूरा करने वाली आकृति की पहचान कीजिए।

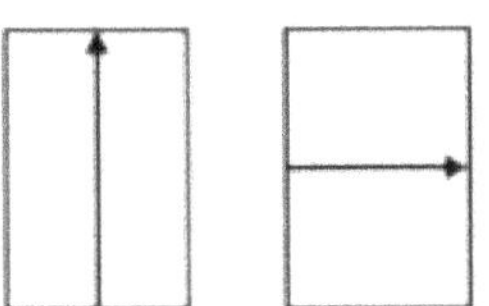
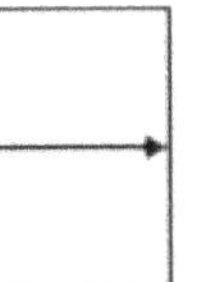
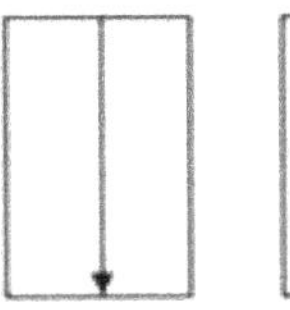

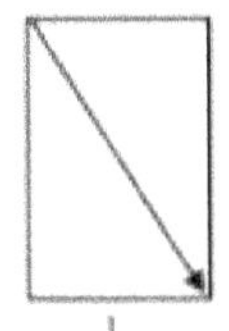
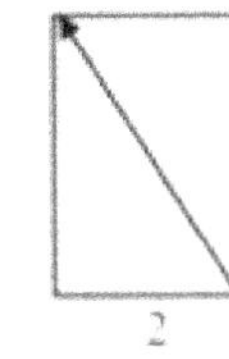
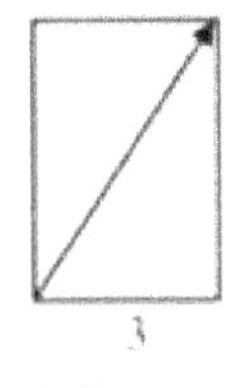
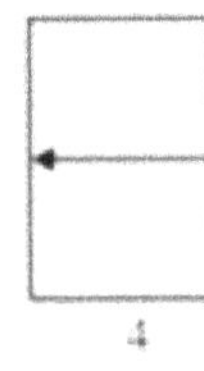

A. 1 **B.** 2 **C.** 3 **D.** 4

Q.140 दृश्य श्रृंखला को पूरा करने वाली आकृति की पहचान कीजिए।

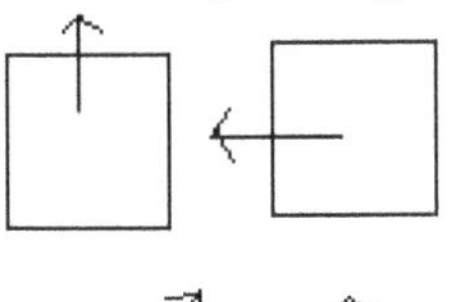
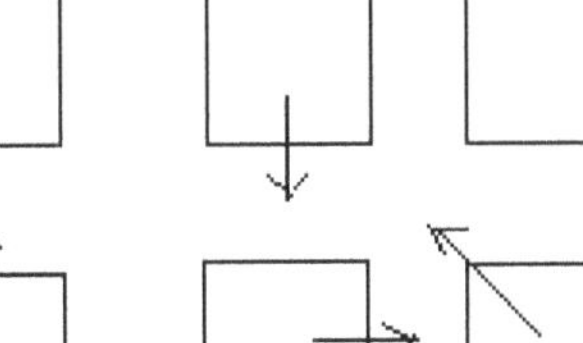

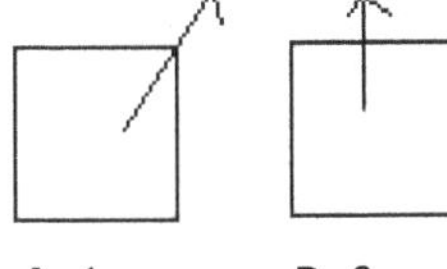

A. 1 **B.** 2 **C.** 3 **D.** 4

Q.141 100 तीलियों वाली एक माचिस की डिब्बी ली गई है। पक्षीय लंबाई के रूप में दो माचिस की तीलियों का उपयोग करके माचिस की तीलियों से एक घन बनाया गया है। डिब्बी में कितनी माचिस की तीलियाँ बचेंगी?

A. 38 **B.** 24 **C.** 88 **D.** 76

Q.142 एक तस्वीर की ओर इशारा करते हुए रमन ने कहा, "तस्वीर में दिखने वाले पुरुष मेरी बहन की बेटी के नाना हैं।" रमन के बेटे का, तस्वीर में दिखने वाले पुरुष से क्या रिश्ता है?

A. बेटा **B.** पोता **C.** पिता **D.** भांजा

Q.143 दिए गए चार कोड में से तीन एक निश्चित तरीके से समान हैं और एक विषम है। उस विषम कोड को चनिए।

A. RED7% **B.** YELLOW6&

C. PINK4# **D.** GREEN5*

Q.144 निम्नलिखित चार विकल्पों में से उसका चयन कीजिए जो दूसरी जोड़ी को पहली सादृश्य जोड़ी के अनुरूप बनाएगा।

दर्जी : सुई : प्लंबर : ?

A. लकड़ी **B.** पाना **C.** नल **D.** मेज

Q.145 निम्नलिखित चार विकल्पों में से उसका चयन कीजिए, जो दूसरी जोड़ी को पहली जोड़ी के समरूप बनाएगा।

जुड़ना : तोड़ना : विवाह : ?

A. सगाई **B.** जन्म **C.** तलाक **D.** मृत्यु

Q.146 प्रत्येक विकल्प में एक सेट दिया गया है। उस सेट का चयन कीजिए, जो अन्य सभी सेट से भिन्न हो।

A. (X, XX) **B.** (XII, XXIV)

C. (XI, XXIII) **D.** (VIII, XVI)

Q.147 बायीं ओर एक पैटर्न के साथ एक आकृति दी गई है। ध्यानपूर्वक देखिए और बताइए कि दायीं ओर के तीन चित्रों में से कौन इस पैटर्न के दायीं अर्द्ध हिस्से के समान दिखाई पड़ता है?

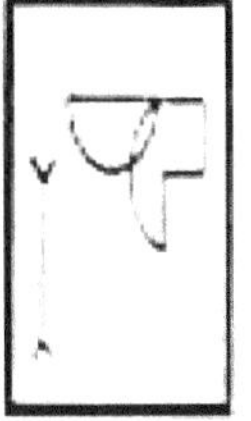
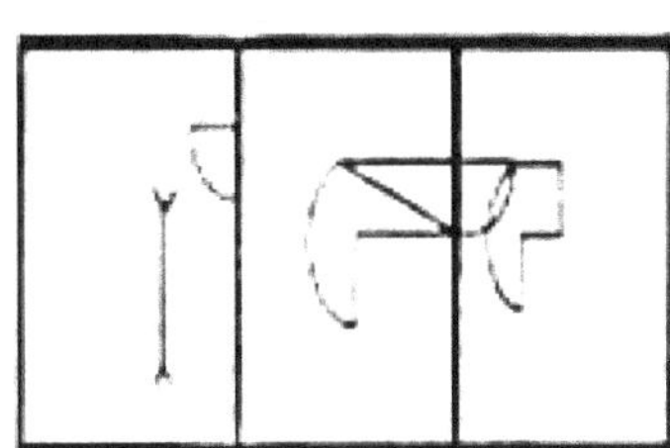

A. $\frac{1}{1}$ **B.** $\frac{2}{2}$

C. $\frac{3}{3}$ **D.** 1 और 2 दोनों

Q.148 रोहित, रोहन और रानी तीन दोस्त प्रशासनिक कार्यालय में अपने फीस के भुगतान के लिए कतार में खड़े है। रोहित कतार के आरंभ की 9 वीं जगह पर खड़ा है। रानी अंत से 14 वीं जगह पर है। रोहन और रानी के बीच 4 छात्र है और रोहन और रोहित के बीच 5 छात्र है। रानी आरंभ की 20 वीं जगह पर है और अगर रोहित ओर रानी अपनी जगहों की अदला-बदली करते है, तो आरंभ से 15 वें स्थान पर कौन होगा?

A. रानी

B. रोहित

C. रोहन

D. अज्ञात छात्र (वह छात्र जिसका नाम दी गई जानकारी में न आया हो।)

Q.149 नीचे दी गई श्रृंखला के प्रश्न चिह्न (?) को प्रतिस्थापित करने वाली संख्या कौन-सी है?

$1, 3, 26, 649, ?$

A. 31790 **B.** 31800 **C.** 31801 **D.** 31812

Q.150 सोनल ने ₹ 580 में 10 कटोरियाँ और 20 थालियों खरीदीं। अगर प्रत्येक थाली की कीमत कटोरी की कीमत से ₹ 5 अधिक है, तो एक थाली की कीमत है:

A. ₹ 36 **B.** ₹ 18 **C.** ₹ 21 **D.** ₹ 9

// स्मार्ट उत्तर पुस्तिका //

सही उत्तर उन छात्रों का प्रतिशत जिन्होंने प्रश्नों का सही उत्तर दिया था। **छोड़ दिया** उन छात्रों का प्रतिशत जिन्होंने प्रश्नों को छोड़ दिया था।

प्रश्न संख्या	उत्तर	सही उत्तर	छोड़ दिया	प्रश्न संख्या	उत्तर	सही उत्तर	छोड़ दिया	प्रश्न संख्या	उत्तर	सही उत्तर	छोड़ दिया	प्रश्न संख्या	उत्तर	सही उत्तर	छोड़ दिया	प्रश्न संख्या	उत्तर	सही उत्तर	छोड़ दिया	प्रश्न संख्या	उत्तर	सही उत्तर	छोड़ दिया
1	A	87.64 %	11.5 %	22	D	47.77 %	51.5 %	43	A	63.91 %	34.94 %	64	B	44.66 %	39.48 %	85	A	60.28 %	30.73 %	106	C	62.11 %	30.05 %
2	B	41.84 %	44.97 %	23	B	46.34 %	45.93 %	44	A	52.53 %	34.24 %	65	C	56.8 %	37.15 %	86	D	57.05 %	31.16 %	107	D	30.46 %	68.1 %
3	A	50.79 %	40.2 %	24	B	44.68 %	31.8 %	45	D	89.63 %	10.24 %	66	A	67.85 %	31.8 %	87	A	20.94 %	78.06 %	108	D	52.02 %	37.84 %
4	B	51.33 %	43.83 %	25	C	40.51 %	33.38 %	46	A	52.62 %	31.1 %	67	C	61.68 %	30.03 %	88	B	67.98 %	31.62 %	109	A	25.34 %	72.37 %
5	C	49.0 %	32.35 %	26	B	40.91 %	48.88 %	47	C	61.59 %	33.01 %	68	A	43.54 %	51.03 %	89	A	52.86 %	41.72 %	110	D	68.08 %	31.77 %
6	D	76.98 %	11.35 %	27	A	44.93 %	51.73 %	48	B	61.14 %	35.31 %	69	A	58.07 %	31.33 %	90	D	42.05 %	46.79 %	111	B	44.18 %	52.88 %
7	A	60.38 %	30.8 %	28	C	55.19 %	30.02 %	49	C	46.31 %	30.33 %	70	C	50.96 %	31.98 %	91	A	60.26 %	36.06 %	112	B	83.11 %	11.91 %
8	C	81.48 %	10.44 %	29	B	43.7 %	44.3 %	50	B	53.26 %	31.35 %	71	C	60.0 %	37.28 %	92	D	42.09 %	33.29 %	113	C	54.26 %	39.83 %
9	C	66.02 %	30.76 %	30	C	60.09 %	39.11 %	51	B	53.69 %	39.51 %	72	B	52.73 %	34.65 %	93	C	57.87 %	32.49 %	114	B	66.91 %	31.0 %
10	C	49.67 %	48.6 %	31	A	68.49 %	30.54 %	52	D	48.7 %	32.69 %	73	B	57.42 %	34.75 %	94	A	13.28 %	73.7 %	115	C	56.32 %	39.81 %
11	B	59.65 %	30.11 %	32	B	62.02 %	36.47 %	53	C	40.82 %	52.98 %	74	A	54.31 %	38.55 %	95	B	11.24 %	71.08 %	116	C	89.63 %	10.28 %
12	A	55.8 %	32.74 %	33	D	63.02 %	30.6 %	54	B	47.6 %	34.78 %	75	D	43.78 %	46.33 %	96	C	17.87 %	78.42 %	117	A	56.6 %	37.89 %
13	B	60.29 %	35.79 %	34	D	46.17 %	38.5 %	55	B	67.39 %	31.11 %	76	B	62.36 %	31.0 %	97	D	42.23 %	31.88 %	118	A	84.71 %	11.96 %
14	C	65.7 %	33.38 %	35	A	49.44 %	50.04 %	56	C	51.11 %	39.1 %	77	B	56.23 %	35.32 %	98	C	64.6 %	33.8 %	119	D	69.11 %	30.35 %
15	B	64.35 %	30.23 %	36	A	51.38 %	48.39 %	57	A	67.5 %	30.29 %	78	B	52.08 %	47.25 %	99	B	59.98 %	32.94 %	120	D	16.79 %	81.12 %
16	A	55.57 %	40.42 %	37	B	68.16 %	31.75 %	58	C	69.63 %	30.18 %	79	A	46.85 %	37.03 %	100	B	52.86 %	45.15 %	121	C	67.75 %	31.45 %
17	C	40.56 %	45.97 %	38	B	42.54 %	54.62 %	59	A	44.36 %	46.65 %	80	B	45.2 %	47.57 %	101	D	55.92 %	33.62 %	122	C	12.06 %	84.83 %
18	C	54.47 %	45.46 %	39	B	61.28 %	35.6 %	60	A	67.13 %	32.0 %	81	D	56.14 %	32.6 %	102	A	41.57 %	41.93 %	123	B	41.23 %	48.83 %
19	C	48.9 %	38.02 %	40	A	60.59 %	35.51 %	61	A	56.17 %	41.55 %	82	C	65.65 %	34.28 %	103	C	60.92 %	38.08 %	124	D	63.24 %	35.21 %
20	A	68.27 %	30.44 %	41	A	24.7 %	69.85 %	62	D	60.13 %	37.54 %	83	A	42.86 %	31.2 %	104	D	65.81 %	32.58 %	125	D	46.65 %	37.3 %
21	C	45.25 %	45.52 %	42	D	64.09 %	30.51 %	63	C	68.41 %	30.65 %	84	C	63.07 %	30.09 %	105	D	53.74 %	30.91 %	126	D	20.2 %	75.27 %

प्रश्न संख्या	उत्तर	सही उत्तर	छोड़ दिया
127	C	67.98 %	31.66 %
128	B	49.79 %	31.79 %
129	A	44.34 %	34.46 %
130	D	81.61 %	18.2 %
131	A	31.5 %	67.84 %
132	C	61.68 %	35.72 %
133	D	82.41 %	13.28 %
134	D	43.9 %	53.8 %
135	D	42.23 %	33.22 %
136	B	56.02 %	42.97 %
137	C	58.06 %	32.46 %
138	B	49.91 %	49.69 %
139	D	67.61 %	31.84 %
140	C	50.89 %	32.92 %
141	D	45.02 %	45.7 %
142	B	60.73 %	36.45 %
143	A	40.05 %	44.15 %
144	B	88.07 %	10.23 %
145	C	52.83 %	31.35 %
146	C	56.64 %	32.91 %
147	C	14.64 %	83.54 %
148	C	65.74 %	33.83 %
149	B	48.13 %	38.91 %
150	C	65.32 %	32.53 %

// संकेत और समाधान //

1. बूढ़ी औरत ने कपड़े माँगे और मालिक ने मना कर दिया, तभी किसी ने कहा कि 'इन तिलों में तेल नही'। जिसका अर्थ है कंजूसों से कुछ प्राप्त नहीं हो सकता।
अतः विकल्प (A) सही है।

2. 'महाजनी' शब्द में प्रयुक प्रत्यय 'ई' होगा।
अतः विकल्प (B) सही है।

3. उपर्युक विकल्पों में 'रामचंद्रिका' हिन्दी रामकाव्य परम्परा के अन्तर्गत एक विशिष्ट कृति है। 'रामचंद्रिका' 'केशवदास' की कृति है। अन्य रचनाएँ कविप्रिया, रसिकप्रिया, एवं विज्ञानगीता, केशवदास' की ही कृति है, किन्तु ये रचनाएँ रामकाव्य परम्परा के अन्तर्गत नही आती है।
अतः विकल्प (A) सही है।

4. गाँव के लोगों को कहते हैं- 'ग्रामीण व्यक्ति'। अतः रिक्त स्थान पर 'ग्रामीण व्यक्ति' होगा। अन्य विकल्प तर्कसंगत नहीं हैं।
अतः विकल्प (B) सही है।

5. 'गणपतिचंद्र गुप्त' ने हिन्दी का प्रथम कवि 'शालिभद्र सूरि' को माना है। 'शालिभ्रद सूरि' 13 वीं सदी के जैन कवि हैं, इन्होने अपने अनेक कृतियों से रास-काव्य-परम्परा को समृद्ध किया।
अतः विकल्प (C) सही है।

6. परमौषधि यौगिक शब्द है।
यौगिक शब्द - जो शब्द दो शब्दों के योग से बनते हैं उन्हें यौगिक शब्द कहते हैं।
जैसे,
प्रयोग + शाला = प्रयोगशाला
अतः विकल्प (D) सही है।

7. दिये गये विकल्पों के आधार पर रिक्त स्थान के लिए 'मैनें' सर्वाधिक उपयुक्त शब्द है। अतः उपर्युक दिया गया वाक्य इस कार होगा- यह कविता 'मैने' लिखी है।
अतः विकल्प (A) सही है।

8. रामकुमार वर्मा ने प्रेमाख्यान परंपरा का प्रवर्तक 'मुल्ला दाऊद' को माना है। मुल्ला दाऊद की प्रसिद्ध रचना चन्दायन हिन्दी का प्रथम सूफी प्रेम काव्य माना जाता है।
अतः विकल्प (C) सही है।

9. 'हरिवंश राय बच्चन' द्वारा लिखित साहित्य 'दो चट्टानें' पर इनको साहित्य अकादमी पुरस्कार से 1968 में नवाजा गया। हरिवंश राय बच्चन को हालावाद का प्रवर्तक माना जाता है।
अतः विकल्प (C) सही है।

10. माखनलाल चतुर्वेदी को उनकी रचना 'हिमतरंगिणी' के लिए साहित्य अकादमी पुरस्कार से सम्मानित किया गया। साहित्य अकादमी पुरस्कार का प्रारम्भ 1955 में किया गया तथा सर्वप्रथम यह पुरस्कार माखनलाल चतुर्वेदी को ही प्राप्त हुआ।
अतः विकल्प (C) सही है।

11. उपर्युक्त विकल्पों में 'कार्य में दक्ष' समास विग्रह पद है, जिसका समासिक शब्द कार्यदक्ष है। कार्य में दक्ष = कार्यदक्ष में तत्पुरुष है।
अतः विकल्प (B) सही है।

12. दिये गये विकल्प 'वायुवेग' एक समासिक पद है, वायुवेग में कर्मधारय समास है।
वायुवेग - वायु के समान वेग
अतः विकल्प (A) सही है।

13. 'उदघाटन' का सन्धि विच्छेद 'उत् + घाटन' होगा। उद्धाटन शब्द में व्यंजन संधि है। यदि 'क्', 'च्', 'ट्', 'त्', 'प्' के बाद किसी वर्ग का तृतीय या चतुर्थ वर्ण आये अथवा (य, र, ल, व या कोई असमान स्वर आये तो 'क', 'च्', 'ट्', 'त्', 'प्' के स्थान पर अपने ही वर्ग का तीसरा वर्ण हो जाता है।
अतः विकल्प (B) सही है।

14. भारत के उच्चतम न्यायालय तथा उच्च न्यायालयों में और अधिनियमों, विधेयकों आदि के लिए प्रयोग की जाने वाली भाषा सम्बंधी निर्देश संविधान के 'अनुच्छेद 348 ' में वर्णित है।
अतः विकल्प (C) सही है।

15. 'प्रभु जी तुम चंदन हम पानी' पंक्ति संत काव्यधारा के प्रमुख कवि रैदास द्वारा रचित है। संत कुलभूषण कवि रैदास का जन्म काशी में चर्मकार कुल में हुआ था। इनकी रचनाओं को 'आदि गुरु ग्रंथ साहिब' में संकलित किया गया है। रैदास गुरु 'रामानन्द' के शिष्य थे तथा प्रसिद्ध कृष्ण भक्ति काव्यधारा की कवयित्री 'मीराबाई' के गुरु माने जाते हैं।
अतः विकल्प (B) सही है।

16. दिये गये विकल्पों में 'बेटा' शब्द का बचन एक-सा नहीं रहता। 'बेटा' का बहुवचन बेटे होता है। विकल्प में दिये गये अन्य शब्द एक-जैसे रहते हैं।
अतः विकल्प (A) सही है।

17. 'मैं घर जाता हूँ।' इस वाक्य में हैं सहायक क्रिया है। मुख्य क्रिया की सहायता करने वाली क्रिया सहायक क्रिया कहलाती है। जैसे- वह आता है, मैं घर जाता हूँ। इनमें 'आना' और 'जाना' मुख्य क्रिया है, तथा 'है' एवं 'हूं सहायक क्रिया है, जो मुख्य क्रिया के अर्थ को स्पष्ट और पूरा करती है।
अतः विकल्प (C) सही है।

18. जहाँ दो या दो से अधिक धातुओं का प्रयोग साथ-साथ किया जाता है, वह क्रिया 'संयुक्त' क्रिया कहलाती है। जैसे- 'राधा नाचने लगी।' इस वाक्य में 'नाचने' मुख्य क्रिया है तथा 'लगी' रंजक क्रिया है। दोनों मिलकर संयुक्त क्रिया के रूप में 'नाचना' का अर्थ बता रही है।
अतः विकल्प (C) सही है।

19. प्रश्नगत विकल्पों में 'मुझे बहुत आनंद आता है।' शुद्ध वाक्य है। शेष सभी अशुद्ध हैं।
अतः विकल्प (C) सही है।

20. राभविलास शर्मा को 'सन् 1970 ' में साहित्य अकादमी पुरस्कार से सम्मानित किया गया था। इन्हें यह पुरस्कार 'निराला की साहित्य साधना' नाम रचना के लिये प्रदान किया गया।
अतः विकल्प (A) सही है।

21. 'राष्ट्र' में 'ईय' प्रत्यय लगाने पर 'राष्ट्रीय' शब्द बनेगा। दिये गये विकल्पों में शेष शब्द सही नहीं है।
अतः विकल्प (C) सही है।

22. प्रश्नगत विकल्पों में 'वि' विजान शब्द में उपसर्ग के रूप में लगा हुआ है। जो किसी शब्द के पूर्व में प्रयुक्त होकर उसके अर्थ में विशेषता लाते है, उपसर्ग कहलाते हैं-
जैसे- वि + ज्ञान = विज्ञान।
अतः विकल्प (D) सही है।

23. दिये गये विकल्पों में 'रुद्राणी, नंदन, अवनि' क्रमशः 'पार्वती, पुत्र, पृथ्वी' के पर्यायवाची शब्द होंगे। शेष विकल्प सही नहीं है।
अतः विकल्प (B) सही है।

24. 'तेलुगू' शब्द की उत्पति संस्कृत के 'त्रिलिंग' शब्द से हुई है। तेलुगू भाषा 'द्रविण भाषा परिवार' के अन्तर्गत आती है। यह भारत के आंध्र प्रदेश और तेलंगाना राज्य की मुख्यभाषा एवं राजभाषा है।
अतः विकल्प (B) सही है।

25. उपर्युक्त गद्यांश के अनुसार कोई भी वैज्ञानिक अवधारणा चिन्मय-चिरंतन न होकर एक सापेक्ष अवधारणा होती है। वह अपने समय में एक तदर्थ सच्चाई ही बयां करती है। अतः 'विज्ञान अपने समय की वास्तविक सच्चाई बयां करती है' असत्य कथन है।
अतः विकल्प (C) सही है।

26. उपर्युक गद्यांश के अनुसार 'विज्ञान' का कोई भी सिद्धांत अपने आप में कभी निरपेक्ष, अकाट्य या परमसत्य नहीं होता।
अतः विकल्प (B) सही है।

27. उपर्युक्त गद्यांश के अनुसार न्यूटन के सिद्धांत को आइंस्टाइन के सिद्धांतों तथा क्वांटम फिजिक्स ने खण्डित किया। अतः दिये गये विकल्पों में क्वांटम फिजिक्स की वजह से न्यूटन का सिद्धांत परिक्कृत हुआ।
अतः विकल्प (A) सही है।

28. उपर्युक्त गद्यांश के अनुसार आज भी उपग्रहों के प्रक्षेपण में गुरुत्वाकर्षण सिद्धांत का प्रयोग होता है।
अतः विकल्प (C) सही है।

29. उपर्युक गद्यांश के अनुसार 'क्वांटम फिजिक्स' ने न्यूटनवाद को झूठा करार दिया।
अतः विकल्प (B) सही है।

30. 'प्रत्येक' संधि-भेद 'यण संधि' का उदाहरण है। जब (इ, उ, ऋ) के पश्चात् कोई असमान/भिन्न स्वर आये तो (इ) के स्थान पर 'यू, (उ) के स्थान पर 'व्' तथा (ऋ) के स्थान पर 'र्' आदेश हो जाता है।

जैसे-
प्रति + एक = प्रत्येक
सु + आगतम् = स्वागतम्
अतः विकल्प (C) सही है।
31. दिये गये विकल्पों में कनफटा 'बहुव्रीहि' समास का उदाहरण है। वे समासिक पद जिसमें कोई पद प्रधान नहीं होता है बल्कि अन्य पद प्रधान होता है, बहुव्रीहि समास कहलाते हैं। बहुव्रीहि समास के अन्य उदाहरण है- पीताम्बर, दशानन, चतुरानन आदि।
अतः विकल्प (A) सही है।
32. सन् 2014 में साहित्य अकादमी पुरस्कार से सम्मानित 'रमेशचंद्र शाह' की रचना 'विनायक' 'उपन्यास' विधा से सम्बन्धित है।
इनकी अन्य रचना है- 'शैतान के बहाने', समानंतर रचना के बदले, छायावादक ही प्रासंगिता आदि।
अतः विकल्प (B) सही है।
33. 'सावन हरे न भादो सूखे' लोकोक्ति का सही अर्थ है-
हमेशा एक जैसा रहना। अर्थात् सम्पन्नता अथवा विपति आने पर भी एक जैसा स्वभाव रखना।
अतः विकल्प (D) सही है।
34. मृग 'शावक' धास खा रहा है। मृग के बच्चे को मृगशावक कहा जाता है। जबकि बछड़ा गाय के बच्चे को कहा जाता है।
अतः विकल्प (D) सही है।
35. 'परिवर्तन', 'परिवार' में 'परि' उपसर्ग है। 'परि' उपसर्ग से बने अन्य शब्द है- पर्यावरण परिक्रमा, परिजन, परिणाम आदि है। 'प्र' उपसर्ग से बने शब्द है - प्रगति, प्रकोप प्रकाश, प्रयास आदि।
'पर' उपसर्ग से बने शब्द है- परलोक, परोपकार परसर्ग परहित आदि।
अतः विकल्प (A) सही है।
36. कार्यालयी पत्र के अर्द्धसरकारी पत्र का प्रयोग 'शासकीय अधिकारियों के बीच' किया जाता है। अर्द्ध सरकारी फत्र का प्रयोग अधिकारियों के बीच आपसी सलाह, विचार-विमर्श एवं सूचनाओं के आदान-प्रदान के लिये होता है। इसका स्वरूप व्यक्तिगत पत्र के समान होता है।
अतः विकल्प (A) सही है।
37. 'इस पर्वतीय क्षेत्र में सर्वत्र शांति है।' वाक्य शुद्ध है दिये गये विकल्पों में अन्य अशुद्ध हैं।
अतः विकल्प (B) सही है।
38. दिल्ली का पहला शासक कुतुब-उद-दीन ऐबक को माना जाता है। कुतुब-उद-दीन ऐबक ने 1206 में गुलाम वंश की स्थापना की। कुतुबुद्दीन ऐबक दिल्ली सल्तनत के संस्थापक और गुलामवंश के पहले सुल्तान थे। ये गौरी साम्राज्य के सुल्तान मुहम्मद गौरी के एक गुलाम थे। इन्होंने लाहौर को अपनी राजधानी बनाया और कुतुबमीनार की नींव डाली। गौरतलब है कि दिल्ली सल्तनत का पहला वास्तविक संस्थापक इल्तुतमिश था।
अतः विकल्प (B) सही है।
39. ट्रांसफार्मर एक उपकरण है जिसका उपयोग विद्युत ऊर्जा के विद्युत शक्ति संचरण में किया जाता है। ट्रांसफार्मर केवल प्रत्यावर्ती धारा या विभवान्तर के साथ कार्य कर सकता है। यह विद्युत चुम्बकीय प्रेरण और पारस्परिक प्रेरण के मूल सिद्धान्तों पर काम करता है।
अतः विकल्प (B) सही है।
40. भारतीय संविधान की 8 वीं अनुसूची में फारसी भाषा को अधिकाधिक भाषाओं में नहीं सम्मिलित किया गया है। भारतीय संविधान की आठवीं अनुसूची में 22 भाषाएँ शामिल हैं। प्रारम्भ में, हमारे संविधान की आठवीं अनुसूची में 14 भाषाएं थीं।
अतः विकल्प (A) सही है।
41. उत्तर प्रदेश के प्रमुख लोकनृत्य में रासलीला, रामलीला, ख्याल, नौटंकी, नकाल, स्वांग, दादरा, कजरी, झोरा, छपेली, जैता और चरकुला नृत्य शामिल है। कथक शास्सीय नृत्य की उत्पत्ति उत्तर प्रदेश से हुई है और यह भारत के प्राचीन शासीय नृत्यों के आठ रूपों में से एक है।
अतः विकल्प (A) सही है।
42. नीलगिरि खापसी गेहूँ के एक उच्च उपज वाली किस्म है। भारत दूसरा सबसे बड़ा गेहूँ उत्पादक देश है। खापली गेहूँ एबिसिनिया केन्द्र में उत्पत्र हुआ माना जाता है और संभवतः पश्चिम घाट क्षेत्र में अरब व्यापारियों द्वारा भारत में पेश किया जाता है।
अतः विकल्प (D) सही है।
43. केंद्रीय पुलिस प्रशिक्षण अकादमी (CAPT) A ग्रुप के अधिकारियों को प्रशिक्षण देता है। केन्द्रीय पुलिस प्रशिक्षण अकादमी भोपाल में स्थित है। इस अकादमी को राज्यों के सीधी भर्ती के उपपूलिस अधीक्षकों के प्रशिक्षण के लिए बनाया गया है।
अतः विकल्प (A) सही है।
44. विशाख नायर को अगस्त 2020 में शौर्य चक्र से सम्मानित किया गया। शौर्य चक्र भारत का शांति के समय वीरता का पदक है। यह सम्मान सैनिकों और असैनिकों को असाधारण वीरता या प्रकट शूरता या बलिदान के लिए दिया जाता है।
अतः विकल्प (A) सही है।
45. इथियोपिया अफ्रीका महाद्वीप का एक देश है। यह अफ्रीका के पश्चिम में स्थित एक स्थल रुद्ध देश है जो सरकारी तौर पर इथियोपिया संधीय लोकतांत्रिक गणराज्य के रूप में जाना जाता है। इथियोपिया की राजधानी आदिस अबाबा एवं इसकी मुदा बिर्र है।
अतः विकल्प (D) सही है।
46. अर्जेंटीना की राजधानी ब्यूनस आयर्स है। अर्जेंटीना दक्षिण अमेरिका में स्थित एक देश है। क्षेत्रफल एवं जनसंख्या की दृष्टि से दक्षिणी अमेरिका का ब्राजील देश के बाद द्वितीय विशालतम देश है। अर्जेन्टीना का नाम अर्जेन्टम से पड़ा जिसका अर्थ चाँदी होता है।
अतः विकल्प (A) सही है।
47. संयुक्त राष्ट्र-मानवाधिकार परिषद का गठन 15 मार्च, 2006 को किया गया था। संयुक्त राष्ट्र-मानवाधिकार परिषद ने मानवाधिकार आयोग का स्थान किया। इस परिषद के कुल 47 सदस्य हैं, जिनका कार्यकाल 3 वर्ष है।
अतः विकल्प (C) सही है।
48. भारत में पाँच गुप्तचर विद्यालय हैं। देश का पाँचवा गुप्तचर विद्यालय अजमेर रोड़ पर दमही कला में खुला।
अतः विकल्प (B) सही है।
49. 'द कैल्कटा क्रोमोसोम' नामक प्रसिद्ध पुस्तक के लेखक अभिताव घोष हैं। अमिताव घोष अंग्रेजी भाषा के साहित्यकार हैं। इनके द्वारा रचित एक उपन्यास 'द शैड्डो लाइन्स' के लिए उन्हें सन् 1989 में साहित्य अकादमी पुरस्कार से सम्मानित किया गया। इन्हें वर्ष 2018 का 54 वाँ ज्ञानपीठ पुरस्कार दिया गया।
अतः विकल्प (C) सही है।
50. वायुमंडलीय सापेक्ष आर्द्रता को मापने के लिए उपयोग किया जाने वाला उपकरण हाइग्रोमीटर है। बहुत से ऐसे पदार्थ है जैसे-सल्फ्यूरिक अम्ल, कैल्सियम क्लोराइड, फॉसफोरस पेंटाक्साइड, साधारण नमक आदि, जो जलवाष्प के शोषक होते हैं।
अतः विकल्प (B) सही है।
51. लोसूंग या लोसांग त्योहार सिक्किम राज्य का सबसे महत्पपूर्ण त्योहार है। तिब्यती लूनर कैलेंडर के अनुसार साल के 10 वें महीने के 18 वें दिन लोसूंग उत्सव माना जाता है। यह उत्सव मुख्य रूप से 4 दिनों तक चलता है। इस त्योहार में किसान अपनी फसलों की कटाई का जश्न मनाते हैं।
अतः विकल्प (B) सही है।
52. संयुक्त राष्ट्र सुरक्षा परिषद के स्थायी सदस्य देश संयुक्त राष्ट्र अमेरिक, रूस, यू.के., फ्रांस तथा चीन है। संयुक्त राष्ट्र सुरक्षा परिषद की स्थापना 1945 में की गई थी। सुरक्षा परिषद में 15 सदस्य हैं। पाँच स्थायी और दस अस्थायी सदस्य देश है।
अतः विकल्प (D) सही है।
53. कुतुबद्दीन ऐबक गुलाम वंश का संस्थापक था। कुतुबुद्दीन ऐबक ने 1206 में गुलाम वंश की नींव डाली। ये गौरी साप्राज्य के सुल्तान मुहम्मद गौरी का गुलाम था। ऐबक ने लाहौर को अपनी राजधानी बनाया और कुतुबमीनार की नींव डाली।
अतः विकल्प (C) सही है।
54. हम्पी स्मारक समूह, कर्नाटिक में स्थित है। अन्य तीनों स्थल मध्य प्रदेश प्रदेश में स्थित यूनेस्को में कुल 40 स्थल यूनेस्को की विशष धरोहर स्थल में शामिल है, जिसमें 32 सांस्कृतिक श्रेणी में 7 प्राकृतिक श्रेणी में और एक मिश्रित श्रेणी में है।
अतः विकल्प (B) सही है।
55. भारत ने बांग्लादेश के साथ भूमि सीमा का एक समझौता जून 2015 में किया। 'इंस्ट्रूमेंट्स ऑफ़ रेटिफ़िकेशन' के आदान प्रदान के बाद प्रभावी हुआ। इस समझौते के तहत 111 एंक्लेव के 17160.63 एकड़ क्षेत्र का

हस्तांरण भारत द्वारा बांग्लादेश को जबकि 51 एंक्सेव के 7110.02 एकड क्षेत्र का हस्तांतरण बांग्लादेश द्वारा भारत को किया गया।
अतः विकल्प (B) सही है।

56. पटेल के जन्म भारत के राजनीतिक एकीकरण के लिए सरदार वल्लभ भाई 31 अक्टूबर को राष्ट्रीय एकता दिवस के रूप में मनाया जाता है। इसका आरम्भ वर्ष 2014 से हुआ है। वर्ष 2021 में लौह पुरुष वल्लभ भाई पटेल की 146 वीं जयंती मनाई गई। वर्ष 1991 में सरदार पटेल को मरणोपरांत भारत रत से सम्भानित किया गया था।
अतः विकल्प (C) सही है।

57. 'मानव तस्करी और जबरन श्रम पर रोक' का उल्लेख भारतीय संविधान के शोषण के विरूद्ध अधिकार की श्रेणी में रखा गया है। अनुच्छेद 23 मनुष्यों के क्रय विक्रय, बेगार तथा इसी प्रकार के अन्य बलात् श्रम को प्रतिषिद्ध करता है तथा इसके उल्लंघन को दण्डनीय अपराध घोषित करता है।
अतः विकल्प (A) सही है।

58. मानवाधिकार उच्चायुक्त कार्यालय (OHCHR) में 2006 के दौरान मानवाधिकार परषिद ने 'मानवाधिकार आयोग' की जगह ले ली।
मानवाधिकार परिषद एक अंतर-सरकारी निकाय है जिसका गठन 15 मार्च, 2006 को संयुक्त राष्ट्र महासभा के प्रस्ताव द्वारा किया गया था।
अतः विकल्प (C) सही है।

59. भारत में नोटबंदी 8 नवंबर, 2016 को दूसरी बार हुई। इससे पहले भारत के चौथे प्रधानमंत्री मोरारजी देसाई के द्वारा सन् 1978 में सर्वप्रथम मुद्रा का विमुद्रीकरण किया गया जिसमें 1000 और 5000 के नोट बंद किये गये थे। स्वतंत्रता से पूर्व पहली बार विमुद्रीकरण सन् 1946 में हुआ था।
अतः विकल्प (A) सही है।

60. मार्च, 2020 में उत्तर प्रदेश क नोएडा जिले ने राज्य की जी०डी०पी० में अधिक योगदान दिया है। नोएडा प्रति व्यक्ति आय के मामले में भी शीर्ष जिला रहा। गौरतलब है कि वित्त वही 2020-21 में राजा सकल घरेलू उत्पाद की दृष्टि से उत्तर प्रदेश देश की दूसरी सबसे बड़ी अर्थव्यवस्था है। इसक्रम में महाराष्ट्रंशीर्ष स्थान पर है।
अतः विकल्प (A) सही है।

61. भारत और चीन के बीच की रेखा को मैकमोहन कहा जाता है। यह अस्तित्व में सन् 1914 में भारत की तत्कालीन ब्रिटिश सरकार और तिब्बत के बीच शिमला समझौते के तहत आई थी। अफगानिस्तान और पाकिस्तान के बीच 2430 km लम्बी अन्तर्राट्रीय सीमा का नाम डूरण्ड रेखा है। भारत और पाकिस्तान के बीच रैडक्लिफ रेखा है। पाक जलडमरूमध्य भारत और श्रीलंका के बीच की रेखा निर्धारित करता है।
अतः विकल्प (A) सही है।

62. विश्व में सर्वप्रथम जी.एस.टी. (G.S.T) फ्रांस ने लागू किया। यहां पर सन् 1654 में जी.एस.टी. लागू हुआ था। जबकि भारत में (Goods and Services Tax) 1 जुलाई 2017 को लाग हुआ। भारत में जी.एस.टी. लागू करने वाला पहला राज्य असम है।
अतः विकल्प (D) सही है।

63. जून 2020 में भारत और चीन के बीच सीमा संघर्ष के बाद, राष्ट्रीय सुरक्षा और गोपनीयता की चिंताओं का हवाला देते हुए भारत सरकार ने कुल 59 चीनी ऐप्स को पूर्ण रूप से प्रतिबंधित कर दिया।
अतः विकल्प (C) सही है।

64. जनवरी 2020 में आशूगंज और अखौरा के बीच 50.58 किलोमीटर लंबी सड़क को चार लेन के राजमार्ग में बदलने के लिए बांग्लादेश ने भारत के साथ एक समझौते पर हस्ताक्षर किया। समझौँते का उद्देश्य बांग्लादेश में आशुगंज नदी बंदरगाह और अखौरा भूमि बंदरगाह के बीच 58.58 किमी लम्बी सड़क को 4 लेन राजमार्ग में उन्नयन करना है।
अतः विकल्प (B) सही है।

65. 1913-14 में हुए ताना भगत आंदोलन के नेता जतरा ताना भगत माने जाते हैं। इनकी अगुवाई में झारखंड के छोटानागपुर क्षेत्र में ताना भगत भू-लगान माफ करने, गौ-रक्षा, गौ-हत्या पर पूर्ण प्रतिबंध लगाने की मांग को लेकर महात्मा गांधी के अहिंसात्मक आंदोलन में शामिल हुए।
अतः विकल्प (C) सही है।

66. भारत के संविधान के निर्माण में निम्न देशों के संविधान से सहायता ली गई है-

विदेशी स्रोत	संबंधित देश
नीति निर्देशक तत्व	आयरलैण्ड
प्रस्तावना, मौलिक अधिकार	अमेरिका

अतः विकल्प (A) सही है।

67. तरबूज की खेती जायद फसल के रूप में की जाती है। इस वर्ग की फसलों में तेज गर्मी और शुष्क हवाएं सहन करने की अधिक क्षमता होती है। उत्तर भारत में ये फसलें मुख्यतः मार्च-अप्रैल में बोई जाती है। उदाहरण- तरबूज, खीरा, ककड़ी, मूंग, उड़द, सूरजमुखी इत्यादि।
अतः विकल्प (C) सही है।

68. राजस्व विभाग का उच्चतर अधिकारी राजस्व सचिव होता है। राजस्व का तात्पर्य सरकार द्वारा वसूले गए सभी प्रकार के कर और शुल्क, निवेशों पर प्राप्त ब्याज और लाभांश तथा विभिन्न सेवाओं के बदले प्राप्त रकम को राजस्व प्राप्ति कहा जाता है।
अतः विकल्प (A) सही है।

69. मेजर सोमनाथ शर्मा को भारत के प्रथम सर्वोच्च वीरता पुरस्कार परमवीर चक्र से सम्मानित किया गया था। मेजर सोमनाथ शर्मा भारतीय सेना की कुमाँऊ रेजीमेंड की चौथी बटालियन की डेल्टा कंपनी के कंपनी कमाण्डर थे, जिन्होंने अक्टूबर-नवंबर 1947 के भारत-पाक संघर्ष में हिस्सा लिया था।
अतः विकल्प (A) सही है।

70. श्रीलंका के साथ भारत ने अक्टूबर 2019 में दूध और दूध उत्पादों की आपूर्ति के लिए मेमोरेंडम ऑफ इंटरेस्ट (MOI) पर हस्ताक्षर किया।
अतः विकल्प (C) सही है।

71. 2008 में भारतीय आई.टी. अधिनियम 2000 में प्रमुख संशोधन किया गया था। 27 अक्टूबर, 2008 को इस कानून को एक घोषणा द्वारा संशोधित किया गया जिसके तहत अध्याय 2 की धारा 3 में इलेक्ट्रानिक हस्ताक्षर की जगह डिजिटल हस्ताक्षर को जगह दी गई।
अतः विकल्प (C) सही है।

72. निचले से उच्च क्रम में व्यवस्थित कुछ इस प्रकार है-
- हेड कांस्टेबल, इंस्पेक्टर, सहायक उप पुलिस अधीक्षक, पुलिस उप-महानिरीक्षक।
अतः विकल्प (B) सही है।

73. नोटबंदी से पहले अर्थव्यवस्था में 500 रुपये के नोटों की संख्या 17,165 मिलियन थी। सबसे पहले नोटबंदी 1978 में हुई थी। स्वतंत्रता पूर्व नोटबंदी 1946 में हुई थी। दूसरी बार नोटबंदी 8 नवंबर, 2016 को हुई।
अतः विकल्प (B) सही है।

74. बोबिल वीणा एक बृहत खिंचाव वाल तंतु वाद्य मंत्र है। इसे कर्नाटक शासीय संगीत में इस्तेमाल किया जाता है। बोबली नामक स्थान पर इसका अविष्कार किए जाने के कारण इसका नाम बोबिल पड़ा बोबिल बीणा को आमतौर पर 'एकंडा वीणा' के रूप में जाना जाता है। कथन (i) और (ii) दोनों सही हैं।
अतः विकल्प (A) सही है।

75. मानवाधिकार संधि निकायों के स्वतंत्र विशेषज्ञों का कार्यकाल 4 वर्षों का होता है। संयुक्त राष्ट्र संघ ने मानव अधिकार आयोग की स्थापना वर्ष 1946-47 में आर्थिक एवं सामाजिक परिषद की एक कार्यात्मक समिति के रूप में की थी। 15 मार्च, 2006 को संयुक्त राष्ट्र महासभा ने एक नई मानवाधिकार परिषद् के गठन का प्रस्ताव पारित किया।
अतः विकल्प (D) सही है।

76. गति = दूरी/समय, से
चाल $= \frac{455}{35 \times 60} \times \frac{18}{5}$
चाल $= 0.78$ किमी. प्रति घंटे
अतः विकल्प (B) सही है।

77. माना संख्यायें $18x$ व $18y$ है, तो
प्रश्नानुसार,
$18x - 18y = 90$
$x - y = 5$ ...... (i)
हम जानते हैं, कि $18x \times 18y = 252 \times 18$
$xy = 14$......(ii)
$\Rightarrow y = \frac{14}{x}$
Now, equation (i),
$x - \frac{14}{x} = 5$
$\Rightarrow x^2 - 5x - 14 = 0$

x= 7, (-2)
If x=7 then y=2
इसलिए, दोनों संख्याओं का योगफल
$= 18x + 18y$
$= 18 \times 7 + 18 \times 2 = 162$
अतः विकल्प (B) सही है।
78. मूलधन $(P) =$ ₹ $16,000$, दर $(\text{r}) = 10\%$, समय $(\text{t}) = 3$ वर्ष
चक्रवृद्धि मिश्रधन $(\text{A}) = ?$
$\text{A} = \text{P}\left(1 + \frac{\text{r}}{100}\right)^{\text{t}}$ से,
$A = 16000\left(1 + \frac{10}{100}\right)^3 = 16000 \times \frac{11\times11\times11}{10\times10\times10}$
₹ $= 21296$
अतः विकल्प (B) सही है।
79. 4050 और 12576 का H.C.F.

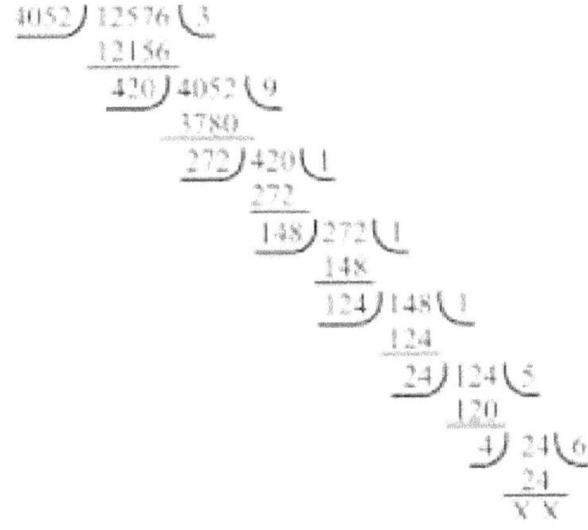

इसलिए, म.स. $= 4$
अतः विकल्प (A) सही है।
80.

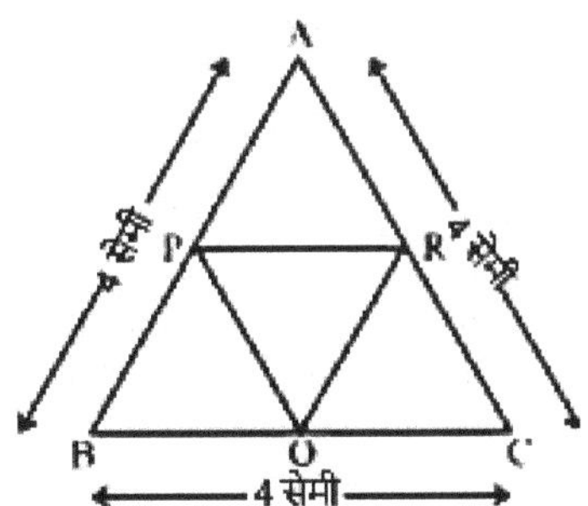

समद्विबाहु त्रिभुज का क्षेत्रफल $= \frac{\sqrt{3}}{4} \times (s)^2$ {s=भुजा}
$\triangle\text{ABC}$ का क्षेत्रफल $= \frac{\sqrt{3}}{4} \times (4)^2$
$= 4\sqrt{3}$ सेमी^{2}
$\triangle\text{PQR}$ का क्षेत्रफल
$= \frac{1}{4} \times \Delta\text{ABC}$ का क्षेत्रफल $= \frac{1}{4} \times 4\sqrt{3} = \sqrt{3}$ सेमी^{2}
अतः विकल्प (B) सही है।
81. $= 1.25 \times 0.05 \times 0.0004$
$= 0.0625 \times 0.0004$
$= 0.000025$
$= 25 \times 10^{-6}$
अतः विकल्प (D) सही है।
82. औसत $= \frac{b+4b}{2} = 10$
$\Rightarrow 5b = 20$
$b = 4$
अतः विकल्प (C) सही है।
83. माना एक कुर्सी की कीमत $=$ ₹ x , एक मेज की कीमत $=$ ₹ y
प्रश्नानुसार,
$4x + 3y =$ ₹2100 .... (i)
$5x + 2y =$ ₹ 1750 .... (ii)
समी. (i) में 2 से समी. (ii) में 3 से गुणा करने पर-
$8x + 6y =$ ₹ 4200
$15x + 6y$ ₹ $= 5250$
$x =$ ₹ 150
x का मान समी. (i) में रखने पर-
$4 \times 150 + 3y =$ ₹ $2100 = y =$ ₹ 500
इसलिए, कुर्सी $=$ ₹ 150, मेज $=$ ₹ 500
अतः विकल्प (A) सही है।
84. $= \left[5\left\{2\left((2-4)^2 + 7\right) + 3\right\} - 1\right]^2$
$= [5\{2(4+7)+3\} - 1]^2 = (124)^2$
$= 15376$
अतः विकल्प (C) सही है।
85. माना परीक्षा में कुल अधिकतम अंक $= \text{x}$
प्रश्नानुसार,
'A' के उत्तीर्ण अंक $= x \times 67\% - 192$,'B' के उत्तीर्ण अंक
$= x \times 27\% + 48$
$x \times 67\% - 192 = x \times 27\% + 48$
$x = \frac{240\times100}{40}, x = 600$
इसलिए, परीक्षा में उत्तीर्ण होने के लिए अंक $= 600 \times \frac{67}{100} - 192$
$= 402 - 192 = 210$
अतः विकल्प (A) सही है।
86. वेन आरेख से -
कम से कम दो खेलों में भाग लेने वाले छात्रों की संख्या
$= 9 + 4 + 8 + 1 + 7 + 6 + 5$
$= 40$
अतः विकल्प (D) सही है।
87. जिस प्रकार सर्कल का सर्कमफरेन्स होता है उसी प्रकार पॉलीगान का पेरिमीटर होता है।
अतः विकल्प (A) सही है।
88. दोनों तर्कों में से कोई भी तर्क मजबूत नहीं है।
अतः विकल्प (B) सही है।
89. दिये गये कथन में पूर्णाधारणा (II) निहित है।
अतः विकल्प (A) सही है।
90. दिये गये आकृति भृंखला से स्पष्ट है, कि आकृति शृंखला में आने वाली अगली आकृति ' b ' होगी।
अतः विकल्प (D) सही है।
91. टम्बलर B की क्षमता $= 50l - 50$ का $\frac{1}{4}l$
$= 50l - 12.5l$
$= 37.5l$
अतः विकल्प (A) सही है।
92.

5. → 15. → 45 → 135 → 405 → 1215 (×3, ×3, ×3, ×3, ×3)

∴? = 405

अतः विकल्प (D) सही है।
93.

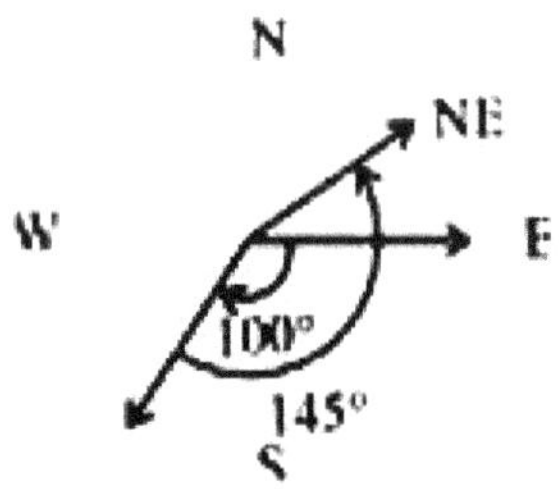

इसलिए, अब आप उत्तर-पूर्व की ओर मुँह करके खड़े हैं।
अतः विकल्प (C) सही है।

94. DENAIT से विकल्प (A) DETAINED बनाया जा सकता है।
अतः विकल्प (A) सही है।

95. अरुणा द्वारा अपने पड़ोसी के बच्चे के प्रति संवेदन व्यवहार माना जाएगा जब अरुणा अपने पड़ोसी के बच्चे के साथ वैसा ही व्यवहार करती है जैसे वह अन्य बच्चों के साथ करती है।
अतः विकल्प (B) सही है।

96. पुलिस अधिनियम, 1861 के अन्तर्गत सड़कों पर सार्वजनिक अनुशासन को बनाये रखना, सड़को पर यातायात तथा भीड़ को नियंत्रित करना, कानून एवं व्यवस्था को बनाये रखना, किसी सक्षम प्राधिकारी द्वारा जारी किये गये विधिपूर्ण आदेश एवं वारन्टों का पालन एवं निष्पादन करना, लोक शान्ति को प्रभावित करने वाली सूचना को प्राप्त करना, अपराधों एवं लोक न्यूसेन्स (उपद्रव) को रोकना, अपराधियों का तलाश एवं उन्हें न्यायालय के समक्ष उपस्थित करना आदि पुलिस के कर्तव्य हैं। जबकि पेयजल की आपूर्ति का दायित्व पुलिस का कर्तव्य नहीं है।
अतः विकल्प (C) सही है।

97. ऐसे उत्पाद बेचा जाना जो ग्राहक की जरूरत का नहीं है। इस प्रकार की सेवा प्रदान करना बैंक का आवश्यक सेवा नहीं है। जबकि ग्राहक की जानकारी के आधार पर भेदभाव नहीं किए जाने के बारे में सूचित करना तथा जारी किए गए दस्तावेजों में स्पष्टीकरण और पारदर्शिता प्राप्त करना आदि बैंक की एक सेवा प्रदान करने की आवश्यकता माना जाता है।
अतः विकल्प (D) सही है।

98. सरकारी रेलवे पुलिस (जीआरपी) के निम्नलिखित कर्तव्य है-
(i) रेलवे स्टेशनों पर एवं ट्रेनों में व्यवस्था बनाये रखना इसके अनतर्गत-
(a) स्टेशन, प्लेटफार्म पर, बुरिंग ऑफिस में, वेटिंग हाल, प्रवेश एवं निकास गेट पर यात्रियों की भीड को नियंत्रित करना तथा जहाँ आपात में आवश्यकता हो वहाँ पर व्यवस्था बनाये रखना।
इसलिए, प्लेटफार्म और ट्रेन में टिकट की जाँच करना सरकारी रेलवे पुलिस का कर्तव्य नहीं है जब कि अन्य (a), (b) और (d) उसके कर्तव्य है।
अतः विकल्प (C) सही है।

99. प्रस्तुत प्रकरण में रेंडी द्वारा प्रोफेसर के समक्ष स्वीकार करना कि उसने परीक्षा में धोखेबाजी करके ग्रांट से अधिक अंक लाया है। यह व्यवहार रैंडी को प्रोफेसर की नजर में सम्मान दिलाएगी। रैंडी का यह व्यवहार कि ग्रांट छात्रवृति का हकदार है इस बात का स्वीकार करना, प्रोफेसर के साथ बहस करना कि छात्रवृत्ति उसके लिए आवश्यक थी इसलिए धोखेबाजी की तथा प्रोफेसर के समक्ष यह साबित करने के तरीके ढुढना कि ग्रांट भी धोखेबाजी का सहारा लेता है, यह सब रैंडी के लिए हानिकारक होगा।
अतः विकल्प (B) सही है।

100. एकता के साथ विभित्र रीति-रिवाजों और परम्पराओं का जश्न मनाना एक ऐसा गुण है जो समाज में रहने वाले विभित्र समुदायों के बीच एकता तथा सद्भाव व भाई चारे को बढ़ावा देता है। यह अच्छा समुदाय बनाने में मदद करता है।
अतः विकल्प (B) सही है।

101. गैर कानूनी गतिविधियों में लिप्त रहना एक ऐसा कारण जिसके लिए पुलिस तलाशी ले सकती है तथा गिरफ्तार कर सकती है। ग्रायन द्वारा अपने कार्यालय में एक वेबसाइट की जाँच करना जो विस्फोटक उपकरण बनाने का टिप्स देती है। एक गैर कानूनी कृत्य है। अतः पुलिस इस कारण ब्रायन के लैपटॉप को छीन सकती है।
अतः विकल्प (D) सही है।

102. प्रस्तुत मामले में जीना को ड्डाक से हुई छेड़छाड़ की जाँच करनी चाहिये तथा ऐसी स्थिति भविष्य में न हो इसके लिए एंटी स्पाइवेयर का उपयोग करना चाहिये। स्पाइंग (Spying) एक ऐसा कार्य है जिसके द्वारा सूचनादाता के गुप्त या गोपनीय जानकारी जिसको प्रकट नहीं किया गया है, सूचनादाता की अनुमति के बिना प्राप्त किया जाता है। स्पाइवेयर हानिकारक हो सकते हैं, परन्तु इसे हटाया जा सकता है तथा सुविख्यात एन्टीवायरस साफ्टवेयर उपकरण का प्रयोग निरन्तर करते रहने से संरक्षित किया जा सकता है।
अतः विकल्प (A) सही है।

103. प्रस्तुत मामले वेणु और सूजी दो भिन्न चीजों के शौकीन है। इनकी भिन्न-भिन्न खाद्य वरीयताएं हैं। सूजी का यह व्यवहार कि वह कभी भी घर पर मांस या चिकन नहीं पकाया तथा वेणु का यह आचरण कि उसने कभी भी जोर नहीं दिया कि सूजी मांस खाना बन्द कर दे, इससे दोनों के बीच का संबंध प्रभावित होने की संभावना नहीं है जबकि विकल्प (a), (b) तथा (c) के अन्तर्गत आचरण से संबंध प्रभावित होने की संभावना है।
अतः विकल्प (C) सही है।

104. सभी के साथ सम्मान और आदर से पेश आएँ, अपने विचारों की समालोचना में सौम्य (विनीत) और सचेत रहे, तथा सम्मेलन के नियमों और नीतियों का सम्मान करें ये सभी सैमुअल द्वारा बनाये जाने वाले मसौदे (ड्राफ्ट) के भाग हो सकते है जबकि केवल पुरुष वैज्ञानिकों के साथ सोच-समझकर संवाद करे इस बात को मसौदे में शामिल किये जाने की संभावना नहीं है।
अतः विकल्प (D) सही है।

105. प्रस्तुत मामले में सैमुअल के ऐसे पेशे जिनमें प्रत्येक से अलग-अलग बातचीत की आवश्कता होती हो उसमें सफल होने की संभावना है। सैमुअल के मानव संसाधन और स्टाफिंग में सफल होने की संभावना नहीं है क्योंकि उसे दूसरे लोगों से बातचीत करना अच्छा नहीं लगता। जबकि यह इस कर्तव्य के लिए आवश्यक है। सैमुअल के किसी टीम के प्रबन्धक के रूप में सफल होने की संभावना नहीं है क्योंकि उसे दूसरे लोगों से बातचीत करना अच्छा नहीं लगता जब यह प्रबन्धक के लिए आवश्यक है।
अतः विकल्प (D) सही है।

106. टेलीविजन पर दिखाये जाने वाले कार्यक्रमों में हिंसा के दृश्य बहुत अधिक होती है। यह बच्चों के लिए उचित नहीं है क्योंकि इससे उन पर प्रभाव पड़ता है। इसे रोकने के लिए यह आवश्यक्ता है कि स्क्रीन पर दिखाई जाने वाली हिंसा के प्रभाव के बारे में माता-पिता को अपने बच्चों को समझाना चाहिए।
अतः विकल्प (C) सही है।

107. विधि शासन के सिद्धान्त का प्रतिपादन इंग्लैंड के विधि शाखी डायसी ने किया। इस सिद्धान्त के अनुसार सभी व्यक्ति एवं संस्थाएँ विधि के अधीन है और उसके प्रति उत्तरदायी है। यह आमतौर पर शक्ति के मनमाने उपयोग को रोकता है। यह लोगों के बीच भेदभाव नहीं करता है। यह उन लोगों द्वारा शकित के दुरुपयोग की जाँच करता है जिनको प्राधिकार प्राप्त है।
विधि के शासन का सिद्धान्त यह अधिकार नही प्रदान करता है कि व्यक्तियों को ऐसा अधिकार है जिसे वे आसानी से रद्द कर सकते हैं।
अतः विकल्प (D) सही है।

108. प्रस्तुत मामले में शीतल से यह अपेक्षा है कि वह विनम्रता से लड़कियों के समूह से बातचीत करे और उन्हें अपने फोन स्विच ऑफ करने तथा बात न करने का अनुरोध करे।
अतः विकल्प (D) सही है।

109. कानून स्पष्ट, प्रचारित और खंडित है यह विधि के शासन का एक सार्वभौमिक सिद्धान्त नहीं है जबकि अन्य सभी विधि के शासन के सिद्धान्त के भाग हैं।
अतः विकल्प (A) सही है।

110. जब किसी सार्वजनिक क्षेत्र में अचानक भीषण आग लगती है तो इस दौरान पुलिस से अपेक्षा होती है कि वह घटनास्थल के आस-पास खड़े लोगों की सुरक्षा करे, अग्निशमन वाहन आरिद उपकरणों की सुरक्षा करे, घटना से हुई भीड़ को नियंत्रित करे। फोटो क्लिक करने में फोटोग्राफर्स की मदद करना यह पुलिस का विधिक कर्तव्य नहीं है।
अतः विकल्प (D) सही है।

111.

N

W 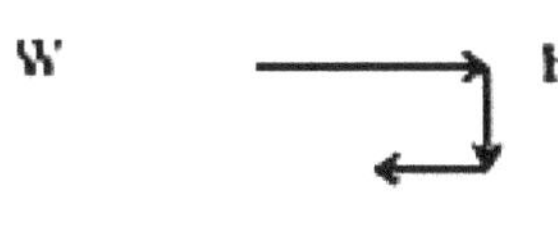 E

S

अतः विकल्प (B) सही है।

112.

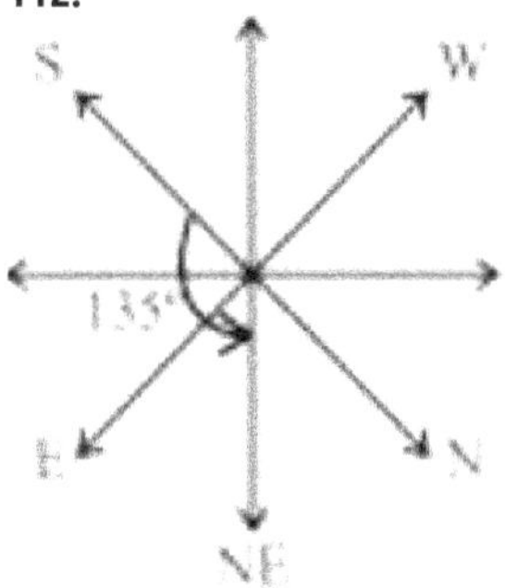

इसलिए, दक्षिण को उत्तर-पूर्व कहा जायेगा।
अतः विकल्प (B) सही है।

113. $A \cap (A \cup B)'$
$= A \cap \{U - (A \cup B)\}$
$= A \cap U - A \cap (A \cap B)$
$= A - A$
$= 0 = \phi$
अतः विकल्प (C) सही है।

114.

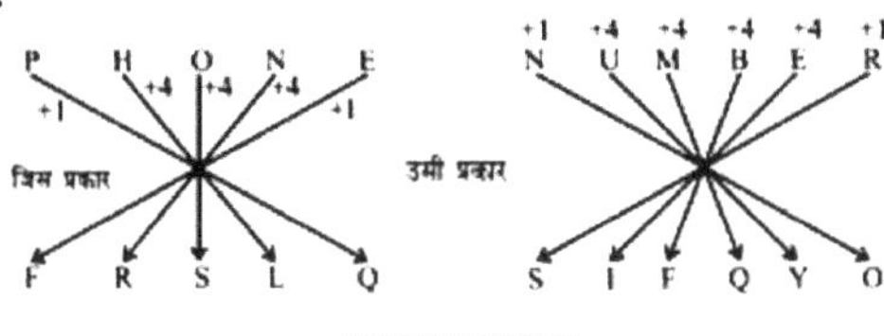

अतः विकल्प (B) सही है।

115. 456 = 2 × 2 × 2 × 3 × 19
204 = 2 × 2 × 3 × 17
HCF (456, 204) = 2 × 2 × 3
=12
अतः विकल्प (C) सही है।

116. $(19)^{144}$ का इकाई का अंक $= (9)^{144}$ में इकाई का अंक
$= 9^{4 \times 36}$ का इकाई का अंक
$= 1$
अतः विकल्प (C) सही है।

117. $\frac{57}{7} = 8\frac{1}{7}$
$\Rightarrow$ 8 पूर्ण सप्ताह $+1$ दिन

$\Rightarrow$ शनिवार $\rightarrow$ रविवार
अतः विकल्प (A) सही है।

118. जिस प्रकार,

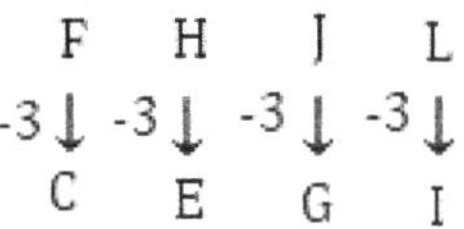

उसी प्रकार,

L N P R
-3↓ -3↓ -3↓ -3↓
I K M O

अतः विकल्प (A) सही है।

119. आकृति शृंखला की अगली आकृति उत्तर (D) आकृति होगी।
अतः विकल्प (D) सही है।

120. $\frac{98}{7} = 14$
= 14 सप्ताह
98 दिन बाद ↓
⇒ शुक्रवार
अतः विकल्प (D) सही है।

121.

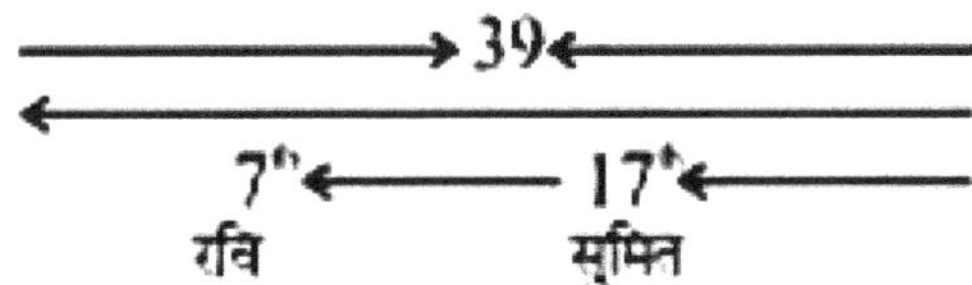

= [39-(7+17)]+1
∴ रवि की रैंक (प्रथम से) = 15 + 1
= 16 वीं
अतः विकल्प (C) सही है।

122.

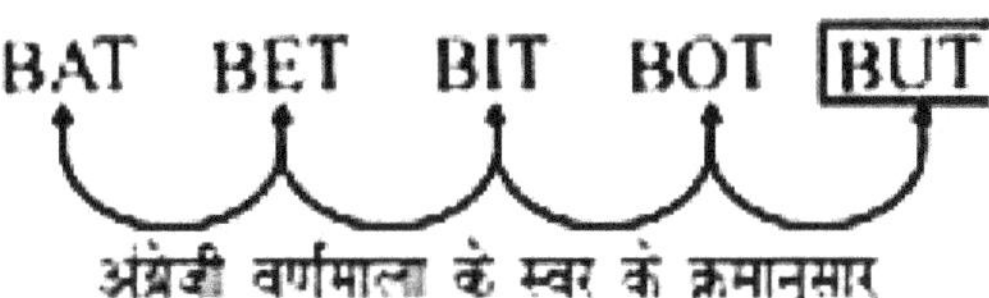

अतः विकल्प (C) सही है।

123. सार्थक अनुक्रम - 1, 3, 2, 4, 5
अतः विकल्प (B) सही है।

124. विकल्प 'a' 'b' तथा 'c' तीनों # तथा $ से मिलकर बनें हैं जबकि विकल्प (D), & तथा # से बना है।
अतः विकल्प (D) सही है।

125. विकल्प (D) को छोडकर शेष विकल्पों में दो स्पेशल कैरेक्टर हैं।
अतः विकल्प (D) सही है।

126. Rini miki suki - we are together........ (i)
Miki Luci pinci - All are different .... (ii)
Suki luci deni - All get together........ (iii)
उपरोक्त तीनों कथनों से स्पष्ट है कि Luci का कोड All होगा।
अतः विकल्प (D) सही है।

127.

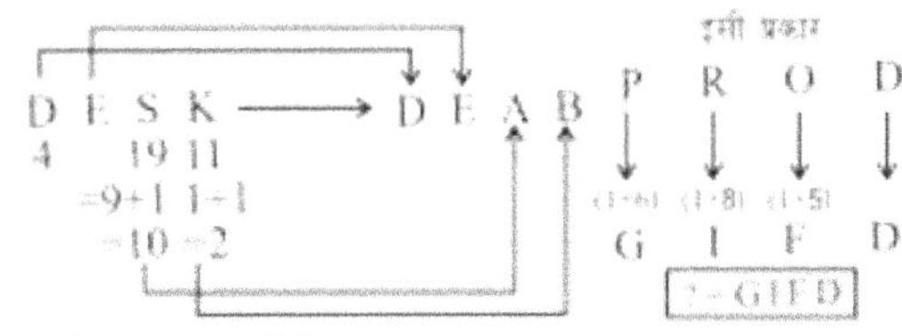

अतः विकल्प (C) सही है।

128.

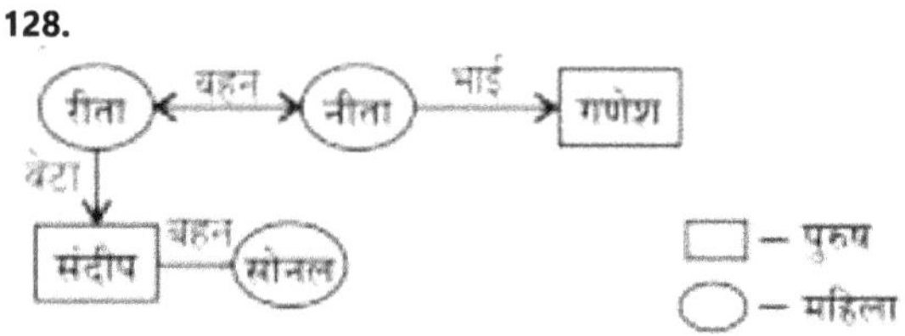

इसलिए, सोनल की चारी नीता है।
अतः विकल्प (B) सही है।

129.

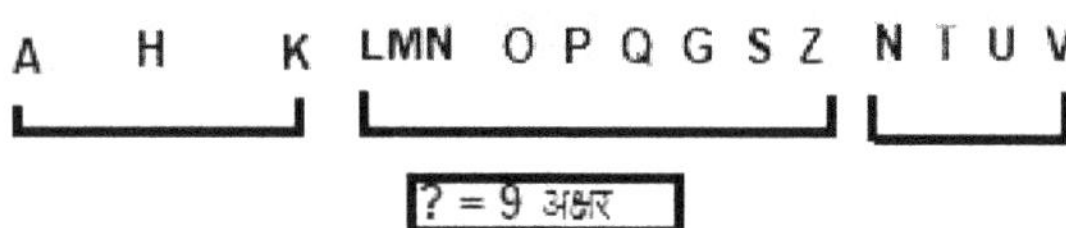

अतः विकल्प (A) सही है।

130. समस्या आकृति की भृंखला का अगला पद उत्तर आकृति विकल्प (D) होगी।
अतः विकल्प (D) सही है।

131. दिया है चाल का अनुपात

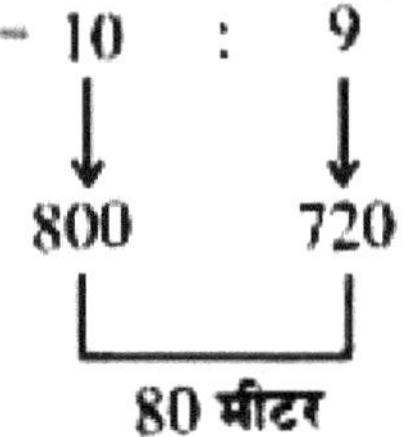

80 मीटर तय करने में चली दूरी = 800 मीटर 800 मीटर तय करने में चाल दूरी = $\frac{800}{80} \times 800$

= 8000 मीटर

इसलिए, तेज दौड़ने वाला धावक 8 किमी. (8000 मीटर) तय करने के बाद दूसरे धावक को पहली बार पार करेगा। इसी प्रकार पुन: 8 किमी (अर्थात 16 किमी तय करने के बाद दूसरी बार किन्तु दौड़ केवल 10 किमी की है इसलिए, पूरी दौड़ में केवल एक बार रानी, सोनाली को पार करेगी।
अतः विकल्प (A) सही है।

132.

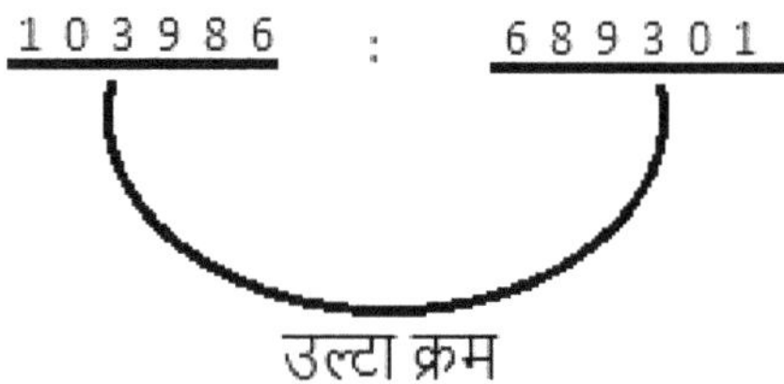

इसी प्रकार
9 6 5 4 9 2 : 2 9 4 5 6 9
? = 294569
अतः विकल्प (C) सही है।

133.

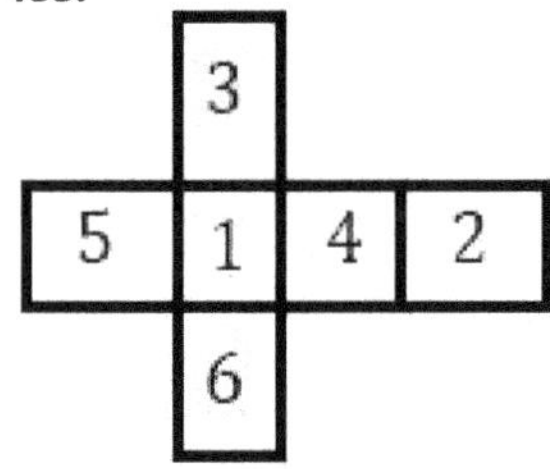

इसलिए, चित्र से विकल्प (D) 3 और 2 ही एक दूसरे से सन्निकट फलकों पर स्थित है।
अतः विकल्प (D) सही है।

134.

मंजिल	बजाज	देशाई	मि. खान	परमार	चोपड़ा
5	✓✓✓			✓✓✓	
4		✓✓✓			
3			✓✓✓		
2					
1					✓✓✓

इसलिए, मिस चौपड़ा जिस मंजिल पर रहती हैं उसकी संख्या 1 है।
अतः विकल्प (D) सही है।

135. 2, 3 तथा 4 सभी चतुर्भुज से बनी आकृतियाँ हैं।
अतः विकल्प (D) सही है।

136.

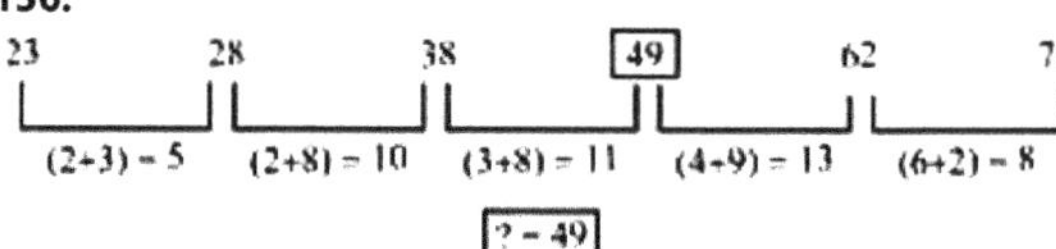

अतः विकल्प (B) सही है।

137. बडे घन की आकृति के एक फलक पर ज्यादा से ज्यादा 3 रंग हो सकते हैं।
अतः विकल्प (C) सही है।

138.

भरत > डाली > चन्द्रा/फराह > आनन्द

भार का घटता क्रम

अतः विकल्प (B) सही है।

139. दृश्य शृंखला को पूरा करने वाली आकृति उत्तर आकृति (D) होगी।
अतः विकल्प (D) सही है।

140. दृश्य शृंखला को पूरा करने वाली आकृति, उत्तर आकृति विकल्प (C) होगी।
अतः विकल्प (C) सही है।

141.

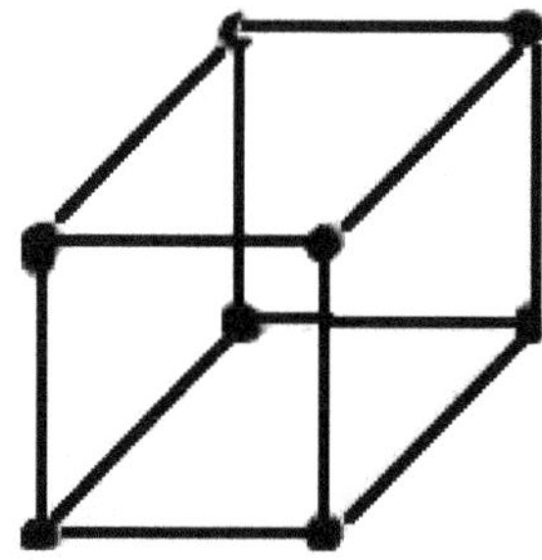

एक घर बनाने में 12 × 2 माचिस की आवश्यकता होगी। अतः शेष बची माचिस की संख्या = 100 - 24
= 76
अतः विकल्प (D) सही है।

142.

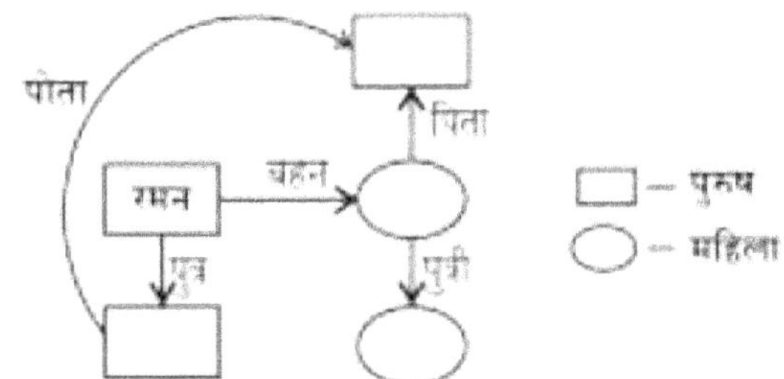

अतः विकल्प (B) सही है।

143. विकल्प (A) को छोड़कर सभी विकल्पों में अक्षरों की संख्या, अंक के रूप में दी गयी है।
अतः विकल्प (A) सही है।

144. जिस प्रकार दर्जी का सम्बन्ध सूई से है, उसी प्रकार प्लम्बर का सम्बन्ध (Wrench) से होगा।
अतः विकल्प (B) सही है।

145. जिस प्रकार जोड़ना, तोडना एक-दूसरे के विलोम हैं, उसी प्रकार विवाह और तलाक एक-दूसरे के विलोम हैं।
अतः विकल्प (C) सही है।

146. विकल्प (C) को छोडकर सभी विकल्पों में संख्याओं का युग्म एक समसंख्या है।
अतः विकल्प (C) सही है।

147. आकृति (C) प्रश्न आकृति के दायीं अर्द्ध हिस्से के रूप में दिखाई देगी।
अतः विकल्प (C) सही है।

148.

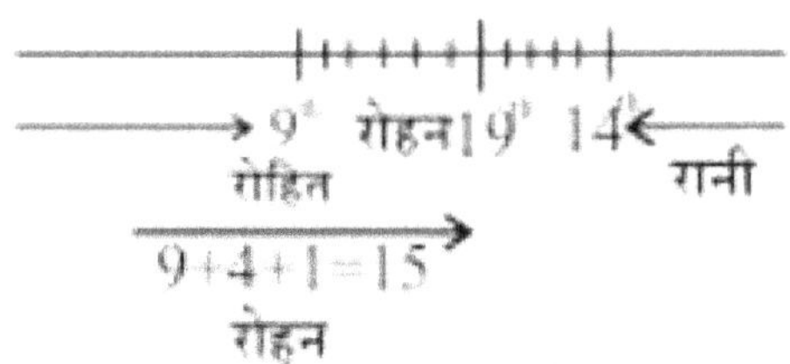

इसलिए, आरम्भ से रोहन का स्थान 15 वाँ होगा।
अतः विकल्प (C) सही है।

149. 1 3 26 649

$1 \times 2^2 - 1 = 3$

$3 \times 3^2 - 1 = 26$

$26 \times 5^2 - 1 = 649$

$649 \times 7^2 - 1 = 31800$

अतः विकल्प (B) सही है।

150. माना प्रत्येक थाली की कीमत x है
∴ कटोरी की कीमत = x - 5
प्रश्नानुसार,
20x + 10(x-5)=580
30x - 50 = 580
x = 21
अतः विकल्प (C) सही है।

General Knowledge

Q.1 बुद्ध के जीवन की घटनाओं और उनसे सम्बद्ध स्थलों को सुमेलित करे:

(A)	जन्मस्थान	(1)	लुम्बिनी
(B)	ज्ञान की प्राप्ति	(2)	बोधगया
(C)	प्रथम उपदेश	(3)	सारनाथ
(D)	निर्वाण की प्राप्ति	(4)	कुशीनगर

A. (A)-(1), (B)-(2), (C)-(3), (D)-(4)
B. (A)-(1), (B)-(3), (C)-(2), (D)-(4)
C. (A) -(4), (B) -(2), (C) -(3), (D) -(1)
D. (A)-(3), (B)-(2), (C)-(1), (D)-(4)

Q.2 अंग्रेजो ने सूरत में अपनी पहली फैक्ट्री किसकी अनुमति से स्थापित की थी?
A. अकबर **B.** जहाँगीर **C.** शाहजहाँ **D.** औरंगजेब

Q.3 मुगल काल में भूमि की माप की प्रथा निम्न में से किस शासक ने शुरु की?
A. अकबर **B.** शेरशाह **C.** शाहजहाँ **D.** औरंगजेब

Q.4 निम्न में से कौनसा 1857 की क्रान्ति का कारण नहीं था?
A. लार्ड डलहौजी की अपहरण की नीति
B. सैनिकों को सुअर एवं गाय की चर्बी के कारतूस देना
C. भारतीयों का संगठित एवं शक्तिशाली होना
D. भारतीयों का आर्थिक शोषण

Q.5 संस्कृत किस प्रदेश की दूसरी राजकीय भाषा है?
A. कर्नाटक **B.** उत्तर प्रदेश
C. बिहार **D.** उत्तराखण्ड

Q.6 दिलवाड़ा जैन मन्दिर है:
A. माउन्ट आबू में अरावली पर्वत पर
B. सिन्धु के किनारे
C. खजुराहो में
D. नीलगिरि पहाड़ियों पर

Q.7 पेंगुइन पक्षी कहाँ पाया जाता है?
A. अफ्रीका में **B.** उत्तरी अमेरिका में
C. अंटार्कटिका में **D.** दक्षिण अमेरिका में

Q.8 निम्नलिखित राज्यों को, उनमें मानसून आरम्भ होने की तिथियो के आरोही क्रम में व्यवस्थित कीजिए।
1 उत्तर प्रदेश
2 पश्चिम बंगाल
3 केरल
4 राजस्थान
A. 2 – 3 – 1 – 4 **B.** 3 – 2 – 1 – 4
C. 3 – 1 – 2 – 4 **D.** 1 – 2 – 3 – 4

Q.9 नेवेली निम्न में से किस वस्तु की खानों के लिए प्रसिद्ध है?
A. हीरा **B.** सोना
C. लिग्नाइट **D.** चूने का पत्थर

Q.10 भारत का आर्थिक सर्वेक्षण प्रत्येक वर्ष सरकारी तौर पर प्रकाशित किया जाता है:
A. भारतीय रिजर्व बैंक द्वारा
B. भारतीय योजना आयोग द्वारा
C. भारत सरकार के वित्त मंत्रालय द्वारा
D. भारत सरकार के उद्योग मंत्रालय द्वारा

Q.11 भारत में प्रति व्यक्ति आय कम रही है:
A. जनसंख्या वृद्धि के कारण
B. कीमतों में वृद्धि के कारण
C. ग्रामीण क्षेत्रों में अधिक लोगों के निवास करने के कारण
D. क्षेत्रीय असंतुलन के कारण

Q.12 डा. अमर्त्य कुमार सेन को नोबेल पुरस्कार उनके निम्न में से किस एक के योगदान के अभिज्ञान में दिया गया था?
A. श्रम अर्थशास्त्र **B.** विपणन अर्थशास्त्र
C. मौद्रिक अर्थशास्त्र **D.** कल्याणकारी अर्थशास्त्र

Q.13 भारतीय संविधान के अन्तर्गत कानून के समक्ष समानता के सन्दर्भ में अपवाद किसके सन्दर्भ में है?
A. राष्ट्रपति या राज्यपाल के लिए
B. केवल सम्प्रभु विदेशी के लिए
C. केवल राष्ट्रपति के लिए
D. किसी के लिए नहीं

Q.14 भारत में लोकपाल और लोकायुक्त के पद निम्नलिखित में से किस पर आधारित है?
A. यूनाइटेड किंगडम का पार्लियामेंटरी कमिश्नर
B. स्कैंडीनेविया का ओम्बुड्समॅन
C. रूस का प्रोक्युरेटर जनरल
D. फ्राँस की काउंसिल आफ स्टेट

Q.15 'इको मार्क' किसी उत्पाद पर दिये गये इस प्रमाणन का चिन्ह होता है कि यह उत्पाद:
A. अच्छी किस्म का है
B. किफायती कीमत वाला है
C. पर्यावरण की दृष्टि से अनुकूल है
D. नष्ट होने वाला नहीं है

Q.16 विश्व पर्यावरण दिवस निम्नलिखित में से किस तारीख को मनाया जाता है?
A. 5 जून **B.** 2 अक्टूबर **C.** 10 नवम्बर **D.** 19 नवम्बर

Q.17 कैप्सूल का आवरण बना होता है:
A. प्रोटीन का **B.** अण्डे के छिलके का
C. सैल्यूलोज का **D.** स्टार्च का

Q.18 बोतल का दूध पीने वाले बच्चों की तुलना में माँ का दूध पीने वाले बच्चे में निम्नलिखित में से कौन से विशिष्ट लक्षण होते है?
(1) वह कम मोटा होता है
(2) उस में रोगों का प्रतिरोध करने की क्षमता अधिक होती है
(3) उसे विटामिन एवं प्रोटीन अधिक मिलते है
(4) उसकी लम्बाई में असामान्य वृद्धि होती है
A. 1, 2 और 3 **B.** 1, 2 और 4
C. 1, 3 और 4 **D.** 2, 3 और 4

Q.19 मानव शरीर में रक्त का थक्का किस विटामिन से जमता है?
A. विटामिन K **B.** विटामिन D
C. विटामिन E **D.** विटामिन C

Q.20 निम्नलिखित प्रश्न में दिए गए शब्द में प्रयुक्त सन्धि के प्रकार का चयन

उसके नीचे दिए गए विकल्प में से कीजिए।
तन्मय

A. व्यंजन सन्धि **B.** विसर्ग सन्धि
C. स्वर सन्धि **D.** इनमें से कोई नहीं

Q.21 "छछून्दर के सिर में चमेली का तेल" का अर्थ है:
A. दान के लिए सुपात्र न होना
B. गंजे व्यक्ति के सिर पर सुगन्धित तेल लगाना
C. बिलकुल अनपढ़ व्यक्ति को धन मिलना
D. अयोग्य व्यक्ति को अच्छा पद मिलना

Q.22 वर्ष 2011 की जनगणना के अनुसार पुरुष-स्त्री अनुपात के बारे में कौन-सा युग्म सही है?
A. 1000 पुरुष : 940 स्त्री **B.** 1000 पुरुष : 933 स्त्री
C. 1000 पुरुष : 929 स्त्री **D.** 1000 पुरुष : 937 स्त्री

Q.23 2011 की जनगणना के अनुसार सबसे अधिक निरक्षरता वाला राज्य है:
A. बिहार **B.** मध्य प्रदेश
C. उड़ीसा **D.** उत्तर प्रदेश

Q.24 वर्ष 2012 के ओलम्पिक खेल किस देश में किये गये थे?
A. सिड्नी - आस्ट्रेलिया **B.** लंदन - ब्रिटेन
C. बीजिंग - चीन **D.** पेरिस - फ्राँस

Q.25 साईना नेहवाल एक प्रमुख नाम है:
A. स्वीमिंग में **B.** भारोत्तोलन में
C. बैडमिंटन में **D.** बॉक्सिंग में

Q.26 'विंग्स आफ फायर' पुस्तक के लेखक कौन हैं?
A. विक्रम सेठ
B. ए. पी. जे. अब्दुल कलाम
C. अरून्धती राय
D. एम. जे. अकबर

Q.27 'सत्यमेव जयते' शब्द कहाँ से लिया गया है?
A. मनुस्मृति **B.** भगवद्गीता
C. ऋग्वेद **D.** मुण्डक उपनिषद

Q.28 सन्त कबीर दास की समाधि स्थित है:
A. कुशीनगर **B.** मगहर **C.** देवीपाटन **D.** चित्रकूट

Q.29 1 GB किस के बराबर है?
A. 10 MB **B.** 100 MB
C. 1000 MB **D.** 10000 MB

Q.30 अल्फ्रेड नोबेल ने किसका आविष्कार किया?
A. माइक्रोफोन **B.** टाइपराइटर
C. डाइनामाइट **D.** ग्रामोफोन

Q.31 निम्नलिखित में कौन बायो-डीजल पौधा है?
A. जावा घास **B.** रतन जोत **C.** गुग्गुल **D.** रोशा घास

Q.32 विम्बलडन टेनिस प्रतियोगिता 2013 में पुरुष एकल वर्ग में कौन विजयी रहे?
A. रोजर फेडरर **B.** एन्डी मरे
C. राफेल नाडाल **D.** नोवाक जोकोविच

Q.33 भारत को 2012 के ओलम्पिक खेलों में कुल कितने पदक प्राप्त हुए?
A. 6 पदक **B.** 4 पदक **C.** 7 पदक **D.** 2 पदक

Q.34 वर्ष 2013 में न्यायमूर्ति जे. एस. वर्मा समिति ने किस विषय पर अपनी संस्तुतियाँ दी?
A. उच्च न्यायालय में जजों की नियुक्ति प्रक्रिया
B. प्रोन्नति में आरक्षण
C. महिला सुरक्षा से जुडे कानूनों की समीक्षा
D. आतंकवाद निरोधक कानून की समीक्षा

Q.35 भारत की कुल जनसंख्या (वर्ष 2011 में):
A. 100.81 करोड **B.** 118.70 करोड
C. 127.06 करोड **D.** 121.02 करोड

Q.36 डेन्मार्क, आइसलैंड, नार्वे, स्वीडन एवं फिनलैंड मिलकर कहलाते है:
A. नीदरलैंड **B.** स्कैंडिनेविया
C. यूरेसिया **D.** आस्ट्रेलिया

Q.37 निम्न में से कौन भारत के मुख्य न्यायाधीश नहीं रहे हैं?
A. एस. एच. कपाडिया **B.** अल्तमस कबीर
C. के. जे. बालकृष्णन **D.** एन. गोपालस्वामी

Q.38 जनवरी 2013 में निम्न में किसको पद्म विभूषण की उपाधि से अलंकृत किया गया है?
A. डा. सरोजा वैद्यनाथन **B.** मेरी कोम
C. शर्मिला टेगोर **D.** प्रो. यशपाल

Q.39 भारत के 64 वे गणतंत्र दिवस (2013) में मुख्य अतिथि थे:
A. भूटान नरेश **B.** थाइलैंड के प्रधानमंत्री
C. फ्रांस के राष्ट्रपति **D.** मारीशस के राष्ट्रपति

Q.40 भारत सरकार के महिला एवं बाल विकास मंत्री है:
A. सुश्री कृष्णा तीरथ **B.** सुश्री जयंती नटराजन
C. श्री जितेन्द्र सिंह **D.** सुश्री कुमारी सेलजा

Mental Ability & Reasoning

Q.41 यदि किसी भाषा में 'ALPACA' का अर्थ 'ACAPLA' है। तो इसी भाषा में 'ANIMAL' को कैसे लिखेंगे?
A. LAMNIA **B.** AAMLIN
C. LAMINA **D.** ALAMIN

Q.42 नीचे दी गई श्रृंखला में रिक्त स्थान को दिए गए विकल्पों में से सही विकल्प ढूंढ कर भरिये:
C E I K O Q ---
A. R **B.** T **C.** S **D.** U

Q.43 नीचे दिए गए पाई चार्ट में किसी परिवार के विभिन्न मदों पर प्रतिमाह खर्च को प्रदर्शित किया गया है। इस पाई चार्ट का अध्ययन कर इससे सम्बन्धित नीचे दिए प्रश्न का उत्तर दे। यदि शिक्षा पर खर्च 250 रुपए प्रतिमाह है तो कपड़ों पर वार्षिक व्यय कितने रुपए होगा?

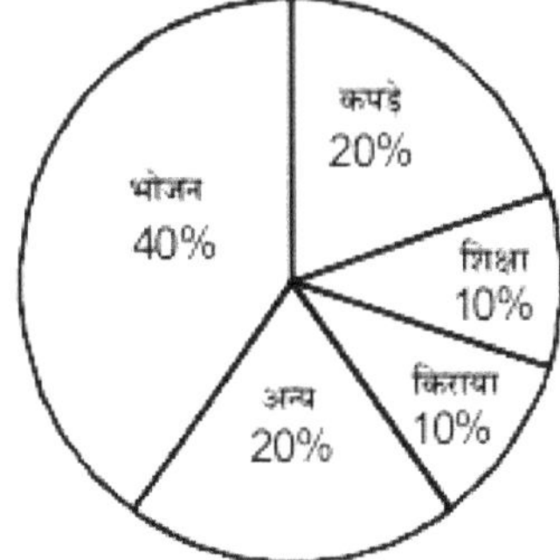

A. रुपए 3, 000 **B.** रुपए 4, 000
C. रुपए 6, 000 **D.** रुपए 5, 000

Q.44 यदि HALE = NPGK तो EAH को किस प्रकार कूटबद्ध करेंगे?
A. TTR **B.** PLQ **C.** KPN **D.** NPK

Q.45 यदि 3 दिसम्बर 1999 को रविवार है तो 3 जनवरी 2000 को कौन-सा दिन होगा?

A. मंगलवार **B.** बुधवार **C.** गुरुवार **D.** शुक्रवार

Q.46 यदि 'P' 'Q' का पति है और 'R' S और Q की मां है तो R और P का क्या रिश्ता है?

A. माता **B.** बहन

C. सास **D.** इनमें से कोई नहीं

Q.47 निम्नलिखित में से कौन-सा आरेख कुतुबमीनार, दिल्ली और एफिल टॉवर का सर्वोत्तम प्रतिनिधित्व करता है ?

A. 

B. 

C.

D.

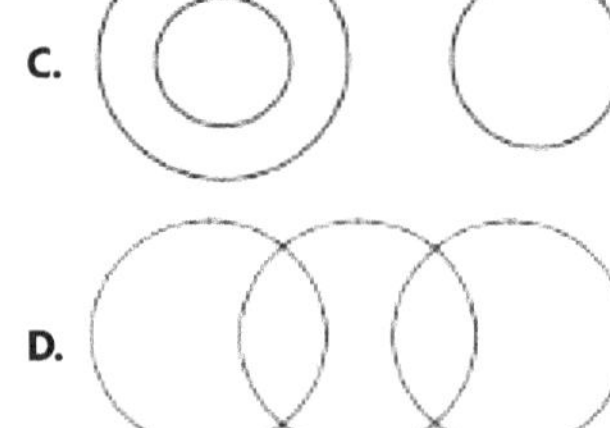

Q.48 दिए हुए विकल्पों में से चिन्ह : : के दाईं ओर रिक्त स्थानों की पूर्ति कीजिए।

मील : दूरी : :

A. धन : हजार **B.** मात्रा : वजन

C. लीटर : द्रव्य **D.** वृत्त : क्षेत्रफल

Q.49 प्रश्न युग्म के शब्दों के बीच के संबंध के आधार पर दिए गए विकल्पों में से सही उत्तर युग्म का चुनाव करें:

मूढ़मति : चालाक

A. डरपोक : साहसी

B. मंदबुद्धि : जड़मति

C. मोहक : आकर्षक

D. विरोध करना : नापसंद करना

Ques (50-51):निर्देश: प्रश्न में पहले एक कथन है फिर उसके नीचे दो पूर्वधारणाएँ है जिन्हे क्रमांक I और II दिए गए हैं, कोई पूर्वधारणा वह बात है जिसे या तो मान लिया गया हो या वह गृहीत हो। आपको दिए गए कथन और उसके नीचे दी गई पूर्वधारणाओं पर विचार करने के बाद तय करना है कि कौन-सी पूर्वधारणा कथन में अन्तर्निहित है।

Q.50 कथन: सिविक निकाय ने शहर के एक अलग-थलग हिस्से पर स्थित तट पर एक बडा नोटिस बोर्ड लगाया, "पिछले कुछ महीनों के दौरान समुद्र में तैरते समय कई पिकनिक मनाने वाले डूब गए"

पूर्वधारणाएँ:

(I) हो सकता है पिकनिक मनाने वाले नोटिस को नजरअंदाज करे और समुद्र में जाने का जोखिम लेते रहे।

(II) हो सकता है पिकनिक मनाने वाले इसे पढ लें और समुद्र में जाते समय सावधान रहें।

A. अगर केवल पूर्वधारणा I अन्तर्निहित है।

B. अगर केवल पूर्वधारणा II अन्तर्निहित है।

C. अगर या तो पूर्वधारणा I अथवा पूर्वधारणा II अन्तर्निहित है।

D. अगर न तो पूर्वधारणा I न ही पूर्वधारणा II अन्तर्निहित है।

Q.51 कथन: हाल में सरकार ने सार्वजनिक क्षेत्र के सभी बैकों को 25 लाख रु. तक के आवास ऋणों पर ब्याज की दर घटाने के लिए कहा है।

पूर्वधारणाएँ:

(I) हो सकता है सार्वजनिक क्षेत्र के बैंक 25 लाख रु. तक के सभी आवास ऋणों पर ब्याज दर घटा दे।

(II) हो सकता है लोग सरकार के फैसले का अनुचित लाभ उठाएं।

A. अगर केवल पूर्वधारणा I अन्तर्निहित है।

B. अगर केवल पूर्वधारणा II अन्तर्निहित है।

C. अगर या तो पूर्वधारणा I अथवा पूर्वधारणा II अन्तर्निहित है।

D. अगर न तो पूर्वधारणा I न ही पूर्वधारणा II अन्तर्निहित है।

Q.52 नीचे दिए गए क्रम में प्रश्न चिन्ह (?) के स्थान पर क्या आयेगा?

EFI, CDG, PQT, ?

A. UVY **B.** KMP **C.** ABG **D.** MMR

Q.53 किसी समूह भाषा में 'PLEASE' को 'QNHEXK' लिखा जाता है तो उसी कूट भाषा में SHARMA को कैसे लिखा जाएगा?

A. TJDVRG **B.** TKDURG

C. TICVRE **D.** TDJVRG

Q.54 संवाददाता : समाचार : समाचार पत्र के समान संबंध है:

A. किसान : फसलः भोजन

B. राजमिस्त्री : सीमेंट : निर्माण

C. बादल : पानी : तालाब

D. सड़क : वाहन : गंतव्य

Q.55 जिस प्रकार 'BF', 'IM' से सम्बन्धित है, उसी प्रकार 'HL' सम्बन्धित है।

A. PT से **B.** NR से **C.** OR से **D.** OS से

Q.56 निम्नलिखित प्रश्न में दी गई अक्षर शृखंला के खाली स्थानों पर क्रम से रखने पर निम्नलिखित में से कौन-सा अक्षर समूह उसे पूरा करेगा?

QST_, QS_R, Q_TR, _STR

A. SQTR **B.** RTSQ **C.** TRQS **D.** TSRQ

Q.57 निम्नलिखित प्रश्न में दिए हुए विकल्पों में से उस शब्द कें चुनिए जो नीचे दिए गए शब्द में शामिल अक्षरों से नही बन सकता।

PERMANENT

A. REMNANT **B.** TRAMP

C. MENTOR **D.** AMPERE

Q.58 यदि किसी सांकेतिक भाषा में SAGE को 4169 तथा PERT को 7928 लिखा जाता है, तो उसी भाषा में STEP को किस प्रकार लिखा जाएगा?

A. 4897 **B.** 4987 **C.** 4197 **D.** 4387

Q.59 समीर पूरब दिशा की ओर मुंह किए खड़ा था। वह अपने दाएं मुड़ा और 5 मीटर चला, फिर अपने दाएं मुड़ा और 7 मीटर चला। फिर वह बाएं मुड़ा और 4 मीटर चला। अब उसका मुंह किस दिशा की ओर है?

A. उत्तर **B.** दक्षिण

C. पश्चिम **D.** उत्तर-पश्चिम

Q.60 रमेश अपने घर से 10 मी. पूरब की ओर दूरी तय करने के बाद अपने दाएं मुड़ा और फिर 10 मी. चला। फिर बाएं मुड़कर 5 मी. चलने के बाद पुन: बाएं मुड़ा और 15 मी. चला। अब वह अपने बाएं मुड़कर 15 मी. चला तो वह अपने घर से कितनी दूरी पर खड़ा है?

A. 10 मी. **B.** 15 मी. **C.** 20 मी. **D.** 5 मी.

Q.61 छात्रों की एक पंक्ति में रवि पंक्ति के दोनों सिरों से 21 वें स्थान पर है। बताइए पंक्ति में कितने छात्र हैं?

A. 42 **B.** 41 **C.** 43 **D.** 40

Q.62 यदि $84 \oplus 72 = 45$

$63 \oplus 41 = 33$

$74 \oplus 52 = 33$

तो,

$94 \oplus 82 = ?$

A. 45 **B.** 59 **C.** 56 **D.** 65

Q.63 यदि P, Q, R और S कैरम का गेम खेल रहे हैं जिसमें P का पार्टनर R है और S का पार्टनर Q है। R, जो पश्चिम की ओर मुखातिब है, के दाहिने S बैठा है। 'Q' किस दिशा की ओर देख रहा है?

A. उत्तर **B.** दक्षिण **C.** पूर्व **D.** पश्चिम

Q.64 महेश पूर्व की ओर जा रहा है। यदि उसे उत्तर की ओर जाना है तो उसे निम्नलिखित में से किस विकल्प का चुनाव नहीं करना चाहिए?

A. दायें, दायें, बायें, दायें, दायें

B. दायें, दायें, बायें, बायें, बायें

C. दायें, दायें, दायें

D. दायें, बायें, दायें, बायें

Q.65 पांच पुस्तके A, B, C, D और E एक के ऊपर एक इस प्रकार रखी हुई हैं कि 'A' के ऊपर 'E' है, 'D' के नीचे 'C' है, 'D' के ऊपर 'A' है और 'C' के नीचे 'B' है। कौन-सी किताब सबसे नीचे रखी हुई है?

A. C **B.** D **C.** B **D.** A

Q.66 एक व्यक्ति एक स्थान से उत्तर की ओर 20 मीटर चलता है। उसके बाद वह दाहिने मुड़कर 30 मीटर चलता है। उसके बाद वह दाहिने मुड़कर 35 मीटर चलता है। उसके बाद वह बाएँ मुड़कर 15 मीटर चलता है तथा पुन : बाएँ मुड़कर 15 मीटर चलता है।
वह अपनी आरंभिक अवस्था से किस दिशा में कितनी दूरी पर है?

A. 15 मीटर पश्चिम **B.** 30 मीटर पूर्व

C. 30 मीटर पश्चिम **D.** 45 मीटर पूर्व

Q.67 नीचे दिए गए विकल्पों में से सही विकल्प चुनकर प्रश्न चिन्ह के स्थान पर लिखिए।

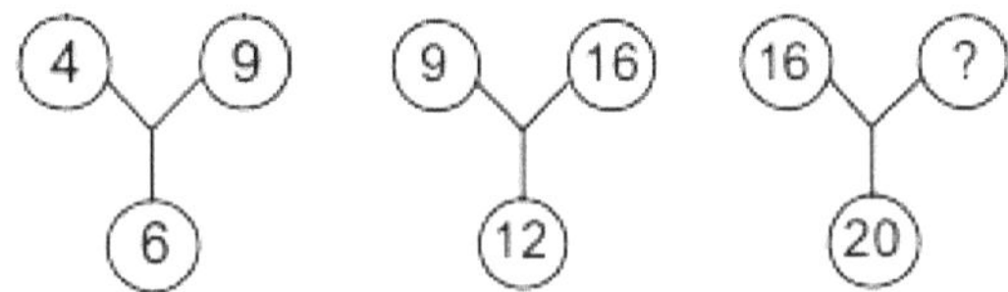

A. 60 **B.** 50 **C.** 25 **D.** 35

Q.68 यदि एथलीटों, स्प्रिंटरों और मैराथन धावकों को आरेख द्वारा चित्रित किया जाए तो निम्नलिखित में से कौन-सा आरेख इन तीनों समूहों के बीच संबंध को सर्वोत्तम रूप से दर्शाता है?

A. 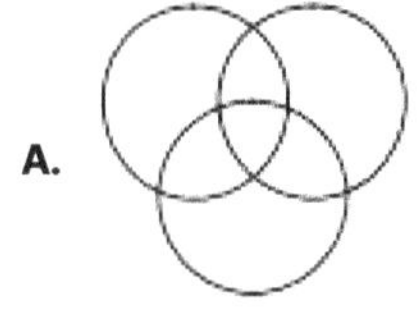 **B.** 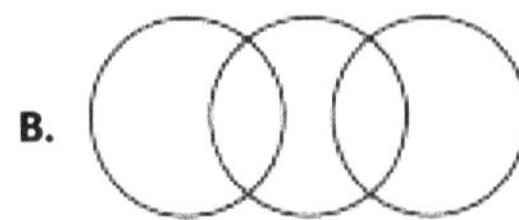

C. 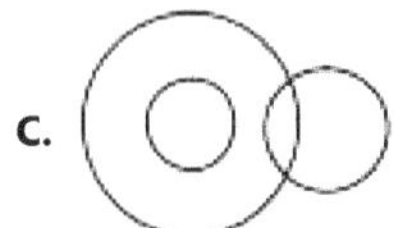 **D.** 

Q.69 नीचे दिए गए विकल्पों में से सही विकल्प ढूंढ कर श्रृंखला को पूरा करो:
HV, GT, FR, EP, DN,

A. KL **B.** LM **C.** NO **D.** CL

Q.70 'बुद्धिमान' 'चालाक' से उसी तरह संबंधित है जिस प्रकार 'स्फूर्तिहीन' '__________' से संबंधित है।

A. मूर्ख **B.** धूर्त **C.** सुस्त **D.** बेवकूफ

Q.71 प्रश्न युग्म के शब्दों के बीच के संबंध के आधार पर दिए गए विकल्पों में से सही उत्तर युग्म का चुनाव करें:
संदिग्ध : अविवादित

A. कष्टकारी : संतापी

B. कलंक लगाना : मानहानि करना

C. कृपण : उदार

D. तीक्ष्ण बुद्धि : चिपकाव

Q.72 इस प्रश्न में आकृतियों के दो समूह दिए गए हैं। एक समूह को प्रश्न आकृतियाँ और दूसरे को उत्तर आकृतियाँ कहते हैं। उत्तर आकृतियों को A, B, C, D द्वारा दर्शाया गया है। प्रश्न चिन्ह के स्थान पर कौनसी उत्तर आकृति आएगी ताकि एक नियमित श्रृंखला बन जाए?
प्रश्न आकृतियां

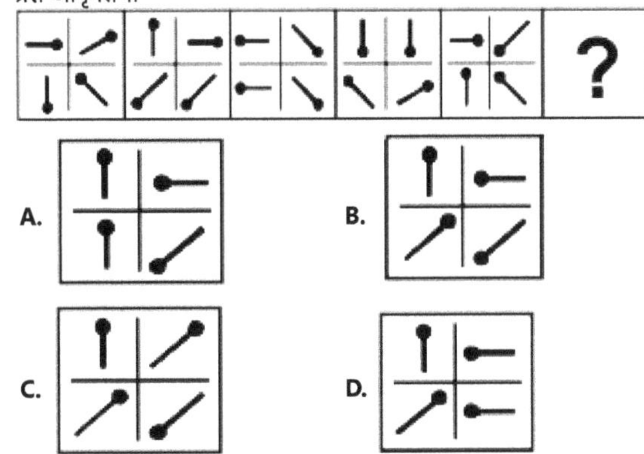

Q.73 एक घन, जिसकी भुजाओं (फलक) पर अक्षर अंकित हैं, को नीचे अलग-अलग स्थितियों में दर्शाया गया है, जैसा कि अलग-अलग दिशाओं से देखा जा सकता है। लुप्त अक्षर, जिसे प्रश्न चिन्ह से अंकित किया गया है, को ज्ञात करें।

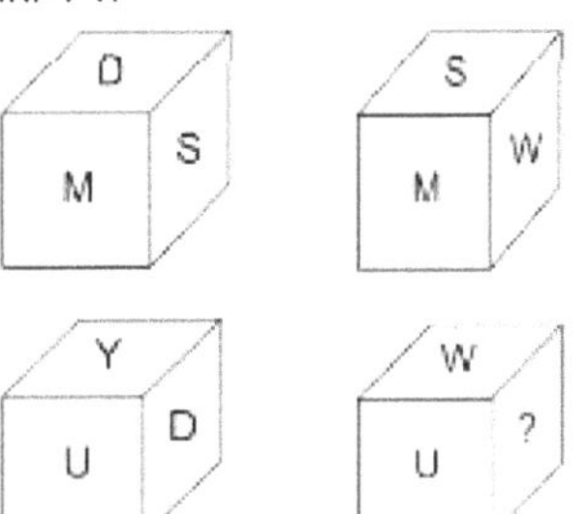

A. S **B.** M **C.** Y **D.** M

Q.74 कौन-सा चित्र डाक्टर, स्त्री, माता का प्रदर्शन सर्वोत्तम रूप से करता है?

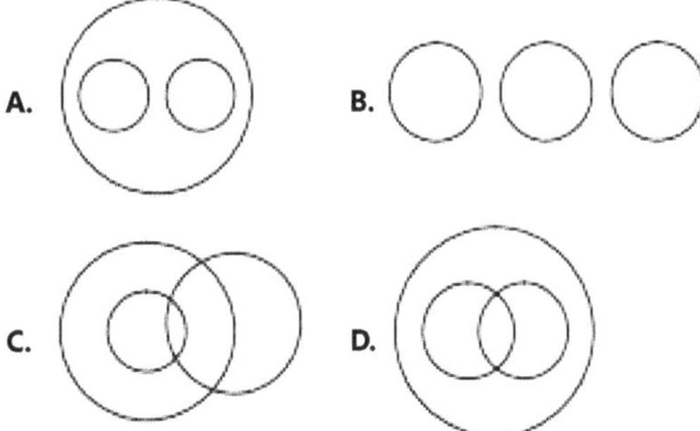

Q.75 यदि '$+$' का तात्पर्य है '$-$', '$\times$' का तात्पर्य है '$+$', '$\div$' का तात्पर्य है '$\times$' और '$-$' का तात्पर्य है '$\div$', तब $48 + 6 \times 2 - 1 \div 4$ का परिणाम क्या रहेगा?

A. $\frac{85}{2}$ **B.** 47 **C.** 50 **D.** 11

Q.76 छात्रों की पंक्ति में दीपक पंक्ति के बाएं सिरे से सातवें स्थान पर और मधु दाहिने सिरे से 12 वें स्थान पर है। यदि दीपक और मधु अपना स्थान आपस में बदल लेते हैं तो दीपक पंक्ति के बाएं सिरे से 22 वें स्थान पर हो

जाएगा। पंक्ति में कुल छात्रों की संख्या क्या है?

A. 29 **B.** 19 **C.** 33 **D.** 31

Q.77 सूरज फिल्म देखने 9 दिन पहले गया था। वह केवल रविवार के दिन फिल्म देखने जाता है। बताइए आज सप्ताह का कौन सा दिन है?

A. शुक्रवार **B.** शनिवार **C.** सोमवार **D.** मंगलवार

Q.78 किसी कूटभाषा में 'JOSEPH' को 'FKOALD' लिखा गया है, तो इसी भाषा में 'GEORGE' को कैसे कूटबद्ध किया जाएगा?

A. CBJNCA **B.** CANKCA

C. CAKNCA **D.** CAKCNA

Q.79 'A', 'B' और 'C' का पिता है। 'B', 'A' का पुत्र है पर 'C', 'A' का पुत्र नहीं है। 'C' का 'A' के साथ क्या रिश्ता है?

A. पुत्री **B.** पुत्र

C. भतीजी/भानजी **D.** इनमें से कोई नहीं

Q.80 निम्नलिखित में सें शब्दकोश में सबसे पहले कौन-सा शब्द होगा?

A. $PR\underline{I}SM$ **B.** $PR\underline{I}SON$

C. $PR\underline{E}Y$ **D.** $PR\underline{A}Y$

Computer Science

Q.81 किसने कंट्रोल डेटा कॉर्पोरेशन (सीडीसी) में 1960 के दशक में सुपर कंप्यूटर बनाया?

A. एलन ट्यूरिंग **B.** चार्ल्स बैबेज

C. टिम बर्नर्स ली **D.** सेमुर क्रे

Q.82 कंप्यूटर की दूसरी और तीसरी पीढ़ी को क्या अलग करता है?

A. माइक्रोप्रोसेसर **B.** वेक्यूम ट्यूब

C. नैनो प्रौद्योगिकी **D.** कृत्रिम बुद्धिमत्ता

Q.83 कॉम्पैक्ट डिस्क (सीडी) मेमोरी का कौन-सा प्रकार है?

A. प्राथमिक स्मृति **B.** RAM

C. ROM **D.** सेकेंडरी मेमोरी

Q.84 कंप्यूटर में बस है:

A. नेटवर्किंग उपकरण

B. तारों का समूह

C. मदरबोर्ड के लिए एक और नाम

D. आंतरिक स्मृति

Q.85 कौन निम्न सूची में एक सॉफ्टवेयर नहीं है?

A. ओपनऑफ़िस **B.** माइक्रोसॉफ्ट

C. डॉस **D.** एंटीवायरस

Q.86 कौन एक परिधीय डिवाइस नहीं है?

A. आभासी प्रदर्श इकाई **B.** मेन मेमोरी चिप

C. मॉडेम **D.** पेन ड्राइव

Q.87 एक एल्गोरिथ्म की complexity प्रतिनिधित्व करता है:

A. निष्पादन **B.** दक्षता **C.** अस्पष्टता **D.** शुद्धता

Q.88 Computation logic को किसके उपयोग से visually दिखाया जा सकता है?

A. विजुअल बेसिक **B.** फॉक्सप्रो

C. फ़्लोचार्ट **D.** VI संपादक

Q.89 हेक्ज़ाडेसिमल में $(BABA)_{16}$ ऑक्टल में क्या है?

A. 134272 **B.** 132272 **C.** 135272 **D.** 135242

Q.90 4.77 मेगाहर्ट्ज और 10 मेगाहर्ट्ज के उदाहरण हैं:

A. I/O गति

B. डेटा स्थानांतरण गति

C. कंप्यूटर घड़ी गति स्पेसिफिकेशन

D. डाटा भंडारण गति

Q.91 बूट लोडर प्रोग्राम जो सिस्टम की बूटिंग करता हैं यह कहाँ स्टोर होता है?

A. हार्ड डिस्क 0 ट्रैक **B.** किसी भी डिवाइस

C. RAM **D.** ROM

Q.92 डाटा विसंगति किस के द्वारा रोका जा सकता है?

A. अतिरेकता **B.** मेटाडाटा

C. गतिरोध **D.** बहु क्रमादेशन

Q.93 कर्मचारी वेतन 12,000 रुपये से अधिक नहीं होना चाहिए। यह है:

A. अखंडता बाधा **B.** संदर्भित बाधा

C. अधिक परिभाषित बाधा **D.** व्यावहारिक बाधा

Q.94 डाटाबेस डिजाइन के फंक्शन में निम्न में से क्या शामिल है:

A. विभिन्न तालिकाओं की पहचान

B. अपनी विशेषताओं के साथ क्षेत्रों का निर्माण

C. मान्यता नियमों और डेटाबेस अंतर्संबंधों का निर्माण

D. उपरोक्त सभी

Q.95 Relation में attributes की संख्या को कहा जाता है:

A. प्रमुखता **B.** डिग्री **C.** ट्यूपल्स **D.** इकाई

Q.96 Table का column किस के रूप में जाना जाता है?

A. ट्यूपल **B.** विशेषता **C.** इकाई **D.** डिग्री

Q.97 ACID गुणों का सेट है जो reliably की गारंटी है। यहाँ A है:

A. पहुंच **B.** आणविकता

C. एल्गोरिथम **D.** संबंधन

Q.98 फॉक्सप्रो में 'DELE' कमांड प्रयोग किया जाता है:

A. सभी अभिलेख हटाने के लिये

B. तालिका हटाने के लिये

C. उल्लेखनीय रिकॉर्ड हटाने के लिये

D. रिकार्ड को मिटाने हेतु

Q.99 कौन ओरेकल में नए user बनाता है?

A. CREATE USER Susan

B. CREATE OR REPLACE USER Susan

C. CREATE NEW USER Susan DEFAULT

D. CREATE USER Susan IDENTIFIED BY blue

Q.100 निम्नलिखित में किसमें कोई त्रुटि है?

A. Select * from EMP where EMPID = 15;

B. Select EMPID from EMP where EMPID = 15;

C. Select EMPID from EMP;

D. Select EMPID where EMPID = 15 and LASTNAME = 'Singh';

Q.101 किसी तालिका में कोई फ़ील्ड विदेशी कुंजी के रूप में लिया जा सकता यदि:

A. यह सभी तालिकाओं में मौजूद है

B. यह अद्वितीय मान है

C. कुछ अन्य तालिका में एक प्राथमिक कुंजी है

D. किसी भी अन्य तालिका में मौजूद नहीं है

Q.102 फ़ाइल फ्रेग्मेंटेशन का मतलब है कि एक फ़ाइल:

A. जब तक यह डीफ्रेग्मेंट नहीं है, व्यर्थ है

B. संकुचित किया गया है

C. RAM नॉन कंटीज्यूअस स्थानों में संग्रहीत है

D. डिस्क में नॉन कंटीज्यूअस स्थानों में संग्रहीत है

Q.103 डाटाबेस की संरचना के बारे में जानकारी में संग्रहीत है।

A. डेटा फ़ाइल **B.** डाटा डिक्शनरी

C. डेटा घटकों **D.** डेटा मॉडल

Q.104 4 प्लेटों वाले एक डिस्क पैक जिसके प्रत्येक प्लेट में 2655 ट्रैक प्रत्येक ट्रैक में 125 सेक्टर और प्रत्येक सेक्टर में 512 बाइट्स हों, उसकी संग्रहण (स्टोरेज) क्षमता लगभग होगी।

A. 1 GB **B.** 1 MB

C. 1 TB **D.** 1280 KB

Q.105 निम्नलिखित में से कौन-से दो टर्म बूट करने योग्य विभाजन की पहचान करते हैं?

A. Master, FAT **B.** Slave, FAT

C. Primary, Active **D.** Primary, NTFS

Q.106 जब कोई प्रोग्राम एक पिक्सेल के लिए 8 बिट्स प्रदान करती है, तब उस पिक्सेल से रंग तक प्रदर्शित कर सकते हैं।

A. 32 **B.** 64 **C.** 256 **D.** 1, 024

Q.107 आउटलुक एक्सप्रेस एक है:

A. ई-मेल क्लाइंट **B.** ब्राउज़र

C. खोज इंजन **D.** उपरोक्त में से कोई नहीं

Q.108 निम्नलिखित में से कौन-सा एंटी वायरस पैकेज द्वारा निकाला नहीं जा सकता?

A. स्पैम मेल **B.** EXE फ़ाइलें

C. वर्ड फाइलें **D.** पीडीएफ फाइलें

Q.109 एक दस्तावेज़ या प्रपत्र अलग अलग पते पर भेजने के लिए विकल्प है:

A. फार्म लैटर **B.** मेल मर्ज

C. मुद्रण **D.** उपरोक्त में से कोई नहीं

Q.110 सेल रेफेरेंस $C\$4$ एक उदाहरण है:

A. सेल के लिए निरपेक्ष रेफेरेंस

B. सेल के लिए सापेक्ष रेफेरेंस

C. सेल के लिए मिश्रित रेफेरेंस

D. सेल के लिए सामान्य रेफेरेंस

Q.111 MS-EXCEL की एक विशेषता किसी दूसरे डाटा सेट पर किसी अन्य डाटा सेट में हुए परिवर्तन के प्रभाव को देखकर निर्णय लेने में मदद करती है, वह MS-EXCEL कहलाती है।

A. डाटा फिल्टर **B.** चार्टिंग

C. व्हाट -इफ एनालिसिस **D.** डाटा सिरीज़ (क्रम)

Q.112 डॉक्युमेंट के अलग-अलग क्षेत्रों में टेक्स्ट के कॉपी फॉर्मेट के लिए विकल्प का चुनाव किया जाता है।

A. Format > Paragraph **B.** Format Painter

C. Edit > Copy **D.** नहीं किया जा सकता है

Q.113 एक डॉक्युमेंट से दूसरे डॉक्युमेंट में टेक्स्ट फ्रेज़ को कनेक्ट करने के लिए हम उपयोग करते हैं।

A. Insert > Bookmark

B. Insert > Hyperlink

C. File > PageSetup > Link

D. Insert > Footnote

Q.114 MS-EXCEL में मैक्रोज़ को उत्तम वर्णित कैसे किया जा सकता है?

A. MS-EXCEL में ग्राफिक्स शॉर्टकट कुंजी बनाना

B. वाक्यांशों के छोटे टुकड़े

C. MS-EXCEL में निर्देशों रिकॉर्डिंग या बारबार शॉर्टकट कुंजियों के माध्यम से खेलने के लिए छोटे प्रोग्राम बनाना

D. शॉर्टकट के माध्यम से प्लेइंग टैक्स्ट के छोटे टुकड़े

Q.115 MS-EXCEL की वर्कशीट रेंज में इनपुट करने के लिये आनेवाली बाधाओं और नियमों से संबंधित डाटा के प्रकारों को परिभाषित करना कहलाता है:

A. डेटा टैस्टिंग **B.** डेटा कंट्रोल

C. डेटा वैलिडेशन **D.** डेटा केरी

Q.116 MS-WORD में कैल्कूलेट यूसिंग फॉरमूला का प्रयोग करने के लिये संभव विकल्प है:

A. Insert > Autotext > Formula

B. Table > Formula

C. Format > Paragraph

D. उपरोक्त में से कोई भी नहीं

Q.117 हैंडआउट मास्टर विकल्प का निम्न उपयोग है:

A. हैंडआउट की प्रस्तुतियों जो आप उपलब्ध कराना चाहते हैं

B. हैडर, फुटर, तिथि और समय जैसी सुविधाओं की अनुमति देना

C. कागज पर स्लाइड की लघु प्रस्तुति की अनुमती देना

D. उपरोक्त सभी

Q.118 MS-EXCEL में सॉल्वर विकल्प किस लिए प्रयोग किया जाता है?

A. डाटा विश्लेषण

B. डेटा सेट के लिए अलग डेटा प्रेडिक्शन

C. डेटा फोरमैटिंग

D. सांख्यिकीय समस्याओं को सुलझाना

Q.119 लैन, वैन और मैन में मुख्य अंतर क्या है?

A. उनके नाम **B.** उनके डाटा रेट

C. सेटअप की लागत **D.** भौगोलिक कार्यक्षेत्र

Q.120 नेटवर्क के लाभ में शामिल नहीं है:

A. बेहतर जानकारी साझा करना

B. वर्कर पर्फोर्मेंस की बेहतर मॉनिटरिंग

C. पेरिफेरल्स की शेयरिंग

D. रखरखाव में कम लागत

Q.121 यदि आप Telnet या FTP का उपयोग कर रहे हैं तो, डाटा संचारित करने के लिए उच्चतम परत निम्नलिखित में से कौन-सी होगी?

A. एप्लीकेशन **B.** प्रेजेंटेशन

C. सेशन (सत्र) **D.** ट्रांसपोर्ट

Q.122 निम्नलिखित में से कौन-सा TCP/IP प्रोटोकॉल एक मशीन से दूसरी मशीन पर एप्लिकेशन प्रोग्राम के लिए डाटाग्राम भेजने के लिए एप्लिकेशन प्रोग्राम की अनुमति देता है?

A. UDP **B.** VMTP **C.** X.25 **D.** SMTP

Q.123 मॉडम टेलीफोन लाइन और से जुड़ा होता है।

A. नेटवर्क **B.** कंप्यूटर

C. कम्युनिकेशन एडाप्टर **D.** सीरियल (क्रमिक) पोर्ट

Q.124 रूटिंग तालिका का उद्देश्य क्या है?

A. हर नोड के हर एड्रेस को संग्रहीत करना

B. गंतव्य एड्रेस का सटीक स्थान बताना

C. नेटवर्क फ्लड

D. गंतव्य के लिए सबसे कुशल मार्ग खोजना

Q.125 OSI नेटवर्क आर्किटेक्चर में, संवाद-नियंत्रण और टोकन-प्रबंधन के लिए उत्तरदायी है।

A. सत्र (सेशन) लेयर **B.** नेटवर्क लेयर

C. ट्रांसपोर्ट लेयर **D.** डाटा लिंक लेयर

Q.126 रेलवे आरक्षण सिस्टम मूल रूप से हैं:

A. सरल क्लाइंट सर्वर सिस्टम

B. इंट्रानेट सिस्टम आधारित

C. गतिमान (फास्ट) क्लाइंट सर्वर सिस्टम

D. (B) और (C)

Q.127 निम्नलिखित में से कौन-सा WAN हार्डवेयर के लिए आवश्यक है?

A. ब्रिज **B.** स्विच **C.** राउटर **D.** फायरवाल

Q.128 कौन-सा प्रोटोकॉल लोकल डिवाइस के हार्डवेयर पते को खोजने के लिए प्रयोग किया जाता है?

A. RARP **B.** ARP **C.** IP **D.** ICMP

Q.129 बस टोपोलॉजी उपयोग करने का क्या ड्राबैक है?

A. केवल एक जोड़ी नोड्स ही जुड़ सकते हैं

B. अतिरिक्त कम्प्यूटरों को जोड़ने पर या हैवी ट्रैफिक होने पर कार्यक्षमता घट जाती है

C. कोई कमियाँ नहीं

D. बहुत ही धीमी गति से डेटा दर

Q.130 TCP/P में पोर्ट एडरैस_______ बिट्स का होता है।

A. 32

B. 48

C. 16

D. उपरोक्त में से कोई भी नहीं

Q.131 रिमोट बैच प्रसंस्करण में पूरी तरह केंद्रीय कंप्यूटर में इनपुट डेटा डालने के लिए का प्रयोग होता है।

A. टेलीग्राफ लाइन **B.** सिम्प्लैक्स लाइनों

C. मिक्स्ड बैड चैनल **D.** उपरोक्त सभी

Q.132 निम्नलिखित डिवाइसों में से किस को दो सिस्टम्स को कनेक्ट करने के लिए उपयोग किया जाता है, खास करके तब जब सिस्टम में भिन्न प्रोटोकॉल का उपयोग किया गया हो?

A. हब **B.** ब्रिज **C.** गेटवे **D.** रिपीटर

Q.133 सबनेट मास्क 255.255.255.248 का उपयोग करके कितने होस्ट कॉन्फ़िगर किये जा सकते हैं?

A. 6 **B.** 248 **C.** 48 **D.** 255

Q.134 कौनसा भाग 192.168 .10 .51 नेटवर्क ID का हिस्स है, एस्यूमिंग डिफ़ॉल्ट सबनेट मास्क?

A. 192 **B.** 192.168.10

C. 0.0 .0 .5 **D.** 51

Q.135 निम्नलिखित में से कौन-सी सर्विस टीसीपी में प्रयोग होती है?

(i) डीएचसीपी
(ii) एसएमटीपी
(iii) एचटीटीपी
(iv) टीएफटीपी
(v) एफटीपी

A. (i) और (ii) **B.** (ii), (iii) और (v)

C. (i), (ii) और (iv) **D.** (i), (iii) और (iv)

Q.136 __________ कंप्लीट URL का पहला भाग है जो वेब संसाधनों को एक्सेस करने के काम आता है।

A. एड्रेस **B.** नाम **C.** लोकेशन **D.** प्रोटोकॉल

Q.137 XML में "X" का क्या अर्थ है?

A. Mixed **B.** Cross-platform

C. Extensible **D.** Exclusive

Q.138 Web.config फ़ाइल का उपयोग किया जाता है:

A. उस टाइम पर कॉन्फ़िगर करें जब सर्वर साइड कोड बिहाईंड मोड्यूल कहलाता है

B. वेब सर्वर को कॉन्फ़िगर करने के लिए

C. वेब ब्राउज़र को कॉन्फ़िगर करने के लिए

D. एप्लीकेशन के लिये ग्लोबल इंफरमेशन और वैरियबल डेफिनेशन स्टोर करना

Q.139 ASP में डिफ़ॉल्ट स्क्रिप्टिंग भाषा है।

A. EcmaScript **B.** VBScript

C. PERL **D.** JavaScript

Q.140 निम्न जावा स्क्रिप्ट कोड का परिणाम क्या है?

```
<script type="text/javascript"
language ="javascript">
var qpt = new Array();
qpt[0] = "WebDevelopment";
qpt[1] ="ApplicationDevelopment"
qpt[2] ="Testing"
qpt[3] = "QualityPointTechnologies";
document.write(qpt[0, 1, 2, 3]) ;
</script>
```

A. त्रुटि

B. Quality Point Technologies

C. web development

D. Web Development, Application Development, Testing, Quality Point Technologies

Q.141 एक्जेक्यूटेबल युटिलिटि प्रोग्राम में, कंपाइलर एडिटर आदि को UNIX OS में जिस सिस्टम डायरेक्टरी में संग्रहित किया जाता है, उसे कहते हैं:

A. dev **B.** etc **C.** bin **D.** Usr

Q.142 UNIX OS के सिस्टम डाटा और युटिलिटी प्रोग्राम, पासवर्ड तथा लॉगिन फ़ाइल ________ निर्देशिका में संग्रहीत होते हैं।

A. बिन **B.** यूजर **C.** प्रोफाइल **D.** आदि

Q.143 वेब दस्तावेज़ बनाते समय, इमेज की ऊँचाई और चौड़ाई को व्यक्त करने के लिए कौन-सा फोर्मेट इस्तेमाल किया जाता है?

A. सेंटीमीटर्स **B.** पिक्सेल्स

C. डॉट्स प्रति इंच **D.** इंचस्

Q.144 कम जगह में कन्डेसिस फाइल्स को संग्रहित करने की प्रक्रिया को क्या कहते हैं जिससे कि वह इंटरनेट पर तेजी से भेजी जा सके।

A. डेटा संक्षेपण **B.** डेटा संपीड़न

C. ज़िप्पींग **D.** डीफ्रेग्मेटेशन

Q.145 डी मॉर्गन के नियम में कहा गया:

A. $\overline{X \wedge Y} = \overline{X} \vee \overline{Y}$ **B.** $\overline{X \vee Y} = \overline{X} \wedge \overline{Y}$

C. (A) और (B) दोनों **D.** इनमें से कोई नहीं

Q.146 Boolean function

$X.Y.Z + X.Y.\overline{Z} + X.Y.Z + \overline{X}.Y$ किस के बराबर है?

A. $\overline{X^\wedge Y}$ **B.** Y

C. Z **D.** इनमें से कोई नहीं

Q.147 कौन-सा निम्नलिखित कथन commutative law है?

A. $(X+Y)+Z = X+(Y+Z)$

B. $X.(Y+Z) = (X.Y)+(X.Z)$

C. $X+Y = Y+X$

D. $X+X = X$

Q.148 एक बूलियन प्रमेय का Dual पाया जाता है:

A. शून्य और एक की अदला-बदली से

B. सभी शून्य को एक से बदलने से

C. सभी एक को शून्य से बदलने से

D. सभी शून्य, एक एवं • को + से बदलने से

Q.149 Minterm $\sum m(1,3,5,6)$ किस maxterm के बराबर है?

A. $\pi M(0,3,7)$ **B.** $\pi M(0,2,4,7)$

C. $\pi M(0,3,4,7)$ **D.** इनमें से कोई नहीं

Q.150 तर्क अभिव्यक्ति $(X+Y+Z)\cdot(X+Y+\overline{Z})$ है:

A. SOP form **B.** POS form

C. Standard POS form **D.** Standard SOP form

Q.151 बूलियन अभिव्यक्ति $(X+Y+Z)\cdot(X+Y+\overline{Z})\cdot(X+\overline{Z})$ को कम से कम किया जा सकता है:

A. $X+Y$ **B.** $X+(Y+\overline{Z})$

C. $X+(\overline{Y}+Z)$ **D.** $\bar{X}+(\overline{Y}+Z)$

Q.152 तीन चर से बूलियन अभिव्यक्ति निर्मित किया जा सकता है?

A. 64 **B.** 256 **C.** 512 **D.** 1024

Q.153 सबसे प्रभावी एल्गोरिथ्म जो एक अनसोल्ड, n आकार सरणी के माध्यिका को ज्ञात करता है, उसमें समय लगेगा:

A. $O(n)$ **B.** $O(\log n)$

C. $O(n\log n)$ **D.** इनमें से कोई नहीं

Q.154 Quick sort की सबसे ज़्यादा बुरी दक्षता स्थिति में सुधार कैसे किया जा सकता है?

A. गैर पुनरावर्ती विधि **B.** यादच्छिकीकरण

C. पुनरावर्ती विधि **D.** इनमें से कोई नहीं

Q.155 कितने मानों को array A (-3: 10,5: 12) में रखा जा सकता है?

A. 91 **B.** 119 **C.** 112 **D.** 104

Q.156 आयामी दो अक्षर array A [1: 5,2: 7]. में A [2][3] का पता क्या होगा यदि आधार पता 500 है और प्रमुख पंक्ति अनुक्रम का पालन किया जाता है:

A. 501 **B.** 506 **C.** 507 **D.** 508

Q.157 स्टैक है:

A. स्टेटिक डेटा स्ट्रक्चर

B. डायनामिक डेटा स्ट्रक्चर

C. इनबिल्ट डेटा स्ट्रक्चर

D. इनमें से कोई नहीं

Q.158 दिए गए postfix $AB^*CD/+$ का prefix निकाले:

A. $^*AB/+CD$ **B.** $+A^*B/CD$

C. $+AB^*C/D$ **D.** $+AB^*/CD$

Q.159 Queue को क्या करने के लिए इस्तेमाल किया जा सकता है?

A. डीएफएस **B.** बीएफएस

C. मूलांक क्रम **D.** (B) और (C) दोनों

Q.160 यदि एक queue में front सूचक का मान rear सूचक के बराबर है तो queue:

A. खाली है **B.** संपूर्ण भरा है

C. में केवल एक ही तत्व है **D.** में एक तत्व हो सकता है

// स्मार्ट उत्तर पुस्तिका //

सही उत्तर उन छात्रों का प्रतिशत जिन्होंने प्रश्नों का सही उत्तर दिया था। **छोड़ दिया** उन छात्रों का प्रतिशत जिन्होंने प्रश्नों को छोड़ दिया था।

प्रश्न संख्या	उत्तर	सही उत्तर	छोड़ दिया
1	A	67.12 %	1.93 %
2	B	53.65 %	1.22 %
3	B	55.62 %	1.14 %
4	C	85.27 %	0.0 %
5	D	53.79 %	1.6 %
6	A	86.68 %	0.0 %
7	C	80.78 %	0.0 %
8	B	53.62 %	1.5 %
9	C	54.58 %	1.67 %
10	C	43.78 %	1.78 %
11	A	57.21 %	1.89 %
12	D	58.0 %	1.41 %
13	A	68.15 %	1.79 %
14	B	44.09 %	1.14 %
15	C	42.32 %	1.32 %
16	A	80.65 %	0.0 %
17	D	20.74 %	3.02 %
18	A	59.65 %	1.23 %
19	A	57.98 %	1.62 %
20	A	65.74 %	1.53 %
21	D	50.61 %	1.92 %

प्रश्न संख्या	उत्तर	सही उत्तर	छोड़ दिया
22	A	59.48 %	1.61 %
23	A	69.74 %	1.45 %
24	B	59.85 %	1.35 %
25	C	89.87 %	0.0 %
26	B	54.56 %	1.66 %
27	D	44.4 %	1.77 %
28	B	29.3 %	3.53 %
29	C	42.46 %	1.55 %
30	C	79.47 %	0.0 %
31	B	54.87 %	1.75 %
32	B	51.56 %	1.26 %
33	A	49.07 %	1.03 %
34	C	63.81 %	1.12 %
35	B	42.48 %	1.41 %
36	B	69.88 %	1.12 %
37	D	49.37 %	1.86 %
38	D	48.92 %	1.73 %
39	A	64.35 %	1.37 %
40	A	17.32 %	4.6 %
41	C	42.49 %	1.62 %
42	D	54.41 %	1.73 %

प्रश्न संख्या	उत्तर	सही उत्तर	छोड़ दिया
43	C	79.61 %	0.0 %
44	C	89.01 %	0.0 %
45	B	55.23 %	1.07 %
46	C	89.89 %	0.0 %
47	C	41.38 %	1.47 %
48	C	50.88 %	1.44 %
49	A	42.23 %	1.65 %
50	B	65.57 %	1.69 %
51	A	40.52 %	1.98 %
52	A	48.84 %	1.98 %
53	A	69.28 %	1.02 %
54	A	85.22 %	0.0 %
55	D	52.91 %	1.67 %
56	B	82.46 %	0.0 %
57	C	54.91 %	1.29 %
58	A	49.0 %	1.78 %
59	B	50.12 %	1.21 %
60	D	46.11 %	1.9 %
61	B	50.91 %	1.34 %
62	C	59.88 %	1.18 %
63	A	63.55 %	1.95 %

प्रश्न संख्या	उत्तर	सही उत्तर	छोड़ दिया
64	D	46.05 %	1.31 %
65	C	20.37 %	4.24 %
66	D	42.34 %	1.08 %
67	C	41.53 %	1.8 %
68	D	63.97 %	1.26 %
69	D	28.57 %	3.99 %
70	C	86.11 %	0.0 %
71	C	59.36 %	1.74 %
72	B	18.7 %	4.93 %
73	C	40.12 %	1.06 %
74	C	69.25 %	1.55 %
75	C	59.0 %	1.59 %
76	C	26.61 %	4.59 %
77	D	42.08 %	1.24 %
78	C	12.79 %	4.02 %
79	A	41.11 %	1.1 %
80	D	47.75 %	1.69 %
81	D	53.63 %	1.43 %
82	A	41.37 %	1.99 %
83	D	68.88 %	1.03 %
84	B	54.02 %	1.53 %

प्रश्न संख्या	उत्तर	सही उत्तर	छोड़ दिया
85	B	42.31 %	1.84 %
86	B	58.7 %	1.86 %
87	B	57.66 %	1.06 %
88	C	69.63 %	1.86 %
89	C	45.57 %	1.57 %
90	C	65.4 %	1.93 %
91	D	61.09 %	1.76 %
92	A	53.45 %	1.86 %
93	A	25.03 %	3.74 %
94	D	62.76 %	1.63 %
95	B	44.78 %	1.23 %
96	B	83.06 %	0.0 %
97	B	45.72 %	1.14 %
98	D	56.5 %	1.51 %
99	D	69.79 %	1.28 %
100	D	60.36 %	1.79 %
101	C	66.1 %	1.34 %
102	D	50.34 %	1.75 %
103	B	56.52 %	1.05 %
104	A	50.12 %	1.83 %
105	C	54.68 %	1.47 %

प्रश्न संख्या	उत्तर	सही उत्तर	छोड़ दिया
106	C	44.82 %	1.83 %
107	A	47.59 %	1.71 %
108	A	50.88 %	1.18 %
109	B	49.46 %	1.01 %
110	C	42.53 %	1.96 %
111	C	45.73 %	1.13 %
112	B	43.29 %	1.88 %
113	B	65.03 %	1.67 %
114	C	46.55 %	1.55 %
115	C	56.08 %	1.78 %
116	B	52.17 %	1.86 %
117	A	47.82 %	1.26 %
118	A	77.67 %	0.0 %
119	D	69.98 %	1.95 %
120	D	88.12 %	0.0 %
121	A	46.3 %	1.17 %
122	A	61.52 %	1.56 %
123	C	50.52 %	1.89 %
124	D	40.07 %	1.2 %
125	A	65.17 %	1.39 %
126	D	40.39 %	1.88 %

प्रश्न संख्या	उत्तर	सही उत्तर / छोड़ दिया	प्रश्न संख्या	उत्तर	सही उत्तर / छोड़ दिया	प्रश्न संख्या	उत्तर	सही उत्तर / छोड़ दिया	प्रश्न संख्या	उत्तर	सही उत्तर / छोड़ दिया	प्रश्न संख्या	उत्तर	सही उत्तर / छोड़ दिया	प्रश्न संख्या	उत्तर	सही उत्तर / छोड़ दिया
127	C	42.88 % / 1.21 %	133	A	66.61 % / 1.55 %	139	B	43.75 % / 1.48 %	145	C	64.57 % / 1.45 %	151	B	49.47 % / 1.37 %	157	B	60.32 % / 1.46 %
128	B	58.14 % / 1.93 %	134	B	42.62 % / 1.51 %	140	B	12.61 % / 4.29 %	146	B	40.83 % / 1.14 %	152	B	69.12 % / 1.24 %	158	A	55.12 % / 1.47 %
129	B	61.23 % / 1.68 %	135	B	23.78 % / 3.94 %	141	C	49.83 % / 1.23 %	147	C	86.38 % / 0.0 %	153	A	67.0 % / 1.13 %	159	B	44.39 % / 1.08 %
130	A	61.52 % / 1.84 %	136	D	62.66 % / 2.0 %	142	D	41.18 % / 1.83 %	148	D	64.84 % / 1.74 %	154	D	47.76 % / 1.08 %	160	D	41.19 % / 1.95 %
131	B	57.51 % / 1.73 %	137	C	53.21 % / 1.03 %	143	B	62.05 % / 1.29 %	149	B	68.89 % / 1.61 %	155	C	67.88 % / 1.75 %			
132	C	63.68 % / 1.35 %	138	D	63.74 % / 1.94 %	144	B	69.28 % / 1.86 %	150	B	68.51 % / 1.41 %	156	C	51.51 % / 1.47 %			

// संकेत और समाधान //

1. बुद्ध के जीवन और उनके साथ जुड़े स्थानों का सही मेल (A)-(1), (B)-(2), (C)-(3), (D)-(4) है।

(A)	जन्मस्थान	(1)	लुम्बिनी
(B)	ज्ञान की प्राप्ति	(2)	बोधगया
(C)	प्रथम उपदेश	(3)	सारनाथ
(D)	निर्वाण की प्राप्ति	(4)	कुशीनगर

अतः विकल्प (A) सही है।

2. अंग्रेजो ने सूरत में अपनी पहली फैक्ट्री जहांगीर की अनुमति से स्थापित की थी। ब्रिटिश लाइब्रेरी लंदन के रिकॉर्ड के अनुसार, ईस्ट इंडिया कंपनी की स्थापना 31 दिसंबर 1600 को हुई थी। साल 1608 में विलियम हॉकिन्स ईस्ट इंडिया कंपनी के जहाज लेकर सूरत आया था। इसके बाद कंपनी ने भारत में अपना पहला कारखाना सूरत में 11 जनवरी 1613 को खोला था।
अतः विकल्प (B) सही है।

3. मुगल काल में भूमि की माप की प्रथा शेरशाह ने शुरु की थी। भूमि राजस्व सुधार के लिए, उन्होंने भूमि और फसलों की विविधता के आधार पर उत्पादन में हिस्सेदारी का निर्धारण किया। शेरशाह ने भूमि की पैमाइश के लिए 'ज़रीब' का अनुप्रयोग शुरू किया। शेरशाह ने एक बीघा 360 वर्ग गज का क्षेत्रफल तय किया।
अतः विकल्प (B) सही है।

4. भारतीयों का संगठित एवं शक्तिशाली होना 1857 की क्रान्ति का कारण नहीं था।
1857 के विद्रोह के मुख्य कारण: दयनीय सामाजिक आर्थिक स्थिति; भू-राजस्व की समस्याएं; अर्थव्यवस्था का विनाश; प्रशासन में भारतीयों की निम्न स्थिति; व्यपगत का सिद्धांत; बहादुर शाह जफर के साथ व्यव्हार; अवध का विलय; पक्षपाती पुलिस और न्यायपालिका।
अतः विकल्प (C) सही है।

5. उत्तराखंड में संस्कृत को दूसरी आधिकारिक भाषा का दर्जा जनवरी 2010 में प्रदान किया गया। संविधान के अनुच्छेद 345 के तहत, उत्तराखंड विधानसभा ने हिंदी को आधिकारिक भाषा और संस्कृत को उत्तराखंड राज्य की दूसरी आधिकारिक भाषा बनाने का प्रस्ताव पारित किया है।
अतः विकल्प (D) सही है।

6. दिलवाड़ा जैन मन्दिर माउन्ट आबू में अरावली पर्वत पर है। दिलवाड़ा मंदिर, पाँच मंदिरों का एक समूह है। ये राजस्थान के सिरोही जिले के माउंट आबू नगर में स्थित हैं। इन मंदिरों का निर्माण ग्यारहवीं और तेरहवीं शताब्दी के बीच हुआ था।
अतः विकल्प (A) सही है।

7. पेंगुइन पक्षी अंटार्कटिका में पाया जाता है। पेंगुइन (पीढ़ी स्फेनिस्कीफोर्मेस, प्रजाति स्फेनिस्कीडाई) जलीय समूह के उड़ने में असमर्थ पक्षी हैं जो केवल दक्षिणी गोलार्द्ध, विशेष रूप से अंटार्कटिक में पाए जाते हैं।
अतः विकल्प (C) सही है।

8. मानसून के आगमन की आरोही तिथियों के आधार पर पश्चिम बंगाल, केरल, उत्तर प्रदेश और राजस्थान राज्य हैं। ऐसा इसलिए है क्योंकि दक्षिण-पश्चिम मानसून शाखा अरब सागर से आती है, और भारत के किसी अन्य हिस्से से पहले केरल के पश्चिमी घाट से टकराती है।
अतः विकल्प (B) सही है।

9. नेवेली लिग्नाइट की खानों के लिए प्रसिद्ध है। एनएलसी इंडिया लिमिटेड (पहले इसका नाम 'नेवेली लिग्नाइट कारपोरेशन लिमिटेड' था।) भारत सरकार की नवरत्न कम्पनी है। यह लिग्नाइट का खनन करती है। यह लिग्नाइट कोयले की सबसे बड़ी खदान है तथा तमिलनाडु मे स्थित है।
अतः विकल्प (C) सही है।

10. भारत का आर्थिक सर्वेक्षण प्रत्येक वर्ष सरकारी तौर पर भारत सरकार के वित्त मंत्रालय द्वारा प्रकाशित किया जाता है। आर्थिक मामलों के विभाग, भारत का वित्त मंत्रालय, केंद्रीय बजट से पहले हर साल संसद में आर्थिक सर्वेक्षण प्रस्तुत करते हैं। यह मुख्य आर्थिक सलाहकार, वित्त मंत्रालय के मार्गदर्शन में तैयार किया जाता है। यह देश के वार्षिक आर्थिक विकास पर मंत्रालय का अवलोकन होता है।
अतः विकल्प (C) सही है।

11. भारत में प्रति व्यक्ति आय जनसंख्या वृद्धि के कारण कम हो रही है। भारत में प्रति व्यक्ति आय कम होने का मुख्य कारण जनसंख्या की तीव्र वृद्धि है, क्योंकि देश में राष्ट्रीय आय बढ़ रही है, लेकिन जनसंख्या वृद्धि के कारण प्रति व्यक्ति आय में उस दर से वृद्धि नहीं हो रही है।
अतः विकल्प (A) सही है।

12. अमर्त्य सेन को वर्ष 1998 में "कल्याणकारी अर्थशास्त्र में उनके योगदान के लिए" नोबेल पुरस्कार से सम्मानित किया गया था। ढाका के प्रख्यात भारतीय अर्थशास्त्री और दार्शनिक अमर्त्य सेन का जन्म 1933 में एक बंगाली परिवार में हुआ था। उनका जन्म विश्वभारती परिसर, शांतिनिकेतन में हुआ था।
अतः विकल्प (D) सही है।

13. भारतीय संविधान के अन्तर्गत कानून के समक्ष समानता के सन्दर्भ में अपवाद राष्ट्रपति या राज्यपाल के लिए है। राष्ट्रपति या किसी भी राज्य के राज्यपाल अपने कर्तव्यों या शक्तियों के प्रयोग के लिए किसी न्यायालय के प्रति जवाबदेह नहीं होता है। राष्ट्रपति या किसी राज्य के राज्यपाल को उनके खिलाफ कोई आपराधिक कार्यवाही शुरू करने से छूट होगी।
अतः विकल्प (A) सही है।

14. भारत में लोकपाल और लोकायुक्त के पद स्कैंडीनेविया का ओम्बुड्समॅन पर आधारित है। इन संस्थानों को स्कैंडिनेवियाई देशों में लोकपाल की संस्था और न्यूजीलैंड में जांच के लिए संसदीय आयुक्त की तर्ज पर स्थापित किया जाना था।
अतः विकल्प (B) सही है।

15. 'इको मार्क' किसी उत्पाद पर दिये गये इस प्रमाणन का चिन्ह होता है कि यह उत्पाद पर्यावरण की दृष्टि से अनुकूल है। इको मार्क पर्यावरण एवं वन मंत्रालय के निर्देश पर भारतीय मानक ब्यूरो द्वारा 1991 ई० में आरम्भ किया गया। इसका लोगो मिट्टी का बर्तन है, जो पृथ्वी द्वारा भंगुर लक्षणों को दर्शाता है।
अतः विकल्प (C) सही है।

16. विश्व पर्यावरण दिवस 5 जून को मनाया जाता है पहली बार 1974 मे मनाया गया था। विश्व पर्यावरण दिवस पर्यावरण की सुरक्षा और संरक्षण हेतु पूरे विश्व में मनाया जाता है। इस दिवस को मनाने की घोषणा संयुक्त राष्ट्र ने पर्यावरण के प्रति वैश्विक स्तर पर राजनीतिक और सामाजिक जागृति लाने हेतु वर्ष 1972 में की थी।
अतः विकल्प (A) सही है।

17. कैप्सूल का आवरण स्टार्च का बना होता है।
स्टार्च कैप्सूल में दो तत्व-प्यूरिफाइड पानी और हाइड्रोक्सीप्रोपाइलमेथाइलसेल्युलोज या HPMC होते हैं। ये दोनों तत्व पूरी तरह से कुदरती होते हैं जिनका शरीर पर कोई असर नहीं पड़ता।
वेजिटेरियन आधारित कैप्सूल में लिक्विड, जेल या दवाओं के पाउडर भरे जाते हैं।
अतः विकल्प (D) सही है।

18. बोतल का दूध पीने वाले बच्चों की तुलना में माँ का दूध पीने वाले बच्चे में विशिष्ट लक्षण 1, 2 और 3 है। स्तनपान करने वाले शिशुओं में फॉर्मूला दूध पिलाने वाले शिशुओं की तुलना में कम संक्रमण और अस्पताल में भर्ती होते हैं। स्तनपान के दौरान, एंटीबॉडी और अन्य रोगाणु-विरोधी कारक मां से उसके बच्चे तक जाते हैं और प्रतिरक्षा प्रणाली को मजबूत करते हैं।
अतः विकल्प (A) सही है।

19. विटामिन K हमारे शरीर में रक्त का थक्का जमाने के लिए अत्यंत आवश्यक है। विटामिन K की शरीर में सबसे ज्यादा जरूरत रक्त का थक्का बनाने के लिए होती है। अगर विटामिन K शरीर में न हो तो चोट लगने पर रक्त का थक्का न बनने की वजह से सारा खून शरीर से बाहर निकल जाएगा। विटामिन K हड्डियों को मज़बूत करता है। यह बल्ड प्रेशर को कंट्रोल करने के साथ ही, दिल की बीमारियों से भी सुरक्षित रखता है।
अतः विकल्प (A) सही है।

20. तन्मय = तद् + मय
व्यंजन सन्धि: व्यंजन से स्वर अथवा व्यंजन के मेल से उत्पत्र विकार को व्यंजन संधि कहते है। व्यंजन संधि को हल् संधि भी कहते हैं।
अतः विकल्प (A) सही है।

21. "छछून्दर के सिर में चमेली का तेल" का अर्थ अयोग्य व्यक्ति को अच्छा

पद मिलना है।
वाक्य प्रयोग: भिखारी को भिख मे नए कोटपैंट देना छछुंदर के सिर पर चमेली का तेल है ।
अतः विकल्प (D) सही है।

22. भारत की जनगणना 2011 के अनुसार लिंगानुपात 1000: 940 है। इसका अर्थ यह हुआ कि 1000 पुरुषों पर सिर्फ 940 महिलाएं हैं। भारत में हमेशा ही महिलाओं की संख्या पुरुषों की तुलना में कम रही है।
अतः विकल्प (A) सही है।

23. 2011 की जनगणना के अनुसार सबसे अधिक निरक्षरता वाला राज्य बिहार है। बिहार सबसे नीचे के पायदान पर है, जहां साक्षरता प्रतिशत 63.8 फीसदी है। इसके बाद अरुणांचल प्रदेश में 67.0 फीसदी, राजस्थान में 67.1, झारखंड में 67.6, आंध्र प्रदेश में 67.7 फीसदी साक्षरता प्रतिशत है।
अतः विकल्प (A) सही है।

24. 2012 के ओलंपिक खेल लंदन-यूके में आयोजित किए गए थे।2012 ग्रीष्मकालीन ओलंपिक को लंदन 2012 के रूप में भी जाना जाता है, 27 जुलाई से 12 अगस्त 2012 तक लंदन, इंग्लैंड, यूनाइटेड किंगडम में आयोजित एक अंतरराष्ट्रीय बहु-खेल आयोजन था।
अतः विकल्प (B) सही है।

25. साईना नेहवाल ने आठ साल की उम्र में बैडमिंटन खेलना शुरू किया। उनकी माँ भी राज्य स्तरीय बैडमिंटन खिलाड़ी रह चुकी है। 2006 में अंडर-19 नेशनल चैंपियन बनी। इसी साल एशियन सेटेलाइट बैडमिंटन टूर्नामेंट जीता। उन्होने 2010 में राष्ट्रमंडल खेलों में स्वर्ण जीता। 2012 के लंदन ओलंपिक में साईना नेहवाल ने महिला एकल में कांस्य पदक जीता।
अतः विकल्प (C) सही है।

26. 'अग्नि की उड़ान' या 'विंग्स ऑफ फायर' पुस्तक ए. पी. जे. अब्दुल कलाम द्वारा लिखी गयी थी। विंग्स ऑफ फायर: भारत के पूर्व राष्ट्रपति ए. पी. जे. अब्दुल कलाम की आत्मकथा है। इसके सह-लेखक अरुण तिवारी हैं। इसमें अब्दुल कलाम के बचपन से लेकर जीवन सफर के बारे में बताया गया है। मूल रूप में अंग्रेजी में प्रकाशित यह किताब, विश्व की 13 भाषाओ में अनूदित हो चुकी है।
अतः विकल्प (B) सही है।

27. सत्यमेव जयते का सूत्रवाक्य मुण्डक-उपनिषद से लिया गया है। यह मूलतः मुण्डक-उपनिषद के सर्वज्ञात मंत्र 3-1-6 का शुरुआती हिस्सा है।
अतः विकल्प (D) सही है।

28. सन्त कबीर दास की समाधि मगहर में स्थित है। मगहर वह जगह है जहां पर भक्त कवि कबीर दास का निधन हुआ था, जहां पर कबीर की मज़ार और समाधि अगल-बगल मौजूद है।
अतः विकल्प (B) सही है।

29. 1 GB, 1000 MB के बराबर है। एक हजार मेगाबाइट (1000 MB) एक गीगाबाइट (1 GB) के बराबर है, जहां 1 GB एक अरब बाइट्स है। 1 MB = 1048576 बाइट्स माइक्रोसॉफ्ट विंडोज द्वारा कंप्यूटर मेमोरी, जैसे रैम के संदर्भ में उपयोग की जाने वाली परिभाषा है।
अतः विकल्प (C) सही है।

30. अल्फ्रेड नोबेल ने डाइनामाइट का आविष्कार किया। आविष्कार 1866 में किया गया था। अल्फ्रेड को अगले वर्ष इस सामग्री पर पेटेंट या स्वामित्व का कानूनी अधिकार मिला। उन्होंने इसे "डायनामाइट" नाम दिया। उन्होंने एक डेटोनेटर या ब्लास्टिंग कैप का भी आविष्कार किया जिसे फ्यूज जलाकर बंद किया जा सकता था।
अतः विकल्प (C) सही है।

31. रतन जोत बायो-डीजल का पौधा है। यह पौधा देश के विभिन्न भागों में बहुत अधिक मात्रा में उगने वाला पौधा है। इसे कई अन्य नामों से भी जाना जाता है जैसे ट्रोफा मिथाईल ईस्टर , रतनजोत, बायो डीजल , बायोफ्यूल जैव ईंधन , जैव डीजल, जैट्रोफा करकास आदि। जैट्रोफा वृक्ष कई वर्षों तक फल देने वाला वृक्ष है। इसके बीजो में लगभग 40% तेल होता है।
अतः विकल्प (B) सही है।

32. ब्रिटेन के एंडी मरे ने सर्बिया के नोवाक जोकोविच को सीधे सेटों में 6-4, 7-5, 6-4 से हराकर विंबलडन ओपन टेनिस प्रतियोगिता-2013 के पुरूष एकल वर्ग का ख़िताब जीत लिया। पुरूष एकल वर्ग का फ़ाइनल मैच लंदन में 7 जुलाई 2013 को खेला गया। फ़ाइनल मुकाबला तीन घंटे नौ मिनट चला।
अतः विकल्प (B) सही है।

33. भारत को 2012 के ओलम्पिक खेलों में कुल 6 पदक प्राप्त हुए हैं। भारत का अब तक का सबसे सफल ओलंपिक 2012 लंदन ओलिंपिक रहा था। इसमें भारत ने दो रजत और चार कांस्य समेत कुल छह पद अपने नाम किए थे। 2008 बीजिंग में टीम इंडिया ने एक स्वर्ण और दो कांस्य समेत तीन पदक जीते थे।
अतः विकल्प (A) सही है।

34. वर्ष 2013 में न्यायमूर्ति जे. एस. वर्मा समिति ने महिला सुरक्षा से जुडे कानूनों की समीक्षा पर अपनी संस्तुतियाँ दी। न्यायमूर्ति जे. एस. वर्मा समिति ने लैंगिक कानूनों पर सौपी गई अपनी ऐतिहासिक रिपोर्ट में कार्यस्थल पर यौन उत्पीड़न (रोकथाम, निषेध और निवारण) विधेयक में महत्त्वपूर्ण बदलाव करते हुए आंतरिक शिकायत समिति (आईसीसी) की बजाय राज्य स्तरीय रोज़गार अधिकरण की स्थापना की सिफारिश की थी।
अतः विकल्प (C) सही है।

35. भारत की कुल जनसंख्या (वर्ष 2011 में) 118.70 करोड़ थी। 31 मार्च 2011 को जारी अनंतिम रिपोर्टों के अनुसार, भारतीय जनसंख्या 17.70% की दशकीय वृद्धि के साथ बढ़कर 1.187 बिलियन हो गई। वयस्क साक्षरता दर 9.21% की दशकीय वृद्धि के साथ बढ़कर 74.04% हो गई। जनगणना का आदर्श वाक्य 'हमारी जनगणना, हमारा भविष्य' था।
अतः विकल्प (B) सही है।

36. डेन्मार्क, आइसलैंड, नार्वे, स्वीडन एवं फिनलैंड मिलकर स्कैंडिनेविया कहलाते है। स्कैंडिनेविया प्रायद्वीप में उत्तरी यूरोप के आने वाले देशों को स्कैंडिनेवियाई देश कहते हैं इनमें नॉर्वे, स्वीडन व डेनमार्क आते हैं। इनके अलावा फिनलैंड, आइसलैंड एवं फैरो द्वीपसमूह के संग ये नॉर्डिक देश भी कहलाते हैं।
अतः विकल्प (B) सही है।

37. एन. गोपालस्वामी भारत के मुख्य न्यायाधीश नहीं रहे हैं। एन. गोपालस्वामी (31 मार्च 1882 – 10 फरवरी 1953), संविधान सभा की निर्मात्री समिति के सदस्य, राज्य सभा के नेता, भारत की पहली मन्त्रिपरिषद में कैबिनेट मंत्री थे। सन 1937 से 1947 तक वे जम्मू कश्मीर के प्रधानमंत्री थे।
अतः विकल्प (D) सही है।

38. जनवरी 2013 में प्रो. यशपाल को पद्म विभूषण की उपाधि से अलंकृत किया गया है। पद्म विभूषण सम्मान भारत सरकार द्वारा दिया जाने वाला दूसरा उच्च नागरिक सम्मान है, जो देश के लिये असैनिक क्षेत्रों में बहुमूल्य योगदान के लिये दिया जाता है। यह सम्मान भारत के राष्ट्रपति द्वारा दिया जाता है।
अतः विकल्प (D) सही है।

39. भूटान के राजा जिग्मे खेसर नामग्येल वांगचुक 64 वें गणतंत्र दिवस समारोह में मुख्य अतिथि थे। युवा राजा, जो अपनी प्रजा को थिम्पू की सुरम्य भूटानी राजधानी में अपने महल में चाय के लिए आमंत्रित करने के लिए जाने जाते हैं, अपने पिता जिग्मे सिंगे वांगचुक और दादा जिग्मे दोरजी वांगचुक के साथ मुख्य अतिथि होने का सम्मान साझा करते हैं।
अतः विकल्प (A) सही है।

40. भारत सरकार के महिला एवं बाल विकास मंत्री सुश्री कृष्णा तीरथ है। कृष्णा तीरथ (जन्म 3 मार्च 1955) कांग्रेस की एक भारतीय राजनीतिज्ञ हैं। वह दिल्ली के उत्तर पश्चिम दिल्ली निर्वाचन क्षेत्र का प्रतिनिधित्व करने वाली भारत की 15वीं लोकसभा की सदस्य थीं। वह मनमोहन सिंह के दूसरे मंत्रालय में महिला और बाल विकास मंत्रालय में राज्य मंत्री (स्वतंत्र प्रभार) थीं।
अतः विकल्प (A) सही है।

41. कूट शब्द 'ACAPLA' प्राप्त करने के लिए 'ALPACA' को विपरीत ओर से लिखा जाता है।

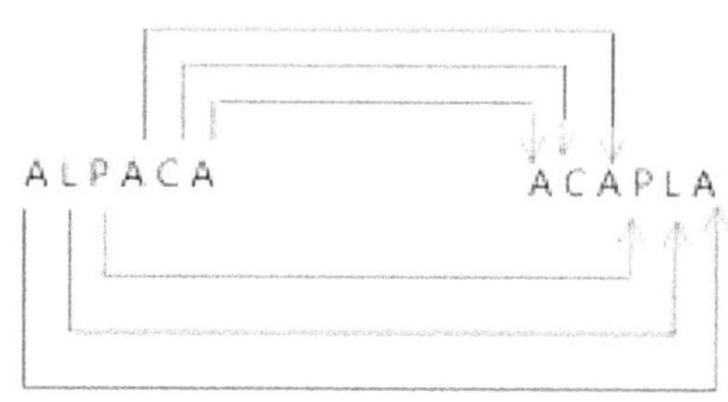

इसी प्रकार, ANIMAL को LAMINA के रूप में लिखा जाता है।

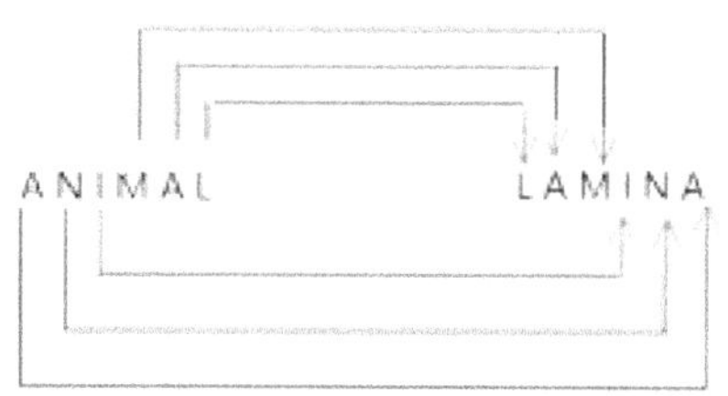

अतः विकल्प (C) सही है।

42. C + 2 = E
E + 4 = I
I + 2 = K
K + 4 = O
O + 2 = Q
Q + 4 = U
अतः विकल्प (D) सही है।

43. शिक्षा पर खर्च $10\% = 250$ रुपए प्रतिमाह
तो कपडे पर खर्च $20\% = 2 \times 250 = 500$ रुपए प्रतिमाह
कपडे पर वार्षिक खर्च $= 12 \times 500 = 6000$ रुपए
अतः विकल्प (C) सही है।

44. HALE = NPGK
हम कह सकते हैं कि:
H= N, A = P, L = G, E = K
तो हम लिख सकते हैं: EAH = KPN
अतः विकल्प (C) सही है।

45. 3 दिसम्बर, $1999 =$ रविवार
3 जनवरी, $2000 = ?$
दिसम्बर में बचे दिनों की संख्या $= 28$
जनवरी के दिनों की संख्या $= \frac{3}{31}$
विषम दिनों की संख्या $= \frac{31}{7} = 4$ सप्ताह $+3$ दिन
रविवार $+3 =$ बुधवार
अतः विकल्प (B) सही है।

46. संभावित वृक्ष आरेख होगा:

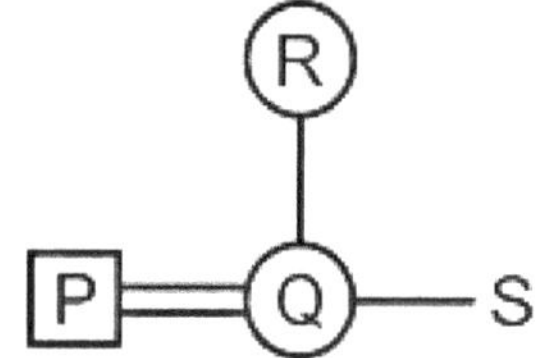

इसलिये, 'R', 'P' की सास है।
अतः विकल्प (C) सही है।

47.

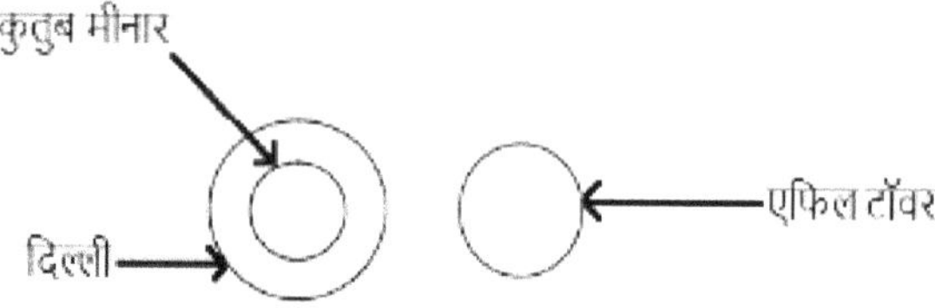

अतः विकल्प (C) सही है।

48. जिस प्रकार मील दूरी का मात्रक है, उसी प्रकार लीटर द्रव्य का मात्रक है।
अतः विकल्प (C) सही है।

49. जिस प्रकार मूड़मति का विलोम चालाक होता हैं और उसी प्रकार डरपोक का विलोम साहसी होता है।
अतः विकल्प (A) सही है।

50. नोटिस बोर्ड-इसलिए लगाया गया है कि शायद पिकनिक मनाने वाले इसे पढ़ ले और समुद्र में जाते समय सावधान रहे और अपनी जान जोखिम में न डालें। समुद्र तटों की सुंदरता अक्सर पर्यटकों को अपनी ओर आकर्षित करती है। लेकिन आनंद को अलग रखते हुए, लोगों को समुद्र तट पर कुछ आवश्यक सावधानियों का पालन करने की भी आवश्यकता है।
अतः विकल्प (B) सही है।

51. हाल में सरकार ने सार्वजनिक क्षेत्र के सभी बैकों को 25 लाख रु. तक के आवास ऋणों पर ब्याज की दर घटाने के लिए कहा है। चुंकि सरकार ने बैंकों को ब्याज दर घटाने को कहा है संभव है बैंक सभी आवास ऋणों (25 लाख तक) पर ब्याज दर घटा देंगें।
अतः विकल्प (A) सही है।

52. पैटर्न यहाँ इस प्रकार है:
E + 1 = F
F + 3 = I
C + 1 = D
D + 3 = G
P + 1 = Q
Q + 3 = T
तो, विकल्प (A) की जांच करके:
U + 1 = V
V + 3 = Y
अतः विकल्प (A) सही है।

53. P$+1 \rightarrow$Q
L$+2 \rightarrow$N
E$+3 \rightarrow$H
A$+4 \rightarrow$E
S$+5 \rightarrow$X
E$+6 \rightarrow$K
इसी प्रकार,
S$+1 \rightarrow$T
H$+2 \rightarrow$J
A$+3 \rightarrow$D
R$+4 \rightarrow$V
M$+5 \rightarrow$R
A$+6 \rightarrow$G
अतः विकल्प (A) सही है।

54. जिस प्रकार संवाददाता, समाचार को व्यवस्थित करके (तैयार करके) समाचार पत्र बनाता है, उसी प्रकार किसान फसल तैयार करके भोजन बनाता है।
अतः विकल्प (A) सही है।

55. अनुसरण किया गया स्वरूप इस प्रकार है,

B F
+7 +7
I M

इसी प्रकार,

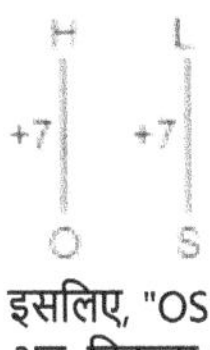

इसलिए, "OS" सही उत्तर है।
अतः विकल्प (D) सही है।

56.
अनुसरण किया गया प्रारूप इस प्रकार है,
QST(R) स्वयं को 4 बार दोहराकर एक श्रृंखला बनाता है।
QST(R), QS(T)R, Q(S)TR, (Q)STR
अतः विकल्प (B) सही है।

57. शब्द - MENTOR दिये हुए शब्द PERMANENT से नहीं बनाया जा सकता क्योंकि MENTOR में अक्षर O है जबकि PERMANENT में अक्षर O नहीं है।
अतः विकल्प (C) सही है।

58. दिया गया है:
S$\rightarrow 4$
A$\rightarrow 1$
G$\rightarrow 6$
E$\rightarrow 9$
और,
P$\rightarrow 7$
E$\rightarrow 9$
R$\rightarrow 2$
T$\rightarrow 8$
तो, हम लिख सकते हैं:
S$\rightarrow 4$
T$\rightarrow 8$
E$\rightarrow 9$
P$\rightarrow 7$
STEP 4897 के रूप में लिखा जाएगा।
अतः विकल्प (A) सही है।

59.

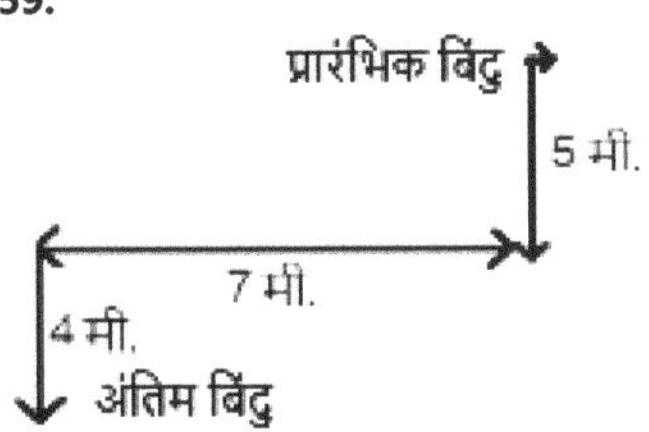

अब उसका मुंह दक्षिण दिशा की ओर है।
अतः विकल्प (B) सही है।

60.

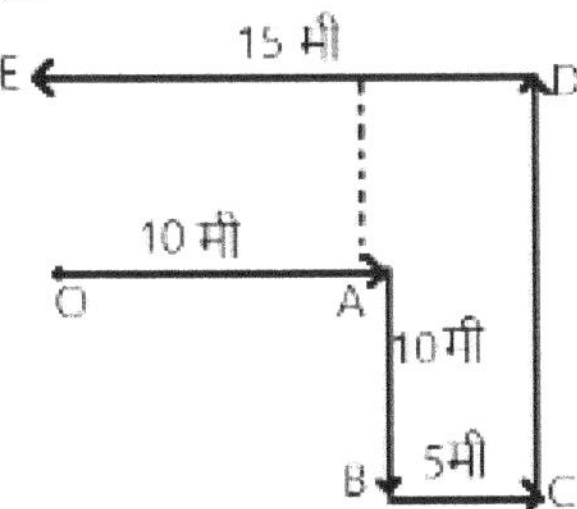

उसके घर से दूरी $=$ OE $=$ DC $-$ AB
OE $= 15$ मी. -10 मी.
$= 5$ मी.
अतः विकल्प (D) सही है।

61. दोनों सिरों से रावि का स्थान = 21
पंक्ति में छात्रों की संख्या = प्रारम्भ से रावि का स्थान + अंत से रावि का स्थान - 1
= 21 + 21- 1
= 42 - 1
= 41
अतः विकल्प (B) सही है।

62. यहाँ तर्क इस प्रकार है:
$8 - 4 = 4$ और $7 - 2 = 5$
$6 - 3 = 3$ और $4 - 1 = 3$
$7 - 4 = 3$ और $5 - 2 = 3$
इसी प्रकार:
$9 - 4 = 5$ और $8 - 2 = 6$
अतः विकल्प (C) सही है।

63. यहाँ अनुसरित तर्क है:
कैरम के खेल में साझेदार एक-दूसरे के विपरीत बैठते हैं।

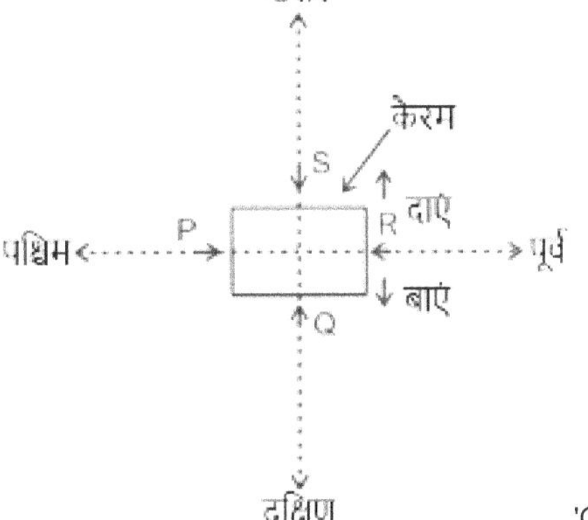

'Q' उत्तर दिशा की ओर देख रहा है।
अतः विकल्प (A) सही है।

64. महेश पूर्व की ओर जा रहा है। यदि उसे उत्तर की ओर जाना है तो उसे दायें, बायें, दायें, बायें विकल्प का चुनाव नहीं करना चाहिए। क्योंकि इस विकल्प का उपयोग कर के वह दक्षिण दिशा की ओर चला जायेगा।
अतः विकल्प (D) सही है।

65. 1. मेज पर 5 पुस्तकें A, B, C, D और E रखी हैं।
2. यदि A को E के नीचे रखा गया है।

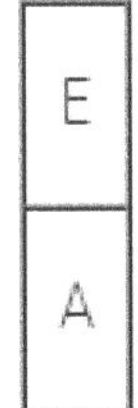

3. C को D के ऊपर रखा गया है।

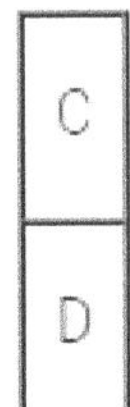

4. B को A के नीचे रखा गया है और D को E के ऊपर रखा गया है।

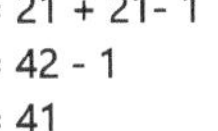

सभी कथनों को एक साथ मिलाकर, हम प्राप्त करते हैं:

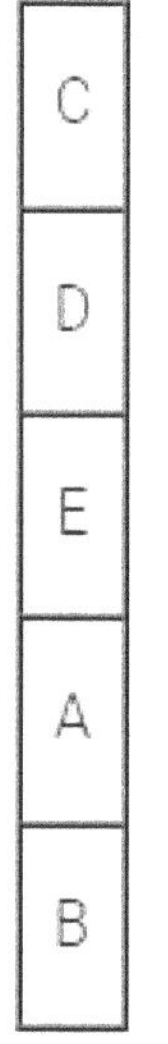

B टेबल की सतहों को छूता है।
अतः विकल्प (C) सही है।

66.

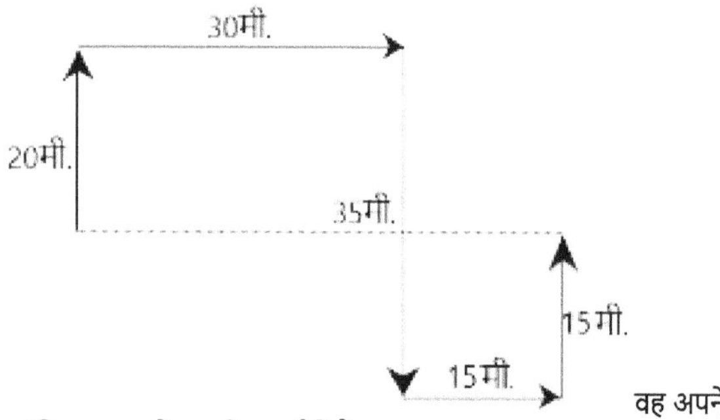

वह अपने प्रारंभिक स्थान से 45 मीटर पूर्व में है।
अतः विकल्प (D) सही है।

67. प्रश्न के अनुसार,

$4 \rightarrow 9 \rightarrow 6 \Rightarrow 2^2 \rightarrow 3^2 \rightarrow 2 \times 3$

$9 \rightarrow 16 \rightarrow 12 \Rightarrow 3^2 \rightarrow 4^2 \rightarrow 3 \times 4$

उसी प्रकार, $16 \rightarrow ? \rightarrow 20 \Rightarrow 4^2 \rightarrow ?^2 \rightarrow 4 \times 5$

अतः विकल्प (C) सही है।

68.

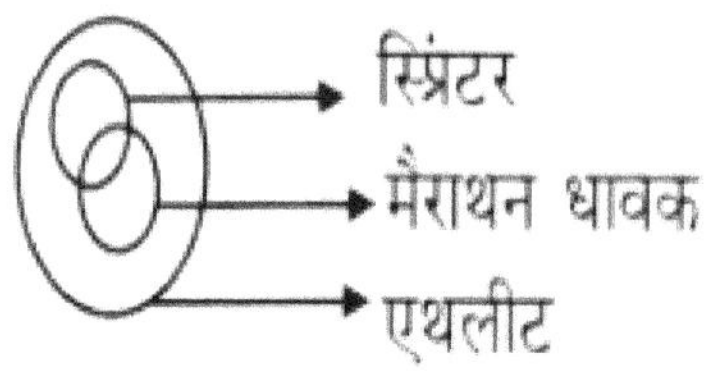

अतः विकल्प (D) सही है।

69. यहाँ तर्क है:

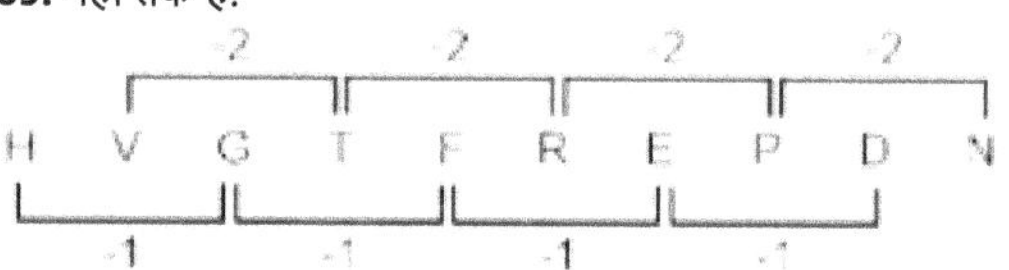

तो अगला पद होगा:
D - 1 = C
N - 2 = L
अतः विकल्प (D) सही है।

70. जिस तरह 'बुद्धिमान' 'चालाक' होता है उसी 'स्फूर्तिहीन' 'सुस्त ' होता है।
अतः विकल्प (C) सही है।

71. संदिग्ध : अविवादित एक दूसरे के विलोम है इसी तरह कृपण : उदार दूसरे के विलोम है।
अतः विकल्प (C) सही है।

72.

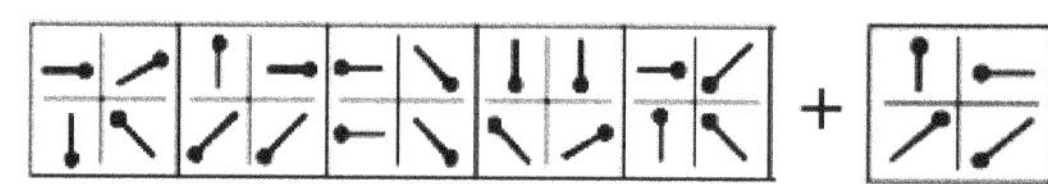

अतः विकल्प (B) सही है।

73. चित्र (1) तथा (3) से:

$D \rightarrow S \rightarrow M$

$D \rightarrow U \rightarrow Y$

स्पष्ट है कि
D के विपरीत W है, M के विपरीत Y है
U के विपरीत S है
? के स्थान पर Y/M आयेगा।
Y और M एक दूसरे के विपरीत हैं U, W, Y एक साथ होंगे तथा M, D, S क्रमशः इनके विपरीत भुजाओं पर होंगे।
अतः विकल्प (C) सही है।

74.

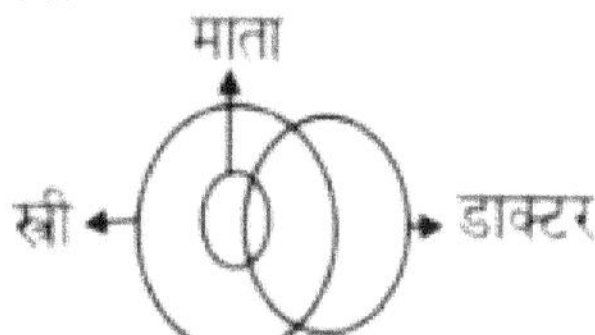

अतः विकल्प (C) सही है।

75. प्रश्नानुसार गणितीय चिन्हों को परिवर्तित करने पर,

$48 - 6 + 2 \div 1 \times 4$

$48 - 6 + 2 \times 4$

$48 - 6 + 8$

$56 - 6 = 50$

अतः विकल्प (C) सही है।

76. प्रश्न के अनुसार:
दीपक और मधु आपस में अपना स्थान बदल लेते हैं, फिर:
दीपक का नया स्थान बाएं से 22वां है। लेकिन यह मधु के पहले वाले स्थान के समान है अर्थात दायें से 12वें स्थान पर है।
∴ पंक्ति में (22 + 12 - 1) = 33 लड़के हैं।
अतः विकल्प (C) सही है।

77. सूरज फिल्म देखने 9 दिन पहले गया था। वह केवल रविवार के दिन

फिल्म देखने जाता है।
इसलिए, 9 दिन पहले रविवार था।
इसलिए, 9 - 7 = 2 दिन पहले भी रविवार
इसलिए, आज का दिन = रविवार + 2 = मंगलवार
अतः विकल्प (D) सही है।

78. कूट प्राप्त करने के लिए प्रत्येक अक्षर को चार स्थान पीछे किया जाता है

इसलिए, GEORGE को CAKNCA के रूप में लिखा जा सकता है।
अतः विकल्प (C) सही है।

79. वंश - वृक्षः

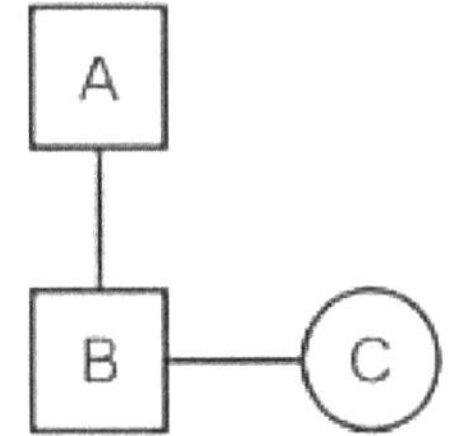

C, A की पुत्री है।
अतः विकल्प (A) सही है।

80. (A) $PR\underline{A}Y$
(B) $PR\underline{E}Y$
(C) $PR\underline{I}SM$
(D) $PR\underline{I}SON$
प्रत्येक शब्द में PR सामान है उसके बाद $PR\underline{A}Y$ में A, $PR\underline{E}Y$ में E, $PR\underline{I}SM$ में I तथा $PR\underline{I}SON$ में S के क्रमो की तुलना करने पर शब्दकोश में सबसे पहले $PR\underline{A}Y$ शब्द आयेगा।
अतः विकल्प (D) सही है।

81. 1960 तक, जब सीमोर क्रे ने कंट्रोल डेटा कॉरपोरेशन (सीडीसी) 6600 को डिज़ाइन किया, जिसे हमने सबसे तेज़ गति वाली मशीनों को "सुपरकंप्यूटर" कहना शुरू किया। क्रे का मानना था कि "आज उपलब्ध किसी भी चीज़ से सौ गुना अधिक शक्तिशाली" मशीन की हमेशा आवश्यकता होगी।
अतः विकल्प (D) सही है।

82. दूसरी और तीसरी पीढ़ी के कंप्यूटरों के बीच अंतर माइक्रोप्रोसेसर का उपयोग है। दूसरी पीढ़ी में माइक्रोप्रोसेसरों का उपयोग नहीं किया जाता था, जबकि तीसरी पीढ़ी के कंप्यूटरों में माइक्रोप्रोसेसरों का उपयोग शुरू किया गया था। जबकि चौथी पीढ़ी में माइक्रोप्रोसेसर का पूरी तरह से उपयोग किया जाता था।
अतः विकल्प (A) सही है।

83. कॉम्पैक्ट डिस्क (सीडी) "सेकेंडरी मेमोरी" है। सीडी-रोम, कॉम्पैक्ट डिस्क रीड-ओनली मेमोरी का संक्षिप्त नाम, कॉम्पैक्ट डिस्क के रूप में कंप्यूटर मेमोरी का प्रकार जिसे ऑप्टिकल माध्यम से पढ़ा जाता है। एक सीडी-रोम ड्राइव डिजीटल (बाइनरी) डेटा को पढ़ने के लिए कम-शक्ति वाले लेजर बीम का उपयोग करता है जिसे ऑप्टिकल डिस्क पर छोटे गड्ढों के रूप में एन्कोड किया गया है।

अतः विकल्प (D) सही है।

84. बस - तारों के समूह को बस कहते है, यह सूचना/निर्देश को एक कम्प्यूटर से दूसरे कम्प्यूटर तक ले जाता है, यह 3 प्रकार का होता है:
1- कन्ट्रोल बस; 2- डेटा बस; 3- एड्रेस बस
अतः विकल्प (B) सही है।

85. माइक्रोसॉफ्ट एक सॉफ्टवेयर कंपनी है। जबकि अन्य सभी सॉफ्टवेयर हैं। सॉफ़्टवेयर को एंड-यूज़र प्रोग्राम या उत्पादकता प्रोग्राम के रूप में भी जाना जाता है, वह सॉफ़्टवेयर है जो उपयोगकर्ता को ऑनलाइन शोध करने, नोट्स लिखने, अलार्म सेट करने, ग्राफिक्स डिज़ाइन करने, खातों के लॉग रखने, गणना करने या यहां तक कि गेम खेलने जैसे कार्यों को निष्पादित करने में सहायता करता है।
अतः विकल्प (B) सही है।

86. परिधीय डिवाइस - वह डिवाइस जो किसी भी प्रकार से कम्प्यूटर में काम करने के लिए बाहर जोड़ी जा सके जैसेस्कैनर, टेपड्राइ, माइक्रोफोन, लाउडस्पीकर, वेब कैमरा, डिजिटल कैमरा, मॉडोम , पेन ड्राइव, VDU आदि,। मेन मेमोरी चिप:- एक अर्द्धचालक युक्ति है, जिसका प्रयोग आंतरिक संग्राहलय के रूप में कम्प्यूटर के भीतर किया जाता है अतः यह परिधीय (पेरिफेरल) युक्ति नहीं है।
अतः विकल्प (B) सही है।

87. एक एल्गोरिथम की काम्प्लेक्सिटी (Complexity) उसकी दक्षता (efficency) को व्यक्त करती है। एल्गोरिथम काम्प्लेक्सिटी एक माप है कि आकार n के इनपुट को पूरा करने के लिए एक एल्गोरिथ्म को कितना समय लगेगा। यदि एक एल्गोरिथ्म को स्केल करना है, तो उसे n के बड़े मूल्यों के लिए भी सीमित और व्यावहारिक समय सीमा के भीतर परिणाम की गणना करनी चाहिए।
अतः विकल्प (B) सही है।

88. फ़्लोचार्ट (Flow-chart) का प्रयोग करके, Computational Logic को दिखाया जा सकता है। फ़्लोचार्ट एक प्रकार संयोजित चित्र है जो एल्गोरिथम को प्रदर्शित करता है।
एक फ़्लोचार्ट एक आरेख है जो किसी प्रोग्राम का एक स्वरुप दिखाता है। फ़्लोचार्ट आमतौर पर विभिन्न प्रकार के निर्देशों का प्रतिनिधित्व करने के लिए मानक प्रतीकों का उपयोग करते हैं। इन प्रतीकों का उपयोग फ़्लोचार्ट बनाने और समस्या का चरण-दर-चरण समाधान दिखाने के लिए किया जाता है। फ़्लोचार्ट को कभी-कभी फ़्लो डायग्राम के रूप में जाना जाता है।
अतः विकल्प (C) सही है।

89. $(BABA)_{16}$ हेक्साडेसिमल में 135272 ऑक्टल के बराबर है।

$(B\ A\ B\ A)_{16}$

$(1011\ 1010\ 1011\ 1010)_{16}$ $2^4 = 16$

$(1\ 011\ 101\ 010\ 111\ 010)_8$ $2^3 = 8$

$(135272)_8$

अतः विकल्प (C) सही है।

90. घड़ी दर (Clock - Rate)- CPU के प्रोफ़ेसर की गति बताती है, प्रोसेसर की गति मापने का SI मात्रक हर्टज (Hz) हर्ट्ज का प्रयोग प्रथम पीढ़ी के कम्प्यूटर में किया जाता था जबकि प्रोसेसर की गति कम होती थी। आज के समय अधिक गति के प्रोसेसर होने के कारण MHz, (मेगाहर्ट्ज), GHz (गीगाहर्ट्ज) का प्रयोग कम्प्यूटर घड़ी गति स्पेसिफिकेशन के लिए करते है।
अतः विकल्प (C) सही है।

91. बूट लोडर- एक प्रोग्राम होता है जो ऑपरेटिंग सिस्टम अथवा अन्य सिस्टम साफ्टवेयर को कम्प्यूटर की पॉवर-ऑन करने के बाद लोड करता है। बूट लोडर- ROM में स्टोर रहता है। हाइबर नेट, स्लीप में बूट न ही होता है यह केवल स्टार्ट में होता है।
अतः विकल्प (D) सही है।

92. अतिरेकता-इसके द्वारा डाटा विसंगति को रोका जाता है। रोकथाम डेटा अतिरेकता और डेटा विसंगति के बीच अन्य मुख्य अंतर है। सामान्यीकरण

डेटा अतिरेक को कम करने में मदद करता है। हालाँकि, डेटाबेस पर बाधाओं का उपयोग करने से डेटा असंगति को रोकने में मदद मिलती है।
अतः विकल्प (A) सही है।

93. कर्मचारी वेतन 12,000 रुपये से अधिक नहीं होना चाहिए। यह "अखंडता बाधा" है। अखंडता बाधाएं वे प्रोटोकॉल हैं जिनका एक तालिका के डेटा कॉलम का पालन करना चाहिए। इनका उपयोग तालिका में दर्ज की जा सकने वाली सूचनाओं के प्रकारों को प्रतिबंधित करने के लिए किया जाता है।
अतः विकल्प (A) सही है।

94. डाटाबेस डिजाइन के फंक्शन में विभिन्न तालिकाओं की पहचान, अपनी विशेषताओं के साथ क्षेत्रों का निर्माण, मान्यता नियमों और डेटाबेस अंतर्संबंधों का निर्माण आदि शामिल हैं। डाटाबेस डिज़ाइन डाटाबेस मॉडल के अनुसार डेटा का संगठन है। डिज़ाइनर यह निर्धारित करता है कि कौन सा डेटा संग्रहीत किया जाना चाहिए और डाटा तत्व कैसे परस्पर जुड़े हुए हैं।
अतः विकल्प (D) सही है।

95. Relation में attributes की संख्या को relation की डिग्री के रूप में जाना जाता है। विशेषता संबंध विशेषताओं के बीच संबंध हैं जो निर्दिष्ट करते हैं कि विशेषताएँ कैसे जुड़ी हुई हैं। विशेषता संबंध परिभाषित करते हैं कि कैसे तालिकाओं और स्तंभों को जोड़ा और उपयोग किया जाता है, और कौन सी तालिकाएँ अन्य तालिकाओं से संबंधित हैं। रिश्तों के बिना, डेटा के बीच कोई बातचीत नहीं होती है, और इसलिए कोई तार्किक संरचना नहीं होती है।
अतः विकल्प (B) सही है।

96. Table के column को विशेषता के रूप में जाना जाता है। Table के प्रत्येक column को विशेषता कहा जाता है। Table की रो को टुपल्स कहते हैं। Table में column की संख्या table की डिग्री को परिभाषित करती है। एक column एक table के भीतर मानों का एक लंबवत समूह है। इसमें एक ही फ़ील्ड से कई column में मान शामिल हैं।
अतः विकल्प (B) सही है।

97. ACID गुणों का सेट है जो reliably की गारंटी है। यहाँ A "आणविकता" है।
आणविकता की आवश्यकता है कि प्रत्येक लेनदेन "सभी या कुछ भी नहीं" हो: यदि लेनदेन का एक हिस्सा विफल हो जाता है, तो पूरा लेनदेन विफल हो जाता है, और डेटाबेस स्थिति अपरिवर्तित रहती है। संगतता डेटाबेस सुनिश्चित करती है कि कोई भी लेनदेन डेटाबेस को एक वैध स्थिति से दूसरे में लाएगा।
अतः विकल्प (B) सही है।

98. "DELE" अथवा Delete- [Mark the record for Delection] इस कमाण्ड का प्रयोग रिकार्ड को मिटाने हेतु (चिन्हित) करने के लिए करते है।
अतः विकल्प (D) सही है।

99. CREAT USER Susan IDENTIFIES by blue यह कथन नये user बनाने के लिए प्रयुक्त होगा।
अतः विकल्प (D) सही है।

100. "Select EMPID where EMPID = 15 and LASTNAME = 'Singh';" में त्रुटि है। इस query में clause नहीं है जो उस संबंध को निर्दिष्ट करता है जिससे मूल्यों का चयन करना है।
अतः विकल्प (D) सही है।

101. किसी तालिका में एक फ़ील्ड को विदेशी कुंजी के रूप में लिया जा सकता है यदि किसी अन्य तालिका में प्राथमिक कुंजी है। विदेशी कुंजी की मूल परिभाषा से है: "एक तालिका में प्राथमिक कुंजी दूसरी तालिका में विदेशी कुंजी के रूप में कार्य करती है"। मानक SQL के अनुसार, संदर्भित तालिका में एक विदेशी कुंजी का संदर्भ प्राथमिक कुंजी या अद्वितीय कुंजी होना चाहिए।
अतः विकल्प (C) सही है।

102. फ़ाइल फ्रेग्मेंटेशन का मतलब है कि एक फ़ाइल डिस्क में नॉन कंटीज्यूअस स्थानों में संग्रहीत है। हार्ड ड्राइव, मेमोरी मॉड्यूल या अन्य मीडिया पर विखंडन तब होता है जब डेटा ड्राइव पर भौतिक रूप से पर्याप्त रूप से नहीं लिखा जाता है। डेटा के उन खंडित, अलग-अलग टुकड़ों को आम तौर पर टुकड़े के रूप में संदर्भित किया जाता है।
अतः विकल्प (D) सही है।

103. डाटाबेस की संरचना के बारे में जानकारी "डाटा डिक्शनरी" में संग्रहीत है। डाटा डिक्सनरी डाटा ऑवजेक्ट/आइटम के विवरण का संग्रह है, यह डाटा बेस के संरचना के बारे में जानकारी रखता है। आब्जेक्ट प्रणाली का विश्लेषण करना इसका पहला कदम है, जिससे यूजर (प्रयोगकर्ता) प्रत्येक आब्जेक्ट और दूसरे आब्जेक्ट से उसके सम्बन्ध को पहचान सके।
अतः विकल्प (B) सही है।

104. संग्रहण क्षमता = (प्लेटो की संख्या) × (एक प्लेटो में ट्रैक की संख्या) × (एक ट्रैक में सेक्टर की संख्या) × (एक सेक्टर में बाइट्स की संख्या)
$= 4 \times 2655 \times 125 \times 512$
$\approx (2^{30}) = 1$ GB (लगभग)
अतः विकल्प (A) सही है।

105. शब्द primary और active बूट करने योग्य विभाजन की पहचान करते है। केवल primary पार्टीशन को active चिन्हित कर सकते है। प्रत्येक डिस्क में एक primary पार्टीशन होना चाहिए। बूट विभाजन एक प्राथमिक primary है जिसमें बूट लोडर होता है, ऑपरेटिंग सिस्टम को बूट करने के लिए जिम्मेदार सॉफ्टवेयर का एक टुकड़ा है।
अतः विकल्प (C) सही है।

106. अधिकतम रंगों की संख्या $= 2^n$
जहाँ $n =$ बिट्स /पिक्सल
अतः रंगों की संख्या $= 2^8 = 256$
अतः विकल्प (C) सही है।

107. आउटलुक एक्सप्रेस एक "ई-मेल क्लाइंट" है। आउटलुक एक्सप्रेस - यह इंटरनेट एक्सप्लोरर की मदद से एक वितरित ई-मेल और समाचार क्लाइंट को जोड़ता है। आउटलुक एक्सप्रेस माइक्रोसॉफ्ट का एक मुफ्त ऑनलाइन संचार उपकरण है जिसका उपयोग आप ई-मेल या समाचार समूहों के लिए कर सकते हैं।
अतः विकल्प (A) सही है।

108. स्पैम मेल- अथवा जंक ई मेल अथवा - बल्क मेल जो इलेक्ट्रानिक स्पैम सब सेट (उप-समूह) है। स्पैम ई-मेल को एन्टीवायरस की सहायता से नहीं निकाला जा सकता है। ईमेल स्पैम, जिसे जंक ईमेल के रूप में भी जाना जाता है, स्पैम ईमेल संदेशों को संदर्भित करता है, जो आमतौर पर प्राप्तकर्ताओं की एक बड़ी सूची में थोक में भेजे जाते हैं।
अतः विकल्प (A) सही है।

109. मेल मर्ज (Mail merge)- यह एक ऑप्सन (तरीका) है जिससे एक डाक्युमेंन्ट लेटर, सार्टीफिकेट आदि को बहुत सारे लोगों के लिए प्रिंट कर सकते है।
अतः विकल्प (B) सही है।

110. निरपेक्ष सेल रेफेरेंस - $(\$H\$3)$
सापेक्ष सेल रेफेरेंस- $(A_2 + B_2)$
मिश्रित रेफरेंस सेल- $C\$4$
इस प्रकार के सेल में या सापेक्ष स्तम्भ निरपेक्ष पंत्ति या तो निरपेक्ष स्तम्भ सापेक्ष पंक्ति होती है।
अतः विकल्प (C) सही है।

111. MS-EXCEL की एक विशेषता किसी दूसरे डाटा सेट पर किसी अन्य डाटा सेट में हुए परिवर्तन के प्रभाव को देखकर निर्णय लेने में मदद करती है, वह MS-EXCEL "व्हाट -इफ एनालिसिस" है। व्हाट-इफ-एनालिसिस- यह एक प्रक्रिया है जिसमें किसी दूसरे डाटा सेट पर किसी अन्य डाटा सेट में हुए परिवर्तन के प्रभाव को देखकर निर्णय लेने में मदद करती है।
अतः विकल्प (C) सही है।

112. डॉक्युमेंट के अलग-अलग क्षेत्रों में टेक्स्ट के कॉपी फॉर्मेट के लिए "Format Painter" विकल्प का चुनाव किया जाता है। Format Painter- इसकी सहायता से तेजी से टेक्स्ट अथवा ग्राफिक्स को डाक्युमेंट के एक सेक्सन से कॉपी करते है। इस कॉपी टेक्स्ट का कलर, साइज, फांन्ट स्टाईल आदि बदल सकते है।
अतः विकल्प (B) सही है।

113. एक डॉक्युमेंट से दूसरे डॉक्युमेंट में टेक्स्ट फ्रेज़ को कनेक्ट करने के लिए हम Insert > Hyperlink उपयोग करते हैं। हाइपर लिंक- यह डाटा के लिए संदर्भ (लिंक) प्रदान करता है, जिससे रीडर सीधे क्लिक करके उस फाइल पर पहुँच जाता है, हाइपर लिंक - संपूर्ण डाक्युमेंन्ट अथवा डाक्युमेन्ट के विशिष्ट तत्व पर प्वांइट करता है। हाइपर टेक्स्ट- टेक्स्ट के साथ हाइपरलिंक होता है।
अतः विकल्प (B) सही है।

114. मैक्रोज- किसी भी दोहराने वाले काम को करने के लिए, आप

माइक्रोसाफ्ट के एक्सल में जल्दी से एक मैक्रो रिकार्ड कर सकते है। आप माइक्रोसाफ्ट में विजुअल बेसिक इडिटर (editor) के द्वारा नया मैक्रो बना सकते है।
अतः विकल्प (C) सही है।

115. MS-EXCEL की वर्कशीट रेंज में इनपुट करने के लिये आनेवाली बाधाओं और नियमों से संबंधित डाटा के प्रकारों को परिभाषित करना डेटा वैलिडेशन कहलाता है। डाटा वैलिडेशन- MS-EXCEL की वर्कशीट रेंज में इनपुट करने के लिए आने वाली बाधाओं और नियमों से संबंधित डाटा के प्रकार को परिभाषित करता है।
अतः विकल्प (C) सही है।

116. MS-WORD में कैल्कूलेट यूसिंग फॉरमूला का प्रयोग करने के लिये संभव विकल्प Table > Formula है।
अतः विकल्प (B) सही है।

117. हैंडआउट मास्टर का उपयोग "हैंडआउट की प्रस्तुतियों जो आप उपलब्ध कराना चाहते हैं" है। हैन्डआउट मास्टर का उपयोग: प्रिंटआउट के लिए हैण्डआउट मास्टर का प्रयोग स्लाइड मास्टर कहा जाता है। स्लाइड मास्टर का प्रयोग मूव, रिसाईज, और फार्मेट हेडर और फूटर के लिए करते है। अतः स्पष्ट है हैण्डआउट मास्टर का उपयोग हैण्डआउट की प्रस्तुतियों को उपलब्ध कराने के लिए करते है।
अतः विकल्प (A) सही है।

118. MS-EXCEL में सॉल्वर विकल्प "डाटा विश्लेषण" के लिए प्रयोग किया जाता है। EXCEL में एक टूल जिसे साल्वर कहते हैं का प्रयोग किया जाता है जो ऐसी तकनीक का प्रयोग करता है जिसमें सभी प्रकार की समस्याओं के लिए ऑपरेशन रिसर्च से आष्टिमल (सर्वोत्कृष्ठ) समाधान प्राप्त करते है या इसका प्रयोग डाटा विश्लेषण के लिए करते है।
अतः विकल्प (A) सही है।

119. लैन, वैन और मैन में मुख्य अंतर "भौगोलिक कार्यक्षेत्र" है। लैन और वैन के बीच में मैन कवरेज लेता है। मैन की दूरी कवरेज और डेटा दर लैन से अधिक है, लेकिन वैन से कम है। यह लैन और मैन के बीच प्रमुख अंतर है। मैन कुछ हद तक वैन की भौगोलिक कवरेज आवश्यकता को ओवरलैप करता है।
अतः विकल्प (D) सही है।

120. नेटवर्क के लाभ में "रखरखाव में कम लागत" शामिल नहीं है। नेटवर्क के लाभः बेहतर जानकारी साझा; बेहतर मॉनिटरिंग; वर्कर परफार्मेंस; पेरिफेरल्स की शेयरिंग; नेटवर्क की हानियाँ; अत्यधिक रखरखाव लागत; सूचना चोरी का डर।
अतः विकल्प (D) सही है।

121. यदि आप Telnet या FTP का उपयोग करते हैं, तो "एप्लिकेशन" उच्चतम परत है जिसका उपयोग आप डेटा संचारित करने के लिए कर रहे हैं। एप्लिकेशन लेयर वह जगह है जहां आप अपने कंप्यूटर एप्लिकेशन के साथ इंटरफेस करते हैं। आपका वेब ब्राउज़र, वर्ड प्रोसेसर और इंस्टेंट मैसेजिंग क्लाइंट लेयर 7 पर मौजूद है। प्रोटोकॉल टेलनेट और एफ़टीपी एप्लीकेशन लेयर प्रोटोकॉल हैं।
अतः विकल्प (A) सही है।

122. UPD (यूजर डेटाग्राम प्रोटोकॉल) - यह एक ट्रांसपोर्टलेयर का प्रोटोकॉल है जिसका प्रयोग IP - नेटवर्क लेयर प्रोटोकॉल के साथ किया जाता है। यह TCP/IP प्रोटोकॉल एक मशीन से दूसरी मशीन पर एप्लिकेशन प्रोग्राम के लिए डाटाग्राम भेजने के लिए एप्लिकेशन प्रोग्राम को अनुमति देता हैं।
अतः विकल्प (A) सही है।

123. मॉडम टेलीफोन लाइन और कंप्यूटर को जोड़ता है। एक मॉडेम एक टेलीफोन लाइन और एक सीरियल पोर्ट के बीच जुड़ा होता है। एक मॉडम एक उपकरण या प्रोग्राम है जो कंप्यूटर को डेटा संचारित करने में सक्षम बनाता है, उदाहरण के लिए, टेलीफोन या केबल लाइन।
अतः विकल्प (C) सही है।

124. रूटिंग तालिका का उद्देश्य "गंतव्य के लिए सबसे कुशल मार्ग खोजना" है। रूटिंग तालिकाः- यह नियमों का एक समुच्चय है जो टेबल-फार्मेट में दिखता है, जिसका प्रयोग यह जानने के लिए किया जाता है डाटा पैकेट इंटरनेट पर कहाँ से कहाँ जा रहा है, यह गंतव्य के लिए सबसे कुशल मार्ग को भी खोजता है।
अतः विकल्प (D) सही है।

125. OSI नेटवर्क आर्किटेक्चर में, संवाद-नियंत्रण और टोकन-प्रबंधन सत्र (सेशन) लेयर के लिए उत्तरदायी है। सत्र परत (सेशन लेयर)- यह OSI का 5वाँ लेयर हैं, जो अधिक कम्प्यूटर के कनेक्सन को नियन्त्रित करता है। यह संवाद-नियंत्रण और टोकन प्रबंधन के लिए उत्तरदायी है।
अतः विकल्प (A) सही है।

126. रेलवे आरक्षण सिस्टम-इंट्रानेट सिस्टम पर आधारित गतिमान (फास्ट) क्लाइंट सर्वर सिस्टम होते है, इंट्रानेट- एक प्राइवेट नेटवर्क होता है जो किसी संस्था के सदस्यों द्वारा प्रयोग किया जा सकता है।
अतः विकल्प (D) सही है।

127. राउटर WAN हार्डवेयर के लिए आवश्यक है। राउटर- WAN के लिए आवश्यक होता है, इंटरनेट को जोड़ने के लिए आपको मॉडम-राउटर (राउटर) की आवश्यकता होती है। राउटर एक नेटवर्किंग डिवाइस है जो कम्प्यूटर के बीच में डाटा-पैकेट को भेजती है।
अतः विकल्प (C) सही है।

128. ARP प्रोटोकॉल लोकल डिवाइस के हार्डवेयर पते को खोजने के लिए प्रयोग किया जाता है। ARP (Address Resolution Protocol - एड्रेस रिजोल्युसन प्रोटोकॉल): ARP, IP (Internet Protocol) का एक प्रोटोकॉल है जो IP एड्रेस से हार्डवेयर एड्रेस खोजने के लिए प्रयोग किया जाता है, इस प्रोटोकॉल का प्रयोग नेटवर्क लेयर के नीचे होता है।
अतः विकल्प (B) सही है।

129. बस टोपोलॉजी उपयोग करने का ड्राबैक "अतिरिक्त कम्प्यूटरों को जोड़ने पर या हैवी ट्रैफिक होने पर कार्यक्षमता घट जाती है" है। बस- तारो के संग्रह या समूह को बस कहते हैं, जो डाटा को एक कम्प्यूटर से दूसरे कम्प्यूटर तक ले जाने के लिए प्रयुक्त होता है, अतिरिक्त कम्प्यूटर जोड़ने पर हैवी ट्रैफिक होने से बस की क्षमता घट जाती है, यही- बस टोपोलॉजी की कमी है।
अतः विकल्प (B) सही है।

130. TCP/P में पोर्ट एडरैस 32 बिट्स का होता है। TCP स्रोत पोर्ट से गंतव्य पोर्ट से जुड़ता है जैसे कि स्रोत पोर्ट 51178 से गंतव्य पोर्ट 22 तक। TCP पोर्ट फ़ील्ड 16 बिट्स है, जो पोर्ट नंबर 0 से 65535 तक की अनुमति देता है। दो प्रकार के पोर्ट हैं: आरक्षित और अल्पकालिक। एक आरक्षित पोर्ट 1023 या उससे कम है; क्षणिक पोर्ट 1024-65535 हैं।
अतः विकल्प (A) सही है।

131. रिमोट बैच प्रसंस्करण में पूरी तरह केंद्रीय कंप्यूटर में इनपुट डेटा डालने के लिए सिम्प्लैक्स लाइनों का प्रयोग होता है। रिमोट बैच प्रसंस्करण- बैच प्रसंस्करण का अर्थ है एक जैसे फीचर (गुण) वाले प्रोग्राम को एक साथ प्रसंस्कृत करना। जब- बैच प्रसंस्करण जिसमें इनपुट-आउटपुट और प्रसंस्करण एक डाटा लिंक (सिम्पलैक्स लाइन) द्वारा होता है तो उसे रिमोट बैच प्रसंस्करण कहते हैं।
अतः विकल्प (B) सही है।

132. गेटवे को दो सिस्टम्स को कनेक्ट करने के लिए उपयोग किया जाता है, खास करके तब जब सिस्टम में भिन्न प्रोटोकॉल का उपयोग किया गया हो। गेटवे- कम्युनिकेशन नेटवर्क में जब एक नेटवर्क दूसरे नेटवर्क से जो भिन्न प्रोटोकॉल का प्रयोग कर रहा है जोड़ा जाता है तो गेटवे का प्रयोग करते हैं।
अतः विकल्प (C) सही है।

133. सबनेट मास्क $255.255.255.248$ का उपयोग करके 6 होस्ट कॉन्फ़िगर किये जा सकते हैं।
प्रति सबनेट होस्ट के सूत्र $= 2^n - 2$
$= 2^3 - 2 \ (\because n = 3)$
$= 8 - 2 = 6$
अतः विकल्प (A) सही है।

134. दिए गए नेटवर्क आईडी के लिए डिफ़ॉल्ट सबनेट मास्क 192.168.10 है। किसी भी वर्ग के लिए डिफ़ॉल्ट सबनेट नेटवर्क आईडी भाग में 1 और होस्ट आईडी भाग में 0 है।
अतः विकल्प (B) सही है।

135. TCP (ट्रांसमिशन कन्ट्रोल प्रोटोकॉल)-TCP पोर्ट संख्या की पहचान करके अप्लीकेशन को प्राप्त करती तथा भेजती है जिसे प्रायः इंटरनेट सॉकेट कहा जाता है।
अतः विकल्प (B) सही है।

136. प्रोटोकॉल कंप्लीट URL का पहला भाग है जो वेब संसाधनों को एक्सेस

करने के काम आता है। URL में संसाधन तक पहुँचने के लिए आवश्यक प्रोटोकॉल का नाम और साथ ही संसाधन का नाम होता है। URL का पहला भाग प्राथमिक एक्सेस माध्यम के रूप में उपयोग किए जाने वाले प्रोटोकॉल की पहचान करता है। दूसरा भाग आईपी पते या डोमेन नाम (संभवतः उपडोमेन) की पहचान करता है जहां संसाधन स्थित है।
अतः विकल्प (D) सही है।
137. XML में "X" का अर्थ "Extensible" है। XML - Extersible Markup Language: XML की डिजाइन डाटा को स्टोर (संरक्षित करने) तथा भेजने के लिए प्रयुक्त होता है। XML की डिजाइन को मनुष्य तथा मशीन दोनों पढ़ सकते है।
अतः विकल्प (C) सही है।
138. Web.config फ़ाइल का उपयोग "एप्लीकेशन के लिये ग्लोबल इंफरमेशन और वैरियबल डेफिनेशन स्टोर करना" के लिए किया जाता है: Web.config - यह ASP.Net की मुख्य सेटिंग और कॉन्फिग्युरेशन फाइल है। यह एक XML - डाक्युमेंट है जो साइट के रूट डायरेक्टरी में स्टोर होता है और एप्लीकेशन के लिए डाटा को संरक्षित करता है। अतः स्पष्ट है- यह एप्लीकेशन के लिए ग्लोबल इंफार्मशान और वैरियेबल डेफिनेशन स्टोर करता है।
अतः विकल्प (D) सही है।
139. ASP (एक्टिव सर्वर पेजेज) VBVisual Basic Script (विजुअल बेसिक स्क्रिप्ट) और HTMLTags (हाइपर टेक्स्ट आर्कअप लैंग्वेज) का एक समूह है। VBScript इसकी डिफाल्ट स्क्रिप्टिंग भाषा है।
अतः विकल्प (B) सही है।
140. Quality Point Technologies जावा स्क्रिप्ट कोड का परिणाम है।
अतः विकल्प (B) सही है।
141. एक्जेक्यूटेबल युटिलिटि प्रोग्राम में, कंपाइलर एडिटर आदि को UNIX OS में जिस सिस्टम डायरेक्टरी में संग्रहित किया जाता है, उसे "bin" कहते हैं। Bin.file - यह एक स्वतः निष्कर्षक बाइनरी फाइल है जिसमे- एक्सेक्युटेबल युटिलिटि प्रोग्राम, कंपाइलर, इडिटर आदि संग्रहित किये जाते है।
अतः विकल्प (C) सही है।
142. UNIX OS के सिस्टम डाटा और युटिलिटी प्रोग्राम, पासवर्ड तथा लॉगिन फ़ाइल ई टी सी निर्देशिका में संग्रहीत होते हैं। etc file- यह कॉन्फ्युग्रेशन फाइल को सिस्टम के लिए रखती है सिस्टम डाटा, युटिलिटी प्रोग्राम पासवर्ड तथा लॉगिन फाइल etc निर्देशिका में संग्रहीत होते हैं।
अतः विकल्प (D) सही है।
143. Pixels (पिक्चर एलीमेंटस) - यह कम्प्यूटर डिस्प्ले और कम्प्यूटर इमेज के कलर की बेसिक यूनिट है, वेव दस्तावेज बनाते समय इमेज की ऊंचाई, चौड़ाई को व्यक्त करने के लिए इसका उपयोग करते है।
अतः विकल्प (B) सही है।
144. डेटा संम्पीडन- कम जगह में संघनित फाइल को संग्रहीत करने की प्रक्रिया को डेटा संपीडन कहते है। संपीडित फाइल का आकार छोटा हो जाता है इससे वह इंटरनेट पर तेजी से अपलोड तथा इंटरनेट से तेजी से डाउनलोड हो जाती है।
अतः विकल्प (B) सही है।
145. डि- मॉर्गन का नियम: डी-मॉर्गन का नियम: डी-मॉर्गन नियम में कहा गया है कि किसी भी गेट के आउटपुट को उलटने से दो उल्टे चर A और B के साथ विपरीत प्रकार के गेट (AND या OR) के समान कार्य होता है। इसका उपयोग बूलियन बीजगणित अभिव्यक्तियों को हल करने के लिए किया जाता है। यह NAND गेट और NOR गेट की तरह गेट ऑपरेशन करता है।
अतः विकल्प (C) सही है।
146. दिया गया है:

$$X.Y.Z + X.Y.\overline{Z} + X.Y.Z + \overline{X}.Y$$
$$Z + \overline{Z} = 1$$
$$= XY + XYZ + \overline{X}Y$$
$$1 + Z = 1$$
\(= XY + \overline {X}Y\)
$$= [X + \overline{X}]Y \qquad (\because X + \overline{X} = 1)$$
$$= Y$$

अतः विकल्प (B) सही है।
147. कथन $X + Y = Y + X$ commutative law का प्रतिनिधित्व करता है। जोड़ का commutative law कहता है कि यदि दो संख्याओं को जोड़ा जाता है, तो परिणाम उनकी परस्पर स्थिति के योग या बदली हुई स्थिति के योग के बराबर होता है।
अतः विकल्प (C) सही है।
148. एक बूलियन प्रमेय का Dual सभी शून्य, एक एवं • को + से बदलने से पाया जाता है। बूलियन का Dual: सभी शून्य को एक में तथा सभी एक को शून्य में बदलना सभी .(डाट) को+(प्लस) में तथा सभी+(प्लस) को.(डॉट) में बदलना
अतः विकल्प (D) सही है।
149. Minterm $= \sum m(1,3,5,6)$
हम जानते हैं कि:
Minterm + Maxterm = कुल संख्या
Maxterm $= (0,1,2,3,4,5,6,7) - \Sigma m(1,3,5,6)$
$= \pi M(0,2,4,7)$
अतः विकल्प (B) सही है।
150. तर्क अभिव्यक्ति $(X + Y + Z) \cdot (X + Y + \overline{Z})$ POS form कहा जाता है। योगों का गुणा (POS) form तर्क गेट्स के बूलियन अभिव्यक्तियों को सरल बनाने की एक विधि है। इस POS form में, सभी चर ORed हैं, अर्थात, योग के रूप में योग के रूप में लिखा जाता है। इन सभी योग शर्तों को योग के गुणा के रूप में प्राप्त करने के लिए एक साथ ANDed (गुणा) किया जाता है।
अतः विकल्प (B) सही है।
151. बूलियन अभिव्यक्ति
$(X + Y + Z) \cdot (X + Y + \overline{Z}) \cdot (X + \overline{Z})$ को
$X + (Y + \overline{Z})$ लिखा जा सकता है।
अतः विकल्प (B) सही है।
152. तीन चर से बूलियन 6 अभिव्यक्ति निर्मित किया जा सकता है। जैसे-जैसे चरों की संख्या बढ़ती है, बनने वाले बूलियन फलन की संख्या तेजी से बढ़ती है। तीन बूलियन चर के लिए $2^8 = 256$ संभावित बूलियन फलन हैं, चार चर के लिए $2^{16} = 65536$ संभावित बूलियन फलन हैं और n चर के लिए $2^{(2n)}$ संभव बूलियन फलन हैं।
अतः विकल्प (B) सही है।
153. सबसे प्रभावी एल्गोरिथ्म जो एक अनसोल्ड, n आकार सरणी के माध्यिका को ज्ञात करता है, उसमें समय $O(n)$ लगेगा।
अवर्गीकृत तत्व की माध्यिका निकालने हेतु:
चरण 1. पहले तत्वों को वर्गीकृत करे,
चरण 2. यदि संख्या सम है तो $-\left(\frac{n}{2}+1\right)$ वाँ पद
अथवा - संख्या विषम है तो $-\left(\frac{n+1}{2}\right)$ वाँ पद
इसलिए, $O(n)$ समय लगेगा।
अतः विकल्प (A) सही है।
154. Quick sort- यह डिवाइड-कॉनकर-कंम्बाईन (Divide Conquer Combine) नियम पर आधारित है इसकी दक्षता- n^2 होती है। इसकी वर्गीकृत संख्या (Best case) में दक्षता सर्वाधिक $O(n)$ होती है। Quick sort के सबसे खराब मामले को सही पिवट चुनकर उच्च संभावना के साथ आसानी से टाला जा सकता है। सही पिवट तत्व चुनकर औसत-केस व्यवहार प्राप्त करना प्रदर्शन को बेहतर और मर्ज सॉर्ट के रूप में कुशल बनाता है।
अतः विकल्प (D) सही है।
155. 112 मानों को array A (-3: 10,5: 12) में रखा जा सकता है। एक array मानों का एक क्रम है, array में मान तत्व कहलाते हैं। int s, double s, String s, या किसी अन्य प्रकार की एक array, लेकिन किसी array के सभी मानों का प्रकार समान होना चाहिए। एक array बनाने के लिए, एक array प्रकार के साथ एक चर लिखे और फिर सरणी स्वयं बनाएं।
अतः विकल्प (C) सही है।
156. आयामी दो अक्षर array A [1: 5,2: 7]. में A [2][3] का पता 507 होगा यदि आधार पता 500 है और प्रमुख पंक्ति अनुक्रम का पालन किया जाता है।
अतः विकल्प (C) सही है।

157. स्टैक "डायनामिक डेटा स्ट्रक्चर" है। स्टैक एक रैखिक डेटा संरचना प्रारूप में वस्तुओं या तत्वों के अनुक्रम का प्रतिनिधित्व करता है। स्टैक में एक बाउंडेड बॉटम होता है और सभी ऑपरेशन टॉप पोजीशन पर किए जाते हैं। अतः विकल्प (B) सही है।

158. Postfix $AB^*CD/+$ का prefix

Postfix से prefix में बदलने के लिए, हम पहले इसे infix में और फिर prefix में बदलने के लिए करते हैं।

Infix $= A^*B/C + D$

इसलिए, prefix $=^* AB/ + CD$

अतः विकल्प (A) सही है।

159. Queue का उपयोग "बीएफएस" को लागू करने के लिए किया जा सकता है। Breadth First Search (बीएफएस) एल्गोरिथम एक ग्राफ़ को चौड़ाई की गति में ट्रेस करता है और किसी भी पुनरावृत्ति में एक अंत होने पर खोज शुरू करने के लिए अगला शीर्ष प्राप्त करने के लिए याद रखने के लिए एक Queue का उपयोग करता है।

अतः विकल्प (B) सही है।

160. यदि एक queue में front सूचक का मान rear सूचक के बराबर है तो queue "में एक तत्व हो सकता है"।

अतः विकल्प (D) सही है।

विगत वर्षीय प्रश्नपत्र 11

General Hindi/ Computer Knowledge

Q.1 IMAP एक मानक ईमेल प्रोटोकॉल है जो एक मेल सर्वर पर ईमेल संदेशों को संग्रहीत करता है और अंतिम उपयोगकर्ता को संदेशों को देखने और हेरफेर करने की अनुमति देता है। IMAP का मतलब है?

A. इंटरनेट मेल एप्लिकेशन प्रोटोकॉल

B. इंटरनेट मैसेज एप्लिकेशन प्रोटोकॉल

C. इंटरनेट मैसेज एक्सेस प्रोटोकॉल

D. इंटरनेट मेल एक्सेस प्रोटोकॉल

Q.2 निम्न में से क्या फ्लोचार्ट का एक प्रमुख दोष है?

A. छोरों के उपयोग के कारण आसान समझ

B. समाधान की धारणा सरल है

C. नियंत्रण प्रवाह को आसानी से ट्रैक किया जा सकता है

D. लंबे और जटिल प्रवाह इसे उद्दंड बनाते हैं

Q.3 निम्नलिखित में से कौन ENIAC का विस्तारित रूप है?

A. इलेक्ट्रिकल न्यूमेरिकल इंटीग्रेटर एंड कैलकुलेटर

B. इलेक्ट्रॉनिक न्यूमेरिकल इंटीग्रेटर एंड कंप्यूटर

C. इलेक्ट्रॉनिक नंबर इंटीग्रेटर एंड कंप्यूटर

D. इलेक्ट्रिकल नंबर इंटीग्रेटर एंड कैलकुलेटर

Q.4 हार्ड डिस्क पर सबसे छोटी भौतिक भंडारण इकाई क्या है?

A. सिलेंडर **B.** रो **C.** सेक्टर **D.** ट्रैक

Q.5 नीचे दिया फ़्लोचार्ट किसकी गणना के लिए है?

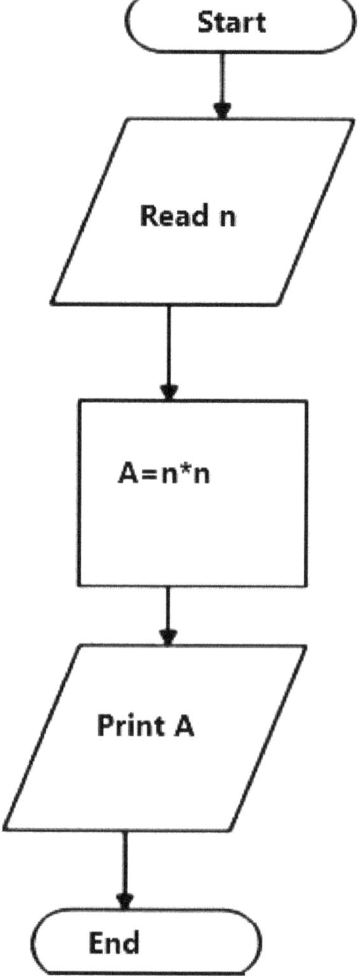

A. n^3 **B.** n^2 **C.** n^5 **D.** n^8

Q.6 CPU की गति, शक्ति और क्षमता को किस प्रकार का मेमोरी आकार प्रभावित करता है?

A. EROM **B.** SROM **C.** ROM **D.** RAM

Q.7 HTTP द्वारा प्रयुक्त डिफ़ॉल्ट पोर्ट नंबर क्या है?

A. 89 **B.** 80 **C.** 21 **D.** 23

Q.8 इंटरनेट एक्सप्लोरर किस अनुप्रयोग श्रेणी का है?

A. मेल क्लाइंट **B.** वेब ब्राउज़र

C. स्प्रेडशीट **D.** फ़ोल्डर

Q.9 निम्नलिखित आरेख में पोर्ट के प्रकार की पहचान कीजिये?

A. ऐसा कोई पोर्ट मौजूद नहीं है

B. सॉकेट

C. सीरियल पोर्ट

D. पैरलल पोर्ट

Q.10 जब HTML पृष्ठ में एक माउस को एक निश्चित टेक्स्ट पर इंगित किया जाता है, तो यह हथेली के आकार की छवि में बदल जाता है। ऐसे टेक्स्ट को क्या कहा जाता है?

A. FTP टेक्स्ट **B.** प्रोटोकॉल टेक्स्ट
C. मेलिंग टेक्स्ट **D.** हाइपरटेक्स्ट

Q.11 कई नेटवर्क को जोड़ने वाले नेटवर्क को क्या कहा जाता है?

A. अरपानेट **B.** इंट्रानेट
C. इंटरनेट **D.** सोशल नेटवर्क

Q.12 निम्नलिखित विकल्पों में से कौन एक सदिश छवि का उपयोग करने का एक फायदा है?

A. सदिश रंग मूल्य और रिज़ॉल्यूशन स्केलिंग या डी-स्केलिंग के तहत अबाधित रहता है

B. वेब ब्राउज़र ज्यादातर सदिश छवियों का समर्थन करता है

C. सदिश सुगम बदलाव का समर्थन करता है

D. सदिश रंग मूल्यों की विशाल सीमा का समर्थन करता है

Q.13 1 बाइट ___ के बराबर है।

A. 10 बिट्स **B.** 8 बिट्स **C.** 16 बिट्स **D.** 12 बिट्स

Q.14 Regedt32 क्या है?

A. विंडोज़ 32-बिट ऑपरेटिंग सिस्टम का एक आंतरिक डेटाबेस।

B. रजिस्ट्री कार्यों से संबंधित एक DOS कमांड।

C. वेबसर्वर के रजिस्ट्री मूल्यों को संपादित करने के लिए एक वेब सेवा।

D. एक उपकरण जो विंडोज़ रजिस्ट्री को देखने और संशोधित करने के लिए उपयोग किया जाता है।

Q.15 माइक्रोसॉफ्ट वर्ड डॉक्यूमेंट को खोलने के लिए रन कमांड में क्या दर्ज किया जाना चाहिए?

A. MS वर्ड **B.** ऑफिस वर्ड
C. वर्ड **D.** विन वर्ड

Q.16 निम्नलिखित में से कौन सा गणना के लिए प्रयोग की जाने वाली सबसे पहली मशीन है?

A. अबेकस **B.** टॉर्किटम
C. इक्वेटोरियम **D.** ट्यूरिंग मशीन

Q.17 निम्नलिखित में से कौन सा एक सोशल-मीडिया नेटवर्किंग प्लेटफ़ॉर्म है?

A. Rediffmail.com **B.** Gmail.com
C. Msn.com **D.** Twitter.com

Q.18 उस सुविधा का नाम बताइए जो शब्द प्रोसेसर को परिभाषित हाशिये के भीतर फिट होने के लिए सभी पाठों को संरेखित करने का आदेश देती है।

A. ऑटो करेक्ट **B.** ऑटो टेक्स्ट
C. ऑटो फॉर्मेट **D.** वर्ड रैप

Q.19 कंप्यूटर एल्गोरिदम के लिए महत्वपूर्ण दो प्रकार की क्षमताएँ पहचानें।

A. समय दक्षता और उच्च शक्ति दक्षता

B. उच्च शक्ति दक्षता और कम्प्यूटेशनल दक्षता

C. कम्प्यूटेशनल दक्षता और अंतरिक्ष दक्षता

D. अंतरिक्ष दक्षता और समय दक्षता

Q.20 NIC एक सर्किट बोर्ड या कार्ड है जिसे कंप्यूटर में स्थापित किया जाता है ताकि इसे एक नेटवर्क से जोड़ा जा सके। NIC का पूर्ण रूप क्या है?

A. नॉर्टन इंटरनेट कार्ड **B.** नेटवर्क इंटीग्रेटेड कार्ड
C. नॉर्टन इन्फेक्शन कार्ड **D.** नेटवर्क इंटरफेस कार्ड

Q.21 निम्नलिखित में से कौन एक HTML टैग नहीं है?

A. <select> **B.** <list>
C. <input> **D.** <textarea>

Q.22 सिंपल नेटवर्क प्रबंधन प्रोटोकॉल (SNMP) किस पोर्ट नंबर पर संचालित होता है?

A. 160 **B.** 161 **C.** 164 **D.** 163

Q.23 निम्नलिखित में से कौन सी नीति उद्यम गतिशीलता का एक महत्वपूर्ण पहलू है?

A. एंड्रॉयड OS

B. एक्सेस विशेषाधिकार

C. गूगल Docs

D. स्मार्टफोन की उपलब्धता

Q.24 पावरपॉइंट प्रस्तुति को समाप्त करने के लिए निम्नलिखित में से किस शॉर्टकट कुंजी का उपयोग किया जाता है?

A. COMMA **B.** HYPEN
C. ESC **D.** TAB

Q.25 डोमेन नामों को हल करने के लिए कौन से प्रोटोकॉल से संबंधित है?

A. एसएमटीपी **B.** डीएनएस
C. एक्स-विंडो **D.** एफ़टीपी

Q.26 निम्न वाक्य के लिए सही शब्द भरें-
हिमालय पर्वत भारत के _____ में स्थित है।

A. पूर्व **B.** उत्तर **C.** दक्षिण **D.** पश्चिम

Q.27 'राजा भोज का सपना' नामक कृति के लेखक कौन हैं?

A. भरतेंदु हरिश्चंद्र **B.** शिवप्रसाद सितारे हिन्द
C. इंशाअल्ला खां **D.** प्रतापनारायण मिश्र

Q.28 निम्न में से सही वाक्य चुनें।

A. अनेकों श्रीकृष्ण के नाम हैं।

B. नाम हैं अनेकों श्रीकृष्ण के।

C. श्रीकृष्ण के अनेकों नाम हैं।

D. श्रीकृष्ण के अनेक नाम हैं।

Q.29 दिए गए वाक्य में सही मुहावरा भरें-
शत्रुओं से लड़ने के लिए भारतीयों को ______ तैयार हो जाना चाहिए।

A. कपड़े पहनकर **B.** नाक मारकर
C. कमर कसकर **D.** सुबह - सुबह

Q.30 'छत्रसाल दशक' किस कवि की रचना है?

A. सेनापति **B.** विद्यापति
C. भूषण **D.** अभिनव गुप्त

Q.31 हिन्दी के प्रथम कवि कौन हैं?

A. अमीर खुसरो **B.** चन्दबरदाई
C. सरहपा **D.** स्वयंभू

Q.32 जो एक या एक से ज्यादा वस्तुओं अथवा व्यक्तियों का बोध कराता हो उसे क्या कहते हैं?

A. मिथ्यावचन **B.** सत्यवचन
C. बहुवचन **D.** एकवचन

Q.33 निम्न वाक्यों में से सही वाक्य चुनें।

A. वह जाने कैसे कि मैं कैसे जी रहा हूँ।

B. मैं कैसे जीवित वह क्या जाने।

C. वह क्या जाने कि मैं कैसे जी रहा हूँ।

D. वह जाने कि मैं कैसे जीवित हूँ।

Q.34 निम्न वाक्य के लिए सही शब्द भरकर मुहावरा पूरा करें-
आजकल ऐसी इमारतें बनती हैं जो _____ से बातें करती हैं।

A. जमीन **B.** आपस **C.** एक-दूसरे **D.** आसमान

Q.35 दिए गए मुहावरे की सहायता से वाक्य पूरा करें-

छोटू अपने घरवालों के _____ बन गया है।

A. गले का हीरा **B.** गल की माला

C. गले का आभूषण **D.** गले का हार

Q.36 निम्न रचनाकारों का उनकी रचनाओं से मिलान करें जिन्हें हिन्दी साहित्य अकादमी पुरस्कार से नवाज़ा गया है-

रचनाकार का नाम	रचना का नाम
(a) श्रीलाल शुक्ल	(i) हिमतरंगिनी
(b) माखनलाल चतुर्वेदी	(ii) अकाल में सारस
(c) गिरिराज किशोर	(iii) रागदरबारी
(d) केदारनाथ सिंह	(iv) ढाई घर

A. (a)- (i), (b) - (ii), (c) - (iii), (d) - (iv)

B. (a) - (iii), (b) - (i), (c) - (iv), (d) - (ii)

C. (a) - (iii), (b) - (ii), (c) - (i), (d) - (iv)

D. (a) - (ii), (b) - (i), (c) - (iii), (d) - (iv)

Q.37 हिंदी के क्षेत्र को कितने भागों में विभाजित किया गया है?

A. उत्तरी और दक्षिणी **B.** उत्तरी और पूर्वी

C. दक्षिणी और पश्चिमी **D.** पश्चिमी और पूर्वी

Ques (38-42):निर्देश: दिए गए गद्यांश को ध्यानपूर्वक पढ़ें और निम्नलिखित प्रश्नों का सही उत्तर दें।भाषाओं के पारिवारिक वर्गीकरण का अर्थ है विश्व की भाषाओं को परिवार में बाँटना। जैसे एक माता-पिता से उत्पन्न व्यक्ति एक ही परिवार के कहें जाते हैं, उसी प्रकार एक-भाषा से निकली हुई बोलियाँ भी, एक परिवार की ही कहलाती हैं। भाषाओं और बोलिओं के परिवारों का निर्धारण मुख्यतः दो बातं पर होता है। 1. भाषिक समानता 2. स्थानिक समीपता। इसमें भाषिक समानता पाँच प्रकार के हैं- अ) ध्वनि की समानता आ) शब्द की समानता इ) रुप रचना की समानता ई) वाक्य रचना की समानता उ) अर्थ की समानता। इनमें रुप रचना की समानता प्रमुख है। विश्व के भाषा खंड चार है- 1. अफ्रीका खण्ड - इसमें मुख्यतः चार भाषा परिवार है अ) बुशमैन आ) बांद इ) सूडान ई) हैमेटिक-सैमेटिक। 2. यूरेशिया खण्ड - इसके 9 भाग है - अ) हैमेटिक - सैमेटिक आ) काकेशियन इ) यूराल अलाटइक ई) चीनी उ) द्राविड़ ऊ) आस्ट्रो एशियाटिक ऋ) जापानी कोरियाई ए) मलय पालिनेशियन ऐ) भारोपीय परिवार। 3. प्रशांत महासागरीय खण्ड - मलय पालिनेशियन परिवार। 4. अमेरिका खण्ड - अमेरिकी भाषा परिवार। विश्व के प्रमुख भाषा परिवारों का संक्षिप्त परिचय इस प्रकार है द्रविड़ परिवार - इसका क्षेत्र दक्षिणी भारत उत्तरी लंका, लक्षद्विप, बलूचिस्तान, मध्यप्रदेश, बिहार, उड़ीसा। द्रविड़ परिवार पर संस्कृत का प्रभाव है इसी के अंन्तर्गत तमिल, मलयालम, तेलगु और कन्नड़ है। भारोपीय परिवार - भारत से लेकर प्रायः सारे यूरोप तक बोले जाने के कारण इस परिवार को भारोपीय परिवार कहते है। क्षेत्र - भारत, बंग्लादेश, श्रीलंका, पाकिस्तान, अफगानिस्तान, ईरान। यूरोपीय परिवार में - रुस, रुमानिया, फ्रांस, पुर्तगाल, स्पेन, इंग्लैण्ड, जर्मनी, अमेरिका, कनाड़ा, अफ्रीका और ऑस्ट्रेलिया। मुख्य भाषाएँ - प्राचीन संस्कृत, पाली, प्राकृत, अपभ्रंश, प्राचीन फारसी, पुर्तगाली, इतावली, फारसी, हिन्दी, बंगाली, गुजराती, मराठी आदि।

Q.38 प्रशांत महासागरीय खंड किस भाषा परिवार से जाना जाता है?

A. मलय पालिनेशियन परिवार

B. ऑस्ट्रो-एशियाई

C. जापानी कोरियाई

D. हैमेटिक

Q.39 विश्व के भाषा खंड कितने है?

A. पाँच **B.** तीन **C.** चार **D.** सात

Q.40 अफ्रीका खंड की भाषा इनमें से कौन सी नहीं है?

A. बांद **B.** सूडान **C.** बुशमैन **D.** चीनी

Q.41 भाषा का पारिवारिक अर्थ क्या है?

A. विश्व की भाषाओं को परिवार में बाँटना

B. भाषा को संक्षिप्त करना

C. विश्व भाषा को विकसित करना

D. विश्व भाषा का अर्थ संकुचित करना

Q.42 यूरोपिय परिवार की भाषा इनमें से कौन सी नहीं है?

A. इतावली **B.** गुजराती **C.** पाली **D.** तमिल

Q.43 वर्ष 2010 में उदय प्रकाश द्वारा रचित किस रचना के लिए उन्हे हिन्दी साहित्य अकादमी पुरस्कार से सम्मानित किया गया?

A. पारिजात

B. गबन

C. मध्य एशिया का इतिहास

D. मोहन दास

Q.44 जयशंकर प्रसाद द्वारा रचित महाकाव्य कौन सा है?

A. यशोधरा **B.** गायत्री **C.** कामायनी **D.** सोभा

Q.45 पश्चिमी और पूर्वी हिन्दी में मौलिक भेद का आधार है-

A. व्याकरण और उच्चारण में अंतर

B. भौगोलिक क्षेत्र में अंतर होना

C. केवल (A)

D. दोनों (A) और (B)

Q.46 निम्न वाक्य के लिए सही शब्द भरें-

_____ खाने के बाद ही लोगों की आँखें खुलती हैं।

A. खाना **B.** गोली **C.** ठोकर **D.** दिमाग

Q.47 निम्न में से 'गाय' शब्द का बहुवचन रुप कौन सा है?

A. गीय **B.** गाया **C.** गायें **D.** गया

Q.48 पश्चिमी हिन्दी के अंतर्गत आने वाली बोलियाँ कौन सी है?

A. भोजपुरी और अवधी **B.** बांगला और तमिल

C. भोजपुरी और बुन्देली **D.** ब्रजभाषा और बुन्देली

Q.49 हिन्दी में 2018 के युवा पुरस्कार के लिए आस्तिक वाजपेयी को किस विद्या के लिए नवाज़ा गया था?

A. उपन्यास **B.** नाटक **C.** कविता **D.** कहानी

Q.50 'चाँद का मुँह टेढ़ा है' कविता संग्रह के कवि कौन हैं?

A. गजानन माधव मुक्तिबोध **B.** भरतभूषण अग्रवाल

C. प्रभाकर माचवे **D.** सच्चिदानंद वात्सायन

General Knowledge/Current Affairs

Q.51 सिंधु जल संधि के तहत कौन सी नदियाँ "पश्चिमी नदियों" के रूप में शामिल हैं?

A. सिंधु, रवि और सतलज

B. सिंधु, ब्यास और सतलज

C. सिंधु, चिनाब और झेलम

D. सिंधु, चिनाब और सतलज

Q.52 माल और सेवा कर (GST), भारत में निम्नलिखित में से किस सामान पर कर लगाया जाता है?

A. सीएनजी **B.** शराब

C. पेट्रोल **D.** सोने का आभूषण

Q.53 कर्मचारियों को काम पर रखने के लिए सोशल मीडिया का उपयोग करने वाले निगमित संगठनों के रूप में जाना जाता है:

A. अप्रत्यक्ष किराए पर लेना

B. संविदा किराए पर लेना

C. फेसबुक भर्ती

D. सोशल मीडिया किराए पर लेना

Q.54 निम्नलिखित कथनों को पढ़ें और सही विकल्प चुनें।

(i) एनईएफटी एक विद्युत कोष हस्तांतरण प्रणाली है जो एक आस्थगित कुल निपटान आधार पर संचालित होता है जो बैचों में लेनदेन का निपटारा करता है।
(ii) आरटीजीएस लेनदेनों को पूरे बैंकिंग कार्य समय के दौरान निरंतर संसाधित किया जाता है।
(iii) आरटीजीएस प्रणाली मुख्य रूप से बड़े मूल्य के लेनदेन के लिए है।
(iv) भारत में सभी बैंक शाखाएँ आरटीजीएस सक्षम हैं।

A. (i) सही, (ii) गलत, (iii) गलत, (iv) सही

B. (i) सही, (ii) गलत, (iii) सही, (iv) सही

C. (i) सही, (ii) सही, (iii) गलत, (iv) सही

D. (i) सही, (ii) गलत, (iii) सही, (iv) गलत

Q.55 नीचे दिए गए कथनों को ध्यान में रखते हुए,सही विकल्प चुनें।
(i) एक सॉफ्टवेयर कार्यक्रम कार्य के निष्पादन के लिए कंप्यूटर को दिए गए निर्देशों का एक समूह है।
(ii) सॉफ्टवेयर कंप्यूटर का परिवर्तनशील भाग है जबकि हार्डवेयर अपरिवर्तनीय हिस्सा है।
(iii) सिस्टम सॉफ्टवेयर कंप्यूटर-विशिष्ट कार्यों के लिए बनाया गया है।

A. कथन (ii) ओर (iii)सही हैं और (i) गलत है

B. कथन (i) ओर (iii)सही हैं और (ii) गलत है

C. कथन (i) ओर (ii)सही हैं और (iii) गलत है

D. कथन (i), (ii) ओर (iii) सही है

Q.56 जीनोम संपादन क्या है?

A. बृहत कंप्यूटर में एक पाठ संपादक जिसमें टेक्स्ट डाला जाता है, हटाया जाता है या प्रतिस्थापित किया जाता है

B. एक विंडोज आधारित पाठ संपादक जिसमें टेक्स्ट डाला, हटाया या बदला जाता है

C. एक आनुवंशिक इंजीनियरिंग दृष्टिकोण जिसमें डीएनए डाला जाता है, हटाया जाता है या प्रतिस्थापित किया जाता है

D. एक लिनक्स आधारित पाठ संपादक जिसमें टेक्स्ट डाला, हटाया या बदला जाता है

Q.57 भारतीय बैंकिंग में, ओटीपी और केवाईसी के पूर्ण रूप क्या हैं?

A. वन-टाइम पासवर्ड ,नो योर क्रेडेंसियल

B. वन-टाइम पेमेंट ,नो योर क्रेडेंसियल

C. वन-टाइम प्रोसेस ,नो योर कस्टमर

D. वन-टाइम पासवर्ड ,नो योर कस्टमर

Q.58 SAARC 1985 में स्थापित किया गया था, इस संगठन का पूर्ण रूप क्या है?

A. साउथ एशियन एसोसिएशन फॉर रीजनल कोऑपरेशन

B. सदर्न एशिया एसोसिएशन ऑफ रीजनल कोऑपरेशन

C. सदर्न एशिया पैसिफिक एसोसिएशन ऑफ रीजनल कोऑपरेशन

D. सदर्न एशियाटिक एसोसिएट फॉर रीजनल एंड कोऑपरेशन

Q.59 वर्ष 1946 और 1978 में भारत में विमुद्रीकरण हुआ था। तीसरा विमुद्रीकरण किस तारीख को हुआ था?

A. 8 नवम्बर 2016 **B.** 8 नवम्बर 2015

C. 18 नवम्बर 2016 **D.** 28 नवम्बर 2015

Q.60 सूचना प्रौद्योगिकी अधिनियम 2000 की धारा 66 एफ के तहत, "साइबर आतंकवाद के अधिनियमों" के लिए दंड क्या है?

A. पंद्रह साल तक की कैद या / और 15,00,000 तक का जुर्माना

B. आजीवन कारावास

C. पांच साल तक की कैद या / और 1,000,000 तक का जुर्माना

D. पांच साल तक की कैद या / और 5,00,000 तक का जुर्माना

Q.61 नीचे दी गयी कौन सी सोशल मीडिया साइट पेशेवर साझाकरण और संयोजन के लिए लोकप्रिय है?

A. इंस्टाग्राम **B.** फेसबुक **C.** फ्लिकर **D.** लिंक्डइन

Q.62 निम्नलिखित में से किस तारीख को, भारत में हर साल "राष्ट्रीय दुग्ध दिवस" मनाया जाता है?

A. 26 नवम्बर **B.** 13 दिसम्बर

C. 13 सितंबर **D.** 26 अक्टूबर

Q.63 पुलित्जर पुरस्कार निम्नलिखित में से किस क्षेत्र में प्रतिष्ठित उपलब्धियों के लिए दिया जाता है?

A. औषधि **B.** खेल **C.** कृषि **D.** पत्रकारिता

Q.64 नवंबर 2018 तक संयुक्त राष्ट्र संगठन के महासचिव कौन हैं?

A. बुतरोस बुतरोस-घाली **B.** एंटोनियो गुटेरेस

C. कोफी अन्नान **D.** बान की मून

Q.65 वर्ष 2017 में संयुक्त रेलवे और आम बजट पेश करने वाले पहले वित्त मंत्री कौन बने?

A. नरेंद्र मोदी **B.** अरुण जेटली

C. सुरेश प्रभु **D.** मनमोहन सिंह

Q.66 कौन सा केंद्र शासित प्रदेश भारत के दो राज्यों की राजधानी भी है?

A. पुदुच्चेरी **B.** शिमला **C.** चंडीगढ़ **D.** दिल्ली

Q.67 भारत के संविधान का मूल दस्तावेज किसके मार्गदर्शन में दस्तकारी किया गया था?

A. अबनिंद्रनाथ टैगोर **B.** रविंद्रनाथ टैगोर

C. बिनोद बिहारी मुखर्जी **D.** नंदलाल बोस

Q.68 2016 के रियो ओलंपिक में, किसने बैडमिंटन के लिए रजत पदक जीता?

A. पी. कश्यप **B.** के. श्रीकांत

C. पी. वी. सिंधु **D.** साइना नेहवाल

Q.69 पुस्तक 'द ग्रेट अलोन' के लेखक कौन हैं?

A. एमिली चांग **B.** रियानोन नवीन

C. तयरी जोन्स **D.** क्रिस्टिन हान्नाह

Q.70 कृत्रिम बुद्धिमत्ता (एआई) क्षेत्र में, नवंबर 2018 में 5 वें विश्व इंटरनेट सम्मेलन के दौरान, चीन ने मीडिया उद्योग के लिए एक नए उत्पाद की शुरुआत की। यह नवाचार 24×7 काम कर सकता है। यह क्या है?

A. आर्टिफिशियल इंटेलिजेंस (एआई) मीडिया सुरक्षा

B. आर्टिफिशियल इंटेलिजेंस (एआई) समाचार चैनल

C. आर्टिफिशियल इंटेलिजेंस (एआई) समाचार संपादक

D. आर्टिफिशियल इंटेलिजेंस (एआई) समाचार एंकर

Q.71 लाइम किस बैंक का मोबाइल प्लेटफ़ॉर्म एप्लिकेशन है जो वॉलेट, शॉपिंग, पेमेंट्स और बैंकिंग सेवाएं प्रदान करता है?

A. यस बैंक **B.** ऐक्सिस बैंक

C. एचडीएफसी बैंक **D.** आईसीआईसीआई बैंक

Q.72 भारतीय बैंकिंग में, RTGS और IFSC क्या हैं?

A. रेमिटेन्स टु गाइडेड सेटलमेंट ,इंटरनल फिनेंसियल सिस्टम कॉल

B. रेमिटेन्स टु गाइडेड सेटलमेंट ,इंटेरनेशनल फिनेंसियल सिस्टम कॉल

C. रियल टाइम ग्रॉस सेटलमेंट ,इंडियन फिनेंसियल सिस्टम कोड

D. रियल टाइम सिस्टम ,इंटेरनेशनल फिनेंसियल सिस्टम कोड

Q.73 कॉलम B में लेखकों के नामों के साथ कॉलम A में पुस्तकों के नामों का मिलान करें।

कॉलम - I (पुस्तक का नाम)	कॉलम - II (लेखक)
(a) बीइंग इंडियन	(i) रविंद्रनाथ टैगोर
(b) द ब्रोकेन विंग	(ii) पवन वर्मा
(c) चंडालिका	(iii) सरोजिनी नायडू
(d) मई मास्टर	(iv) स्वामी विवेकानंद

A. (a) – (ii), (b) – (iii), (c – (iv), (d) – (i)

B. (a) – (iii), (b) – (ii), (c – (i), (d) – (iv)

C. (a) – (ii), (b) – (iii), (c) – (i), (d) – (iv)

D. (a) – (i), (b) – (ii), (c – (iii), (d) – (iv)

Q.74 भारत में तीसरे विमुद्रीकरण के दौरान, निम्नलिखित में से कौन सा नोट प्रचलन से हटा दिया गया है?

A. 500 और 100 **B.** 100 और 1000

C. 500 और 1000 **D.** 500 और 2000

Q.75 निम्नलिखित कथनों को पढ़ें और सही विकल्प चुनें।

(i) साइबर क्राइम को बचाने / रोकने के लिए फ़ायरवॉल का उपयोग किया जाता है।

(ii) साइबर क्राइम से बचाव / बचाव के लिए एंटी-वायरस सर्वर का उपयोग किया जाता है।

(iii) साइबर क्राइम को रोकने / रोकने के लिए राउटर का उपयोग किया जाता है।

(iv) आईडीएस (घुसपैठ का पता लगाने वाले सिस्टम) का उपयोग साइबर अपराध से बचाने / रोकने के लिए किया जाता है।

A. (i) गलत, (ii) गलत, (iii) गलत, (iv) सही

B. (i) गलत, (ii) गलत, (iii) सही, (iv) सही

C. (i) सही, (ii) सही, (iii) गलत, (iv) सही

D. (i) सही, (ii) गलत, (iii) सही, (iv) सही

Q.76 उत्तर प्रदेश का 'चरकुला' क्या है?

A. बुंदेलखंड क्षेत्र के मूल निवासी एक जंगली बिल्ली

B. अवध क्षेत्र की उपजाऊ जलोढ़ मिट्टी

C. लखनऊ क्षेत्र से पारंपरिक कशीदाकारी हस्तकला

D. ब्रज क्षेत्र का पारंपरिक लोक नृत्य

Q.77 प्राकृतिक गैस पाइपलाइन परियोजना (प्रस्तावित लंबाई ~ 2,540 किमी) का नाम क्या है जो प्रधान मंत्री नरेंद्र मोदी ने अक्टूबर 2016 में उत्तर प्रदेश, बिहार, झारखंड, ओडिशा और पश्चिम बंगाल को लाभ पहुंचाने के लिए जारी किया था?

A. नमामि गंगे कार्यक्रम

B. प्रधानमंत्री उर्जा गंगा परियोजना

C. अटल स्वास्थ्य योजना

D. शहरी ज्योति अभियान

Q.78 अपराधियों पर नज़र रखने के लिए उत्तर प्रदेश पुलिस ने निम्नलिखित में से कौन सा मोबाइल एप्लिकेशन विकसित किया है?

A. पीपसफे **B.** त्रिनेत्र

C. सकुशल सुरक्षित **D.** सुरक्षा

Q.79 निम्नलिखित में से कौन सा एक कला रूप है जिसमें मणिपुर के अनुष्ठान गायन, ड्रम और नृत्य शामिल हैं?

A. कूडियाट्टम् **B.** संकीर्तन

C. अनकिया नात भोना **D.** यक्षगान

Q.80 उत्पादकों को प्रोत्साहित करने और अर्थव्यवस्था की समग्र जरूरतों को पूरा करने के लिए 23 कृषि फसलों के न्यूनतम समर्थन मूल्य (एमएसपी) की सिफारिश करने के लिए कौन सा संगठन स्थापित किया गया है?

A. कृषि लागत और मूल्य आयोग

B. कृषि आधार मूल्य स्थिरता आयोग

C. मूल्य स्थिरता आयोग

D. भारतीय कृषि मूल्य निर्धारण बोर्ड

Q.81 सर सैयद अहमद खान ने निम्नलिखित में से किस संगठन की स्थापना की थी?

A. खिलाफत आंदोलन

B. भारतीय राष्ट्रीय संघ

C. अखिल भारतीय मुहम्मडन शैक्षिक सम्मेलन

D. ऑल इंडिया मजलिस-ए-इत्तेहाद-उल मुस्लिमीन

Q.82 निम्नलिखित में से किस शहर में पहला सार्क शिखर सम्मेलन आयोजित किया गया था?

A. नई दिल्ली **B.** ढाका **C.** कराची **D.** कोलोम्बो

Q.83 2011 की जनगणना के अनुसार, भारत में सबसे अधिक आबादी वाला राज्य कौन सा है?

A. पश्चिम बंगाल **B.** महाराष्ट्र

C. बिहार **D.** उत्तर प्रदेश

Q.84 पर्वत श्रृंखला पूर्वांचल भारत और एक अन्य देश की सीमा के साथ स्थित है। निम्नलिखित में से कौन दूसरा देश है?

A. बांग्लादेश **B.** म्यांमार **C.** चीन **D.** नेपाल

Q.85 भारत में __________ में प्रत्यक्ष विदेशी निवेश (FDI) के माध्यम से निजी क्षेत्र के निवेश की अनुमति है।

A. परमाणु ऊर्जा

B. रेलवे परिचालन

C. नागरिक उड्डयन

D. ऑनलाइन लॉटरी व्यवसाय

Q.86 भारतीय संविधान का कौन सा भाग सभी न्यायिक मामलों में एक एकल एकीकृत न्यायपालिका के अधिकार क्षेत्र के प्रावधान को सुनिश्चित करता है?

A. भाग XX **B.** भाग II **C.** भाग III **D.** भाग V

Q.87 निम्न में से कौन सा बल अरुणाचल प्रदेश में लद्दाख में काराकोरम दर्रा से जाचेप ला तक भारतीय सीमाओं की रक्षा करता है?

A. भारत तिब्बत सीमा पुलिस बल

B. केंद्रीय रिजर्व पुलिस बल

C. सीमा सुरक्षा बल

D. विशेष सुरक्षा गार्ड

Q.88 निम्नलिखित में से किसने उत्तर प्रदेश राज्य का वार्षिक बजट 2018-19 राज्य की विधानसभा में प्रस्तुत किया?

A. राजेश अग्रवाल **B.** दिनेश शर्मा

C. सूर्य प्रताप शाही **D.** सतीश महाना

Q.89 निम्न में से किस प्रसिद्ध ऐतिहासिक स्मारक का निर्माण कुतुबुद्दीन ऐबक द्वारा शुरू किया गया था लेकिन इल्तुतमिश द्वारा समाप्त किया गया था?

A. चार्मिनार **B.** लाल किला

C. ताजमहल **D.** कुतुब मीनार

Q.90 निम्नलिखित में से किस शहर में केंद्रीय रिजर्व पुलिस बल का मुख्यालय स्थित है?

A. बेंगलुरु **B.** पुणे **C.** नई दिल्ली **D.** भोपाल

Q.91 उत्तर प्रदेश में सम्पूर्णानंद संस्कृत विश्व विद्यालय कहाँ स्थित है?

A. लखनऊ **B.** कानपुर **C.** झाँसी **D.** वाराणसी

Q.92 भारतीय इतिहास में निम्नलिखित में से किस आंदोलन को 'स्वतंत्रता का पहला युद्ध' कहा जाता है?

A. 1857 का विद्रोह

B. 1859-60 का इंडिगो विद्रोह

C. 1922 की चौरी चौरा की घटना

D. 1927-28 के साइमन कमीशन के खिलाफ विरोध प्रदर्शन

Q.93 निम्नलिखित में से कौन सा दिन संयुक्त राष्ट्र द्वारा मानवाधिकार दिवस के रूप में मनाया जाता है?

A. 16 जून **B.** 10 दिसम्बर

C. 11 जनवरी **D.** 5 सितंबर

Q.94 यूपी सरकार द्वारा विकासक को पुरस्कृत करने के लिए हरित क्षेत्र के अनुसार फ़्लोर क्षेत्र का कितना प्रतिशत मुफ्त में दिया जाएगा, अगर वे एकीकृत आवास के लिए ग्रीन रेटिंग के अनुसार पर्यावरण के अनुकूल भवन बनाते हैं?

A. 17% **B.** 5% **C.** 10% **D.** 25%

Q.95 नवंबर 2018 के दौरान, निम्नलिखित में से कौन उत्तर प्रदेश सरकार के मुख्य सचिव के रूप में कार्य कर रहा था?

A. देबाशीष पांडा **B.** राजीव कुमार

C. राहुल भटनागर **D.** अनूप चंद्र पांडे

Q.96 निम्नलिखित में से किस राष्ट्र के साथ भारत ने 2015 में एक ऐतिहासिक भूमि सीमा समझौते पर हस्ताक्षर किए थे?

A. नेपाल **B.** श्रीलंका

C. पाकिस्तान **D.** बांग्लादेश

Q.97 2001 और 2011 के बीच, निम्न में से किस राज्य ने नकारात्मक जनसंख्या वृद्धि दर्ज की?

A. राजस्थान **B.** जम्मू कश्मीर

C. नागालैंड **D.** मिजोरम

Q.98 निम्नलिखित में से कौन नवंबर 2018 में उत्तर प्रदेश राज्य मानवाधिकार आयोग के अध्यक्ष हैं?

A. न्यायमूर्ति एच. के. सेमा

B. न्यायमूर्ति एस रफत आलम

C. न्यायमूर्ति तरुण चटर्जी

D. श्रीमती आशा तिवारी

Q.99 एम्पीयर ________ की एक इकाई है।

A. चुंबकीय क्षेत्र **B.** आवेश

C. प्रकाश की तीव्रता **D.** विद्युत प्रवाह

Q.100 अन्य राज्यों की तुलना में उत्तर प्रदेश में सबसे बड़ी शहरी व्यवस्था है। टाउन एंड कंट्री प्लानिंग डिपार्टमेंट, यूपी, 2017 के अनुसार, उत्तर प्रदेश में कितने नगरपालिका हैं?

A. 630 नगर पालिकाएँ

B. 400 और 500 नगर पालिकाओं के बीच

C. 1704 नगर पालिकाएँ

D. 200 और 325 नगर पालिकाओं के बीच

Numerical & Mental Ability Test

Ques (101-102):निर्देश: प्रश्न में एक कथन है, इसके बाद दो तर्क । और ॥ दिए गए हैं। आपको तय करना है कि दिए गए तर्क में से कौन सा सबल है और कौन सा तर्क दुर्बल है।

Q.101 कथन: क्या स्वस्थ जीवन जीने के लिए चीनी का सेवन कम करना चाहिए?

तर्क:

I. हां, चीनी के सेवन से मोटापा, मधुमेह और हृदय की बीमारियों का खतरा बढ़ जाता है।

II. नहीं, चीनी हमारे खाने में स्वाद बढ़ाती हैं।

A. केवल तर्क । सबल है।

B. केवल तर्क ॥ सबल है।

C. न तो तर्क । न ही तर्क ॥ सबल है।

D. । और ॥ दोनों तर्क सबल हैं।

Q.102 कथन: क्या योग और ध्यान को स्कूलों में अनिवार्य किया जाना चाहिए?

तर्क:

I. हां, योग और ध्यान छात्रों को बेहतर एकाग्रता प्रदान करने में मदद करते हैं जो अंततः उनकी पढ़ाई में मदद करता है।

II. नहीं, बच्चे पर पहले से ही बहुत सारे कार्य हैं और वे योग और ध्यान के लिए अपना मूल्यवान समय समर्पित नहीं कर सकते हैं।

A. न तो तर्क । न ही तर्क ॥ सबल है।

B. । और ॥ दोनों तर्क सबल हैं।

C. केवल तर्क । सबल है।

D. केवल तर्क ॥ सबल है।

Ques (103-104):निर्देश: निम्नलिखित वृत्त आरेख वित्तीय वर्ष 2015-16 में कंपनी "मिनिमैक्स" में कर्मचारियों का वितरण दर्शाता है। कंपनी में कर्मचारियों की कुल संख्या 10800 है। दी गई जानकारी के आधार पर प्रश्नों का उत्तर दीजिये।

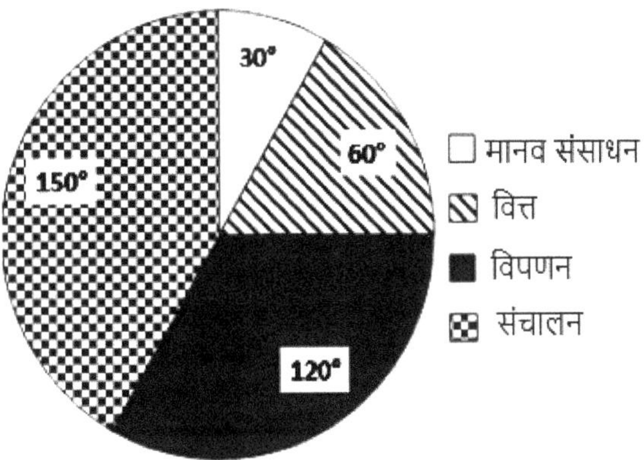

Q.103 यदि मानव संसाधन विभाग में 70% कर्मचारी महिलाएं हैं, तो मानव संसाधन विभाग में कितने पुरुष कर्मचारी हैं?

A. 220 **B.** 150 **C.** 630 **D.** 270

Q.104 संचालन में कर्मचारी, वित्त में कर्मचारियों की तुलना में कितने % अधिक हैं?

A. 200% **B.** 150% **C.** 125% **D.** 250%

Q.105 नीचे चार विकल्प दिए गए हैं। चार विकल्पों में से एक शब्द **QUESTIONNAIRE** के अक्षरों का उपयोग करके नहीं बनाया जा सकता है, तो उस शब्द का चयन कीजिए।

A. NEST **B.** QUOTE

C. INTEGRATION **D.** QUIET

Q.106 श्रृंखला में अगला पद 4, 18, 66, 216, 672, ___ है:

A. 1236 **B.** 1982 **C.** 1830 **D.** 2046

Q.107 एक शहर में, 55% व्यक्ति टेलीविजन पर समाचार देखते हैं, 40% अखबार पढ़ते हैं, 25% न तो अखबार पढ़ते हैं और न ही टेलीविजन पर समाचार देखते हैं और 4000 व्यक्ति, अखबार पढ़ते हैं और टेलीविजन पर समाचार दोनों देखते हैं। कस्बे की जनसंख्या ज्ञात कीजिए।

A. 22,000 **B.** 20,000 **C.** 150,000 **D.** 18,000

Q.108 बेमेल (बिना क्रम के) अक्षरों वाला एक शब्द दिया गया है। सही शब्द बनाने के लिए आवश्यक अक्षरों के सही क्रम का चयन कीजिये।

बेमेल शब्द: **ATEVIC**

A. 6, 1, 5, 4, 2, 3 **B.** 5, 4, 2, 3, 6, 1

C. 1, 6, 2, 5, 4, 3 **D.** 4, 2, 6, 1, 3, 5

Q.109 निर्देश: नीचे दिए गए एक कथन के बाद दो अनुमान हैं। उत्तर को A के रूप में चुनिये, यदि केवल अनुमान i कथन में निहित है। B, यदि केवल अनुमान ii कथन में निहित है। C, यदि कथन में i और ii दोनों अनुमान निहित हैं। D, यदि कोई भी कथन में निहित नहीं है।

कथन: लोगों के कल्याण के लिए देश भर में शराब पर प्रतिबंध लगाया जाना चाहिए।

अनुमान:

i) शराब का सेवन लोगों के लिए हानिकारक है।

ii) इससे सड़क दुर्घटनाएँ होती है।

A. D **B.** C **C.** A **D.** B

Q.110 दी गई आकृति में कितने त्रिभुज हैं?

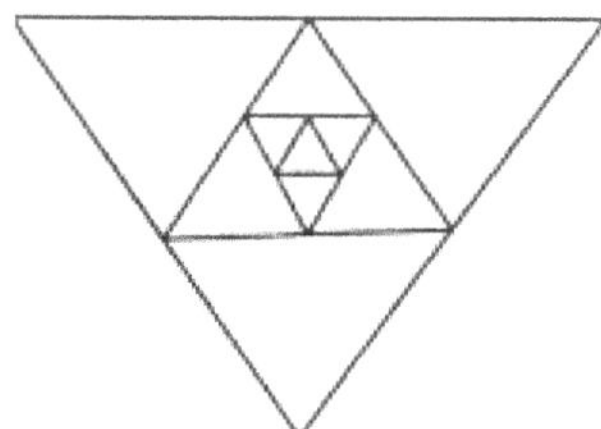

A. 12 **B.** 14 **C.** 13 **D.** 11

Q.111 श्रृंखला 21, 41, 66, 96, ___, 171, 216, 266 में लुप्त पद क्या है?

A. 142 **B.** 131 **C.** 125 **D.** 117

Q.112 निम्नलिखित चार समीकरणों में से कौन सी सही होगी यदि केवल दो एकल अंक संख्याओं '4' और '8' को समीकरण में परस्पर बदल दिया जाए?

A. 29 × 3 + 2 - 8 ÷ 4 = 78

B. 57 - 8 ÷ 2 × 4 + 13 = 54

C. 16 × 4 + 5 -12 ÷ 8 = 140

D. 26 - 6 × 8 + 3 × 4 = 36

Q.113 नीचे चार विकल्प दिए गए हैं। **PERSPECTIVE** शब्द के अक्षरों का उपयोग करके चार विकल्पों में से एक को नहीं बनाया जा सकता है। उस एक शब्द को ज्ञात कीजिये।

A. PROSPECT **B.** SEPTIC

C. RESPECT **D.** TRIP

Q.114 नीचे दिये गये एक कथन के बाद दो अनुमान है। उत्तर के रूप में चुनिये

A, यदि केवल अनुमान (i) कथन में निहित है।
B, यदि केवल अनुमान (ii) कथन में निहित है।
C, यदि अनुमान (i) और (ii) दोनों कथन में निहित हैं।
D, यदि कोई भी अनुमान कथन में निहित नहीं है।

कथन: न्यूयॉर्क ने इस वर्ष देश में नए वर्ष के जश्न के दौरान किसी भी दुर्घटना से बचने के लिए पटाखों के उपयोग पर प्रतिबंध लगा दिया है।

अनुमान:
(i) नए वर्ष के उत्सव के दौरान न्यूयॉर्क में पटाखों का उपयोग किया गया था।
(ii) पटाखों के उपयोग पर प्रतिबंध लगाने से इसके उपयोग से होने वाली दुर्घटनाओं से बचा जा सकता है।

A. B **B.** A **C.** D **D.** C

Q.115 यदि P, '+' को दर्शाता है, Q, '-' को दर्शाता है, R, '÷' को दर्शाता है, S, '×' को दर्शाता है और 28P8R4Q3S1 = a^3 है, तो 'a' का मान है?

A. 2 **B.** 1 **C.** 3 **D.** 4

Q.116 अजय अपने घर से निकलता है, अपनी साइकिल लेता है और 2 किलोमीटर पश्चिम में साइकिल चलाता है। वह फिर बाएँ मुड़ता है और 3 किलोमीटर साइकिल चलाता है। वह फिर से बाएँ मुड़ता है और 4 किलोमीटर साइकिल चलाता है। अजय अब अपने घर से किस दिशा में है।

A. उत्तर-पूर्व **B.** उत्तर-पश्चिम

C. दक्षिण-पश्चिम **D.** दक्षिण-पूर्व

Q.117 समय 5:30 है। घंटे और मिनट की सुई के बीच का कोण क्या है?

A. 30 डिग्री **B.** 7.5 डिग्री **C.** 10 डिग्री **D.** 15 डिग्री

Q.118 यदि '-' का अर्थ '×' है, '×' का अर्थ '+' है, '+' का अर्थ '÷' है, '÷' का अर्थ '-' है, तो 13 - 12 ÷ 4 × 6 + 2 का मान है:

A. 29 **B.** 155 **C.** 32 **D.** 47

Q.119 श्रृंखला में अगला पद 154, 170, 202, 266, 394, ___ है:

A. 650 **B.** 476 **C.** 436 **D.** 586

Q.120 दी गई आकृति में कितने त्रिभुज हैं?

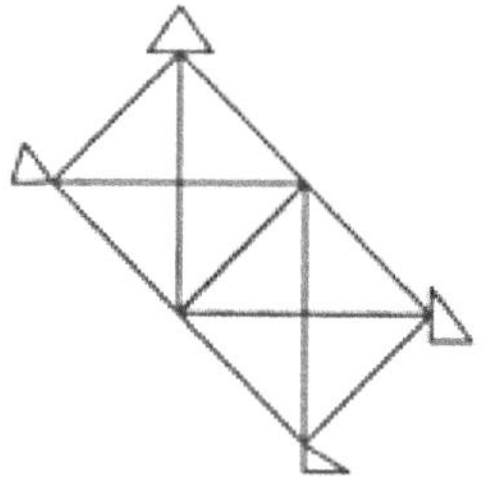

A. 22 **B.** 16 **C.** 25 **D.** 18

Q.121 600 छात्रों की एक कक्षा में, 55% छात्र भूगोल में उत्तीर्ण हुए, 65% छात्र अर्थशास्त्र में उत्तीर्ण हुए और 30% छात्र इन दोनों विषयों में उत्तीर्ण हुए। इन दो विषयों में कितने छात्र अनुत्तीर्ण हुए?

A. 70 **B.** 60 **C.** 45 **D.** 50

Q.122 तीन संख्याओं a, b और c का योग 10 (a + b + c = 10) है। यदि a, b और c तीन धनात्मक पूर्णांक हैं, तो उनका अधिकतम गुणनफल (a × b × c) क्या है?

A. 50 **B.** 48 **C.** 36 **D.** 42

Ques (123-124):निर्देश: निम्नलिखित चार विकल्पों में से एक का चयन कीजिये जो दूसरे युग्म को पहले युग्म के अनुरूप बनाएगा:

Q.123 FIRM : FIMR :: FEEBLE : ?

A. LFEEBE **B.** BLEFEE **C.** BEEEFL **D.** EEBELF

Q.124 DAUNTING : ADNUITGN :: PUZZLING : ?

A. PLZUZNIG **B.** PZUZILNG

C. PINGUZZL **D.** UPZZILGN

Q.125 एक व्यक्ति पूर्व में 20 मीटर चलने के बाद 10 मीटर दक्षिण दिशा में चलता है। इसके बाद वह पश्चिम में 35 मीटर चलने के बाद 5 मीटर उत्तर दिशा में चलता है। फिर वह पूर्व दिशा में 15 मीटर चलता है। प्रारम्भिक और अंतिम बिंदुओं के बीच की न्यूनतम दूरी है

A. निर्धारित नहीं किया जा सकता है

B. 0 मीटर

C. 5 मीटर

D. 10 मीटर

Q.126 यदि R और r एक खोखले दाएं गोलाकार सिलेंडर के बाहरी और आंतरिक त्रिज्या को क्रमशः निरूपित करते हैं और h ऊंचाई है, तो कुल सतह क्षेत्र बन जाता है।

A. $2\pi(R+r)(R+h-r)$ **B.** $2\pi(R+r)(R+h)$

C. $2\pi(R+r)$ **D.** $10\pi(R+r)$

Ques (127-129):निर्देश: नीचे दो पाई चार्ट दिए गए हैं, जिनमें से एक भिन्न पदों में कर्मचारियों के वितरण का प्रतिनिधित्व करता है और दूसरा एक कंपनी वाईसीएस के लिए राज्य के आधार पर कर्मचारियों के वितरण का प्रतिनिधित्व करता है। पाई चार्ट में नीचे दी गई जानकारी के आधार पर, प्रश्नों के उत्तर दीजिये।

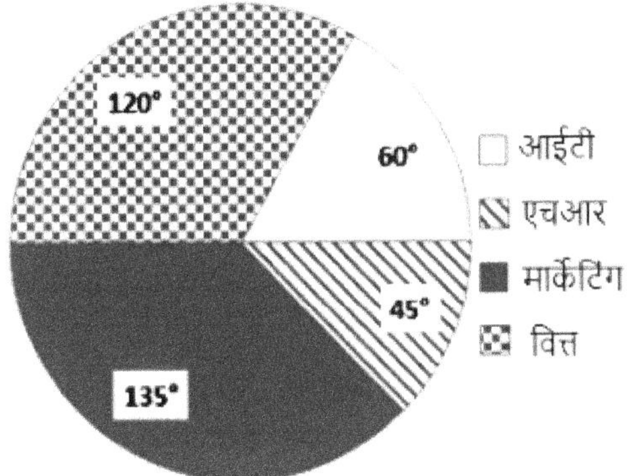

राज्य के आधार पर
कर्मचारियों का वितरण

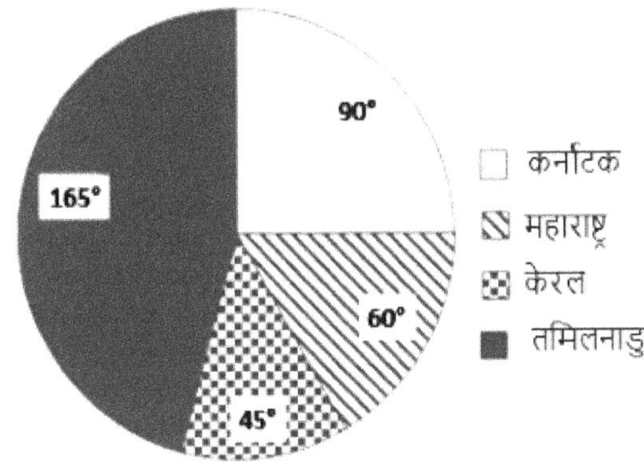

Q.127 यदि तमिलनाडु के कर्मचारी 33,000 हैं, तो एचआर पद में कितने हैं?

A. 6,000 **B.** 12,000 **C.** 9,000 **D.** 8,000

Q.128 एचआर कर्मचारियों की तुलना में आईटी कर्मचारी कितने प्रतिशत अधिक हैं?

A. 33.33% **B.** 15% **C.** 40% **D.** 20%

Q.129 यदि वित्त कर्मचारी 18,000 हैं, तो कितने कर्मचारी कर्नाटक के हैं?

A. 16,000 **B.** 14,000 **C.** 15,000 **D.** 13,500

Q.130 12% की छूट देने के बाद भी, एक वस्तु को 10% के लाभ पर बेचा गया था। अंकित मूल्य, क्रय मूल्य से कितने प्रतिशत अधिक था?

A. 30% **B.** 25% **C.** 22% **D.** 11.36%

Q.131 दिव्यिका ने साधारण ब्याज के तहत T% की दर से T वर्षों के लिए ₹ 1200 का निवेश किया। यदि उसे ₹ 432 का ब्याज मिलता है, तो ब्याज दर क्या है?

A. 18%

B. 6%

C. निर्धारित नहीं किया जा सकता है

D. 3.6%

Q.132 मेरे पास 3 : 2 : 1 के अनुपात में ₹ 5, ₹ 2 और ₹ 1 के सिक्के हैं। यदि मेरे पास कुल ₹ 120 है, तो मेरे पास ₹ 5 के कितने सिक्के हैं?

A. 12 **B.** 24 **C.** 6 **D.** 18

Q.133 एक संख्या 4, 5, 6, 7 में से किसी भी संख्या से विभाजित होने पर एक प्रत्येक स्थिति में शेषफल के रूप में 2 देती है। यदि वह संख्या 300-500 के बीच है, तो संख्या क्या है?

A. 362 **B.** 422 **C.** 446 **D.** 486

Q.134 धीरज अपने पिता की उम्र का आधा है। उनके पिता अपनी मां से 4 वर्ष बड़े हैं। 4 वर्ष पहले, धीरज अपनी माँ से आधी उम्र का था। धीरज की वर्तमान आयु क्या है?

A. 24 वर्ष

B. 21 वर्ष

C. 23 वर्ष

D. निर्धारित नहीं किया जा सकता

Q.135 'X' 5 संख्याओं के औसत को दर्शाता है। यदि प्रत्येक संख्या को 5 से गुणा किया जाता है, तो नया औसत है

A. 5 - X **B.** X + 5 **C.** X **D.** 5X

Q.136 एक व्यक्ति 35 मिनट में 455 मीटर लंबी दूरी पार करता है। किमी प्रति घंटे में उसकी गति क्या है?

A. 0.52 **B.** 0.95 **C.** 0.62 **D.** 0.78

Q.137 एक पत्थर द्वारा तय की गई दूरी इसके वजन के वर्ग के व्युत्क्रमानुपाती होती है। एक 3 किलो का पत्थर फेंके जाने पर 9 मीटर की दूरी तय करता है। एक 4 किलो पत्थर से तय की गई दूरी कितनी होगी जब इसे फेंका जाता है?

A. 5.3225 मीटर **B.** 4.375 मीटर

C. 4.725 मीटर **D.** 5.0625 मीटर

Q.138 What is the fractional equivalent of 0.12333333333.....?

A. $\frac{38}{300}$ **B.** $\frac{1001}{9000}$ **C.** $\frac{123}{1000}$ **D.** $\frac{37}{300}$

Q.139 8 मिनट 6 सेकंड एक घंटे का कितना प्रतिशत है?

A. 16.8% **B.** 20.4% **C.** 24.4% **D.** 13.5%

Q.140 72 किमी / घंटा की गति से चलने वाली एक ट्रेन को एक इलेक्ट्रिक पोल को पार करने में 25 सेकंड का समय लगता है। ट्रेन की लंबाई कितनी है?

A. 250 मीटर **B.** 750 मीटर

C. 500 मीटर **D.** 1000 मीटर

Q.141 12 बच्चे और 18 आदमी एक निश्चित कलाकृति को 9 दिनों में पूरा करते हैं। प्रत्येक बच्चा कलाकृति को समाप्त करने के लिए एक आदमी द्वारा लिए गये समय का दोगुना समय लेता है। उसी कलाकृति को पूरा करने में 18 आदमी द्वारा कितने दिन लगते हैं?

A. 17 दिन **B.** 12 दिन **C.** 15.5 दिन **D.** 6.75 दिन

Q.142 रमेश 40 किमी/घंटा की चाल से "A" से "B" की यात्रा करता है और 60 किमी/घंटा की चाल से उसी मार्ग से "B" से "A" पर वापस जाता है। उसके द्वारा लिया गया कुल समय 10 घंटे है। "B" से "A" कितनी दूर है?

A. 120 किमी **B.** 240 किमी **C.** 480 किमी **D.** 180 किमी

Q.143 एक कीबोर्ड में, 1 से 800 तक की संख्या टाइप करने के लिए कितने कीस्ट्रोक्स की आवश्यकता होती है?

A. 3868 **B.** 3254 **C.** 2260 **D.** 2292

Q.144 4012 और 12576 का महत्तम समापवर्तक क्या है?

A. 12 **B.** 4 **C.** 9 **D.** 148

Q.145 तीन साझेदार A, B और C अपनी उद्योग की पूंजी के लिए 5750 रुपये का निवेश करते हैं। A ने B से 500 रुपये अधिक निवेश किया है और B ने C से 750 रुपये अधिक निवेश किया है। उद्योग वर्ष के दौरान फर्म 23000 का लाभ कमाती है। A को मिलने वाले लाभ का शेयर है:

A. B और C के शेयरों के योग से 5000 रुपये अधिक

B. B और C के शेयरों के योग से 3000 रुपये कम

C. B और C के शेयरों के योग से 2000 रुपये अधिक

D. B और C के शेयरों के योग से 750 रुपये कम

Q.146 जेम्स 600 रुपये साधारण ब्याज पर और 1200 रुपये चक्रवृद्धि ब्याज पर 20% प्रति वर्ष की ब्याज दर पर दो वर्ष के लिए निवेश करता है। अर्जित कुल ब्याज कितनी है?

A. 648 रुपये **B.** 480 रुपये **C.** 544 रुपये **D.** 768 रुपये

Q.147 एक फल विक्रेता 23% की हानि पर अंगूर बेचता है और गलत वज़न का उपयोग करता है जो मूल वजन से 30% कम है। उसका लाभ या हानि प्रतिशत क्या है?

A. लाभ 7% **B.** हानि 7% **C.** लाभ 10% **D.** हानि 23%

Q.148 एक निश्चित धनराशि 20 दिनों के लिए A की मजदूरी या 30 दिनों के लिए B की मजदूरी का भुगतान करने के लिए पर्याप्त है। यह धनराशि कितने दिनों के लिए दोनों की मजदूरी का भुगतान करने के लिए पर्याप्त है?

A. 15 दिनों **B.** 12 दिनों **C.** 8 दिनों **D.** 10 दिनों

Q.149 संख्या 40 को दो भागों में इस तरह से विभाजित किया गया है कि पहली संख्या का वर्ग दूसरी संख्या से 5 से अधिक होता है। दो संख्याओं को ज्ञात कीजिए।

A. $\frac{7}{2}$ और $\frac{73}{2}$ **B.** $\frac{5}{2}$ और $\frac{75}{2}$

C. $\frac{9}{2}$ और $\frac{71}{2}$ **D.** $\frac{11}{2}$ और $\frac{69}{2}$

Q.150 एक रेलगाड़ी, 26 मीटर/सेकंड और 42 मीटर/सेकंड की गति से उस रेलगाड़ी की विपरीत दिशा में चलते हुए दो व्यक्तियों को क्रमशः 9 सेकंड और 7 सेकंड में पार करती है। रेलगाड़ी की लंबाई क्या है?

A. 504 मीटर **B.** 449 मीटर **C.** 479 मीटर **D.** 443 मीटर

Mental Aptitude Test/Intelligence Test/Test of Reasoning

Q.151 निम्नलिखित में से किसके बीच वैसा ही संबंध नहीं है जैसा कि DH : EG के बीच है?

A. VZ : XY **B.** BG : CF **C.** QT : RS **D.** LP : MO

Q.152 निम्नलिखित आकृति से DDCA स्ट्रिंग का कूटबद्ध रूप क्या हो सकता है?

आकृति:

	0	1	2	3	4
0	D	K	A	E	C
1	C	D	K	A	E
2	K	C	E	A	D
3	K	C	D	E	A
4	E	D	A	K	C

A. 00, 32, 31, 22 **B.** 24, 11, 44, 33

C. 00, 11, 31, 42 **D.** 32, 24, 01, 43

Q.153 यदि CHAMPION को HCMAIPNO के रूप में लिखा जाता है, तो NEGATIVE के लिए कूटबद्ध स्ट्रिंग है:

A. NEAGVEIT **B.** ENAGITEV

C. MGAETVIE **D.** EGAITEVN

Q.154 अक्षरों का कौन सा समूह अन्य से अलग है?

A. TVX **B.** MOQ **C.** PRT **D.** GEC

Q.155 नीचे दी गई जानकारी के आधार पर प्रश्न का उत्तर दीजिए:

देश	जनसंख्या (करोड़)
चीन	138.2
भारत	132.6
अमेरिका	32.4
पाकिस्तान	19.8
जापान	12.6
रूस	14.3

जापान की जनसंख्या, रूस की जनसंख्या से लगभग कितने प्रतिशत कम है?

A. 32% **B.** 17% **C.** 12% **D.** 25%

Q.156 श्रृंखला 66, 54, 44, 36, 30, 26, ___ में अगला पद है:

A. 23 **B.** 22 **C.** 24 **D.** 25

Q.157 एक आदमी ने दक्षिण के सम्मुख चलना शुरू किया और बाएं मुड़ने के बाद वह 30 मीटर चला। यदि वह प्रारंभिक बिंदु से 50 मीटर दूर था, तो बाएं मुड़ने से पहले वह कितनी दूर चला?

A. 50 मीटर **B.** 60 मीटर **C.** 30 मीटर **D.** 40 मीटर

Q.158 सुनील ने बताया कि मोहित, सुनील के पिता की पत्नी के इकलौते भाई का पुत्र था। मोहित सुनील से किस प्रकार संबंधित है?

A. कजिन **B.** मैटर्नल अंकल

C. पुत्र **D.** भाई

Q.159 निम्नलिखित चार विकल्पों में से एक का चयन कीजिए जो दूसरे युग्म को, दिए गए पहले युग्म के अनुरूप बना देगा:
वर्ग : 16 :: घन : ?

A. 64 **B.** 24 **C.** 9 **D.** 25

Q.160 एक संख्या 4, 5, 6, 7 में से किसी संख्या से विभाजित होने पर शेषफल के रूप में संख्या 2 देती है। यदि वह संख्या 300 और 500 के बीच है तो वह संख्या क्या है?

A. 446 **B.** 422 **C.** 486 **D.** 362

Q.161 एक कक्षा में पाँच विद्यार्थी A, B, C, D, E हैं जो एक बेंच पर बैठे हैं।
i) B और D करीबी दोस्त हैं और वे हमेशा एक साथ बैठते हैं लेकिन बेंच के अंतिम किनारे पर नहीं।
ii) जहाँ तक संभव हो E और C दूर बैठते हैं।
iii) A, C का दोस्त है और C के निकटतम दाएं बैठा है, और B के भी निकटतम बाएं है।
बेंच के दोनों छोरों पर किसके द्वारा कब्जा किया गया है।

A. E, C **B.** B, D **C.** E, A **D.** C, D

Q.162 निम्नलिखित में से कौन सा दिन शताब्दी का अंतिम दिन नहीं हो सकता है?

A. बुधवार, गुरुवार और रविवार

B. मंगलवार, गुरुवार और शुक्रवार

C. सोमवार, बुधवार और गुरुवार

D. मंगलवार, गुरुवार और शनिवार

Q.163 श्रृंखला में अगला पद 13, 13, 52, 468, 7488, ___ है।

A. 324500 **B.** 162540 **C.** 187200 **D.** 908040

Q.164 4 व्यक्ति A, B, C और D हैं उनमें से प्रत्येक को चार अलग-अलग पेय पदार्थ चाय, कॉफी, मैंगो शेक और बनाना शेक में से केवल एक पसंद है। उनकी प्राथमिकताएँ निम्नलिखित हैं।
I. A को मैंगो शेक पसंद नहीं है
II. D, बनाना शेक या कॉफ़ी को प्राथमिकता देता है
III. C, कॉफी को प्राथमिकता देता है
किसकी प्राथमिकता चाय है?

A. A **B.** C **C.** B **D.** D

Q.165 श्रृंखला में एक या एक से अधिक लुप्त पद के साथ एक अक्षर श्रृंखला दी गई है। सही विकल्प चुनिए जो श्रृंखला में संबंधित रिक्त स्थानों को भरकर समान स्वरूप जारी रखेगा। R, M, ..., F, D, ...

A. B, H **B.** C, B **C.** I, C **D.** H, C

Q.166 आपको संदेह है कि आपका अधीनस्थ अपराधियों के खिलाफ शिकायत दर्ज करने के लिए रिश्वत ले रहा है। आप निम्नलिखित में से कौन सा कार्य करेंगे?

A. आप उस व्यक्ति को तुरंत बर्खास्त कर देंगे

B. आप उसकी इच्छित पदोन्नति रोक देंगे

C. आप सत्यापित करेंगे कि क्या संदेह वैध है

D. आप उसे तुरंत निलंबित कर देंगे

Q.167 आप ध्यान दीजिये कि एक युवा एक वरिष्ठ नागरिक को गाली दे रहा है। जब आप उससे प्रश्न करते हैं तो वह कहता है कि उसे यह बोलने की स्वतंत्रता है जो भी वह चाहता है। वरिष्ठ नागरिक पुलिस से शिकायत करना चाहता है। निम्नलिखित में से कौन से तरीके आप परिस्थिति को सुलझाने के

लिए अपनाएंगे?

A. तमाशा देखने वालों से समर्थन का आह्वान करेंगे

B. वरिष्ठ नागरिक को अच्छा व्यवहार करने की सलाह देंगे

C. युवा लड़के को थप्पड़ मारेंगे और उससे माफी मांगने को कहेंगे

D. दोनों पक्षों से शांति बनाए रखने के लिए कहेंगे

Q.168 आप एक लोकप्रिय नेता द्वारा संबोधित की जाने वाली राजनीतिक रैली की सुरक्षा व्यवस्था के लिए प्रभारी अधिकारी हैं। अपने कार्य को प्रभावी ढंग से करने के लिए आपको जरूरत है।

A. सेना और सीमा सुरक्षा बल का समर्थन

B. स्थानीय उपद्रवियों पर नजर रखने के लिए

C. मौसम की स्थिति पर जानकारी

D. रैली के संचालन के लिए स्थानीय अधिकारियों की स्वीकृति

Q.169 कल्पना कीजिए कि आप अपने कार्यालय जाने के रास्ते में थे और आप एक कार में एक मोटर साइकिल की दुर्घटना के साक्षी है। मोटर साइकिल चालक गंभीर रूप से घायल है। आपकी पहली प्रतिक्रिया क्या होनी चाहिए?

A. कार चालक को फटकार लगाएंगे

B. पुलिस को सूचित करेंगे

C. मोटर साइकिल चालक के पते की खोज करेंगे

D. एम्बुलेंस को बुलाएँगे

Q.170 आपके पास एक वरिष्ठ बैंकर के खिलाफ भ्रष्टाचार के आरोपों की शिकायत एक ऐसे व्यक्ति से है जिसे बैंकर द्वारा बड़े मूल्य के ऋण से वंचित कर दिया गया है। आपके द्वारा निम्नलिखित में से कौन सी कार्रवाई अपनायी जाएगी?

A. तुरंत बैंकर को गिरफ्तार करेंगे

B. शिकायत को स्वीकार करने से इनकार करेंगे

C. स्वतंत्र जांच का आदेश देंगे

D. कानूनी मुकदमा दायर करेंगे

Q.171 निम्नलिखित में से किस स्थिति में पुलिस सामान्य रूप से मदद करेगी?

A. केवल यदि अमीर और मशहूर हस्तियों को आम आदमी द्वारा नुकसान होता है

B. यदि किसी सरकारी अधिकारी को लूटा जाता है तो ही पुलिस को कार्रवाई करनी चाहिए

C. जब भी कानून और व्यवस्था भंग होगी, पुलिस मदद करेगी

D. वे तभी मदद करेंगे जब राजनीतिक अशांति होगी

Q.172 आप पुलिस के जवान हैं। इसलिए रक्षा करना आपका कर्तव्य है।

A. सभी समुदाय की

B. केवल अल्पसंख्यक समुदाय की

C. केवल बहुसंख्यक समुदाय की

D. आपके अपने समुदाय की

Q.173 आप एक अपराधी का पीछा कर रहे हैं और उसे भागने से रोकने के लिए आपको अपनी बंदूक का उपयोग करना होगा। आपको निम्नलिखित में से किस क्रिया को अपनाना चाहिए?

A. अपराधी को केवल उसके पैर पर गोली मारो ताकि आप उसे भागने से रोकें

B. उसे गोली मारने से संकोच करेंगे क्योंकि वह भी एक इंसान है

C. समय हासिल करने के लिए अपराधी के साथ बातचीत करेंगे

D. थाने से अतिरिक्त सहायता आने तक प्रतीक्षा करेंगे

Q.174 आप निम्नलिखित में से किस कथन से सहमत हैं?

A. महिलाएं कमजोर पैदा होती हैं और वे हमेशा कमजोर बनी रहेंगी

B. राष्ट्र की सुरक्षा को सुरक्षित रखने में महिलाओं की कोई सक्रिय भूमिका नहीं है

C. महिला और पुरुष समान हैं और उनसे इसी प्रकार व्यवहार किया जाना चाहिए

D. महिलाओं को बंदूक चलाने से बेहतर खाना बनाना है

Q.175 यदि आपके पड़ोस में चोरी हो रही है तो आपकी तत्काल कार्रवाई होनी चाहिए।

A. पुलिस मुख्यालय को फोन करेंगे

B. पुलिस हेल्पलाइन नंबर पर कॉल करेंगे

C. निवारण के लिए तुरंत अदालत में जाएंगे

D. सोशल मीडिया के माध्यम से दूसरों को चेतावनी देंगे

Q.176 निम्नलिखित में से कौन सा गुण आपको एक अच्छा पुलिस कर्मी बनने में मदद करेगा?

A. डरपोक होना लेकिन दयालु होना

B. निष्कर्ष पर पहुचने में सक्षम होना

C. साहसी होना और नेतृत्व गुणों का प्रदर्शन करना

D. सभी प्रकार के विरोध को दबाने के लिए तैयार रहना

Q.177 आप अपराध विभाग के प्रमुख हैं। हालाँकि आपके नियंत्रण वाले क्षेत्र लगभग अपराध मुक्त हैं, लेकिन आपके क्षेत्र में अपराध अचानक बढ़ गए हैं। अपराध को नियंत्रित करने के लिए आप निम्नलिखित में से कौन सी कार्रवाई करेंगे?

A. आगे अपराधों को रोकने के लिए शांति बैठकें आयोजित करेंगे

B. वर्तमान के साथ अतीत के अपराध दर की तुलना करेंगे

C. बंदूक रखने पर प्रतिबंध लागू करेंगे

D. अपराध में वृद्धि के कारणों की पहचान करने पर ध्यान देंगे

Q.178 आपका अपने समाज में सांप्रदायिक सद्भाव बनाए रखने का एक नेक इरादा है। आप इसको कर सकते हैं:

A. हमेशा यह स्वीकार करके कि बहुसंख्यक समुदाय क्या चाहता है

B. एक विशेष समुदाय के धार्मिक भाषणों के प्रसारण को प्रतिबंधित करके

C. सामंजस्य न बनाए रखने के परिणामों के सांप्रदायिक प्रमुखों को धमकी दे कर

D. व्यक्तियों को डर, ईर्ष्या और घृणा से ऊपर उठने में मदद करके

Q.179 आपने पर्याप्त सबूत के बिना एक व्यक्ति को गिरफ्तार किया है। आपका अधिकारी आपको उस व्यक्ति को गिरफ्तार करने में जल्दबाजी के लिए फटकार लगाता है। इस स्थिति में आपकी कार्रवाई का सबसे अच्छा तरीका होगा:

A. अपने अधिकारी के खिलाफ मीडिया का समर्थन इकट्ठा करेंगे

B. अपने अधिकारी का सामना करेंगे और उस पर पक्षपात का आरोप लगाएंगे

C. गिरफ्तार व्यक्ति के खिलाफ एक सबूत पेश करेंगे

D. अपनी जल्दबाजी के लिए माफी मांगेंगे

Q.180 आपके अनुसार जनता को समाज के नियमों और विनियमों का पालन करना चाहिए।

A. कभी-कभी प्राधिकरण को संतुष्ट करने के लिए

B. जब भी इसका पालन करना संभव हो

C. भले ही यह उनके हितों के खिलाफ हो

D. यदि यह उनके अनुरूप है और पालन करने के लिए सुविधाजनक है

Q.181 वर्णमाला श्रृंखला के 26 अक्षरों को दो पंक्तियों में व्यवस्थित किया गया है, प्रत्येक में वर्णमाला श्रृंखला के अनुसार 13 अक्षर हैं। इन विकल्पों में से किसके अक्षर मिलकर, एक समलंब चतुर्भुज बना रहे है?

A. NBCDN **B.** RIJAR **C.** NQCBN **D.** TJKGT

Q.182 धीरज अपने पिता की आयु का आधा है। धीरज के पिता धीरज की मां से 4 वर्ष बड़े हैं। 4 वर्ष पहले, धीरज अपनी माँ से आधी आयु का था।

धीरज की वर्तमान आयु क्या है?

A. निर्धारित नहीं किया जा सकता है

B. 21 वर्ष

C. 23 वर्ष

D. 24 वर्ष

Q.183 एक कीट आगे और पीछे दोनों दिशाओं में जा सकता है। वह 3 मिनट के लिए आगे की ओर बढ़ता है और फिर 2 मिनट के लिए पीछे आता है। वह 5 मीटर प्रति मिनट की चाल से चलता है। कम से कम कितने समय में वह 105 मीटर की दूरी तय कर पाएगा?

A. 93 मिनट **B.** 36 मिनट

C. 100 मिनट **D.** 105 मिनट

Q.184 सीता ने गीता से कहा, "मैं जिस लड़की से कल बाज़ार में मिली थी, वह मेरे दोस्त नमिता की माँ के ब्रदर-इन-लां की सबसे छोटी पुत्री थी।" नमिता से लड़की किस प्रकार से संबंधित है?

A. बहन **B.** पुत्री **C.** कज़न **D.** आंटी

Q.185 एक घन के सभी फलकों पर समान रंग से रंगा जाता है और समान आकार के 27 छोटे घनों में काटा जाता है। कितने घनों के 2 फलक रंगे हैं?

A. 24 **B.** 32 **C.** 28 **D.** 12

Q.186 दिए गए चार अक्षरों में से तीन वर्णमाला के प्रकार के आधार पर समान हैं। विषम को ज्ञात कीजिये।

A. Z **B.** O **C.** U **D.** A

Q.187 निम्नलिखित आकृति में कौन सी आकृति अन्य आकृतियों से भिन्न है?

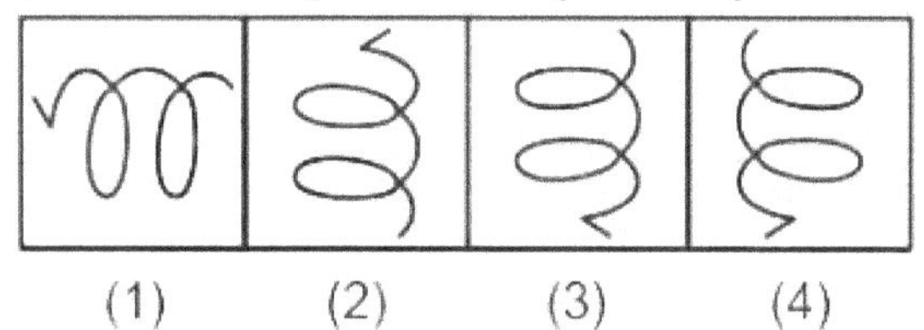

(1) (2) (3) (4)

A. (4) **B.** (2) **C.** (1) **D.** (3)

Q.188 निम्नलिखित चार विकल्पों में से एक का चयन कीजिये जो दूसरी जोड़ी को दी गई पहली जोड़ी के समरूप बनाएगी:

SEDATE : ETADES :: BRIM : ?

A. MBIR **B.** IRMB **C.** MIRB **D.** BIMR

Q.189 1, 2, 3 और 4 में से कौन सी आकृति X की सही जल प्रतिबिंब है?

X

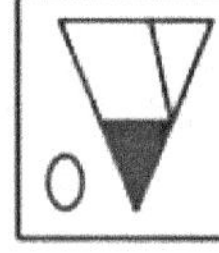 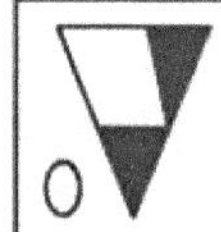 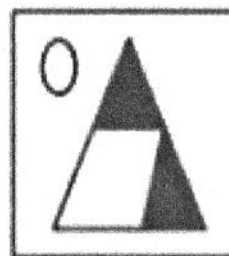 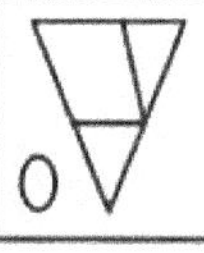

1 2 3 4

A. आकृति 4 **B.** आकृति 3 **C.** आकृति 1 **D.** आकृति 2

Q.190 निम्नलिखित में से कौन सा सही विकल्प है जो दिए गए रिक्त को उपयुक्त करता है?

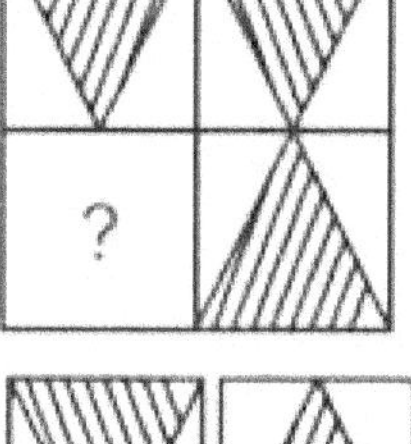

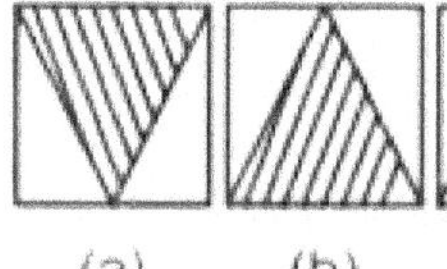 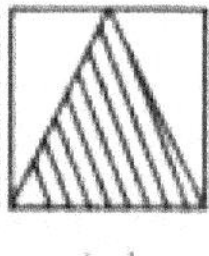 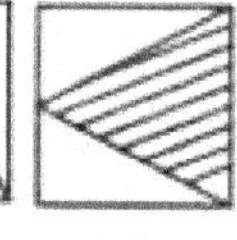

(a) (b) (c) (d)

A. (b) **B.** (d) **C.** (a) **D.** (c)

Q.191 एक सेल्समैन को कार द्वारा यात्रा की जाने वाली प्रत्येक किमी के लिए 15 रुपये और बाइक द्वारा यात्रा किए जाने वाले प्रत्येक किमी के लिए 5 रुपये का दावा करता है। एक दिन में, यदि उसने 90 किलोमीटर की दूरी तय करने के बाद 600 रुपये का दावा किया है, तो उसने बाइक से कितने किलोमीटर की यात्रा की?

A. 75 किमी **B.** 45 किमी

C. 25 किमी **D.** आकड़े अपर्याप्त

Q.192 एक मोबाइल सर्कस पार्टी में, कुछ चरवाहों की देखरेख में 100 मुर्गियाँ, 90 बकरियाँ और 16 ऊँट थे। यदि पैरों की कुल संख्या सिर की संख्या से 448 अधिक है, तो कितने चरवाहों को नियोजित किया गया था?

A. 32 **B.** 30 **C.** 34 **D.** 28

Q.193 कथनों का एक समूह दिया गया है।

A) P एक दो अंकों की संख्या है

B) P, 80 से अधिक है।

समस्या के समाधान को तय करने के लिए दिए गए कथनों में से किसका उपयोग किया जाना चाहिए: क्या P>90?

A. A और B दोनों मिलकर

B. केवल A

C. केवल B

D. A और B दोनों को मिलाकर भी निर्णय लेना संभव नहीं है

Q.194 यदि '-' का अर्थ भाग है, '+' का अर्थ गुणा है, '÷' का अर्थ घटाना है और 'x' का अर्थ जोड़ना है, तो निम्न में से कौन सा समीकरण सही है?

A. 8 ÷ 3 × 2 + 8 – 6 = 10

B. 18 - 3 ÷ 2 × 8 ÷ 6 = 17

C. 18 × 3 + 2 ÷ 8 – 6 = 15

D. 18 - 3 + 2 × 8 ÷ 6 = 14

Q.195 निम्नलिखित श्रृंखला में प्रश्नवाचक चिन्ह (?) के स्थान पर क्या आएगा?

11, 12, 14, 15, 17, 19, 20, 22, ?

A. 21 **B.** 18 **C.** 23 **D.** 22

Q.196 निम्नलिखित चार विकल्पों में से एक का चयन कीजिये जो दूसरी जोड़ी को दी गई पहली जोड़ी के समान बनाएगी: SOLICIT : LOSITIC:: CONDUCT : ?

A. NCODUCT **B.** CDTNOUC

C. NOCDTCU **D.** DCNOTUC

Q.197 दो शहर A और B हैं, A में जनसंख्या में प्रत्येक वर्ष 10,000 की कमी आती है। B में प्रत्येक वर्ष जनसंख्या में 15,000 की वृद्धि होती है। यदि दोनों की जनसंख्या अब 1,40,000 के बराबर है, तो कितने वर्षों के बाद, उनकी जनसंख्या का अनुपात 1:16 होगा?

A. 12 **B.** 8 **C.** 15 **D.** 10

Q.198 यदि P ≥ Q ≥ R, A > C,C = D, F > D है, तो निम्नलिखित में से कौन सा संबंध असत्य होगा?

A. निर्धारित नहीं किया जा सकता है

B. $P \geq R$

C. $F > C$

D. $A < D$

Q.199 नीचे चार अलग-अलग संख्यात्मक क्रम दिए गए हैं। उनमें से तीन एक ही स्वरूप का अनुसरण करते हैं जैसे: 34512, एक क्रम को पहचानें जो इस स्वरूप का पालन नहीं करता है।

A. 45612 **B.** 56734 **C.** 78956 **D.** 67845

Q.200 वह संख्या चुनिये जो संख्या में प्रयुक्त अंकों के आधार पर दूसरों से भिन्न है।

A. 4536 **B.** 6354 **C.** 3456 **D.** 6352

// स्मार्ट उत्तर पुस्तिका //

सही उत्तर उन छात्रों का प्रतिशत जिन्होंने प्रश्नों का सही उत्तर दिया था।

छोड़ दिया उन छात्रों का प्रतिशत जिन्होंने प्रश्नों को छोड़ दिया था।

प्रश्न संख्या	उत्तर	सही उत्तर	छोड़ दिया
1	C	52.91 %	1.51 %
2	D	48.31 %	1.21 %
3	B	69.14 %	1.48 %
4	C	69.53 %	1.23 %
5	B	52.97 %	1.75 %
6	D	62.56 %	1.71 %
7	B	47.03 %	1.04 %
8	B	77.61 %	0.0 %
9	D	69.71 %	1.77 %
10	D	51.53 %	1.11 %
11	C	66.09 %	1.55 %
12	A	58.71 %	1.43 %
13	B	81.44 %	0.0 %
14	A	52.52 %	1.73 %
15	D	69.09 %	1.98 %
16	A	52.39 %	1.7 %
17	D	66.82 %	1.36 %
18	D	53.33 %	1.93 %
19	D	68.6 %	1.01 %
20	D	40.0 %	1.52 %
21	B	53.33 %	1.88 %
22	B	47.81 %	1.82 %
23	B	62.82 %	1.06 %
24	C	60.19 %	1.03 %
25	B	54.18 %	1.94 %
26	B	80.35 %	0.0 %
27	B	60.55 %	1.81 %
28	D	83.13 %	0.0 %
29	C	81.08 %	0.0 %
30	C	58.51 %	1.59 %
31	C	62.95 %	1.66 %
32	C	82.86 %	0.0 %
33	C	66.0 %	1.57 %
34	D	78.62 %	0.0 %
35	D	84.44 %	0.0 %
36	B	16.46 %	3.91 %
37	D	63.48 %	1.99 %
38	A	62.66 %	1.21 %
39	C	40.91 %	1.37 %
40	D	69.63 %	1.54 %
41	A	47.26 %	1.93 %
42	D	68.91 %	1.79 %
43	D	62.14 %	1.05 %
44	C	40.87 %	1.81 %
45	D	61.87 %	1.3 %
46	C	48.86 %	1.21 %
47	C	84.3 %	0.0 %
48	D	56.38 %	1.15 %
49	C	65.06 %	1.74 %
50	A	55.93 %	1.67 %
51	C	47.71 %	1.51 %
52	D	48.35 %	1.1 %
53	D	48.32 %	1.01 %
54	D	26.08 %	3.3 %
55	D	29.6 %	3.7 %
56	C	46.85 %	1.79 %
57	D	54.85 %	1.85 %
58	A	88.16 %	0.0 %
59	A	81.69 %	0.0 %
60	B	56.91 %	1.09 %
61	D	56.51 %	1.99 %
62	A	40.42 %	1.39 %
63	D	69.34 %	1.05 %
64	B	62.71 %	1.5 %
65	B	88.89 %	0.0 %
66	C	88.33 %	0.0 %
67	D	44.68 %	1.81 %
68	C	87.12 %	0.0 %
69	D	56.8 %	1.34 %
70	A	45.56 %	1.78 %
71	B	55.01 %	1.81 %
72	C	68.81 %	1.79 %
73	C	23.26 %	4.63 %
74	C	77.03 %	0.0 %
75	C	13.98 %	3.55 %
76	D	67.23 %	1.18 %
77	B	62.55 %	1.73 %
78	B	65.55 %	1.3 %
79	B	50.81 %	1.86 %
80	A	62.28 %	1.99 %
81	C	43.14 %	1.24 %
82	B	57.17 %	1.43 %
83	D	42.26 %	1.76 %
84	B	45.41 %	1.18 %
85	C	69.51 %	1.09 %
86	D	55.6 %	1.16 %
87	A	43.33 %	1.95 %
88	A	66.21 %	1.67 %
89	D	83.63 %	0.0 %
90	C	63.58 %	1.62 %
91	D	55.91 %	1.84 %
92	A	78.94 %	0.0 %
93	B	50.05 %	1.78 %
94	B	22.87 %	4.32 %
95	D	50.88 %	1.88 %
96	D	63.79 %	1.08 %
97	C	47.81 %	1.96 %
98	A	59.9 %	1.15 %
99	D	82.21 %	0.0 %
100	D	66.77 %	1.48 %
101	A	50.36 %	1.25 %
102	C	55.96 %	1.26 %
103	D	49.44 %	1.24 %
104	B	60.49 %	1.42 %
105	C	81.74 %	0.0 %
106	D	43.35 %	1.04 %
107	B	51.58 %	1.25 %
108	C	40.66 %	1.96 %
109	C	69.22 %	2.0 %
110	C	58.68 %	1.74 %
111	B	50.84 %	1.07 %
112	B	51.58 %	1.66 %
113	A	83.45 %	0.0 %
114	D	43.1 %	1.88 %
115	C	49.69 %	1.18 %
116	D	59.74 %	1.71 %
117	D	22.03 %	3.54 %
118	B	51.09 %	1.66 %
119	A	42.98 %	1.17 %
120	A	54.63 %	1.89 %
121	B	53.14 %	1.1 %
122	C	41.88 %	1.31 %
123	C	69.98 %	1.92 %
124	D	44.13 %	1.53 %
125	C	60.18 %	1.79 %
126	A	59.04 %	1.56 %

प्रश्न संख्या	उत्तर	सही उत्तर	छोड़ दिया
127	C	42.58 %	1.58 %
128	A	67.42 %	1.91 %
129	D	53.6 %	1.34 %
130	B	47.32 %	1.21 %
131	B	43.66 %	1.8 %
132	D	53.4 %	1.24 %
133	B	68.58 %	1.95 %
134	D	57.66 %	1.15 %
135	D	57.15 %	1.26 %
136	D	66.28 %	1.35 %
137	D	53.24 %	1.84 %
138	D	69.73 %	1.44 %
139	D	59.83 %	1.66 %
140	C	67.57 %	1.38 %
141	B	51.97 %	1.23 %
142	B	53.69 %	1.61 %
143	D	66.21 %	1.33 %
144	B	68.44 %	1.87 %
145	B	63.52 %	1.68 %
146	D	61.78 %	1.42 %
147	C	56.87 %	1.56 %
148	B	65.29 %	1.79 %
149	C	67.64 %	1.74 %
150	A	67.86 %	1.09 %
151	A	43.26 %	1.09 %
152	C	63.27 %	1.1 %
153	B	61.33 %	1.77 %
154	D	76.1 %	0.0 %
155	C	55.88 %	1.86 %
156	C	83.27 %	0.0 %
157	D	52.18 %	1.75 %
158	A	54.87 %	1.03 %
159	A	89.33 %	0.0 %
160	B	52.82 %	1.33 %
161	A	48.95 %	1.63 %
162	D	68.38 %	1.61 %
163	C	66.1 %	1.46 %
164	A	30.0 %	4.65 %
165	C	56.81 %	1.94 %
166	C	45.44 %	1.55 %
167	D	66.52 %	1.61 %
168	A	50.36 %	1.11 %
169	D	50.55 %	1.57 %
170	C	66.94 %	1.55 %
171	C	54.06 %	1.54 %
172	A	78.69 %	0.0 %
173	A	58.98 %	1.39 %
174	C	43.69 %	1.38 %
175	B	88.18 %	0.0 %
176	C	57.14 %	1.35 %
177	D	48.34 %	1.19 %
178	D	47.31 %	1.12 %
179	D	52.95 %	1.16 %
180	C	62.25 %	1.88 %
181	C	65.09 %	1.53 %
182	A	54.1 %	1.16 %
183	A	61.46 %	1.99 %
184	C	41.03 %	1.45 %
185	D	65.54 %	1.77 %
186	A	88.61 %	0.0 %
187	D	48.78 %	1.59 %
188	C	50.12 %	1.72 %
189	A	61.63 %	1.77 %
190	D	84.6 %	0.0 %
191	A	55.31 %	1.27 %
192	B	67.6 %	1.91 %
193	D	30.77 %	3.22 %
194	D	49.18 %	1.73 %
195	C	53.08 %	1.19 %
196	C	50.57 %	1.23 %
197	A	62.85 %	1.72 %
198	D	53.48 %	1.92 %
199	A	52.15 %	1.27 %
200	D	69.91 %	1.88 %

// संकेत और समाधान //

1. IMAP का मतलब इंटरनेट मैसेज एक्सेस प्रोटोकॉल है। कंप्यूटिंग में, इंटरनेट मैसेज एक्सेस प्रोटोकॉल एक इंटरनेट मानक प्रोटोकॉल है जिसका उपयोग ईमेल क्लाइंट द्वारा एक टीसीपी/आईपी कनेक्शन पर एक मेल सर्वर से ईमेल संदेश प्राप्त करने के लिए किया जाता है ।
अतः विकल्प (C) सही है।

2. फ़्लोचार्ट का एक बड़ा दोष लंबा और जटिल प्रवाह इसे उद्दंड बनाते हैं। कभी-कभी प्रोग्राम लॉजिक का कॉम्प्लेक्स लॉजिक विभिन्न परिभाषित आकृतियों का उपयोग करके ड्रा करने के लिए काफी जटिल होता है।
अतः विकल्प (D) सही है।

3. ENIAC का अर्थ इलेक्ट्रॉनिक न्यूमेरिकल इंटीग्रेटर एंड कंप्यूटर है। इलेक्ट्रॉनिक न्यूमेरिकल इंटीग्रेटर एंड कंप्यूटर पहला प्रोग्रामेबल, इलेक्ट्रॉनिक, सामान्य प्रयोजन वाला डिजिटल कंप्यूटर था।
अतः विकल्प (B) सही है।

4. हार्ड डिस्क पर सबसे छोटी भौतिक भंडारण इकाई सेक्टर है। 3.5 इंच की हार्ड डिस्क पर एक हजार से अधिक ट्रैक हो सकते हैं। प्रत्येक ट्रैक के अनुभागों को सेक्टर कहा जाता है। एक सेक्टर एक डिस्क पर सबसे छोटी भौतिक भंडारण इकाई है और आकार में लगभग हमेशा 512 बाइट्स (0.5 kB) है।
अतः विकल्प (C) सही है।

5. इस प्रवाह चार्ट में A का मान आउटपुट होना चाहिए। A का मान प्रसंस्करण बॉक्स में वर्णित है, जो कि n*n है। इसका अर्थ है उपरोक्त फ़्लोचार्ट का आउटपुट n^2 है।
अतः विकल्प (B) सही है।

6. RAM एक प्रकार का मेमोरी आकार है जो CPU की गति, शक्ति और क्षमता को प्रभावित करता है।
रैंडम-एक्सेस मेमोरी कंप्यूटर मेमोरी का एक रूप है जिसे किसी भी क्रम में पढ़ा और बदला जा सकता है, आमतौर पर काम करने वाले डेटा और मशीन कोड को स्टोर करने के लिए उपयोग किया जाता है।
अतः विकल्प (D) सही है।

7. HTTP द्वारा प्रयुक्त डिफ़ॉल्ट पोर्ट नंबर 80 है। कंप्यूटर नेटवर्किंग में, एक पोर्ट एक संचार समापन बिंदु है। सॉफ्टवेयर स्तर पर, एक ऑपरेटिंग सिस्टम के भीतर, एक पोर्ट एक तार्किक निर्माण है जो एक विशिष्ट प्रक्रिया या एक प्रकार की नेटवर्क सेवा की पहचान करता है।
अतः विकल्प (B) सही है।

8. इंटरनेट एक्स्प्लोरर माइक्रोसॉफ्ट कंपनी का वेब ब्राउज़र है। एक वेब ब्राउज़र, या बस "ब्राउज़र", वेबसाइटों को एक्सेस करने और देखने के लिए उपयोग किया जाने वाला एप्लिकेशन है। सामान्य वेब ब्राउज़रों में माइक्रोसॉफ्ट इंटरनेट एक्सप्लोरर, गूगल क्रोम, मोज़िला फ़ायरफ़ॉक्स और एप्पल सफारी शामिल हैं।
अतः विकल्प (B) सही है।

9. दिए गए आरेख में एक पैरलल पोर्ट है। कंप्यूटिंग में, एक पैरलल पोर्ट एक प्रकार का इंटरफ़ेस है जो बाह्य उपकरणों को जोड़ने के लिए कंप्यूटर पर पाया जाता है। नाम डेटा भेजने के तरीके को संदर्भित करता है; पैरलल पोर्ट एक साथ कई बार डेटा भेजते हैं, जैसा कि क्रमबद्ध संचार के विपरीत होता है, जिसमें बिट्स को एक बार में भेजा जाता है।
अतः विकल्प (D) सही है।

10. हाइपरटेक्स्ट एक कंप्यूटर डिस्प्ले या अन्य इलेक्ट्रॉनिक उपकरणों पर प्रदर्शित टेक्स्ट है जो अन्य टेक्स्ट के संदर्भ में है जिसे पाठक तुरंत एक्सेस कर सकता है। हाइपरटेक्स्ट दस्तावेज़ हाइपरलिंक्स द्वारा परस्पर जुड़े होते हैं , जो आमतौर पर एक माउस क्लिक, कीप्रेस सेट, या स्क्रीन टच द्वारा सक्रिय होते हैं ।
अतः विकल्प (D) सही है।

11. कई नेटवर्क को जोड़ने वाले नेटवर्क को इंटरनेट कहा जाता है। इंटरनेट परस्पर जुड़े हुए कंप्यूटर नेटवर्क की वैश्विक प्रणाली है जो नेटवर्क और उपकरणों के बीच संचार करने के लिए इंटरनेट प्रोटोकॉल सूट (TCP/IP) का उपयोग करता है।
अतः विकल्प (C) सही है।

12. एक सदिश छवि का उपयोग करने का एक फायदा सदिश रंग मूल्य और रिज़ॉल्यूशन स्केलिंग या डी-स्केलिंग के तहत अबाधित रहता है।
अतः विकल्प (A) सही है।

13. एक बाइट डिजिटल जानकारी की एक इकाई है जिसमें सबसे अधिक आठ बिट्स होते हैं। ऐतिहासिक रूप से, बाइट एक कंप्यूटर में टेक्स्ट के एकल वर्ण को एन्कोड करने के लिए उपयोग की जाने वाली बिट्स की संख्या थी और इस कारण से, यह कई कंप्यूटर आर्किटेक्चर में मेमोरी की सबसे छोटी पता योग्य इकाई है।
अतः विकल्प (B) सही है।

14. Regedt32 विंडोज़ 32-बिट ऑपरेटिंग सिस्टम का एक आंतरिक डेटाबेस है। विंडोज रजिस्ट्री एक पदानुक्रमित डेटाबेस है जो Microsoft विंडोज ऑपरेटिंग सिस्टम के लिए और रजिस्ट्री का उपयोग करने वाले अनुप्रयोगों के लिए निम्न-स्तरीय सेटिंग्स संग्रहीत करता है।
अतः विकल्प (A) सही है।

15. हम Winword कमांड चलाकर Microsoft Word एप्लिकेशन को रन विंडो से लॉन्च कर सकते हैं। यह कमांड कमांड लाइन से काम नहीं करता है क्योंकि winword.exe स्थान PATH पर्यावरण चर में नहीं जोड़ा गया है।
अतः विकल्प (D) सही है।

16. सबसे पहले ज्ञात गणना उपकरण शायद अबेकस है। यह कम से कम 1100 ईसा पूर्व का है और आज भी विशेष रूप से एशिया में उपयोग में है। अब, तब के रूप में, इसमें आमतौर पर एक आयताकार फ्रेम होता है जिसमें मोतियों के साथ पतली समानांतर छड़ें होती हैं।
अतः विकल्प (A) सही है।

17. Twitter.com एक सोशल नेटवर्किंग प्लेटफॉर्म है। एक सोशल नेटवर्किंग सेवा (सोशल नेटवर्किंग साइट या सोशल मीडिया) भी एक ऑनलाइन प्लेटफ़ॉर्म है, जिसका उपयोग लोग अन्य लोगों के साथ सामाजिक नेटवर्क या सामाजिक संबंध बनाने के लिए करते हैं, जो समान व्यक्तिगत या कैरियर के हितों, गतिविधियों, पृष्ठभूमि या वास्तविक जीवन के कनेक्शन साझा करते हैं।
अतः विकल्प (D) सही है।

18. वर्ड रैप वह विशेषता है जो वर्ड प्रोसेसर को परिभाषित मार्जिन के भीतर फिट होने के लिए सभी टेक्स्ट को संरेखित करने का आदेश देती है। लाइन ब्रेकिंग, जिसे वर्ड रैपिंग भी कहा जाता है, टेक्स्ट के एक सेक्शन को लाइनों में तोड़ता है ताकि यह पेज, विंडो या किसी अन्य डिस्प्ले एरिया की उपलब्ध चौड़ाई में फिट हो जाए।
अतः विकल्प (D) सही है।

19. कंप्यूटर एल्गोरिदम के लिए महत्वपूर्ण दो प्रकार की क्षमताएँ अंतरिक्ष दक्षता और समय दक्षता हैं।
अतः विकल्प (D) सही है।

20. NIC का अर्थ नेटवर्क इंटरफेस कार्ड है । एक नेटवर्क इंटरफेस कार्ड (NIC) एक हार्डवेयर घटक है जिसके बिना कंप्यूटर को नेटवर्क पर नहीं जोड़ा जा सकता है।
अतः विकल्प (D) सही है।

21. <list> एक HTML टैग नहीं है। हालाँकि, <ul> टैग का उपयोग अव्यवस्थित सूची के लिए किया जाता है और <ol> का उपयोग व्यवस्थित सूची के लिए किया जाता है । <li> टैग का उपयोग सूची के तहत डेटा डालने के लिए किया जाता है । <li> सूची इंडेक्स के लिए है इसमें सूची आइटम शामिल हैं।
अतः विकल्प (B) सही है।

22. SNMP एजेंट उपयोगकर्ता डेटाग्राम पोर्ट 161 पर अनुरोध प्राप्त करता है। प्रबंधक एजेंट में किसी भी उपलब्ध स्रोत पोर्ट से पोर्ट 161 तक अनुरोध भेज सकता है। एजेंट की प्रतिक्रिया प्रबंधक पर स्रोत पोर्ट पर वापस भेज दी जाती है। यह पोर्ट नंबर 162 का उपयोग करता है जब एजेंट SNMP प्रबंधक को अवांछित जाल भेजते हैं।
अतः विकल्प (B) सही है।

23. एक्सेस प्रिविलेज एंटरप्राइज मोबिलिटी का मुख्य उद्देश्य है। एंटरप्राइज मोबिलिटी (बिजनेस मोबिलिटी के रूप में भी जाना जाता है) व्यवसायों की बढ़ती प्रवृत्ति है जो दूरस्थ कार्य विकल्पों की पेशकश करती है, व्यावसायिक उद्देश्यों के लिए व्यक्तिगत लैपटॉप और मोबाइल उपकरणों के उपयोग की अनुमति देती है, और डेटा एक्सेस के लिए क्लाउड तकनीक का उपयोग करती है।
अतः विकल्प (B) सही है।

24. ESC कुंजी का उपयोग पावरपॉइंट प्रस्तुति को समाप्त करने के लिए

किया जाता है। माइक्रोसॉफ्ट पॉवरपॉइंट एक प्रस्तुति प्रोग्राम है, जिसे रॉबर्ट गैस्किन्स और डेनिस ऑस्टिन ने फोथॉट, इंक नामक एक सॉफ्टवेयर कंपनी में बनाया है। यह 20 अप्रैल, 1987 को शुरू में केवल मैकिनटोश सिस्टम ऑपरेटिंग सिस्टम-आधारित कंप्यूटरों के लिए जारी किया गया था।
अतः विकल्प (C) सही है।

25. DNS डोमेन नामों को हल करने से संबंधित है। DNS यानी डोमेन नेम सिस्टम इंटरनेट या निजी नेटवर्क से जुड़े कंप्यूटर, सेवाओं या अन्य संसाधनों के लिए एक श्रेणीबद्ध और विकेन्द्रीकृत नामकरण प्रणाली है।
अतः विकल्प (B) सही है।

26. हिमालय पर्वत भारत के उत्तर में स्थित है। हिमालय भारत में स्थित एक प्राचीन पर्वत श्रृंखला है | हिमालय को पर्वतराज भी कहते हैं जिसका अर्थ है पर्वतों का राजा हिमालय पर्वत 7 देशों की सीमाओं में फैला हैं। ये देश हैं- पाकिस्तान,अफगानिस्तान , भारत, नेपाल, भूटान, चीन और म्यांमार।
अतः विकल्प (B) सही है।

27. 'राजा भोज का सपना' कहानी के कहानीकार शिवप्रसाद सितारे हिंद है। 'राजा भोज का सपना' कहानी 1905 में प्रकाशित हुई थी। इस कहानी में राजा भोज के उस सपने की चर्चा हुई है, जिसके बाद उनकी ज़िन्दगी बदल गई और उन्होंने अच्छे कार्य किए।
अतः विकल्प (B) सही है।

28. दिये गए विकल्पों में से 'श्रीकृष्ण के अनेक नाम हैं' शुद्ध वाक्य रूप है। श्रीकृष्ण के अनेकों नाम हैं। - वचन संबंधी अशुद्धि 'श्रीकृष्ण के अनेक नाम हैं' शुद्ध वाक्य है क्योंकि इसमें कोई त्रुटि नहीं है।
अनेकों श्रीकृष्ण के नाम हैं। - पदक्रम और वचन संबंधी अशुद्धि नाम हैं अनेकों श्रीकृष्ण के। - पदक्रम और वचन संबंधी अशुद्धि
अतः विकल्प (D) सही है।

29. उपरोक्त रिक्त स्थान के लिए उचित मुहावरा है - कमर कसकर। शत्रुओं से लड़ने के लिए भारतीयों को कमर कसकर तैयार हो जाना चाहिए। 'कमर कसकर' मुहावरे का अर्थ - तैयार होना।
वाक्य प्रयोग - तुम्हारे इम्तिहान नजदीक आ गए हैं अब तुम्हें पढ़ाई के लिए कमर कस लेनी चाहिए।
अतः विकल्प (C) सही है।

30. 'छत्रसाल दशक' के रचनाकार भूषण है। छत्रसाल दशक में केवल दस कवितों के अन्दर बुन्देला वीर छत्रसाल के शौर्य का वर्णन किया गया है। इनकी सम्पूर्ण कविता वीर रस और ओज गुण से ओतप्रोत है जिसके नायक छत्रपति शिवाजी महाराज हैं और खलनायक औरंगजेब।
अतः विकल्प (C) सही है।

31. हिन्दी के प्रथम कवि सरहपा हैं। राहुल सांकृत्यायन ने हिंदी का प्रथम कवि जैन साहित्य के रचयिता सरहपा को माना है जिनका जन्मकाल 8वीं शदी माना जाता है।
अतः विकल्प (C) सही है।

32. 'जो एक या एक से ज्यादा वस्तुओं अथवा वयक्तियों का बोध कराता हो उसे बहुवचन कहते हैं।
जो शब्द एक ही वस्तु/व्यक्ति का बोध कराता है, उसे 'एकवचन' कहते हैं। मिथ्यावचन और सत्यवचन परस्पर विलोमार्थी शब्द हैं।
अतः विकल्प (C) सही है।

33. दिये गए विकल्पों में से 'वह क्या जाने कि मैं कैसे जी रहा हूँ' शुद्ध वाक्य रूप है।
'वह क्या जाने कि मैं कैसे जी रहा हूँ' शुद्ध वाक्य है क्योंकि इसमें कोई त्रुटि नहीं है।
अतः विकल्प (C) सही है।

34. आजकल ऐसी इमारतें बनती हैं जो आसमान से बातें करती हैं। 'आसमान से बातें करना' मुहावरे का अर्थ - बहुत ऊंचा होना।
अतः विकल्प (D) सही है।

35. छोटू अपने घरवालों के गले का हार बन गया हैं। 'गले का हार होना' मुहावरे का अर्थ - बहुत प्रिय होना।
वाक्य प्रयोग - भगवान राम लक्ष्मण से इतना प्रेम करते थे मानों वह उनके गले का हार हों।
अतः विकल्प (D) सही है।

36.

रचनाकार का नाम	रचना का नाम
(a) श्रीलाल शुक्ल	(iii) रागदरबारी
(b) माखनलाल चतुर्वेदी	(i) हिमतरंगिनी
(c) गिरिराज किशोर	(iv) ढाई घर
(d) केदारनाथ सिंह	(ii) अकाल में सारस

अतः विकल्प (B) सही है।

37. हिंदी के क्षेत्र को पश्चिमी और पूर्वी भागों में विभाजित किया गया है। पश्चिमी और पूर्वी शाखाओं को अलग करके भाषाशास्त्री हिंदी के क्षेत्र को सीमित करते हैं, पश्चिमी हिंदी का क्षेत्र मध्य देश है, जिस कारण से यह सम्पूर्ण देश में बोली जाती है।
अतः विकल्प (D) सही है।

38. प्रशांत महासागरीय मलय पालिनेशियन भाषा परिवार से जाना जाता है।
3. प्रशांत महासागरीय खण्ड - मलय पालिनेशियन परिवार।
अतः विकल्प (A) सही है।

39. विश्व के भाषा खंड चार है।
1. अफ्रीका खण्ड 2. यूरेशिया खण्ड 3. प्रशांत महासागरीय खण्ड 4. अमेरिका खण्ड - अमेरिकी भाषा परिवार।
अतः विकल्प (C) सही है।

40. अफ्रीका खंड का भाषा परिवार नहीं है - चीनी।
सन्दर्भ पंक्ति - अफ्रीका खण्ड - इसमें मुख्यतः चार भाषा परिवार है: बुशमैन, बांद , सूडान ,हैमेटिक सैमेटिक
अतः विकल्प (D) सही है।

41. भाषाओं के पारिवारिक वर्गीकरण का अर्थ है - विश्व की भाषाओं को परिवार में बाँटना।
सन्दर्भ पंक्ति - भाषाओं के पारिवारिक वर्गीकरण का अर्थ है विश्व की भाषाओं को परिवार में बाँटना। जैसे एक माता-पिता से उत्पन्न व्यक्ति एक ही परिवार के कहें जाते हैं, उसी प्रकार एक-भाषा से निकली हुई बोलियाँ भी, एक परिवार की ही कहलाती हैं।
अतः विकल्प (A) सही है।

42. 'तमिल' यूरोपीय परिवार की भाषा नहीं है।
सन्दर्भ पंक्ति - यूरोपीय परिवार में - रुस, रुमानिया, फ्रांस, पुर्तगाल, स्पेन, इंग्लैण्ड, जर्मनी, अमेरिका, कन्नड़, अफ्रीका और आस्ट्रेलिया। मुख्य भाषाएँ - प्राचीन संस्कृत, पाली, प्राकृत, अपभ्रंश, प्राचीन फारसी, पुर्तगाली, इतावली, फारसी, हिन्दी, बंगाली, गुजराती, मराठी आदि।
अतः विकल्प (D) सही है।

43. वर्ष 2010 में उदय प्रकाश द्वारा रचित मोहन दास रचना के लिए उन्हे हिन्दी साहित्य अकादमी पुरस्कार से सम्मानित किया गया। उदय प्रकाश की कहानी 'मोहनदास' एक डरे हुए व्यक्ति की कहानी है। असल में यह आज के हर आम इंसान की कहानी है। यह कहानी समाज में चल रहे भ्रष्टाचार का मुखौटा उतारती है।
अतः विकल्प (D) सही है।

44. कामायनी हिंदी भाषा का एक महाकाव्य है। इसके रचयिता जयशंकर प्रसाद हैं।
यह आधुनिक छायावादी युग का सर्वोत्तम और प्रतिनिधि हिंदी महाकाव्य है। 'प्रसाद' जी की यह अंतिम काव्य रचना 1936 ई. में प्रकाशित हुई, परंतु इसका प्रणयन प्रायः 7-8 वर्ष पूर्व ही प्रारंभ हो गया था।
अतः विकल्प (C) सही है।

45. पश्चिमी और पूर्वी हिन्दी में मौलिक भेद का आधार है- व्याकरण और उच्चारण में अंतर एवं भौगोलिक क्षेत्र में अंतर होना।
पश्चिमी और पूर्वी हिंदी में अंतर - पश्चिमी और पूर्वी शाखाओं को अलग करके भाषाशास्त्री हिंदी के क्षेत्र को सीमित करते हैंपश्चिमी हिंदी का क्षेत्र मध्य देश है, जिस कारण से यह सम्पूर्ण देश में बोली जाती है।
अतः विकल्प (D) सही है।

46. ठोकर खाने के बाद ही लोगों की आँखें खुलती हैं।
'ठोकर खाना' मुहावरे का अर्थ - नुकसान सहना, मारा मारा फिरना।
अतः विकल्प (C) सही है।

47. 'गाय' शब्द का उचित बहुवचन रुप 'गायें' है।
जिन शब्दों से बहुत सी वस्तुओं का बोध होता है , उसे बहुवचन कहा जाता है।
अन्य सभी विकल्पों में वर्तनीगत अशुद्धि हैं।
अतः विकल्प (C) सही है।

48. पश्चिमी हिंदी के अंतर्गत 5 बोलियाँ आती है – खड़ी बोली, हरियाणवी, ब्रज, कन्नौजी और बुन्देली।
पश्चिमी और पूर्वी शाखाओं को अलग करके भाषाशास्त्री हिंदी के क्षेत्र को सीमित करते हैं पश्चिमी हिंदी का क्षेत्र मध्य देश है, जिस कारण से यह सम्पूर्ण देश में बोली जाती है
अतः विकल्प (D) सही है।

49. हिन्दी में 2018 के युवा पुरस्कार के लिए आस्तिक वाजपेयी को कविता के लिए नवाज़ा गया था।
साहित्य अकादमी के युवा पुरस्कार के रूप में उत्कीर्ण ताम्रफलक और 50 हजार रूपये की राशि एक विशेष समारोह में प्रदान की जाती है।
अतः विकल्प (C) सही है।

50. 'चाँद का मुँह टेढ़ा' के रचयिता गजानंद माधव मुक्तिबोध हैं।
'चाँद का मुँह टेढ़ा' गजानंद माधव मुक्तिबोध द्वारा रचित लम्बी कविता है।
अतः विकल्प (A) सही है।

51. सिंधु जल संधि के तहत सिंधु, चिनाब और झेलम नदियां 'पश्चिमी नदियां' के रूप में शामिल हैं। भारत को सिंधु प्रणाली द्वारा किए गए कुल पानी का लगभग 20% आवंटित किया गया था जबकि पाकिस्तान को शेष आवंटित किया गया था।
अतः विकल्प (C) सही है।

52. सोने का आभूषण पर माल और सेवा कर (GST), भारत के तहत टैक्स लगता है।
GST को वस्तु एवं सेवा कर के रूप में जाना जाता है। यह एक अप्रत्यक्ष कर है जिसने भारत में कई अप्रत्यक्ष करों की जगह ले ली है जैसे कि उत्पाद शुल्क, वैट, सेवा कर इत्यादि। माल और सेवा कर अधिनियम 29 मार्च 2017 को संसद में पारित किया गया था और 1 जुलाई 2017 को लागू हुआ।
अतः विकल्प (D) सही है।

53. कर्मचारियों को काम पर रखने के लिए सोशल मीडिया का उपयोग करने वाले कॉर्पोरेट संगठनों को सोशल मीडिया हायरिंग के रूप में जाना जाता है। सोशल मीडिया भर्ती एक भर्ती रणनीति है जो नियोक्ता ब्रांडिंग और भर्ती विपणन के तत्वों को जोड़ती है जिससे वे डिजिटल मंच सक्रिय और निष्क्रिय उम्मीदवारों से जुड़ते हैं।
अतः विकल्प (D) सही है।

54. सही उत्तर (i) सही, (ii) सही, (iii) सही, (iv) गलत है।
भारत में सभी बैंक शाखाएं आरटीजीएस सक्षम नहीं हैं। वर्तमान में, 100,000 से अधिक RTGS सक्षम बैंक शाखाएँ हैं।
अतः विकल्प (D) सही है।

55. सही उत्तर कथन (i), (ii) और (iii) सही हैं।
निर्देशों का एक समूह जो किसी कार्य को करने के लिए कंप्यूटर के हार्डवेयर को निर्देशित करता है, उसे प्रोग्राम या सॉफ्टवेयर प्रोग्राम कहा जाता है। सॉफ्टवेयर कंप्यूटर का परिवर्तनशील भाग होता है जबकि हार्डवेयर अपरिवर्तनीय हिस्सा होता है, यानी जो हिस्सा समान रहता है।
अतः विकल्प (D) सही है।

56. जीनोम सम्पादन, या जीनोम इंजीनियरिंग, या जीन सम्पादन, एक प्रकार की आनुवांशिक इंजीनियरिंग है जिसमें डीएनए डाला जाता है, हटाया जाता है, संशोधित किया जाता है या बदला जाता है। आनुवांशिक इंजीनियरिंग जीवों में नए आनुवंशिक तत्वों को पेश करने की एक विधि के रूप में 1970 के दशक के आसपास रही है।
अतः विकल्प (C) सही है।

57. एक वन-टाइम पासवर्ड (OTP), जिसे वन-टाइम पिन या डायनेमिक पासवर्ड के रूप में भी जाना जाता है, एक पासवर्ड है जो कंप्यूटर प्रणाली या अन्य डिजिटल यंत्र पर केवल एक लॉगिन सत्र या लेनदेन के लिए मान्य है।
अतः विकल्प (D) सही है।

58. साउथ एशियन एसोसिएशन फॉर रीजनल कोऑपरेशन, क्षेत्रीय अंतर सरकारी संगठन और दक्षिण एशिया में राज्यों का भूराजनीतिक संघ है। इसके सदस्य राज्य अफगानिस्तान, बांग्लादेश, भूटान, भारत, मालदीव, नेपाल, पाकिस्तान और श्रीलंका हैं।, SAARC का मुख्यालय काठमांडू, नेपाल में है।
अतः विकल्प (A) सही है।

59. 8 नवंबर 2016 को भारत सरकार ने महात्मा गांधी श्रृंखला के सभी 500 ओर 1,000 के नोटों के विमुद्रीकरण की घोषणा की। इसने विमुद्रीकृत बैंकनोटों के बदले नए 500 और 2,000 के नोट जारी करने की भी घोषणा की। इस विमुद्रीकरण का मुख्य उद्देश्य काले धन पर अंकुश लगाना है।
अतः विकल्प (A) सही है।

60. सूचना प्रौद्योगिकी अधिनियम 2000 की धारा 66F के तहत, 'साइबर आतंकवाद के अधिनियमों' अपराध के लिए आजीवन कारावास की सजा है। शब्द "साइबर-अपराध" किसी भी क़ानून या नियम पुस्तिका में परिभाषित नहीं है। शब्द "साइबर" कंप्यूटर, सूचना प्रौद्योगिकी, इंटरनेट और आभासी वास्तविकता से संबंधित किसी भी चीज़ के लिए कठबोली है।
अतः विकल्प (B) सही है।

61. लिंक्डइन एक अमेरिकी व्यापार और रोजगार-उन्मुख ऑनलाइन सेवा है जो वेबसाइटों और मोबाइल ऐप के माध्यम से संचालित होती है। 5 मई, 2003 को शुरू किया गया, यह मंच मुख्य रूप से पेशेवर नेटवर्किंग के लिए उपयोग किया जाता है और नौकरी चाहने वालों को अपने CV और नियोक्ता को नौकरी पोस्ट करने की अनुमति देता है।
अतः विकल्प (D) सही है।

62. हर साल, पूरे भारत में 26 नवंबर को राष्ट्रीय दुग्ध दिवस मनाया जाता है। सबसे बड़े दूध उत्पादक देश इस दिन को सभी के जीवन में दूध के महत्व को प्रदर्शित करने के लिए मनाते हैं। यह भारत के श्वेत क्रांति के जनक, डॉ वर्गीज कुरियन (भारत का नामांकित दूधवाला भी) के जन्मदिन को मनाने के लिए मनाया जाता है।
अतः विकल्प (A) सही है।

63. पुलित्जर पुरस्कार पत्रकारिता के क्षेत्र में विशिष्ट उपलब्धियों के लिए दिया जाता है। पुलित्जर पुरस्कार संयुक्त राज्य अमेरिका में समाचार पत्र, पत्रिका, और ऑनलाइन पत्रकारिता, साहित्य और संगीत रचना में उपलब्धियों के लिए एक पुरस्कार है।
अतः विकल्प (D) सही है।

64. एंटोनियो गुटेरेस नवंबर 2018 तक संयुक्त राष्ट्र संगठन के महासचिव हैं। उन्हें 1995 में पुर्तगाल का प्रधान मंत्री चुना गया था और 2001 के पुर्तगाली स्थानीय चुनावों में सोशलिस्ट पार्टी की हार के बाद 2002 में इस्तीफा दे दिया था।
अतः विकल्प (B) सही है।

65. 2017 में, अरुण जेटली संसद में संयुक्त बजट पेश करने वाले पहले वित्त मंत्री बने। 2017 में, केंद्र सरकार ने रेल बजट को केंद्रीय बजट के साथ विलय कर दिया था, इस प्रकार 1924 में शुरू हुआ एक अभ्यास समाप्त हो गया जब देश ब्रिटिश शासन के अधीन था।
अतः विकल्प (B) सही है।

66. चंडीगढ़ जो एक केंद्र शासित प्रदेश है, भारत के दो राज्यों की राजधानी भी है। चंडीगढ़, पंजाब और हरियाणा के उत्तरी भारतीय राज्यों की राजधानी है। चंडीगढ़ में स्थित रॉक गार्डन एक पार्क है जिसमें पत्थरों से बनी मूर्तियां, पुनर्नवीनीकरण चीनी मिट्टी की चीज़ें और औद्योगिक अवशेष हैं।
अतः विकल्प (C) सही है।

67. मूल संविधान की पुस्तक शांति निकेतन के कलाकारों द्वारा नंदलाल बोस के मार्गदर्शन में तैयार की गई थी। प्रत्येक पृष्ठ में कुछ कलाकृति थी और हिंदी और अंग्रेजी में सुलेख प्रेम बिहारी नारायण रायजादा द्वारा किया गया था।
अतः विकल्प (D) सही है।

68. पी. वी. सिंधु ने 2016 रियो ओलंपिक में ऐतिहासिक रजत पदक जीता। 19 अगस्त 2016 को, पी. वी. सिंधु ओलिंपिक रजत पदक जीतने वाली पहली भारतीय शटलर बनीं, जब वह एक फाइनल में कैरोलिना मारिन से हार गईं।
अतः विकल्प (C) सही है।

69. क्रिस्टिन हान्नाह 'द ग्रेट अलोन' पुस्तक के लेखक हैं। द ग्रेट अलोन, हान्नाह के अपने अनुभवों से प्रेरित है। वह कहती हैं कि उत्तरजीविता का विषय पूरी किताब में चलता है, और कई अलास्का देश में बहुत जंगल के साथ आत्मनिर्भर होने की सराहना करते हैं।
अतः विकल्प (D) सही है।

70. नवंबर 2018 में 5 वां विश्व अंतर्राष्ट्रीय सम्मेलन आर्टिफिशियल इंटेलिजेंस (एआई) मीडिया सुरक्षा के बारे में है। सम्मेलन ने सरकारों, अंतर्राष्ट्रीय संगठनों, कंपनियों, प्रौद्योगिकी समुदायों और गैर-सरकारी संगठनों के मेहमानों को आमंत्रित किया।
अतः विकल्प (A) सही है।

71. एक्सिस बैंक के अनुसार, लाइम देश का पहला मोबाइल ऐप है जो वॉलेट, शॉपिंग, पेमेंट्स और बैंकिंग प्रदान करता है।

- लाइम ऐप को एक्सिस बैंक द्वारा आपके भुगतान, बैंकिंग और खरीदारी की सुविधा प्रदान की गई है।
- यह एक्सिस बैंक खाते और गैर-खाता धारकों दोनों के लिए उपलब्ध है।

अतः विकल्प (B) सही है।

72. RTGS का पूर्ण रूप रियल टाइम ग्रॉस सेटलमेंट है। IFSC का पूर्ण रूप इंडियन फिनेंसियल सिस्टम कोड है। इंडियन फिनेंसियल सिस्टम कोड एक अल्फ़ान्यूमेरिक कोड है जो भारत में इलेक्ट्रॉनिक फंड ट्रांसफर की सुविधा प्रदान करता है।

अतः विकल्प (C) सही है।

73.

कॉलम - I (पुस्तक का नाम)	कॉलम - II (लेखक)
(a) बीइंग इंडियन	(ii) पवन वर्मा
(b) द ब्रोकेन विंग	(iii) सरोजिनी नायडू
(c) चंडालिका	(i) रविंद्रनाथ टैगोर
(d) मई मास्टर	(iv) स्वामी विवेकानंद

अतः विकल्प (C) सही है।

74. भारत में तीसरे विमुद्रीकरण के दौरान, 500 और 1000 के नोट चलन से हटा दिए गए हैं।

इस विमुद्रीकरण का मुख्य उद्देश्य काले धन पर अंकुश लगाना है। अतीत में दो बार -1946 और 1978 में विमुद्रीकरण लागू किया गया है। पहली मुद्रा प्रतिबंध: 1946 में 1,000 रुपये और 10,000 रुपये के करेंसी नोट को प्रचलन से हटा दिया गया था।

अतः विकल्प (C) सही है।

75. राउटर एक तंत्र उपकरण है जो कंप्यूटर तंत्र के बीच डेटा पैकेट को आगे बढ़ाता है। राउटर इंटरनेट पर यातायात निर्देशन कार्य करते हैं।

अतः विकल्प (C) सही है।

76. चरकुला, उत्तर प्रदेश के ब्रज क्षेत्र में किया जाने वाला नृत्य है।इस नृत्य में, कृष्ण के बारे में गीतों पर नृत्य करती बड़ी-बड़ी बहुस्तरीय वृत्ताकार लकड़ी के पिरामिडों को अपने सिर पर बाँधती हुई महिलाएँ। प्रत्येक पिरामिड में एक कुंडली में व्यवस्थित 108 प्रकाश तेल लैंप हैं।

अतः विकल्प (D) सही है।

77. उरजा गंगा गैस पाइपलाइन परियोजना का उद्घाटन प्रधानमंत्री नरेंद्र मोदी ने अपने निर्वाचन क्षेत्र वाराणसी, उत्तर प्रदेश में किया था। उत्तर प्रदेश के राज्यों से लेकर ओडिशा तक 2540 किमी लंबी एक पाइपलाइन का निर्माण चल रहा है।

अतः विकल्प (B) सही है।

78. अपराधियों पर नज़र रखने के लिए उत्तर प्रदेश पुलिस द्वारा त्रिनेत्र विकसित किया गया है। 'त्रिनेत्र' एक अल- आधारित मोबाइल एप्लीकेशन है जो चेहरे की पहचान, दृश्य खोज, मशीन लर्निंग, और डीप लर्निंग तकनीक में विशेषज्ञता द्वारा संचालित है,

अतः विकल्प (B) सही है।

79. संकीर्तन में मणिपुर के मैदानों के वैष्णव लोगों के जीवन में धार्मिक अवसरों और विभिन्न चरणों को चिह्नित करने के लिए की गई कला की एक सरणी शामिल है। प्रदर्शनों के माध्यम से जो अद्वितीय धार्मिक भक्ति और ऊर्जा का प्रदर्शन करते हैं।

अतः विकल्प (B) सही है।

80. उत्पादकों को प्रोत्साहित करने और अर्थव्यवस्था की समग्र जरूरतों को पूरा करने के लिए 23 कृषि फसलों के न्यूनतम समर्थन मूल्य (एमएसपी) की सिफारिश करने के लिए कृषि लागत और मूल्य आयोग की स्थापना की गई है।

अतः विकल्प (A) सही है।

81. अखिल भारतीय मुहम्मडन शैक्षिक सम्मेलन भारत में मुस्लिम समुदाय के लिए आधुनिक, उदार शिक्षा को बढ़ावा देने वाला संगठन था। इसकी स्थापना अलीगढ़ मुस्लिम विश्वविद्यालय के संस्थापक सर सैयद अहमद खान ने की थी।

अतः विकल्प (C) सही है।

82. पहला सार्क शिखर सम्मेलन 7–8 दिसम्बर 1985 को ढाका में आयोजित किया गया था और बांग्लादेश के राष्ट्रपति हुसैन इरशाद ने इसकी मेजबानी की थी।

अतः विकल्प (B) सही है।

83. 2011 की जनगणना के अनुसार, उत्तर प्रदेश भारत में सबसे अधिक आबादी वाला राज्य है। संख्या के अनुसार, 2019 में 23.79 करोड़ की अनुमानित आबादी वाला उत्तर प्रदेश सबसे अधिक आबादी वाला राज्य है। सिक्किम भारत में सबसे कम आबादी वाला राज्य है।

अतः विकल्प (D) सही है।

84. पर्वत श्रृंखला पूर्वांचल भारत और अन्य देशों की सीमा के साथ स्थित है। म्यांमार एक और देश है। यह दिहांग नदी के तट से परे दक्षिण की ओर तेजी से झुकती है और म्यांमार के साथ भारत की पूर्वी सीमा तक फैलती है।

अतः विकल्प (B) सही है।

85. नागरिक उड्डयन में भारत में प्रत्यक्ष विदेशी निवेश (FDI) के माध्यम से निजी क्षेत्र के निवेश की अनुमति है। भारत में FDI नीति में पिछले कुछ वर्षों में कई बदलाव और बदलाव हुए हैं।

अतः विकल्प (C) सही है।

86. भारतीय संविधान का भाग V सभी न्यायिक मामलों में अधिकार क्षेत्र वाली एकल एकीकृत न्यायपालिका के प्रावधान को सुनिश्चित करता है। न्यायपालिका और संविधान के बीच संबंध यह है कि संविधान न्यायपालिका को कानून के संरक्षक के रूप में कार्य करने का अधिकार देता है।

अतः विकल्प (D) सही है।

87. भारत तिब्बत सीमा पुलिस बल लद्दाख में काराकोरम दर्रे से अरुणाचल प्रदेश में जाचेप ला तक भारतीय सीमाओं की रक्षा करता है। भारत-तिब्बत सीमा पुलिस चीन की तिब्बत स्वायत्त क्षेत्र की सीमा के साथ भारत का प्राथमिक सीमा गश्ती संगठन है।

अतः विकल्प (A) सही है।

88. उत्तर प्रदेश के वित्त मंत्री श्री राजेश अग्रवाल ने वित्त वर्ष 2018-19 का बजट 16 फरवरी, 2018 को पेश किया।

अतः विकल्प (A) सही है।

89. कुतुब-उद-दीन ऐबक ने कुतुब मीनार की नींव रखी लेकिन इल्तुतमिश ने पूरा किया। चौगान खेलते समय उनके घोड़े से गिरने के परिणामस्वरूप कुतुब-उद-दीन ऐबक की मृत्यु हो गई।

अतः विकल्प (D) सही है।

90. केंद्रीय रिजर्व पुलिस बल (CRPF) भारत का सबसे बड़ा केंद्रीय सशस्त्र पुलिस बल है।सीआरपीएफ का मुख्यालय नई दिल्ली में है।

अतः विकल्प (C) सही है।

91. संपूर्णानंद संस्कृत विश्वविद्यालय वाराणसी, उत्तर प्रदेश में स्थित है। यह एक भारतीय विश्वविद्यालय और उच्च शिक्षा का संस्थान है जो वाराणसी, उत्तर प्रदेश, भारत में स्थित है, जो संस्कृत और संबंधित क्षेत्रों के अध्ययन में विशेषज्ञता रखता है।

अतः विकल्प (D) सही है।

92. भारतीय इतिहास में 1857 के विद्रोह को 'स्वतंत्रता के प्रथम युद्ध' के रूप में भी जाना जाता है। विद्रोह 10 मई 1857 को मेरठ के गैरीसन शहर में कंपनी की सेना के सिपाहियों के एक विद्रोह के रूप में शुरू हुआ।

अतः विकल्प (A) सही है।

93. मानवाधिकार दिवस हर साल 10 दिसंबर को मनाया जाता है। यह वह दिन था जब संयुक्त राष्ट्र महासभा ने 1948 में मानवाधिकारों की सार्वभौम घोषणा (यूडीएचआर) को अपनाया था।

अतः विकल्प (B) सही है।

94. पर्यावरण के अनुकूल इमारतों को प्रोत्साहित करने के लिए, उत्तर प्रदेश सरकार ने ऐसे निर्माण के लिए विकासक को 5% अतिरिक्त फ्लोर क्षेत्र अनुपात (FAR) मुफ्त में देने का फैसला किया है।सरकार 5,000 वर्ग मीटर से अधिक क्षेत्रों में बिना किसी अतिरिक्त कर के ग्रीन बिल्डिंग विकास के लिए 5% अतिरिक्त ऊर्ध्वाधर निर्माण की अनुमति देगी।

अतः विकल्प (B) सही है।

95. नवंबर 2018 के दौरान, अनूप चंद्र पांडे उत्तर प्रदेश सरकार के मुख्य सचिव के रूप में कार्यरत थे। अनूप चंद्र पांडे 1984 बैच के भारतीय

प्रशासनिक सेवा (IAS) अधिकारी हैं, जो उत्तर प्रदेश कैडर से संबंधित हैं।
अतः विकल्प (D) सही है।

96. बांग्लादेश के साथ, भारत ने 2015 में एक ऐतिहासिक भूमि सीमा समझौते पर हस्ताक्षर किए।समझौते का एक संशोधित संस्करण दोनों देशों द्वारा 7 मई 2015 को अपनाया गया था।
अतः विकल्प (D) सही है।

97. 2001 और 2011 के बीच, नागालैंड ने नकारात्मक जनसंख्या वृद्धि दर्ज की। नागालैंड ने 19,88,636 के 2001 के आंकड़े के मुकाबले राज्य की जनसंख्या 19,80,602 पर दिखाते हुए नए जनगणना आंकड़ों के साथ जनसंख्या की नकारात्मक गिरावट दर्ज की है।
अतः विकल्प (C) सही है।

98. न्यायमूर्ति एच. के. सेमा नवंबर 2018 में उत्तर प्रदेश राज्य मानवाधिकार आयोग के अध्यक्ष हैं। एच. के. सेमा भारत के सर्वोच्च न्यायालय के पूर्व न्यायाधीश हैं।
अतः विकल्प (A) सही है।

99. एम्पीयर विद्युत प्रवाह की SI इकाई है। इकाइयों की अंतर्राष्ट्रीय प्रणाली विद्युत धारा ले जाने वाले विद्युत चालक के बीच विद्युत चुम्बकीय बल को मापकर अन्य आधार इकाइयों के संदर्भ में एम्पीयर को परिभाषित करता है।
अतः विकल्प (D) सही है।

100. अन्य राज्यों की तुलना में उत्तर प्रदेश में सबसे बड़ी शहरी व्यवस्था है। टाउन एंड कंट्री प्लानिंग डिपार्टमेंट, यूपी, 2017 के अनुसार, उत्तर प्रदेश में 200 से 325 नगरपालिकाएं हैं। भारत की 16.17% आबादी राज्य में रहती है।
अतः विकल्प (D) सही है।

101. चीनी के सेवन से मोटापा, मधुमेह और हृदय रोगों का खतरा बढ़ जाता है और इस प्रकार स्वस्थ जीवन जीने के लिए इसका सेवन कम करना चाहिए।
तर्क II सबल नहीं है क्योंकि स्वाद से पहले स्वास्थ्य आता है। स्वाद के लिए स्वास्थ्य की अनदेखी करना अच्छा नहीं है।
इसलिए केवल तर्क I सबल है।
अतः विकल्प (A) सही है।

102. यह सत्य है कि योग और ध्यान छात्रों को बेहतर एकाग्रता प्रदान करने में मदद कर हैं जो अंततः उनके पढ़ाई में मदद करता है।
तर्क II प्रबल नहीं है क्योंकि योग और ध्यान न करने के खिलाफ दिए गए तर्क अस्पष्ट हैं।
इसलिए केवल तर्क I सबल है।
अतः विकल्प (C) सही है।

103. मानव संसाधन विभाग में कर्मचारियों की संख्या = $\left(\frac{30^\circ}{360^\circ}\right) \times 10800$ = 900
महिला कर्मचारियों की संख्या = 900 का 70% = $\left(\frac{70}{100}\right) \times 900 = 630$
इसलिए, मानव संसाधन विभाग में 900 कर्मचारियों में से 630 महिलाएं हैं।
मानव संसाधन विभाग में पुरुष कर्मचारी = 900 - 630 = 270
अतः विकल्प (D) सही है।

104. कंपनी में कर्मचारियों की कुल संख्या 10800 है।
वित्त में कर्मचारियों की संख्या = $\left(\frac{60^\circ}{360^\circ}\right) \times 10800 = 1800$
संचालन में कर्मचारियों की संख्या = $\left(\frac{150^\circ}{360^\circ}\right) \times 10800 = 4500$
संचालन में कर्मचारियों की संख्या का वित्त में कर्मचारियों की संख्या से अंतर = 4500 - 1800 = 2700
अभीष्ट प्रतिशत = $\left(\frac{2700}{1800}\right) \times 100 = 150\%$
अतः विकल्प (B) सही है।

105. INTEGRATION → QUESTIONNAIRE → नहीं बनाया जा सकता है क्योंकि एक G और T की आवश्यकता है।
अतः विकल्प (C) सही है।

106. 4 × 3 + 6 = 18
18 × 3 + 12 = 66
66 × 3 + 18 = 216
216 × 3 + 24 = 672
⇒ 672 × 3 + 30 = 2046
अतः विकल्प (D) सही है।

107. प्रयुक्त सूत्र: n(AUB) = n(A) + n(B) – n(AnB),
⇒ n(AUB) = 55 + 40 – 75 = 20%
अब 20% = 4,000
तब 100% = $\frac{4000}{20} \times 100$
⇒ 100% = 20,000
अतः विकल्प (B) सही है।

108. (A) 6, 1, 5, 4, 2, 3 → C, A, I, V, T, E
(B) 5, 4, 2, 3, 6, 1 → I, V, T, E, C, A
(C) 1, 6, 2, 5, 4, 3 → A, C, T, I, V, E
(D) 4, 2, 6, 1, 3, 5 → V, T, C, A, E, I
स्पष्ट रूप से, सही शब्द बनाने के लिए आवश्यक अक्षरों का सही क्रम '1, 6, 2, 5, 4, 3' है, जो 'ACTIVE' शब्द बनाता है।
अतः विकल्प (C) सही है।

109. अनुमान I कारण के रूप में निहित है क्योंकि लोगों के कल्याण के लिए पूरे देश में शराब पर प्रतिबंध लगाया जाना चाहिए क्योंकि इसका सेवन लोगों के लिए हानिकारक है।
अनुमान II निहित नहीं है क्योंकि कथन में सड़क दुर्घटनाओं से संबंधित कुछ भी उल्लेख नहीं है।
अतः विकल्प (C) सही है।

110. दिए गए आकृति में त्रिभुजों की कुल संख्या नीचे दर्शायी गई है:

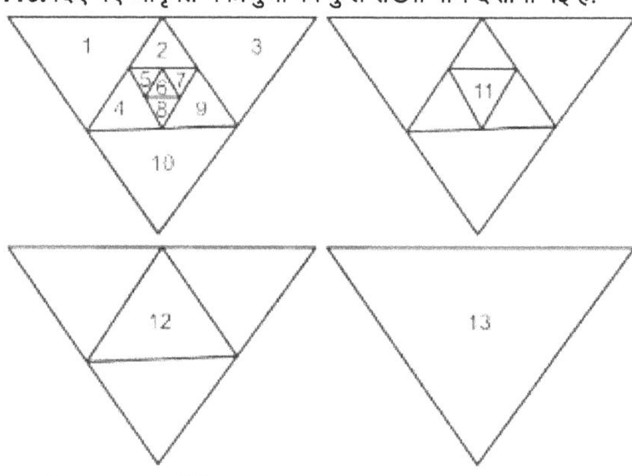

अतः विकल्प (C) सही है।

111.

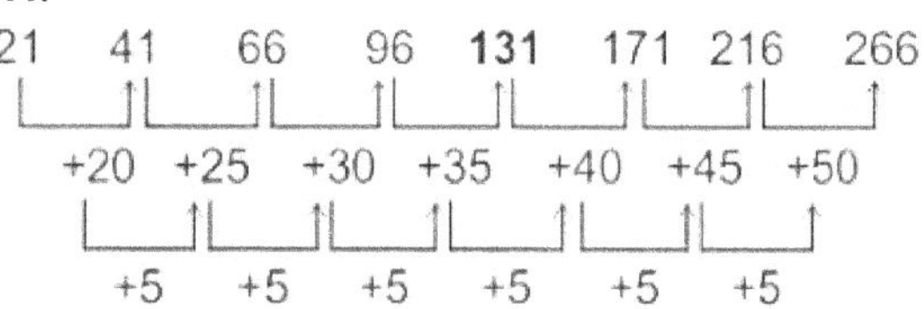

अतः विकल्प (B) सही है।

112. जब समीकरण में केवल दो एकल अंक की संख्याओं '4' और '8' को परस्पर बदल दिया जाता है, तो समीकरण बन जाता है:
57 - 4 ÷ 2 × 8 + 13 = 54
⇒ 54 = 54
अतः विकल्प (B) सही है।

113. PROSPECT → **PERSPECT**IVE → चूंकि 'O' लुप्त है, इसलिए नहीं बनाया जा सकता है
अतः विकल्प (A) सही है।

114. अनुमान I का अर्थ है कि "देश में नए वर्ष के जश्न के दौरान" यह स्पष्ट रूप से इंगित करता है कि नए वर्ष के उत्सव के दौरान न्यूयॉर्क में पटाखों का उपयोग किया गया था।
अनुमान II का अर्थ है "न्यूयॉर्क ने किसी भी दुर्घटना से बचने के लिए पटाखों के उपयोग पर प्रतिबंध लगा दिया है" यह स्पष्ट रूप से इंगित करता है कि पटाखों के उपयोग पर प्रतिबंध लगाने से उन दुर्घटनाओं से बचा जाता है जो इसके उपयोग के कारण हो सकती हैं।
अतः विकल्प (D) सही है।

115. अक्षरों को उनके अर्थ से परस्पर बदलने के बाद, हम प्राप्त करते है:
28 + 8 ÷ 4 – 3 × 1 = a3

⇒ 33 = a3

⇒ 3 = a

अतः विकल्प (C) सही है।

116. दी गई जानकारी के अनुसार दिशा और दूरी आरेख निम्नानुसार है:

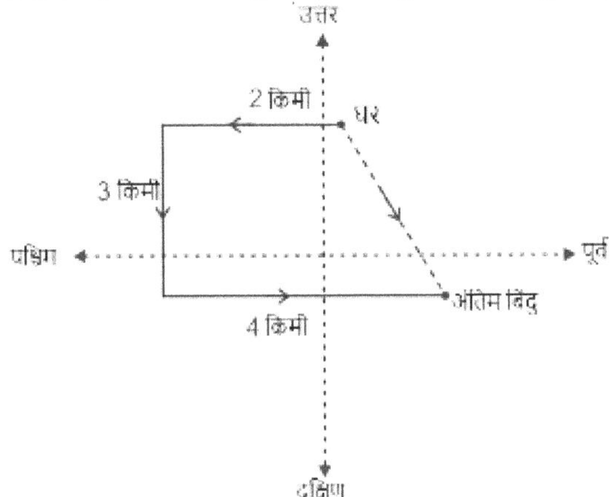

स्पष्ट है, अजय अपने घर से दक्षिण-पूर्व में है।

अतः विकल्प (D) सही है।

117. 5:30 बजे घंटे की सुई 5 और 6 के बीच होती है और मिनट की सुई ठीक 6 पर होती है।

चूंकि एक घड़ी पर 24 आधे घंटे होते हैं, कोण है:

⇒ $\frac{360}{24}$ = 15°

चूंकि सुइयां आधे-घंटे के अंतराल के अतिरिक्त वे 15° की दूरी पर होती हैं।

अतः विकल्प (D) सही है।

118. दिया है: 13 - 12 ÷ 4 × 6 + 2 हैं

प्रतीकों को उनके अर्थ से बदलने के बाद, हम प्राप्त करते हैं:

13 × 12 - 4 + 6 ÷ 2

= 155

अतः विकल्प (B) सही है।

119. ⇒ 154 + 16 = 170 ⇒ 170 + 32 = 202 ⇒ 202 + 64 = 266 ⇒ 266 + 128 = 394

⇒ 394 + 256 = 650

अतः विकल्प (A) सही है।

120. दी गई आकृति में त्रिभुजों की कुल संख्या नीचे दर्शायी गई है:

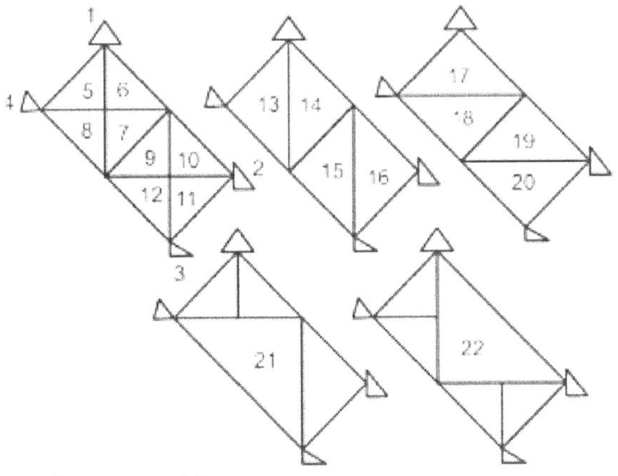

अतः विकल्प (A) सही है।

121. अनुत्तीर्ण % = 100 - (भूगोल में उत्तीर्ण % + अर्थशास्त्र में उत्तीर्ण % - दोनों विषय में उत्तीर्ण %)

अनुत्तीर्ण % = 100 - (55 + 65 - 30) = 10%

अनुत्तीर्ण छात्र की संख्या = $\frac{10}{100}$ × 600 = 60

अतः विकल्प (B) सही है।

122. संभावित संयोजन (5,3,2) (2,4,4), (3,3,4), (2, 2, 6), (7,2,1), (8,1,1) हैं

⇒ 5 × 3 × 2 = 30

⇒ 2 × 4 × 4 = 32

⇒ 4 × 3 × 3 = 36

⇒ 2 × 2 × 6 = 24

⇒ 7 × 2 × 1 = 14

⇒ 8 × 1 × 1 = 8

36 संयोजन के बीच अधिकतम गुणनफल है।

अतः विकल्प (C) सही है।

123. FIRM : FIMR

इसी प्रकार,

FEEBLE : ? → BEEEFL

अतः विकल्प (C) सही है।

124. तर्क इस प्रकार है:

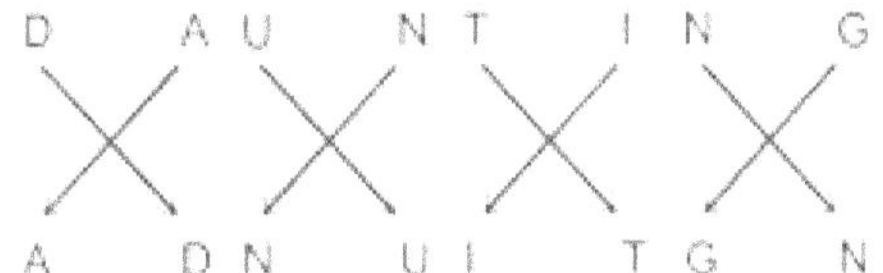

इसी प्रकार,

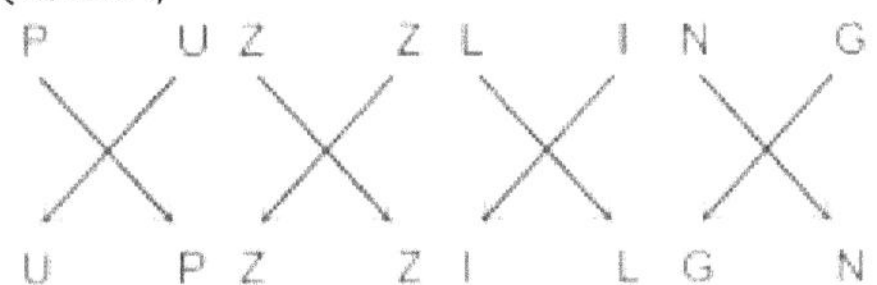

अतः विकल्प (D) सही है।

125. दी गई शर्तों के अनुसार,

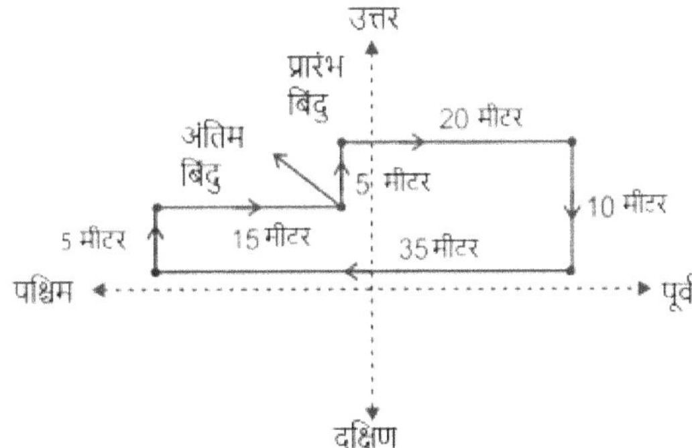

स्पष्ट रूप से, प्रारम्भिक और अंतिम बिंदुओं के बीच की न्यूनतम दूरी 5 मीटर है।

अतः विकल्प (C) सही है।

126. खोखले सिलेंडर का पार्श्व सतह क्षेत्रफल = 2πh(R + r)

आधारों का क्षेत्रफल = 2π(R2 - r2)

खोखले सिलेंडर का कुल सतह क्षेत्रफल

⇒ 2πh(R + r) + 2π(R2 - r2)

⇒ 2πh(R + r) + 2π(R + r)(R - r)

⇒ 2π(R + r)(h + R - r)

अतः विकल्प (A) सही है।

127. तमिलनाडु में कर्मचारियों का वितरण 165° है।

सभी पद के कुल कर्मचारी = 33000 × $\frac{360}{165}$ = 72000

एचआर स्ट्रीम में कर्मचारियों का वितरण 45° है।

एचआर पद में कुल कर्मचारी = 72000 × $\frac{45}{360}$ = 9000

अतः विकल्प (C) सही है।

128. माना कुल कर्मचारी a है।

आईटी में कर्मचारियों की संख्या = $\frac{60}{360}$ × a

एचआर में कर्मचारियों की संख्या = $\frac{45}{360} \times a$

अभीष्ट प्रतिशत = $\frac{\left(\frac{60a}{360} - \frac{45a}{360}\right)}{\left(\frac{45a}{360}\right)} \times 100$

$= \frac{1}{3} \times 100$

= 33.33%

अतः विकल्प (A) सही है।

129. सभी पद में कुल कर्मचारी = 18000 × $\frac{360}{120}$ = 54000

कर्नाटक में कर्मचारियों का वितरण 90° है।

कर्नाटक के कुल कर्मचारी हैं = 54000 × $\frac{90}{360}$ = 13500

अतः विकल्प (D) सही है।

130. सूत्र:

विक्रय मूल्य = (100 + लाभ%)/100 × लागत मूल्य

माना कि वस्तु का क्रय मूल्य x रुपए है।

छूट के बाद वस्तु का विक्रय मूल्य

⇒ Rs. $\frac{110x}{100}$

तो,

अंकित मूल्य × $\frac{88}{100} = \frac{110x}{100}$

अंकित मूल्य = 1.25x रुपए

आवश्यक प्रतिशत = $\frac{(1.25x - x)}{100}$ × 100 = 25%

अतः विकल्प (B) सही है।

131. SI = $\frac{(P \times N \times R)}{100}$,

⇒ 432 = $\frac{(1,200 \times T \times T)}{100}$

⇒ T2 = 36

⇒ T = 6

अतः विकल्प (B) सही है।

132. माना सिक्कों की संख्या 3x, 2x और 1x हैं।

अब प्रश्नानुसार,

⇒ 500(3x) + 200(2x) + 100(x) = 12,000

⇒ x = $\frac{12,000}{2,000}$

⇒ x = 6

5 रुपये के सिक्के हैं = 3x = 3 × 6 = 18

अतः विकल्प (D) सही है।

133. 4, 5, 6 और 7 का लघुत्तम समापवर्त्य है,

⇒ 420

शेषफल के रूप में 2 बचता है

संख्या है,

⇒ 420 + 2 = 422

अतः विकल्प (B) सही है।

134. माना कि धीरज की वर्तमान आयु x है।

उनके पिता की वर्तमान आयु 2x होगी।

उसकी माँ की वर्तमान आयु (2x - 4) होगी।

4 वर्ष पहले धीरज की आयु होगी,

⇒ x - 4

प्रश्नानुसार,

4 वर्ष पहले उनकी माँ की आयु थी,

⇒ 2(x - 4)

तब वर्तमान आयु होगी,

⇒ 2(x - 4) + 4

उसकी माँ की आयु की तुलना करते हुए,

⇒ (2x - 4) = 2 (x - 4) + 4

⇒ 0

∴ उत्तर निर्धारित नहीं किया जा सकता है।

अतः विकल्प (D) सही है।

135. औसत = पदों का योग/पदों की कुल संख्या

माना सभी पाँच संख्याएं केवल X है,

प्रश्नानुसार,

⇒ 5X + 5X + 5X + 5X + 5X = 25X

नया औसत = $\frac{25X}{5}$ = 5X

अतः विकल्प (D) सही है।

136. गति = दूरी/समय

गति = 455 मीटर/35 मिनट

1 किमी = 1000 मीटर, 1 घंटा = 60 मिनट

⇒ गति = $\frac{\left(\frac{455}{1000}\right)}{\left(\frac{35}{60}\right)}$

⇒ गति = 0.78 किमी/घंटा

अतः विकल्प (D) सही है।

137. प्रश्नानुसार,

मान लें कि दूरी D है और वजन W है।

तय की गई दूरी इसके वजन के वर्ग के व्युत्क्रमानुपाती होती है।

⇒ D = K $\left(\frac{1}{W^2}\right)$

⇒ 9 = K $\left(\frac{1}{9}\right)$

⇒ K = 81

एक 4 किलो पत्थर से तय की गई दूरी

⇒ D = 81 $\left(\frac{1}{4^2}\right)$

⇒ D = $\frac{81}{16}$

⇒ D = 5.0625

अतः विकल्प (D) सही है।

138. मान लें कि भिन्नात्मक मान x है।

⇒ x = 0.12333333..... ----(1)

समीकरण (1) में 10 से गुणा करने पर,

⇒ 10x = 1.233333...... ----(2)

समीकरण (2) में 10 से गुणा करने पर,

⇒ 100x = 12.33333 ----(3)

समीकरण (3) में 10 से गुणा करने पर,

⇒ 1000x = 123.3333..... ----(4)

समीकरण (4) से समीकरण (3) घटाने पर

⇒ 900x = 111

⇒ x = $\frac{111}{900}$

⇒ x = $\frac{37}{300}$

∴ 0.12333333333 ..... का भिन्नात्मक समतुल्य $\frac{37}{300}$ है।

अतः विकल्प (D) सही है।

139. हम जानते हैं कि,

1 मिनट = 60 सेकंड

प्रश्नानुसार,

1 मिनट = 60 सेकंड

⇒ 8 मिनट 6 सेकंड

⇒ 8 × 60 + 6

⇒ 486 सेकंड

1 घंटे = 60 × 60 = 3600 सेकंड

एक घंटे का प्रतिशत

⇒ $\left(\frac{486}{3600}\right)$ × 100

⇒ 13.5%

∴ एक घंटे का प्रतिशत 13.5% है।

अतः विकल्प (D) सही है।

140. प्रयुक्त सूत्र:

दूरी = गति × समय

1 मीटर / सेकंड = = $\frac{18}{5}$ किमी / घंटा

ट्रेन की लंबाई = दूरी

गति को किमी / घंटा से मीटर / सेकंड में परिवर्तित करने पर

⇒ 72 × $\left(\frac{5}{18}\right)$

⇒ गति = 20 मीटर / सेकंड

दूरी = 20 × 25

⇒ 500 मीटर

∴ ट्रेन की लंबाई 500 मीटर है।

अतः विकल्प (C) सही है।

141. प्रयुक्त सूत्र:

किया गया कार्य = आदमियों की संख्या × समय

दिया है,

प्रत्येक बच्चा कलाकृति को समाप्त करने के लिए एक आदमी द्वारा लिए गये समय का दोगुना समय लेता है।
तो, आदमी की दक्षता = 2 × बच्चे की दक्षता
⇒ 2C = 1M
⇒ 12C = 6M
12 बच्चे और 18 आदमी एक निश्चित कलाकृति को 9 दिनों में पूरा करते हैं।
तो, 24 आदमी एक निश्चित कलाकृति को 9 दिनों में पूरा करते हैं।
24 आदमियों द्वारा कुल कार्य = 24 × 9
18 आदमी उसी कलाकृति को समाप्त करने के लिए लेते हैं = 24 × $\frac{9}{18}$ = 12 दिन
∴ 18 आदमियों को उसी कलाकृति को समाप्त करने के लिए 12 दिन लगते हैं।
अतः विकल्प (B) सही है।

142. प्रयुक्त सूत्र:
औसत चाल = कुल दूरी/कुल समय
माना दूरी x किमी है।
शहर A से शहर B तक लिया गया समय = $\frac{x}{40}$ = $\frac{x}{40}$ घंटे
शहर B से शहर A तक लिया गया समय = $\frac{x}{60}$ = $\frac{x}{60}$ घंटे
कुल समय = 10 घंटे
⇒ $\frac{x}{40}$ + $\frac{x}{60}$ = 10
⇒ x × $\frac{10}{240}$ = 10
⇒ x = 240 किमी
∴ A और B के बीच की दूरी 240 किमी है।
अतः विकल्प (B) सही है।

143. संख्याओं 1 से 800 तक की गिनती करके,
प्रथम 9 संख्याओं के लिए, संख्या सीमा (1 से 9) जिसमें 1 और 9 शामिल हैं।
तो, कुंजी की संख्याओं को दबाने की आवश्यकता है = 9
अगली 90 संख्याओं के लिए, 10 और 99 सहित संख्या सीमा (10 से 99)
तो, कुंजी की संख्याओं को दबाने की आवश्यकता है = 90 × 2 = 180
अगली 701 संख्याओं के लिए, 100 और 800 सहित संख्या सीमा (100 से 800)
तो, कुंजी की संख्याओं को दबाने की आवश्यकता है = 701 × 3 = 2103
(यदि यह 101 से 800 तक था तो संख्या 700 होगी। चूंकि यह 100 से 800 तक है, जिसमें अंतिम सीमा संख्या 701 भी शामिल है)
दबाई गयी कुंजी की संख्या = 9 + 180 + 2103 = 2292
∴ 1 से 800 तक संख्या टाइप करने के लिए 2292 कीस्ट्रोक्स की आवश्यकता होती है।
अतः विकल्प (D) सही है।

144. दिया है:
संख्या 4012 और 12576 हैं।
अभाज्य गुणनखण्ड विधि द्वारा
4012 के अभाज्य गुणनखण्ड = 2 × 2 × 17 × 59
12576 के अभाज्य गुणनखण्ड = 2 × 2 × 2 × 2 × 2 × 3 × 131
4012 और 12576 का महत्तम समापवर्तक = 2 × 2 = 4
∴ 4012 और 12576 का महत्तम समापवर्तक 4 है।
अतः विकल्प (B) सही है।

145. प्रयुक्त सूत्र:
लाभ = निवेश × समय
माना C का निवेश x है।
B = x + 750 का निवेश
A = x + 750 + 500 = x + 1250 का निवेश
तीन साझेदार A, B और C, 5750 रुपये का निवेश करते हैं।
⇒ x + x + 750 + x + 1250 = 5750
⇒ 3x = 3750
⇒ x = 1250
A का निवेश = 1250 + 1250 = 2500
B का निवेश = 1250 + 750 = 2000
A, B और C के लाभ का अनुपात = 2500 × 12 : 2000 × 12 : 1250 × 12
A, B और C के लाभ का अनुपात = 10 : 8 : 5
A का लाभ = $\frac{10}{23}$ × 23000 = 10000
B का लाभ = $\frac{8}{23}$ × 23000 = 8000
C का लाभ = $\frac{5}{23}$ × 23000 = 5000
B और C का लाभ = 8000 + 5000 = 13000 रुपये
अंतर = 13000 - 10000 = 3000 रुपये
∴ A को मिलने वाला लाभ B और C के शेयरों के योग से 3000 कम है।
अतः विकल्प (B) सही है।

146. साधारण ब्याज = मूलधन × दर × समय/100
चक्रवृद्धि ब्याज = मूलधन × [(1 + दर/100)समय - 1]
साधारण ब्याज = $\frac{(600 \times 20 \times 2)}{100}$ = 240 रुपये
चक्रवृद्धि ब्याज = 1200 × $\left\{\left[1+\left(\frac{20}{100}\right)^2\right]-1\right\}$ = 528 रुपये
कुल ब्याज = 240 + 528 = 768 रुपये
अतः विकल्प (D) सही है।

147. लाभ = विक्रय मूल्य - क्रय मूल्य
1 किलोग्राम के लिए = 1000 ग्राम
लेकिन वह उपयोग करता है = 1000 × $\frac{70}{100}$ = 700 ग्राम
माना कि 1 किलो अंगूर का क्रय मूल्य 100 रुपये है
1 किलोग्राम अंगूर का विक्रय मूल्य = 100 × $\frac{(100-23)}{100}$ = 77 रुपये
700 ग्राम अंगूर का क्रय मूल्य = $\frac{100}{1000}$ × 700 = 70 रुपये
∴ लाभ प्रतिशत = $\frac{(77-70)}{70}$ × 100 = 10%
अतः विकल्प (C) सही है।

148. प्रयुक्त सूत्र:
व्यक्ति प्रति दिन मजदूरी = कुल धनराशि × व्यक्ति 1 दिन का कार्य
मान लें कि धन की राशि a रुपये है।
A की प्रति दिन की मजदूरी = $\left(\frac{a}{20}\right)$ रुपये
B की प्रति दिन की मजदूरी = $\left(\frac{a}{30}\right)$ रुपये
(A + B) की प्रति दिन की मजदूरी = $\frac{a}{20}$ + $\frac{1}{30}$ = $\frac{a}{12}$
∴ उन दिनों की संख्या जिसके लिए धनराशि दोनों का भुगतान करने के लिए पर्याप्त है = $\frac{a}{\left(\frac{a}{12}\right)}$ = 12 दिन
अतः विकल्प (B) सही है।

149. माना कि एक भाग a है और दूसरा (40 - a) है।
⇒ 2a2 = (40 - a) + 5
⇒ 2a2 + 10a - 9a - 45 = 0
⇒ (2a - 9)(a + 5) = 0
⇒ a = $\frac{9}{2}$ या a = -5
एक संख्या $\frac{9}{2}$ होनी चाहिए।
दूसरी संख्या = 40 - $\frac{9}{2}$ = $\frac{71}{2}$
अतः विकल्प (C) सही है।

150. मान लें कि रेलगाड़ी की गति S_T है।
दूरी = रेलगाड़ी की लंबाई (L)
पहले व्यक्ति की गति (S_1) 26 मीटर/सेकंड, दूसरे व्यक्ति की गति (S_2) 42 मीटर/सेकंड है
सापेक्ष गति, विपरीत दिशा में चलने वाला व्यक्ति,
पहला व्यक्ति गुजरता है
⇒ (S_T + S_1) = $\frac{L}{9}$
⇒ S_T = $\left(\frac{L}{9}\right) - 26$ ----(1)
दूसरा व्यक्ति गुजरता है
⇒ (S_T + S_2) = $\frac{L}{7}$
⇒ S_T = $\left(\frac{L}{7}\right) - 42$ ----(2)
समीकरण (1) में S_T के मान को प्रतिस्थापित करने पर,
⇒ $\frac{L}{9} - 26 = \frac{L}{7} - 42$
⇒ $\frac{L}{7} - \frac{L}{9} = 16$
⇒ L = 16 × $\frac{63}{2}$
⇒ L = 504 मीटर
∴ रेलगाड़ी की लंबाई 504 मीटर है।
अतः विकल्प (A) सही है।

151. DH : EG में,
यदि हम दिए गए विकल्पों का निरीक्षण करते हैं:

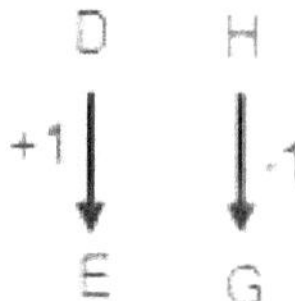

स्पष्ट रूप से, VZ : XY, अन्य से अलग है।

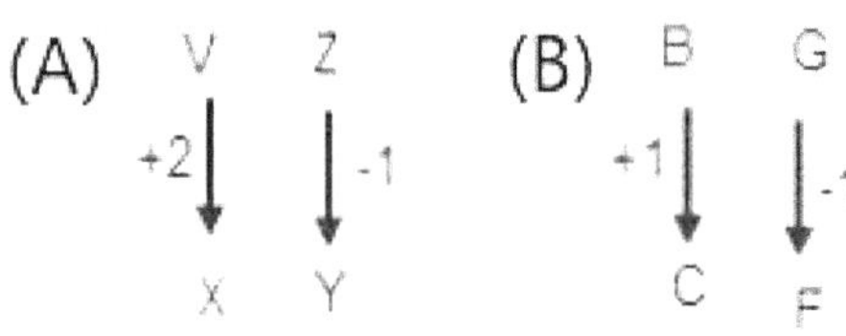

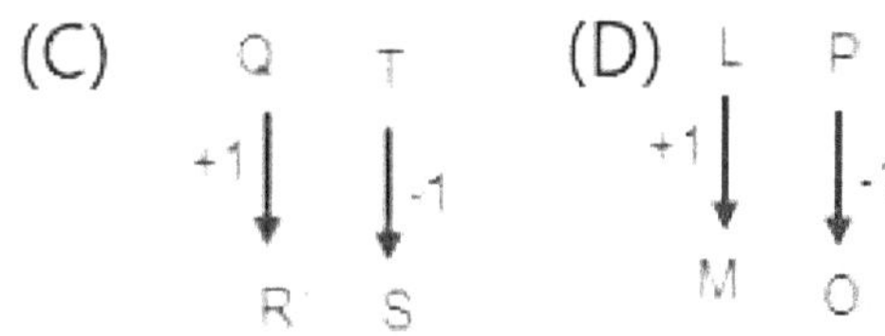

अतः विकल्प (A) सही है।

152. कूट:
00, 32, 31, 22 → D, D, C, E
24, 11, 44, 33 → D, D, C, E
00, 11, 31, 42 → **D, D, C, A**
32, 24, 01, 43 → D, D, K, K
स्पष्ट रूप से, '00, 11, 31, 42' DDCA शब्द का कूट है।
अतः विकल्प (C) सही है।

153. अनुसरित तर्क इस प्रकार है:

इसलिए, ENAGITEV, NEGATIVE शब्द के लिए कूट है।
अतः विकल्प (B) सही है।

154. अनुसरित तर्क इस प्रकार है:

T →(+2) V →(+2) X
M →(+2) O →(+2) Q
P →(+2) R →(+2) T
G →(-2) E →(-2) C

स्पष्ट रूप से, GEC अन्य तीन से अलग है।
अतः विकल्प (D) सही है।

155. रूस की जनसंख्या = 14.3 करोड़
जापान की जनसंख्या = 12.6 करोड़
अंतर = 1.7 करोड़
प्रतिशत जिससे जापान की जनसंख्या रूस की जनसंख्या से कम है =
$\frac{(14.3 - 12.6)}{14.3} \times 100$
$\Rightarrow 11.88\,\% \approx 12\,\%$
∴ जापान की जनसंख्या, रूस की तुलना में लगभग 12 % कम है।
अतः विकल्प (C) सही है।

156. प्रश्न के अनुसार,
66 – 54 = 12
54 – 44 = 10
44 – 36 = 8
36 – 30 = 6
30 – 26 = 4
इसलिए अगला पद है:
⇒ 26 – 2 = 24
अतः विकल्प (C) सही है।

157. प्रश्न के अनुसार,

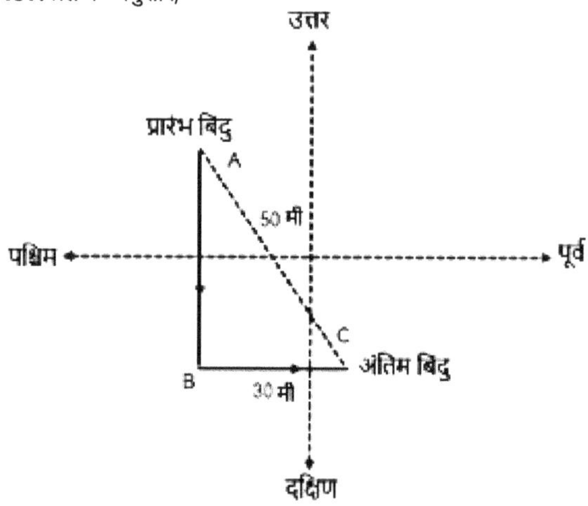

पाइथागोरस प्रमेय का उपयोग करने पर,
$AC^2 = AB^2 + BC^2$
$\Rightarrow 50^2 = AB^2 + 30^2$
$\Rightarrow AB^2 = 50^2 - 30^2$
$\Rightarrow AB^2 = 2500 - 900$
$\Rightarrow AB^2 = 1600\ m^2$
$\Rightarrow AB = 40\ m$
इसलिए, वह पहले 40 मीटर दक्षिण की ओर चला और फिर अपने बाईं ओर मुड़ गया।
अतः विकल्प (D) सही है।

158. सुनील के पिता की पत्नी सुनील की माँ है और सुनील की माँ का भाई सुनील का मैटर्नल अंकल है। इस प्रकार, मोहित, सुनील के मैटर्नल अंकल

का पुत्र है।

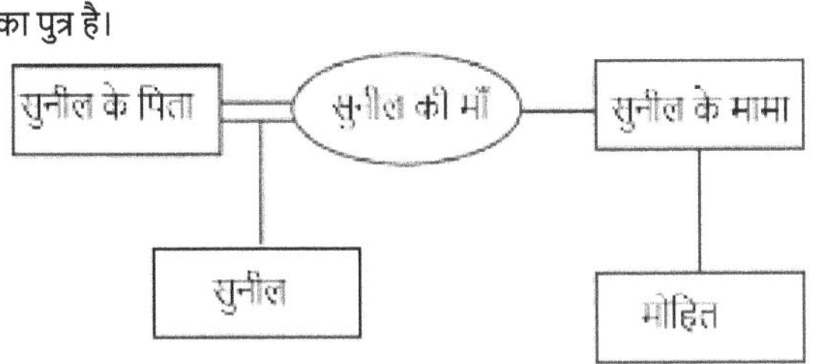

इसलिए, मोहित, सुनील का कजिन है।
अतः विकल्प (A) सही है।
159. 'वर्ग : 16' में, 16 एक संख्या है जो एक पूर्ण वर्ग है। इसी तरह, 64 दिए गए विकल्पों में से एक पूर्ण घन है।
इसलिए, घन : 64, वर्ग : 16 के अनुरूप है।
अतः विकल्प (A) सही है।
160. 4, 5, 6 और 7 का लघुत्तम समापवर्त्य 420 है।
शेषफल के रूप में 2 देता है:
संख्या है,
⇒ 420 + 2 = 422
300 - 500 के बीच की संख्या 422 है।
अतः विकल्प (B) सही है।
161. जैसा कि यह नहीं बताया गया है कि वे किस दिशा के सम्मुख हैं, हम मान सकते हैं कि वे सभी उत्तर दिशा के सम्मुख हैं:
(A) जहाँ तक संभव हो E और C दूर बैठते हैं।
इंगित करता है, E और C दो अंतिम छोरों पर बैठे हैं।
(B) A, C का दोस्त है और C के निकटतम दाएं बैठता है और B के भी निकटतम बाएं है।
A, C के निकटतम दाएं बैठा है जो केवल तभी संभव है जब C सबसे बाएं छोर पर बैठा हो और E सबसे दाएं छोर पर बैठा हो। साथ ही, B बाएं छोर से तीसरी सीट पर बैठा है।
(C) B और D करीबी दोस्त हैं और वे हमेशा एक साथ बैठते हैं लेकिन बेंच के अंतिम किनारे पर नहीं।
अब, चूंकि केवल एक सीट भरनी बाकी है यानी B और E के बीच की सीट। इस प्रकार D, B के निकटतम दाएं बैठा है।

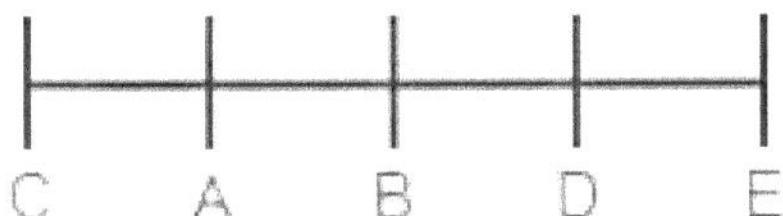

स्पष्ट रूप से, E और C दो अंतिम सीटों पर बैठे हैं।
अतः विकल्प (A) सही है।
162. 100 वर्ष में 5 विषम दिन होते हैं।
⇒ पहली शताब्दी का अंतिम दिन शुक्रवार है।
200 वर्ष में (5 × 2) होते हैं = 10 ≡ 3 विषम दिन
⇒ दूसरी शताब्दी का अंतिम दिन बुधवार है।
300 वर्ष में होते हैं (5 × 3) = 15 ≡ 1 विषम दिन
⇒ तीसरी शताब्दी का अंतिम दिन सोमवार है।
400 वर्ष में 0 विषम दिन होते हैं।
⇒ चौथी शताब्दी का अंतिम दिन रविवार है।
अतः विकल्प (D) सही है।
163. अनुसरित तर्क इस प्रकार है:

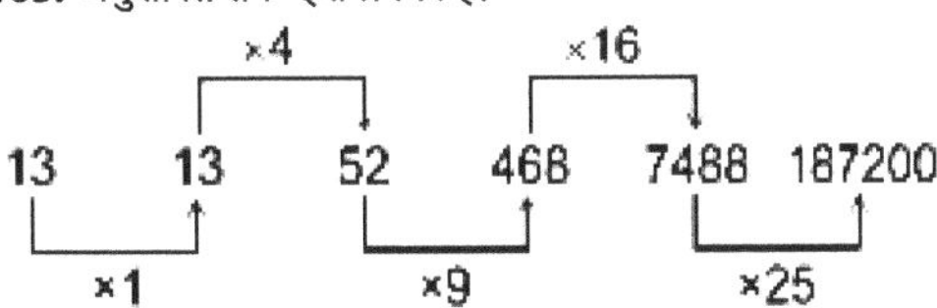

स्पष्ट रूप से, श्रृंखला में 187200 अगला पद होगा।
अतः विकल्प (C) सही है।
164. व्यक्ति = A, B, C, D
पेय = चाय, कॉफी, मैंगो शेक, बनाना शेक
1) C को कॉफी पसंद है।
2) D बनाना शेक या कॉफी पसंद करता है।
जैसा कि हम जानते हैं कि C को कॉफी पसंद है, इसका मतलब है कि D को बनाना शेक पसंद है।
3) A को मैंगो शेक पसंद नहीं है
इसका मतलब है कि A को चाय पसंद है और B को मैंगो शेक पसंद है क्योंकि यह एकमात्र संभावना है।
अतः विकल्प (A) सही है।
165. तर्क नीचे दिया गया है:
दूसरा अक्षर पहले का पांचवा पूर्ववर्ती है, तीसरा अक्षर दूसरे का चौथा पूर्ववर्ती है, चौथा अक्षर तीसरे का तीसरा पूर्ववर्ती है और इसी तरह अंग्रेजी वर्णमाला श्रृंखला के अनुसार नीचे दिखाया गया है:

स्पष्ट रूप से, I और C दी गई श्रृंखला में रिक्त स्थान के स्थान पर आएंगे।
अतः विकल्प (C) सही है।
166. विकल्प (C): इसकी वैधता के लिए संदेह का सत्यापन किया जाना चाहिए। स्पष्ट रूप से, 'आप सत्यापित करेंगे कि क्या संदेह वैध है' कार्रवाई का सही तरीका है।
अतः विकल्प (C) सही है।
167. विकल्प (D) स्थिति को सही करने के तरीकों में से एक है। लड़के को शांति बनाए रखना चाहिए और वरिष्ठ नागरिक को यह समझना चाहिए कि पुलिस शिकायत के स्थान पर एक वैकल्पिक तरीका होना चाहिए।
अतः विकल्प (D) सही है।
168. विकल्प (A): सेना और सीमा सुरक्षा बल का समर्थन - कार्रवाई का सही तरीका है। सेना और सीमा सुरक्षा बलों का समर्थन सुरक्षा व्यवस्था को अधिक प्रभावी ढंग से बनाए रखने में मदद करता है।
अतः विकल्प (A) सही है।
169. गंभीर रूप से घायल व्यक्ति की मदद करने का सबसे अच्छा तरीका सबसे तेज़ चिकित्सा देखभाल प्रदान करना है। स्पष्ट है, एम्बुलेंस बुलाने से घायल व्यक्ति को उचित चिकित्सा सुविधा मिल सकेगी। इसलिए, हमारी पहली प्रतिक्रिया एम्बुलेंस को बुलाना होगा।
अतः विकल्प (D) सही है।
170. एक स्वतंत्र जांच के लिए आदेश देना ऐसी स्थिति में किया जाना चाहिए। यह सच्चाई का पता लगाने में मदद करेगा। शिकायत के आधार पर तुरंत गिरफ्तार करना या शिकायत को स्वीकार करने से इनकार करना पूरी तरह से गैर-जिम्मेदाराना है। इसके अतिरिक्त, यह सच का पता लगाने में मदद नहीं करेगा। ऐसी स्थिति में कानूनी मुकदमा दायर करना कार्रवाई का बेहतर विकल्प नहीं है।
अतः विकल्प (C) सही है।
171. एक पुलिस अधिकारी का कर्तव्य है कि जब भी कोई कानून और व्यवस्था भंग हो तो उसकी मदद करें। केवल अमीर या सरकारी अधिकारी या जब राजनीतिक अशांति होती है उस स्थिति में मदद करने का तात्पर्य है कि पुलिस अपने कर्तव्यों के प्रति अनुचित है।
अतः विकल्प (C) सही है।
172. एक पुलिस कर्मी का कर्तव्य है कि वह सभी समुदायों की रक्षा करे, चाहे वे अल्पसंख्यक हों या बहुसंख्यक या वे अपने समुदाय के हों।
अतः विकल्प (A) सही है।
173. अपराधी को केवल उसके पैर पर गोली मारो ताकि मैं उसे भागने से रोक जा सके ऐसी स्थिति में कार्रवाई का सबसे उपयुक्त तरीका है। इस तरह अपराधी बच नहीं पाएगा और अपराधी का जीवन खतरे में नहीं पड़ेगा।
अतः विकल्प (A) सही है।
174. महिला और पुरुष समान हैं और उनसे इसी प्रकार व्यवहार किया जाना चाहिए। कथन पूर्णतया सत्य है। कमजोरी किसी भी लिंग पर निर्भर नहीं करती है। स्पष्ट है, महिलाएं कमजोर पैदा होती हैं और वे हमेशा बनी रहेंगी इसलिए यह विवेकहीन है। राष्ट्र की सुरक्षा को सुरक्षित रखने में महिलाओं की कोई सक्रिय भूमिका नहीं है। रक्षा क्षेत्र में महिलाओं की भूमिका निर्विवाद है।
अतः विकल्प (C) सही है।
175. यदि मेरे पड़ोस में कोई चोरी हो रही है, तो तत्काल जो कार्रवाई होनी चाहिए वह पुलिस हेल्पलाइन नंबर पर कॉल करना है। पुलिस मुख्यालय को फोन करना या निवारण के लिए तुरंत अदालत में जाना निश्चित रूप से इस

स्थिति में कार्रवाई का एक बेहतर तरीका नहीं है क्योंकि स्थिति तत्काल कार्रवाई की मांग करती है। सोशल मीडिया के माध्यम से अन्य को चेतावनी देना गलत विचार नहीं है, लेकिन यह समस्या को हल करने में मदद नहीं करेगा।
अतः विकल्प (B) सही है।

176. एक अच्छे पुलिस कर्मी को साहसी होना चाहिए और नेतृत्व गुणों का प्रदर्शन करना चाहिए।
एक पुलिस कर्मी को दिन-प्रतिदिन विभिन्न परिस्थितियों का सामना करना पड़ता है जहाँ उसे साहस दिखाना पड़ता है। एक अच्छे पुलिस कर्मी को तथ्यों और सबूतों पर भरोसा करना चाहिए और फिर उनके आधार पर निष्कर्ष निकालना चाहिए। एक अच्छे पुलिस कर्मी का कर्तव्य कानून और व्यवस्था बनाए रखना, लोगों के कल्याण के लिए कार्य करना और अपराधियों को पकड़ना है।
अतः विकल्प (C) सही है।

177. अपराध मुक्त क्षेत्र में अपराध बढ़ने के कारणों की पहचान करने पर ध्यान केंद्रित करने से यह पता लगाने में मदद मिलेगी कि अपराध दर को कैसे कम किया जाए। शांति बैठकें आयोजित करना या अपराध दर की तुलना करना ऐसी स्थिति कोई भी मददगार नहीं होगी। इसके अतिरिक्त, यदि बंदूक रखने पर प्रतिबंध लागू हो जाए तो अपराध की दर कम हो जाएगी, कोई गारंटी नहीं है।
अतः विकल्प (D) सही है।

178. किसी समाज में सांप्रदायिक सद्भाव बनाए रखने का सबसे अच्छा तरीका व्यक्तियों को भय, ईर्ष्या और घृणा से ऊपर उठने में मदद करके प्राप्त किया जा सकता है। सांप्रदायिक प्रमुखों को धमकाने या हमेशा बहुसंख्यक समुदाय जो चाहता है उसे स्वीकार करके ही सांप्रदायिक सद्भाव हासिल नहीं किया जा सकता है।
अतः विकल्प (D) सही है।

179. पर्याप्त सबूत के बिना किसी व्यक्ति को गिरफ्तार करने का स्पष्ट अर्थ है कि निर्णय जल्दबाजी में लिया गया है और इसके लिए माफी मांगनी चाहिए।
अतः विकल्प (D) सही है।

180. समाज और उसके नागरिकों के कल्याण के लिए नियम और कानून बनाए गए हैं।
इसलिए, किसी को भी उनके हितों के खिलाफ होने पर भी उनका अनुसरण करना चाहिए।
अतः विकल्प (C) सही है।

181.

A	B	C	D	E	F	G	H	I	J	K	L	M
N	O	P	Q	R	S	T	U	V	W	X	Y	Z

A	B	C	D	E	F	G	H	I	J	K	L	M
N	O	P	Q	R	S	T	U	V	W	X	Y	Z

A	B	C	D	E	F	G	H	I	J	K	L	M
N	O	P	Q	R	S	T	U	V	W	X	Y	Z

A	B	C	D	E	F	G	H	I	J	K	L	M
N	O	P	Q	R	S	T	U	V	W	X	Y	Z

स्पष्ट रूप से, NQCBN में अक्षर मिलकर एक समलंब चतुर्भुज बना रहे है।
अतः विकल्प (C) सही है।

182. माना धीरज की वर्तमान आयु 'x' वर्ष है।
धीरज अपने पिता की आयु का आधा है।
इसलिए, उनके पिता की वर्तमान आयु = 2x वर्ष
धीरज के पिता धीरज की मां से 4 वर्ष बड़े हैं।
इसलिए, उसकी माँ की वर्तमान आयु = (2x - 4) वर्ष
4 वर्ष पहले, धीरज अपनी माँ से आधी आयु का था।
प्रश्न के अनुसार,
$(x-4) = \left(\frac{1}{2}\right) \times (2x-4-4)$
$\Rightarrow 2(x-4) = 2x-8$
$\Rightarrow 2x-8 = 2x-8$
$\Rightarrow 2x-2x = -8+8$
स्पष्ट रूप से, उपरोक्त समीकरण से 'x' का मान प्राप्त नहीं किया जा सकता है।
इसलिए, धीरज की वर्तमान आयु निर्धारित नहीं की जा सकती।
अतः विकल्प (A) सही है।

183. कीट 5 मीटर प्रति मिनट की चाल से चलता है। इसका अर्थ है कि कीट 1 मिनट में 5 मीटर आगे बढ़ सकता है।
वह 3 मिनट के लिए आगे की ओर बढ़ता है और फिर 2 मिनट के लिए पीछे आता है।
इसलिए, कीट 1 मिनट में 1 मीटर चलता है।
पिछले 3 मिनट के लिए कीट केवल आगे बढ़ते हैं इसलिए अंतिम 3 मिनट में तय की गई दूरी $= 3 \times 5 = 15$ मीटर
अतः शेष दूरी $= 105 - 15 = 90$ मिनट
तो अन्य 90-मीटर, कीट आगे और पीछे चलते हुए तय करता है (1 मिनट में 1 मी) $= 90$ मिनट
105 मीटर $= 90 + 3 = 93$ मिनट की दूरी तय करने का कुल समय
अतः विकल्प (A) सही है।

184. 2 संभावनाएं हो सकती हैं:

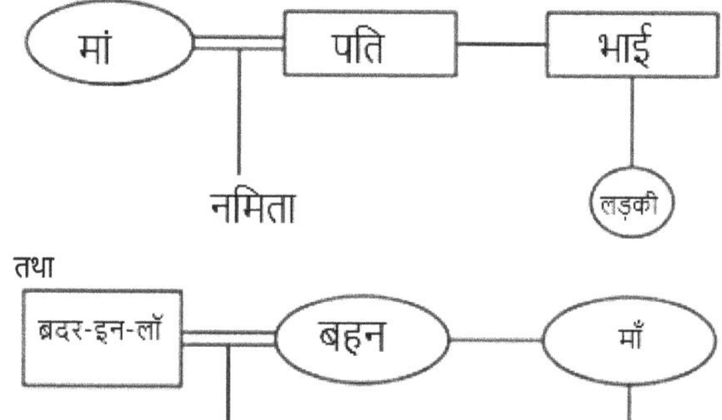

तथा

ब्रदर-इन-लॉ
बहन
माँ
लड़की
नमिता

स्पष्ट है कि, लड़की दोनों स्थिति में नमिता की कज़न है।
अतः विकल्प (C) सही है।

185. एक घन के सभी फलकों पर समान रंग से रंगा जाता है और समान आकार के 27 छोटे घनों में काटा जाता है।
स्पष्ट रूप से, घन को 3 × 3 × 3 व्यवस्था में काट दिया जाता है।
इसलिए, n = 3
सूत्र द्वारा:
घनों की संख्या जिनके 2 फलक रंगे गए है = 4n = 4 × 3 = 12
अतः विकल्प (D) सही है।

186. 'Z' को छोड़कर सभी विकल्प स्वर हैं, जबकि 'Z' एक व्यंजन है।
इसलिए, 'Z' विषम है।
अतः विकल्प (A) सही है।

187. पहली आकृति प्रत्येक बार 90 अंश के कोण पर दक्षिणावर्त दिशा में घुम जाती है और इस प्रकार से आकृतियां (1), (2), (3) और (4) प्राप्त होती हैं, स्पष्ट रूप से, हम यह देख सकते हैं कि प्रश्न आकृति में दर्शायी गई आकृति (3) भिन्न है।
अतः विकल्प (D) सही है।

188. SEDATE : ETADES → पहले शब्द में अक्षरों को जब दाएं छोर से बाएं छोर की ओर लिखा जाता है।
BRIM : ? → BRIM जब दाएं से बाएं लिखा जाता है, तो हम MIRB प्राप्त करते हैं।
अतः विकल्प (C) सही है।

189. आकृति X की सही जल प्रतिबिंब नीचे दी गई है:

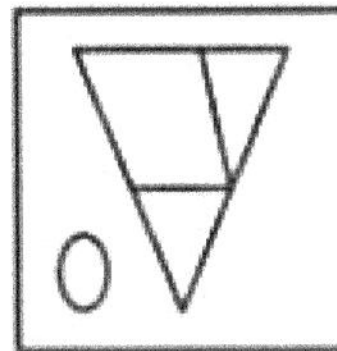

अतः विकल्प (A) सही है।

190. दिए गए रिक्त को उपयुक्त करने वाला सही विकल्प नीचे दिखाया गया है:

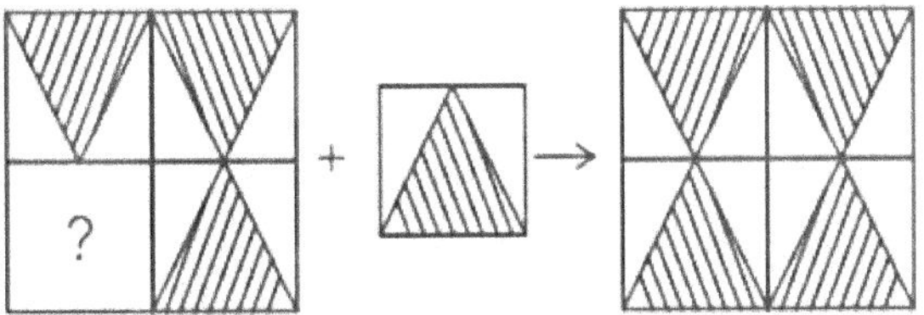

अतः विकल्प (D) सही है।

191. माना सेल्समैन ने कार से 'c' किमी और बाइक से 'b' किमी की यात्रा की।

एक दिन में, यदि उसने 90 किलोमीटर की दूरी तय करने के बाद 600 रुपये का दावा किया है।

प्रश्न के अनुसार,

c + b = 90

⇒ c = 90 – b

और 15c + 5b = 600

अब, उपरोक्त समीकरण में 'c' का मान रखने पर:

15 (90 – b) + 5b = 600

⇒ 1350 – 15b + 5b = 600

⇒ b = 75

अतः विकल्प (A) सही है।

192. माना चरवाहों की संख्या को 's' है।

तो, सर्कस पार्टी में कुल पैरों की संख्या = 100 × 2 + 90 × 4 + 16 × 4 + 2 × s = 200 + 360 + 64 + 2s = 624 + 2s

और, सिर की कुल संख्या = 100 + 90 + 16 + s = 206 + s

प्रश्न के अनुसार,

624 + 2s - (206 + s) = 448

⇒ s = 30

अतः विकल्प (B) सही है।

193. कथन A यह स्पष्ट नहीं करता है कि P, 90 से अधिक है या नहीं, दो अंकों की संख्या 10 से 99 के बीच है। इसलिए, P, 90 से अधिक नहीं हो सकता है या नहीं भी हो सकता है।

कथन B यह स्पष्ट नहीं करता है कि P, 90 से अधिक है या नहीं क्योंकि 'P, 80 से अधिक है' का अर्थ है कि P, 90 से कम भी हो सकता है। इसलिए, यह निश्चित नहीं है यदि P > 90,

कथन A और B मिलकर,

P की श्रेणी जो कि दोनों कथन से निकाली जा सकती है, 80 < P < 99 है।

पुन: यह निश्चित नहीं है कि P > 90,

अतः विकल्प (D) सही है।

194. (D) 18 - 3 + 2 × 8 ÷ 6 = 14

प्रतीकों को उनके अर्थ द्वारा प्रतिस्थापित करने के बाद, हम प्राप्त करते हैं:

बायाँ पक्ष = 18 ÷ 3 × 2 + 8 - 6

= 14 = दायाँ पक्ष

अतः विकल्प (D) सही है।

195. तर्क इस प्रकार है:

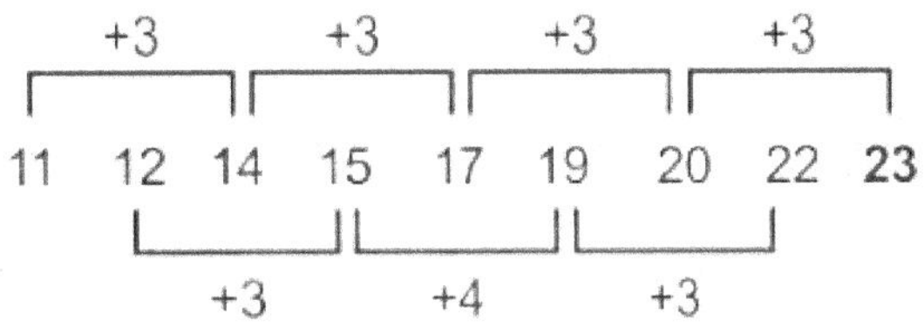

अतः विकल्प (C) सही है।

196. तर्क इस प्रकार है:

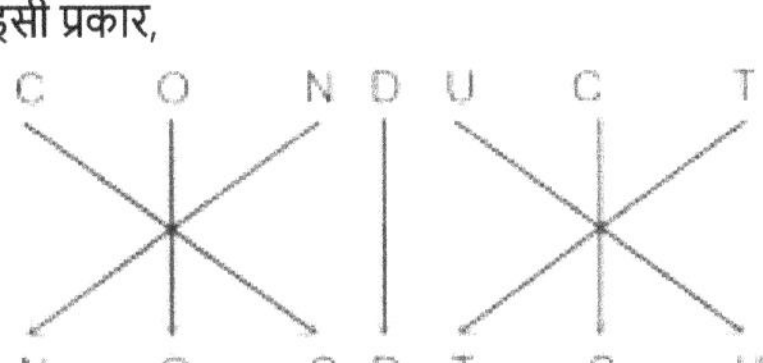

इसी प्रकार,

C O N D U C T

N O C D T C U

अतः विकल्प (C) सही है।

197. दिया है: A और B की जनसंख्या है = 140000

माना X वर्षों के बाद A और B की जनसंख्या का अनुपात 1:16 होगा।

इसलिए प्रश्न के अनुसार,

$\frac{140000-10000x}{140000+15000x} = \frac{1}{16}$

2240000 - 160000x = 140000 + 15000x

2100000 = 175000x

x = 12

अतः विकल्प (A) सही है।

198. दिया है: P ≥ Q ≥ R, A > C,C = D, F > D

संयोजन पर: P ≥ Q ≥ R, A > C = D < F

P ≥ R → सत्य (P ≥ Q ≥ R, बनाता है P ≥ R)

F > C → सत्य (C = D < F, बनाता है F > C)

A < D → असत्य (A > C = D, बनाता है A > D)

इसलिए, 'A < D' असत्य कथन है।

अतः विकल्प (D) सही है।

199. 34512 → 12345

A) 45612 → 12456 (3 लुप्त है)

B) 56734 → 34567

C) 78956 → 56789

D) 67845 → 45678

अतः विकल्प (A) सही है।

200. तर्क इस प्रकार है:

A) 4536 → 4 + 5 + 3 + 6 = 18

B) 6354 → 6 + 3 + 5 + 4 = 18

C) 3456 → 3 + 4 + 5 + 6 = 18

D) 6352 → 6 + 3 + 5 + 2 = 16

इसलिए, '6352' बेजोड़ है।

अतः विकल्प (D) सही है।

// टिप्पणियाँ //

// टिप्पणियाँ //

www.ingramcontent.com/pod-product-compliance
Ingram Content Group UK Ltd.
Pitfield, Milton Keynes, MK11 3LW, UK
UKHW061702190726
13853UKWH00008B/2368

9 789355 565846